国家社会科学基金重大项目《汉魏六朝集部文献集成》

（项目编号：13&ZD109）成果之一

《文选》文献研究丛书

刘跃进 主编

现当代《文选》研究论著分类目录索引

上

王玮 编著

凤凰出版社

图书在版编目（CIP）数据

现当代《文选》研究论著分类目录索引 / 王玮编著
. -- 南京 : 凤凰出版社, 2020.9
（《文选》文献研究丛书 / 刘跃进主编）
ISBN 978-7-5506-3230-1

Ⅰ. ①现… Ⅱ. ①王… Ⅲ. ①《文选》—古典文学研究—目录索引 Ⅳ. ①Z88：I206.2

中国版本图书馆CIP数据核字(2020)第154169号

书　　名	现当代《文选》研究论著分类目录索引
编　　著	王　玮
责任编辑	张　燕
装帧设计	陈贵子
出版发行	凤凰出版社(原江苏古籍出版社) 发行部电话025-83223462
出版社地址	江苏省南京市中央路165号,邮编:210009
出版社网址	http://www.fhcbs.com
照　　排	南京凯建文化发展有限公司
印　　刷	江苏凤凰通达印刷有限公司 江苏省南京市六合区冶山镇,邮编:211523
开　　本	880毫米×1230毫米　1/32
印　　张	33.375
字　　数	774千字
版　　次	2020年9月第1版
印　　次	2020年9月第1次印刷
标准书号	ISBN 978-7-5506-3230-1
定　　价	328.00元(全二册) (本书凡印装错误可向承印厂调换,电话:025-57572508)

总　序

汉魏六朝，是文学观念不断进步、文学体裁竞相发展、文学理论初步成熟、文学作品大量涌现的重要时期，是唐宋文学繁荣的重要基础，也是唐代以后文学在创新性发展、创造性转化时寻找理论依据的重要源头。这个时期，图书按照四部分类的观念和方法逐渐明晰起来。其中的集部，与近代以来的文学观念相近，在魏晋以后得到长足发展。一些阀阅世家，甚至人人有集。《隋书·经籍志》中的著录，可谓洋洋大观。

辑录、汇编汉魏六朝时期的集部文献，明清以来成果卓著。张燮《七十二家集》、张溥《汉魏六朝百三家集》为综合性文献整理成果。清代严可均以一己之力，取广义之文，倾其半生心血，汇纂而成《全上古三代秦汉三国六朝文》。现代学者逯钦立编《先秦汉魏晋南北朝诗》，收录重点在诗。这几部大书，至今依然是研究汉魏六朝文学不可或缺的重要文献资料。然而，限于当时闻见和学术观念，这些著作在整体性、系统性等方面还存在一些不尽如人意的地方。近百年来，敦煌遗书等出土文献的面世以及域外汉籍的传入，为我们从全域视野出发，重新认识并系统整理汉魏六朝集部文献提供了新的历史契机。

在文献资料积累不断丰富和现代学科观念日益发展的背景下，如何运用现代科学的研究方法与学术理论，重新整理与研究汉魏六朝集部文献，确实是一个值得深入思考的问题。为此，我们应当跳出狭隘的纯文学研究路径，更广泛地关注政治文化背景；跳出中国原有的学术疆域，更密切地跟踪境外学术界的新资料、新方法、新成果；跳出理论与文献孰重孰轻的无谓纷争，在文献与理论并重的基础上，强调文本细读的重要性。在此基础上，回归传统的经典著作，回归主流的思想方法。

2013年度国家社科基金重大项目《汉魏六朝集部文献集成》努力践行这一理念，从五个方面开展研究：

第一是《文选》研究，华侨大学文学院徐华负责。核心成果是刘跃进编纂的《文选旧注辑存》。此外，还有徐华的《历代选学文献综录》，宋展云的《〈文选〉诗类题解辑考》，黄燕平的《〈文选〉应用文体叙说》，赵建成的《李善〈文选注〉引书考录》，崔洁的《〈文选〉目录标注》，马燕鑫的《〈文选〉音注辑考》，王玮的《现当代〈文选〉研究论著分类目录索引》等，充分体现出《文选》作为文学经典所蕴含的丰富内容。第二是《玉台新咏》研究，北京大学傅刚负责，主体成果是《〈玉台新咏〉校笺》。第三是先唐集部文献叙录，厦门大学胡旭负责。主要成果是《先唐总集叙录》《先唐别集叙录》和《先唐诗文评叙录》三部著作。第四是汉魏六朝文集研究综录，陕西师范大学杨晓斌负责。成果有杨晓斌主编的《汉魏六朝集部文献研究著作提要》，蔡丹君的《陶渊明集文献研究》等。第五是汉魏六朝文学批评文献研究，中国社会科学院文学研究所孙少华负责。主要成果有孙少华的《汉魏六朝文学纪事》，梁临川的《诗品疏证》等著作。

为完整体现“集成”特色，课题组已获得国家社科基金滚动经费的支持，正在组织学术团队编纂这个项目的二期工程《汉魏六朝集部文献丛刊》。这项工作具体由孙少华和刘明负责。

汉魏六朝集部文献，浩如烟海。我们尽可能以不同形式、不同层次向学界呈其整体面貌，相信能对汉魏六朝文学史研究有所裨益。

重大课题研究,是一个系统工程,需要全体参与人员通力合作,共同提高。通过这次重大课题的集体攻关,我们试图探索出一条既有鲜明学术个性,又能呈现整体风貌的有效途径。更重要的是,通过这种合作,各位同仁取长补短,精诚合作,开阔视野,增进友情,大家都受益匪浅。希望这套丛书的出版,能有力地推进汉魏六朝文学研究的深入。对此,我们充满期待。

刘跃进

2016 年 3 月 20 日

目　录

前　言

《文选》是我国现存最早的一部文学总集，钱锺书先生曾说“词章中一书而得为‘学’，堪比经之有‘《易》学’、‘《诗》学’等或《说文解字》之蔚成‘许学’者，惟‘《选》学’与‘《红》学’耳。”自现当代以来，《选》学研究虽然历经坎坷，但因中外学者的共同努力，始终不断向前推进。随着出土文献的发掘和国际文化交流的日益深入，《选》学研究的内容、范围不断增加；视角、思路更加多元，研究论著日渐增多。有感于《选》学研究成果之丰硕，早在 1986 年，日本学者牧角悦子便出版了《文选研究论著目录》，按文体和作者两大类别，对中日韩学者的《文选》研究论著进行整理。1988 年，魏淑琴、吴穷、姜蕙等先生出版《中外昭明文选研究论著索引》，书中按版本、评注、作家、作品分类收录了该年之前中外学者的《选》学研究成果。1998 年，俞绍初、许逸民两位先生主编《中外学者文选学论著索引》，按地域进行收录，即分为中国、日本、韩国、欧美“文选学”研究四类。时至今日，已过去二十年，这二十年间又产生了许多新的研究成果，因此有必要重新编撰一部《文选》研究的论著目录，以反映这二十年间的《选》学发展态势和最新研究成果。或许有人会说，21 世纪是一个互联网主宰的时代，查找资料较之前更加便捷、快速、容易。但大量电子资源所带来的信息爆炸也会让人眼花缭乱、应接不暇。编纂这部《目录索引》的另一个目的就是希望能在这样的时代背景之下为研究者节省一些时间，提供一些信息，为《选》学发展尽一点绵薄之力。

本书收录 1911 年 1 月至 2018 年 12 月期间，公开出版、发表的与

《文选》密切相关的研究著作与论文，收录内容主要以中国大陆为主，兼及所见中国港澳台地区、日韩和欧美等国的相关研究成果。本书的特点即按照目前《选》学的主要研究方向将诸多成果分类排列，依次为：《文选》综合研究、《文选》编纂研究、《文选》注释研究、《文选》版本研究、《文选》体类研究、《文选》传播研究、《文选》作家作品研究、目录索引与资料汇编八大类，以便学者既可整体观照亦能按类查找。具体而言：

- 《文选》综合研究主要收录从宏观上对《文选》做概述或评价的成果。另外，“文选学”相关内容、《文选》与《文心雕龙》《诗品》《玉台新咏》等著作的比较研究亦收入此类。

- 《文选》编纂研究主要收录与《文选》编纂相关的研究内容，如对编纂者、选录标准、编纂体例、成书过程的研究等。关于《文选序》、萧统、刘孝绰等重要研究论著亦收入此类。

- 《文选》注释研究的收录内容包括义注与音注两部分。另外，关于李善、曹宪、萧该、陆善经等以及《文选》音韵、训诂类研究亦收入此类。

- 《文选》版本研究收录与《文选》版本相关的研究论著。

- 因文体学涉及内容广泛，为免冗滥，《文选》体类研究主要收录以《文选》体类问题为主要研究对象的论著，如《〈文选〉诗部探析》《〈文选〉赠答诗流变史》等；通论文体而有专章论及《文选》文体者，如郭英德《中国古代文体学论稿》，亦收入；偶有字句或段落涉及《文选》文体者则不收，如薛凤昌《文体论》等。至于龚克昌《汉赋研究》等类论著，因重在结合作家、作品进行阐释，故收入“《文选》作家作品研究”中。

- 《文选》传播研究主要收录有关《文选》的流传情况及其对

后世文学史、文人创作产生的影响等研究成果。

- 《文选》作家作品研究收录《文选》所选作家与作品的相关研究论著。该类最为繁杂,为避免主次失衡,以收录作家生平事迹及《文选》所收作品的创作年代、辨伪等文献考订类研究论著为主,思想性、评点类、札记类择要收录。该类具体分为两小类,一类是作家作品群体研究,一类是作家作品个体研究(依《文选》中出现的先后次序排列)。其中,个体研究部分的陶渊明、屈原、司马迁、宋玉,前人已有部分目录索引成果,故不再重复列出,仅列出相关目录索引名称供读者参考,本书重点罗列前人未整理年段的文献考订类论著。如:

"陶渊明"的研究论著目录索引前人已做过阶段性整理,详见第八类"目录索引与资料汇编"。考虑到全书各部分的平衡,本书重点搜集 2014 年至 2018 年间公开出版、发表的与陶渊明生平事迹及《文选》所收陶渊明作品的创作年代、辨伪等文献考订类相关的著作和 2011 年至 2018 年间的相关论文,思想性、评点类、札记类择要收录。

"屈原"的研究论著目录索引前人已做过阶段性整理,详见第八类"目录索引与资料汇编"。本书重点搜集 2000 年至 2018 年间公开出版、发表的与屈原生平事迹及《文选》所收屈原作品的创作年代、辨伪等文献考订类相关的论著,思想性、评点类、札记类择要收录。

"司马迁"的研究论著目录索引前人已做过阶段性整理,详见第八类"目录索引与资料汇编"。本书重点搜集 2015 年至 2018 年间公开出版、发表的与司马迁生平事迹及《报任安书》的创作年代、辨伪等文献考订类相关的论著,思想性、评点类、札记类择要收录。

"宋玉"的研究论著目录索引前人已做过阶段性整理,详见第八类"目录索引与资料汇编"。本书重点搜集 2013 年至 2018 年间公开出版、发表的与宋玉生平事迹及《文选》所收宋玉作品的创作年代、辨伪等文献考订类相关的论著，思想性、评点类、札记类择要收录。

- 目录索引与资料汇编主要收录与《文选》相关的目录索引、研究综述、会议论文集、个人论文集、资料汇编等。

在参与国家社科基金重大项目“汉魏六朝集部文献集成”和华侨大学高层次启动项目“尤袤本《文选》及其接受史研究”过程中，有感于资料的分散性，于是计划整理一部《文选》研究的论著目录，既便于自己使用，亦有利于学人。在编撰之前，虽知此项工作耗时费力，但直至亲身实践一番，方才深知其中的种种不易。本书的编纂建立在前人整理的基础之上，除前面提及的几本《文选》目录之外，陈翀先生自 2018 年底开始在《古代文学前言与评论》上连载《日本文选学论著索引(1993.6—2018.6)》，亦为本书提供了宝贵信息，在此向各位前辈致以深深的敬意和谢意。由于编者水平有限，虽已尽力搜寻，难免挂一漏万，尤其是体类、作家作品两类以及中国港澳台地区、日本、欧美等国的相关研究成果未能全部网罗。本书定还存在其他问题，尚祈方家批评、指正。

凡　例

一、本书将《文选》研究论著分为八大类，各类之下先列著作、后列论文。每类中按出版、发表时间先后依次排列。

二、若同一篇论文可归至两种或两种以上分类中，为方便读者查阅，各所属类别下均一一列出。

三、所列著作按书名、作者、出版地、出版机构、出版年月排列。若该著作有重印、修订、增订等情况，则按出版时间先后依次列出。

四、所列论文按文章名、作者、刊物名称、出刊年月日或卷期排列。若论文发表于不同期刊，则按发表时间先后依次列出；若论文发表后又收入专书出版，则继而列出书名、出版地、出版机构和出版年月。

五、论文集中的相关单篇论文逐一析出，分列于各类之下。专著中若有某章、某节专门讨论《文选》者亦酌情摘出，列于对应的论文之中。

六、凡普及性读物、简注本、译本、文学史、文学批评史类著作不收。

七、硕博士论文不收。

一、《文选》综合研究

著作

文选札记　刘世珩　湖北省图书馆藏

选学举要(七卷)　高步瀛　萃升书院讲义铅印线装　卷一、卷二由辽宁城内华兴纸庄代印,卷三为辽宁作新书局印,卷四、卷五由辽宁同昌印刷局印,卷六、卷七由辽宁作新印刷局印

文选类诂　丁福保　1925 年刻印;北京:中华书局　1990 年 4 月

文选学　骆鸿凯　1928 年(授课讲义);上海:中华书局　1937 年 6 月;台北:台湾"中华书局"　1957 年;台北:汉京文化　1982 年;北京:中华书局　1989 年 11 月;2015 年 3 月;长沙:湖南师范大学出版社　2018 年 1 月

文选李注义疏　高步瀛　北京:北平文化学社　1929 年;台北:广文书局　1966 年;北京:中华书局　1985 年 11 月;2018 年 10 月

文选学讲义　周贞亮　1931 年(武汉大学授课讲义);《民国时期武汉大学讲义汇编》　北京:国家图书馆出版社　2018 年 4 月

选学源流　王筱岩　益学社　1934 年 8 月

昭明太子和他的《文选》　谢康等　台北:台湾学生书局　1971 年

《昭明文选》考略　林聪明　台北:文史哲出版社　1974 年 6 月

文选黄氏学　黄侃　台北:文史哲出版社　1977 年 1 月

黄季刚先生评点《昭明文选》　黄侃著，潘重规过录　《黄季刚先生遗书》　台北：台北石门图书公司　1980年

中国选学发展史大纲　刘茂华（黄维琩题署）（本书无版权页，有钱穆1973年序，王韶生1981年跋，暂列此书于此处）

文选杂识1—6册　森野繁夫　东京：第一学习社　1981—1989年

文选平点　黄侃平点，黄焯编次　上海：上海古籍出版社　1985年7月；黄侃平点，黄延祖重辑　北京：中华书局　2006年

文学的御花园——文选　简宗梧　台北：时报出版公司　1986年；海口：三环出版社　1992年10月；2003年12月；台北：时报文化　2012年6月

文选学讲义：昭明文选研究（初稿）　林聪明　台北：文史哲出版社　1986年11月

文选　兴膳宏、川合康三　东京：角川书店　1988年

昭明文选杂述及选讲　屈守元　天津：天津古籍出版社　1988年6月；台北：贯雅文化事业有限公司　1990年9月（书名为：昭明文选杂述及选讲：选学椎轮初集）

文选学新探索　游志诚　台北：骆驼出版社　1989年

李审言文集　李详　南京：江苏古籍出版社　1989年3月

顾千里研究　李庆　上海：上海古籍出版社　1989年7月

昭明文选新解（1—6）　李景濚　台南：暨南出版社　1990年6月—1993年6月

文选导读　屈守元　成都：巴蜀书社　1993年9月；台北：华正书局　2004年（书名为：文选学纂要）；北京：中国国际广播出版社

2008年1月;2011年1月(书名为:文选)

昭明文选斠读　游志诚、徐正英　台北:骆驼出版社　1995年

昭明文选学术论考　游志诚　台北:台湾学生书局　1996年3月

清代文选学珍本丛刊第1辑　李之亮　郑州:中州古籍出版社　1998年10月

昭明文选研究　穆克宏　北京:人民文学出版社　1998年12月

《文选》的研究(文选の研究)　冈村繁　东京:岩波书店　1999年;陆晓光译　上海:上海古籍出版社　2002年8月(书名为:文选之研究)

新文选学——《文选》的新研究(新文选学——《文选》の新研究)　清水凯夫　东京:研文出版社　1999年

昭明文选　穆克宏　沈阳:春风文艺出版社　1999年1月

《文选音决》的研究(文选音决の研究)　狩野充德　广岛:溪水社　2000年

《昭明文选》研究　傅刚　北京:中国社会科学出版社　2000年1月

沈思与翰藻:《文选》研究(沈思と翰藻:《文选》の研究)　小尾郊一　东京:研文出版社　2001年

昭明文选研读　赵福海　长春:时代文艺出版社　2001年6月

饶宗颐二十世纪学术文集·文选卮言　饶宗颐　台北:新文丰出版社　2003年;北京:中国人民大学出版社　2009年9月

现代《文选》学史　王立群　北京:中国社会科学出版社　2003年10月;郑州:大象出版社　2014年8月

文选名篇　曹道衡　南京:江苏人民出版社　2004年7月

传统与近代之间:梁章钜学术与文学思想研究　王军伟　济南:齐鲁书社　2004年8月

文选钱氏学研究　吴晓峰、陈复兴、陈延嘉　长春:吉林大学出版社　2004年9月

隋唐文选学研究　汪习波　上海:上海古籍出版社　2005年4月

文选讲读　胡晓明　上海:华东师范大学出版社　2006年3月

文选论丛　顾农　扬州:广陵书社　2007年9月

《昭明文选》研究发展史　王书才　北京:学习出版社　2008年2月

《昭明文选》与《玉台新咏》之比较研究　颜智英　《古典文献研究辑刊》第6编　第20册　新北:花木兰文化出版社　2008年3月

文选学研究　穆克宏　厦门:鹭江出版社　2008年7月

明清文选学述评　王书才　上海:上海古籍出版社　2008年8月

文选综合学　游志诚　台北:文史哲出版社　2010年

古代及早期中古中国文学史料丛考　康达维、张泰平　Leiden:Brill　2010—2014年

宋代文选学研究　郭宝军　北京:中国社会科学出版社　2010年9月

文选学研究(上中下)　南江涛　北京:国家图书馆出版社　2010年11月

钱锺书文选学述评　陈延嘉　长春:吉林文史出版社　2011年8月

《文选》诠释研究　冯淑静　北京:中国社会科学出版社　2011年8月

文选学综观研究法　游志诚　《古典文献研究辑刊》第13编第11册　新北:花木兰文化出版社　2011年9月

《文选》评点述略　王书才　上海:上海古籍出版社　2012年11月

《文选》评点研究　赵俊玲　上海:上海古籍出版社　2013年1月

《文选》研究文献辑刊　宋志英、南江涛　北京:国家图书馆出版社　2013年5月

文选颜鲍谢诗评补　黄稚荃著,林孔翼校　上海:上海古籍出版社　2013年6月

多维视野中的《昭明文选》研究　孙博、孙浩宇　长春:东北师范大学出版社　2013年9月

顾随讲《文选》　叶嘉莹、刘在昭笔记,高献红、顾之京整理　石家庄:河北教育出版社　2013年10月

清代文选学名著集成(20册)　许逸民　扬州:广陵书社　2013年11月

明代《文选》学研究　郝倖仔　新北:花木兰文化出版社　2014年

《昭明文选》应用研究　张鹏飞　北京:中国社会科学出版社　2014年5月

门阀士族与文学总集　刘跃进　西安:世界图书出版西安有限公司　2014年6月

清代《文选》学研究　王小婷　上海:上海古籍出版社　2014年9月

元代《文选》学研究　罗琴　《古典文献研究辑刊》第21编第5册　台北:花木兰出版社　2015年

唐宋《文选》学史论　丁红旗　上海:上海人民出版社　2015年7月

南朝学术文化与《文选》　周唯一　北京:人民出版社　2015年8月

《昭明文选》教程　胡大雷、韩晖　桂林:广西师范大学出版社　2016年7月

《文选》何焯校集证(上中下)　范志新　开封:河南大学出版社　2016年7月

《昭明文选》丛考　罗国威　《古典文献研究辑刊》第25编第8册　新北:花木兰文化出版社　2017年

《文选》旧注辑存　刘跃进著,徐华校　南京:凤凰出版社　2017年10月

《文选》汇评　赵俊玲　南京:凤凰出版社　2007年11月

《文选学研究》第1辑　陈延嘉　北京:中华书局　2018年2月

《六朝选诗定论》对身体与时空之阐发——兼论吴淇之情辞观　郑婷尹　台北:文史哲出版社　2018年2月

论文

为萧统的《文选》呼冤　杨鸿烈　京报副刊　1924年12月11日;《中国文学杂论》　上海:亚东图书馆　1928年4月;《文选学研究》　北京:国家图书馆出版社　2010年11月

《文选》札记　熊周光　尚友书塾季报　1925年3月第1卷第1期;《文选学研究》　北京:国家图书馆出版社　2010年11月

《文选》札记　张勗初　尚友书塾季报　1925年3月第1卷第1期;《文选学研究》　北京:国家图书馆出版社　2010年11月

《文选》　杜世镛　尚友书塾季报　1925年6月第1卷第2期;《文选学研究》　北京:国家图书馆出版社　2010年11月

《文选》　龚晖　尚友书塾季报　1925年6月第1卷第2期;《文选学研究》　北京:国家图书馆出版社　2010年11月

《文选》读余　叶履工　学风　1925年第6卷第5期

萧梁《文选》及《古文辞类纂》编例之比观　王锡睿　国学丛刊　1926年8月第3卷第1期;《文选学研究》　北京:国家图书馆出版社　2010年11月

《文选类诂》述　周云青　国学辑林　1926年第1卷第1期;《文选学研究》　北京:国家图书馆出版社　2010年11月

日本帝室图书寮观书记——《文选》六十卷　傅增湘　北平图书馆月刊　1930年2月第4卷第1期;《文选学研究》　北京:国家图书馆出版社　2010年11月

《文选钞》《文选音决》　重　学文　1930年11月第1卷第1期;《文选学研究》　北京:国家图书馆出版社　2010年11月

选学纲领(附李注略例) 高步瀛 东北丛刊 1930年第11期

《文选学》自叙 骆鸿凯 国学丛编 1931年7月第1期第2册;《文选学研究》 北京:国家图书馆出版社 2010年11月

《怀风藻》与《文选》(怀风藻と文选) 吉田幸一 国语と国文学9(12) 1932年

重三感旧——一九三三年忆光绪朝末 丰之余(鲁迅) 申报·自由谈 1933年10月6日;《准风月谈》 上海:联华书局 1936年5月

《庄子》与《文选》 施蛰存 申报·自由谈 1933年10月8日;《1913—1983鲁迅研究学术论著资料汇编 第1卷》 北京:中国文联出版公司 1985年10月

论《庄子》与《文选》 曹聚仁 涛声 1933年10月14日;《曹聚仁杂文集》 北京:生活·读书·新知三联书店 1994年10月

"感旧"以后(上)(下) 丰之余(鲁迅) 申报·自由谈 1933年10月15日、16日;《准风月谈》 上海:联华书局 1936年5月

推荐者的立场——《庄子》与《文选》之论争 施蛰存 大晚报 1933年10月19日;《1913—1983鲁迅研究学术论著资料汇编 第1卷》 北京:中国文联出版公司 1985年10月

致黎烈文先生书——兼示丰之余先生 施蛰存 申报·自由谈 1933年10月20日;《准风月谈》 上海:联华书局 1936年5月

扑空 丰之余(鲁迅) 申报·自由谈 1933年10月22日、24日;《准风月谈》 上海:联华书局 1936年5月

突围 施蛰存 申报·自由谈 1933年10月23日、24日;《准风月谈》 上海:联华书局 1936年5月

再论《文选》 陈子展 申报·自由谈 1933年10月23日;《〈申报·自由谈〉杂文选 1932—1935》 上海:文艺出版社 1987年3月

答"兼示" 丰之余(鲁迅) 申报·自由谈 1933年10月26日;《准风月谈》 上海:联华书局 1936年5月

《文选》问题小论 陈窘宪 矛盾月刊 1933年12月第2卷第4期;《文选学研究》 北京:国家图书馆出版社 2010年11月

《文选》札记——论《子虚赋》 古层冰(古直) 文学杂志 1933年第5期

《昭明文选》发挥文学的"时义" 方孝岳 《中国文学批评》 上海:世界书局 1934年5月;北京:生活·读书·新知三联书店 1986年12月

萧选、姚纂、曾钞,在文学上之分析 陈冠一 北平半月刊 1934年7月第1—3期

《文选》书目 普暄 女师学院期刊 1934年7月第2卷第2期;《文选学研究》 北京:国家图书馆出版社 2010年11月

胡克家《文选考异》叙例 普暄 女师学院期刊 1935年6月第3卷第2期;《中外学者文选学论集》(上) 北京:中华书局 1998年8月;《文选学研究》 北京:国家图书馆出版社 2010年11月(按:此文又以《〈文选考异〉述例》之名发表于《新东方杂志》1940年第1卷第8期,署名吕方)

《文选》校笺 罗根泽 文哲月刊 1935年10月第1卷第3期

《文选》校笺　刘盼遂　文哲月刊　1935年10—12月第1卷第1期、第3期;《文选学研究》　北京:国家图书馆出版社　2010年11月

读选导言(附选学书目)　骆鸿凯　学术世界　1935年12月第1卷第7期;《文选学研究》　北京:国家图书馆出版社　2010年11月

文选学　周贞亮　安雅月刊　1935年第3期;《文选学研究》　北京:国家图书馆出版社　2010年11月

《文选》之所以伟大(《文选》の大いなる所以)　芝野六助　同仁10(5)　1936年

《文选》小考　泷川龟太郎　大东文化(14)　1936年

《文选》指瑕　骆鸿凯　制言半月刊　1936年2月第11期;《昭明文选论文集》　台北:木铎出版社　1976年5月;《中外学者文选学论集》(上)　北京:中华书局　1998年8月;《文选学研究》　北京:国家图书馆出版社　2010年11月

选学书著录　骆鸿凯　制言半月刊　1936年2月第11期;《文选学研究》　北京:国家图书馆出版社　2010年11月

广选　骆鸿凯　制言半月刊　1936年7月第20期;《文选学研究》　北京:国家图书馆出版社　2010年11月

《文选》读余　叶履工　学风　1936年8月第6卷第5期;《文选学研究》　北京:国家图书馆出版社　2010年11月

选学源流(起自唐迄于近代)　骆鸿凯　制言半月刊　1936年第8—10期;《文选学研究》　北京:国家图书馆出版社　2010年11月

文选学考　许世瑛　国闻周报　1937年3月15日第14卷第10期;《文选学研究》　北京:国家图书馆出版社　2010年11月

《文选》解题及其读法　李庆富　学风　1937年5月第7卷第4期;《文选学研究》　北京:国家图书馆出版社　2010年11月

读《文选》杂记　刘文典　《三馀札记》　上海:商务印书馆　1938年9月;《刘文典全集》　合肥:安徽大学出版社　1999年8月

《文选诗》与《玉台新咏》异同考　傲霜　北京新民报　1938年11月17、18、20、23日

选学拾渖(李善注本)　李审言(李详)　制言月刊　1939年2月第49期;《文选学研究》　北京:国家图书馆出版社　2010年11月

论《文选音》残卷之作者及其音反　周祖谟　辅仁学志　1939年6月第8卷第1期;《问学集》　北京:中华书局　1966年1月(题目为:论《文选音》残卷之作者及其方音);《中外学者文选学论集》(上)　北京:中华书局　1998年8月(题目为:论《文选音》残卷之作者及其方音);《文选学研究》　北京:国家图书馆出版社　2010年11月

选学笺窥　程一夔　制言月刊　1939年第55期、59期;《文选学研究》　北京:国家图书馆出版社　2010年11月

《文选》与《玉台新咏》　缪钺　益世报·文史　1943年6月25日;《缪钺文论甲集》　成都:路明书店　1944年;《昭明文选论文集》　台北:木铎出版社　1976年5月;《诗词散论》　上海:上海古籍出版社　1982年11月;《缪钺全集·第2卷,冰茧庵古典文学论集》　石家庄:河北教育出版社　2004年7月;《古典文学论丛》　杭州:浙江大学出版社　2009年7月;《文选学研究》　北京:国家图书馆出版社　2010年11月

选学镜原发疑　寿普暄　师大学刊　1943年6月第2集;《文选学研究》　北京:国家图书馆出版社　2010年11月

我对于《昭明文选》的一点意见　许世瑛　艺文杂志　1944年8月第2卷第7—8期合刊;《文选学研究》　北京:国家图书馆出版社　2010年11月

论《昭明文选》　李嘉言　河南大学校刊复刊　1948年3月第19期;《李嘉言古典文学论文集》　上海:上海古籍出版社　1987年3月

《日本书纪》的素材——它和《文选》《史记》《汉书》的关系(书纪の素材——文选・史记・汉书との关系)　小岛宪之　人文研究2(8)　1951年

《文选读》考　筑岛裕　国语と国文学28(11)　1951年

《万叶集》和《诗经》《文选》(万叶集と诗经文选)　久松潜一　上代文学　1955年

文选跋　叶景葵　《卷盦书跋》　上海:古典文学出版社　1957年5月;《叶景葵文集》　上海:上海科学技术文献出版社　2016年7月

读《文选》　钱穆　新亚学报　1958年2月第3卷第2期;《中国学术思想史论丛3》　北京:生活・读书・新知三联书店　2009年12月

已故斯波博士与《文选》(故斯波博士と文选)　小尾郊一　书报(12)　东京:极东书店　1959年

《文选》和《万叶集》(文选と万叶集)　内田泉之助　二松学舍大学论集　1959年

选学考 邱燮友 台湾省立师范大学国文研究所集刊 1959年6月第3期

关于《文心雕龙》《诗品》《文选》的一、两个问题(《文心雕龙》《诗品》《文选》についての一、二の问题) 大矢根文次郎 早稻田大学教育学部学术研究 人文·社会·自然(11) 1962年

新文选学(新らしい文选学) 神田喜一郎 世界文学大系月报 东京:筑摩书房 1963年

关于《文选》(文选にちなんで) 纲祐次 世界文学大系月报 东京:筑摩书房 1963年

《文心雕龙》与萧《选》分体之比较研究 舒衷正 台湾政治大学学报 1963年第8期

书评斯波六郎、花房英树著《文选》 小尾郊一 中国新闻 1964年

《文选》解题 户田浩晓 精选文选 明玄书局 1964年

关于《文选心诀》(文选心诀について) 森孝太郎 东洋文化副刊(11无穷会) 1965年

《昭明文选》导读 孙克宽 书目季刊 1967年第3期

《万叶集》和《文选》(万叶集と文选) 野口进 金城学院大学论集·国文学编(12) 1970年

《太平记》和《文选》(太平记と文选) 增田欣 富山大学教育学部纪要(19) 1971年

评《昭明文选》的几种看法与评介 吴达芸 现代文学 1972年3月第46期;《中国古典文学研究丛刊 散文与论评之部》 新北:巨流图书股份有限公司 1979年2月;2012年3月

《文选》三事　吉川幸次郎　全释汉文大系月报　1974 年;《六朝文学论文集》　重庆:重庆出版社　1989 年 5 月

《文选》解说　小尾郊一　《全释汉文大系》二十六《文选》(一)　东京:集英社　1974 年

《玉台新咏》和《文选》(《玉台新咏》と《文选》)　户田浩晓　全释汉文大系季报(34)　东京:明治书院　1974 年

刘勰的《文心雕龙》和《文选》(刘勰の《文心雕龙》と《文选》)　目加田诚　全释汉文大系月报(12)　东京:集英社　1974 年

《文选》回想　今堀诚二　全释汉文大系月报(17)　东京:集英社　1975 年

聚焦《文选》(《文选》に事寄せて)　友枝龙太郎　全释汉文大系月报(21)　东京:集英社　1976 年

从神思到沉思——《文心雕龙》及《文选》(神思から沈思へ——《文心雕龙》と《文选》)　户田浩晓　大东文化大学汉学会志(14)1976 年;曾旭译　《文心雕龙研究》　上海:上海古籍出版社　1992 年 6 月

扬州与《文选》(扬州と文选)　目加田诚　新释汉文大系季报(47)　1977 年

历代文学总集选介——《文选》　张涤华　安徽师范大学学报　1978 年第 2 期

读《文选》札记　徐复　南京师范学院学报　1979 年第 1 期;《徐复语言文字学丛稿》　南京:江苏古籍出版社　1990 年 6 月;《中外学者文选学论集》(上)　北京:中华书局　1998 年 8 月

《文选》赠送蒙代尔　李诗　书林　1979 年第 2 期

《文选杂识》(1)　森野繁夫　广岛大学教育学部纪要(第二部)(29)　1980年

《文选杂识》(2)　森野繁夫　国语教育研究(26)(上)　1980年

读《文选》有感　林微(沈玉成)　羊城晚报　1980年7月14日;《沈玉成文存》　北京:中华书局　2006年6月

简评《文选》二题　柳晟俊　中国语文学　1980年11月第1辑

顾广圻的校勘学　王重民　吉林省图书馆学会会刊　1980年第1期

从扬州文选楼谈《文选》和文选学　张旭光　扬州师院学报　1980年第3期

《文心雕龙》与《文选》在选文定篇及评文标准上的比较　齐益寿　《古典文学》第3集　台北:台湾学生书局　1981年12月;《台湾学者中国文学批评论文选》　北京:人民文学出版社　1986年9月(题目为:《文心雕龙》与《文选》评文标准的比较);《中外学者文选学论集》(下)　北京:中华书局　1998年8月

广《杜诗证选》　金启华　盐城师专学报　1981年第2期

《文选》:一辈子研究书(《文选》一生をかけた研究の书)　小尾郊一　朝日新闻6/13一册の本　1982年

《文选》私说　大久保庄太郎　羽衣学园短期大学研究纪要(19)　1982年

《文选》　沈玉成　文史知识　1982年第7期;《沈玉成文存》　北京:中华书局　2006年6月

梁章钜著述多非自撰　袁行云　《文史》第19辑　北京:中华

书局 1983年8月

萧统的《文选》 青云 语文月刊 1983年第3期

《文选》与《文心雕龙》的相互关系 清水凯夫 《古田教授退官纪念论文集》 1984年;《六朝文学论文集》 重庆:重庆出版社 1989年5月

《文选》絮语:吉备大臣入唐绘词的关联(文选のはなし:吉备大臣入唐绘词に关连して) 神田喜一郎 《东洋学文献丛说》 东京:二玄社 1984年;童岭译 《古典文献研究》第14辑 《〈文选〉学专辑》 南京:凤凰出版社 2011年6月

《文选》的结构(文选の构造) 小金丸研一 千叶商大纪要 21(4) 1984年

谈《文选》 洪顺隆 华学季刊 1984年9月第5卷第3期

《楚辞集注》《文选》和其他 杨震方 文科月刊 1984年第4期

胡刻《文选考异》为顾千里所作考 李庆 文献 1984年第4期

《文心雕龙》对《文选》的影响(《文心雕龙》の《文选》への影响) 清水凯夫 学林 1985年;《六朝文学论文集》 重庆:重庆出版社 1989年5月;《中外学者文选学论集》(下) 北京:中华书局 1998年8月

阮元文选学(阮元の文选学) 近藤光男 お茶の水女子大学中国文学会报(4) 1985年

从《文心雕龙》与《文选》之比较看萧统的文学思想 莫砺锋 《古代文学理论研究丛刊》第10辑 上海:上海古籍出版社 1985

年6月;《中外学者文选学论集》(上)　北京:中华书局　1998年8月;《文学史沉思拾零》　北京:中华书局　2013年9月

《文选》与《玉台新咏》(《文选》と《玉台新咏》)　冈村繁　《古典文学》第7集　台北:台湾学生书局　1985年8月;《神田喜一郎博士追悼中国学论集》　东京:二玄社　1986年

《文选李注义疏》点校前言　曹道衡、沈玉成　《文选李注义疏》　北京:中华书局　1985年11月

《文心雕龙》对《文选》的影响——关于散文的探讨　清水凯夫撰,韩基国译　学林(5)　1985年;《六朝文学论文集》　重庆:重庆出版社　1989年5月

《文选》结构再考(文选の构造再考)　小金丸研一　千叶商大纪要24(2)　1986年

骆鸿凯《文选学》正误二例　穆克宏　福建师范大学学报　1986年第4期

《文心雕龙》与《文选》　吴林伯　武汉大学学报　1986年第5期

萧统和他的《文选》　刘锐　课外学习　1986年第6期

文选读续貂　宇都宫睦男　国语国文　1987年

《文选》与《文心雕龙》的关系——关于韵文的研讨(《文选》と《文心雕龙》との关系——韵文に关する检讨)　清水凯夫　立命馆文学500号纪念论集　1987年;《六朝文学论文集》　重庆:重庆出版社　1989年5月

《文选》——贵族们的词华(文选——贵族たちの词华)　后藤秋正　《中国古典赏读》　北海道大学图书刊行会　1987年

萧统与萧纲——支撑《文选》与《玉台新咏》之编纂的文学认识(萧统と萧纲——文选と玉台新咏の编纂を支える文学认识)　大上正美　《中国文学论考》　东京:汲古书院　1987年;吴正岚译　《古典文献研究》第14辑　《〈文选〉学专辑》　南京:凤凰出版社　2011年6月

《文选笺证》中所见之连语研究　钱兴奇　南京师大学报　1987年第2期

《文选》在扬州　江庆柏　扬州师院学报　1987年第2期

《文选李注义疏》评议　叶征洛　浙江学刊　1987年第3期

清代的文选学　江庆柏　华南师范大学学报　1987年第3期

《文选》简说　黄宝华　语文学习　1987年第10期

从《文心雕龙》与《昭明文选》析论辞赋之形构与评价　蔡宗阳　国文学报　1987年第10期

《文选》总说　兴膳宏　《中国的古典》　东京:角川书店　1988年

汪师韩的生卒年　张明华　《文史》第29辑　北京:中华书局　1988年

《文选》的漂泊——南北朝末期的文学动向及其和《文选学》成立的关系(さまよえる文选——南北朝末期における文学の动向と文选学の成立)　冈村繁　花园大学禅文化研究所纪要(15)　1988年;《学术集林》卷11　上海:上海远东出版社　1997年11月;《中外学者文选学论集》(下)　北京:中华书局　1998年8月

王念孙《读书杂志》之《文选》考证　吴钟林　中国文学第16辑　1988年

朝鲜时代刊行中国文学关系书研究——其一《五臣注文选》，其二《古文真宝》，其三《文章正宗》 金学主 东亚文化 第26辑 1988年

试论“文选理”——以《选·赋》为例 赵福海 《昭明文选研究论文集：首届〈昭明文选〉国际学术讨论会》 长春：吉林文史出版社 1988年6月；《昭明文选研读》 长春：时代文艺出版社 2001年6月；《文选学散论》 长春：吉林人民出版社 2004年9月

日本研究《文选》的历史与现状 牧角悦子 《昭明文选研究论文集：首届〈昭明文选〉国际学术讨论会》 长春：吉林文史出版社 1988年6月；二松学舍大学人文论丛(56) 1996年；《中外学者文选学论著索引》 北京：中华书局 1998年12月

我国近十年来《文选》研究情况述略 阴法鲁、陈宏天 《昭明文选研究论文集：首届〈昭明文选〉国际学术讨论会》 长春：吉林文史出版社 1988年6月

关于《文选》和文选学 倪其心 《昭明文选研究论文集：首届〈昭明文选〉国际学术讨论会》 长春：吉林文史出版社 1988年6月；《北京大学百年国学文粹 语言文献卷》 北京：北京大学出版社 1998年4月

《昭明文选》与《文心雕龙》 李晖 《昭明文选研究论文集：首届〈昭明文选〉国际学术讨论会》 长春：吉林文史出版社 1988年6月

《文心雕龙》与《昭明文选》之比较 黄章明 黄埔学报 1988年6月

《文心雕龙》与《昭明文选》中对“文”的看法的比较 马积高 《昭明文选研究论文集：首届〈昭明文选〉国际学术讨论会》 长

春:吉林文史出版社　1988 年 6 月;《中外学者文选学论集》(上)　北京:中华书局　1998 年 8 月

日本“新文选”管窥　韩基国　《昭明文选研究论文集:首届〈昭明文选〉国际学术讨论会》　长春:吉林文史出版社　1988 年 6 月

《文选》黄氏学训诂探赜　许嘉璐　《昭明文选研究论文集:首届〈昭明文选〉国际学术讨论会》　长春:吉林文史出版社　1988 年 6 月;《中外学者文选学论集》(上)　北京:中华书局　1998 年 8 月

李善的《昭明文选注》与选学的新课题　王宁　《昭明文选研究论文集:首届〈昭明文选〉国际学术讨论会》　长春:吉林文史出版社　1988 年 6 月

萧统《文选》三题　穆克宏　《昭明文选研究论文集:首届〈昭明文选〉国际学术讨论会》　长春:吉林文史出版社　1988 年 6 月;《滴石轩文存》　福州:海峡文艺出版社　1994 年 1 月;《中外学者文选学论集》(上)　北京:中华书局　1998 年 8 月

欧美《文选》研究述略　康达维　《昭明文选研究论文集:首届〈昭明文选〉国际学术讨论会》　长春:吉林文史出版社　1988 年 6 月;《中外学者文选学论集》(下)　北京:中华书局　1998 年 8 月(题目为:欧美“文选学”研究概述)

学习《昭明文选》　吸取八代精华　徐克文　《昭明文选研究论文集:首届〈昭明文选〉国际学术讨论会》　长春:吉林文史出版社　1988 年 6 月

《文选》产生的背景和条件　王春茂　《昭明文选研究论文集:首届〈昭明文选〉国际学术讨论会》　长春:吉林文史出版社　1988 年 6 月

事出于沉思、义归乎翰藻——论《文选》对文学主体性的肯定　刘树清　《昭明文选研究论文集:首届〈昭明文选〉国际学术讨论会》　长春:吉林文史出版社　1988 年 6 月

《文选》五题　周纪彬　《昭明文选研究论文集:首届〈昭明文选〉国际学术讨论会》　长春:吉林文史出版社　1988 年 6 月

应当重视对《文选》的研究　王运熙　江海学刊　1988 年第 4 期;《汉魏六朝唐代文学论丛　增补本》　上海:复旦大学出版社　2002 年 5 月

从李善的《文选》注到骆鸿凯《文选学》——《昭明文选》研究管窥　宋绪连　辽宁大学学报　1988 年第 6 期;《中外学者文选学论集》(上)　北京:中华书局　1998 年 8 月;《李善文选学研究》　扬州:广陵书社　2009 年 4 月

文选学著述五种(选学拾渖、韩诗证选、杜诗证选、文选萃精说义、李善文选注例)　李审言(李详)　《李审言文集》　南京:江苏古籍出版社　1989 年 3 月

从李善的《文选》注到骆鸿凯《文选学》(续)——《昭明文选》研究管窥　宋绪连　辽宁大学学报　1989 年第 1 期

请读《昭明文选研究论文集》　何楠　辽宁大学学报　1989 年第 1 期

首届《昭明文选》国际学术讨论会综述　温宣雪　社会科学战线　1989 年第 1 期

恢弘"《选》学"　沾溉词林——读屈守元教授《〈昭明文选〉杂述及选讲》　王泽君　文史杂志　1989 年第 3 期

《文选颜鲍谢诗评》发微　詹杭伦　乐山师专学报　1989 年第

3期

读《文选平点》 曹虹 南京大学学报 1989年第4期

愿文的世界——追善愿文中所见哀伤表现的类型和《文选》(愿文の世界——追善愿文の哀伤类型と文选) 渡边秀夫 国文学解释と鉴赏55(10) 1990年

从《文选》到《玉台新咏》——南朝后期文学的转变及其意义 钟涛 青海社会科学 1990年第5期;《雅与俗的跨越:汉魏六朝及元代文学论集》 成都:巴蜀书社 2001年3月

《文选李注义疏》疑文举例 浦金瑞 古籍整理出版情况简报第241期 北京:中华书局 1991年4月

研习《文选》之津梁——骆鸿凯《文选学》评介 穆克宏 文学遗产 1991年第1期;《滴石轩文存》 福州:海峡文艺出版社 1994年1月;《中外学者文选学论集》(上) 北京:中华书局 1998年8月;《昭明文选研究》 北京:人民文学出版社 1998年12月

唐人注释书名著三种 曾贻芬 史学史研究 1991年第1期

产生《昭明文选》时代的文学氛围漫谈 屈守元 文史杂志 1991年第3期

唐代"文选学"综述 宋启发 安徽教育学院学报 1991年第3期

《昭明文选》产生的时代文学氛围漫谈(下) 屈守元 文史杂志 1991年第4期

澄清关于萧统和《文选》的种种附会和谬传 屈守元 天府新论 1991年第6期

无文的文化——南朝梁代昭明太子萧统主编的《文选》　金克木　读书　1991 年第 7 期

苏州“选学”述略　范志新　《文选学论集》　长春:时代文艺出版社　1992 年 6 月

大陆馆藏“选学”善本书录　吕桂珍　《文选学论集》　长春:时代文艺出版社　1992 年 6 月

时代与总结——《文选》出现的时代　何兹全　《文选学论集》　长春:时代文艺出版社　1992 年 6 月

《文选》贮存的六朝“当时语”的价值　吕正华　《文选学论集》　长春:时代文艺出版社　1992 年 6 月

关于《文选》的正名　周奇文　《文选学论集》　长春:时代文艺出版社　1992 年 6 月;长春师范学院学报　1994 年第 2 期

文章渊薮　英华荟萃——论《文选》的文学价值　穆克宏　《文选学论集》　长春:时代文艺出版社　1992 年 6 月;福建师范大学学报　1993 年第 2 期;《滴石轩文存》　福州:海峡文艺出版社　1994 年 1 月;《昭明文选研究》　北京:人民文学出版社　1998 年 12 月

读《文选》札记　曹道衡、沈玉成　《文选学论集》　长春:时代文艺出版社　1992 年 6 月;《沈玉成文存》　北京:中华书局　2006 年 6 月

《文选》英译浅论　康达维　《文选学论集》　长春:时代文艺出版社　1992 年 6 月

美文的时代与时代的美文——论《文选》的基本艺术特征　赵福海　《文选学论集》　长春:时代文艺出版社　1992 年 6 月;《昭明文选研读》　长春:时代文艺出版社　2001 年 6 月

"文选学"之文类评点方法　游志诚　《文选学论集》　长春:时代文艺出版社　1992年6月;《昭明文选学术论考》　台北:台湾学生书局　1996年3月

再谈"选学"研究的新课题　许逸民　《文选学论集》　长春:时代文艺出版社　1992年6月;《中外学者文选学论集》(上)　北京:中华书局　1998年8月

论《文选》对传统文化的选择　钟兆祥　广西师范学院学报　1992年第2期;《文选学论集》　长春:时代文艺出版社　1992年6月

《六臣注文选·骚》点校序　邓元煊　四川图书馆学报　1992年第3期

文选学国际学术研讨会纪要　乐闻　文学遗产　1992年第6期

《文选李注义疏》标点斠议　伏俊琏　古籍整理研究学刊　1992年第6期

振兴"选学"的重大措施——《文选学研究集成》丛书开始编纂　雨辰　古籍整理出版情况简报　1992年第264期

萧统《文选》研究述略　穆克宏　郑州大学学报　1993年第1期;《滴石轩文存》　福州:海峡文艺出版社　1994年1月;《魏晋南北朝文学论集》　台北:文史哲出版社　1994年11月;《昭明文选研究》　北京:人民文学出版社　1998年12月

继往开来的选学家黄侃(季刚)　陈延嘉　长春师范学院学报　1993年第4期

韩国《文选》研究的历史和现况　白承锡　郑州大学学报

1993年第5期

清儒《文选》学著述举要　屈守元　郑州大学学报　1993年第5期

答顾农先生并论“新文选学”的课题与方法(顾农氏の反论に答え并せて“新文选学”の课题と方法を论ず)　清水凯夫　《大泽阳典教授退职纪念论集》　1994年;职大学刊　1994年第4期;《清水凯夫〈诗品〉〈文选〉论文集》　北京:首都师范大学出版社　1995年3月

书评《文选李善注引书考证》　神鹰德治　花园大学研究纪要(26)　1994年

读《文选》笔记　蒋礼鸿　《蒋礼鸿语言文字学论丛》　杭州:浙江古籍出版社　1994年12月

二十世纪的欧美“文选学”研究　康达维　郑州大学学报　1994年第1期

程先甲及其《选雅》　韩格平　古籍整理研究学刊　1994年第1期

选学:中国编辑学史的一大类别　余润生　河南大学学报　1994年第2期

文选学新研二题　顾农　南开学报　1994年第2期;《文选与文心》　贵阳:贵州人民出版社　1998年6月;《文选论丛》　扬州:广陵书社　2007年9月

《文选》的三重背景　顾农　天津师大学报　1994年第5期;《文选与文心》　贵阳:贵州人民出版社　1998年6月;《文选论丛》　扬州:广陵书社　2007年9月

李善与文选学　顾农　齐鲁学刊　1994年第6期;《文选与文

心》 贵阳:贵州人民出版社 1998年6月;《文选论丛》 扬州:广陵书社 2007年9月;《李善文选学研究》 扬州:广陵书社 2009年4月

胡绍煐及其《文选笺证》 蒋立甫 江淮论坛 1994年第6期;《蒋立甫古典文学研究论集》 芜湖:安徽师范大学出版社 2016年6月

近四十年《文选》研究概述 毛德富 文史知识 1994年第10期

中国编纂文集之始和现存最早的诗文总集《昭明文选》的研究和流传 韩长耕 《韩长耕文集》 长沙:岳麓书社 1995年1月

《昭明文选》与中国古人的主题学思维模式 王立 《中国文学主题学》 郑州:中州古籍出版社 1995年6月

略论《文选》与"选学" 曹道衡 古典文学知识 1995年第1期;《汉魏六朝文学论文集》 桂林:广西师范大学出版社 1999年9月;《曹道衡文集》卷三 郑州:中州古籍出版社 2018年4月

文选书籍繁兴的原因 文艺理论研究 1995年第1期

试论《昭明文选》与《文心雕龙》的关系 顾农 南开学报 1995年第1期;《文选与文心》 贵阳:贵州人民出版社 1998年6月;《文选论丛》 扬州:广陵书社 2007年9月

萧统《文选》与钟嵘《诗品》 顾农 扬州师院学报 1995年第1期;《文选与文心》 贵阳:贵州人民出版社 1998年6月;《文选论丛》 扬州:广陵书社 2007年9月

近代选学大师、目录学家李详 陈增礽 江苏图书馆学报 1995年第3期

选学最早几部撰著试述 雨辰(宋恪震) 郑州大学学报

1995年第3期;《文选学新论》　郑州:中州古籍出版社　1997年10月;《问学鸿爪拾碎》　北京:线装书局　2009年8月;《“文选学”论文集粹》　北京:中华书局　2017年12月

清水凯夫与新文选学　宋绪连　辽宁大学学报　1995年第4期

重评三十年代“《庄子》与《文选》之争”　谭桂林　求索　1995年第5期

南朝文风和《文选》　曹道衡　文学遗产　1995年第5期;《汉魏六朝文学论文集》　桂林:广西师范大学出版社　1999年9月;《曹道衡文集》卷三　郑州:中州古籍出版社　2018年4月

评《文选全译》　章起城　贵州文史丛刊　1995年第6期;《五十载文选》　贵阳:贵州大学出版社　2008年1月(张启成)

诵《文选》记　刘咸炘　《推十书》　成都:成都古籍书店　1996年;上海:上海科学技术文献出版社　2009年1月

选诗评点所见文类学方法——兼论山水诗归类问题　游志诚　《昭明文选学术论考》　台北:台湾学生书局　1996年3月

《文选》及其评点所见汉诗学　游志诚　《昭明文选学术论考》　台北:台湾学生书局　1996年3月

《文选》多义性集评方法　游志诚　《昭明文选学术论考》　台北:台湾学生书局　1996年3月

《文选》作品阅读法　游志诚　《昭明文选学术论考》　台北:台湾学生书局　1996年3月

文选学的回顾与展望　游志诚　《昭明文选学术论考》　台北:台湾学生书局　1996年3月

《文选》书录举例　游志诚　《昭明文选学术论考》　台北:台湾学生书局　1996年3月

宋刻本《文选双字类要》　沈津　《书城挹翠录》　上海:上海社会科学院出版社　1996年3月

明嘉靖刻公文纸印本《文选双字类要》　沈津　《书城挹翠录》　上海:上海社会科学院出版社　1996年3月

明天启套印本《文选尤》　沈津　《书城挹翠录》　上海:上海社会科学院出版社　1996年3月

《后读书杂志·文选杂志》　徐复　《后读书杂志》　上海:上海古籍出版社　1996年4月

唐代扬州的《文选》学　诸祖煜　扬州师院学报　1996年第1期

浅论《文选》的旅游文学视野　刘德谦　旅游学刊　1996年第1期;《中国旅游文学新论》　北京:中国旅游出版社　1997年7月

主编《文选全译》的两点体会　张启成　贵州大学学报　1996年第1期

略论《文选》与《文心雕龙》之关系　穆克宏　临沂师专学报　1996年第2期

95"文选学"国际学术讨论会综述　陈庆元　文学遗产　1996年第2期

浅析《文选》　严继东　图书情报论坛　1996年第2期

评清水凯夫"新文选学"　顾农　齐鲁学刊　1996年第3期;《文选与文心》　贵阳:贵州人民出版社　1998年6月;《文选论丛》　扬州:广陵书社　2007年9月

《文选笺证》校误 蒋立甫 古籍整理研究学刊 1996年第3期

王煦《文选李善注拾遗》评述 李之亮 郑州大学学报 1996年第3期

《文选》与“文选学” 跃进 中国典籍与文化 1996年第3期

他山之石,可以攻玉——简评日本学者清水凯夫《〈诗品〉〈文选〉论文集》 傅刚 文学遗产 1996年第3期

《文心雕龙》与《文选》的同一错误 周振甫 古籍研究 1996年第4期

《文选类诂》订误一则 陈福林 社会科学战线 1996年第5期

从全部收录作品的统计上看《文选》的基本特征(全收录作品の统计から见た《文选》の基本的性质) 清水凯夫 学林(27) 1997年;长春师范学院学报 1999年第1期

《文选》与文学理论批评 穆克宏 《魏晋南北朝文学与思想学术研讨会论文集》第三辑 台北:文津出版社 1997年9月;文学遗产 1998年第4期;《昭明文选研究》 北京:人民文学出版社 1998年12月

《昭明文选》及其评点所见之赋学 游志诚 《魏晋南北朝文学与思想学术研讨会论文集》第三辑 台北:文津出版社 1997年9月

《文选》五言诗与钟嵘《诗品》 张亚新 《文选学新论》 郑州:中州古籍出版社 1997年10月

1990—1994年文选学研究主要论文索引 王庆梅 《文选学

新论》　郑州:中州古籍出版社　1997年10月

文选学研究的几个问题　穆克宏　《文选学新论》　郑州:中州古籍出版社　1997年10月;《昭明文选研究》　北京:人民文学出版社　1998年12月

"新文选学"刍议　屈守元　《文选学新论》　郑州:中州古籍出版社　1997年10月;《20世纪中国文学研究论文选　魏晋南北朝卷》　北京:社会科学文献出版社　2010年1月

文选学书录解题三则　王更生　郑州大学学报　1997年第1期

山重水复疑无路　柳暗花明又一村——近50年《文选》若干问题研究述评　王保庆　天中学刊　1997年第6期

或然与必然——关于《文选》研究的断想　王立群　河南大学学报　1997年第6期

选堂先生与选学及潮学　姜伯勤　文史知识　1997年第9期

从《文选》和《玉台新咏》看萧统和萧纲的文学思想　曹道衡　《燕京学报》新4期　北京:北京大学出版社　1998年5月;《汉魏六朝文学论文集》　桂林:广西师范大学出版社　1999年9月;《曹道衡文集》卷三　郑州:中州古籍出版社　2018年4月

中国大陆"文选学"研究概述　毛德富　《中外学者文选学论集》(下)　北京:中华书局　1998年8月

中国港台地区"文选学"研究概述　游志诚　《中外学者文选学论集》(下)　北京:中华书局　1998年8月

日本"文选学"研究概述　佐竹保子　《中外学者文选学论集》(下)　北京:中华书局　1998年8月

韩国“文选学”研究概述　白承锡　《中外学者文选学论集》（下）　北京：中华书局　1998 年 8 月

《文选》产生的时代　穆克宏　《昭明文选研究》　北京：人民文学出版社　1998 年 12 月

《文选》内容简介　穆克宏　《昭明文选研究》　北京：人民文学出版社　1998 年 12 月

《文选学研究集成》序　俞绍初、许逸民　《中外学者文选学论著索引》　北京：中华书局　1998 年 12 月

略评王煦的《文选李善注拾遗》及其笺识　曹道衡　江海学刊　1998 年第 1 期

梁章钜与《文选旁证》　穆克宏　福建师范大学学报　1998 年第 1 期；《昭明文选研究》　北京：人民文学出版社　1998 年 12 月；《文选学研究》　厦门：鹭江出版社　2008 年 7 月

毛泽东与《昭明文选》　刘汉民　荆州师专学报　1998 年第 3 期

李详及其《文选》研究　范志新　苏州大学学报　1998 年第 3 期

传统选学和新选学　傅刚　文史知识　1998 年第 4 期

《文选》与《文心雕龙》对史部文章评录标准之差异　陈学举　南京社会科学　1998 年第 12 期

诗文的渊薮——昭明文选　吕武志　国文天地　1999 年

论《文选》与《诗品》《文心雕龙》《文章缘起》的关系　傅刚　《文学评论丛刊》第 2 卷第 1 期　南京：江苏文艺出版社　1999 年 5 月；《汉魏六朝文学与文献论稿》　北京：商务印书馆　2016 年 3 月

书评　《文选之研究》一部从两个侧面来进行的《文选》研究(两侧面からの《文选》研究《文选之研究》)　兴膳宏　东方(225)　1999年

岛田翰与《文选集注》(岛田翰と文选集注)　长泽孝三　日本历史(608)　1999年

《文选》:自由精神主宰下多元文学的总汇　畲树声　西安教育学院学报　1999年第1期;培训与研究　1999年第3期

从"文选"说到《中华传世文选》　李书源、胡维革　社会科学战线　1999年第1期

南北文风之融合和唐代《文选》学之兴盛　曹道衡　文学遗产　1999年第1期;《中古文史丛稿》　保定:河北大学出版社　2003年10月;《曹道衡文集》卷二　郑州:中州古籍出版社　2018年4月

唐代科举与《选》学的兴盛　姜维公　长春师范学院学报　1999年第1期;《文选学散论》　长春:吉林人民出版社　2004年9月

论20世纪《文选》学家流派与《文选》学研究分期　王立群　中州学刊　1999年第3期

"文选学"百年研究的结晶　范晓民　殷都学刊　1999年第3期

《文心》时序篇与《文选》时义观比较研究　赵福海　长春师范学院学报　1999年第3期;《昭明文选研读》　长春:时代文艺出版社　2001年6月

《文选》标点失误举例　高明　古籍研究　1999年第3期

二十世纪中外"文选学"精华的汇集:《中外学者文选学论

集》述介　徐正英　书品　1999年第4期

骆鸿凯《文选学》与20世纪现代“选”学　王立群　河南大学学报　1999年第6期

《文选·诗》与《文心雕龙》诗论和《诗品》之比较:兼论无以判断舍人与昭明和记室对陶诗识力之高低　力之　江汉论坛　1999年第11期

《文选》与中古文学研究　傅刚　文史知识　1999年第11期;《汉魏六朝文学与文献论稿》　北京:商务印书馆　2016年3月

二十世纪《文选》研究述评　张连科　江西社会科学　1999年第12期;《中国古代散文研究》　合肥:安徽大学出版社　2001年4月

书评冈村繁《文选の研究》　富永一登　中国文学报(60)　2000年

“选学”研究的新起点——第四届“文选学”国际学术研讨曾综述　吴晓峰　学林(32)　2000年

再论《文选》与《文心雕龙》之影响关系(再论《文选》と《文心雕龙》との影响关系)　清水凯夫　学林(32)　2000年;《〈昭明文选〉与中国传统文化:第四届文选学国际学术研讨会》　长春:吉林文史出版社　2001年6月;《古典文献研究》第14辑　《〈文选〉学专辑》　南京:凤凰出版社　2011年6月

20世纪“选学”文献述略　王立群　《第一届全国高校中国古代文学科研与教学研讨会论文集》　2000年4月

唐代文选学述略(代前言)　饶宗颐　《敦煌吐鲁番本文选》　北京:中华书局　2000年5月;《饶宗颐二十世纪学术文集·文选卮

言》　台北:新文丰出版社　2003 年;北京:中国人民大学出版社　2009 年 9 月

《文选》对魏晋以来文学传统的继承和发展　曹道衡　文学遗产　2000 年第 1 期

读《文选》札记　曹道衡　长春师范学院学报　2000 年第 3 期;《文选学散论》　长春:吉林人民出版社　2004 年 9 月

《新刊续补文选纂注》的作者　范志新　文学遗产　2000 年第 4 期

写在新书边上——《文选诗研究》编后　沈伟东　出版广角　2000 年第 12 期

《文选序》与《文心雕龙》之比较研究　魏素足　空大人文学报　2001 年

《文选》和《文心雕龙》"笔"之比较　钟涛　《雅与俗的跨越:汉魏六朝及元代文学论集》　成都:巴蜀书社　2001 年 3 月;《〈昭明文选〉与中国传统文化:第四届文选学国际学术研讨会》　长春:吉林文史出版社　2001 年 6 月

书评(饶宗颐《敦煌吐鲁番本文选》、罗国威《敦煌本〈昭明文选〉研究》、罗国威《敦煌本〈文选注〉笺证》、傅刚《文选版本研究》)　徐俊　《敦煌吐鲁番研究》第 5 卷　北京:北京大学出版社　2001 年 5 月

"选学妖孽"口号之来龙去脉与反思　赵福海　《〈昭明文选〉与中国传统文化:第四届文选学国际学术研讨会》　长春:吉林文史出版社　2001 年 6 月;《昭明文选研读》　长春:时代文艺出版社　2001 年 6 月

文选综合学　游志诚　《〈昭明文选〉与中国传统文化:第四届

文选学国际学术研讨会》　长春:吉林文史出版社　2001 年 6 月

钱锺书与《文选》李善注　陈复兴　《〈昭明文选〉与中国传统文学:第四届文选学国际学术研讨会》　长春:吉林文史出版社　2001 年 6 月;社会科学战线　2001 年第 2 期;《李善文选学研究》　扬州:广陵书社　2009 年 4 月

鲁迅与《昭明文选》　王同策　《〈昭明文选〉与中国传统文化:第四届文选学国际学术研讨会》　长春:吉林文史出版社　2001 年 6 月;《同策丛稿古籍和古籍整理》　上海:上海古籍出版社　2016 年 5 月

清高宗与《文选》　江庆柏　《〈昭明文选〉与中国传统文化:第四届文选学国际学术研讨会》　长春:吉林文史出版社　2001 年 6 月

《文选》源变举略:从《诗经》到桐城　林中明　《〈昭明文选〉与中国传统文化:第四届文选学国际学术研讨会》　长春:吉林文史出版社　2001 年 6 月

顾炎武与"文选学"——以《日知录》为例　徐正英　《〈昭明文选〉与中国传统文化:第四届文选学国际学术研讨会》　长春:吉林文史出版社　2001 年 6 月;郑州大学学报　2001 年第 5 期

《文选》对西汉文学把握的障蔽　徐复观　《中国文学论集》　台北:台湾学生书局　2001 年 12 月

论《文心雕龙》对《文选》之影响　李金坤　文学前沿　2001 年第 1 期

苏轼论《文选》琐议　穆克宏　福建师范大学学报　2001 年第 2 期

周贞亮《文选学》与骆鸿凯《文选学》　王立群　文学遗产　2001 年第 3 期

古老诠释文本的再度诠释——评冈村繁《永青文库藏敦煌本〈文选注〉笺订》 罗国威 辽宁大学学报 2001年第4期;《六朝文学与六朝文献》 成都:巴蜀书社 2010年3月;《古典文献研究辑刊》第25编 第8册 《昭明文选丛考》 新北:花木兰文化出版社 2017年

有关“选学”珍贵文献的发掘与利用 周勋初 中国典籍与文化 2001年第4期;《馀波集》 南京:南京大学出版社 2008年3月

《文选》学的深化——胡大雷《文选诗研究》略评 蒋寅 书品 2001年第4期

《昭明文选六臣汇注疏解》及其真伪 徐宝余 文献 2001年第4期

阐幽释微 画龙点睛——读《文选平点》札记 余国庆 古籍研究 2001年第4期;古籍整理研究学刊 2003年第3期

漫话《昭明文选》 顾关元 语文知识 2001年第6期

宋本《鲍照集》考——特别以其与《文选》的关系而论(宋本鲍照集考——特に《文选》との关わりについて) 向岛成美 新しい汉字汉文教育(35) 2002年

本邦中世菅家文选学事摭拾 住吉朋彦 日本历史(652) 2002年

20世纪的“文选学”研究 傅刚 光明日报 2002年2月6日

《文选》简论 王运熙 《汉魏六朝唐代文学论丛》(增补本) 上海:复旦大学出版社 2002年5月

中国古代选本的权舆——《文选》 邹云湖 《中国选本批评》

上海:上海三联书店　2002 年 6 月

由近代《文选》派与桐城派纷争联想到新诗学建设　汪春泓　《中国诗歌研究》第 1 辑　北京:中华书局　2002 年 6 月

选学中的骚学　熊良智　《楚辞文化研究》　成都:巴蜀书社　2002 年 10 月

顾炎武研究《昭明文选》的成就及不足　徐正英　《中国古典文学与文献学研究》第 1 辑　北京:学苑出版社　2002 年 11 月;《先唐文学与文学思想考论》　上海:上海古籍出版社　2005 年 3 月;《"文选学"论文集粹》　北京:中华书局　2017 年 12 月

"新文选学"的形成过程　段书伟　《中国古典文学与文献学研究》第 1 辑　北京:学苑出版社　2002 年 11 月

从《文选》看齐梁文学思潮及其演变　曹道衡　《国学研究》第 10 卷　北京:北京大学出版社　2002 年 11 月;《〈文选〉与"文选学":第五届文选学国际学术研讨会论文集》　北京:学苑出版社　2003 年 5 月;《中古文史丛稿》　保定:河北大学出版社　2003 年 10 月;《曹道衡文集》卷二　郑州:中州古籍出版社　2018 年 4 月

20 世纪现代《选》学对清代传统《选》学的继承与发展——以 20 世纪前期为中心　王立群　阜阳师范学院学报　2002 年第 1 期

新时期"选学"研究的几个特点　吴晓峰、陈瑛　长春师范学院学报　2002 年第 1 期;《文选学散论》　长春:吉林人民出版社　2004 年 9 月

试述钱锺书的《文选》评点　陈复兴　社会科学战线　2002 年第 2 期;文艺理论研究　2002 年第 3 期(题目为:钱锺书的《文选》评点)

《文选》与胡克家《考异》校议(上)　方向东　南京师范大学

文学院学报　2002年第2期

20世纪中国《文选》学研究的回顾与展望　穆克宏　福建师范大学学报　2002年第3期;《古代文论研究的回顾与前瞻:复旦大学2000年国际学术会议论文集》　上海:复旦大学出版社　2002年8月

论刘师培、黄侃与姚永朴之《文选》派与桐城派的纷争　汪春泓　文学遗产　2002年第4期;《文史探真》　北京:昆仑出版社　2004年7月;《桐城派学术档案》　武汉:武汉大学出版社　2016年3月

从选诗之差异看《文选》《玉台新咏》的文学批评意义　周建军　求索　2002年第4期

清代《选》学与20世纪现代《选》学　王立群　河南大学学报　2002年第4期

《日知录》对《昭明文选》作品的阐释与订误　范晓民　郑州大学学报　2002年第4期

《文选》与胡克家《考异》校议(下)　方向东　南京师范大学文学院学报　2002年第4期

开拓《文选》研究新领域——评《文选诗研究》　刘玉珺　古籍研究　2002年第4期

简析含"谏"字标题——从《文选》与《古文观止》谈起　邬文清　牡丹江师范学院学报　2002年第5期

《文选旁证》与"文选学"　姜朝晖、雷恩海　甘肃政法学院学报　2002年第5期

慧眼独具精义选出——读胡大雷教授《文选诗研究》　翟景运、傅刚　书品　2002年第5期

关于《文选课虚》(《文选课虚》について) 金子真也 龙谷纪要(24) 2003年

文选读的意图(文选读の意图) 柏谷嘉弘 神户女子大学文学部纪要(36) 2003年

略谈《文选》牵涉的几个中国文学史问题 张蓓蓓 《〈文选〉与“文选学”:第五届文选学国际学术研讨会论文集》 北京:学苑出版社 2003年5月

新时期文选学研究之回眸 王晓东 《〈文选〉与“文选学”:第五届文选学国际学术研讨会论文集》 北京:学苑出版社 2003年5月

《四库全书总目》著录《文选》类著作考 童自樟 《〈文选〉与“文选学”:第五届文选学国际学术研讨会论文集》 北京:学苑出版社 2003年5月

读《选》随笔 穆克宏 《〈文选〉与“文选学”:第五届文选学国际学术研讨会论文集》 北京:学苑出版社 2003年5月;江苏大学学报 2003年第1期

试论《古文真宝》与《昭明文选》之关系 朴三洙 《〈文选〉与“文选学”:第五届文选学国际学术研讨会论文集》 北京:学苑出版社 2003年5月

试论《文选》的文化价值 赵福海、魏淑琴 《〈文选〉与“文选学”:第五届文选学国际学术研讨会论文集》 北京:学苑出版社 2003年5月

日本的《昭明文选》研究 李庆 《〈文选〉与“文选学”:第五届文选学国际学术研讨会论文集》 北京:学苑出版社 2003年5月;《海外典籍与日本汉学论丛》 北京:中华书局 2011年9月

二十世纪的日本《文选》研究与课题　冈村繁　《〈文选〉与“文选学”:第五届文选学国际学术研讨会论文集》　北京:学苑出版社　2003年5月

《文选补遗》跋　范志新　《〈文选〉版本论稿》　南昌:江西人民出版社　2003年9月

《风雅翼》四考　范志新　《〈文选〉版本论稿》　南昌:江西人民出版社　2003年9月

张凤翼《文选纂注》的版刻流变　范志新　《〈文选〉版本论稿》　南昌:江西人民出版社　2003年9月

构建文选学基础工程的遗憾——略评《敦煌吐鲁番本文选》　范志新　《〈文选〉版本论稿》　南昌:江西人民出版社　2003年9月;中国图书评论　2003年第5期

《文选》学研究史论　傅刚　《中国古典文学与文献学研究》第2辑　北京:学苑出版社　2003年12月

清人孙志祖《文选》学述评　王书才　《中国古典文学与文献学研究》第2辑　北京:学苑出版社　2003年12月

第五届文选学国际学术研讨会综述　李金坤　江苏大学学报　2003年第1期

争论　还是争吵?——再论鲁迅、施蛰存关于《庄子》《文选》的论争　张芙鸣　信阳师范学院学报　2003年第1期

重读鲁迅对老庄思想的批判——从“《庄子》与《文选》之争”谈起　钱文亮　江汉大学学报　2003年第1期

胡绍煐与乾嘉声韵训诂理论　张冬云　南阳师范学院学报　2003年第1期

《玉台新咏》与《文选》 傅刚 中国典籍与文化 2003年第1期;镇江高专学报 2003年第4期(题目为:《文选》与《玉台新咏》);《汉魏六朝文学与文献论稿》 北京:商务印书馆 2016年3月

《文选笺证》训诂之得失 张冬云 濮阳教育学院学报 2003年第3期

试论梁代学术文艺与《文选》 曹道衡 南京师范大学文学院学报 2003年第3期

读《文选》偶记 穆克宏 福建师范大学学报 2003年第3期

《文选集释》初探 贾全明 阜阳师范学院学报 2003年第4期

"遗少气"·"洋场恶少"·"取悦当道"——关于《庄子》与《文选》的论争 霍秀全 北方工业大学学报 2003年第4期

传统格调与现代精神的相互融合——评傅刚的《文选》研究 王立群 北京大学学报 2003年第5期

施蛰存与鲁迅的交往新说 刘凌 上海师范大学学报 2003年第6期

选学骚类文献考述 熊良智 四川师范大学学报 2003年第6期;《文学文献研究》 北京:商务印书馆 2005年8月

并非偶然的巧合——《玉台新咏》与《文选》选诗相重现象析 张蕾 郑州大学学报 2003年第6期

《文选》研究 康达维 Early Medieval China10—11 2004年

《文选》研究(1900—2000) 吴云 《20世纪中古文学研究》 天津:天津古籍出版社 2004年6月;《骨鲠处世:吴云讲陶渊明》

天津:天津古籍出版社　2009 年 11 月

为视为政　古为今用——毛泽东读《文选》　吴晓峰　《文选学散论》　长春:吉林人民出版社　2004 年 9 月

黄侃:新文选学的伟大先驱者　陈延嘉　《文选学散论》　长春:吉林人民出版社　2004 年 9 月;《文选学研究论文集》　长春:吉林人民出版社　2006 年 12 月

新"选学"的开路者——怀念宏天　左振坤　《文选学散论》　长春:吉林人民出版社　2004 年 9 月

以哲学思维来读《昭明文选》的作品　胡大敏、郑莉　《文选学散论》　长春:吉林人民出版社　2004 年 9 月

清代学者何焯《文选》评点特色略论　王书才　《中国古典文学与文献学研究》第 3 辑　北京:学苑出版社　2004 年 12 月

清代文选学与清代骈文复兴　颜建华　南京航空航天大学学报　2004 年第 1 期

当前文选学研究的现状与问题　高明峰　山东省青年管理干部学院学报　2004 年第 1 期

张云璈生平与著述　王书才　中国社会科学院研究生院学报　2004 年第 1 期

试论《文选》与《文心雕龙》对"颂""赞"二体评录之异同　高明峰　绥化师专学报　2004 年第 1 期

钱陆粲批校本《文选》初探　范志新　苏州大学学报　2004 年第 3 期

《昭明文选》出现的理论意义　王立群　河南教育学院学报　2004 年第 3 期

曹宪生平及其《文选》学考述　王书才　郑州大学学报　2004年第4期

从“文学观点”与“文体选目”看《文心雕龙》对《文选》的影响　李金坤　中国文化研究　2004年第4期;《中国文选学:第六届文选学国际学术研讨会论文集》　北京:学苑出版社　2007年9月;《齐梁故里考证与齐梁文化新论》　南京:南京大学出版社　2009年12月;《齐梁故里与文化论集》　上海:上海古籍出版社　2015年8月

清代选学家叶树藩考　范志新　文献　2004年第4期

《文选平点》翼证一则　童岭　南京师范大学文学院学报　2004年第4期

钱氏《文选》学研究　陈延嘉、吴晓峰　长春师范学院学报　2004年第6期

郑州大学古籍所编《中外学者文选学论集》述评　徐正英　《先唐文学与文学思想考论》　上海:上海古籍出版社　2005年3月

宋代《文选》的流传与《文选》学　汪习波　《隋唐文选学研究》　上海:上海古籍出版社　2005年4月

《文苑英华》与文选学　凌朝栋　《文苑英华研究》　上海:上海古籍出版社　2005年4月

萧纲对“文选”派的批评　刘林魁　《古代文学理论研究》第23辑　上海:华东师范大学出版社　2005年12月

自宋迄清文人对《文选》诗歌的借鉴与研究　张和群　闽江学院学报　2005年第1期

超越旧“成说”　开拓新领域——关于《文选》研究的断想

王立群　文学遗产　2005年第2期

《文选》研究四题　力之　黄冈师范学院学报　2005年第2期

顾千里在《昭明文选》研究领域的贡献　王书才　盐城师范学院学报　2005年第2期;《"文选学"论文集粹》　北京:中华书局　2017年12月

萧该生平及其《文选》研究考述　王书才　安康师专学报　2005年第2期;《中国文选学:第六届文选学国际学术研讨会论文集》　北京:学苑出版社　2007年9月

《怀风藻》与中国古典文学的关联　宿久高、尹允镇　日语学习与研究　2005年第3期

文学选本的形成:关于第一部文学选本的辨析——兼论早期文学选本的意义和功能　贺严　河北大学成人教育学院学报　2005年第3期

全面研究现代《文选》学的力作——评王立群《现代〈文选〉学史》　陈延嘉、吴晓峰　长春师范学院学报　2005年第3期;《文选学研究论文集》　长春:吉林人民出版社　2006年12月

苏轼《文选》批评浅议　汪超　长春师范学院学报　2005年第3期

论公孙罗《文选钞》的价值与阙失　王书才　中州学刊　2005年第3期;《"文选学"论文集粹》　北京:中华书局　2017年12月

梁章钜对《文选旁证》的著作权难以否定　王书才　甘肃社会科学　2005年第3期

《文心雕龙》论赋与《文选》赋分类定篇　韩晖　广西师范大学学报　2005年第4期

《文选》六臣注的文体论与《文心雕龙》异同　胡大雷　广西师范大学学报　2005年第4期

《文心雕龙》对《文选》不可能产生太大的影响——《文选》与《文心雕龙》比较(上)　力之　广西师范大学学报　2005年第4期

唐写本《文选音》作者问题之我见——文选学著作考(一)　范志新　晋阳学刊　2005年第5期

《文选旁证》献疑　潘盼、吴大顺　沧桑　2005年第5期

李详与《文选》学研究　穆克宏　福建师范大学学报　2005年第5期;《中国文选学:第六届文选学国际学术研讨会论文集》　北京:学苑出版社　2007年9月;《六朝文学论集》　北京:中华书局　2010年6月

余萧客的生卒年(外一篇)——文选学著作考(二)　范志新　晋阳学刊　2005年第6期

考源辨体析流变　敷理释名品诗心——评胡大雷《文选诗研究》　丁功谊　井冈山学院学报　2005年第6期

“昔之殊途者同归”:重识《庄子》《文选》之争　金理　文艺理论研究　2005年第6期

西方《昭明文选》研究概述　陈才智　《汉学研究》第9集　北京:中华书局　2006年3月

《文选》　沈玉成　《沈玉成文存》　北京:中华书局　2006年6月

《文选》中之“四言诗”分类目录　崔宇锡　《魏晋四言诗的研究》　成都:巴蜀书社　2006年6月

明代《文选》类总集叙录　郭英德　《中国中世文学研究论集》

上海:上海古籍出版社 2006年12月

“《文选》钱氏学”概念之提出及其体系特点 陈延嘉 《文选学研究论文集》 长春:吉林人民出版社 2006年12月

《文选》钱氏学之内容特点 陈延嘉 《文选学研究论文集》 长春:吉林人民出版社 2006年12月

《文选》钱氏学之方法特点“连类举似”——兼与徐达、宋秀丽先生商榷 陈延嘉 《文选学研究论文集》 长春:吉林人民出版社 2006年12月

《文选》钱氏学之文体论——兼与徐达、宋秀丽先生商榷 陈延嘉 《文选学研究论文集》 长春:吉林人民出版社 2006年12月

《文选》钱氏学之陆机《文赋》研究——兼论《管锥编》之学术价值 陈延嘉 《文选学研究论文集》 长春:吉林人民出版社 2006年12月;长春师范学院学报 2007年第3期

文学与文章——也谈《文选》的正名 陈延嘉 《文选学研究论文集》 长春:吉林人民出版社 2006年12月

毛泽东的《昭明文选》情结 陈延嘉 《文选学研究论文集》 长春:吉林人民出版社 2006年12月

顾广圻与《文选》学研究 穆克宏 《追求科学与创新:复旦大学第二届中国文论国际学术会议论文集》 北京:中国文联出版社 2006年12月;文学遗产 2006年第3期;《六朝文学论集》 北京:中华书局 2010年6月

《文心雕龙》的文体分类论——和《昭明文选》文体分类的比较 张少康 《文心与书画乐论》 北京:北京大学出版社 2006年

12月;江苏大学学报　2007年第1期;《〈文选〉学与楚文化——纪念李善逝世1317周年国际学术研讨会》　武汉:武汉出版社　2008年8月(题目为:《昭明文选》和《文心雕龙》文体分类比较)

《文选》诠释史上的一部立异之作——刘履《选诗补注》探论　冯淑静　理论学刊　2006年第1期

《文选》和《玉台新咏》编纂的文学思想　林田慎之助撰,曹旭译　上海师范大学学报　2006年第1期

《昭明文选》邵氏批语迻录稿　范子烨　文史　2006年第1期;《中国文选学:第六届文选学国际学术研讨会论文集》　北京:学苑出版社　2007年9月

《文选集释》在文选学上的价值　贾全明　西南交通大学学报　2006年第2期

论隋唐"《文选》学"兴起之原因　许逸民　文学遗产　2006年第2期;《中国文选学:第六届文选学国际学术研讨会论文集》　北京:学苑出版社　2007年9月

关于《文选》与《文心雕龙》文学观的同异问题——《文选》与《文心雕龙》比较(下)　力之　广西师范大学学报　2006年第3期

钱锺书与《文选》学　林英德　西华师范大学学报　2006年第3期

《文选》派与桐城派之争背后的学术背景　郭院林　北京大学研究生学志　2006年第3期

王念孙《广雅疏证》关于《文选》李善注的质疑　彭慧　郑州大学学报　2006年第3期

评胡克家《文选考异》之是非得失——以敦煌唐《西京赋》残

卷校勘为中心　郭殿忱　敦煌学辑刊　2006年第3期

别诗说略——读《文选》随札　宋恪震　黄河科技大学学报　2006年第3期;《中国文选学:第六届文选学国际学术研讨会论文集》　北京:学苑出版社　2007年9月;《问学鸿爪拾碎》　北京:线装书局　2009年8月

述论胡克家《文选考异》之校勘　钟东　古籍整理研究学刊　2006年第4期

中国古代文选学述略　孔祥军　南京理工大学学报　2006年第4期

《文选旁证》著者考辨　李永贤　中州学刊　2006年第4期

站在传统与时代的交接点上——曹道衡先生古代文学研究述评　刘运好、陈玲　文学遗产　2006年第5期

新见迭出　立论精审——评王立群《〈文选〉成书研究》　邢勇　中国出版　2006年第6期

《文心雕龙》与《文选》所揭示的赋体骈化轨迹　于景祥　社会科学辑刊　2006年第6期;《骈文论稿》　北京:中华书局　2012年5月

清水文选学发微——以《新文选学》为中心(清水文选学発微——《新文选学》を中心に)　海村惟一　立命馆文学(598)　2007年

读《文选》续札　徐复　《古文献研究集刊》第1辑　南京:凤凰出版社　2007年4月;《徐复语言文字学晚稿》　南京:江苏教育出版社　2007年7月

《文选》标点举误　孙富中　《古文献研究集刊》第1辑　南

京:凤凰出版社 2007年4月

读《文选》札记再续 徐复 《徐复语言文字学晚稿》 南京:江苏教育出版社 2007年7月

精该简要 古义湛然——孙志祖及其文选研究 范志新 《中国文选学:第六届文选学国际学术研讨会论文集》 北京:学苑出版社 2007年9月

何焯评点《文选》述评 徐华中 《中国文选学:第六届文选学国际学术研讨会论文集》 北京:学苑出版社 2007年9月

《文选》诗类评点术语——以评注本何焯评点"气"之核心范畴为例 黄怡慈 《中国文选学:第六届文选学国际学术研讨会论文集》 北京:学苑出版社 2007年9月

胡克家《文选考异》述评——清代文选学之一 游志诚 《中国文选学:第六届文选学国际学术研讨会论文集》 北京:学苑出版社 2007年9月

钱锺书《文赋》研究——兼论《管锥编》之学术价值 陈延嘉 《中国文选学:第六届文选学国际学术研讨会论文集》 北京:学苑出版社 2007年9月

关于《文选》研究的几个问题 曹道衡 《中国文选学:第六届文选学国际学术研讨会论文集》 北京:学苑出版社 2007年9月

读解钱锺书关于《文选·论》类之批评——以《运命》《辨命》《广绝交》三论为中心 陈复兴 《中国文选学:第六届文选学国际学术研讨会论文集》 北京:学苑出版社 2007年9月

冈村文选学发微 海村惟一 《中国文选学:第六届文选学国际学术研讨会论文集》 北京:学苑出版社 2007年9月

试论方廷珪的《文选》评点　赵俊玲、杨明　《中国文学研究》第10辑　北京:中国文联出版社　2007年12月

考辨精微发旧覆　立论宏通开新篇——评王立群先生《〈文选〉成书研究》　贾全明　华东理工大学学报　2007年第1期

《壬申文选》与《昭明文选》——从二者之比较看明季云间派的骈文创作及其文学史影响　朱丽霞　东方丛刊　2007年第2辑

论宋代"《文选》学"衰落之原因　任竞泽　中国文化研究　2007年第2期;《宋代文体学研究论稿》　北京:商务印书馆　2011年11月(题目为:宋代"《文选》学"衰落之原因)

徐攀凤《选注规李》评述　郭蓉　图书馆理论与实践　2007年第2期

宋本《三谢诗》文选学价值考论　张富春　中州学刊　2007年第2期

阮元与《文选》学研究　穆克宏　福建师范大学学报　2007年第2期;《〈文选〉学与楚文化——纪念李善逝世1317周年国际学术研讨会》　武汉:武汉出版社　2008年8月;《六朝文学论集》　北京:中华书局　2010年6月

《文选》与《文章流别集》异同　胡大雷　广西师范学院学报　2007年第2期

《文心雕龙》与《文选》的选赋情况比较　岳进　江汉大学学报　2007年第3期

钱陆灿《文选》评点本探析　赵俊玲　殷都学刊　2007年第3期

明代文选与社会变迁　潘星辉　清华大学学报　2007年第

4期

邹思明《文选》评点著作——《文选尤》略论　赵俊玲　湖南大学学报　2007年第5期

浅论洪若皋的《文选》评点　赵俊玲　聊城大学学报　2007年第5期

六朝诗赋观考辨——以《文赋》《文章流别论》《文选》《文心雕龙》为中心　周萌　深圳大学学报　2007年第5期

苏轼评《文选》考论　方星移　乐山师范学院学报　2007年第8期

《文心雕龙》与《文选》诔文观之辨析　王丹　社科纵横　2007年第9期

《文选讲读》的失误　张诒三　中国图书评论　2007年第10期

《文选》不可能受到《文章缘起》的什么影响　力之　湖北教育学院学报　2007年第11期

论阮元的《文选》研究　黄雅雯　辅大中研所学刊　2008年

献给死者的歌　死者唱的歌——《万叶集》《文选》挽歌中的主人公(死者への歌　死者からの歌——《万叶集》《文选》の挽歌の作中主体)　井上さやか　万叶古代学研究所年报(6)　2008年

关于孤本朝鲜活字版《选诗演义》及其作者曾原一　芳村弘道　学林(46、47)　2008年;金程宇译　《古典文献研究》第12辑　南京:凤凰出版社　2009年7月

《文选》学发微二则　常思春　《〈文选〉学与楚文化——纪念

李善逝世1317周年国际学术研讨会》　武汉:武汉出版社　2008年8月

《文选旁证》的作者与成书刊刻的年代地点——选学著作杂考之一　范志新　《〈文选〉学与楚文化——纪念李善逝世1317周年国际学术研讨会》　武汉:武汉出版社　2008年8月

在文学与学术之间——清乾嘉年间"《文选》派"辨　赵阳　《扬州文化研究论丛》第1辑　扬州:广陵书社　2008年9月;贵州社会科学　2010年第7期(题目为:在学与文之间——清乾嘉年间"《文选》派"辨)

曹宪与李善——文选学的两位奠基人　顾农　《扬州文化研究论丛》第1辑　扬州:广陵书社　2008年9月

扬州与选学　赵昌智　《扬州文化研究论丛》第1辑　扬州:广陵书社　2008年9月;《李善文选学研究》　扬州:广陵书社　2009年4月

扬州文选学研究的新收获——评顾农《文选论丛》　陈延嘉　《扬州文化研究论丛》第2辑　扬州:广陵书社　2008年11月

李审言先生文选学述略　孔祥军　《扬州文化研究论丛》第2辑　扬州:广陵书社　2008年11月;《"六朝历史文化与镇江地域发展学术研讨会"论文汇编》　2010年

填补《文选》学研究空白　赵俊玲　中国文化报　2008年12月20日

刘师培与《文选》学研究　穆克宏　许昌学院学报　2008年第1期;《六朝文学论集》　北京:中华书局　2010年6月

文选学　举人　南京理工大学学报　2008年第1期

今传三种何焯《文选》评点本辨　赵俊玲　兰州学刊　2008年

第2期

《文选》评点第一书——方回《文选颜鲍谢诗评》略论　王书才　语文知识　2008年第2期

傅山的评点学——以《文选》评点为例　徐华中　中华文史论丛　2008年第2期

读《文选》诗札记三题　顾农　宁夏师范学院学报　2008年第2期

郭正域《文选》评点浅论　赵俊玲　重庆邮电大学学报　2008年第3期

海陶玮《〈文选〉与文类理论》注释举误　胡海英　船山学刊　2008年第4期

《古文苑》与《文选》之比较谈　贺珍、陈开梅　绥化学院学报　2008年第4期

略论历代对《文选》选赋的批评　王焕然　沈阳师范大学学报　2008年第5期

《昭明文选》与"选学"的兴起　宋钢　鲁东大学学报　2008年第6期

文选钱氏学何以称为"学"——文选钱氏学研究之一　陈延嘉　长春师范学院学报　2008年第7期

《文选》与《文章流别集》比较——《〈文选〉成书考说》之二　力之　长春师范学院学报　2008年第7期

《文选》研究的新贡献——读顾农《文选论丛》　杨明　博览群书　2008年第10期;书品　2009年第2期(题目为:《文选》研究的新贡献——读《文选论丛》)

陈延嘉《文选学研究论文集》序　陈复兴　长春师范学院学报　2008年第11期

《文选》钱氏学的体系特点——《文选》钱氏学研究之二　陈延嘉、王允雷　长春师范学院学报　2008年第11期

明代《文选》学衰落说质疑　付琼　广西社会科学　2008年第11期

清代《文选》学的一部力作——谈许巽行的《文选笔记》　王小婷　《古籍整理研究与中国古典文献学学科建设国际学术研讨会论文集》　2009年

《文选》正文与注文之训点的异同——以《西京赋》为例(《文选》の正文と注文における训点の异同について——《西京赋》を例にして)　佐藤进　日本汉文学研究(4)　2009年

《书〈玉台新咏〉后》辨证——朱彝尊说《文选》种种之失均不能成立　力之　《古典文献研究》第12辑　南京:凤凰出版社　2009年7月

《文选》学与《经籍纂诂》　李贵生　《传统的终结——清代扬州学派文论研究》　上海:复旦大学出版社　2009年7月

关于读萧统《文选》　宋恪震　《问学鸿爪拾碎》　北京:线装书局　2009年8月

"选学妖孽"与"刘鹗"　朱健　《野坡散记》　南京:南京师范大学出版社　2009年8月

和诗说略——读萧统《文选》随札　宋恪震　《问学鸿爪拾碎》　北京:线装书局　2009年8月;《第八届文选学国际学术研讨会论文集》　扬州:广陵书社　2010年12月

明末闵、凌刻《文选》评本述要 赵俊玲 《扬州文化研究论丛》第4辑 扬州:广陵书社 2009年12月;殷都学刊 2009年第2期

明代《文选》学述要 张鹏飞 长江学术 2009年第1期

《文选》概说 跃进 古典文学知识 2009年第1期

《文选》成书后"选学"的确立与文学观念的逐步深入——兼比较四部形成过程中的分类思想 孙达 安阳师范学院学报 2009年第1期

吴淇《六朝选诗定论》对《选》诗的重新阐释 景献力 福州大学学报 2009年第1期

第八届文选学国际学术研讨会综述 汪俊、王长香 扬州文化研究论丛 2009年第2期

高步瀛与《文选》学研究 穆克宏 许昌学院学报 2009年第3期;《六朝文学论集》 北京:中华书局 2010年6月

《文心雕龙》与《文选》文体分类辨析 尹伟 西藏大学学报 2009年第3期

《文选》与《玉台新咏》三题 胡大雷 广西师范大学学报 2009年第3期

梁章钜家世与生平推考 蔡莹涓 厦门广播电视大学学报 2009年第4期

今存孙鑛《文选》评本述略 赵俊玲 武汉科技大学学报 2009年第4期

清初《文选》评点著作——《山晓阁重订文选》述论 赵俊玲 长江师范学院学报 2009年第5期

卢之颐重订《文选纂注》评本述要　赵俊玲　中南大学学报　2009年第5期

《文选》校诂三家述论　穆克宏　福建师范大学学报　2009年第5期;《六朝文学论集》　北京:中华书局　2010年6月

《艺文类聚》与《文选》诗歌分类之比较　邹晓霞　湖南人文科技学院学报　2009年第6期

"铭"体源流与文体特征简论——兼及《文心雕龙》与《文选》"铭"文评录之异同　赵俊玲　洛阳师范学院学报　2009年第6期

钱锺书《文选》研究之内容特点——《文选》钱氏学研究之三　陈延嘉、刘雁　长春师范学院学报　2009年第7期

《文选旁证》著作权问题之争　王小婷　东岳论丛　2009年第7期

《选》学兴衰与科举沿革　冯淑静　东岳论丛　2009年第9期

白璧指瑕　说严绍璗的《日藏汉籍善本书录》——以"文选类"为例　范志新　图书馆杂志　2009年第10期

《庄子》与"文选"　赵立功　老人春秋　2009年第11期

文选学兴盛而产生的注释书(文选学の隆盛から生まれた注释书)　佐藤道生　《周刊朝日百科国宝の美》　东京:朝日新闻社　2010年

《昭明文选》校释一二偶得　亚菁　《书海浮生录》　台北:文史哲出版社　2010年1月

文体、读者与思想:读《文选》札记　胡晓明　《中外文化与文论　第19辑　中国古代文艺理论年会论文专辑》　成都:四川大学出版社　2010年6月;中外文化与文论　2010年第1期

何焯与《文选》学研究　穆克宏　《六朝文学论集》　北京:中华书局　2010年6月

梁章钜与《文选》学研究　穆克宏　《六朝文学论集》　北京:中华书局　2010年6月

黄侃与《文选》学研究　穆克宏　《六朝文学论集》　北京:中华书局　2010年6月

《文选学研究》后记　穆克宏　《六朝文学论集》　北京:中华书局　2010年6月

文体、修辞、思想融合与阅读传统:对庄老的复杂回应——以《文选》为中心,魏晋南北朝文学与思想五题　胡晓明　《魏晋南北朝文学与思想学术研讨会论文集》第6辑　台北:里仁书局　2010年7月

选本的力量——《文选》与《文心雕龙》、《诗品》之比较　顾农　《扬州文化研究论丛》第5辑　扬州:广陵书社　2010年10月

万历年间刻《文选纂注》系列评本述评　赵俊玲　《中国古典文学与文献学研究》第5辑　北京:学苑出版社　2010年11月;《复旦大学第三届文学评点国际学术研讨会论文集》　南京:凤凰出版社　2015年12月

《文心雕龙》影响《文选》的一个侧面——以"文学观点"与"文体选目"的比较为例　李莹、李金坤　《第八届文选学国际学术研讨会论文集》　扬州:广陵书社　2010年12月

小论《文华秀丽集》中的游览诗——通过与《文选》进行比较　梁奕华　《福建省外国语文学会2010年年会论文集》　2010年12月

《昭明文选》中的“气象文学” 林中明 《第八届文选学国际学术研讨会论文集》 扬州:广陵书社 2010年12月

论吴淇及其《六朝选诗定论》 黄进德、汪俊 《第八届文选学国际学术研讨会论文集》 扬州:广陵书社 2010年12月

再论傅山的文选评点 徐华中 《第八届文选学国际学术研讨会论文集》 扬州:广陵书社 2010年12月

论吴淇《六朝选诗定论》之《文选》选诗评点 张哲愿 《第八届文选学国际学术研讨会论文集》 扬州:广陵书社 2010年12月

阮元建隋文选楼之动因考述 赵昌智 《第八届文选学国际学术研讨会论文集》 扬州:广陵书社 2010年12月

《文选》中的吊文及其选录标准——兼与《文心雕龙》比较 陈莹 河北经贸大学学报 2010年第1期

论新变潮流中的《文选》与《玉台新咏》 张亚新 扬州文化研究论丛 2010年第1期

《文心雕龙》与《文选》哀体之辨析 李冬燕 大众文艺 2010年第1期

旧学新知:李审言《文选》学的时代意义 蒋寅 文学遗产 2010年第1期;《学术的年轮》 南京:凤凰出版社 2010年11月

李审言及其《文选》学 蒋寅 古典文学知识 2010年第1期

试论钱锺书先生在文选学领域的卓越贡献 王亚楠 和田师范专科学校学报 2010年第1期

李详《杜诗证选》《韩诗证选》的再审视 丁红旗 西南石油大学学报 2010年第2期

“《文选》学”二题 邵杰 钦州学院学报 2010年第2期

李淳《选文选》述略　赵俊玲　语文知识　2010年第3期

“新文选学”界说　许逸民　郑州大学学报　2010年第3期

《文选》白文会校与义疏的时代意义　刘志伟　郑州大学学报　2010年第3期

《文选》评点、明清文学批评与“文选学”　赵俊玲　郑州大学学报　2010年第3期;《文学评点论稿》　南京:凤凰出版社　2017年3月;《“文选学”论文集粹》　北京:中华书局　2017年12月

“文选学”的发展与《文选》版本研究　傅刚　郑州大学学报　2010年第3期

当前《文选》研究中的四大热点问题　刘群栋　求索　2010年第4期

余碧泉万历十年刻《文选纂注》评述　赵俊玲　西南交通大学学报　2010年第4期

第八届“文选学”国际学术研讨会综述　高明峰、孔世宇　辽宁师范大学学报　2010年第5期

邹思明《文选尤》与明代王学之关系　王书才　河南师范大学学报　2010年第5期

杨慎对《文选》评点学的贡献　赵俊玲　名作欣赏　2010年第5期

明代《文选》广续本与《文选》原典的互动　郝倖仔　徐州师范大学学报　2010年第6期

从曹植怨妇诗看《文选》和《玉台新咏》的选诗意义　赵丹　沧桑　2010年第6期

从《文选》所选南朝作品看南朝玄学的文学化倾向　司建平

安徽文学(下半月)　2010年第8期

论明代《文选》删述本的指南性　郝倖仔　浙江社会科学　2010年第10期

《文选》映衬下的文学观念　赵依　四川文学　2010年第10期

文选钱氏学之方法特点——《文选》钱氏学研究之四　陈延嘉　长春师范学院学报　2010年第11期

黄季刚先生文选学成就述论——以《文选平点》为中心　王书才　名作欣赏　2010年第20期

《选诗演义》考异——《选诗演义》所用《文选》的版本问题(《选诗演义》考异:宋代《文选》版本としての《选诗演义》)　芳村弘道　学林(53·54合集)　2011年;金程宇译　《域外汉籍研究集刊》第7辑　北京:中华书局　2011年11月(题目为:南宋选学书《选诗演义》考)

《文心·封禅》与《文选》符命的文类省思:以历史文化的考察为主　龙亚珍　中山人文学报　2011年

中国国家图书馆所藏陈景云《文选举正》校注(一)　大桥贤一　北海道教育大学纪要人文科学·社会科学编　62(1)　2011年

《文选》英译本前言(选译)　康达维撰,刘欢萍译　《古典文献研究》第14辑　《〈文选〉学专辑》　南京:凤凰出版社　2011年6月

评康达维英译《文选》第一卷　白润德撰,许净瞳译　《古典文献研究》第14辑　《〈文选〉学专辑》　南京:凤凰出版社 2011年6月

胡绍煐《文选笺证》述义　徐明英　《古典文献学术论丛》第2辑　合肥:黄山书社　2011年12月

宋代文选学述略 郭宝军 古典文学知识 2011年第1期

阮元与尤刻本《文选》 顾农 信息交流 2011年第1期

《古诗归》与《昭明文选》文学观念的比较——以选陶诗为例 吴琼华、黄建辉 内蒙古电大学刊 2011年第2期

顾存仁养吾堂刻《风雅翼》叙录 孙振玉 图书情报研究 2011年第3期

《西溪丛语》与《昭明文选》关系考论 朱光立 文学遗产 2011年第3期

文书学档案学史上的并蒂奇葩——《文心雕龙》与《文选》 吴荣政 档案学通讯 2011年第3期

《文选类林》的三个问题 郭宝军 汉语言文学研究 2011年第3期

《文选》辞藻类纂之书的学术价值 张鹏飞 湖北师范学院学报 2011年第3期

黄侃对《文选》的文学批评 李婧 黄冈师范学院学报 2011年第5期

知识考古视野下的一般文选学史 尹曙光 图书与情报 2011年第5期

卢照邻与《昭明文选》 刘鹏 云梦学刊 2011年第5期

《文选》随札——略论萧统之思想倾向 路振召 湖北成人教育学院学报 2011年第5期

顾农《文选》研究述略 陈功文 山东青年政治学院学报 2011年第6期

山东大学图书馆藏《风雅翼》叙录 孙振玉 古籍整理研究学

刊　2011年第6期

《文心雕龙》与《文选》吊文观辨析　赵俊玲　广西师范大学学报　2011年第6期

杨慎《文选》学成就刍议　赵俊玲　许昌学院学报　2011年第6期

俞玚《文选》评点探析　赵俊玲　河南科技大学学报　2011年第6期

《文选》辞藻类纂之书简介　张鹏飞　湖北社会科学　2011年第7期

《文选》研究范畴之综述　于华　剑南文学(经典教苑)　2011年第9期

《文心雕龙》与《文选》对曹植评价的比较　朱浩　安庆师范学院学报　2011年第11期

从《孙月峰先生评文选》看孙鑛的复古思想　赵俊玲　南阳师范学院学报　2011年第11期

说"官箴""私箴"——兼及《文心雕龙》与《文选》对箴文的评录　赵俊玲　前沿　2011年第20期

《昭明文选》与《文心雕龙》(上)　李鍌　国文天地　2011年第314期

《昭明文选》与《文心雕龙》(中)　李鍌　国文天地　2011年第315期

《昭明文选》与《文心雕龙》(下)　李鍌　国文天地　2011年第316期

中国国家图书馆所藏陈景云《文选举正》校注(二)　大桥贤

一 北海道教育大学纪要人文科学·社会科学编 62(2) 2012年

罗振玉先生对文选学的贡献及其后继者的系统研究 陈复兴 《传统中国研究集刊》(9、10合辑) 上海:上海人民出版社 2012年3月

文选学研究札记三题 顾农 《扬州文化研究论丛》第8辑 扬州:广陵书社 2012年3月

扬州园林与《文选》 赵昌智 《扬州文化研究论丛》第8辑 扬州:广陵书社 2012年3月

关于方回《文选颜鲍谢诗评》 孙凯昕 《方回研究》 香港:书作坊出版社 2012年6月

国家意识形态与《文选》研究二题 刘志伟 《汉魏六朝文史论衡》 上海:上海古籍出版社 2012年11月

读《文选》小札 顾农 《古典文献研究》第15辑 南京:凤凰出版社 2012年11月

李白与《文选》 张瑞君 《李白精神与诗歌艺术新探》 上海:上海古籍出版社 2012年12月

繁琐考据的标本——评《文选李注义疏》 陈延嘉 长春师范学院学报 2012年第1期

《文选文研究》序 力之 广西师范学院学报 2012年第1期

文选学笔记 穆克宏 福建师范大学学报 2012年第1期

《文选》研究百年述评 石树芳 文学评论 2012年第2期

《文心雕龙》和《文选》中"杂文"和"杂诗"的比较 周振华 安徽农业大学学报 2012年第2期

学术与文学的共生——论仪征派"文言说"的推阐与实践

曹虹　文史哲　2012年第2期

阮元“选学”观中的“文笔之辨”问题　范洪杰、宋瑞婷　华中人文论丛　2012年第2期

李德裕与《昭明文选》　刘鹏　中国文学研究　2012年第3期

长期积累　一朝奏功——我为什么能看上《文选集注》《册府元龟》这两本冷门书　周勋初　古典文学知识　2012年第3期;《艰辛与欢乐相随:周勋初治学经验谈》　南京:凤凰出版社　2016年9月

梁代折衷诗学思想的演进与影响——以《诗品》和《文选》为中心　吴华峰　北方论丛　2012年第3期

“《文选》东传学”之一斑——菅原和长《御注文选表解》探析　卞东波　中山大学学报　2012年第4期;《〈文选〉与中国文学传统:第九届〈文选〉学国际学术研讨会论文集》　北京:中华书局　2014年8月

《古文苑》与《文选》赋体分类管窥　王晓鹃　西北师大学报　2012年第5期;《庆祝赵逵夫教授七十华诞文集》　兰州:甘肃民族出版社　2014年10月

丁福保《文选类诂》的体例、内容和价值　张鹏飞　文学教育(上)　2012年第11期

程先甲《选雅》之体例、内容和价值　张鹏飞　荆楚理工学院学报　2012年第12期

《文心雕龙》与《文选》碑文观辨析　赵俊玲　兰台世界　2012年第15期

论隋时《文选》学中心在江南的形成及其北移　丁红旗　第

二届江南文化论坛——江南都市与中国文学　2013年;新疆大学学报　2014年第5期(题目为:陈隋时代《文选》学中心在江南的形成及其北移)

大江匡衡与《文选》(大江匡衡と《文选》)　后藤昭雄　语文(100·101)　2013年;于永梅译　《国际中国文学研究丛刊》第3集　上海:上海古籍出版社　2015年3月

《文选》讲义　谭丕模　《中国现代学术经典·谭丕模卷》　北京:北京师范大学出版社　2013年1月

再论唐末五代大规模刻书之可能性——以《二中历》所存《文选篇目》为例　陈翀　《域外汉籍研究集刊》第8辑　北京:中华书局　2013年1月

隋炀帝与《文选》学　顾农　中华读书报　2013年3月27日;国学　2013年第8期

方回《文选颜鲍谢诗评》对六臣注之容受与创发　王次澄　文与哲　2013年6月第22期

《文选》二十九条　庞俊　《养晴室遗集》下　成都:巴蜀书社　2013年9月

文选学笔记二则　顾农　《扬州文化研究论丛》第12辑　广州:广陵书社　2013年12月

论《文选》《玉台新咏》中的郑、卫之音　田中和夫撰,李寅生译　《汉唐诗经学研究》　南京:凤凰出版社　2013年12月

陈仁子《文选补遗》初探　罗琴　《元代文献与文化研究》第2辑　北京:中华书局　2013年12月

《文选》和《文心雕龙》中乐府定位之比较　杨毅　文学教育

（上）　2013年第1期

“文学革命”对“选学”的攻击及其意义　郭勇　山花（下半月）　2013年第1期

清代《文选》学概述　李畅然　大连大学学报　2013年第1期

《文心雕龙》与《文选》祭文观辨析　赵俊玲　郑州大学学报　2013年第2期；《“文选学”论文集粹》　北京：中华书局　2017年12月

选学研究的新成果——《〈文选〉诠释研究》评介　王蕊　济南大学学报　2013年第2期

《文选学研究》拾遗　穆克宏　信息交流　2013年第2期

《文选》史论三题　张亚军　河南大学学报　2013年第3期

论《文选》评点在明清两代的历史发展　赵俊玲　天中学刊　2013年第3期；《文学评点论稿》　南京：凤凰出版社　2017年3月

明代的选学与赋论　许结　南京师大学报　2013年第3期

曾原一《选诗演义》与宋代“文选学”　卞东波　文学遗产　2013年第4期

《文心雕龙》与《文选》表文观辨析　赵俊玲　兰州学刊　2013年第4期

浅议《文选》与《文心雕龙》关系兼对赋体贡献　黄志立、杨胜勇　青春岁月　2013年第4期

新发现的王夫之《文选评》批点本考略　戴述秋、熊考核、周安林　衡阳师范学院学报　2013年第5期

《文选》与《文心雕龙》“檄”体选文刍议　李建松　天中学刊　2013年第6期

《文选》之后的《文选》学　刘璇　青年科学(教师版)　2013年第7期

高步瀛著述考略　赵成杰　重庆科技学院学报　2013年第7期

《汉语大词典》词例订补——基于《文选》《玉台新咏》诸文献　王勇　现代语文(语言研究版)　2013年第11期

文若春华——《昭明文选》"比喻"衡鉴　乔俊杰　语文学刊　2013年第15期

文选学在隋唐兴盛的原因探析　吴晓峰　语文学刊　2013年第19期;《吉林大学古籍研究所建所30周年纪念论文集》　上海:上海古籍出版社　2014年11月

关于《方丈记》的序章:从与《文选》《叹逝赋》注文的关系开始(《方丈记》の序章について:《文选》《叹逝赋》注文との关系から)　新间水绪　国文学研究资料馆纪要·文学研究篇(40)　2014年

侯景之乱至隋唐之际《文选》学传承推论　童岭　《国学研究》第33卷　北京:北京大学出版社　2014年6月

《文选》与汉代文学传统　张蓓蓓　《〈文选〉与中国文学传统:第九届〈文选〉学国际学术研讨会论文集》　北京:中华书局　2014年8月

方回《文选颜鲍谢诗评》初探　王次澄　《〈文选〉与中国文学传统:第九届〈文选〉学国际学术研讨会论文集》　北京:中华书局　2014年8月

张凤翼《文选纂注·楚辞》初探　陈炜舜　《〈文选〉与中国文

学传统:第九届〈文选〉学国际学术研讨会论文集》　北京:中华书局　2014年8月

章学诚的《文选》批评　何诗海　《〈文选〉与中国文学传统:第九届〈文选〉学国际学术研讨会论文集》　北京:中华书局　2014年8月

论胡绍煐《文选笺证》及其与徽州朴学的关系　张振国　《〈文选〉与中国文学传统:第九届〈文选〉学国际学术研讨会论文集》　北京:中华书局　2014年8月;黄山学院学报　2015年第4期

阳湖派与《文选》传统　曹虹　《〈文选〉与中国文学传统:第九届〈文选〉学国际学术研讨会论文集》　北京:中华书局　2014年8月

从朱自清看"新文学"的《文选》一脉　吕文翠　《〈文选〉与中国文学传统:第九届〈文选〉学国际学术研讨会论文集》　北京:中华书局　2014年8月

略论《文选》与《翰林论》《集林》等之关系　力之　《第十届文选学国际学术研讨会论文集》　郑州:河南大学出版社　2014年8月

《选》学诠释体系概述　冯淑静　《第十届文选学国际学术研讨会论文集》　郑州:河南大学出版社　2014年8月

域外汉籍与《文选》研究——以日本蓬左文库所藏孤本曾原一《选诗演义》为例　卞东波　《第十届文选学国际学术研讨会论文集》　郑州:河南大学出版社　2014年8月

傅山《文选》杂著类评点导论　徐华中　《第十届文选学国际学术研讨会论文集》　郑州:河南大学出版社　2014年8月

论章学诚文选学的一纲三目　游志诚　《第十届文选学国际学术研讨会论文集》　郑州:河南大学出版社　2014年8月

论元代《文选》学衰落之原因 杨亮 《第十届文选学国际学术研讨会论文集》 郑州:河南大学出版社 2014年8月;殷都学刊 2014年第3期

《文选》与郑州大学“文选学”研究 刘志伟 中国社会科学报 2014年8月20日

旧学商量加邃密——读《文选资料汇编·赋类卷》有感 胡旭、刘子立 中国社会科学报 2014年8月20日

“新文选学”的旨趣 雷紫翰 光明日报 2014年9月29日

唐代《文选》学的兴盛及其影响 童岳敏 《唐代的文学与私学》 上海:上海古籍出版社 2014年10月

《文选》阅读与阐释循环 陈延嘉 《扬州文化研究论丛》第14辑 扬州:广陵书社 2014年12月

《文选》评点集大成著作——于光华《文选集评》考论 赵俊玲 古籍整理研究学刊 2014年第1期

《重订文选集评》袁兰评点本述评 刘洋 文献 2014年第1期

从工艺的文章到自然的文章——关于宋代两则谚语的另类解读 周裕锴 文学遗产 2014年第1期

《杜诗证选》《广〈杜诗证选〉》增补 路元敦 杜甫研究学刊 2014年第1期

杜甫与唐代中原的“文选学” 葛景春 中原文化研究 2014年第2期

《文选》考辨三则 范志新 厦门广播电视大学学报 2014年第2期

《文选资料汇编·赋类卷》编后语　刘志伟、刘锋、王翠红　书品　2014年第2期

《文选》“羁旅诗”和《万叶集》“羁旅歌”的比较研究　陈锦清　东北亚外语研究　2014年第2期

许祥光《选楼集句》谫论　李晓黎　集美大学学报　2014年第2期

清末山东才女李长霞与胶州柯氏　周潇　山东高等教育　2014年第2期

《文心雕龙》与《文选》论体观辨析　赵俊玲　郑州大学学报　2014年第3期

论《文心雕龙》与《文选》诔文评录标准之差异　王见楠　绵阳师范学院学报　2014年第3期

版式分工与注、评共生的博弈——谈明代《文选》删述本的版本特征　郝倖仔　中国典籍与文化　2014年第3期

陈延嘉教授《文选学研究论文集》平议　汪超　长春师范大学学报　2014年第3期

论《文选文》的研究方法——兼评李乃龙教授的《文选文研究》　阿运锋、秦玮鸿　广西民族师范学院学报　2014年第4期

宋代文选学“不平庸”——评《宋代文选学研究》　陈延嘉　唐山师范学院学报　2014年第4期

集选文考论　李晓黎　中国韵文学刊　2014年第4期

读《文选》札记　徐小霞、吴芬芬　赤峰学院学报　2014年第5期

“《文选》例主《诗》教”说辨正　邵杰　兰州大学学报　2014

年第5期

20世纪的《文选》学研究　傅刚　上海师范大学学报　2014年第5期;《汉魏六朝文学与文献论稿》　北京:商务印书馆　2016年3月(题目为:二十世纪的《文选》学研究)

《文选》与《文心雕龙》的关系辨析　梁欣欣　长春教育学院学报　2014年第5期

《昭明文选》赋类中"上巳"风俗考释　黄志立　濮阳职业技术学院学报　2014年第6期

《采菽堂古诗选》对《文选》的批评与修正　张伟　汕头大学学报　2014年第6期

《文选》与三世纪文学　孔旭荣　铜仁学院学报　2014年第6期

明代《文选》广续补本考述　李小娟　宝鸡文理学院学报　2014年第6期

俞绍初先生学术成就述评　屠青　中州学刊　2014年第9期

鲁迅、施蛰存论争的态度与是非——兼与王福湘先生商榷　赵延彤　鲁迅研究月刊　2014年第10期

《文心雕龙》与《文选》诔文观辨析　赵俊玲　河南社会科学　2014年第11期

《文心雕龙》与《文选》乐府观比较研究　刘群栋　河南社会科学　2014年第11期

《文心雕龙》"封禅"与《文选》"符命"之辨析　罗明月　河南社会科学　2014年第11期

斯波文库藏李元阳隆庆二年重修本《十三经注疏》及《文选》

文献的数字化整理研究　李均洋　《第五届中国古籍数字化国际学术研讨会论文集》　2015 年

中外《文选》传统概况(The Wen xuan Tradition in China and Abroad)　康达维　Bulletin of the Jao Tsung-I Academy of Sinology(2)　2015 年

回归《文选》:中国文选学会第十一届年会参加报告记(《文选》に归ろう:中国文选学会第十一届年会参加报告记)　静永健　东方(407)　2015 年

弼匡:《文选》之戒文化内核　孙浩宇　中国社会科学报　2015 年 4 月 3 日

"选学":在"分立"与"综合"中前行　胡大雷　中国社会科学报　2015 年 9 月 7 日

《文心雕龙》《昭明文选》之"楚辞"观刍论　林登顺　《中国楚辞学》第 21 辑　北京:学苑出版社　2015 年 11 月

从"文话"视域看《文选》的品评——以《历代文话》为中心　孙津华　聊城大学学报　2015 年第 1 期;《〈文选〉与汉唐文化:第十一届〈文选〉学国际学术研讨会论文集》　北京:中华书局　2018 年 8 月

方回《文选颜鲍谢诗评》浅谈　邓梦婷　濮阳职业技术学院学报　2015 年第 1 期

李善"文选学"实绩探微　石树芳　殷都学刊　2015 年第 1 期

《文选》学三题　穆克宏　文学遗产　2015 年第 1 期

《文选》产生的氛围　刘高尚　商丘职业技术学院学报　2015 年第 1 期

关于“文选学”　顾农　南京师范大学文学院学报　2015 年第 1 期

“文选学”的核心研究对象　刘志伟　南京师范大学文学院学报　2015 年第 1 期

《文选》文学史学研究断想　李乃龙　广西师范大学学报　2015 年第 1 期

论孙鑛与何焯汉赋评点的文章学意义　禹明莲、胡洋　中国韵文学刊　2015 年第 1 期

由《读文选杂志》看王念孙“寻文究理”的校释方法　彭慧　古籍整理研究学刊　2015 年第 1 期;《“文选学”论文集粹》　北京:中华书局　2017 年 12 月

《秘藏宝钥钞》中的《文选钞》　富永一登撰,景浩译　北华大学学报　2015 年第 2 期

论南朝文学及文士观念的发展——以《后汉书·文苑传》与《昭明文选》为参照　王军敏　河北北方学院学报　2015 年第 3 期

唐代“文选学”兴起的背景与原因　刘群栋　中州学刊　2015 年第 3 期

《文选李注补正》存疑　陈露　三门峡职业技术学院　2015 年第 4 期

《文心雕龙》与《文选》“哀”体观辨析　赵俊玲　文艺理论研究　2015 年第 4 期

《文心雕龙》“封禅”与《文选》“符命”文体命名辨析　赵俊玲　西南交通大学学报　2015 年第 5 期

李详《韩诗证选》《杜诗证选》义例探讨——兼论中古文学创

作的“递相祖述”问题　雷恩海　河南师范大学学报　2015年第5期

刘履《选诗补注》陶诗注评议　王文、张建伟　绍兴文理学院学报　2015年第5期

吴梅先生《文选》课义发微　邵杰　牡丹江大学学报　2015年第6期

论明人对《文选》赋类的删改与评点　禹明莲　鲁东大学学报　2015年第6期

浅析“训诂”在李详《文选》研究中的运用　舒叔斌　文艺生活(文艺理论)　2015年第9期

唐人《文选》学刍议　王翠红　安徽文学(下半月)　2015年第10期

《文选平点》魏晋南北朝文论札记　张金梅　西部学刊　2015年第11期;《现代学术视野下的〈文选〉研究》　北京:中国社会科学出版社　2016年7月

刘履《选诗补注》与朱熹《诗集传》之比较研究　吴静　剑南文学(下半月)　2015年第11期

讲演录　从“梦”开始的“小说”与《文选》(讲演录　梦から始まった小说と文选)　富永一登　中国学研究论集(34)　2016年

《广文选》两种版本述略　王晓鹃　陕西日报　2016年2月25日

“选学”兴盛与唐人选唐诗的历史、地域因素　石树芳　《唐人选唐诗研究》　北京:中国社会科学出版社　2016年5月

怎样读《文选》　傅刚　中华读书报　2016 年 6 月 29 日

历代《文选》广续补本版本考述　王晓娟　《现代学术视野下的〈文选〉研究》　北京:中国社会科学出版社　2016 年 7 月

以学论文:桐城派与文选派之争背后的学术背景　郭院林　《现代学术视野下的〈文选〉研究》　北京:中国社会科学出版社　2016 年 7 月

有容乃天——论余萧客《文选音义》保存考正何焯校之成就　范志新　《文选何焯校集证 · 下》　开封:河南大学出版社　2016 年 7 月

梁章钜批校翻刻汲古阁本《文选》及其价值——以《魏都赋》为例　南江涛　《国学季刊》第 3 期　济南:山东人民出版社　2016 年 10 月

《文选补遗》体现宋代文章观念　张珊　中国社会科学报　2016 年 12 月 12 日

《文心雕龙》与《昭明文选》中诔文的选文比较　黄庚　鞍山师范学院学报　2016 年第 1 期

《吴梅日记》所载《文选》遗说辑考　邵杰　湖南人文科技学院学报　2016 年第 1 期

体之精到　文之广深——评李乃龙《文选文研究》　孙亚萍　镇江高专学报　2016 年第 1 期

《文选》学研究的重大贡献——读《新校订六家注文选》　杨明　文心学林　2016 年第 1 期

一部研习《文选》的入门书——汪师韩《文选理学权舆》评介　穆克宏　文心学林　2016 年第 1 期;书品　2016 年第 1 期

日本《中国文学论集》的“冈村繁先生追悼号”——关于《文心雕龙》与《文选》的资料　陆晓光　文心学林　2016年第1期；文章、文本与文心——古代文学理论研究（第四十四辑）　2017年第1期

从《风雅翼》看宋元理学“新文统”影响下的李白诗接受　誉高槐、廖宏昌　广东社会科学　2016年第2期

猿投神社的汉籍　高田时雄　浙江大学学报　2016年第2期

论《文心雕龙》与《文选》乐府观之异同　李建松　天中学刊　2016年第2期

《文选》与其广、续、补遗之作文体分类之比较　孙津华　中国韵文学刊　2016年第2期

“选学”何以成了“妖孽”？　顾农　文心学林　2016年第2期

《文选钞》订误义例和校勘义例探微　王翠红　天中学刊　2016年第2期

论《文选》选赋与《文心雕龙》论赋之同异　冯莉　人文论丛　2016年第2期

阮元《文言说》与其文选学研究之是非　陈延嘉　扬州文化研究论丛　2016年第2期

《新校订六家注文选》的校勘学成就　屠青　殷都学刊　2016年第3期

《文心雕龙》与《文选》书信观辨析　赵俊玲　聊城大学学报　2016年第3期；《〈文选〉与汉唐文化：第十一届〈文选〉学国际学术研讨会论文集》　北京：中华书局　2018年8月

《文选集释》选学意义刍议　陈骁　河北联合大学学报　2016

年第3期

论文选学与阮元散文思想的发生 余莉 安康学院学报 2016年第4期

刘咸炘《文选》评点述论 陈开林 盐城师范学院学报 2016年第4期

清代《文选》校勘述略 刘锋 殷都学刊 2016年第4期

清代文、史知识之分合——以章实斋《与甄秀才论〈文选〉义例书》为探讨中心 邱培超 泰山学院学报 2016年第4期

曹宪与“文选学”的兴起 屠青 河南师范大学学报 2016年第5期

抄本时代《文选》的流传与校雠——兼论两部早期“文选学”专著 刘锋 天中学刊 2016年第5期

杨慎对《文选》的评价与接受 高小慧 宜宾学院学报 2016年第5期

试论《文选》经典化之可能与生成 郭宝军 文学遗产 2016年第6期

视野宏阔 考论精审——简评郭宝军《宋代文选学研究》 张宏锋 绥化学院学报 2016年第6期

论《文选》与《文心雕龙》工作量之可比性诸问题 力之 广西师范大学学报 2016年第6期

浅谈《文心雕龙》与《昭明文选》对曹植评价的异同 高畅 人间 2016年第6期

方回《文选颜鲍谢诗评》评论方法初探 熊小敏 泉州文学 2016年第7期

博采慎辩　推陈出新——读《〈昭明文选〉研究发展史》　赵莉　钦州学院学报　2016年第8期

从赋体看《文心雕龙》对《昭明文选》之影响　方圆　长春师范大学学报　2016年第9期

试论《文选》与《文心雕龙》对“论”体评录之异同　许俊丽　名作欣赏　2016年第36期

王静芝与高步瀛文学因缘——以《文选李注义疏》〈蜀都赋〉为中心的探讨　梁淑媛　辅仁国文学报　2016年第43期

百年选学:抄本研究的成就与不足　景浩　中国社会科学报　2017年3月13日

《文选》研究的新面貌——第十二届“文选学”国际学术研讨会之一瞥　高明峰　《扬州文化研究论丛》第19辑　扬州:广陵书社　2017年6月

《文选》诸评本提要　赵俊玲　《文选汇评》　南京:凤凰出版社　2017年11月

汇百川以一源　发新叶于芳林——评刘跃进《文选旧注辑存》　赵建成　文汇报　2017年11月20日

“《文选》书法学”刍议——以《文选》诸版本之书刻探原为中心　张典友　《“文选学”论文集粹》　北京:中华书局　2017年12月;《〈文选〉与汉唐文化:第十一届〈文选〉学国际学术研讨会论文集》　北京:中华书局　2018年8月

杨慎与《文选》　高小慧　《“文选学”论文集粹》　北京:中华书局　2017年12月

文献整理与文本细读的新启示——评《文选旧注辑存》　马

燕鑫　《古典文献研究》第20辑　南京:凤凰出版社　2017年12月

《文选考异》辨正一则　刘博　忻州师范学院学报　2017年第1期

段玉裁《文选》研究平议　刘跃进、徐华　文史　2017年第1期

康达维译《文选·赋》:学术研究型深度翻译　钟达锋　外语教学与研究　2017年第1期

论民国《文选》研究的现代品格　贺根民　浙江工商大学学报　2017年第1期

《文心雕龙》与《文选》"论"体评录发微　高明峰　中国文学研究　2017年第2期;济南大学学报　2017年第6期(题目为:《文心雕龙》与《文选》"论"体评录小议)

诗教传统与刘履《选诗补注》诗学诠释论　宋展云　文学遗产　2017年第2期

《文选》与《文心雕龙》序体源起辨析　孙亚萍　科教导刊　2017年第2期

清学者对选学新领域的开拓　范志新、毛毛　广播电视大学学报2017年第3期

两浙选学述略　范志新　厦门广播电视大学学报　2017年第3期

《文心雕龙》与《文选》"封禅"文体的比较　种梦卓　名作欣赏　2017年第3期

《文心雕龙》与《文选》对陆机作品评价的比较　周娜　名作欣赏　2017年第3期

章学诚“纳文入史”观刍议　米臻　中国石油大学学报　2017年第3期

汪师韩《文选理学权舆》平议　穆克宏　文学遗产　2017年第4期

黄昏后的偶像：再论“《选》学”与“桐城”——兼评周唯一《南朝学术文化与〈文选〉》　萧晓阳、陈正博　衡阳师范学院学报　2017年第4期

浅议《文心雕龙》和《昭明文选》的文体观——以辞体为例　郝广青　名作欣赏　2017年第5期

赵俊玲《文选评点研究》评介　孙源鸿　西江文艺　2017年第5期

恢复文学史之“争”相——从“《庄子》与《文选》之争”说开去　高强　海南师范大学学报　2017年第5期

难以置信之“疏忽”——读《〈文选〉研究百年述评》之一　张文东　广西师范大学学报　2017年第6期

《昭明文选》价值研究　杨凡　语文建设　2017年第6期

萧该《文选音》到李善《文选注》——早期《文选》学者及其“《选》学”著作述略　赵建成　铜仁学院学报　2017年第8期

刘盼遂《〈文选〉篇题考误》辨证　力之、李建松　学术交流　2017年第8期

国学研究的规则与学理：“《选》学”领域的示范与解说　范子烨　铜仁学院学报　2017年第8期

21世纪高步瀛研究综述与展望——据“知网”所收的论文　王蔚赞　重庆科技学院学报　2017年第9期

《文选》相关论文读书笔记 刘封 报刊荟萃 2017年第10期

骆鸿凯《文选学》与周贞亮《文选学讲义》疑云再考辨 王庆元 厦大中文学报 2017年辑刊

选学 文学 儒学——三论《文选》之根是儒学元典 陈延嘉 厦大中文学报 2017年辑刊

周贞亮与近代目录学 王媛 《版本目录学研究》第8辑 北京:北京大学出版社 2018年1月

《选》学和被选学 张晓风 明报月刊 2018年1月

《文选学研究》辑刊卷首语 傅刚 《文选学研究》第1辑 北京:中华书局 2018年2月

安得陈编尽属君——论顾千里为清代《文选》校勘第一人 范志新 《文选学研究》第1辑 陈延嘉 北京:中华书局 2018年2月

《文选》经典化研究论纲 郭宝军 《文选学研究》第1辑 陈延嘉 北京:中华书局 2018年2月

《文选》是如何成为经典的 张廷银 光明日报 2018年4月2日;文心学林 2018年第1期

从文本细读到“旧注”整理 关小彬 中国社会科学报 2018年5月11日

《文选》书法学——论今存传世最早的《文选》版本史岑《出师颂》 游志诚 《〈文选〉与汉唐文化:第十一届〈文选〉学国际学术研讨会论文集》 北京:中华书局 2018年8月

从避讳学角度论选学中的三个问题 范志新 《〈文选〉与汉唐文化:第十一届〈文选〉学国际学术研讨会论文集》 北京:中华书

局　2018年8月

文选学笔记　顾农　《〈文选〉与汉唐文化:第十一届〈文选〉学国际学术研讨会论文集》　北京:中华书局　2018年8月

由《读文选杂志》看王念孙"形音义互求"的训诂理念　彭慧《〈文选〉与汉唐文化:第十一届〈文选〉学国际学术研讨会论文集》北京:中华书局　2018年8月

从《文选双字类要》到《文选类林》　踪凡　《〈文选〉与汉唐文化:第十一届〈文选〉学国际学术研讨会论文集》　北京:中华书局2018年8月;斯文　2018年第1期

"选学妖孽"说的"前前后后"　郭宝军　《〈文选〉与汉唐文化:第十一届〈文选〉学国际学术研讨会论文集》　北京:中华书局2018年8月

张燮《文选》学述评——以《七十二家集》及题辞为中心　王京州　《〈文选〉与汉唐文化:第十一届〈文选〉学国际学术研讨会论文集》　北京:中华书局　2018年8月

推动《文选》学研究繁荣发展　张春海、强慧婷　中国社会科学报　2018年8月8日

百年《文选》学研究回顾与展望　傅刚　《古代文学前言与评论》第二辑　北京:社会科学文献出版社　2018年12月

百年《文选》研究之现状与展望　富永一登撰,陈翀译　《古代文学前言与评论》第二辑　北京:社会科学文献出版社　2018年12月

1992年以来欧美《文选》学研究一瞥　魏宁(Williams, Nicholns Morrow)　《古代文学前言与评论》第二辑　北京:社会科学文献出版社　2018年12月

刘跃进《文选旧注辑存》述评　张涌泉、金少华　《古代文学前

言与评论》第二辑　北京:社会科学文献出版社　2018年12月

比读综观　返本开新——参编《文选旧注辑存》的文学史思考　徐华　《古代文学前言与评论》第二辑　北京:社会科学文献出版社　2018年12月

博观约取,不校之校——《文选集注辑存》校勘的经历及体会　王玮　《古代文学前言与评论》第二辑　北京:社会科学文献出版社　2018年12月

《文选旧注辑存》的理论实践与方法视野　蔡丹君　《古代文学前言与评论》第二辑　北京:社会科学文献出版社　2018年12月

钩沉辑佚　旧璞新光——《文选旧注辑存》的音韵学价值　马燕鑫　《古代文学前言与评论》第二辑　北京:社会科学文献出版社　2018年12月

观文学之林,探旧注之海——刘跃进先生《文选》研究访谈录　刘跃进、马燕鑫　《古代文学前言与评论》第二辑　北京:社会科学文献出版社　2018年12月

谫说拓展《文选》研究的三种视角　刘明　南京师范大学文学院学报　2018年第1期

胡克家《文选考异》指瑕　王翠红　古籍整理研究学刊　2018年第1期

《文心雕龙》与《文选》檄文观辨析　赵俊玲　西南交通大学学报　2018年第1期

论集评本《文选》的汉赋评点　禹明莲　辽东学院学报　2018年第2期

《文心雕龙》与《文选》哀祭类文体探究　刘可、高明峰　扬州

文化研究论丛 2018年第2期

王念孙《读文选杂志》志疑 金少华 扬州文化研究论丛 2018年第2期

清代《文选楼赋》与扬州 郭薇 扬州文化研究论丛 2018年第2期

回顾选学史，展望新未来——第十三届“文选学”国际学术研讨会综述 赵焱、高明峰 扬州文化研究论丛 2018年第2期

永远的怀念——忆曹道衡先生 冷卫国 扬州文化研究论丛 2018年第2期

千年《文选》学，扬州再出发 程章灿、宋展云 扬州文化研究论丛 2018年第2期

《文选纪闻》的义界释义模式探微 何韵楠、曹炜 江南大学学报 2018年第3期

王同愈批校《文选》述略 南江涛 国学学刊 2018年第3期

第一诗文书正统，无双国士论王官——许圣和《王官与正统：〈昭明文选〉与萧梁帝国图像》评介 何维刚 书目季刊 2018年第4期

清学者朱琦年谱简编 朱永惠、王丽华 现代交际 2018年第4期

余萧客《文选纪闻》在训诂学上的建树 曹炜、窦淳冉 阅江学刊 2018年第4期

陈仁子《文选补遗》考论 张珊 中国文学研究 2018年第4期

朱绪曾《〈玉台新咏〉与〈文选〉考异》小笺 汪春泓 东吴学

术 2018年第5期

从现代《文选》学史的角度看曹道衡先生的《文选》研究 王立群 江苏师范大学学报 2018年第5期

《文选补遗》所录陶渊明诗文考论 贺伟 苏州教育学院学报 2018年第5期

《文选》汇校汇注专题研究——“选学妖孽”口号的生成及文化史意义 郭宝军 河南大学学报 2018年第5期

学术述评之我见——读《〈文选〉研究百年述评》之二 张文东、李乃龙 广西师范大学学报 2018年第6期

襄阳“文选楼”与“高斋学士”所属辨证——关于一不难知的误说流行千年不止之思考及其他 力之 广西师范大学学报 2018年第6期

试论移文文体的功能——以《文选》与《文心雕龙》中选文为例 梁雅阁、马予静 乐山师范学院学报 2018年第7期

民国志士刘善渥题跋辑释(元椠风雅翼十二卷) 张丽芬 图书馆研究与工作 2018年第7期

明代弘嘉时期中州诗学与“文选学” 王立 中州学刊 2018年第8期

文章千古事 得失寸心知——作为古典范本的《文选》及其当代意义 徐华 文史知识 2018年第9期

论吴淇对《文选》中拟诗的认识 张明华 阜阳师范学院学报 2018年第10期

“文选烂,秀才半”:《文选》 赵志伟 中学语文教学 2018年第12期

二、《文选》编纂研究

著作

梁昭明太子札记集　刘世珩　贵池刘氏玉海堂影刻本 1919年

梁昭明太子萧统年谱　周贞亮　台北:台湾“商务印书馆” 1981年10月(编撰时间在1931年前后,故列于此)

昭明太子年谱　胡宗楙　《梦选楼丛稿》　1932年;《北京图书馆藏珍本年谱丛刊》第9册　北京:北京图书馆出版社　1999年

齐梁文坛与四萧研究　胡德怀　南京:南京大学出版社 1997年

刘孝绰诗索引　佐藤利行、佐伯雅宣　东京:白帝社　2000年7月

昭明太子集校注　俞绍初　郑州:中州古籍出版社　2001年7月

萧统评传　曹道衡、傅刚　南京:南京大学出版社　2001年12月;2011年4月

兰陵萧氏与南朝文学　曹道衡　北京:中华书局　2004年7月

《文选》编辑及作品系年考证　韩晖　北京:群言出版社 2005年1月

《文选》成书研究　王立群　北京:商务印书馆　2005年2月;郑州:大象出版社　2015年12月

四萧研究:以文学为中心　林大志　北京:中华书局　2007年2月

兰陵萧氏家族及其文学研究　杜志强　成都:巴蜀书社　2008年6月

《文选》编纂研究　胡大雷　桂林:广西师范大学出版社　2009年4月

萧统与《文选》　孙雪敏　长春:吉林文史出版社　2011年5月

中古中国朝廷之文化与文学:《文选》编者萧统及其交游　王平　Leiden:Brill　2012年

兰陵萧氏家族文化研究　谭洁　北京:中华书局　2013年12月

南兰陵萧氏著作综录　张敏　上海:上海古籍出版社　2015年7月

齐梁萧氏诗文选注　曹旭、陈路、李维立　上海:上海古籍出版社　2015年7月

王官与正统:《昭明文选》与萧梁帝国图像　许圣和　台北:元华文创　2017年4月

萧统评传　陈延嘉、王大恒、孙浩宇　上海:上海古籍出版社　2018年10月

论文

推介历史上一位青年才俊——萧统——兼述其与陶渊明之关系　毅　30卷7期

萧统与陶渊明　吴颐平　辅仁学志　13集

《文选序》说　刘咸炘　尚友书塾季报　1925年3月第1卷第1期

梁昭明太子赞　张尔田　国学专刊　1926年第1卷第3期;《文选学研究》　北京:国家图书馆出版社　2010年11月

萧统评传　谢康　小说月报　1927年6月第17卷号外;《昭明太子和他的文选》　台北:学生书局　1971年(题目为:昭明太子评传);《文选学研究》　北京:国家图书馆出版社　2010年11月

文选篇题考误　刘盼遂　国学论丛　1928年10月第1卷第4期;《昭明文选论文集》　台北:木铎出版社　1976年5月;《中外学者文选学论集》(上)　北京:中华书局　1998年8月;《文选学研究》　北京:国家图书馆出版社　2010年11月

萧统与刘勰　访秋　国学丛刊(北京师范大学)　1931年第1卷第2期

梁昭明太子年谱　周贞亮　武大文哲季刊　1931年第2卷第1期;《昭明太子和他的文选》　台北:学生书局　1971年;《昭明文选论文集》　台北:木铎出版社　1976年5月;《文选学研究》　北京:国家图书馆出版社　2010年11月

《文选》类例正失　徐英　安徽大学月刊　1935年3月第2卷第5期;《昭明文选论文集》　台北:木铎出版社　1976年5月;《文选学研究》　北京:国家图书馆出版社　2010年11月

与黄轩祖论《文选》分类书　汪辟疆　制言半月刊　1936年6月第18期;《中外学者文选学论集》(上)　北京:中华书局　1998年8月;《文选学研究》　北京:国家图书馆出版社　2010年11月

帝王的写作——三萧　上青　写作与研究　1937年5月第2卷第1期

昭明太子的皈佛 李意如 佛学月刊 1942年12月第2卷第7期;《文选学研究》 北京:国家图书馆出版社 2010年11月

《文选序》"事出于沈思,义归乎翰藻"说 朱自清 北平国学季刊 1946年第6卷第4期;《朱自清古典文学论文集》 上海:上海古籍出版社 1981年7月;2009年4月

昭明太子 斯波六郎 《中华六十名家言行录》 东京:弘文堂 1948年

《文选》编撰时期及编者考略(附《萧统年表》) 何融 国文月刊 1949年2月第76期;《昭明太子和他的文选》 台北:学生书局 1971年;《昭明文选论文集》 台北:木铎出版社 1976年5月;《中外学者文选学论集》(上) 中华书局 1988年8月

《古今集序》和《文选序》——论古今集序的典故(古今集の序と文选の序——古今集序典据论の一部として) 小泽正夫 国语国文学报(5) 1955年

萧统的文学思想和《文选》 王运熙 光明日报 1961年8月27日;《中国古代文论管窥》 济南:齐鲁书社 1987年3月;上海:上海古籍出版社 2012年12月;2014年4月;《中外学者文选学论集》(上) 北京:中华书局 1998年8月

《文选》的选录标准和它与《文心雕龙》的关系 郭绍虞 光明日报 1961年11月5日;《照隅室古典文学论集》(下编) 上海:上海古籍出版社 1983年10月;《中外学者文选学论集》(上) 北京:中华书局 1998年8月

试谈萧统的文学批评 李嘉言 文学评论 1961年第2期;《李嘉言古典文学论文集》 上海:上海古籍出版社 1987年3月

《文心雕龙》与萧《选》分体之比较研究 舒衷正 台湾政治

大学学报 1963年第8期

如何理解《文选》编选的标准 殷孟伦 文史哲 1963年第1期;《子云乡人类稿》 济南:齐鲁书社 1985年2月;《中外学者文选学论集》(上) 北京:中华书局 1998年8月;《中国古代文学:作家·作品·文学现象》 北京:商务印书馆 2012年5月

昭明太子的文学意识——流于底层的文学理念(昭明太子の文学意识——その根底によこたわるもの) 船津富彦 中国中世文学研究(5) 1966年;独孤婵觉译 《古代文学理论研究》2014年第1期

昭明太子的文学观——以《文选序》为中心(昭明太子の文学论——文选序を中心として) 小尾郊一 《广岛大学文学部纪要》27(1) 1967年;《昭明文选研究论文集:首届〈昭明文选〉国际学术讨论会》 长春:吉林文史出版社 1988年6月

《文选》和昭明太子萧统 章江 自由青年 1969年12月第42卷第6期;中国文选 1974年11月第91期

文选序"画像则赞兴"说——列传与画赞 饶宗颐 文物汇刊 1972年

《昭明文选》的选文标准 吕兴昌 现代文学 1972年3月第46期;《中国古典文学研究丛刊 散文与论评之部》 新北:巨流图书股份有限公司 1979年2月;2012年3月

《文选》与昭明太子——以《文选序》为中心(《文选》과昭明太子——文选序를中心으로) 李东乡 中国文学报(檀国大学校) 1975年

《文选》编纂的人和时代(文选编纂の人と時) 古田敬一

小尾博士退休纪念中国文学论集东京:第一学习社　1976 年

《文选》不收录的作品(文选に现われない文学)　田中谦二　全释汉文大系月报　1976 年

《文选》编辑的周围(文选编纂の周边)　清水凯夫撰,韩基国译　立命馆文学(377、378)　1976 年;《六朝文学论文集》　重庆:重庆出版社　1989 年 5 月;《中外学者文选学论集》(下)　北京:中华书局　1998 年 8 月

仁恕孝友的梁昭明　李鎏　中央月刊　1976 年第 8 卷第 12 期

《文选》选赋义例论略　何沛雄　书目季刊　1977 年 9 月第 11 卷第 2 期;《中外学者文选学论集》(下)　北京:中华书局　1998 年 8 月;《汉魏六朝赋论集》　台北:联经出版事业公司　1990 年 4 月

萧统的《文选序》　顾复生　江苏文艺　1978 年第 6 期

全晋文卷二六(《文选》不收《兰亭集序》的原因)　钱锺书《管锥编》第三册　北京:中华书局　1979 年 8 月

萧梁父子的文学　陈怡君　哲学与文化　1980 年 8 月第 7 卷第 8 期

浅谈萧统的文学思想　和勇　庆祝建校三十周年文科论文选(云南民族学院)　1981 年 9 月

《文心雕龙》与《文选》在选文定篇及评文标准上的比较　齐益寿　《古典文学》第 3 集　台北:台湾学生书局　1981 年 12 月;《台湾学者中国文学批评论文选》　北京:人民文学出版社　1986 年 9 月(题目为:《文心雕龙》与《文选》评文标准的比较);《中外学者文选学论集》(下)　北京:中华书局　1998 年 8 月

评价萧统文学思想的一个问题——与郭绍虞先生商榷　和勇　昆明师院学报　1981 年第 2 期

萧统与《文选》——纪念萧统诞辰 1480 周年、逝世 1450 周年　王进珊　徐州师范学院学报　1981 年第 4 期

读书笔记十则——《兰亭集序》　王瑶　《中古文学史论集》　上海:上海古籍出版社　1982 年 10 月

关于《文选》中梁代作品的撰录问题(文选中の梁代作品撰录について)　清水凯夫撰,韩基国译　学林(1)　1983 年;《昭明文选研究论文集:首届〈昭明文选〉国际学术讨论会》　长春:吉林文史出版社　1988 年 6 月;《六朝文学论文集》　重庆:重庆出版社　1989 年 5 月

昭明太子《文选序》考　清水凯夫撰,韩基国译　学林(2)　1983 年;《六朝文学论文集》　重庆:重庆出版社　1989 年 5 月

萧统(评传)　殷孟伦　《中国历代著名文学家评传》　济南:山东教育出版社　1983 年 6 月

从《文选》选录史书的赞论序述谈起——谈我国古代文论的一个特色　王运熙　光明日报　1983 年 11 月 1 日;《中国古代文论管窥》　济南:齐鲁书社　1987 年 3 月;上海:上海古籍出版社　2012 年 12 月;2014 年 4 月

萧统的文学主张和对文献编纂学的贡献　徐绍敏　杭州大学学报　1984 年第 1 期

《文选》的选录标准　沈玉成　文学遗产　1984 年第 2 期;《中外学者文选学论集》(上)　北京:中华书局　1998 年 8 月

昭明太子与《兰亭集序》　曹宪文　新闻战线　1984 年第 2 期

《文选》撰者考　清水凯夫　学林(3)　1984 年;《六朝文学论文集》　重庆:重庆出版社　1989 年 5 月

《文选》编辑的目的和撰(选)录标准(《文选》编纂の目的と撰录基准)　清水凯夫　学林(4)　1984年;《六朝文学论文集》　重庆出版社　1989年5月

评萧统的文体分类思想　徐召勋　安徽大学学报　1984年第4期

从《文心雕龙》与《文选》之比较看萧统的文学思想　莫砺锋　《古代文学理论研究丛刊》第10辑　上海:上海古籍出版社　1985年6月;《中外学者文选学论集》(上)　北京:中华书局　1998年8月;《文学史沉思拾零》　北京:中华书局　2013年9月

关于学海堂弟子《梁昭明太子文选序注》　近藤光男　《古田教授退官纪念中国文学语文论集》　东京:东方书店　1985年7月

《文选》与刘孝绰　曹道衡　《艺文志》第3辑　太原:山西人民出版社　1985年11月

金圣叹诗批萧统　范垂正　牡丹江师院学报　1985年第1期

萧统与颜之推的文学观及其比较　陈曼平、张克　沈阳师院社会科学学报　1985年第2期

《文选》编纂的实际情况与成书初期所受到的评价(文选编纂の实态と编纂当初の文选评价)　冈村繁　日本中国学会报(38)　1986年;《中外学者文选学论集》(下)　北京:中华书局　1998年8月

梁太子萧统之生平及其丽辞　陈松雄　《齐梁丽辞衡论》　台北:文史哲出版社　1986年1月

《昭明文选》"体"又分"类"　方师铎　《传统文学与类书之关系》　天津:天津古籍出版社　1986年8月

《文选》作者是一百三十余人　福建师范大学学报　1986年第4期

萧统和他的《文选》　刘锐　课外学习　1986年第6期

论《文选》结构的特性(文选の构成上の特征について)　高桥忠彦　湘南文学　1986年第20期

萧统与萧纲——支撑《文选》与《玉台新咏》之编纂的文学认识(萧统と萧纲——文选と玉台新咏の编纂を支える文学认识)　大上正美　《中国文学论考》　东京:汲古书院　1987年;吴正岚译　《古典文献研究》第14辑　《〈文选〉学专辑》　南京:凤凰出版社　2011年6月

读《文选序》(附《文选解题》)　饶宗颐　《昭明文选研究论文集:首届〈昭明文选〉国际学术讨论会》　长春:吉林文史出版社　1988年6月;《文辙》　台北:学生书局　1991年11月;《饶宗颐二十世纪学术文集·文选卮言》　台北:新文丰出版社　2003年;北京:中国人民大学出版社　2009年9月

"昭明太子十学士"说　屈守元　《昭明文选研究论文集:首届〈昭明文选〉国际学术讨论会》　长春:吉林文史出版社　1988年6月

从《昭明文选》所选诗歌看萧统的文学思想　袁行霈　《昭明文选研究论文集:首届〈昭明文选〉国际学术讨论会》　长春:吉林文史出版社　1988年6月

《文选》五题　周纪彬　《昭明文选研究论文集:首届〈昭明文选〉国际学术讨论会》　长春:吉林文史出版社　1988年6月

有关《文选》编纂中几个问题的拟测　曹道衡、沈玉成　《昭明文选研究论文集:首届〈昭明文选〉国际学术讨论会》　长春:吉林文史出版社 1988年6月;《中外学者文选学论集》(上) 北京:中华书局 1998年8月;《沈玉成文存》 北京:中华书局 2006年6月

萧统评传 穆克宏 《中国古代文论家评传》 郑州:中州古籍出版社 1988年8月

萧统与陶渊明三议 于浴贤 漳州师范学院学报 1988年第1期

略论四萧的文学观 张辰 内蒙古大学学报 1988年第2期

昭明《文选序》与六朝文学的自觉 黄河 华侨大学学报 1988年第2期

《文选》选录作品的范围和标准 王运熙 复旦学报 1988年第6期;《中外学者文选学论集》(上) 北京:中华书局 1998年8月;《汉魏六朝唐代文学论丛 增补本》 上海:复旦大学出版社 2002年5月

萧统的文质兼备论——《文选》的编纂标准 铃木虎雄撰,许总译 《中国诗论史》 南宁:广西人民出版社 1989年9月

屈原研究与萧统 张斌荣 烟台师范学院学报 1989年第3期

昭明太子《陶渊明集序》"风教"说平议 丁永忠 四川师范大学学报 1989年第4期

萧统遗迹及生平行踪考 刘宇 镇江史志通讯 1989年第4期

刘勰与萧统 穆克宏 福建师范大学学报 1989年第4期;《滴石轩文存》 福州:海峡文艺出版社 1994年1月

环绕《文选序》"事出于沈思、义归乎翰藻"诸问题 周庆华

问学集　1990年第1期

论"沉思翰藻"——中国古代编辑思想史论之五　胡光清　编辑之友　1990年第1期

论三萧文学观念之异同　王以宪　九江师专学报　1990年第4期

萧统踪迹考——兼论崇贤尊圣的文化心态　刘宇　江海学刊　1990年第4期

《文选序》与萧统的文学观念　黄兆杰　《香港地区中国文学批评研究》　台北:台湾学生书局　1991年5月;《香港中国古典文学研究论文选粹(1950—2000)·文学评论篇》　南京:江苏古籍出版社　2003年1月

《文选》赋立"物色"——目的意义　曹虹、彭行　社会科学战线　1991年第1期;《中国辞赋源流综述》　北京:中华书局　2005年9月

萧梁皇族与梁代文学　钟涛　青海师范大学学报　1991年第1期

"昭明太子十学士"和《文选》编辑的关系　屈守元　四川师范大学学报　1991年第3期

《文选》和《玉台新咏》编纂的指导思想　林田慎之助撰,韩贞全译　山东师大学报　1991年第3期

昭明太子《陶渊明集》与《文选》文学价值取向之比较　丁永忠　万县师专学报　1991年第3期;九江师专学报　1991年第3期(题目为:论萧统《陶渊明集》与《文选》的不同文学价值取向);《陶诗佛音辨》　成都:四川大学出版社　1997年12月

略谈《文选》成书前后萧梁皇室所纂辑的一些类书和总集

屈守元　文史杂志　1991 年第 5 期

澄清关于萧统和《文选》的种种附会和谬传　屈守元　天府新论　1991 年第 6 期

昭明太子萧统与佛教(昭明太子萧统と佛教)　佐藤义宽　西山学报(40)　1992 年

从《文选》编纂看文学观——以“颂”“上书”的选录为中心(《文选》编纂に见られる文学观——“颂”“上书”の选录を中心として)　清水凯夫　立命馆文学(526)　1992 年;《文选学论集》　长春:时代文艺出版社　1992 年 6 月;《清水凯夫〈诗品〉〈文选〉论文集》　北京:首都师范大学出版社　1995 年 3 月

读《文选》札记　曹道衡、沈玉成　《文选学论集》　长春:时代文艺出版社　1992 年 6 月;《沈玉成文存》　北京:中华书局　2006 年 6 月

试论《昭明文选》的分类　王存信　《文选学论集》　长春:时代文艺出版社　1992 年 6 月;江苏教育学院学报　1992 年第 2 期

昭明太子与梁代中期文学复古思潮　刘跃进　《文选学论集》　长春:时代文艺出版社　1992 年 6 月;《结网漫录 · 中国古代经典文学作品探幽》　北京:学苑出版社　1997 年 6 月;《中外学者文选学论集》(上)　北京:中华书局　1998 年 8 月;《门阀士族与文学总集》　西安:世界图书出版西安有限公司　2014 年 6 月

《选赋》情类的编设与萧统艳情态度的透视　陈向春　《文选学论集》　长春:时代文艺出版社　1992 年 6 月;《松斋论诗丛稿》　长春:东北师范大学出版社　2007 年 10 月

传统文化心理的独特表达方式——论《文选》次文的丰富意蕴　刘树清　《文选学论集》　长春:时代文艺出版社　1992 年 6

月;广西师院学报 1992年第1期

风教与翰藻——萧统的文学趣味和《文选》的选文趋向 顾农 《文选学论集》 长春:时代文艺出版社 1992年6月;扬州师院学报 1992年第3期;《文选与文心》 贵阳:贵州人民出版社 1998年6月;《文选论丛》 扬州:广陵书社 2007年9月

萧统评价陶渊明探微 于浴贤 广西民族学院学报 1992年第3期

萧氏父子与梁代文学 穆克宏 阴山学刊 1992年第4期;《滴石轩文存》 福州:海峡文艺出版社 1994年1月

《文选》编纂实况研究(《文选》编纂实态の究明) 清水凯夫 学林(19) 1993年;《魏晋南北朝文学论集》 台北:文史哲出版社 1994年11月;周文海译 郑州大学学报 1994年第4期;《清水凯夫〈诗品〉〈文选〉论文集》 北京:首都师范大学出版社 1995年3月

萧统和他的《昭明文选》 赵福海 台湾 国语日报 1993年10月16日

对《文选序》审美观的理性思考——兼论《文选》之选文标准 冯宇 求是学刊 1993年第1期

与清水凯夫先生论《文选》编者问题 顾农 齐鲁学刊 1993年第1期;《文选与文心》 贵阳:贵州人民出版社 1998年6月;《中外学者文选学论集》(上) 北京:中华书局 1998年8月;《文选论丛》 扬州:广陵书社 2007年9月

南朝梁代杰出的编辑家——萧统 萧月贤 郑州大学学报 1993年第4期

萧统文学思想的进步性 梁才 中州学刊 1993年第5期

萧统和《文选》　林木　历史教学　1993年第5期

王羲之《兰亭序》不入选问题的研究　清水凯夫　《中国艺文研究会十周年纪念论集》　1994年;河北大学学报　1994年第2期;《清水凯夫〈诗品〉〈文选〉论文集》　北京:首都师范大学出版社　1995年3月

《文选序》疑义答问　屈守元　《魏晋南北朝文学论集》　台北:文史哲出版社　1994年11月

昭明太子和梁武帝的建储问题　曹道衡　郑州大学学报　1994年第1期;《汉魏六朝文学论文集》　桂林:广西师范大学出版社　1999年9月;《中古文学史论文集续编》　北京:中华书局　2011年9月;《曹道衡文集》卷三　郑州:中州古籍出版社　2018年4月

《文选》的选诗观　李正春　铁道师院学报　1994年第1期

关于《文选》的编者及其成书年代　刘跃进　古典文学知识　1994年第1期

由《文选》诗赋立目看萧统情感意识及宫体诗审美机制　查屏球　江海学刊　1994年第4期;《从游士到儒士——汉唐士风与文风论稿》　上海:复旦大学出版社　2005年5月(题目为:《文选》诗赋立目与宫体诗审美机制)

从乐府诗的选录看《文选》　曹道衡　文学遗产　1994年第4期;《汉魏六朝文学论文集》　桂林:广西师范大学出版社　1999年9月;《曹道衡文集》卷三　郑州:中州古籍出版社　2018年4月

集清英以明时义　类范文以刑后昆——从诸体散文的入选看《文选》的价值　刘树清　广西师院学报　1994年第4期

昭明太子与《昭明文选》　马健、吴宏　齐齐哈尔师范学院学

报　1994 年第 6 期

《文选》不收《兰亭集序》说明了什么？　宋浣之　写作　1994 年第 8 期

《昭明文选》赋体分类初探　杨利成　新亚学术集刊　1994 年第 13 期

《文选》的成书与流传(文选の成立と流传)　兴膳宏　《异域之眼——兴膳宏中国古典论集》　东京:筑摩书房　1995 年;《中国读书人の政治と文学》　东京:创文社　2002 年;人文中国学报 2002 年第 9 期;戴燕选译　《异域之眼兴膳宏中国古典论集》　上海:复旦大学出版社　2006 年 9 月

事出于沉思　义归乎翰藻——试论萧统的编辑思想　王毅　湖南师范大学社会科学学报　1995 年第 1 期

萧统文学思想新论　吴瑞霞　湖北师范学院学报　1995 年第 2 期

《文选·赋》分类浅议　王存信　江苏教育学院学报　1995 年第 3 期

萧统年谱(上)　穆克宏　福建师范大学学报　1995 年第 4 期;《魏晋南北朝文学论集》　南京:南京大学出版社　1997 年 9 月;《昭明文选研究》　北京:人民文学出版社　1998 年 12 月

萧统《文选》赋观浅探　张永鑫　无锡教育学院学报　1995 年第 4 期

关于萧统和《文选》的几个问题　曹道衡　社会科学战线 1995 年第 5 期;《汉魏六朝文学论文集》　桂林:广西师范大学出版社　1999 年 9 月;《中古文学史论文集续编》　北京:中华书局　2011 年 9 月;《曹道衡文集》卷三　郑州:中州古籍出版社　2018 年 4 月

《文选》选诗呈现之诗体概念　杨淑华　台中师院学报　1995年第9期

试论《文选》的编者问题——兼与清水凯夫教授商榷　穆克宏　福建学刊　1996年第1期

《文选》编纂年代蠡测　穆克宏　中国典籍与文化　1996年第1期

拟作与《文选》选录标准　樊荣　新乡师范高等专科学校学报　1996年第1期

萧统年谱(下)　穆克宏　福建师范大学学报　1996年第1期;《魏晋南北朝文学论集》　南京:南京大学出版社　1997年9月;《昭明文选研究》　北京:人民文学出版社　1998年12月

从《文选》看萧统的文学观　马正学　西北师大学报　1996年第2期

萧统与声律说——《文选》登录齐梁诗剖析　陈庆元　中州学刊　1996年第3期;《文选学新论》　郑州:中州古籍出版社　1997年10月(题目为:萧统对永明声律说的态度并不积极——《文选》登录齐梁诗剖析)

关于《文选》的篇目次第及文体分类　曹道衡　齐鲁学刊　1996年第3期;《汉魏六朝文学论文集》　桂林:广西师范大学出版社　1999年9月;《中古文学史论文集续编》　北京:中华书局　2011年9月;《曹道衡文集》卷三　郑州:中州古籍出版社　2018年4月

赋的文学特性与《文选》列赋为首的原因　张廷银　北方论丛　1996年第5期

论《文选序》的"时义"观及唯美倾向　刘昆庸　福建论坛　1996年第6期

四萧年谱(萧统)　胡德怀　《齐梁文坛与四萧研究》　南京:南京大学出版社　1997年7月;《六朝作家年谱辑要》　哈尔滨:黑龙江教育出版社　1999年1月

从《文选》选诗看萧统的诗歌观　傅刚　《国学研究》第4卷　北京:北京大学出版社　1997年8月;《文选学新论》　郑州:中州古籍出版社　1997年10月(题目为:从《文选·诗》看萧统的诗歌观)

从《文选》选诗看萧统的情感论——重视作家个人情感的流露,但不喜欢艳情的表现　金良美　《中国学研究》第1辑　北京:中国书籍出版社　1997年9月

运用《文心雕龙》隐秀理论分析《文选》选诗　游志诚　《魏晋南北朝文学论集》　南京:南京大学出版社　1997年9月

《文选》选诗的基准　兴膳宏　《文选学新论》　郑州:中州古籍出版社　1997年10月

"事出于沉思、义归乎翰藻"解　杨明　《文选学新论》　郑州:中州古籍出版社　1997年10月;《庆祝王运熙八十华诞文集》　上海:上海古籍出版社　2005年4月;《汉唐文学辨思录》　上海:上海古籍出版社　2005年4月

《文选》系仓促成书说　王晓东　《文选学新论》　郑州:中州古籍出版社　1997年10月

就《文选》编者问题答顾农先生　清水凯夫　《文选学新论》　郑州:中州古籍出版社　1997年10月

萧统与陶渊明　刘文忠　《文选学新论》　郑州:中州古籍出版社　1997年10月

《文选》成书过程拟测　俞绍初　《文选学新论》　郑州:中州

古籍出版社　1997年10月;文学遗产　1998年第1期;《中州学术论集·古代文学卷.第1辑》　北京:中华书局　2000年1月;《"文选学"论文集粹》　北京:中华书局　2017年12月

《文选》的编者及编纂年代考论　傅刚　中国社会科学院研究生院学报　1997年第1期

从《文选》的抒情赋看萧统的文学观　金良美　云梦学刊　1997年第2期

各具特色的默杀——刘勰、钟嵘、萧统文学史观之一瞥　顾农、顾钧　扬州大学学报　1997年第2期;《文选与文心》　贵阳:贵州人民出版社　1998年6月;《文选论丛》　扬州:广陵书社　2007年9月

萧统与《昭明文选》　李捷　教育艺术　1997年　第3期

论萧统对陶渊明的接受　李剑锋　山东大学学报　1997年第4期

论《文选》的编辑宗旨、体例　傅刚　郑州大学学报　1997年第6期

拟作风尚之形成与《文选》选录之标准　樊荣　《古代文学论稿》　海口:海南出版社　1998年

拟作评选之关键与《文选》选录之得失　樊荣　《古代文学论稿》　海口:海南出版社　1998年

从《文选》和《玉台新咏》看萧统和萧纲的文学思想　曹道衡　《燕京学报》新4期　北京:北京大学出版社　1998年5月;《汉魏六朝文学论文集》　桂林:广西师范大学出版社　1999年9月;《曹道衡文集》卷三　郑州:中州古籍出版社　2018年4月

论《文选》之纂集　高步瀛　《中外学者文选学论集》(上)　北

京:中华书局　1998 年 8 月

萧统的生平及著作　穆克宏　《昭明文选研究》　北京:人民文学出版社　1998 年 12 月

萧统的文学思想　穆克宏　《昭明文选研究》　北京:人民文学出版社　1998 年 12 月

刘勰和萧统的《楚辞》观　杨德才　荆州师专学报　1998 年第 1 期

由《文选》的选文定篇看萧统的文学思想　田小军　河北大学学报　1998 年第 3 期

《文选》三十九类说补证　傅刚　文献　1998 年第 3 期;《汉魏六朝文学与文献论稿》　北京:商务印书馆　2016 年 3 月(题目为:《文选》三十九类说考辨)

试论梁代天监、普通年间文学思想与创作　傅刚　文学遗产　1998 年第 5 期;《汉魏六朝文学与文献论稿》　北京:商务印书馆　2016 年 3 月(题目为:以萧统为中心论梁天监、普通年间文学思想与创作)

萧氏父子与梁代文学　杨德才　文史哲　1998 年第 6 期

《文选》编诗"以时代相次"考辨　李大明　高校编辑出版工作论集　1999 年

运用《文心雕龙》赋学理论分析《昭明文选》选赋　游志诚《辞赋文学论集》　南京:江苏教育出版社　1999 年 12 月

汉魏六朝著书编集体例考论　傅刚　文学前沿　1999 年第 1 期

关于《文选》的编者问题　力之　文学评论　1999 年第 1 期

论《文选》收录标准与齐梁作家作品评赏间的异同　傅刚　殷都学刊　1999年第1期

陆机与萧统的文学批评　陈复兴　长春师范学院学报　1999年第1期

《辞源》“昭明太子”条注释指误　刘晟　辞书研究　1999年第1期

萧统文学观念辨析　李桂廷　德州师专学报　1999年第1期

关于《文选》分类——屈守元先生《绍兴建阳陈八郎本文选五臣注跋》读后　傅刚　书品　1999年第3期;《汉魏六朝文学与文献论稿》　北京:商务印书馆　2016年3月

《文选》分类之我见　罗国威　书品　1999年第5期;《六朝文学与六朝文献》　成都:巴蜀书社　2010年3月

《文选》的编纂实态和当初对《文选》的评价　冈村繁撰,甲斐胜二、陆晓光译　福冈大学综合研究所报(235)　2000年

从《文选》选赋看萧统的赋文学观　傅刚　北京大学学报　2000年第1期

从《物色》测析昭明对刘勰的“深爱接之”　刘畅　天津大学学报　2000年第1期

萧统的文学编辑思想　左健　江苏教育学院学报　2000年第1期

舒愤·警悟·赏玩——司马迁、曹丕、萧统著述思想差异比较谈　刘畅　西北民族学院学报　2000年第1期

《文选》寺庙碑文的选录管见——兼驳(日本)清水凯夫先生　刘晟　聊城师范学院学报　2000年第2期

萧统文学观的审美角度观照　刘畅　淮阴师范学院学报　2000年第2期

昭明太子萧统年谱　俞绍初　郑州大学学报　2000年第2期;《昭明太子集校注》　郑州:中州古籍出版社　2001年7月(题目为:萧统年谱);《中国古典文学与文献学研究》第1辑　北京:学苑出版社　2002年11月

《文选》选录范围和标准新探　李士彪　福建论坛　2000年第3期

对杨明《"事出于沉思　义归乎翰藻"解》的商榷　雨辰　黄河科技大学学报　2000年第3期

论萧统　曹旭　上海师范大学学报　2000年第3期

论20世纪的《文选序》研究　王立群　阜阳师范学院学报　2000年第4期

论《文选》乐府诗的选取和它的选诗标准　丁福林　镇江师专学报　2000年第4期

从"睹物兴情　更向篇什"看萧统的著述思想　刘畅　沧州师范专科学校学报　2000年第4期

《文选》编撰年代新说　许逸民　文学遗产　2000年第4期;《〈昭明文选〉与中国传统文化:第四届文选学国际学术研讨会》　长春:吉林文史出版社　2001年6月

《诗苑英华》与《文章英华》——也论《文选》编者问题　秦跃宇　山东师大学报　2000年第5期

广义的物色态度与萧统的编纂思想　刘畅　天津社会科学　2000年第6期

《文选序》与《文心雕龙》之比较研究　魏素足　空大人文学报　2001年

《文选》为何不收《兰亭序》(兰亭序はなぜ文选に采录されなかったか)　祁小春　东アジア研究(32)　2001年

《文选》录文倾向性之具体考察　钟涛　《雅与俗的跨越:汉魏六朝及元代文学论集》　成都:巴蜀书社　2001年3月

一门能文,人人有集——论萧衍父子的文化底蕴　赵福海《昭明文选研读》　长春:时代文艺出版社　2001年6月;《文选学散论》　长春:吉林人民出版社　2004年9月

试论《文选序》所体现的《离骚》观　甲斐胜二　《〈昭明文选〉与中国传统文化:第四届文选学国际学术研讨会》　长春:吉林文史出版社　2001年6月

萧统研究三题　穆克宏　《〈昭明文选〉与中国传统文化:第四届文选学国际学术研讨会》　长春:吉林文史出版社　2001年6月;文学遗产　2002年第3期;《六朝文学论集》　北京:中华书局　2010年6月

关于《古今诗苑英华》的编者问题——兼说无以动摇《文选》为昭明太子所独撰说　力之　《〈昭明文选〉与中国传统文化:第四届文选学国际学术研讨会》　长春:吉林文史出版社　2001年6月

萧统籍贯考　刘建国　《〈昭明文选〉与中国传统文化:第四届文选学国际学术研讨会》　长春:吉林文史出版社　2001年6月

由《昭明文选》文论选篇看萧统的文学观　张文东　《〈昭明文选〉与中国传统文化:第四届文选学国际学术研讨会》　长春:吉林文史出版社　2001年6月

阮(元)章(炳麟)二家关于《文选》选文标准立异的评议 王庆元 《〈昭明文选〉与中国传统文化:第四届文选学国际学术研讨会》 长春:吉林文史出版社 2001年6月

试论《文选》的取舍标准 姜维公、姜维东 《〈昭明文选〉与中国传统文化:第四届文选学国际学术研讨会》 长春:吉林文史出版社 2001年6月

三教合流以儒为主的文学观——从萧统对陶渊明、谢灵运诗歌的认同谈起 吴晓峰 《〈昭明文选〉与中国传统文化:第四届文选学国际学术研讨会》 长春:吉林文史出版社 2001年6月;《文选学散论》 长春:吉林人民出版社 2004年9月

论《文选》的实际编撰与选文标准 胡德怀 《〈昭明文选〉与中国传统文化:第四届文选学国际学术研讨会》 长春:吉林文史出版社 2001年6月

从乐府诗的选取看萧统《文选》的选诗标准 丁福林 《〈昭明文选〉与中国传统文化:第四届文选学国际学术研讨会》 长春:吉林文史出版社 2001年6月

对杨明《"事出于沉思、义归乎翰藻"解》的附议与异议 宋恪震 《〈昭明文选〉与中国传统文化:第四届文选学国际学术研讨会》 长春:吉林文史出版社 2001年6月;《问学鸿爪拾碎》 北京:线装书局 2009年8月

论萧统的文章价值观 张葆全 《〈昭明文选〉与中国传统文化:第四届文选学国际学术研讨会》 长春:吉林文史出版社 2001年6月

论萧统对建安文学的接受 王玫 《〈昭明文选〉与中国传统文化:第四届文选学国际学术研讨会》 长春:吉林文史出版社

2001年6月

萧统及其文学成就述略 俞绍初 《〈昭明文选〉与中国传统文化:第四届文选学国际学术研讨会》 长春:吉林文史出版社 2001年6月

萧氏父子文学集团的小说思想观念 王汝梅 《〈昭明文选〉与中国传统文化:第四届文选学国际学术研讨会》 长春:吉林文史出版社 2001年6月;文艺理论研究 2001年第4期

《昭明太子集校注》序 俞绍初 《昭明太子集校注》 郑州:中州古籍出版社 2001年7月

读《文选序》三问 俞绍初 中国文学研究(辑刊) 2001年第1期;《中国古典文学与文献学研究》第1辑 北京:学苑出版社 2002年11月(题目为:读《文选序》三题);《"文选学"论文集粹》 北京:中华书局 2017年12月

再论《文选》的选文范围 尤炜 江苏教育学院学报 2001年第4期

也谈萧统的文学观 吴晓峰 长春师范学院学报 2001年第4期

"随时变改":《文选》的一个重要选录标准 雷磊 《文学评论丛刊.第5卷.第1期》 南京:南京大学出版社 2002年7月

刘孝绰"名教"案与《文选》的编撰 顾农 人民政协报 2002年8月6日;《文选论丛》 扬州:广陵书社 2007年9月

先唐学士考 王立群 《中国典籍与文化论丛》第7辑 北京:北京大学出版社 2002年10月

《文选》与西晋文学 曹道衡 古典文学知识 2002年第1期

刘勰与萧统乐府诗观之异同　唐春亮、顾农　山东师范大学学报　2002年第1期;《文选论丛》　扬州:广陵书社　2007年9月

笙馨同音　宗旨如一——略论《文心雕龙》对《文选》的影响　李金坤　江苏大学学报　2002年第1期

论选本的排序——以《文选·诗》为例　雷磊　中国韵文学刊　2002年第2期

萧统缘何也重"情"——从《文选·赋·情》看萧统的文学思想　王晓芳　萍乡高等专科学校学报　2002年第2期

关于《文选序》与《文选》之价值取向的差异问题——兼论《文选》非仓卒而成及其《序》非出自异手　力之　文学评论　2002年第2期

从《文选》的赋体分类看萧统的文学观　董雪静　保定师范专科学校学报　2002年第3期

何逊作品不被收入《文选》的原因初探　独孤婵觉　中文自学指导　2002年第6期

试论萧统遗迹及其对历史文化名城的影响　徐苏、张爱民　《〈文选〉与"文选学":第五届文选学国际学术研讨会论文集》　北京:学苑出版社　2003年5月

萧统评陶与《文选》选陶　齐益寿　《〈文选〉与"文选学":第五届文选学国际学术研讨会论文集》　北京:学苑出版社　2003年5月

《文选》选录碑文及其相关的文体问题　程章灿　《〈文选〉与"文选学":第五届文选学国际学术研讨会论文集》　北京:学苑出版社　2003年5月

钱锺书与萧统　陈复兴　《〈文选〉与“文选学”:第五届文选学国际学术研讨会论文集》　北京:学苑出版社　2003 年 5 月;社会科学战线　2003 年第 3 期

论萧统的陶渊明研究　张亚新　《〈文选〉与“文选学”:第五届文选学国际学术研讨会论文集》　北京:学苑出版社　2003 年 5 月

“昭明太子十学士”与《文选》编纂　王立群　《〈文选〉与“文选学”:第五届文选学国际学术研讨会论文集》　北京:学苑出版社　2003 年 5 月;《新国学》第 5 卷　成都:巴蜀书社　2005 年 3 月

浅论《文选》编选的四个问题　乔长阜　《〈文选〉与“文选学”:第五届文选学国际学术研讨会论文集》　北京:学苑出版社　2003 年 5 月

《文选》选篇出自萧统独立的文学审美观念　阎方、熊礼汇　《〈文选〉与“文选学”:第五届文选学国际学术研讨会论文集》　北京:学苑出版社　2003 年 5 月

从《文选序》几种写、钞本推论其原貌　傅刚　《〈文选〉与“文选学”:第五届文选学国际学术研讨会论文集》　北京:学苑出版社　2003 年 5 月;广西师范大学学报　2004 年第 1 期;《汉魏六朝文学与文献论稿》　北京:商务印书馆　2016 年 3 月

罗兰·巴特与萧统　周春塘　《〈文选〉与“文选学”——第五届文选学国际学术研讨会论文集》　北京:学苑出版社　2003 年 5 月

刘勰、萧统与京口　笪远毅　《〈文选〉与“文选学”:第五届文选学国际学术研讨会论文集》　北京:学苑出版社　2003 年 5 月

从萧统的目录学思想看《文选》的选录标准　许逸民　《〈文选〉与“文选学”:第五届文选学国际学术研讨会论文集》　北京:学苑出版社　2003 年 5 月

梁武帝与《昭明文选》《玉台新咏》的编纂　胡旭　《〈文选〉与“文选学”:第五届文选学国际学术研讨会论文集》　北京:学苑出版社　2003年5月;古籍整理研究学刊　2004年第5期

发乎情、止乎礼——《文选》情类赋与萧统的伦理观　刘琦　《〈文选〉与“文选学”:第五届文选学国际学术研讨会论文集》　北京:学苑出版社　2003年5月;长春师范学院学报　2003年第2期

略论萧统为何特别钟爱陶渊明　林其锬　《〈文选〉与“文选学”:第五届文选学国际学术研讨会论文集》　北京:学苑出版社　2003年5月;镇江市高等专科学校学报　2003年第2期

试论《文选》对作家顺序的编排　曹道衡　《中古文史丛稿》　保定:河北大学出版社　2003年10月;文学遗产　2003年第2期;《曹道衡文集》卷二　郑州:中州古籍出版社　2018年4月

《文选》赋分类简论　韩晖　《辞赋研究论文集——第五届国际辞赋研讨会》　北京:中国文史出版社　2003年11月

读《文选·序》　朱晓海　《古代文学理论研究》第21辑　上海:华东师范大学出版社　2003年12月

刘勰与萧统的分野　刘畅　《古代文学理论研究》第21辑　上海:华东师范大学出版社　2003年12月

阮元“沈思”“翰藻”说再思考——兼及《文选》选文标准　李亚　《中国古典文学与文献学研究》第2辑　北京:学苑出版社　2003年12月

刘孝绰与《文选》研究　秦跃宇　重庆师院学报　2003年第1期

《文选》编撰年代研究　秦跃宇　南通师范学院学报　2003年第2期

刘勰与萧统关系原论　李金坤　苏州教育学院学报　2003年第2期

《文选》成书考辨　王立群　文学遗产　2003年第3期

《文选》成书研究中的逻辑误区　王立群　周口师范学院学报　2003年第3期

《昭明文选》与骚　王慧敏　长春师范学院学报　2003年第3期

萧氏三兄弟的文学论　吴功正　古典文学知识　2003年第4期

从《文选》选文标准看萧统的文学观　吴茹　广西社会科学　2003年第7期

从注文来看《文选》本的编纂、传承及当时的别集本　佐竹保子　nao de la China(8)　2004年

萧统和《文选》(上)　曹道衡　《兰陵萧氏与南朝文学》　北京:中华书局　2004年7月

萧统和《文选》(下)　曹道衡　《兰陵萧氏与南朝文学》　北京:中华书局　2004年7月

梁书"携少妹于华省,弃老母于下宅"考　清水凯夫　《文选学散论》　长春:吉林人民出版社　2004年9月;《中日学者中国学论文集——中岛敏夫教授汉学研究五十年志念文集》　上海:复旦大学出版社　2006年10月

《文选》京都赋置首的文化分析　韩晖　广西师范大学学报　2004年第1期

试论《文选》与《文心雕龙》对"颂""赞"二体评录之异同　高

明峰　绥化师专学报　2004 年第 1 期

关于《文选》编目次第的“失序”问题——《文选》编次作家“失序”与“彼此失照”现象研究之一　力之　中国社会科学院研究生院学报　2004 年第 1 期

关于《文选》编目次第之“彼此失照”问题——《文选》编次作家“失序”与“彼此失照”现象研究之二　力之　广西师范大学学报　2004 年第 1 期

《文选》咏史诗的类型与选录标准探讨　韦春喜　宁夏大学学报　2004 年第 2 期

《文选》为何不收五言四句体　何诗海　中国典籍与文化　2004 年第 2 期;古籍整理研究学刊　2004 年第 4 期

入耳之娱　悦目之玩——萧统文学观念浅析　张莺　安康师专学报　2004 年第 2 期

关于姚鼐章学诚批评《文选》分类之得失问题——兼论“七”“设论”与赋的关系　力之　江汉大学学报　2004 年第 3 期;三峡大学学报　2004 年第 6 期

《文选》成书时间研究　王立群　河南大学学报　2004 年第 3 期

《文选》次文类作家编序研究　王立群　文学评论　2004 年第 3 期

萧统的文学观和《文选》　曹道衡　文学遗产　2004 年第 4 期

关于《文选》编纂过程的一点意见　高明峰　阴山学刊　2004 年第 5 期

何逊与《文选》研究　秦跃宇　社会科学家　2004 年第 6 期

中国古代选编体裁的流变　徐适端　西南师范大学学报　2004 年第 6 期

“蜡鹅事件”真伪与昭明太子后期处境　林大志、卢盛江　文学遗产　2004 年第 6 期

历代《文选》类总集的编纂体例与选文范围　郭英德　《中国古代文体学论稿》　北京:北京大学出版社　2005 年 9 月

历代《文选》类总集的分体归类　郭英德　《中国古代文体学论稿》　北京:北京大学出版社　2005 年 9 月

《文选》类总集体类排序的规则与体例　郭英德　《中国古代文体学论稿》　北京:北京大学出版社　2005 年 9 月;北京师范大学学报　2005 年第 3 期(题目为:论“文选”类总集文体排序的规则与体例)

论中国古代文体分类的体式与原则——以《文选》类总集的文体二级分类为中心　郭英德　《中国古代文体学论稿》　北京:北京大学出版社　2005 年 9 月

《陶渊明集序》的写作时间和萧统评陶的独异众说、自相矛盾　胡耀震　《中国中古文学研究》　北京:学苑出版社　2005 年 12 月

《文选》乐府诗选录情况及其乐府观念　马萌　天津社会科学　2005 年第 1 期

综论《文选》的编者问题(上)——从文献可信度层面上辨“与刘孝绰等撰”说不能成立　力之　江汉大学学报　2005 年第 1 期

萧统遗迹及其文化特征　徐苏　华夏文化　2005 年第 1 期

《文选》选文标准略论　陈艺岚　广东青年干部学院学报　2005年第2期;西华大学学报　2005年第4期

关于《文选》的选文范围与标准问题　力之　河南大学学报　2005年第3期

《文心雕龙》论赋与《文选》赋分类定篇　韩晖　广西师范大学学报　2005年第4期

萧统《文选》钟情陆机作品原因探析　董灵超　柳州师专学报　2005年第4期

刘勰与萧统考论　孙蓉蓉　江苏社会科学　2005年第4期

关于日本古抄白文本《文选序》"略以时代相次"之"略"——兼论以此本所出为李善分卷前的三十卷本说难以成立　力之　内蒙古师范大学学报　2005年第4期

萧统《文选》赋观二题——兼论《文选》对赋史之贡献　张熙　苏州大学学报　2005年第5期

论萧统文学批评折衷意识的佛学背景　高文强　武汉理工大学学报　2005年第5期

从《文选序》看萧统对齐梁文风的矫正　崔军红　郑州大学学报　2005年第5期

综论《文选》的编者问题(中)——从情理层面上辨"刘孝绰等撰"说不能成立　力之　江汉大学学报　2005年第6期

从《文选》看萧统的诗学思想　李正春　湖南科技学院学报　2006年第1期

《文选》序"事出于沉思　义归乎翰藻"之"义"新解　赵树功　学术交流　2006年第1期

试论萧统的《文选序》　邓一鸣　河北大学成人教育学院学报　2006年第2期

论《文选》的编撰成书过程——从《隋志》总集类出发的考察　胡大雷　古籍研究　2006年第2期

萧统编纂《文选》的困惑　崔军红　河南科技学院学报　2006年第2期;《中国文选学:第六届文选学国际学术研讨会论文集》　北京:学苑出版社　2007年9月(题目为:萧统编纂《文选》的困惑——从《文选》所收曹植赋说起)

《文选》不录"说"体辨——"说"的文体辨析与小说的形成　胡大雷　广西师范大学学报　2006年第3期

关于《文选》编纂"工程"的大小问题——与《文心雕龙》比较　力之　内蒙古师范大学学报　2006年第3期

萧梁皇族的赋学批评　冷卫国　济南大学学报　2006年第3期

《文选》音乐赋类名与萧统音乐观探析　韩晖　广西师范大学学报　2006年第3期

梁昭明太子陵墓考　王志高　东南文化　2006年第4期

朱彝尊"《文选》初成闻有千卷"说不能成立辨——兼论何融《文选》"非一人所能完成"说之未为得　力之　黄冈师范学院学报　2006年第5期;《中国文选学:第六届文选学国际学术研讨会论文集》　北京:学苑出版社　2007年9月

论萧统和萧纲、萧绎文学思想的异同　李朝海、冯飞　黔南民族师范学院学报　2006年第5期

《文选》赋鸟兽类选文刍议　钟涛　青海师范大学学报　2006

年第6期

论阮元"沉思翰藻"说对《文选序》的某些误读——以阮元、萧统对"文"的不同理解为着眼点　李亚　郑州大学学报　2006年第6期

《文选序》及文学认识的演进　王昱　辽宁教育行政学院学报　2006年第11期

宗雅集篇——谈《文选》陶渊明作品的艺术风貌及萧统的选录标准　贾文斌　理论学刊　2006年第11期

《文选》对汉赋的编录与分类——兼及东汉六朝时汉赋整理的盛况　踪凡　《汉赋研究史论》　北京:北京大学出版社　2007年5月

由《文选序》辨析选学若干疑案　林伯谦　东吴中文学报　2007年5月第13期

文之有选,自萧统始——从《隋志》看《文选》与前代总集编撰方式的不同　胡大雷　《中国诗学研究.第6辑,"中古诗学暨曹道衡先生学术思想研讨会"专辑》　合肥:安徽人民出版社　2007年9月

从《文选》对游仙诗的选录看编选者的人生旨趣　王青　《中国文选学:第六届文选学国际学术研讨会论文集》　北京:学苑出版社　2007年9月

萧统选陶、评陶的自相矛盾及其亲编《文选》新证　胡耀震　《中国文选学:第六届文选学国际学术研讨会论文集》　北京:学苑出版社　2007年9月

《文选》的主要编纂者刘孝绰考论　田宇星　《中国文选学:第

六届文选学国际学术研讨会论文集》　北京:学苑出版社　2007 年 9 月

萧统《文选》赋观三题——兼论《文选》对赋史之贡献　张永鑫　《中国文选学:第六届文选学国际学术研讨会论文集》　北京:学苑出版社　2007 年 9 月;《论诗说赋集》　太原:北岳文艺出版社　2014 年 12 月

从萧统佛教信仰中的二谛观解读《文选》游览三赋　朱晓海　清华学报　2007 年 12 月第 37 卷第 2 期

《文选》非"尚未最后加工定稿之书"辨——《文选》所录作品的序文研究之二　力之　东方丛刊　2007 年第 1 期

萧统的编撰宗旨与其创作观的差异——兼论总集与单一题材作品集宗旨的不同　胡大雷　东方丛刊　2007 年第 1 期

关于《文选》的删、增、移与其文字之误等问题——兼论《文选》非仓促成书　力之　钦州学院学报　2007 年第 2 期

萧统与文章"原出于五经"　胡大雷　钦州学院学报　2007 年第 2 期

齐梁文坛的萧统与萧纲　朱剑虹　常州工学院学报　2007 年第 2 期

萧统——陶渊明经典的"第一读者"　边利丰　九江学院学报　2007 年第 2 期

《文选》的选录标准复议　邵宗波、常佩雨　许昌学院学报　2007 年第 3 期

《文心雕龙》与《文选》的选赋情况比较　岳进　江汉大学学报　2007 年第 3 期

"剪截"史书：古代总集的录文方式之一——以《文选》为例的论述　胡大雷　广西师范大学学报　2007年第4期

关于《文选》所录诗文之来源问题——兼论《文选》乃合首选与再选为一体之书　力之　广西师范大学学报　2007年第4期

从《文选》选编小议萧统编辑思想　冯婷　华章　2007年第4期

试论《文选》赋体的分类原则　冯莉　山西大学学报　2007年第5期

萧统编《文选》之深意　王颖　郑州航空工业管理学院学报　2007年第5期

论萧统、萧绎对"文质彬彬"论的认同与超越　艾初玲　阴山学刊　2007年第5期

《文选》选录标准再探　陈建刚　求索　2007年第7期

《文心雕龙》与《文选》诔文观之辨析　王丹　社科纵横　2007年第9期

刘勰、萧统大赋观之比较　王承斌　广西社会科学　2007年第11期

萧统缘情考　丁功谊　求索　2007年第12期

萧统《文选序》札记　福井佳夫　文学部纪要42(2)　2008年

萧统《文选序》之文章考(萧统《文选序》の文章について)　福井佳夫　中国中世文学研究(53)　2008年

论苏轼评《文选》的"编次无法、去取失当"　安熙珍　《文选学与楚文化——纪念李善逝世1317周年国际学术研讨会》　武汉：武汉出版社　2008年8月

《文选》所录部分诗文直接来源于史书说　力之　《文选学与楚文化——纪念李善逝世1317周年国际学术研讨会》　武汉:武汉出版社　2008年8月

论萧统的编撰宗旨与创作观的差异——兼论总集与选集的编撰宗旨不同　胡大雷　《文选学与楚文化——纪念李善逝世1317周年国际学术研讨会》　武汉:武汉出版社　2008年8月

《文选》选文"任昉现象"之成因探析　胡旭　《文选学与楚文化——纪念李善逝世1317周年国际学术研讨会》　武汉:武汉出版社　2008年8月;文史哲　2009年第4期

从《文选》分类看萧统对赋体的体认　韩晖　《文选学与楚文化——纪念李善逝世1317周年国际学术研讨会》　武汉:武汉出版社　2008年8月;广西师范大学学报　2008年第4期

萧统文学观念与《文选》选文标准之重释　罗书华　求是学刊　2008年第1期

论《文选》选赋义例二则　冯莉　齐鲁学刊　2008年第1期

刘勰、萧统的赋学观　王承斌　船山学刊　2008年第1期

关于《文选》选文的下限问题——"天监十二年"说与"只取决于诗文的作年"说异议　力之　江汉大学学报　2008年第2期

综论《文选》非仓促成书——兼与《艺文类聚》(前十卷)比较　力之　内蒙古师范大学学报　2008年第2期

萧统《文选》诗歌类型划分的标准及特点　崔涛　中国矿业大学学报　2008年第3期

萧统为何对陶渊明高评低选　郭世轩　阜阳师范学院学报　2008年第3期

《周易》与《文选序》的文学思想关系辨析　马玉鑫　东南传播　2008年第3期

窦常之《文选》“所录皆前人作”说可信辨　力之　广西师范大学学报　2008年第4期

综论《文选》的编者问题(下)——从“工程”大小看萧统完全可独撰《文选》　力之　井冈山学院学报　2008年第4期

关于《文选》组诗与《集》一诗一题之异——兼论《文选》非仓促成书　力之　三峡大学学报　2008年第4期

《文选》未录作品考述　胡大雷　井冈山学院学报　2008年第4期

《昭明文选》的选文标准对当今语文教材编写的启示　苏家宁　内蒙古师范大学学报　2008年第4期

略论历代对《文选》选赋的批评　王焕然　沈阳师范大学学报　2008年第5期

关于《文选》与《集》同文异题问题——兼论《文选》非仓促成书　力之　北方论丛　2008年第5期

论《文章流别集》及其与《文章志》的关系——《〈文选〉成书考说》之一　力之　韶关学院学报　2008年第5期

刘孝绰与《文选》的编纂及其文学思想　曹冬栋、孙英娜　吉林省教育学院学报　2008年第6期

“四萧”文献学研究综述　李柏　湖南科技学院学报　2008年第9期

无法“昭明”的结局——昭明太子死因三说　叶蓓卿　中学生　2009年

萧统和萧纲:个案研究 田晓菲 《烽火与流星:萧梁王朝的文学与文化》 新竹:清华大学出版社 2009年8月;北京:中华书局 2010年1月

对曹道衡先生一篇《序》的质疑 灵犀 《齐梁故里考证与齐梁文化新论》 南京:南京大学出版社 2009年12月;《齐梁故里与文化论集》 上海:上海古籍出版社 2015年8月

萧梁皇室研究三题 林大志 《齐梁故里考证与齐梁文化新论》 南京:南京大学出版社 2009年12月;《齐梁故里与文化论集》 上海:上海古籍出版社 2015年8月

南兰陵桑梓本乡 武进王业所基——齐梁故里考 常州市齐梁文化研究课题组 《齐梁故里考证与齐梁文化新论》 南京:南京大学出版社 2009年12月;《齐梁故里与文化论集》 上海:上海古籍出版社 2015年8月

论齐梁故里属地及争议辨析 薛锋 《齐梁故里考证与齐梁文化新论》 南京:南京大学出版社 2009年12月;《齐梁故里与文化论集》 上海:上海古籍出版社 2015年8月

浅论武进县(今常州西北)为齐梁故里 张尚金 《齐梁故里考证与齐梁文化新论》 南京:南京大学出版社 2009年12月;《齐梁故里与文化论集》 上海:上海古籍出版社 2015年8月

"齐梁故里"万绥地名考 谢达茂 《齐梁故里考证与齐梁文化新论》 南京:南京大学出版社 2009年12月;《齐梁故里与文化论集》 上海:上海古籍出版社 2015年8月

兰陵萧氏早期之世系及其门第之兴起考论 王永平 《齐梁故里考证与齐梁文化新论》 南京:南京大学出版社 2009年12月;《齐梁故里与文化论集》 上海:上海古籍出版社 2015年8月

南兰陵萧氏向国内外迁徙初探　萧志善　《齐梁故里考证与齐梁文化新论》　南京:南京大学出版社　2009年12月;《齐梁故里与文化论集》　上海:上海古籍出版社　2015年8月

《文选》再选本说献疑　谢海林　江汉大学学报　2009年第1期

从萧统和刘孝绰等人对《文选》作品的接受看《文选》的编者问题　王书才　楚雄师范学院学报　2009年第1期

试论《文选》"杂诗"适志作品的编选——兼论萧统的诗体分类观念　李有鹏　六盘水师范高等专科学校学报　2009年第1期

说《文选》中的四言诗——兼论萧统与刘勰和钟嵘诗学观的异同　周伟　钦州学院学报　2009年第1期

南梁之文学底蕴与《文选》的编纂成书　计洋　图书馆学研究　2009年第1期

萧统与《文选》研究三题　林大志　合肥师范学院学报　2009年第2期

萧统编纂《文选》的真实意图考论　陈祥谦、谭亚菲　武汉科技大学学报　2009年第2期

《文选》别立挽歌诗类原因探析　尹娟、李忠祥、张春义　石家庄学院学报　2009年第5期

南朝社会与"四萧"评价问题——兼论《兰陵萧氏家族及其文学研究》　赵逵夫　甘肃高师学报　2009年第6期

萧统"崇悲"论　孙浩宇　长春师范学院学报　2009年第7期

试论萧统诗歌观在《昭明文选》嵇康诗中的体现　张铁慧、刘雁　吉林省教育学院学报　2009年第11期

从《文选》“情”类赋看萧统的文学批评标准　刘代霞　山花　2009年第12期

萧统的文学史意义　程泽峰　飞天　2009年第14期

论《文选》的诗目分类　吕维洪　文教资料　2009年第17期

游戏或教育:论萧统文学集团同题共作诗赋的“互文性”　祁立峰　国文学志　2009年第19期

从骈散之争看关于《昭明文选》选录标准的讨论　薛英杰　考试周刊　2009年第27期

读萧统《陶渊明集序》　王平　Asia Major, Third Series 23. 1　2010年

《文选》选录咏史诗的标准问题　韦春喜　《宋前咏史诗史》　北京:中国社会科学出版社　2010年2月

释《文选》赋“情”类的命名　杨明　《欣然斋笔记》　上海:东方出版中心　2010年5月

论萧统心目中的陶渊明　于浴贤　《辞赋文学与文化学探微》　北京:中国社会科学出版社　2010年11月

“选学若干疑案”多非由《文选序》所能辨析辨　力之　《中国古典文学与文献学研究》第5辑　北京:学苑出版社　2010年11月

《文选》的选文标准与“删散成骈”　莫山洪　《骈散的对应与互融》　济南:齐鲁书社　2010年12月

利用古写钞本校《文选序》及其相关的两个问题　范志新　《第八届文选学国际学术研讨会论文集》　扬州:广陵书社　2010年12月

《文心雕龙》影响《文选》的一个侧面——以“文学观点”与

"文体选目"的比较为例　李莹、李金坤　《第八届文选学国际学术研讨会论文集》　扬州:广陵书社　2010 年 12 月

《选序》反映的乃萧统完成《文选》后之愉悦说——兼与林伯谦、冈村繁两先生商榷　力之　《第八届文选学国际学术研讨会论文集》　扬州:广陵书社　2010 年 12 月

从《昭明文选》编撰谈萧统的"崇悲意识"　孙浩宇　《第八届文选学国际学术研讨会论文集》　扬州:广陵书社　2010 年 12 月

萧统"踵事增华说"再认识——与葛洪文学进化观比较　赵阳　《第八届文选学国际学术研讨会论文集》　扬州:广陵书社　2010 年 12 月

论《文选》的选诗观——以《文选・情赋》注为例　李正春　《第八届文选学国际学术研讨会论文集》　扬州:广陵书社　2010 年 12 月

班昭《东征赋》入《选》发微　罗志仲　《第八届文选学国际学术研讨会论文集》　扬州:广陵书社　2010 年 12 月

《文选》录赋与史书录赋异同论　胡大雷　《第八届文选学国际学术研讨会论文集》　扬州:广陵书社　2010 年 12 月;《中古赋学研究》　桂林:广西师范大学出版社　2011 年 6 月

南朝齐梁萧氏故里研究　钱永波、昌万海、纪东　《第八届文选学国际学术研讨会论文集》　扬州:广陵书社　2010 年 12 月

《文选》编辑宗旨拟测——《文选》研究之一　钟其鹏　《第八届文选学国际学术研讨会论文集》　扬州:广陵书社　2010 年 12 月;楚雄师范学院学报　2011 年第 5 期

《文选序》"事出于沉思,义归乎翰藻"新解　吴晓峰　《第八

届文选学国际学术研讨会论文集》 扬州:广陵书社 2010年12月;江苏大学学报 2010年第6期

《文选》不录张融之作的历史考察——兼论萧衍的忌刻个性及其在萧子良集团中的实际地位 胡旭、张一妮 《第八届文选学国际学术研讨会论文集》 扬州:广陵书社 2010年12月;钦州学院学报 2010年第2期

《文选》中的吊文及其选录标准——兼与《文心雕龙》比较 陈莹 河北经贸大学学报 2010年第1期

与林伯谦先生论《文选》的编者问题——《由〈文选序〉辨析选学若干疑案》商兑之二 力之 广西师范大学学报 2010年第2期

统论《文选》赋设目与编次——兼谈萧统的赋学观 冯莉 天津大学学报 2010年第3期

《文选序》"以时代相次"不涉及作品辨——兼论以作品之作时考《文选》成书时间无实际意义 力之 河南师范大学学报 2010年第3期

《文选》成书时间各家说辨析——《文选》成书时间研究之一 力之 井冈山大学学报 2010年第4期

昭明太子祭祀现象成因探析 方蓬 池州学院学报 2010年第5期

论《文选》选篇的局限性 徐明英、熊红菊 淮北煤炭师范学院学报 2010年第5期

论徐勉对萧统《文选》编纂的影响 刘宝春 文学遗产 2010年第5期

《文选》不录齐梁赋辨　胡大雷　广西师范大学学报　2010 年第 5 期;《中古赋学研究》　桂林:广西师范大学出版社　2011 年 6 月

“辞赋的神趣”与萧统“沈思”说　王澍　华北水利水电学院学报　2010 年第 5 期

《文选》编辑方式的理论探究　朱智秀　编辑之友　2010 年第 6 期

从曹植怨妇诗看《文选》和《玉台新咏》的选诗意义　赵丹　沧桑　2010 年第 6 期

从《文选》选诗看萧统的诗学观　陈怀利　湖北第二师范学院学报　2010 年第 9 期

论魏晋南北朝时期总集编纂与文体分类之关系　崔军红　图书馆理论与实践　2010 年第 10 期

从对史书的态度比较刘勰与萧统的文学观　侯晓静　青年文学家　2010 年第 11 期

《文选》置《答何绍》于《赠张华》前无不当辨——兼论先“赠”后“答”之“通例”无法通于以人为纲类总集　力之　《中国诗学》第 15 辑　北京:人民文学出版社　2011 年 3 月

赋与骚——以《文选》列赋为首与别骚于赋为中心　冯莉　《中国楚辞学》第 17 辑　北京:学苑出版社　2011 年 12 月

“沉思翰藻”锥指——兼论阮元释义同萧统原序之区别　卿磊、谢谦　四川大学学报　2011 年第 1 期

萧统及其《文选》评议　胡惠明、徐艳艳　济宁学院学报　2011 年第 1 期

与冈村繁先生论《文选》之编者及其编纂目的——读《〈文

选〉的编纂实况与当时对它的评价》 力之 广西师范大学学报 2011年第1期

"杂诗"收录与萧统的文学观念 裴秋锦 陕西社会科学论丛 2011年第1期

萧统、刘孝绰诗与齐梁新体之比较:兼论《文选》编纂者问题 朱宝盈 中国文化研究所学报 2011年第1期

萧统《文选》文体分类及其文体观考论——以"《离骚》"与"歌"体为中心 陈翀 中华文史论丛 2011年第1期

《文选》编纂者研究综述 马津瑾 语文知识 2011年第1期

昭明太子与竹林七贤 王晓东 焦作师范高等专科学校学报 2011年第1期

梁·昭明太子萧统居读磐安史料采辑与遗迹考 周加仁 图书馆研究与工作 2011年第2期

《昭明太子集》版本源流考 刘楠 北方文学(下半月) 2011年第2期

《文选》成书时间考说——《文选》成书时间研究之二 力之 钦州学院学报 2011年第2期

《文选》不录"小说"与李善注引"小说"新探——兼论"小说"观念在唐宋时期的嬗变 郝敬 文艺评论 2011年第2期

《古诗归》与《昭明文选》文学观念的比较——以选陶诗为例 吴琼华、黄建辉 内蒙古电大学刊 2011年第2期

《文选序》与《文选》之异乃属正常现象辨——《由〈文选序〉辨析选学若干疑案》商兑之三 力之 汉语言文学研究 2011年第3期

“文史分合”轨迹述论——兼评萧统、刘知几文史观　吕海龙　上海大学学报　2011年第3期

论萧统文体观念的三种面向　秦秋咀、周唯一　衡阳师范学院学报　2011年第4期

关于《文选》的编撰工作量、成书状况与编者问题——兼论《文选》成书时间研究之方法　力之　江汉论坛　2011年第5期

《文选》体制管窥　田娜　北方文学(下半月)　2011年第5期

《文选》随札——略论萧统之思想倾向　路振召　湖北成人教育学院学报　2011年第5期

《文选》赋篇来源问题考辨　唐普　重庆师范大学学报　2011年第6期

《文心雕龙》与《文选》吊文观辨析　赵俊玲　广西师范大学学报　2011年第6期

萧统音乐观与《文选》乐府诗　李娜　文艺评论　2011年第8期;《“文选学”论文集粹》　北京:中华书局　2017年12月

关于王羲之《兰亭集序》没有选入《文选》的问题　吴光兴　紫禁城　2011年第9期

萧统文学理论与文学实践的相谐与相异　彭婷婷　艺海　2011年第11期

《文选·赋》“物色”类选赋蠡测——《文选·赋》“物色”类研究之六　钟其鹏　长春大学学报　2011年第11期

关于《文选》中无别集作家作品的来源问题　力之　文艺评论　2011年第12期

左思《咏史》入《文选》看萧统的价值观　周竹卿　安徽文学

(下半月) 2011年第12期

略论萧统《文选》的编辑学思想 曾祥旭 中国出版 2011年第17期

萧统《文选》的体类观 曾枣庄 《中国古代文体学》 上海:上海人民出版社、上海书店出版社 2012年

《文选序》所见"八字之文"考——以与"三言"之差异为中心(《文选序》に见える"八字の文"について:"三言"との差异を中心に) 井上一之 中国诗文论丛(31) 2012年

《文选》不收《兰亭集序》异议 王凯符 《古今文丛论》 北京:首都师范大学出版社 2012年8月

《文选序》与《文选》差异问题的再审视 徐华 《历史文献研究》总第31辑 上海:华东师范大学出版社 2012年9月

萧子显与萧统——《文选》标准的确立 曹顺庆 《中外文论史》第2卷 成都:巴蜀书社 2012年12月

从《文选》选文《古诗十九首》作品探析萧统选录标准 支媛 六盘水师范学院学报 2012年第1期

论《文选》对应用文的选编 李航 广西师范学院学报 2012年第1期

《文选》事类编录受《华林遍略》重要影响说驳议 力之 河南师范大学学报 2012年第2期

从《文选序》看《文选》的选文标准 王珍珠 齐齐哈尔师范高等专科学校学报 2012年第2期

《文选》耕藉赋立类原因及入选作品探析 赵俊玲 天中学刊 2012年第3期

“赞”文分类与《文选》录“赞”　高明峰　河北科技大学学报　2012 年第 3 期

从《文选》所收曹植赋看《文选》的编纂　崔军红　河南师范大学学报　2012 年第 3 期

萧统诗歌真伪及相关问题考论　徐艳、朱梦雯　兰州大学学报　2012 年第 3 期

20 世纪以来关于萧统《文选序》研究综述　彭婷婷　文艺生活（文艺理论）　2012 年第 3 期

浅析苏轼对《文选》选文的评价　张宁　北方文学　2012 年第 3 期

略论“檄”的特点及《文选》文体分类的缺陷——以《文选》所选檄文为例　张悦　内蒙古农业大学学报　2012 年第 4 期

论萧统《文选》中的《楚辞》批评　高林清　宁夏大学学报　2012 年第 4 期

从对《文选》作品的接受入手难断其编者是谁　力之　广西师范大学学报　2012 年第 5 期

试论萧统之“时义”　王珍珠　常熟理工学院学报　2012 年第 5 期

《古文苑》与《文选》赋体分类管窥　王晓鹃　西北师大学报　2012 年第 5 期；《庆祝赵逵夫教授七十华诞文集》　兰州：甘肃民族出版社　2014 年 10 月

《诗》的隐显与《文选》“赋、诗、骚”的排序——《文选》序“体”研究之一　邵杰　广西师范大学学报　2012 年第 6 期；《“文选学”论文集粹》　北京：中华书局　2017 年 12 月

《文选》编者问题的重新思考 林大志 广西师范大学学报 2012年第6期

试论《文选序》中的文学观 耀晓娟 北方文学(下半月) 2012年第10期

《文选》如何能录“小说”——以先秦至初唐“小说”的性质为考查对象 孙振田、陈康 文艺评论 2012年第12期;《第十届文选学国际学术研讨会论文集》 郑州:河南大学出版社 2014年8月

《文心雕龙》与《文选》碑文观辨析 赵俊玲 兰台世界 2012年第15期

萧统《文选》的楚辞编纂 范军 《古典诗歌研究汇刊》第14辑 第17册《中国古代诗歌编辑专题研究》 新北:花木兰文化出版社 2013年

《文选》诗歌编辑论 范军 《古典诗歌研究汇刊》第14辑 第17册《中国古代诗歌编辑专题研究》 新北:花木兰文化出版社 2013年

萧统及其《文选》评议 闫春新 《兰陵萧氏与中古文化研究》 济南:山东人民出版社 2013年8月

《文选序》“事出于沉思,义归乎翰藻”本意探赜——兼论《文选》的选录标准问题 葛云波 《视角与方法:复旦大学第三届中国文论国际学术研讨会论文集》 南京:凤凰出版社 2013年8月

“隐”与“游”——《昭明文选》“招隐”与“游览”同卷抉微 江建俊 《魏晋“神超形越”的文化底蕴》 台北:新文丰出版公司 2013年11月;《〈文选〉与中国文学传统:第九届〈文选〉学国际学术研讨会论文集》 北京:中华书局 2014年8月

《文选》录扬雄六文而其五当来自《汉书》考——兼论《扬雄传·赞》以上本“雄之《自序》”非“未加裁割” 力之 《古典文献研究》第16辑 南京:凤凰出版社 2013年12月

古体赋学与“选”赋批评 孙福轩 《中国古体赋学史论》 杭州:浙江大学出版社 2013年12月

六朝临终诗述论——兼论《文选》欧阳建《临终诗》的收录因素 何维刚 新竹教育大学人文社会学报 2013年第1期

《文选》和《文心雕龙》中乐府定位之比较 杨毅 文学教育(上) 2013年第1期

《文选》情赋单独立类的原因及其特征 王宏林、姚建改 济宁学院学报 2013年第1期

论《昭明文选》的选文标准 朱东根、严孟春 海南大学学报 2013年第2期

《文心雕龙》与《文选》祭文观辨析 赵俊玲 郑州大学学报 2013年第2期;《“文选学”论文集粹》 北京:中华书局 2017年12月

从《博弈论》看《文选》编选宗旨的复杂性 杨焄 文艺理论研究 2013年第2期;《第十届文选学国际学术研讨会论文集》 郑州:河南大学出版社 2014年8月

《文选·书》序次本先朱叔元而后孔文举辨——《文选》编次作家“失序”与“彼此失照”现象研究之三 力之 河南师范大学学报 2013年第3期

太子的意图与《文选》之根 陈延嘉 河南大学学报 2013年第3期;《十届文选学国际学术研讨会论文集》 郑州:河南大学出版

社 2014年8月

昭明太子萧统在池州史迹钩沉 何寅 合肥师范学院学报 2013年第4期

《文心雕龙》与《文选》表文观辨析 赵俊玲 兰州学刊 2013年第4期

《文选》隐逸诗编撰探析 高智 北华大学学报 2013年第4期

《文选》姐妹篇及其分卷分合问题 黄伟豪 文学遗产 2013年第4期

《文选·序》歧见句释疑 袁健惠 聊城大学学报 2013年第4期

《文选》诏令文与萧统之“崇雅” 赵俊玲 中南大学学报 2013年第4期

《昭明文选》编辑思想探介 孔令刚 河南科技学院学报 2013年第5期

《文选》与《文心雕龙》“檄”体选文刍议 李建松 天中学刊 2013年第6期

简评《昭明文选》选赋的学术价值 郭小楠、黄志立 西藏民族学院学报 2013年第6期

从《陈情表》看《文选》选录宗旨的多方面性 郑懿倩 教育教学论坛 2013年第47期

《文选》编者问题研究述评 郭津泽 山西师大学报 2014年

太子萧统与学士李善 白兆麟 《睎晛集》 合肥:安徽文艺出版社 2014年1月

也谈刘孝绰与《文选》的编撰 邹建雄 光明日报 2014年5月14日

四萧年谱汇考(萧统) 蔡平 《中古作家年谱汇考辑要》 西安:世界图书西安出版公司 2014年6月

《文选》铭体选文刍议 钟涛 《〈文选〉与中国文学传统:第九届〈文选〉学国际学术研讨会论文集》 北京:中华书局 2014年8月

《文选》所收乐府辞外围尺度管窥 朱晓海 《〈文选〉与中国文学传统:第九届〈文选〉学国际学术研讨会论文集》 北京:中华书局 2014年8月

从《文选序》"事出于沉思,义归乎翰藻"论李白《拟恨赋》的拟作艺术 萧丽华 《〈文选〉与中国文学传统:第九届〈文选〉学国际学术研讨会论文集》 北京:中华书局 2014年8月

论《文选》兼收两篇《三都赋序》 罗志仲 《〈文选〉与中国文学传统:第九届〈文选〉学国际学术研讨会论文集》 北京:中华书局 2014年8月

昭明太子闲咏诗六题 廖一瑾 《〈文选〉与中国文学传统:第九届〈文选〉学国际学术研讨会论文集》 北京:中华书局 2014年8月

何逊卒于萧统《文选》编成之前说质疑 周绍恒 《第十届文选学国际学术研讨会论文集》 郑州:河南大学出版社 2014年8月

国家意识形态、文化审美高度与萧统主编《文选》 刘志伟 《第十届文选学国际学术研讨会论文集》 郑州:河南大学出版社 2014年8月

东宫十学士与西府文士集团 钟仕伦 《〈文选〉与中国文学

传统:第九届〈文选〉学国际学术研讨会论文集》 北京:中华书局 2014年8月

论《文选》对“建安七子”作品之去取 胡旭、宫伟伟 《中国文学研究》第24辑 上海:复旦大学出版社 2014年12月;《〈文选〉与汉唐文化:第十一届〈文选〉学国际学术研讨会论文集》 北京:中华书局 2018年8月

《文选》中哀伤赋以及选录标准 郭家嵘 山西广播电视大学学报 2014年第1期

何思澄任秣陵令及致太子手令于何胤之时间辨——《文选》编者与编纂时间诸问题杂考之一 力之 华夏文化论坛 2014年第1期

《文心雕龙》与《文选》论体观辨析 赵俊玲 郑州大学学报 2014年第3期

论《文心雕龙》与《文选》诔文评录标准之差异 王见楠 绵阳师范学院学报 2014年第3期

《文选》未录《兰亭序》原因考 梁晓东 甘肃高师学报 2014年第4期

《文选赋》类目新议 冯莉 中国文化研究 2014年第4期

关于《文选》成书研究的方法问题 力之 中南民族大学学报 2014年第5期

“故意抛出《文选》非昭明所撰之论”说辨证——读林大志先生《〈文选〉编者问题的重新思考》 力之 兰州大学学报 2014年第5期

萧统主编《文选》的编纂理想——兼谈对未来“文选学”研究

系统的展望　刘志伟　郑州大学学报　2014年第5期

《文选》编选与嵇康形象　袁济喜　复旦学报　2014年第6期;《〈文选〉与汉唐文化:第十一届〈文选〉学国际学术研讨会论文集》　北京:中华书局　2018年8月

也谈有关《昭明文选序》之"文笔之辨"问题　朱慧敏、赖惠川　鸭绿江(下半月版)　2014年第6期

《昭明太子集》版本源流考　彭婷婷　中华文化论坛　2014年第8期

从始点或岔口处辨路向　就原典本身察是非——关于《文选》成书研究的方法问题之二　力之　学术交流　2014年第8期;《〈文选〉与汉唐文化:第十一届〈文选〉学国际学术研讨会论文集》　北京:中华书局　2018年8月

《文心雕龙》与《文选》诔文观辨析　赵俊玲　河南社会科学　2014年第11期

《文心雕龙》与《文选》乐府观比较研究　刘群栋　河南社会科学　2014年第11期

从《文选》编纂来看"文"的意识(《文选》编纂に见る"文"意识)　牧角悦子　二松学舍大学人文论丛(95)　2015年

萧统与《文选》　龚斌　《南兰陵萧氏文化史稿》　上海:上海古籍出版社　2015年7月

萧统《文选》的政治模式　李永祥　《齐梁萧氏文化概论》　上海:上海古籍出版社　2015年7月;《〈文选〉与汉唐文化:第十一届〈文选〉学国际学术研讨会论文集》　北京:中华书局　2018年8月

萧统评传　李华年、严进军　《南兰陵萧氏人物评传》　上海:

上海古籍出版社 2015年7月

《文选》“杂诗”“杂拟”类的选录标准与特色 沈凡玉 《六朝同题诗歌研究》 台北:台大出版中心出版 2015年11月

萧统责《闲情赋》而《文选》录《神女》诸赋之因探——兼论两者之异非因各自成于不同的时间 力之 广西师范大学学报 2015年第1期

论《文苑英华》编纂体例对《文选》的创新及其意义——以《文苑英华》诗体为考察中心 何水英 广西师范大学学报 2015年第1期

萧统《文选》的文学体裁观 李福清撰,李逸津译 文心学林 2015年第2期

东宫学士与《文选》编纂工作考 潘启聪 书目季刊 2015年第2期

从《文选序》和《陶渊明集序》探析萧统的文学观 高思莉 河南工业大学学报 2015年第2期

《文选》编撰者赋学观平议 黄志立 佳木斯大学社会科学学报 2015年第3期

《文选》选赋的价值 吴勇、黄志立 中南财经政法大学研究生学报 2015年第3期

《文心雕龙》与《文选》“哀”体观辨析 赵俊玲 文艺理论研究 2015年第4期

关于《文选》篇题和卷目的差异与其文献价值问题 力之 河南师范大学学报 2015年第4期

关于《昭明文选》篇章作者的署名问题 杨德春 图书馆工作

2015 年第 4 期；青海师范大学民族师范学院学报　2017 年第 2 期；太原师范学院学报　2017 年第 6 期

《文选》“册”体选《册魏公九锡文》略说　钟涛　中国文学研究　2015 年第 4 期；《〈文选〉与汉唐文化：第十一届〈文选〉学国际学术研讨会论文集》　北京：中华书局　2018 年 8 月

萧统、萧绎“文学独立观”的历史定位　郭外岑　天水师范学院学报　2015 年第 4 期

《昭明文选》并非所有有字之作者均以字称　杨德春　文献信息论坛　2015 年第 4 期

浅论《文选》乐府诗的选录情况及情感特色　郑琛　现代语文　2015 年第 5 期

事出于沉思　义归乎翰藻——从《〈昭明文选〉应用研究》说开去　胡光波　湖北师范学院学报　2015 年第 6 期

《昭明文选》选诏“时义”论　孙浩宇　海南大学学报　2015 年第 6 期

从《文选》选陶渊明作品见萧统的文学观　马朝阳　古籍整理研究学刊　2015 年第 6 期

论《文选序》在文学自觉中的意义　高思莉　现代语文　2015 年第 7 期

经典化与萧统独撰《文选》论　孙浩宇　长春师范大学学报　2015 年第 7 期

萧统在中国编辑学思想史上的地位和贡献　皮晓霞　绵阳师范学院学报　2015 年第 9 期

扬雄《蜀都赋》未入《文选》探赜　邵小龙、谢小刚　北京社会

科学 2015年第10期

萧统《文选》选录曹丕、曹植诗文比较论 王莉 西部学刊 2015年第12期

对萧统《文选》乐府诗选录的一些看法 夏云秋 青年文学家 2015年第14期

萧统《文选》在古典文献编纂领域上的卓越贡献 于亚丽 山花 2015年第18期

规范与表现——以《文选》诗最初之分类为中心(規範と表現——《文選》詩の初めの部立てを中心に) 川合康三 东方学(132) 2016年

萧统的"法身"概念与文论 盖晓明 《佛学与六朝文论》 杭州:浙江大学出版社 2016年1月

"时义"新探与《文选》编选要义 孙浩宇 中国社会科学报 2016年3月14日

《文选》不录《史记》赞论与萧统文学观 潘定武 《现代学术视野下的〈文选〉研究》 北京:中国社会科学出版社 2016年7月

治学旧信一束 顾农 《扬州文化研究论丛》第18辑 扬州:广陵书社 2016年12月

从与《陶渊明集序》之比较看《文选》招隐诗选择的官方性 蔡勇 太原师范学院学报 2016年第1期

《文心雕龙》与《昭明文选》中诔文的选文比较 黄庚 鞍山师范学院学报 2016年第1期

从《文选》"序"看杜甫"熟精文选理"之"理"的涵义 王立国 杜甫研究学刊 2016年第1期

论《文选》选赋与《文心雕龙》论赋之同异　冯莉　人文论丛　2016年第2期

论《文心雕龙》与《文选》乐府观之异同　李建松　天中学刊　2016年第2期

从《文选序》看萧统及时人的文学观　李源　安徽文学(下半月)　2016年第2期

太子未亲参撰《文选》的“一个证据”说辩证——责《闲情赋》与录《神女》诸赋之矛盾不是问题　力之　西南民族大学学报　2016年第2期

《文心雕龙》与《文选》书信观辨析　赵俊玲　聊城大学学报　2016年第3期;《〈文选〉与汉唐文化:第十一届〈文选〉学国际学术研讨会论文集》　北京:中华书局　2018年8月

论《文选》中表文的选取标准　朱家慧　齐齐哈尔大学学报　2016年第4期

《赠白马王彪》之题非萧统编纂《文选》时所改　力之　文学遗产　2016年第5期

《文选序》“时义”系统发微　孙浩宇　河北师范大学学报　2016年第6期

萧统文人集团对《文选》选文的影响　陈俊维　宜春学院学报　2016年第7期

从《文选》陶诗文反观萧统重“风教”的文学趣味　尚贝贝　长春教育学院学报　2016年第7期

《文选》序类不录《离骚经序》原因初探　林冉　赤峰学院学报　2016年第8期

南朝大墓墓主身份重新确认昭明太子萧统:陨落的“学术男神” 王新春 国家人文历史 2016年第8期

论萧统对陶渊明和谢灵运接受的比较 郑超 牡丹江大学学报 2016年第9期

从《文选序》看萧统的文学观 杨玮 人间 2016年第28期

论《文选·赋》选文的排序 张利 文学教育(上) 2016年第31期

试论《文选》与《文心雕龙》对“论”体评录之异同 许俊丽 名作欣赏 2016年第36期

萧统与音乐赋 刘志伟 《“文选学”论文集粹》 北京:中华书局 2017年12月

南朝的总集编纂与文学观念之辨——兼论《文选》与《弘明集》的选录理念 刘玉叶 《“文选学”论文集粹》 北京:中华书局 2017年12月;郑州轻工业学院学报 2017年第4期

从《文选》所录碑志看其编选特色 李超 古籍研究 2017年第1期

《文选》命运义理之论体文的选编意义研究 戴文霞、蒋振华 中国文学研究 2017年第1期

《文选》分类不设“山水诗”的原因探析 柯莉 文存阅刊 2017年第2期

萧统把《圣主得贤臣颂》归为“颂”体的考论 王雅婷、董宏钰 长春师范大学学报 2017年第3期

《文选》编纂研究述略 邸宏香 长春师范大学学报 2017年第3期

萧统与刘勰关系刍议　马朝阳　长春师范大学学报　2017 年第 3 期

从《文选》选诔看萧统的诔文文体观　朱虹　陕西学前师范学院学报　2017 年第 3 期

浅议《文心雕龙》和《昭明文选》的文体观——以辞体为例　郝广青　名作欣赏　2017 年第 5 期

论《文选》“杂拟”类与萧统的诗学观念　郭晨光　兰州学刊　2017 年第 6 期

《文选》所呈现的文学观与萧统本人的文学观研究　张施令　美与时代(下)　2017 年第 7 期

《文选》编撰非源于《华林遍略》推动辨——兼论“余监抚”云云一段非记述“成书过程”　力之　铜仁学院学报　2017 年第 8 期

《文选》中“赋”的分类问题研究　陆艳阳　当代旅游　2017 年第 12 期

《文选》“两收”简论　朱晓海　厦大中文学报　2017 年辑刊

萧统主编《文选》之地位不可动摇　陈延嘉　《文选学研究》第 1 辑　北京:中华书局　2018 年 2 月

《谢灵运传论》与《文选》编撰关系问题新证　李建松　《文选学研究》第 1 辑　北京:中华书局　2018 年 2 月

《文选》编纂与萧统“立言不朽”　胡大雷　《文选学研究》第 1 辑　北京:中华书局　2018 年 2 月

论吴文化的独特性及对萧统的影响　王大恒　《文选学研究》第 1 辑　北京:中华书局　2018 年 2 月

反虚为实:略论《声无哀乐论》的体式——兼论《文选》“论”

类文体的选文标准　刘子立　《〈文选〉与汉唐文化:第十一届〈文选〉学国际学术研讨会论文集》　北京:中华书局　2018年8月

儒学核心价值观"尊尊亲亲"与《文选》编撰——再论《文选》之根　陈延嘉　《〈文选〉与汉唐文化:第十一届〈文选〉学国际学术研讨会论文集》　北京:中华书局　2018年8月

萧统主编《文选》的编纂理想——兼谈对未来"文选学"研究系统的展望　刘志伟　《〈文选〉与汉唐文化:第十一届〈文选〉学国际学术研讨会论文集》　北京:中华书局　2018年8月

论萧统《文选》的政治模式　李永祥　《〈文选〉与汉唐文化:第十一届〈文选〉学国际学术研讨会论文集》　北京:中华书局　2018年8月

经典化与《文选》辑录想象——以赋文类考察为中心　孙浩宇　《〈文选〉与汉唐文化:第十一届〈文选〉学国际学术研讨会论文集》　北京:中华书局　2018年8月

萧统与《诗苑英华》　刘群栋　《〈文选〉与汉唐文化:第十一届〈文选〉学国际学术研讨会论文集》　北京:中华书局　2018年8月

《文心雕龙》与《文选》檄文观辨析　赵俊玲　西南交通大学学报　2018年第1期

《文选》编者问题研究述评　梁雅阁　重庆第二师范学院学报　2018年第1期

萧统集编撰及版本考论　刘明　山东图书馆学刊　2018年第1期

《文选》"赋篇"批评三题　许结　东北师大学报　2018年第1期

《文选》的编撰意图　马朝阳　铜仁学院学报　2018年第2期

论《文选》对陆机诗歌的选录　陈璐　宁波大学学报　2018年第2期

刘孝绰"名教案"考索　骆玉明、甘爱燕　复旦学报　2018年第2期

《文选》不录赵壹《刺世疾邪赋》探研　袁济喜　中国文学研究　2018年第2期

《昭明文选》为何不录《兰亭序》　宋战利　文心学林　2018年第2期

关于"五臣注"陈八郎本与朝鲜正德本之分类问题——无"符命""史述赞"与"百一""游仙"乃后来之失辨　力之　古典文献研究　2018年第2期

萧统为何把《奏弹王源》录入《文选》　陈延嘉　扬州文化研究论丛　2018年第2期

亡佚还是失收:《文选》未收阮瑀表檄等原因管窥　尹玉珊　扬州文化研究论丛　2018年第2期

篇、体与文章选本:以《〈文选〉序》为中心的先唐总集编纂考察　翟新明　扬州文化研究论丛　2018年第2期

萧统及其后裔之沉浮哀思　顾农　扬州文化研究论丛　2018年第2期

论《文选》檄体的选录标准　刘伟利　安康学院学报　2018年第3期

萧统评陶渊明三十年研究述评　张梦珂　天中学刊　2018年第3期

萧统《文选序》中所体现的文学思想 吴名茜 小说月刊 2018年第3期

《文选序》与《文心雕龙》比较分析 马朝阳 古籍整理研究学刊 2018年第3期

骚体的早期演变及《文选》选录标准 李篮玉 文化学刊 2018年第4期

《文选》编者考 马朝阳 长春师范大学学报 2018年第5期

萧统:陶渊明之先知先觉者 陈延嘉 长春师范大学学报 2018年第5期

《文选》撰者及成书时间刍议 高博、邹德文 长春师范大学学报 2018年第5期

广角视域下的《文选》选录标准研究 孔令刚 河南大学学报 2018年第5期

萧统《昭明文选》的诔文编选特征 江祎婧 湖南科技学院学报 2018年第6期

试论移文文体的功能——以《文选》与《文心雕龙》中选文为例 梁雅阁、马予静 乐山师范学院学报 2018年第7期

从《文选序》看萧统的文学观 李丽 民间故事 2018年第13期

《昭明文选》编纂中对赋的选取研究 王美婧 文学教育 2018年第19期

三、《文选》注释研究

著作

文选李注义疏　高步瀛　北京：北平文化学社　1929年；台北：广文书局　1966年；北京：中华书局　1985年11月；2018年10月

《文选》注引书引得　哈佛燕京学社引得编纂处　北京：哈佛燕京学社　1935年10月

《文选》李善注所引《尚书》考证　斯波六郎　昭和十七年八月著者油印本　1942年；东京：汲古书院　1982年9月

《文选》李善注引用书目汇编　马念祖　《水经注等八种古籍引用书目汇编》　北京：中华书局　1959年2月

敦煌本《文选》注　神田喜一郎　东京：静嘉堂文库　1965年

李善注《文选》引《礼记》考　许慈多　台北：文津出版社　1974年

《昭明文选》六臣汇注疏解　顾施祯　台北：华正书局　1974年10月

《文选》李善注引《尚书》考　叶程义　台北：正中书局　1975年

《昭明文选》李善注拾遗笺识　李之亮　台南：暨南出版社　1984年1月

《文选》李善注引《说文》考异　郭景星　台北：南京出版公司　1989年

《文选》李善注引书考证　小尾郊一、富永一登、衣川贤次　东京:研文出版社　1990 年

《文选》注引书引得　洪业等　上海:上海古籍出版社　1990 年

《文选》李善注引书索引　富永一登　东京:研文出版社　1996 年

《文选》李善注的研究(《文选》李善注の研究)　富永一登　东京:研文出版社　1999 年

《文选·赋》联绵词研究　郭珑　成都:巴蜀书社　2006 年 8 月

《文选注》修辞训诂研究　乔俊杰　哈尔滨:黑龙江人民出版社　2007 年 10 月

《文选》五臣注诗之比兴思维　郑婷尹　《古典文献研究辑刊》第 6 编　第 19 册　新北:花木兰文化出版社　2008 年

《文选》李善注与五臣注比较研究　陈延嘉　长春:吉林文史出版社　2009 年 7 月

《文选》李善注语言学研究　贺菊玲　北京:中国社会科学出版社　2011 年 7 月

《昭明文选》音注研究:以李善音注为中心　李华斌　成都:巴蜀书社　2013 年 8 月

《文选》李善注引《说文》考　孙琳、王会波、陈爱香　成都:四川大学出版社　2014 年 4 月

《文选》版本注释综合研究　王立群　郑州:大象出版社　2014 年 9 月

《文选》陆善经注研究　尹曙光　《古典文献研究辑刊》第21编　第5册　新北:花木兰文化出版社　2015年

《文选》李善注之活用——文学言语的创作与继承(《文选》李善注の活用:文学言語の創作と継承)　富永一登　东京:研文出版社　2017年2月

论文

读宋椠五臣注《文选》记　顾廷龙　国立中山大学语言历史研究所周刊　1929年10月第9集第102期;《昭明文选论文集》　台北:木铎出版社　1976年5月;《文选学研究》　北京:国家图书馆出版社　2010年11月

李善之注为文选功臣五臣后起思夺其席谓其纰缪百出试言其作注之概略及纯驳所在　王树槐　无锡国学专修学校丛刊　1931年1月第2期

《四部丛刊》本《文选》书类——李注引文考正(一)　斯波六郎　立命馆文学1(12)　1934年

选赋释音　陈方　女师学院期刊　1934年第2卷第2期;《文选学研究》　北京:国家图书馆出版社　2010年11月

《四部丛刊》本《文选》书类——李注引文考正(二)　斯波六郎　立命馆文学2(5)　1935年

《文选》李注引经考叙例　程仁卿　学风　1935年第5卷第9期;《文选学研究》　北京:国家图书馆出版社　2010年11月

陆善经事迹(陆善经の事迹に就いて)　新美宽　支那学　1937年第9卷第1号;《日本汉学研究论文集》　台北:中华丛书编审

委员会　1960年7月

《文选》李注引《说文》笺　董憨　天津益世报(人文周刊)　1937年第10期

李善《文选》注例　李审言　制言月刊　1939年3月第50期;《文选学研究》　北京:国家图书馆出版社　2010年11月

补唐书陆善经传　汶廙　说文月刊　1940年第2卷

书陆善经事——题《文选集注》后　向宗鲁　斯文半月刊　1943年1月第3卷第2期;《向宗鲁先生纪念文集》　成都:巴蜀书社　2015年12月

《文选》六臣注订讹　祝文白(祝廉先)　浙江大学文学院集刊第4集　1944年8月;《文史》第1辑　北京:中华书局　1962年10月;《昭明太子和他的文选》　台北:学生书局　1971年;《中外学者文选学论集》(上)　北京:中华书局　1998年8月;《文选学研究》　北京:国家图书馆出版社　2010年11月

《文选六臣注订讹》序　缪钺　浙江大学文学院集刊　第4集　1944年8月;《缪钺全集》第7、8卷,《冰茧庵序跋随笔》　石家庄:河北教育出版社　2004年7月

《文选》注引《汉书注》非袭用颜师古注本说　段凌辰　儒效月刊　1946年6月第2卷第2、3期;《文选学研究》　北京:国家图书馆出版社　2010年11月

李注《文选》中《汉书》诸文多足证颜注所本说　段凌辰　河大学术丛刊(复刊)　1946年第12月第1期;《文选学研究》　北京:国家图书馆出版社　2010年11月

《文选》六臣注订讹续编　祝文白　学原　1948年5月第1卷第12期;《文选学研究》　北京:国家图书馆出版社　2010年11月

《文选》李善注所引《墨子》考　西谷登七郎　汉文学纪要(4)　1949年

论《文选》注及其版本　祝文仪　学原　1949年8月第2卷第8期;《昭明太子和他的文选》　台北:学生书局　1971年;《文选学研究》　北京:国家图书馆出版社　2010年11月

李善《文选》注引文义例考(1、2)　斯波六郎　日本中国学会报(2、3)　1950年、1951年;《古典文献研究》第14辑　《〈文选〉学专辑》　南京:凤凰出版社　2011年6月

《文选》李善注引刘熙本《孟子》考　小林俊雄　支那学研究(7)　1951年

《文选》李善注引古乐府逸句考　增田清秀　大阪学芸大学纪要A　人文科学(1)　1952年

《文选》李善注所引古乐府考　横田辉俊　支那学研究(11)　1954年9月

《文选》李注纂例　李维棻　大陆杂志　1956年4月第12卷第7期;《中外学者文选学论集》(上)　北京:中华书局　1998年8月;《李善文选学研究》　扬州:广陵书社　2009年4月

枚乘《七发》李善注订补　吴小如　《文史》第2辑　北京:中华书局　1963年4月;《读书丛札》　北京:北京大学出版社　1987年8月

《文选》任彦升《奏弹刘整》题下注考辨　冯承基　幼狮学志　1963年4月第2卷第3期

《文选》五臣注《北山移文》本事辨正　冯承基　大陆杂志　1963年5月第26卷第10期

《昭明文选》通假文字考 李鍌 台湾省立师范大学国文研究所集刊 1963年6月第7期

刘逵《魏都赋》注辑 阮廷卓 大陆杂志 1964年第29卷第1期

略论李善注“五岳” 冯承基 大陆杂志 1964年第29卷第2期

谈《古诗十九首》之时代问题——兼论李善注之三点错误 叶嘉莹 现代学苑 1965年第4期;《迦陵论诗丛稿》 北京:中华书局 1984年4月;石家庄:河北教育出版社 1997年7月;台北:大块文化 2012年12月;北京:北京大学出版社 2014年10月

李善《文选》注引《说文》考 李达良 联合书院学报 1965年第4期

綦毋邃三都赋注辑 阮廷卓 大陆杂志 1966年

《文选》李善注引书考证稿(1) 小尾郊一 广岛大学文学部纪要26(1) 1966年

李善《文选》注引《说文》考绪论 温文锡 学粹 1966年第8期

《文选》李善注偶拾 汪志勇 文海 1967年第1期

《文选·别赋》李注补正 胡楚生 南洋大学学报 1967年第1期;《荷马笔下的伦理》 北京:华夏出版社 2010年4月

《文选》李善注引书考证稿(2) 小尾郊一、横田辉俊 支那学研究(33) 1968年

选注释例 王礼卿 幼狮学志 1968年4月第7卷第2期;《中外学者文选学论集》(下) 北京:中华书局 1998年8月

《昭明文选》李善注摘例　黄永武　中山学术文化集刊　1970年第5期;《昭明文选论文集》　台北:木铎出版社　1976年5月

平城宫出土木简所见的《文选》李善注(平城宫出土木简所见の《文选》李善注)　东野治之　万叶(76)　1971年

李善《文选》注引《说文》校记　李达良　联合书院学报　1971年第9期

李善注《文选》引《礼记》考(上)　许慈多　台北师专学报　1972年第1期

《文选》注中所见的李善之佛教意识(《文选》注にあらわわたる李善の佛教)　平野显照　文艺论丛　1973年

李善注《文选》引《礼记》考(下)　许慈多　台北师专学报　1973年第2期

《文选》李善注所引"六言""七言"考:(付)六言诗七言诗比较论　丰福健二　中国中世文学研究(10)　1974年

《文选》李善注所引《说文解字》(1—3)　小林靖幸　文薮(1、2、3)　1975年、1976年

《文选集注》所引《文选钞》研究　邱棨鐊　铭传学报　1976年3月第13期;《中外学者文选学论集》(下)　北京:中华书局　1998年8月

从李善《文选》音注所反映的江都字音看唐代南方音(唐代南方音の一样相:李善《文选》音注に反映せる江都字音について)　大岛正二　北海道大学文学部纪要26(1)　1977年

关于《文选集注》所引《钞》(《文选集注》所引《钞》について)　森野繁夫、富永一登　日本中国学会报(29)　1977年

关于《文选集注》中所见的陆善经注(《文选集注》に见える陆善经注について)　藤井守　广岛大学文学部纪要(37)　1977年

关于五臣注《文选》(五臣注《文选》について)　森野繁夫　中国中世文学研究(13)　1978年9月;中国中世文学研究(17)　1984年

《文选集注》和宋明版行的李善注(《文选集注》と宋明版行の李善注)　冈村繁　《加贺博士退官记念中国文史哲学论集》　东京:讲谈社　1979年;郭斐映译,段书伟校　《文选学论集》　长春:时代文艺出版社　1992年6月(题目为:《文选集注》与宋明版本的李善注);《中外学者文选学论集》(下)　北京:中华书局　1998年8月

关于《文选》李善注——集注本李善注和刊本李善注的关系(《文选》李善注について——集注本李注と板本李注との关系)　森野繁夫　日本中国学会报(31)　1979年;《中外学者文选学论集》(下)　北京:中华书局　1998年8月

《文选》李善注引书考证稿(3)　小尾郊一　武库川国文(17)　1980年

《文选钞》的引书(文选钞の引书)　长谷川滋成撰,章琦译　日本中国学会报(32)　1980年;《古典文献研究》第14辑　《〈文选〉学专辑》　南京:凤凰出版社　2011年6月

"难以情测"出自谁手——《文选·咏怀诗》注中的一个问题　柯弘(穆克宏)　福建师大学报　1980年第2期

李善《文选》注引《荀子》考　鲍国顺　静宜学报　1980年第3期

《文选钞》引书引得　长谷川滋成　中国中世文学研究(15)　1981年

李善给曹植投下的不白之冤——对读《洛神赋》札记　赵福坛　广州师院学报　1981年第4期

李斯《上书秦始皇》的李善注和司马贞索隐的问题　苏兴　东北师大学报　1981年第4期

《文选》李善注引《楚辞》考(1)　富永一登　大阪教育大学纪要Ⅰ(人文科学)31(1)　1982年

宋代的李善注《文选》(宋代における李善注文选)　森野繁夫　东方学(64)　1982年;李新纯、林和生译　山西师大学报　1986年第4期

关于《文选》李善注(文选李善注をめぐつて)　衣川贤次　《小尾博士古稀记念中国学论集》　东京:汲古书院　1983年

《文选》李注引书考——李注的增补和引书的下限(文选李注引书考——李注の增补と引书の下线)　富永一登　学大国文(26)　1983年

《文选》李注引书考——《汉书》颜师古注与李注的关系(《文选》李注引书考——《汉书》颜师古注との关系)　富永一登　《小尾博士古稀记念中国学论集》　东京:汲古书院　1983年

《文选集注》所引《音决》中所见的诸注(《文选集注》所引《音决》に见える诸注について)　狩野充德　山阳女子短期大学研究纪要　1983年

《文选》李善注所引《楚辞》考(2)　富永一登　大阪教育大学纪要Ⅰ(人文科学)32(1)　1983年

《文选》注标引小议 陈增杰 辞书研究 1983年第6期

《文选》"论"类李善注引书考证稿 小尾郊一 《大东文化大学创立六十周年纪念中国学论集》 大东文化学园 1984年

《文选集注》所引《音决》中所见的诸注(续)[《文选集注》所引《音决》に见える诸注について(续)] 狩野充德 山阳女子短期大学研究纪要 1984年

《文选》李善注引《楚辞》考(3) 富永一登 大阪教育大学纪要(人文科学)33(1) 1984年

关于《文选》训读中注释书的利用(文选の训读における注释书の利用について) 松本光隆 镰仓时代语研究(8) 1985年

中古文学丛考·《北山移文》吕向注辨 沈玉成、傅璇琮 《古代文学研究集》 北京:中国文联出版公司 1985年2月

中古文学丛考·谢灵运《初去郡》诗《文选》注辨 沈玉成、傅璇琮 《古代文学研究集》 北京:中国文联出版公司 1985年2月

释"三五"(江淹《诣建平王上书》) 曹道衡 《艺文志》第3辑 太原:山西人民出版社 1985年11月;《中古文学史论文集续编》 台北:文津出版社 1994年7月

《文选集注》所引的《文选钞》(《文选集注》所引の《文选钞》) 东野治之 《神田喜一郎博士追悼中国学论集》 东京:二玄社 1986年

《新唐书·宰相世系表》订补二则(江夏李氏世系订补) 陈尚君 《中华文史论丛 1986年 第4辑 总第40辑》 上海:上海古籍出版社 1986年12月;《汉唐文学与文献论考》 上海:上海古籍出版社 2008年5月;《贞石诠唐》 上海:复旦大学出版社

2016 年 9 月

《报任安书》注释疑义讨论　薛正兴　南京师大学报　1986 年第 3 期

《文选》李善注引《荀子》考　庄耀郎　国文学报　1986 年第 15 期

关于《文选》注引赋的一些问题　程章灿　古籍研究　1987 年;《世族与六朝文学》　哈尔滨:黑龙江教育出版社　1998 年 10 月;《赋学论丛》　北京:中华书局　2005 年 9 月

《文选》李善注的编修过程(《文选》李善注の编修过程)　冈村繁　《东方学会四十周年纪念东方学论集》　1987 年;《昭明文选研究论文集:首届〈昭明文选〉国际学术讨论会》　长春:吉林文史出版社　1988 年 6 月;《中外学者文选学论集》(下)　北京:中华书局　1998 年 8 月

从《文选》及李善注谈汉语文言修辞的早期特点　易敏　北京师范大学学报　1987 年第 5 期

《文选音决》的研究——资料篇——音注总表(《文选音决》の研究——资料篇——音注总表)　狩野充德　广岛大学文学部纪要 47 特辑号 2　1988 年

试析《文选》李注同字异切　吴穷　《昭明文选研究论文集:首届〈昭明文选〉国际学术讨论会》　长春:吉林文史出版社　1988 年 6 月

《文选》联绵词的训释问题　王若江　《昭明文选研究论文集:首届〈昭明文选〉国际学术讨论会》　长春:吉林文史出版社　1988 年 6 月

变动不居,周流六虚——《文选》修辞特点初探　易敏　《昭

明文选研究论文集:首届〈昭明文选〉国际学术讨论会》　长春:吉林文史出版社　1988年6月

李善的《昭明文选注》与选学的新课题　王宁　《昭明文选研究论文集:首届〈昭明文选〉国际学术讨论会》　长春:吉林文史出版社　1988年6月

《昭明文选》所收赋的辞格特点　吕岚　《昭明文选研究论文集:首届〈昭明文选〉国际学术讨论会》　长春:吉林文史出版社　1988年6月

论《文选》李善注和五臣注　孙钦善　《昭明文选研究论文集:首届〈昭明文选〉国际学术讨论会》　长春:吉林文史出版社　1988年6月;《中外学者文选学论集》(上)　北京:中华书局　1998年8月;《李善文选学研究》　扬州:广陵书社　2009年4月

"结轨"说义　王继如　学术研究　1988年第2期;辞书研究　1993年第1期

《文选》六臣注议　牛贵琥、董国炎　晋中师专学报　1988年第3期;《古籍注释改革研究文集》　太原:山西人民出版社　1989年10月

从李善的《文选》注到骆鸿凯《文选学》——《昭明文选》研究管窥　宋绪连　辽宁大学学报　1988年第6期;《中外学者文选学论集》(上)　北京:中华书局　1998年8月;《李善文选学研究》　扬州:广陵书社　2009年4月

关于《文选集注》所引《钞》的撰者——对东野治之先生的回答(《文选集注》所引《钞》の撰者について——东野治之氏に答う)　富永一登　中国研究集刊(7)　1989年

《文选》李善注中所见纬书思想(文选李善注における纬书思

想）　清水浩子　中国文学研究(9)　1989 年

围绕《文选》注引《搜神记》传说——20 卷本《搜神记》再编考(《文选》注引の《搜神记》说话をめぐって——20 卷本《搜神记》再编考）　柳濑喜代志　中国文学研究(15)　1989 年

从李善的《文选》注到骆鸿凯《文选学》(续)——《昭明文选》研究管窥　宋绪连　辽宁大学学报　1989 年第 1 期

《两都赋》李善注正补　朱冠华　中华国学　1989 年第 2 期

《文选》李善注词义训诂札记　徐之明　贵州民族学院学报　1989 年第 4 期

《文选》曹植《与杨德祖书》"此魏"异文及李善注辨正　孙静　北京大学学报　1989 年第 5 期

"利屣"臆解　罗继祖　古籍整理研究学刊　1990 年第 5 期

论李善——他的事迹及其附注《文选》的方法(李善论——その事迹と《文选》注の方法について）　向岛成美　文艺语言研究·文艺篇(20)　1991 年

关于陆善经《文选注》(陆善经《文选》注について）　森野繁夫　中国中世文学研究(21)　1991 年 2 月

《文选》注的文学批评　杨明　《中国语言文学研究的现代思考》　上海:复旦大学出版社　1991 年 10 月;《汉唐文学研赏集——复旦大学中文系教授荣休纪念文丛》　上海:上海古籍出版社　2010 年 1 月

李邕补益《文选注》说志疑　玉令　文学遗产　1991 年第 2 期

释"焜黄"　黄征　古籍整理研究学刊　1991 年第 3 期

关于陆机诗的几个问题　陈延嘉　古籍整理研究学刊　1991

年第5期;《文选学研究论文集》　长春:吉林人民出版社　2006年12月(题目为:关于陆机诗注的几个问题)

《文选》李善注小考——李善の《文选》解释　富永一登　学大国文(35)　1992年

《文选》卷二十一李善注释札记　佐竹保子　中国文化とその周边　仙台:东北学院大学中国学研究会　1992年3月

论《文选》五臣注的重大贡献　陈延嘉　《文选学论集》　长春:时代文艺出版社　1992年6月;《文选学散论》　长春:吉林人民出版社　2004年9月;《文选学研究论文集》　长春:吉林人民出版社　2006年12月

《文选注》的文学批评　杨时　《文选学论集》　长春:时代文艺出版社　1992年6月;《李善文选学研究》　扬州:广陵书社　2009年4月

两部重要的李注引用书目研究　刘奉文　《文选学论集》　长春:时代文艺出版社　1992年6月;《李善文选学研究》　扬州:广陵书社　2009年4月

读《文选》札记　曹道衡、沈玉成　《文选学论集》　长春:时代文艺出版社　1992年6月;《中古文学史料丛考》　北京:中华书局　2003年7月(题目为:陆机《赠顾交阯公真》李善注);《沈玉成文存》　北京:中华书局　2006年6月

李善的《昭明文选注》与征引的训诂体式　王宁、李国英　《文选学论集》　长春:时代文艺出版社　1992年6月;《训诂学原理》　北京:中国国际广播出版社　1996年8月;《中外学者文选学论集》(上)　北京:中华书局　1998年8月;《李善文选学研究》　扬州:广陵书社　2009年4月

《文选》注引许慎《淮南子》注辑录　蒋礼鸿　温州师范学院学报　1992年第4期

《文选》李善注新探　徐华中　勤益学报　1992年第10期

《文选·齐故安陆昭王碑文》的几个校注问题　陈延嘉　长春师范学院学报　1993年第2期;《文选学研究论文集》　长春:吉林人民出版社　2006年12月

从敦煌唐写本残卷看李善《文选注》的体例　伏俊琏　社科纵横　1993年第4期;《敦煌文学文献丛稿》　北京:中华书局　2004年8月;2011年7月;《敦煌文学总论》　兰州:甘肃教育出版社　2013年12月(题目为:敦煌《文选》写卷与李善《文选》注的体例)

从李善文选注看《毛诗序》之作者　蒙传铭　丘海季刊　1993年第35期

李善《文选》注引《毛诗序》初探　蒙传铭　华梵学报　1994年

《文选》李善注引书考证　小尾郊一、富永一登、衣川贤次　花园大学研究纪要　1994年

《文选》李善注所见修辞用语考(《文选》李善注に见られる修辞用语について)　富永一登　中国中世文学研究(25)　1994年

读书札记二则(曹植《杂诗》、《文选·咏怀诗注》)　穆克宏　《滴石轩文存》　福州:海峡文艺出版社　1994年1月

论李善《文选》注的引文方法　曾良　九江师专学报　1994年

《唐写文选集注残本》中陆善经行事考略　虞万里　文献　1994年第1期

《文选》注引小学书辑录　蒋礼鸿　温州师范学院学报　1994年第1期

从《洛神赋》李善注看尤刻《文选》的版本系统　跃进　文学遗产　1994年第3期;《结网漫录·中国古代经典文学作品探幽》　北京:学苑出版社　1997年6月;《门阀士族与文学总集》　西安:世界图书出版西安有限公司　2014年6月

《文选》五臣注平议　江庆柏　郑州大学学报　1994年第4期

《文选》李善音注声类考　徐之明　贵州大学学报　1994年第4期

李善与文选学　顾农　齐鲁学刊　1994年第6期;《文选与文心》　贵阳:贵州人民出版社　1998年6月;《文选论丛》　扬州:广陵书社　2007年9月;《李善文选学研究》　扬州:广陵书社　2009年4月

左思《三都赋》綦毋邃注发覆——《文选》旧注新探之一　罗国威　古籍整理研究学刊　1994年第6期;《文选学新论》　郑州:中州古籍出版社　1997年10月;《六朝文学与六朝文献》　成都:巴蜀书社　2010年3月;《古典文献研究辑刊》第25编　第8册《昭明文选丛考》　新北:花木兰文化出版社　2017年

李善音注"趋,避声也"——《归去来兮辞》修辞效果的考察(李善音注"趋,避声也"——《归去来兮辞》の修辞效果に关する一考察)　松浦友久　中国诗文论丛(14)　1995年

李善《上文选注表》考(李善の上文选注表について)　富永一登　广岛大学文学部纪要(55)　1995年

《文选》五臣注的纲领和实践——再论五臣注的重大贡献

陈延嘉　长春师范学院学报　1995年第1期;《文选学新论》　郑州:中州古籍出版社　1997年10月(题目为:《文选》五臣注的纲领和实践——兼与屈守元先生商榷。下同此题);古籍整理研究学刊　1998年第2期;《文选学散论》　长春:吉林人民出版社　2004年9月;《文选学研究论文集》　长春:吉林人民出版社　2006年12月

李善《文选注》训诂札记　施榆生　漳州师院学报　1995年第1期

李善父子注《文选》　刘流　江苏出版史志　1995年第1期

《文选》李善音切校议　张洁　古汉语研究　1995年第1期

《文选》李善注音切校议　徐之明　贵州大学学报　1995年第3期

五臣注原貌　游志诚　《昭明文选学术论考》　台北:台湾学生书局　1996年3月;《文选学新论》　郑州:中州古籍出版社　1997年10月

李善传记考　富永一登　广岛大学文学部纪要(56)　1996年

唐《六臣注文选》及陆善经《文选·离骚注》　李中华、朱炳祥　《楚辞学史》　武汉:武汉出版社　1996年10月

我国古代足球竞赛活动从未有过双球门——谈《文选·景福殿赋》中"二六"李善注　翁士勋　体育文史　1996年第1期

论《文选》的李善注和五臣注　曹道衡　江海学刊　1996年第2期;《汉魏六朝文学论文集》　桂林:广西师范大学出版社　1999年9月;《中古文学史论文集续编》　北京:中华书局　2011年9月;《曹道衡文集》卷三　郑州:中州古籍出版社　2018年4月

《文选》五臣注口语词札记　徐之明　贵州大学学报　1996年

第2期

谈《文选》李善注本的《洛神赋》注 周振甫 书品 1996年第2期

《文选》李善注补正一则 王华宝 文教资料 1996年第2期

《文选》联绵词的语义问题 王若江 传统文化与现代化 1996年第3期;《北京大学百年国学文粹·语言文献卷》 北京:北京大学出版社 1998年4月

《文选》李善注引书数量考辨 刘奉文 古籍整理研究学刊 1996年第4期

《文选》陆善经注考 富永一登 《古田教授颂寿记念中国学论集》 东京:汲古书院 1997年

李善注本《文选序》的音注——对"加注者"的考证与"别,入声"的解释(李善注本《文选序》の音注について——"加注者"の检讨と"别入声"の解释) 松浦友久 中国诗文论丛(16) 1997年

敦煌本《文选音》考 附翻字(敦煌本《文选音》について——附·翻印) 山口谣司 大东文化大学汉学会志(36) 1997年

首先以《索引》为例:看李善注的活用(まずは《索引》を:李善注の活用) 小岛宪之 文学史研究(38) 1997年

《文选》李善注考——有关释义的注语(《文选》李善注考——释义の注について) 富永一登 广岛大学文学部纪要(57) 1997年

《文选》李善注笺识 李之亮 《文选学新论》 郑州:中州古

籍出版社　1997年10月

从释词走向批评——试论《文选》五臣注的历史地位　王立群　《文选学新论》　郑州:中州古籍出版社　1997年10月

论五臣注《文选》的注释态度　甲斐胜二　《文选学新论》　郑州:中州古籍出版社　1997年10月

关于《文选》五臣注　顾农　《文选学新论》　郑州:中州古籍出版社　1997年10月;《文选与文心》　贵阳:贵州人民出版社　1998年6月;《文选论丛》　扬州:广陵书社　2007年9月

《文选》联绵字李善易读音切考辨　徐之明　贵州大学学报　1997年第1期

《文选》李善注引用《通俗文》评述　段书伟　郑州大学学报　1997年第1期;《文选学新论》　郑州:中州古籍出版社　1997年10月;《李善文选学研究》　扬州:广陵书社　2009年4月

《文选》联绵词李善易读音切续考　徐之明　贵州大学学报　1997年第4期

《文选》旧注辨正　王华宝　江海学刊　1997年第6期

《文选集注》本《离骚经》一首所引陆善经注考(1)[《文选集注》本《离騒经》一首所引陆善经注について(1)]　佐藤利行　广岛大学文学部纪要(58)　1998年

《文选》李善注考——与《后汉书》李贤注之比较(《文选》李善注考——《后汉书》李贤注との比较)　富永一登　广岛大学文学部纪要(58)　1998年

《文选》旧音的音系性质问题　李长庚　《汉语史研究集刊　第1辑　下》　成都:巴蜀书社　1998年7月

《昭明文选》李善注释例　黄永武　《中外学者文选学论集》（下）　北京：中华书局　1998年8月

读《资暇录》兼论《文选》李善注与五臣注异同　曹道衡　国家图书馆馆刊　1998年第1期；《汉魏六朝文学论文集》　桂林：广西师范大学出版社　1999年9月；《曹道衡文集》卷三　郑州：中州古籍出版社　2018年4月

从释词走向批评——《文选五臣注》研究评析　王立群　中州学刊　1998年第2期

任昉代褚蓁表和相关的《文选》旧注　胡耀震　山东大学学报　1998年第4期；文献　1999年第2期；《中州学术论集·古代文学卷　第1辑》　北京：中华书局　2000年1月

《文选》李善注的直音与反切　张洁　语言研究　1998年增刊

《文选》李善注之活用——从注引《论语》来看文学言语的创作（《文选》李善注の活用——注引《论语》から见た文学言语の创作）　富永一登　《冈村贞雄博士古稀纪念中国学论集》　东京：白帝社　1999年

《文选集注》本《离骚经》一首所引陆善经注考(2)［《文选集注》本《离骚经》一首所引陆善经注について(2)］　佐藤利行　广岛大学文学部纪要(59)　1999年

《文选·洛神赋》的注　周振甫　《学林漫录》十四集　北京：中华书局　1999年4月

天津艺术博物馆藏敦煌本《文选注》笺证(上)　罗国威　《文史》第49辑　北京：中华书局　1999年12月

宋代刊本《李善注文选》剽窃和利用了《五臣注》　冈村繁

《新国学》第 1 卷　成都:巴蜀书社　1999 年 12 月;长春师范学院学报　2000 年第 4 期(题目为:宋代刊本《李善注文选》盗用了《五臣注》);《〈昭明文选〉与中国传统文化:第四届文选学国际学术研讨会》　长春:吉林文史出版社　2001 年 6 月

试论《〈楚辞〉补注》中的"五臣注"　周俊勋　阿坝师范高等专科学校学报　1999 年第 1 期

李善生平事迹考辨　罗国威　文献　1999 年第 3 期

《六臣注文选·招魂》谓五臣"同逸注"考辨　李大明　四川师范大学学报　1999 年第 4 期

《音决》声母考　张洁　古汉语研究　1999 年第 4 期

《文选》五臣音钩稽　徐之明　贵州文史丛刊　1999 年第 5 期

《文选音决》反切韵类考　徐之明　贵州大学学报　1999 年第 6 期

李善音系与公孙罗音系声母的比较　张洁　中国语文　1999 年第 6 期

"橙"字音"惩"考——探求《文选》音注之原形态("橙"の音は"惩"なりや——《文选》音注の原姿を求めて)　水谷诚　中国诗文论丛(19)　2000 年

《文选》李善注所引佛典考:以卷五十九《头陀寺碑文》为中心(《文选》李善注所引佛典考:卷五十九《头陀寺碑文》を中心として)　清田寂天　叡山学院研究纪要(22)　2000 年

《文选集注》本《离骚经》一首所引陆善经注考(3)[《文选集注》本《离骚经》一首所引陆善经注について(3)]　佐藤利行　广岛大学文学部纪要(60)　2000 年

《文选音决》反切声类考 徐之明 《汉语史研究集刊》第 2 辑 成都:巴蜀书社 2000 年 1 月

天津艺术博物馆藏敦煌本《文选注》笺证(下) 罗国威 《文史》第 50 辑 北京:中华书局 2000 年 7 月

《文选》李善注原貌考论 傅刚 《文史》第 51 辑 北京:中华书局 2000 年 7 月

从《文选注》看《孙子》成书的渊源 黄朴民 《学林漫录》十五集 北京:中华书局 2000 年 11 月

唐陆善经行历索隐 虞万里 《中华文史论丛.第 64 辑》 上海:上海古籍出版社 2000 年 12 月;《榆枋斋学术论集》 南京:江苏古籍出版社 2001 年 8 月

《文选》李注札记(一) 力之 贵州文史丛刊 2000 年第 1 期;《〈楚辞〉与中古文献考说》 成都:巴蜀书社 2005 年 12 月

李善反切系统中特殊音切例释 徐之明 古汉语研究 2000 年第 1 期

从《文选》注看李善的美学思想 赵福海 长春师范学院学报 2000 年第 3 期;《昭明文选研读》 长春:时代文艺出版社 2001 年 6 月;《文选学散论》 长春:吉林人民出版社 2004 年 9 月;《李善文选学研究》 扬州:广陵书社 2009 年 4 月

唐代湖北学者李善治学考 吴培根 湖北方志 2000 年第 3 期

关于鲁迅辑本《范子计然》等五种 顾农 文献 2000 年第 4 期

《文选》骚类李善注引《〈楚辞〉章句》小序均非原貌辨——兼

与王德华先生商榷　力之　河南师范大学学报　2000年第5期;《〈楚辞〉与中古文献考说》　成都:巴蜀书社　2005年12月

李善注所见典据不明之训诂出自何处(李善注に见える典据不明の训诂は何から采られたか)　水谷诚　中国诗文论丛(20)　2001年

《文选》五臣音声类考　徐之明　贵州大学学报　2001年第6期

李善与五臣注《文选》之比较　王小婷　济南大学学报　2001年第6期

陆士衡《文赋》"课虚无以责有、叩寂寞而求音"李善注平议　韩泉欣　《〈昭明文选〉与中国传统文化:第四届文选学国际学术研讨会》　长春:吉林文史出版社　2001年6月

《文选》臆札——《奏弹刘整》旧注的疑义和补充　杨明　《〈昭明文选〉与中国传统文化:第四届文选学国际学术研讨会》　长春:吉林文史出版社　2001年6月;《汉唐文学辨思录》　上海:上海古籍出版社　2005年4月

《古诗十九首》五臣注管窥　王晓东　《〈昭明文选〉与中国传统文化:第四届文选学国际学术研讨会》　长春:吉林文史出版社　2001年6月

钱锺书与《文选》李善注　陈复兴　《〈昭明文选〉与中国传统文学:第四届文选学国际学术研讨会》　长春:吉林文史出版社　2001年6月;社会科学战线　2001年第2期;《李善文选学研究》　扬州:广陵书社　2009年4月

奈良时代佛典注释书的方法——《成唯识论述记序释》与《肇论》《肇论疏》及《文选》李善注(奈良时代の佛典注释书の方

法——“成唯识论述记序释”と“肇论”“肇论疏”及び“文选”李善注) 河野贵美子 日本学论坛 2002年

论《文选》李善注的文学角度和征引方式 童强 《文学评论丛刊》.第5卷·第1期 南京:南京大学出版社 2002年7月

《文选》李善注的性质(《文选》李善注の性质) 清水凯夫 《中国读书人の政治と文学》 东京:创文社 2002年10月;《〈文选〉与“文选学”:第五届文选学国际学术研讨会论文集》 北京:学苑出版社 2003年5月

《文选集注》所引《字林》考 李佳 《汉语史研究集刊》第5辑 成都:巴蜀书社 2002年11月

《文集》与《文选》之标音 松浦友久撰,加藤阿幸、陆庆和译 《日中诗歌比较丛稿:从〈万叶集〉的书名谈起》 北京:民族出版社 2002年12月

从《文选》注看庄子思想影响 王运生 昆明师范高等专科学校学报 2002年第2期

世所传宁戚饭牛歌所作时代考 周明初 古籍整理研究学刊 2002年第2期

唐五臣注《文选》考察二则 汪习波、黄清发 古籍研究 2002年第2期

《文选》汉大赋用字中的义符类化现象 易敏 北京师范大学学报 2002年第4期

中国最早两位翰林学士考——吕向、尹愔传论 傅璇琮 文献 2002年第4期

《文选音决》反切异音与《文选》校读 徐之明 贵州教育学

院学报　2002年第6期

《文选》李善注引曹植诗文　富永一登　中国古典文学研究（1）　2003年

《文选音决》的"三"字音考(《文选音决》の"三"字音考)　狩野充德　中国古典文学研究(1)　2003年;《中国中古文学研究》北京:学苑出版社　2005年12月

《文选》李善注之活用——从注引曹植诗文来看文学言语的继承与创作(《文选》李善注の活用——注引曹植诗文から见た文学言语の继承と创作)　富永一登　六朝学术学会报(4)　2003年

《文选》同义平列复音词之探析　林登顺　南师语教学报2003年4月第1期;《〈文选〉与"文选学":第五届文选学国际学术研讨会论文集》　北京:学苑出版社　2003年5月

《昭明文选》重言词的调查与分析　王若江　《〈文选〉与"文选学":第五届文选学国际学术研讨会论文集》　北京:学苑出版社2003年5月

清代《文选》通假字研究　段书伟　《〈文选〉与"文选学":第五届文选学国际学术研讨会论文集》　北京:学苑出版社　2003年5月

试论《文选》注引用的臧荣绪《晋书》　甲斐胜二　《〈文选〉与"文选学":第五届文选学国际学术研讨会论文集》　北京:学苑出版社　2003年5月

李善《文选》注体例管窥　王德华　《〈文选〉与"文选学":第五届文选学国际学术研讨会论文集》　北京:学苑出版社　2003年5月;《李善文选学研究》　扬州:广陵书社　2009年4月

《文选》李善注所引汉代七言与汉代七言镜铭　李立　《〈文

选〉与"文选学":第五届文选学国际学术研讨会论文集》 北京:学苑出版社 2003年5月

关于《文选》五臣注研究的回顾与反思 陈延嘉 《〈文选〉与"文选学":第五届文选学国际学术研讨会论文集》 北京:学苑出版社 2003年5月;《文选学研究论文集》 长春:吉林人民出版社 2006年12月

尤刻本李善注《文选》阑入五臣注的缘由及尤刻本的来历探索 常思春 《〈文选〉与"文选学":第五届文选学国际学术研讨会论文集》 北京:学苑出版社 2003年5月;四川师范大学学报 2003年第1期;《文学文献研究》 北京:商务印书馆 2005年8月

缪袭《挽歌》五臣注有脱文 曹道衡、沈玉成 《中古文学史料丛考》 北京:中华书局 2003年7月

颜延之早年仕历与《北使洛》诗李善注误字 曹道衡、沈玉成 《中古文学史料丛考》 北京:中华书局 2003年7月

尤刊《李善注文选》中五臣注的来历——兼驳冈村繁先生"宋刊李善注本盗用五臣注"说 范志新 《〈文选〉版本论稿》 南昌:江西人民出版社 2003年9月;《新国学》第5卷 成都:巴蜀书社 2005年3月

试论《文选·赋》与李善注的关系 施榆生 《辞赋研究论文集——第五届国际辞赋研讨会》 北京:中国文史出版社 2003年11月;《文海扬波——福建省第三届古代文学研究会学术集萃》 合肥:安徽大学出版社 2009年4月

浅析《文选》李善注引《说文》之被释字 张文霞 晋东南师范专科学校学报 2003年第1期

唐钞《文选集注》所引《说文》考异 孙富中 文教资料 2003

年第2期

俄藏敦煌写本Φ242《文选注》与李善五臣陆善经诸家注的关系——兼论写本的成书年代　范志新　敦煌研究　2003年第4期；《〈文选〉与"文选学"：第五届文选学国际学术研讨会论文集》　北京：学苑出版社　2003年5月；《〈文选〉版本论稿》　南昌：江西人民出版社　2003年9月

《文选》五臣音特殊音切与《文选》解读　徐之明　贵州文史丛刊　2003年第4期

五臣注《文选》考察二则　陈志刚　古籍研究　2003年第4期

《天台灵应图本传集》所收之李善注《游天台山赋》　池丽梅　成大宗教与文化学报　2004年

从注文来看《文选》本的编纂、传承及当时的别集本　佐竹保子　nao de la China(8)　2004年

《文选》所收六朝赋音律考——以破调·叠语·"兮"字效果为中心(《文选》所收の六朝赋における音律について：破调·叠语·"兮"字の效果を中心に)　川边史绘　札幌国语研究(9)　2004年

《文选》李善注引陆机、潘岳诗文——从李善注来看文学言语的继承与创作(《文选》李善注引陆机、潘岳の诗文：李善注から见た文学言语の继承と创作)　富永一登　中国中世文学研究(45·46合集)　2004年

太宰春台《倭读要领》"发音法"与《文选音决》之音注(太宰春台《倭读要领》の"发音法"と《文选音决》との音注)　狩野充德　中国中世文学研究(45·46合集)　2004年

李善对《文选》修辞表达的阐释 施榆生 《文化诗学的理论与实践研究》 北京:中国社会科学出版社 2004年11月

俄藏Φ242敦煌写本《文选注》晚于李善注及五臣注之铁证 叶爱国 敦煌研究 2004年第2期

《歌录》考 喻意志 天津音乐学院学报 2004年第2期

从綦毋邃注看唐写本至宋刻本《文选》注释的演变——《文选》注释研究之一 王立群 文献 2004年第3期

曹宪生平及其《文选》学考述 王书才 郑州大学学报 2004年第4期

《文选》李善注引《子虚赋》《上林赋》《西京赋》 富永一登 中国古典文学研究(3) 2005年

联系现代文注解论《文选》李善注中的"善曰言"的释义方式及其与五臣注的关联性——以《文选》第二十二卷谢灵运的诗解为例(《文选》李善注"善曰言"の解释と五臣注、及び现代の注释との关联——《文选》卷二十二谢灵运の诗解释を中心) 佐藤正光 六朝学术学会报(6) 2005年;《中国古代文学文献学国际学术研讨会论文集》 南京:凤凰出版社 2006年1月;长春师范学院学报 2008年第7期(题目为:《文选》李善注"善曰言"的解释和五臣注以及现代注释之间的关联——以《文选》卷二十二谢灵运的诗的解释为中心);《扬州文化研究论丛》第2辑 扬州:广陵书社 2008年11月

《文选》李善注引《方言》考异 柏亚东、华学诚 《长江学术》第7辑 武汉:长江文艺出版社 2005年1月

几种《文选注》本中的音注比勘材料 汪习波 《隋唐文选学

研究》　上海:上海古籍出版社　2005 年 4 月

尤刻本《文选》李善注二题　王立群　河南大学学报　2005 年 5 月第 45 卷第 3 期;《中国文选学:第六届文选学国际学术研讨会论文集》　北京:学苑出版社　2007 年 9 月;《李善文选学研究》　扬州:广陵书社　2009 年 4 月

从《唐钞〈文选集注〉汇存》论陆善经《文选》注的特色与得失　王书才　殷都学刊　2005 年第 2 期

《文选》李善注(附胡克家《文选考异》)标点勘误　孟伟　古籍研究　2005 年第 2 期

萧该生平及其《文选》研究考述　王书才　安康师专学报　2005 年第 2 期;《中国文选学:第六届文选学国际学术研讨会论文集》　北京:学苑出版社　2007 年 9 月

李善的征引式注释　卞仁海　信阳师范学院学报　2005 年第 3 期;《汉字汉语与汉文化论稿》　广州:暨南大学出版社　2016 年 5 月

论公孙罗《文选钞》的价值与阙失　王书才　中州学刊　2005 年第 3 期;《"文选学"论文集粹》　北京:中华书局　2017 年 12 月

《文选》李善注诗歌部分注字研究　程贤廷　河西学院学报　2005 年第 4 期

论李善的训诂学　卞仁海　兰州学刊　2005 年第 4 期

试论《文选》李善注使用"同"和"通"的意图　罗霄悦　辽宁工学院学报　2005 年第 5 期

关于李善注的二三个疑问点(李善注における二、三の问题点)　清水凯夫　《松浦友久博士追悼记念中国古典文学论集刊行

会编集》 东京:研文出版社 2006年;《中国文选学:第六届文选学国际学术研讨会论文集》 北京:学苑出版社 2007年9月;长春师范学院学报 2008年第11期

有关活用《文选》李善注的文学言语创作的研究(《文选》李善注を活用した文学言语の创作に关する研究) 富永一登 广岛:广岛大学大学院文学研究科 2006年

《文选》李善注引《方言》考辨(四则) 吴根平 《江西省语言学会2006年年会论文集》 2006年

《文选》李善注之从省义例"已见"(《文选》李善注の从省义例"已见") 富永一登 中国古典文学研究(4) 2006年

周祖谟之敦煌资料研究——关于文选音·毛诗音·《楚辞》音等(周祖谟による敦煌资料の研究——文选音·毛诗音·《楚辞》音等について) 冈本勋 中京大学文学部纪要41(2) 2006年

尤刻本《文选》李善注增注研究 王立群 《中国古代文学文献学国际学术研讨会论文集》 南京:凤凰出版社 2006年1月;《〈文选〉学与楚文化——纪念李善逝世1317周年国际学术研讨会》 武汉:武汉出版社 2008年8月

《文选》李善注诗歌部分释例 李翔翥 《楚天学术》第10辑 北京:长江出版社 2006年11月

写本时代《文选》李善注的文本变迁 汪习波 《朱东润先生诞辰一百一十周年纪念文集》 上海:上海古籍出版社 2006年11月

《西都赋》李善注与五臣注对比分析 陈延嘉 《文选学研究

论文集》　长春:吉林人民出版社　2006年12月

论《文选》李善注与五臣注——以《西都赋》为中心　陈延嘉　《文选学研究论文集》　长春:吉林人民出版社　2006年12月;新乡师范高等专科学校学报　2007年第3期(题目为:论《文选》李善注与王臣注——以《西都赋》为例)

《"利屣"臆解》质疑　陈延嘉　《文选学研究论文集》　长春:吉林人民出版社　2006年12月

骥兜评价与民族关系——从"骥兜掩义"谈起　陈延嘉　《文选学研究论文集》　长春:吉林人民出版社　2006年12月

小议李善"天时"注　陈延嘉　《文选学研究论文集》　长春:吉林人民出版社　2006年12月

李善注"唯唯"与近义词辨析——网上答罗通先生　陈延嘉　《文选学研究论文集》　长春:吉林人民出版社　2006年12月

李善的文论及其选注表微　陈复兴　《中国文论的常与变:古代文学理论研究　第24辑》　上海:华东师范大学出版社　2006年12月;《〈文选〉学与楚文化——纪念李善逝世1317周年国际学术研讨会》　武汉:武汉出版社　2008年8月

从左思《三都赋》刘逵注看北宋监本对唐抄本《文选》旧注的整理　王立群　《古代文献的考证与诠释:海峡两岸古典文献学国际学术会议论文集》　上海:上海古籍出版社　2006年12月;河南大学学报　2007年第1期

李善《文选》诠释——一种与中国经典诠释截然不同的诠释现象　冯淑静　山东大学学报　2006年第2期

试论《文选》李善注的训诂成就和局限　卞仁海　贵州大学学

报 2006年第2期;《汉字汉语与汉文化论稿》 广州:暨南大学出版社 2016年5月

王念孙《广雅疏证》关于《文选》李善注的质疑 彭慧 郑州大学学报 2006年第3期

李善注《文选》之方法谫论 李翔翥 华中师范大学研究生学报 2006年第4期

十年来《文选》注释研究综述 缪定中 肇庆学院学报 2006年第6期

李善与陶潜《归去来兮辞》在《文选》中的诠释 叶翰 In Zurück zur Freude. Studien zur chinesischen Literatur und Lebenswelt und ihrer Rezeption in Ost ung West. Festschrift für Wolfgang Kubin, ed. Marc Hermann and Christian Schwermann(Monumenta Serica Monograph Series 52;Sankt Augustin-Nettetal:Steyler Verlag) 2007年

也谈李善《文选注》的性质——黄庭坚"无一字无来处"诗论渊源之探讨 马立军 《2007年全国博士生学术论坛——中国语言文学论文集》 2007年

《文选》李善注所引《汉书音义》考 洲胁武志 六朝学术学会报(8) 2007年

论《文选》李善注之传承——从唐钞本到尤本(《文选》李善注の传承——唐钞本から尤本へ) 富永一登 日本中国学会报(59) 2007年

《文选》李善注之增补改变——从省义例"已见~"(《文选》李善注の增补改变——从省义例"已见~"について) 富永一登 立命馆文学(598) 2007年

李善《文选注》对汉赋的注释　踪凡　《汉赋研究史论》　北京:北京大学出版社　2007年5月;贵州大学学报　2007年第3期

关于左思《三都赋》及其序注　顾农　《中国文选学:第六届文选学国际学术研讨会论文集》　北京:学苑出版社　2007年9月

《文选》李善注中的作者注与题目注　胡大雷　《中国文选学:第六届文选学国际学术研讨会论文集》　北京:学苑出版社　2007年9月;《李善文选学研究》　扬州:广陵书社　2009年4月

《文选·吊魏武帝文并序》今本善注补正　朱晓海　《中国文选学:第六届文选学国际学术研讨会论文集》　北京:学苑出版社　2007年9月

段玉裁依《文选》李善注征引校勘《说文解字》平议　刘青松　《民俗典籍文学研究》第四辑　北京:商务印书馆　2007年12月

《文选》李善注所引《说文》释义情况与大徐本之比较研究　张文霞　宜宾学院学报　2007年第1期

李善《文选注》对《说文解字》释义的改造　刘青松　河北科技大学学报　2007年第4期

胡刻本李善注《文选》引字书体例考——以引《广雅》为例　郭宝军　广西师范大学学报　2007年第4期

李善《文选注》"连言"探析　乔俊杰　时代文学(双月版)　2007年第4期

由《文选注》观照李善的修辞观　乔俊杰　船山学刊　2007年第4期

试论韩国奎章阁本《文选·魏都赋》注者题录的有关问题　熊良智　四川师范大学学报　2007年第6期

《文选》李善注引司马相如文外误举例　唐普　四川师范大学学报　2007年第6期

《文选》李善注误引《方言》例考　柏亚东　兰州学刊　2007年第11期

《沧浪歌》相关典故的解读:以《文选》为例　许华峰　辅仁国文学报　2007年第24期

《文选》注引《汉书》校勘拾零　赵玉芳　文教资料　2007年第34期

从唐钞《文选集注》论李匡文贬抑五臣注之语多不可信　王书才　《中国古典文学与文献学研究》第4辑　北京:学苑出版社　2008年1月

"淫濯"释义　李若晖　《〈文选〉学与楚文化——纪念李善逝世1317周年国际学术研讨会》　武汉:武汉出版社　2008年8月

李善籍贯考辨　吴晓峰、王庆元　《〈文选〉学与楚文化——纪念李善逝世1317周年国际学术研讨会》　武汉:武汉出版社　2008年8月

李善年谱　胡耀震　《〈文选〉学与楚文化——纪念李善逝世1317周年国际学术研讨会》　武汉:武汉出版社　2008年8月

何焯评点《文选》李善注析论　徐华中　《〈文选〉学与楚文化——纪念李善逝世1317周年国际学术研讨会》　武汉:武汉出版社　2008年8月

李善注《文选》原貌　游志诚　《〈文选〉学与楚文化——纪念李善逝世1317周年国际学术研讨会》　武汉:武汉出版社　2008年8月

李善注《文选》义例略说——以胡克家《文选考异》赋类校语

为例 黄怡慈 《〈文选〉学与楚文化——纪念李善逝世1317周年国际学术研讨会》 武汉:武汉出版社 2008年8月

“真善美”的创新与平衡:屈平、张衡、李善三典范 林中明 《〈文选〉学与楚文化——纪念李善逝世1317周年国际学术研讨会》 武汉:武汉出版社 2008年8月

李善《文选注》与诗文注释的特点 李红霞 《注释学与诗文注释研究》 北京:中国大地出版社 2008年8月

《文选》学发微二则(李善籍贯小议) 常思春 《〈文选〉学与楚文化——纪念李善逝世1317周年国际学术研讨会》 武汉:武汉出版社 2008年8月

曹宪与李善——文选学的两位奠基人 顾农 《扬州文化研究论丛》第1辑 扬州:广陵书社 2008年9月

曹宪事迹著述系年 胡耀震 《扬州文化研究论丛》第2辑 扬州:广陵书社 2008年11月

释“焜黄” 袁津琥 《中国诗歌研究》第5辑 北京:中华书局 2008年12月

今本《汉书》与《文选》李善注引文互校 赵玉芳 辽宁医学院学报 2008年第1期

李善、李邕籍贯及世系考辨 刘会胜、李娅 湖北职业技术学院学报 2008年第1期

《文选》古注新论 游志诚 中华文史论丛 2008年第2期

《昭明文选》“互文”探析 乔俊杰 作家 2008年第2期

《文选》李善注之“释义”问题 陈延嘉 广西师范大学学报 2008年第2期

《文选》李善注诗义例发微　范春义　船山学刊　2008 年第 2 期

胡刻本李善注《文选》引《广雅》考异　郭宝军　古籍整理研究学刊　2008 年第 3 期

李善《文选注》的引书及对辑佚的意义　顾双　时代文学(双月上半月)　2008 年第 3 期

《为顾彦先赠妇》李注辨证　力之　南京师范大学文学院学报　2008 年第 3 期

李善李邕父子是江夏人而非江都人　李娅　文学遗产　2008 年第 3 期

五臣注《文选》注释体例考　刘九伟　天中学刊　2008 年第 6 期

敦煌唐写本《文选音》异常音切研究　杨秋波　文教资料　2008 年第 7 期

《文选》李善注引《史记》文辑校举例　曹凯　文教资料　2008 年第 10 期

《文选》李善注征引《方言》的特点及评价　柏亚东　南阳师范学院学报　2008 年第 11 期

《文选》音切声韵训读举例　徐之明　人文世界　2009 年

《和名类聚抄》引用书目研究——以李善注《文选》为中心(《和名类聚抄》引用书目の研究——李善注《文选》を中心に)　尹仙花　语学教育研究论丛(26)　2009 年

关于尤袤刻本李善注《文选》的一个考察——以题目及作者之李善注为中心(尤袤刻本李善注《文选》に关する考察:题目并

びに作者の李善注を中心に）　大桥贤一　北海道教育大学纪要人文科学・社会科学编60(1)　2009年

《文选音决》之音注与《文选》的解释——以“见・乐”二字为例(《文选音决》の音注と《文选》の解释——“见・乐”二字を例として）　狩野充德　日本中国学会报(61)　2009年

李善注“事无高玩,而情之所赏,即以为美”考——有关谢灵运《从斤竹涧越岭溪行》诗之“情”的解释(李善注“事无高玩,而情之所赏,即以为美”考——谢灵运《从斤竹涧越岭溪行》诗の“情”の解释に关わって）　佐竹保子　集刊东洋学(101)　2009年

《文选》注引佛教著作考　金溪　《中国典籍与文化论丛》第13辑　南京:凤凰出版社　2009年1月

李善《文选》注例　李详　《李善文选学研究》　扬州:广陵书社　2009年4月;《文选学研究》　北京:国家图书馆出版社　2010年11月

关于《文选》李善注之“释事而忘义”的评价问题　陈延嘉　《李善文选学研究》　扬州:广陵书社　2009年4月

白塔寺与李善注《文选》　朱福烓　《扬州文化研究论丛》第4辑　扬州:广陵书社　2009年12月;《第八届文选学国际学术研讨会论文集》　扬州:广陵书社　2010年12月

李善对三《礼》的引用与《文选李善注》的思想意义　戚学民　《扬州文化研究论丛》第4辑　扬州:广陵书社　2009年12月

论《〈楚辞〉补注》中的五臣注　张艳存　承德民族师专学报　2009年第1期

《文选・北山移文》吕向注再辨　丁红旗　兰州学刊　2009年

第1期

论明州本《文选》五臣注的减注现象 刘九伟 湖南科技大学学报 2009年第2期

《唐钞文选集注》陆机诗注的价值 刘志伟 中国典籍与文化 2009年第2期;《汉魏六朝文史论衡》 上海:上海古籍出版社 2012年11月

《昭明文选》天文词语札记二则 朱习文 语言科学 2009年第3期

《文选》李善注引《毛诗》考 黄桂香 黄石理工学院学报 2009年第3期

《文选》李善注指瑕一则 贺菊玲 西南民族大学学报 2009年第3期

《文选·三都赋》旧注底本问题试探 唐普 四川大学学报 2009年第4期

《唐钞文选集注汇存》称引《礼记》考异 常相波 文艺生活·文艺理论 2009年第4期

《文选》五臣注价值新探 刘群栋 中州学刊 2009年第4期

《文选》五臣注的评价问题 刘群栋 甘肃社会科学 2009年第4期;《"文选学"论文集粹》 北京:中华书局 2017年12月

李善注的情感观照——以《文选·情赋》注为例 王允雷、张燕燕 佳木斯大学社会科学学报 2009年第4期;《第八届文选学国际学术研讨会论文集》 扬州:广陵书社 2010年12月

《文选》李善注征引《韩诗》异文研究 程苏东 信阳师范学院学报 2009年第5期

李善《文选注》引书试探　徐建委　长春师范学院学报　2009年第7期

《文选》李善注所引《汉书》颜师古注考　洲胁武志　人文科学(15)　2010年

旧钞本《文选集注》诸注考——以其中所载陆机《答贾长渊》为例　童岭　《中国诗学》第14辑　北京:人民文学出版社　2010年3月

《文选集注》价值释证——以《文选·情赋》注为例　张蓓蓓　《第八届文选学国际学术研讨会论文集》　扬州:广陵书社　2010年12月

诠释学视域下的唐代《文选》三家注——兼论唐代《文选》的诠释历程　郭宝军　《第八届文选学国际学术研讨会论文集》　扬州:广陵书社　2010年12月;文学评论　2012年第6期(题目为:《文选》三家注:唐代《文选》的诠释历程)

文选旧注新论　游志诚　《第八届文选学国际学术研讨会论文集》　扬州:广陵书社　2010年12月

也论《文选》李善注的体例　刘群栋　《第八届文选学国际学术研讨会论文集》　扬州:广陵书社　2010年12月

论明州本《文选》李善注的减注　刘九伟　《第八届文选学国际学术研讨会论文集》　扬州:广陵书社　2010年12月;湖南人文科技学院学报　2010年第4期

曹植与甄妃的学术公案——《文选·洛神赋》李善注辨析　傅刚　中国典籍与文化　2010年第1期;《汉魏六朝文学与文献论稿》　北京:商务印书馆　2016年3月

论五臣注《昭明文选·汉赋》 刘奕璇、董宏钰 佳木斯大学社会科学学报 2010年第2期

敦煌本《文选注》字词考辨 赵家栋 宁夏大学学报 2010年第3期

论赣州本《文选》李善注的特点 刘九伟 甘肃社会科学 2010年第3期

略论《文选集注》诗类中的“今案” 王翠红 语文知识 2010年第4期

李善引书“各依所据本”注例考论 金少华 文史 2010年第4期

《文选》赋类李善注所收旧注解题 张珊 古籍整理研究学刊 2010年第6期

浅谈《文选》及《文选》李善注 冯雪松、陈立民 商业文化(学术版) 2010年第6期

略论《文选集注》中的五臣注:以沈约《奏弹王源》为个案 王翠红 剑南文学 2010年第9期

叶嘉莹与《文选》诗李善注 张铁慧 长春师范学院学报 2010年第11期

胡刻本《文选》李善注引《声类》初探 邸宏香 长春师范学院学报 2010年第11期

论唐代《文选》五臣注与《文选》评点 王书才、朱子 前沿 2010年第12期

试析《文选》李善注的特点——以所收阮籍《咏怀》诗十七首为例 张安娜 大众文艺 2010年第14期

《昭明文选》语词辨证二则　张秀芳　才智　2010年第34期

六臣注《文选》所引《毛诗》训读考(六臣注《文选》所引《毛诗》の训读について)　佐藤进　日本汉文学研究(6)　2011年

《文选》李善注文学批评方法述略——以诗类注为例　唐志远　《古代文学理论研究.第32辑,中国文论的古与今》　上海:华东师范大学出版社　2011年6月

《文选》李善注前史　富永一登撰,左江译　《古典文献研究》第14辑　《〈文选〉学专辑》　南京:凤凰出版社　2011年6月

李善《文选·咏怀诗注》中的旧注问题　于溯　南京大学学报　2011年第1期

《文选·诗》李善注征引体式刍议　凌丽君　励耘学刊(语言卷)　2011年第1期

关于曹宪的籍贯　顾农　信息交流　2011年第2期

萧该年谱　胡耀震　信息交流　2011年第2期

《文选》不录"小说"与李善注引"小说"新探——兼论"小说"观念在唐宋时期的嬗变　郝敬　文艺评论　2011年第2期

《文选集注》研究——以李善注为中心的一个考察　王立群　汉语言文学研究　2011年第3期

尤刻本《文选》增注研究——以《吴都赋》为例的一个考察　王立群　河南大学学报　2011年第5期

《文选》陆善经注简论　刘群栋　中州学刊　2011年第6期

《文选·咏怀诗》未标明姓氏注文的归属问题　范志新　文学遗产　2011年第6期

宋人对《文选》李善注、五臣注的评议　郭宝军　广西师范大

学学报 2011年第6期

李善采用征引式训诂体式注释《文选》之原因研究 孙文杰 赤峰学院学报 2011年第7期

关于明州本《文选》减注现象的考察 丁红旗 兰州学刊 2011年第10期

李善注《文选京都赋》引纬书考 张丽丽、马振伟 剑南文学(经典教苑) 2011年第11期

以《洛神赋》分析李善注与五臣注 廖君 中国语文 2012年

《集注文选》所引诸注释书考(《集注文选》所引の诸注释书について) 陈翀 中国古典文学研究(10) 2012年

古钞《文选集注》鲍照乐府诗注的价值 刘志伟、王翠红 《汉魏六朝文史论衡》 上海:上海古籍出版社 2012年11月;广西师范大学学报 2012年第6期;《"文选学"论文集粹》 北京:中华书局 2017年12月

《文选》五臣注编纂探微 唐普 《中国文学研究》第20辑 上海:复旦大学出版社 2012年12月

关于《文选》旧注的整理问题 刘跃进 中国典籍与文化 2012年第1期;《第十届文选学国际学术研讨会论文集》 郑州:河南大学出版社 2014年8月;《文选旧注辑存》 南京:凤凰出版社 2017年10月

《文选》五臣注从单注本到合注本演变过程中出现的问题 孔令刚 新乡学院学报 2012年第1期

李善注《文选》征引《左传》考释 陈绪波 甘肃联合大学学报 2012年第2期

《文选》五臣音注从单刻本到合刻本形式之变化　孔令刚　殷都学刊　2012年第2期

奎章阁本《文选》断句下注体例探微　孔令刚　中州学刊　2012年第2期

文学训诂与自由释义——以李善注《文选》作为考察对象　邬国平　中山大学学报　2012年第3期

《后汉书》李贤注与《文选》李善注:论李善注影响的扩张　戚学民　社会科学研究　2012年第3期

《文选》陆善经注引书研究　尹曙光　天府新论　2012年第3期

《文选集注》编者案语发微　王翠红　中国典籍与文化　2012年第3期;《"文选学"论文集粹》　北京:中华书局　2017年12月

《文选》五言诗的音韵考查　王允雷　哈尔滨师范大学　2012年第4期

六臣本《文选》李善注研究　王立群　内江师范学院学报　2012年第5期

李善《文选注》中义同换读音注的分析　李华斌　遵义师范学院学报　2012年第6期

《昭明文选》六家音注从单刻本到合刻本的演变规律——以奎章阁本第二卷《西京赋》为例　孔令刚　求索　2012年第7期

《文选》及其研究语料考略　尹大海　北方文学　2012年第7期

《文选集注》所引五家音考　陈小珍　中国言语文化学研究(2)　2013年

唐代诸家《文选》音注研究论著综述 陈小珍 外国语学研究(14) 2013年

作为训点资料的《文选》中“文选读”之表纪形式考(训点资料としての《文选》における文选读みの表记形式について) 渡边さゆり 比较文化论丛:札幌大学文化学部纪要(28) 2013年

五臣注《文选》诸版本的音注问题 陈小珍 语学教育研究论丛(30) 2013年

再议五臣注《文选》诸版本的音注问题 陈小珍 中国语学研究(32) 2013年

《文选》学发微三则(李善先世、籍贯旧说勘误) 常思春 《叩音毕弹集——祝尚书教授古稀纪念》 成都:巴蜀书社 2013年8月

李善《文选注》王逸反切考 李华斌 长春理工大学学报 2013年第1期

江夏李氏考索——以李善家族为检讨中心 石树芳 河南师范大学学报 2013年第1期;《唐人选唐诗研究》 北京:中国社会科学出版社 2016年5月

《文选》正文中的音注的来历兼及尤刻本的来历 李华斌 长江学术 2013年第1期

《文选》李善注引《史记》本纪部分辑校 曹凯 语文建设 2013年第2期

奎章阁本《文选》增五臣音注研究 孔令刚 河南工业大学学报 2013年第2期

奎章阁本《文选》省略五臣注研究 孔令刚 汉语言文学研究

2013年第2期

《为曹公作书与孙权》李善注补正　郭硕　陕西学前师范学院学报　2013年第2期

《文选》李善注对“互文性”的关注　顾农　信息交流　2013年第2期

《文选》李善注引《毛诗》异文研究　马昕　文献　2013年第2期

《文选·洛神赋》题注发微　胡旭　中国韵文学刊　2013年第2期;《第十届文选学国际学术研讨会论文集》　郑州:河南大学出版社　2014年8月

《文选》李善注增注考　王翠红　中国典籍与文化　2013年第2期;《第十届文选学国际学术研讨会论文集》　郑州:河南大学出版社　2014年8月

《文选》李善注引《法言》考　王润茂　郧阳师范高等专科学校学报　2013年第2期

《文选》李善注变迁综述　王立群　河南大学学报　2013年第3期

《文选》李善注中的《左传》材料述略　陈绪波　河西学院学报　2013年第3期

论李善《文选注》的诗歌注释　周金标　淮阴师范学院学报　2013年第3期

《文选》诗歌部分疑难词语研究　邢国飞、贾雪霞　齐齐哈尔师范高等专科学校学报　2013年第3期

《文选》李善注引郭璞《尔雅注》研究　王佳　产业与科技论

坛　2013 年第 3 期

敦煌本《文选》李善注研究　王立群　文学遗产　2013 年第 4 期

杜诗与《文选》注　谢思炜　文学遗产　2013 年第 4 期

《文选》阮籍诗注及钟嵘评论问题探究　刘涛　牡丹江师范学院学报　2013 年第 4 期

《文选》李善注引纬考论——兼及谶纬与汉魏六朝文学的关系　徐兴无　西北师大学报　2013 年第 4 期

吕向生平著述考　刘群栋　中州学刊　2013 年第 11 期

《文选》李善注的文献学价值　杨波　中州学刊　2013 年第 12 期

《文选》李善注的研究现状　李莎莎　试题与研究(新课程论坛)　2013 年第 17 期

李善《文选注》的历代研究　李华斌　兰台世界　2013 年第 23 期

现存五臣注《文选》全本两种之相异音注问题　陈小珍　中国言语文化学研究(3)　2014 年

太子萧统与学士李善　白兆麟　《睎眓集》　合肥:安徽文艺出版社　2014 年 1 月

从李善《文选注》看《世说新语》之原名　范子烨　《魏晋风度的传神写照——〈世说新语〉研究》　西安:世界图书西安出版公司　2014 年 6 月

关于《文选》旧注整理的若干问题　刘跃进　《门阀士族与文学总集》　西安:世界图书出版西安有限公司　2014 年 6 月;《文选

旧注辑存》　南京:凤凰出版社　2017年10月

五臣吕向生平著作考述　刘群栋　《第十届文选学国际学术研讨会论文集》　郑州:河南大学出版社　2014年8月;《"文选学"论文集粹》　北京:中华书局　2017年12月

从《文选》骚类看李善注的特点　邬国平　《第十届文选学国际学术研讨会论文集》　郑州:河南大学出版社　2014年8月

《昭明文选》五臣音注与李善音注对比分析　邹德文　《第十届文选学国际学术研讨会论文集》　郑州:河南大学出版社　2014年8月

曹宪籍贯行历新证及其《文选》佚注汇考——《集注文选》成书前史研究　陈翀　《〈文选〉与中国文学传统:第九届文选学国际学术研讨会论文集》　北京:中华书局　2014年8月

《文选》注中的《国语》　李佳　《〈文选〉与中国文学传统:第九届文选学国际学术研讨会论文集》　北京:中华书局　2014年8月

奎章阁本《文选》拆分五臣注研究　孔令刚　《第十届文选学国际学术研讨会论文集》　郑州:河南大学出版社　2014年8月

赣州本《文选》五臣注研究　刘九伟　《第十届文选学国际学术研讨会论文集》　郑州:河南大学出版社　2014年8月

《文选》李善注"协韵"研究　贺菊玲　《汉语史研究集刊》第18辑　成都:巴蜀书社　2014年12月

《文选·二京赋》薛综注真伪辨　罗琴　文献　2014年第1期

《文选》题注与作者注辨证　刘锋　中国典籍与文化　2014年第1期

李善《文选注》基于经史的汉赋认同　何凯　中国韵文学刊

2014年第2期

《文选》李善注引《风》《骚》之文学精神与学术思想原论 李金坤 文心学林 2014年第2期

五臣"能为音"说 董宏钰、刘贞玉 长春师范大学学报 2014年第3期

陈八郎本《昭明文选》五臣音注与胡刻本李善音注对比分析 邹德文、董宏钰 哈尔滨师范大学 2014年第3期

李善注《文选》引《尔雅》在字际关系方面之研究 王佳 文教资料 2014年第4期

《文选》李善注中"感甄"故事考论 刘志伟、陈淑娅 兰州大学学报 2014年第5期

《文选》李善注中的魏晋南北朝小说史料整理 韦珮珮 北方文学 2014年第6期

《文选》李善注引唐前别集述论 刘志伟、刘峰 中州学刊 2014年第8期

析《文选》李善注同字解《字林》较《说文》之准确性 董萌 长春师范大学学报 2014年第11期

一字有无 关涉全篇——从《文选》个案看李善注本和五臣注本 陈延嘉 长春师范大学学报 2014年第11期

《文选》李善注音义术语"同、通"述 邸宏香 长春师范大学学报 2014年第11期

因文作注 以注显文——从《文选》看古注本的文学传播功能 方虹 语文建设 2014年第12期

《文选》李善注中的校勘 罗积勇、李爱国、黄燕妮 《中国古

籍校勘史》 武汉:武汉大学出版社 2015 年 3 月

新发现“王逸《文子》注”佚文及其考辨 苏芃 《古典学集刊》第 1 辑 上海:华东师范大学出版社 2015 年 5 月(作者略有修改,改名《古书旧注窜乱的一种推想——〈文选集注〉所见“王逸〈文子〉注”考辨》,发表于《写本文献学微刊》)

《文选》陆善经注价值疏证 王翠红 广西师范大学学报 2015 年第 1 期

李善《文选注》协韵研究 李华斌 中国韵文学刊 2015 年第 1 期

《文选》李善注京都赋引诗考论——以卷一班固的《两都赋》李善注为例 李光先 牡丹江教育学院学报 2015 年第 1 期

《文选》李善注考异拾遗三则 吴华峰 江海学刊 2015 年第 2 期

《文选》李注所引《庄子》及《庄子》注研究 刘涛 诸子学刊 2015 年第 2 期

浅析《昭明文选》两家注——以《述祖德诗二首》部分句子为例 马朝阳 长春师范大学学报 2015 年第 3 期

陈八朗本《昭明文选》音注特点及其版本价值 董宏钰、崔秀兰 长春师范大学学报 2015 年第 3 期

从《文选》李善注看《字林》对《说文》单字引申义的继承与发展 董萌 长春师范大学学报 2015 年第 3 期

文本层次与经典化——《文选》左思《蜀都赋》注引扬雄《蜀都赋》相关问题 孙少华 中南民族大学学报 2015 年第 3 期;《从文献到文本:先唐经典文本的抄撰与流变》 上海:上海古籍出版社

2016年10月;《〈文选〉与汉唐文化:第十一届文选学国际学术研讨会论文集》　北京:中华书局　2018年8月

佚名《文选》注综合研究——以《敦煌本文选注》研究为起点　景浩　文史　2015年第3期

《文选》李善注引《诗》《骚》之文学精神发覆　李金坤　黄河科技大学学报　2015年第3期

《旧唐书》载李善仕履考辨　徐明英、熊红菊　安徽史学　2015年第3期

1950年以来《昭明文选》注音韵研究综述　邸宏香　古籍整理研究学刊　2015年第4期

《胡非子》小考　赵建成　文献　2015年第4期;《现代学术视野下的〈文选〉研究》　北京:中国社会科学出版社　2016年7月(题目为:李善《文选注》所引《胡非子》考)

重纽音切在《文选音决》中的读音分析　孙志波　天中学刊　2015年第4期

《文选》李善注引《韩子》考论　刘群栋　河南师范大学学报　2015年第4期

李善注《文选》征引《毛诗笺》论析　赵棚鸽　古籍整理研究学刊　2015年第4期

李善《文选注》疑难音注校释四三则　李华斌　岭南师范学院学报　2015年第5期

《文选》李善注征引《诗》《骚》之学术思想探微　李金坤　辽东学院学报　2015年第5期

论《文选》李善注所引司马彪《庄子注》的价值　刘涛　商丘

师范学院学报　2015 年第 5 期

唐代《文选》注释校语述评　刘锋　河南科技学院学报　2015 年第 5 期

唐代李善《文选》注引《水经注》考　王东　郑州大学学报　2015 年第 6 期

《子虚上林赋》旧注考辨　齐清仙　广西师范学院学报　2015 年第 6 期;《现代学术视野下的〈文选〉研究》　北京:中国社会科学出版社　2016 年 7 月

从《唐钞文选集注汇存》诗的部分略窥《文选》五臣注的问题(上)(下)　朱晓海　学术交流　2015 年第 8 期、第 9 期;国学 2016 年第 1 期

李善注《文选》引《尔雅》在衍文脱文方面之研究　王佳　佳木斯职业学院学报　2015 年第 9 期

《文选》五臣音注与先行音注之关系(《文选》五臣音注と先行音注との关系)　陈小珍　中国言语文化学研究(5)　2016 年

五臣注《文选》中的“重韵”问题(五臣注《文选》における“重韵”问题)　陈小珍　语学教育研究论丛(33)　2016 年

李善与《文选注》　吴泽顺　《清以前汉语音训材料整理与研究》　北京:商务印书馆　2016 年 4 月

论李善《文选注》的文献学价值　郭康松　《第一届饶宗颐与华学国际学术研讨会论文集》　济南:齐鲁书社　2016 年 5 月

努力逼近《文选》五臣注本和李善注本的原貌　杨明　中华读书报　2016 年 5 月 11 日

从《唐钞文选集注汇存》诗的部分略窥《文选》李善注的问题

朱晓海　《国学》第3集　成都:四川人民出版社　2016年6月

《文选》谢瞻诗与陶集《于王抚军座送客》诗辨伪——兼论《文选》五臣注的价值及对古人权威注疏的吸收与扬弃　钟书林　《现代学术视野下的〈文选〉研究》　北京:中国社会科学出版社　2016年7月

唐以前集注的便捷之途——以《汉书注》、《文选注》为例　孙少华　《从文献到文本:先唐经典文本的抄撰与流变》　上海:上海古籍出版社　2016年10月

李善《文选注》联绵字变读音注研究　李华斌　扬州大学学报　2016年第1期

《文选》李善注引书数量考述　王书才　安徽文学(下半月)　2016年第1期

《缠子》小考　赵建成　中国典籍与文化　2016年第1期

左思《三都赋》晋人旧注略论　杜慧月　北京化工大学学报　2016年第2期

《文选》李善注的成就　郭蓉　内蒙古农业大学学报　2016年第2期

从颜师古注和李善注的比较看唐代典籍注释特点　黄方方　暨南学报　2016年第2期

《田俅子》小考　赵建成　古典文学知识　2016年第3期

李善注《文选》底本与旧注本关系试探　刘志伟　河南师范大学学报　2016年第4期

曹宪与"文选学"的兴起　屠青　河南师范大学学报　2016年第5期

“释事忘义”再评价　刘美燕　广西师范大学学报　2016年第6期

从刊本李善注的文本变迁看《文选集注》在宋代的流传　刘群栋　中州学刊　2016年第9期

从敦煌写卷看李善注《文选》的文本变迁　丁红旗　社会科学　2016年第9期

萧该事迹及其《文选音》小考:《集注文选》成书前史研究　陈翀　中国中世文学研究(69)　2017年

《文选》李善注引谶纬的若干问题　蔡丹君　《中国典籍与文化论丛》第18辑　南京:凤凰出版社　2017年6月

李善的“神明书架”　赵建成　中国社会科学报　2017年7月10日

洪兴祖《楚辞补注》中五臣注探源　张鸿鸣　《国学季刊》第7期　济南:山东人民出版社　2017年10月

《文选》李善注与清华简所见“伊尹”、“保衡”资料比对二则　刘风华　《“文选学”论文集粹》　北京:中华书局　2017年12月

《文选》李善注征引《尚书》文献辑校　王保国　《“文选学”论文集粹》　北京:中华书局　2017年12月;郑州大学学报　2017年第5期

李善注“引后明前”现象及成因——兼论事、义兼释的问题　关鹏飞　古籍整理研究学刊　2017年第1期

经典注释征引范式的确立与四大名注引书　赵建成　浙江学刊　2017年第2期

《文选集注》所见唐前佚文辑校——以永明诗文为考察核心

魏晓帅　古籍研究　2017 年第 2 期

《文选》李善注“以赋注诗”现象研究——以《文选》谢氏行旅诗注为例　曾朝骄　合肥学院学报　2017 年第 3 期

敦煌写本《文选》李善注引《毛诗》考异　金少华　敦煌研究　2017 年第 3 期

李善生平及其著述考略　刘群栋　殷都学刊　2017 年第 4 期

李善注《文选》引《韩诗》“绿蕣如蒉”条校正　吕冠南　河北师范大学学报　2017 年第 4 期

《文选》李善注中“楚子和氏”考辨　渠嵩烽　黑龙江教育学院学报　2017 年第 4 期

《文选·赋》题注与作者注引文辨证四题——李善注与“五臣注”引文研究之一　力之　广西师范大学学报　2017 年第 6 期

关于《文选》李善注引用的旧注　李梦姣　传播力研究　2017 年第 6 期

萧该《文选音》到李善《文选注》——早期《文选》学者及其“《选》学”著作述略　赵建成　铜仁学院学报　2017 年第 8 期

《文选》中沈约注阮籍《咏怀》诗之初探　孙冲　西江文艺　2017 年第 9 期

《文选》所载陆机诗六臣注议　杨明　厦大中文学报　2017 年辑刊

《文选》李善注韩毛诗称谓义例识小　范志新　厦大中文学报　2017 年辑刊

道元禅师撰《知事清规》对《文选》李善注的袭用（道元禅师撰《知事清规》における《文选》李善注の依用）　岩永正晴　驹泽

史学(90)　2018年

关于《文选》五臣注与李善注之差异问题——以“赋”类题(作者)注为考察范围　力之　《文选学研究》第1辑　北京:中华书局　2018年2月

《文选》李善注的文本变迁　刘群栋　《文选学研究》第1辑　北京:中华书局　2018年2月

从《文选》李善注分析《字林》对《说文》的继承与发展　董萌　《文选学研究》第1辑　北京:中华书局　2018年2月;古籍整理研究学刊　2018年第4期(题目为:谈《字林》对《说文》的继承与发展——以《文选》李善注引《字林》为核心)

日藏《文选》古钞本中所见音注旧家遗说辑考　马燕鑫　《域外汉籍研究集刊》第16辑　北京:中华书局　2018年7月

《唐钞文选集注汇存》中陆善经注若干问题新论　钱振宇　《〈文选〉与汉唐文化:第十一届文选学国际学术研讨会论文集》　北京:中华书局　2018年8月

《文选》李善注引书数量考述　王书才　《〈文选〉与汉唐文化:第十一届文选学国际学术研讨会论文集》　北京:中华书局　2018年8月

李善《文选》注引《水经注》考　王东　《〈文选〉与汉唐文化:第十一届文选学国际学术研讨会论文集》　北京:中华书局　2018年8月

高步瀛“《诗》郑笺无‘慑,惧’”说补证——兼论李善注《文选》的释词特点　邱贤　中国语言文学研究　2018年第1期

近三十年《文选》注释研究述评　刘伟利　天中学刊　2018年

第2期

李善《文选注》引《论语》类文献札记　赵建成　扬州文化研究论丛　2018年第2期

李善注对《文选》旧注的“具释”——以《射雉赋》徐爰注为例　胡健　扬州文化研究论丛　2018年第2期

陈八郎本《文选》五臣音注探源　韩丹　扬州文化研究论丛　2018年第2期

《文选》音注所存古音现象类说　马燕鑫　扬州文化研究论丛　2018年第2期

新出墓志所见《文选》注者李善世系事迹考述　胡可先　扬州文化研究论丛　2018年第2期

《文选·三都赋》所引旧注之注者考辨　崔洁　古籍整理研究学刊　2018年第3期

李善注《文选·非有先生论》“谈何容易”发覆　张维珍　语文学刊　2018年第3期

《文选注》佛典的引用与李善的佛教修养　徐沛楠　南京晓庄学院学报　2018年第3期

《文选》六臣注引经管窥　程景牧　青海师范大学学报　2018年第3期

《文选》汉赋单音副词同义关系分析　刘昕　山东农业工程学院学报　2018年第4期

李善所引《三都赋》旧注底本问题蠡测　崔洁　文献　2018年第5期

李善注《文选》留存旧注综论　刘锋　广西师范大学学报

2018年第6期

奎章阁本六臣《文选·海赋》作者注辨证 王琼 广西师范大学学报 2018年第6期

尘封的声韵美——《文选》辞赋的音读特征 马燕鑫 文史知识 2018年第9期

从《文选》李善注看《列子》并非伪书 刘群栋 中州学刊 2018年第10期

读《文选》李善注札记二则 徐中原 铜仁学院学报 2018年第11期

《文选》汉赋单音形容词同义关系分析 刘昕 文存阅刊 2018年第17期

四、《文选》版本研究

著作

巴黎敦煌残卷叙录　王重民　国立北平图书馆　1941年;《敦煌丛刊初集》九　台北:新文丰出版公司　1985年

《文选》诸本的研究(《文选》诸本の研究)　斯波六郎　广岛:斯波博士退官记念事业会 1957年;《文选索引》第三册　上海:上海古籍出版社　1997年2月;黄锦鋐、陈淑女译　《〈文选〉诸本之研究》　台北:法严出版社　2003年

敦煌本《文选》注　神田喜一郎　东京:永青文库　1965年

文选集注研究　邱棨鐊　台北:文选学研究会　1978年

天理图书馆善本丛书汉籍2《文选》(无注本、五臣注本、集注本)　花房英树　东京:八木书店　1980年

九条本《文选》古训集　中村宗彦　东京:风间书房　1983年

《敦煌古籍叙录新编》第十六册　黄永武　台北:新文丰出版股份有限公司　1986年6月

汉籍在日本的流布研究　严绍璗　南京:江苏古籍出版社 1992年6月

《三教指归注集》的研究(三教指归注集の研究)　佐藤义宽　京都:大谷大学　1992年10月

敦煌本《昭明文选》研究　罗国威　哈尔滨:黑龙江教育出版

社　1999年10月

敦煌吐鲁番本《文选》　饶宗颐　北京:中华书局　2000年5月

敦煌本《文选注》笺证　罗国威　成都:巴蜀书社　2000年5月

唐钞文选集注汇存　上海:上海古籍出版社　2000年7月;2011年8月

《文选》版本研究　傅刚　北京:北京大学出版社　2000年9月;西安:世界图书出版西安有限公司　2014年6月(增订本)

朝鲜版《文选》的综合研究(朝鲜版《文选》の综合的研究)矶部彰　仙台　2001年3月

《文选》版本论稿　范志新　南昌:江西人民出版社　2003年9月

《文选》版本撷英　范志新　贵阳:贵州人民出版社　2004年12月

《文选》底本及其周边文学之基础文献研究　陈翀　广岛:广岛大学大学院文学研究科论集　第73卷　特辑号　2013年12月

朝鲜正德四年本《五臣注文选》研究　赵蕾　开封:河南大学出版社　2014年8月

胡克家本《文选》研究　郭宝军　开封:河南大学出版社　2014年8月

奎章阁本《文选》研究　孔令刚　开封:河南大学出版社　2014年8月

《文选》版本注释综合研究　王立群　郑州:大象出版社

2014 年 9 月

古抄本《文选集注》研究　金少华　杭州：浙江大学出版社　2015 年 5 月

新校订六家注文选　俞绍初、刘群栋、王翠红　郑州：郑州大学出版社　2015 年 7 月

敦煌吐鲁番本《文选》辑校　金少华　杭州：浙江大学出版社　2017 年 4 月

论文

唐写文选集注残本序　罗振玉　《唐写文选集注残本》影印本　1918 年

唐钞本《文选》残篇跋（附录一种）　狩野直喜　支那学　1929 年 3 月第 5 卷第 1 号；《东洋学丛编》第一册　东京：刀江书院　1934 年；《昭明文选论文集》　台北：木铎出版社　1976 年 5 月；《古典文献研究》第 14 辑　《〈文选〉学专辑》　南京：凤凰出版社　2011 年 6 月

北宋本李善注《文选》校记　刘文兴　国立北平图书馆馆刊　1931 年第 5 卷第 5 号；《昭明太子和他的文选》　台北：学生书局　1971 年；《昭明文选论文集》　台北：木铎出版社　1976 年 5 月；《文选学研究》　北京：国家图书馆出版社　2010 年 11 月

《文选》书录述要　蒋镜寰　江苏省立苏州图书馆馆刊　1932 年 4 月第 3 号；《文选学研究》　北京：国家图书馆出版社　2010 年 11 月

关于《文选集注》的零片（文选集注の零片につきて）　冈井慎吾　书志学 1（4）　1933 年

君山先生唐钞本文选残篇跋书后 石滨纯太郎 《东洋学丛编》第一册 东京:刀江书院 1934年

敦煌新出唐写本提要 刘师培 《刘申叔先生遗书》 1934年;《刘申叔遗书》 南京:江苏古籍出版社 1997年11月;《仪征刘申叔遗书》(十三册) 扬州:广陵书社 2014年2月

再次去京洛旅行(再び京洛に旅して) 关靖 书志学3(5) 1934年

关于金泽文库本旧钞《文选集注》第百十六卷(金泽文库本旧钞《文选集注》第百十六卷の发见に就いて) 关靖 书志学4(1) 1935年

庄内访书录 关靖 书志学6(3) 1936年

新获《文选集注》断简 新美宽 东方学报 第8册 1937年

关于敦煌本《文选》的几个问题(敦煌本文选の二、三について) 泽田总清 大东文化学报1辑 1938年

关于《文选集注》(文选集注に就いて) 斯波六郎 支那学9(2) 1938年

五臣注《文选》的研究(五臣注《文选》の研究) 黑田亮 《朝鲜旧书考》 东京:岩波书店 1940年

唐写《文选》五臣注本残卷跋 张寿林 文学年报 1941年6月第7期;《中外学者文选学论集》(上) 北京:中华书局 1998年8月;《文选学研究》 北京:国家图书馆出版社 2010年11月

书陆善经事——题《文选集注》后 向宗鲁 斯文半月刊 1943年1月第3卷第2期;《向宗鲁先生纪念文集》 成都:巴蜀书社 2015年12月

李善注《文选》诸家刊本源流考　朱少河　雅言　1943 年第 7 卷;《善本书题记》　北京:国家图书馆出版社　2010 年 5 月

关于《文选》的版本(文选の板本に就いて)　斯波六郎　帝国学士院纪事 3(1)　1944 年

宋赣州本《文选》跋　王秉恩　学海　1945 年 2 月第 2 卷第 2 期;《文选学研究》　北京:国家图书馆出版社　2010 年 11 月

论《文选》注及其版本　祝文仪　学原　1949 年 8 月第 2 卷第 8 期;《昭明太子和他的文选》　台北:学生书局　1971 年;《文选学研究》　北京:国家图书馆出版社　2010 年 11 月

日本古钞《文选》五臣注残卷　饶宗颐　东方文化　1956 年 7 月第 3 卷第 2 期;《文辙》　台北:学生书局　1991 年 11 月;《中外学者文选学论集》(下)　北京:中华书局　1998 年 8 月;《饶宗颐二十世纪学术文集 · 文选卮言》　台北:新文丰出版社　2003 年;北京:中国人民大学出版社　2009 年 9 月(题目为:日本古钞《文选》五臣注残卷校记)

金泽文库的藏书(金泽文库の藏书)　结城陆郎　《金泽文库と足利学校》(日本历史新书至文堂)　1958 年

敦煌本《文选》斠证　饶宗颐　新亚学报　1958 年 2 月第 3 卷第 2 期;《昭明文选论文集》　台北:木铎出版社　1976 年 5 月;《饶宗颐二十世纪学术文集 · 文选卮言》　台北:新文丰出版社　2003 年;北京:中国人民大学出版社　2009 年 9 月

《李陵苏武书》　王重民　《敦煌古籍叙录》　北京:商务印书馆　1958 年 6 月;《敦煌古籍叙录新编》第 16 册　台北:新文丰出版公司　1986 年 6 月

《文选》　王重民　《敦煌古籍叙录》　北京:商务印书馆　1958

年6月;《敦煌古籍叙录新编》第16册　台北:新文丰出版公司 1986年6月

《文选音》　王重民　《敦煌古籍叙录》　北京:商务印书馆 1958年6月;《敦煌古籍叙录新编》第16册　台北:新文丰出版公司 1986年6月

宫内厅书陵部藏本六臣注《文选》的训点(宫内厅书陵部藏本六臣注文选の训点)　吉田金彦　训点语与训点资料(12) 1959年

猿投神社藏正安本文选　小林芳规　训点语与训点资料(14) 1960年

猿投神社藏文选序古点　筑岛裕　训点语与巡点资料 1961年

猿投神社藏正安本文选(二)　小林芳规　训点语与训点资料 (16)　1961年

猿投神社藏正安本文选(三)　小林芳规　训点语与训点资料 (18)　1961年

猿投神社藏正安本文选(四)　小林芳规　训点语与训点资料 (21)　1962年

宽文版的《文选》(宽文版の文选)　小尾郊一　世界文学大系月报(74)　东京:筑摩书房　1963年

敦煌本文选注·解说　神田喜一郎　《敦煌本文选注》　东京:永青文库　1965年

关于细川家永青文库藏《敦煌本文选注》(细川家永青文库藏《敦煌本文选注》について)　冈村繁　东洋学集刊(14)　1965年;

《第一届中国域外汉籍国际学术会议论文集》　台北:联经出版事业公司　1987年12月

敦煌本《文选注》校释　冈村繁　东北大学教养部纪要(4)　1966年

九条本《文选》所见上代训读语(九条本文选に残存せる上代训读语について)　小林芳规　训点语与训点资料(32)　1966年

《文选》唐写本解说　杰哈德·施米特　《柏林威森查夫顿研究院东方研究中心论文集》　1968年

《文选》的校勘与索引(《文选》の校勘と索引)　平冈武夫　全释汉文大系月报(11)　东京:集英社　1974年

今存日本之《文选集注》残卷为中土唐写旧藏本　邱棨鐊　台北:"中央日报"　1974年10月30日

日本藏《文选集注》残卷缀语　潘重规　台北:"中央日报"　1975年1月12日

关于《文选集注》所引《音决》撰者的一个考察(文选集注所引音决撰者についての一考察)　狩野充德　《小尾博士退休纪念中国文学论集》　东京:第一学习社　1976年

关于《文选》卷第九十八(文选卷第九十八について)　花房英树　《小尾博士退休纪念中国文学论集》　东京:第一学习社　1976年

《文选集注》所引《文选钞》研究　邱棨鐊　铭传学报　1976年3月第13期;《中外学者文选学论集》(下)　北京:中华书局　1998年8月

《文选》李注卷第二残卷提要　刘师培　《昭明文选论文集》

台北:木铎出版社　1976年5月

《文选》李注残卷提要　刘师培　《昭明文选论文集》　台北:木铎出版社　1976年5月

《文选》白文残卷提要　刘师培　《昭明文选论文集》　台北:木铎出版社　1976年5月

略谈李善注《文选》的尤刻本　程毅中、白化文　文物　1976年第11期;《中外学者文选学论集》(上)　北京:中华书局　1998年8月;《李善文选学研究》　扬州:广陵书社　2009年4月

关于《文选集注》所引《钞》(《文選集注》所引《鈔》について)　森野繁夫、富永一登　日本中国学会报(29)　1977年

关于《文选集注》中所见的陆善经注(《文選集注》に見える陸善経注について)　藤井守　广岛大学文学部纪要(37)　1977年

关于北宋刻印李善注《文选》的问题　屈守元　文物　1977年第7期;《览初阁论著辑录》　成都:电子科技大学出版社　2002年1月

《文选集注》写本年代续考　邱棨鐊　《中华学术与现代文化丛书　第二册　文学论集》　台北:华冈出版有限公司　1978年8月

关于五臣注《文选》(五臣注《文選》について)　森野繁夫　中国中世文学研究(13)　1978年9月;中国中世文学研究(17)　1984年

唐写本文选集注第九十八卷跋——文选集注为唐写本再证　邱棨鐊　华冈文科学报　1978年第11期;《中外学者文选学论集》(下)　北京:中华书局　1998年8月

秘藏宝钥钞平安末写零本考(秘藏宝钥钞平安末写零本について)　太田次男　《成田山佛教研究所纪要》第四号　1979年

《文选集注》和宋明版行的李善注(《文选集注》と宋明版行の李善注)　冈村繁　《加贺博士退官记念中国文史哲学论集》　东京:讲谈社　1979年;郭斐映译,段书伟校　《文选学论集》　长春:时代文艺出版社　1992年6月(题目为:《文选集注》与宋明版本的李善注);《中外学者文选学论集》(下)　北京:中华书局　1998年8月

关于《文选》李善注——集注本李善注和刊本李善注的关系(《文选》李善注について——集注本李注と板本李注との关系)　森野繁夫　日本中国学会报(31)　1979年;《中外学者文选学论集》(下)　北京:中华书局　1998年8月

《文选集注》残二卷(卷六十一断简、卷一百一十六)解说　花房英树　《文选·赵志集·白氏文集》(《天理图书馆善本丛书汉籍之部》第二卷)　东京:八木书店　1980年

关于尊经阁文库藏三教勘注抄(尊经阁文库藏三教勘注抄について)　太田次男　《成田山佛教研究所纪要》第五号　大本山成田山新胜寺　1980年

本邦古钞本《文选》卷一管见　中村宗彦　大谷女子大学纪要16(2)　1981年

景印宋本五臣集注文选跋　郑骞　台北:“中央图书馆”馆刊　1981年第14卷第1期

关于东寺观智院旧藏三教指归(注)文安写本(东寺观智院旧藏三教指归(注)文安写本について)　太田次男　《成田山佛教研

究所纪要》第7号 1982年

文选集注 阿部隆一 零本(存卷九八)唐人集注(平安)写一卷 《增订中国访书志》 东京:汲古书院 1983年

本所藏《文选·运命论》残卷介绍 李永宁 《敦煌研究》创刊号 总第3期 兰州:甘肃人民出版社 1983年12月

关于尊经阁文库藏注三教指归镰仓钞本(尊经阁文库藏注三教指归镰仓钞本について) 太田次男 《成田山佛教研究所纪要》第八号 大本山成田山新胜寺 1984年

《文选》卷二宫内厅书陵部藏《管见记》纸背影印翻刻并に解说 山崎诚 镰仓时代语研究(7) 1984年

韩国古活字本《文选》研究 金学主 中国语文学 第8辑 1984年11月

《文选》通行本8种及研究书17种简介 宋永程 中国语文学 第8辑 1984年11月

韩国主要图书馆所藏《文选》古版本目录 许卷洙 中国语文学 第8辑 1984年11月

《文选》版本鉴定 蒋复璁 《古籍鉴定与维护研习会专集》 台北:"中国图书馆"学会印行 1985年

朝鲜时代所印《文选》本 金学主 韩国学报 第5辑 1985年;《中外学者文选学论集》(下) 北京:中华书局 1998年8月

足利本《文选》中所见汉语(4)[足利本文选の汉语(4)] 柏谷嘉弘 冈山大学教养部纪要(21) 1985年

宋刊《文选》李善单注本考 张月云 故宫学术季刊 1985年第2卷第4期;《中外学者文选学论集》(下) 北京:中华书局 1998

年8月;《李善文选学研究》　扬州:广陵书社　2009年4月

《文选集注》所引的《文选钞》(《文选集注》所引の《文选钞》)　东野治之　《神田喜一郎博士追悼中国学论集》　东京:二玄社刊　1986年

足利本《文选》中所见汉语(5)[足利本文选の汉语(5)]　柏谷嘉弘　冈山大学教养部纪要(22)　1986年

日本钞本《文选集注》　隽雪艳　古籍整理出版情况简报(154)　1986年

敦煌本《文选》四种跋　罗振玉　《罗雪堂先生全集》初编　台北:大通书局　1986年6月

日本古写本《文选集注》残卷跋　罗振玉　《罗雪堂先生全集》初编　台北:大通书局　1986年6月

足利本《文选》中所见汉语(6)[足利本文选の汉语(6)]　柏谷嘉弘　冈山大学教养部纪要(23)　1987年

茶陵陈仁子刊《增补六臣注文选》宋版本(茶陵陈仁子刊增补六臣注《文选》の宋版本について)　神鹰德治　研文(6)　1987年

胡刻《文选》影印本出版说明小议　孔毅　古籍整理研究学刊　1987年第2期

关于古写本《文选集注》的考察——三种影印本的比较(古写本《文选集注》に关する一考察——三种类の影印本比较を中心に)　隽雪艳　创价大学アジア研究　1988年

记日本古抄本《文选》卷第十六所载屈原作品五篇　屈守元　《〈楚辞〉研究》　济南:齐鲁书社　1988年1月

敦煌遗书中《文选》残卷综述 白化文 《昭明文选研究论文集:首届〈昭明文选〉国际学术讨论会》 长春:吉林文史出版社 1988年6月;《中外学者文选学论集》(上) 北京:中华书局 1998年8月

关于宋代的几种《文选》刻本 江庆柏 山西师大学报 1988年第1期

式家文选学一斑——《文选集注》的利用(式家文选学一斑——《文选集注》の利用) 山崎诚 国文学研究馆资料纪要 1989年;《中世学问史の基底之展开》 大阪:和泉书院 1993年

唐宋蜀刻版本述略 刘少泉 四川大学学报 1989年第4期

宋刻本《文选五臣注》残帙简介 萧新祺 古籍整理出版情况简报 1989年第203期

关于《文选》诸版本(《文选》の诸本について) 山口谣司 东洋文化(无穷会)(65·66) 1990年

关于《文选》五臣注本 胡双宝 北京大学学报 1990年第2期

宋刊《文选》五臣注本校释 王国昭 东师语文学刊 1990年第3期

新修成篑堂文库善本书目《文选集注》残卷二种提要 川濑一马 お茶の水图书馆 1992年

关于六家《文选》丁覲刊本(六家《文选》丁覲刊本について) 神鹰德治 中国文化论丛(1) 1992年

跋日本古钞无注三十卷本《文选》 屈守元 《文选学论集》 长春:时代文艺出版社 1992年6月;《中外学者文选学论集》(上)

北京:中华书局　1998 年 8 月;《览初阁论著辑录》　成都:电子科技大学出版社　2002 年 1 月

《文心雕龙》在唐初钞本《文选某氏注》残篇中的投影　冈村繁　《文心雕龙研究荟萃》　上海:上海书店出版社　1992 年 6 月

影印宋刊五臣单注本《文选》跋　郑骞　《龙渊述学》　台北:大安出版社　1992 年 12 月

朝鲜古活字本《文选》的研究(朝鲜古活字本《文选》の研究)　金学主　武库川女子大学《武库川国文》　1993 年

关于东山御文库尊藏(九条家旧藏)旧抄本《文选》(东山御文库尊藏旧抄本《文选》について)　阿部隆一　《阿部隆一遗稿集》　东京:汲古书院　1993 年

永青文库藏敦煌本《文选注》笺订(上)　冈村繁　久留米大学文学部纪要(3)　1993 年;罗国威译　《学术集林》卷 14　上海:上海远东出版社　1998 年 10 月

李朝刊《五臣注文选》考(李朝刊《五臣注文选》について)　金学主、丰福健二　中国中世文学研究(24)　1993 年

《文选》流传诸本述略——集注一百二十卷本　屈守元　《文选导读》　成都:巴蜀书社　1993 年 9 月

敦煌唐写本《西京赋》残卷校诂　伏俊琏　敦煌学辑刊　1993 年第 2 期;敦煌研究　1994 年第 1 期;文献　1995 年第 1 期

敦煌赋校补(《登楼赋》《啸赋》)　伏俊连　社科纵横　1993 年第 3 期

以《文选》为底本来研究上野本《汉书・杨雄传》天历 2 年点(文选テキストとし见た上野本汉书杨雄传天历 2 年点)　小助

川贞次　训点语与训点资料(94)　1994年

从《洛神赋》李善注看尤刻《文选》的版本系统　跃进　文学遗产　1994年第3期;《结网漫录·中国古代经典文学作品探幽》　北京:学苑出版社　1997年6月;《门阀士族与文学总集》　西安:世界图书出版西安有限公司　2014年6月

《文选》之版本研究　杨淑华　中师语文　1994年第4期

石印本胡刻本《文选》考(胡刻本《文选》の石印本について)　神鹰德治　帝冢山学院大学研究论集(30)　1995年

有关日本《文选》古文献诸种及其它　清水凯夫、芳村弘道　《清水凯夫〈诗品〉〈文选〉论文集》　北京:首都师范大学出版社　1995年3月

《文选集注》骚类残卷在《楚辞》研究中的价值　熊良智　四川师范大学学报　1995年第4期;《辞赋研究》　北京:商务印书馆　2006年11月

从训点资料的角度来看《文选集注》卷第八及卷第九的问题点(训点资料として见た《文选集注》卷第八及び卷第九の问题点)　渡边さゆり、小助川贞次　训点语与训点资料(97)　1996年

敦煌古钞《文选》五臣注　游志诚　《昭明文选学术论考》　台北:台湾学生书局　1996年3月

《文选》所载《奏弹刘整》一文诸注本之分析　周勋初　文学遗产　1996年第2期;《文选学新论》　郑州:中州古籍出版社　1997年10月;《魏晋南北朝文学论丛》　南京:江苏古籍出版社　1999年11月;《文史知新》　南京:凤凰出版社　2012年8月;《钟山愚公拾金行踪》　上海:复旦大学出版社　2016年5月

永青文库藏敦煌本《文选注》笺订(下)　冈村繁　久留米大

学文学部纪要(11) 1997年;罗国威译 《学术集林》卷15 上海:上海远东出版社 1999年1月

《文选集注》研究论著目录(1856—1997) 横山弘 人间文化研究科年报(13) 1997年;《唐钞文选集注汇存》附录 上海:上海古籍出版社 2000年7月

敦煌本《文选音》考 附翻字(敦煌本《文选音》について——附·翻印) 山口谣司 大东文化大学汉学会志(36) 1997年

九条本《文选》解说 斯波六郎 《文选索引》第三册 上海:上海古籍出版社 1997年2月

旧钞本《文选集注》卷第八校勘记 斯波六郎 《文选索引》第三册 上海:上海古籍出版社 1997年2月

关于近代发现的日本古抄无注三十卷本《文选》 傅刚 文学遗产 1997年第6期

东洋文库藏《文选集注》解说 加藤优 《周刊朝日百科 日本の国宝》 朝日新闻社 1998年

唐钞李善单注本《文选》残卷校勘记(1) 富永一登 中国学研究论集(1) 1998年

唐钞李善单注本《文选》残卷校勘记(2) 富永一登 中国学研究论集(2) 1998年

《文选》版本叙录 傅刚 《国学研究》第5卷 北京:北京大学出版社 1998年4月

宋椠五臣注《文选》三十卷跋 王同愈 《王同愈集》 上海:上海古籍出版社 1998年8月

对《文选》各种版本的研究 斯波六郎撰,戴燕译 《中外学者

文选学论集》(下)　北京:中华书局　1998 年 8 月

德国“吐鲁番收集品”中的汉文典籍与文书　荣新江　《华学》第 3 辑　北京:紫禁城出版社　1998 年 11 月

俄藏敦煌本 Φ242《文选注》的文献价值　罗国威　古籍整理研究学刊　1998 年第 2 期;《六朝文学与六朝文献》　成都:巴蜀书社　2010 年 3 月;《古典文献研究辑刊》第 25 编　第 8 册　《昭明文选丛考》　新北:花木兰文化出版社　2017 年

现存韩国刊行《文选》版本考　郑玉顺　古籍整理研究学刊　1998 年第 4、5 期合刊

绍兴建阳陈八郎本《文选五臣注》跋　屈守元　文学遗产　1998 年第 5 期;《览初阁论著辑录》　成都:电子科技大学出版社　2002 年 1 月;《文学文献研究》　北京:商务印书馆　2005 年 8 月

唐钞李善单注本《文选》残卷校勘记(3)　富永一登　中国学研究论集(3)　1999 年

唐钞李善单注本《文选》残卷校勘记(4)　富永一登　中国学研究论集(4)　1999 年

对九条本《文选》识语之检讨(九条本《文选》の识语の检讨)　佐竹保子　东北大学中国语学文学论集(4)　1999 年

新出《文选》集注本残卷校记　富永一登、衣川贤次　中国中世文学研究(36)　1999 年

书入音注所见九条本《文选》卷二之注释书的利用(书込音注から见た九条本文选卷二の注释书の利用について)　渡边さゆり　训点语与训点资料(103)　1999 年

《唐钞文选集注汇存》前言　周勋初　《魏晋南北朝文学论丛》

南京:江苏古籍出版社　1999 年 11 月;江苏文史研究　1999 年第 3 期;《唐钞文选集注汇存》　上海:上海古籍出版社　2000 年 7 月;2011 年 8 月

天津艺术博物馆藏敦煌本《文选注》笺证(上)　罗国威　《文史》第 49 辑　北京:中华书局　1999 年 12 月

宋代刊本《李善注文选》剽窃和利用了《五臣注》　冈村繁　《新国学》第 1 卷　成都:巴蜀书社　1999 年 12 月;长春师范学院学报　2000 年第 4 期(题目为:宋代刊本《李善注文选》盗用了《五臣注》);《〈昭明文选〉与中国传统文化:第四届文选学国际学术研讨会》　长春:吉林文史出版社　2001 年 6 月

永隆本《西京赋》非尽出于李善本说　傅刚　《中华文史论丛》第 60 辑　上海:上海古籍出版社　1999 年 12 月;《文选版本研究》　北京:北京大学出版社　2000 年 9 月;西安:世界图书西安出版公司　2014 年 6 月

永青文库藏敦煌本《文选注》补笺　罗国威　《新国学》第 1 卷　成都:巴蜀书社　1999 年 12 月;《古典文献研究辑刊》第 25 编　第 8 册　《昭明文选丛考》　新北:花木兰文化出版社　2017 年

北宋刻本《文选注》所存卷目订正　徐之明　文献　1999 年第 2 期

日本金泽文库《文选集注》骚类残卷《〈离骚〉经·小序》解辨　王德华　文献　1999 年第 4 期

朝鲜版《文选》六臣注本诸版本考(朝鲜版《文选》六臣注本の诸版本)　矶部彰　东北アジア研究(4)　2000 年

唐钞李善单注本《文选》残卷校勘记(5)　富永一登　中国学研究论集(5)　2000 年

唐钞李善单注本《文选》残卷校勘记(6)　富永一登　中国学研究论集(6)　2000 年

九条本《文选》研究序说　池渊质实　中国学研究论集(6)　2000 年

九条本《文选》卷二所见汉文注之典据考(九条本文选卷第二における汉文注の典据について)　渡边さゆり　国语国文研究(117)　2000 年

关于现存几种五臣注《文选》　傅刚　《中国典籍与文化论丛》第 5 辑　北京:中华书局　2000 年 2 月

敦煌吐鲁番本《文选》叙录　饶宗颐　《敦煌吐鲁番本文选》北京:中华书局　2000 年 5 月;《饶宗颐二十世纪学术文集·文选卮言》　台北:新文丰出版社　2003 年;北京:中国人民大学出版社　2009 年 9 月

"园柳变鸣禽"的版本异文及鉴赏问题(附:冈村繁教授关于《文选》版本的一封信)　李文初　《汉魏六朝文学研究》　广州:广东人民出版社　2000 年 6 月

论李善注《文选》版本　傅刚　《国学研究》第 7 卷　北京:北京大学出版社　2000 年 7 月

天津艺术博物馆藏敦煌本《文选注》笺证(下)　罗国威　《文史》第 50 辑　北京:中华书局　2000 年 7 月

敦煌本《文选注》笺证献疑　李伟国　《敦煌学国际学术讨论会论文》　2000 年 7 月 25—26 日

《文选六臣注》跋　屈守元　文学遗产　2000 年第 1 期;《览初阁论著辑录》　成都:电子科技大学出版社　2002 年 1 月(题目为:

六臣注《文选》跋);《文学文献研究》 北京:商务印书馆 2005 年 8 月

论韩国奎章阁本《文选》的文献价值 傅刚 文献 2000 年第 3 期

《六臣注文选》吴勉学本出潘本 范志新 文学遗产 2000 年第 4 期

田汝成《重刻文选序》有三种结尾 范志新 文学遗产 2000 年第 4 期

校《文选李善注》应当重视汲古阁毛氏刻本 屈敬慈 中华文化论坛 2000 年第 4 期

明翻茶陵本嘉靖三年刻于苏州 范志新 文学遗产 2000 年第 6 期

《文选集注》传存管见 罗国威 书品 2000 年第 6 期

俄藏敦煌写本 Φ242 号《文选注》发覆 傅刚 文学遗产 2000 年第 7 期;《中国古典文学与文献学研究》第 1 辑 北京:学苑出版社 2002 年 11 月

宫内厅书陵部藏文选卷第二院政期点之声点加点所见注释活动考(宫内厅书陵部藏文选卷第二院政期点における声点加点から见た注释活动について) 渡边さゆり 北海道大学大学院文学研究科研究论集(1) 2001 年

九条本《文选》校勘记(一) 池渊质实 中国学研究论集(7) 2001 年

唐钞李善单注本《文选》残卷考 富永一登 中国学研究论集(7) 2001 年

毛晋汲古阁刊本《文选李善注》的评价问题　刘奉文　《〈昭明文选〉与中国传统文化:第四届文选学国际学术研讨会》　长春:吉林文史出版社　2001 年 6 月

《文选》版本在明清的存藏和流传　傅刚　《〈昭明文选〉与中国传统文化:第四届文选学国际学术研讨会》　长春:吉林文史出版社　2001 年 6 月

天津艺术博物馆藏《文选集注》残卷的文献价值　罗国威　《〈昭明文选〉与中国传统文化:第四届文选学国际学术研讨会》　长春:吉林文史出版社　2001 年 6 月;《六朝文学与六朝文献》　成都:巴蜀书社　2010 年 3 月;《古典文献研究辑刊》第 25 编　第 8 册《昭明文选丛考》　新北:花木兰文化出版社　2017 年(题目为:天津艺术博物馆藏《文选集注》残卷考)

江户时代的《文选》刊本　芳村弘道　《〈昭明文选〉与中国传统文化:第四届文选学国际学术研讨会》　长春:吉林文史出版社　2001 年 6 月

旧钞本《文选集注》传存(流传)概略　横山弘　《〈昭明文选〉与中国传统文化:第四届文选学国际学术研讨会》　长春:吉林文史出版社　2001 年 6 月;《魏晋南北朝文学与文化论文集》　天津:南开大学出版社　2002 年 8 月

《文选集注》上的印章考　周勋初　《〈昭明文选〉与中国传统文化:第四届文选学国际学术研讨会》　长春:吉林文史出版社　2001 年 6 月

读北宋本《李善注文选》残卷　常思春　《〈昭明文选〉与中国传统文化:第四届文选学国际学术研讨会》　长春:吉林文史出版社　2001 年 6 月

关于《〈文选集注〉传存管见》的困惑　吴正岚　书品　2001年第3期

九条本《文选》校勘记(二)　池渊质实　中国学研究论集(10)　2002年

关于和刻本《文选》——从版本看江户、明治时期的《文选》接受(和刻本の文选について——版本から见た江户、明治期の文选受容)　芳村弘道撰,金程宇、张淘译　学林(34)　2002年;《古典文献研究》第14辑　《〈文选〉学专辑》　南京:凤凰出版社　2011年6月

敦煌本《文选音》残卷校证　徐真真　敦煌研究　2002年第3期

敦煌本《文选》拾补　徐俊　书品　2002年第5期;《〈文选〉与"文选学":第五届文选学国际学术研讨会论文集》　北京:学苑出版社　2003年5月

敦煌吐鲁番本《文选》序　饶宗颐　《饶宗颐二十世纪学术文集·文选卮言》　台北:新文丰出版社　2003年;北京:中国人民大学出版社　2009年9月

九条本《文选》校勘记(三)　池渊质实　中国学研究论集(11)　2003年

从《九条本文选》所收的识语来看《文选》教学在日本　佐竹保子　《〈文选〉与"文选学":第五届文选学国际学术研讨会论文集》　北京:学苑出版社　2003年5月

日本的两种伪书《文选》　芳村弘道　《〈文选〉与"文选学":第五届文选学国际学术研讨会论文集》　北京:学苑出版社　2003

年 5 月

敦煌本斯八五二一《文选音》残卷校证　罗国威　《〈文选〉与“文选学”:第五届文选学国际学术研讨会论文集》　北京:学苑出版社　2003 年 5 月

论广都本《文选》　游志诚　《〈文选〉与“文选学”:第五届文选学国际学术研讨会论文集》　北京:学苑出版社　2003 年 5 月

尤刻本李善注《文选》阑入五臣注的缘由及尤刻本的来历探索　常思春　《〈文选〉与“文选学”:第五届文选学国际学术研讨会论文集》　北京:学苑出版社　2003 年 5 月;四川师范大学学报 2003 年第 1 期

读《文选集注》札记二则　杨明　《〈文选〉与“文选学”:第五届文选学国际学术研讨会论文集》　北京:学苑出版社　2003 年 5 月;《汉唐文学辨思录》　上海:上海古籍出版社　2005 年 4 月

从永乐本《文选》看六臣注《文选》版本系统　李佳　《〈文选〉与“文选学”:第五届文选学国际学术研讨会论文集》　北京:学苑出版社　2003 年 5 月

说广都裴氏原刊本　范志新　《〈文选〉版本论稿》　南昌:江西人民出版社　2003 年 9 月

再论广都裴氏本及其重刻本　范志新　《〈文选〉版本论稿》　南昌:江西人民出版社　2003 年 9 月

赣州本与明州本　范志新　《〈文选〉版本论稿》　南昌:江西人民出版社　2003 年 9 月

赣州本与宋建本　范志新　《〈文选〉版本论稿》　南昌:江西人民出版社　2003 年 9 月

李善注《文选》尤刻本传承考辨　范志新　《〈文选〉版本论

稿》 南昌:江西人民出版社 2003年9月

李善注《文选》尤刻本的成书——尤刻本来源的再认识 范志新 《〈文选〉版本论稿》 南昌:江西人民出版社 2003年9月

论茶陵本 范志新 《〈文选〉版本论稿》 南昌:江西人民出版社 2003年9月

张伯颜刊元延祐本考论 范志新 《〈文选〉版本论稿》 南昌:江西人民出版社 2003年9月

汲古阁毛本散论 范志新 《〈文选〉版本论稿》 南昌:江西人民出版社 2003年9月

叶树藩海录轩及其重刻本 范志新 《〈文选〉版本论稿》 南昌:江西人民出版社 2003年9月

《文选》伪本漫谈 范志新 《〈文选〉版本论稿》 南昌:江西人民出版社 2003年9月

《文选》版本胜录 范志新 《〈文选〉版本论稿》 南昌:江西人民出版社 2003年9月

清人与《文选》版刻捃屑 范志新 《〈文选〉版本论稿》 南昌:江西人民出版社 2003年9月

《文选》版本之最 范志新 《〈文选〉版本论稿》 南昌:江西人民出版社 2003年9月

《文选》版刻年表 范志新 《〈文选〉版本论稿》 南昌:江西人民出版社 2003年9月

再论俄藏敦煌写本Φ242《文选注》的成书年代——以讳字为例 范志新 《〈文选〉版本论稿》 南昌:江西人民出版社 2003年9月

敦煌写本《运命论》与《辩亡论》的抄写及其他 范志新 《〈文选〉版本论稿》 南昌:江西人民出版社 2003年9月

法藏敦煌《文选》伯2525系五代朱梁写本 范志新 《〈文选〉版本论稿》 南昌:江西人民出版社 2003年9月

敦煌永隆本《西京赋》的是李善《文选》残卷——驳“非尽出李善本”说 范志新 《〈文选〉版本论稿》 南昌:江西人民出版社 2003年9月

关于《文选集注》编纂流传若干问题的思考 范志新 《〈文选〉版本论稿》 南昌:江西人民出版社 2003年9月

释“臣君” 范志新 《〈文选〉版本论稿》 南昌:江西人民出版社 2003年9月

尤刊《李善注文选》中五臣注的来历——兼驳冈村繁先生“宋刊李善注本盗用五臣注”说 范志新 《〈文选〉版本论稿》 南昌:江西人民出版社 2003年9月;《新国学》第5卷 成都:巴蜀书社 2005年3月

胡克家与胡刻《文选》《通鉴》 李子华 南方文物 2003年第1期

唐钞《文选集注》所引《说文》考异 孙富中 文教资料 2003年第2期

试论敦煌本《文选》的语言文字价值 李梅 古籍整理研究学刊 2003年第3期

俄藏敦煌写本Φ242《文选注》与李善五臣陆善经诸家注的关系——兼论写本的成书年代 范志新 敦煌研究 2003年第4期;《〈文选〉与“文选学”:第五届文选学国际学术研讨会论文集》 北

京:学苑出版社 2003年5月;《〈文选〉版本论稿》 南昌:江西人民出版社 2003年9月

总集《文选》中所见别集的痕迹(1)——奇妙的自称与《奏弹刘整》以及陆善经注本《文选》的价值[总集文选のなかに见える别集の痕迹(1)——奇妙な自称と奏弹刘整、および陆善经注本文选の价值について] 佐竹保子 东北大学中国语学文学论集(9) 2004年

日本江户、明治两代的《文选》版本简介与目录 芳村弘道 广西师范大学学报 2004年第1期

俄藏Φ242敦煌写本《文选注》晚于李善注及五臣注之铁证 叶爱国 敦煌研究 2004年第2期

吐鲁番写本《文选》残卷及其价值 秦丙坤 图书与情报 2004年第6期

《文选集注》本《晋纪总论》校议 张传峰 古籍研究 2005年第1期

《隋人书出师颂》及《文选》异文 易敏 井冈山师范学院学报 2005年第1期

敦煌写本《吴都赋》校释 秦丙坤 图书馆杂志 2005年第2期

读《文选集注》管见三则 常思春 河南大学学报 2005年第3期

左思《三都赋》校勘补证 常思春 四川师范大学学报 2005年第3期

尤刻本《文选》李善注二题 王立群 河南大学学报 2005年

第3期;《中国文选学:第六届文选学国际学术研讨会论文集》　北京:学苑出版社　2007年9月;《李善文选学研究》　扬州:广陵书社　2009年4月

《文选集注》所引《钞》的作者信息　常思春　四川师范大学学报　2005年第4期

袁褧仿宋刊六家《文选》系版本一种　矶部彰　nao de la China　2005年第9期

秀才必读——谈南宋广都本《六家文选》　吴璧雍　故宫文物月刊　2005年第23卷第9期

旧钞无注本《文选》所见"臣君"考(旧钞无注本《文选》に见られる"臣君"について)　富永一登　《松浦友久博士追悼记念中国古典文学论集刊行会编集》　东京:研文出版社　2006年

朝鲜版五臣注《文选》的版本研究(朝鲜版五臣注《文选》の研究)　矶部彰　东北アジアアラカルト(17)　2006年;《中国中世文学研究论集》　上海:上海古籍出版社　2006年12月

静嘉堂文库所藏古钞无注本《文选》卷十残卷校记　芳村弘道　学林(44)　2006年;《中国文选学:第六届文选学国际学术研讨会论文集》　北京:学苑出版社　2007年9月

俄藏Dx1551《文选·七命》残卷考　罗国威　《中国古代文学文献学国际学术研讨会论文集》　南京:凤凰出版社　2006年1月

古写本《文选集注》残卷研究　邹明军　《知不足丛稿》　成都:巴蜀书社　2006年1月

尤刻本《文选》李善注增注研究　王立群　《中国古代文学文献学国际学术研讨会论文集》　南京:凤凰出版社　2006年1月;

《〈文选〉学与楚文化——纪念李善逝世 1317 周年国际学术研讨会》　武汉:武汉出版社　2008 年 8 月

敦煌本俄 Φ242《文选》写卷校证　罗国威　《宋代文化研究》　成都:四川大学出版社　2006 年 4 月

吐鲁番本《文选·七命》残卷考　罗国威　《域外汉籍研究集刊》第 2 辑　北京:中华书局　2006 年 5 月;《六朝文学与六朝文献》　成都:巴蜀书社　2010 年 3 月;《古典文献研究辑刊》第 25 编　第 8 册　《昭明文选丛考》　新北:花木兰文化出版社　2017 年

王逸《招魂章句》考辨——日本抄本《文选集注》和洪兴祖《补注》本的文献研究　李庆　《中国诗学》第 11 辑　北京:人民文学出版社　2006 年 10 月;《中国中世文学研究论集》(上)　上海:上海古籍出版社　2006 年 12 月;《海外典籍与日本汉学论丛》　北京:中华书局　2011 年 9 月

俄藏敦煌写本 Φ242 号《文选》注残卷考辨　许云和　《汉魏六朝文学考论》　上海:上海古籍出版社　2006 年 11 月;学术研究　2007 年第 11 期

从左思《三都赋》刘逵注看北宋监本对唐抄本《文选》旧注的整理　王立群　《古代文献的考证与诠释:海峡两岸古典文献学国际学术会议论文集》　上海:上海古籍出版社　2006 年 12 月;河南大学学报　2007 年第 1 期

敦煌本《文选》赋二篇校证　罗国威　《古代文献的考证与诠释:海峡两岸古典文献学国际学术会议论文集》　上海:上海古籍出版社　2006 年 12 月;《古典文献研究辑刊》第 25 编　第 8 册　《昭明文选丛考》　新北:花木兰文化出版社　2017 年

德藏吐鲁番本《文选》校议　束锡红、府宪展　西域研究

2006年第3期

《文选》“骚类”校文举例　李大明　四川师范大学学报　2006年第6期

古钞本文选一断卷(三井寺切纸背)の现状　安裕明　《相川铁崖古稀记念书学论文集》　东京:木耳社　2007年

论《文选》李善注之传承——从唐钞本到尤本(《文选》李善注の传承——唐钞本から尤本へ)　富永一登　日本中国学会报(59)　2007年

重修北宋国子监本《李善注文选》序说　冈村繁　立命馆文学(598)　2007年

静嘉堂文库所藏古钞无注本《文选》卷十残卷叙录　芳村弘道　立命馆文学(598)　2007年

日本猿投神社藏《文选》古写本研究　傅刚　《域外汉籍研究集刊》第3辑　北京:中华书局　2007年5月

敦煌本斯五五五〇《文选·晋纪总论》校证　罗国威　《中国文选学:第六届文选学国际学术研讨会论文集》　北京:学苑出版社　2007年9月;《古典文献研究辑刊》第25编　第8册　《昭明文选丛考》　新北:花木兰文化出版社　2017年(题目为:敦煌本S5550《文选·晋纪总论》残卷校证)

北京图书馆藏敦煌新1543号《文选·辨亡论》写卷校证　罗国威　《中国诗学研究.第6辑,“中古诗学暨曹道衡先生学术思想研讨会”专辑》　合肥:安徽人民出版社　2007年9月;《古典文献研究辑刊》第25编　第8册　《昭明文选丛考》　新北:花木兰文化出版社　2017年(题目为:国家图书馆藏敦煌新1543《文选·辨亡论》写卷校证)

从唐钞《文选集注》论李匡文贬抑五臣注之语多不可信　王书才　《中国古典文学与文献学研究》第 4 辑　北京:学苑出版社　2007 年 12 月

北宋监本《文选》与尤刻本《文选》的承传　王立群　文学遗产　2007 年第 1 期

敦煌石室《文选》李善注本残卷考　罗国威　西南民族大学学报　2007 年第 1 期;《六朝文学与六朝文献》　成都:巴蜀书社　2010 年 3 月;《古典文献研究辑刊》第 25 编　第 8 册　《昭明文选丛考》　新北:花木兰文化出版社　2017 年

论尤刻本《文选》的集大成性质及其成因　王书才　楚雄师范学院学报　2007 年第 1 期

《四部丛刊》影宋本《六臣注文选》刊刻时地及刊刻者信息　常思春　四川师范大学学报　2007 年第 2 期

读《唐钞文选集注汇存》中之《文选钞》　胡大雷　中国典籍与文化　2007 年第 2 期

《啸赋》残卷校证　金少华　敦煌学辑刊　2007 年第 2 期

汲古书院影印明州刊本六臣注文选解说　长泽规矩也　《日本足利学校藏宋刊明州本六臣注文选》　北京:人民文学出版社　2008 年 3 月

汲古书院影印明州刊本六臣注文选补说　尾崎康　《日本足利学校藏宋刊明州本六臣注文选》　北京:人民文学出版社　2008 年 3 月

关于《文选集注》第九十八卷的流传　周勋初　《古典文献研究》第 11 辑　南京:凤凰出版社　2008 年 4 月

《文选》学发微二则(《四部丛刊》影宋本《六臣注文选》刊刻

时地及刊刻者信息）　常思春　《〈文选〉学与楚文化——纪念李善逝世1317周年国际学术研讨会》　武汉:武汉出版社　2008年8月；《叩音毕弹集——祝尚书教授古稀纪念》　成都:巴蜀书社　2013年8月(题目为:《文选》发学微三则)

《王逸〈招魂章句〉考辨》商兑——兼论《文选集注》"集"各家所引王逸《招魂序》均节文　力之　《中国诗学》第13辑　北京:人民文学出版社　2008年10月

敦煌本《文选音》残卷研究　徐真真　敦煌学辑刊　2008年第1期

俄藏敦煌Φ242《文选注》写卷臆考　刘明　文学遗产　2008年第2期

试论两宋《文选》刊印盛况及其原因　汪超　浙江海洋学院学报　2008年第3期

山东省图书馆藏宋赣州州学刻本六臣注《文选》叙录　唐桂艳　山东图书馆季刊　2008年第4期

俄藏敦煌Φ242《文选注》写卷校释　刘明　古籍整理研究学刊　2008年第6期

《文选版刻年表》补正　付琼　兰州学刊　2008年第10期；《文学教育视角下的文学选本研究——以家塾文学选本为中心》　南昌:江西人民出版社　2010年3月

《文选集注》的世界(文选集注の世界)　《国宝文选集注と唐物玩味》　神奈川县立金泽文库　2009年

《集注文选》成书考——以平安史料为线索(《集注文选》の成立过程について——平安の史料を手挂かりとして)　陈翀

中国文学论集(38) 2009年

关于尤袤刻本李善注《文选》的一个考察——以题目及作者之李善注为中心(尤袤刻本李善注《文选》に关する考察:题目并びに作者の李善注を中心に) 大桥贤一 北海道教育大学纪要人文科学·社会科学编60(1) 2009年

左思《三都赋》校记十二则 常思春 《中国楚辞学》第12辑 北京:学苑出版社 2009年5月

六臣注《文选》宋赣州州学刊本考——兼论两宋时期六臣注本的版刻源流 刘明 《国学研究》第24卷 北京:北京大学出版社 2009年12月

《四库全书》和《四库全书荟要》所收《六臣注〈文选〉》版本考 李佳 中国典籍与文化 2009年第1期

法藏敦煌《西京赋》写卷校补 金少华 敦煌研究 2009年第2期

唐钞《文选集注》陆机诗注的价值 刘志伟 中国典籍与文化 2009年第2期;《汉魏六朝文史论衡》 上海:上海古籍出版社 2012年11月

王逸《招隐士小序》各本辨误 王德华 古籍整理研究学刊 2009年第2期

论明州本《文选》五臣注的减注现象 刘九伟 湖南科技大学学报 2009年第2期

关于《文选》的注释、版刻与流传——以日本足利学校藏宋刊明州本六臣注《文选》为中心 乔秀岩、宋红 东南大学学报 2009年第2期;《第八届文选学国际学术研讨会论文集》 扬州:广

陵书社　2010年12月

《唐钞文选集注汇存》称引《礼记》考异　常相波　文艺生活·文艺理论　2009年第4期

《文选·三都赋》旧注底本问题试探　唐普　四川大学学报　2009年第4期

《德藏吐鲁番本〈文选〉校议》商兑补校　秦丙坤　图书馆杂志　2009年第9期

从《李白集》论《文选》《孔雀东南飞》的校勘问题　王书才　乐山师范学院学报　2009年第10期

著名藏书家藤原道长的汉籍搜集(藤原道长の汉籍搜集　名だたる藏书家、隐れた藏书家)　佐藤道生　庆应义塾大学出版会　2010年

藤原道长的摺本《文选》(藤原道长の摺本《文选》)　池田昌广　鹰陵史学(36)　2010年

旧抄本《文选》卷头冠录《上文选注表》原因考——以复原的《集注文选》序文为线索(なぜ旧抄本《文选》に《上文选注表》が冠せられたのか——复元した《集注文选》序文の卷を手挂かりとして)　陈翀　九州中国学会报(48)　2010年

时雨亭文库藏《文选》卷第二声点考　西崎亨　女子大国文(146)　2010年

《文选》卷第二时雨亭文库本宫内厅书陵部本对校译文稿　西崎亨　女子大国文(147)　2010年

李善注本《文选》管窥　罗国威　《六朝文学与六朝文献》　成都:巴蜀书社　2010年3月

日本新出古钞《文选集注·南都赋》残卷考 罗国威 《六朝文学与六朝文献》 成都:巴蜀书社 2010年3月;《古典文献研究辑刊》第25编 第8册 《昭明文选丛考》 新北:花木兰文化出版社 2017年

《文选》在明代的刊刻和流行 付琼 《文学教育视角下的文学选本研究——以家塾文学选本为中心》 南昌:江西人民出版社 2010年3月

旧钞本《文选集注》诸注考——以其中所载陆机《答贾长渊》为例 童岭 《中国诗学》第14辑 北京:人民文学出版社 2010年3月

馆藏宋刻本《文选》流传纪略 李西宁 山东商报 2010年3月29日;《书眉集:图书馆的传承与变革》 上海:上海科学技术文献出版社 2016年10月

德藏吐鲁番白文本《文选》校录(摘要) 荣新江 《百年敦煌文献整理研究国际学术讨论会论文集》 2010年4月

宋赣州本《文选》递藏源流考 刘明 《文津学志》第2辑 北京:北京图书馆出版社 2010年5月

《文选集注》之编撰者及其成书年代考 陈翀 《域外汉籍研究集刊》第6辑“南京大学域外汉籍研究所成立十周年纪念专号” 北京:中华书局 2010年5月;《第八届文选学国际学术研讨会论文集》 扬州:广陵书社 2010年12月;《汉籍东渐及日藏古文献论考稿》 北京:中华书局 2011年9月(题目:日本国宝《集注文选》之编撰者及其成书年代考)

北宋《文选》板行考论 吕明涛 《中国文学古今演变研究论集三编》 上海:上海古籍出版社 2010年8月

《文选集注》价值释证——以《文选·情赋》注为例　张蓓蓓　《第八届文选学国际学术研讨会论文集》　扬州:广陵书社　2010年12月

日本宫内厅藏古写本《文选》卷二研究　傅刚　《第八届文选学国际学术研讨会论文集》　扬州:广陵书社　2010年12月;《文选版本研究》　西安:世界图书出版西安有限公司　2014年6月

宋初三朝《文选》刊刻之消长的背景研究　葛云波　《第八届文选学国际学术研讨会论文集》　扬州:广陵书社　2010年12月

《文选》五臣本是否"轻改前贤文旨"——驳《非五臣》之一　陈延嘉　《第八届文选学国际学术研讨会论文集》　扬州:广陵书社　2010年12月

谈南宋绍兴辛巳建阳陈八郎刻本五臣注《文选》　常思春　《第八届文选学国际学术研讨会论文集》　扬州:广陵书社　2010年12月;西华大学学报　2010年第3期

论明州本《文选》李善注的减注　刘九伟　《第八届文选学国际学术研讨会论文集》　扬州:广陵书社　2010年12月;湖南人文科技学院学报　2010年第4期

利用古写钞本校《文选序》及其相关的两个问题　范志新　《第八届文选学国际学术研讨会论文集》　扬州:广陵书社　2010年12月

敦煌残卷《王文宪集序》校考　郭殿忱　敦煌研究　2010年第2期

《德藏吐鲁番本〈文选〉校议》摭遗校补　秦丙坤　敦煌研究　2010年第3期

敦煌本《文选注》字词考辨　赵家栋　宁夏大学学报　2010年

第3期

论赣州本《文选》李善注的特点 刘九伟 甘肃社会科学 2010年第3期

俄藏Φ242敦煌写本《文选注》的避讳与年代 徐明英、熊红菊 敦煌学辑刊 2010年第4期

略论《文选集注》中的五臣注:以沈约《奏弹王源》为个案 王翠红 剑南文学 2010年第9期

北宋刻本《文选》的文物价值 刘明 藏书报 2010年第33期

宋版文选六叶简析 刘明 藏书报 2010年第40期

敦煌吐鲁番本《文选》拾补 徐俊 《扬州(镇江)文选学国际学术讨论会论文》 2011年

九条本所见集注本李善《上文选注表》之原貌 陈翀 《国际汉学研究通讯 第2期》 北京:中华书局 2011年1月;《汉籍东渐及日藏古文献论考稿》 北京:中华书局 2011年9月

隋唐时代"中层学问世界"研究序说——以京都大学影印旧钞本《文选集注》为中心 童岭 《古典文献研究》第14辑 《〈文选〉学专辑》 南京:凤凰出版社 2011年6月

敦煌唐写本《文选》解说 施米特撰,徐美德译 《古典文献研究》第14辑 《〈文选〉学专辑》 南京:凤凰出版社 2011年6月

《文选集注·奏弹刘整》发微 王翠红 天中学刊 2011年第1期

阮元与尤刻本《文选》 顾农 信息交流 2011年第1期

敦煌本《文选注》补校 龚泽军 敦煌学辑刊 2011年第2期

广都裴氏本《文选》刊刻年代考 郭宝军 中国韵文学刊 2011年第2期

《文选集注》研究——以李善注为中心的一个考察 王立群 汉语言文学研究 2011年第3期

古抄本《文选集注》残卷的文献价值 邹明军 福州大学学报 2011年第4期

《文选集注》的发现、流传与整理 傅刚 文学遗产 2011年第5期

尤刻本《文选》增注研究——以《吴都赋》为例的一个考察 王立群 河南大学学报 2011年第5期

《文选》海录轩朱墨套印本存疑 张莉 河南图书馆学刊 2011年第6期

《文选》异文考——以《月赋》为例 尹大海 北方文学(下半月) 2011年第8期

关于明州本《文选》减注现象的考察 丁红旗 兰州学刊 2011年第10期

论明州本《文选》的文字的变化 刘九伟 淮海工学院学报 2011年第17期

从行款版式及字体谈两宋时期的《文选》版本——以国家图书馆藏本为核心的考察 刘明 《文津学志》第5辑 北京:北京图书馆出版社 2012年

冷泉家时雨亭文库藏旧钞本《文选》卷第二:本文翻刻与书入注之整理(冷泉家时雨亭文库藏旧钞本《文选》卷第二:本文翻刻と书入注の整理) 陈翀 中国学研究论集(29) 2012年

传圆珍笔三井寺切的放射性炭素年代与纸背《文选注》断简的书写年代(传圆珍笔三井寺切の放射性炭素年代と纸背《文选注》断简の书写年代) 小田宽贵、安裕明、池田和臣、坂本稔 历史民俗博物馆研究报告(176) 2012年

饶宗颐敦煌本《文选》研究 朱凤玉 《百年来敦煌文学研究之考察》 北京:民族出版社 2012年5月

海内外现存宋刻本《文选》略述 丁延峰 《古籍文献丛考》 合肥:黄山书社 2012年9月;聊城大学学报 2012年第3期

《文选集注》成书众说平议 刘志伟 《汉魏六朝文史论衡》 上海:上海古籍出版社 2012年11月;文学遗产 2012年第4期;《"文选学"论文集粹》 北京:中华书局 2017年12月

古钞《文选集注》鲍照乐府诗注的价值 刘志伟、王翠红 《汉魏六朝文史论衡》 上海:上海古籍出版社 2012年11月;广西师范大学学报 2012年第6期;《"文选学"论文集粹》 北京:中华书局 2017年12月

从抄本到刻本的清整——北宋国子监本《文选》研究之一 郭宝军 长春师范学院学报 2012年第1期

胡刻本《文选》底本的几个问题 郭宝军 中州学刊 2012年第1期

敦煌白文无注本《文选》与宋刻《文选》 王立群 长春师范学院学报 2012年第1期

俄藏敦煌写本Φ242《文选注》著作年代辨 黄伟豪 文学遗产 2012年第1期

俄藏敦煌写卷Φ242号《文选》考异——兼论写卷的版本系

统及作注年代　徐华　敦煌研究　2012 年第 2 期

奎章阁本《文选》断句下注体例探微　孔令刚　中州学刊　2012 年第 2 期

《四库全书总目》中的两个《文选》注本提要研究　任永梅　青春岁月　2012 年第 2 期

略谈宋刊《文选》递修残帙的版本鉴识与判定——以新近所见宋赣州本《文选》残帙为中心　刘明　中国典籍与文化　2012 年第 3 期

《文选集注》编者案语发微　王翠红　中国典籍与文化　2012 年第 3 期;《"文选学"论文集粹》　北京:中华书局　2017 年 12 月

《唐钞文选集注》中《文选钞》撰作年代考　丁红旗　四川图书馆学报　2012 年第 4 期

《文选集注》残卷的来源与编纂体例　金少华　文学遗产　2012 年第 4 期

南宋陈八郎本《五臣注文选》来源辨析　赵蕾　牡丹江师范学院学报　2012 年第 5 期

《唐钞文选集注》中《文选钞》作者及性质考　范志鹏、丁红旗　图书馆理论与实践　2012 年第 10 期

《六家文选》版本考　张亮、莫再英　图书馆学刊　2012 年第 12 期

黑龙江省社会科学院馆藏清刻本三种评介　孙雪峰　科技创新与应用　2012 年第 14 期

秀州本《文选》的刊刻与来源　孔令刚　芒种　2012 年第 14 期

四散与俱在——天禄琳琅藏宋明州本《文选》的传藏轨迹 刘美玲 故宫文物月刊 2013 年

本文翻刻与书入注的整理 九条本《文选》卷十五(上)[本文の翻刻と书入注の整理 九条本《文选》卷十五(上)] 陈翀 中国学研究论集(30) 2013 年

本文翻刻与书入注的整理 九条本《文选》卷十五(中)[本文の翻刻と书入注の整理 九条本《文选》卷十五(中)] 陈翀 中国学研究论集(31) 2013 年

日本八至九世纪考古文献所见《文选》断简考 静永建 《域外汉籍研究集刊》第 9 辑 北京:中华书局 2013 年 7 月;《第十届文选学国际学术研讨会论文集》 郑州:河南大学出版社 2014 年 8 月

清末民国初期《文选集注》相关史料汇考——兼答刘志伟先生质疑 陈翀 《域外汉籍研究集刊》第 9 辑 北京:中华书局 2013 年 7 月

《文选》学发微三则(陈八朗本木记所云“监本”、“古本”考) 常思春 《叩音毕弹集——祝尚书教授古稀纪念》 成都:巴蜀书社 2013 年 8 月

关于冷泉家时雨亭文库藏《文选》卷二中的训点 渡边さゆり 《敦煌学日本学续编》 上海:上海辞书出版社 2013 年 11 月

《新校订六家注文选》前言 俞绍初 《新校订六家注文选》 郑州:郑州大学出版社 2013 年 12 月;《“文选学”论文集粹》 北京:中华书局 2017 年 12 月;《文选学研究》第 1 辑 北京:中华书局 2018 年 2 月

宋刻《五臣注文选》孟氏本与陈八郎本关系考 赵蕾 西华

大学学报　2013年第1期

奎章阁本《文选》增五臣音注研究　孔令刚　河南工业大学学报　2013年第2期

德藏吐鲁番出土《幽通赋注》写本的性质、年代及其流传　徐畅　吐鲁番学研究　2013年第2期

奎章阁本《文选》省略五臣注研究　孔令刚　汉语言文学研究　2013年第2期

P.2528《西京赋》写卷为李善注原本考辨　金少华　敦煌研究　2013年第4期

《文选集注》李善表卷之复原及作者问题再考——以庆应义塾大学图书馆藏旧抄本《文选表注》为中心　陈翀　文学遗产　2013年第4期;《第十届文选学国际学术研讨会论文集》　郑州:河南大学出版社　2014年8月

《六家文选》递藏考略　徐凯　图书馆学刊　2013年第4期

敦煌本《文选》李善注研究　王立群　文学遗产　2013年第4期

宋尤袤池阳郡斋刻本《文选》考略　刘明　澳门文献信息学刊　2013年第8期

本文翻刻与书入注的整理　九条本《文选》卷十五(下1)[本文の翻刻と书入注の整理　九条本《文选》卷十五(下の1)]　陈翀　中国学研究论集(32)　2014年

本文翻刻与书入注的整理　九条本《文选》卷十五(下2)[本文の翻刻と书入注の整理　九条本《文选》卷十五(下の2)]　陈翀　中国学研究论集(33)　2014年

北宋本《李善注文选》残卷递藏经过与刊印时代　王亮　《版本目录学研究》第5辑　北京:北京大学出版社　2014年6月

裴行俭与唐初书坛——兼及敦煌吐鲁番本《文选》　毛秋瑾　《敦煌吐鲁番文献与名家书法》　济南:山东画报出版社　2014年7月;南京艺术学院学报　2014年第2期

奎章阁本《文选》拆分五臣注研究　孔令刚　《第十届文选学国际学术研讨会论文集》　郑州:河南大学出版社　2014年8月

赣州本《文选》五臣注研究　刘九伟　《第十届文选学国际学术研讨会论文集》　郑州:河南大学出版社　2014年8月

孟氏刊五臣注《文选》考论　葛云波　《〈文选〉与中国文学传统:第九届文选学国际学术研讨会论文集》　北京:中华书局　2014年8月

从三条家本《文选》看《文选集注》之编纂及价值　赵奉蓉　四川师范大学学报　2014年第1期

陈八郎本《昭明文选》五臣音注与胡刻本李善音注对比分析　邹德文、董宏钰　哈尔滨师范大学　2014年第3期

日三条家藏钞本《五臣注文选》卷第二十考辨　徐华　文献　2014年第4期

胡刻本《文选》乐府古辞三首献疑　黄毓芸　宜宾学院学报　2014年第10期

敦煌残卷曹子建《上责躬应诏诗表》校考　郭殿忱　湖北文理学院学报　2014年第10期

东洋文库藏《六家文选》二种考(东洋文库藏《六家文选》二部について)　千叶仁美　东洋文库书报(47)　2015年

《京都帝国大学文学部景印旧钞本》丛书出版始末小考　静永健　文学研究(112)　2015 年;陈翀译　《〈文选〉与汉唐文化:第十一届文选学国际学术研讨会论文集》　北京:中华书局　2018 年 8 月

新发现"王逸《文子》注"佚文及其考辨　苏芃　《古典学集刊》第 1 辑　上海:华东师范大学出版社　2015 年 5 月(作者略有修改,改名《古书旧注窜乱的一种推想——〈文选集注〉所见"王逸〈文子〉注"考辨》,发表于《写本文献学微刊》)

日本宫内厅藏九条本《文选》研究　傅刚　《日本古钞本与五山版汉籍研究论丛》　北京:北京大学出版社　2015 年 6 月

镰仓与京都——以日藏旧钞本之文本异同为中心　静永健撰,陈翀译　《日本古钞本与五山版汉籍研究论丛》　北京:北京大学出版社　2015 年 6 月

《文选李善注》清同治本　翁长松　《清代版本叙录》　上海:上海远东出版社　2015 年 8 月

对《文选集注》卷九一的复原性整理(上)　林晓光　《域外汉籍研究集刊》第 12 辑　北京:中华书局　2015 年 11 月

日本宫内厅书陵部藏明州本《文选》考述　杨海峥　北京大学中国古文献研究中心集刊　2015 年第 1 期

杨守敬藏日本古钞《文选》之类目、注记与异文——以"赋"类为讨论重心　何维刚　书目季刊　2015 年第 3 期

陈八郎本《昭明文选》音注特点及其版本价值　董宏钰、崔秀兰　长春师范大学学报　2015 年第 3 期

日藏观智院抄本《文选》叙录　王玮　古籍整理研究学刊

2015 年第 5 期;《现代学术视野下的〈文选〉研究》 北京:中国社会科学出版社 2016 年 7 月

《昭明文选》诸版本概梳 刘昕 佳木斯职业学院学报 2015 年第 8 期

从《唐钞文选集注汇存》诗的部分略窥《文选》五臣注的问题(上)(下) 朱晓海 学术交流 2015 年第 8 期、第 9 期;国学 2016 年第 1 期

关于南宋建阳陈八郎本《文选》价值的考察 丁红旗 图书馆理论与实践 2015 年第 10 期

《集注文选》翻字校点稿:卷七、卷八(上) 陈翀 中国学研究论集(34) 2016 年

日本时雨亭文库藏古钞本《文选》卷第二校异举要 徐华 中国学研究论集(34) 2016 年;《现代学术视野下的〈文选〉研究》 北京:中国社会科学出版社 2016 年 7 月

北宋刊李善注《文选》版本考(北宋刊李善注《文选》の版本について) 刘明 汲古(70) 2016 年

《覆宋本文选跋》考:围绕袁褧刊本《六家文选》(《覆宋本文选跋》について:袁褧刊本《六家文选》をめぐって) 千叶仁美 汲古(70) 2016 年

对《文选集注》卷九一的复原性整理(下) 林晓光 《域外汉籍研究集刊》第 13 辑 北京:中华书局 2016 年 5 月

从《唐钞文选集注汇存》诗的部分略窥《文选》李善注的问题 朱晓海 《国学》第 3 集 成都:四川人民出版社 2016 年 6 月

敦煌本《文选注》断代考辨 景浩 《现代学术视野下的〈文

选〉研究》 北京:中国社会科学出版社 2016年7月

梁章钜批校翻刻汲古阁本《文选》及其价值——以《魏都赋》为例 南江涛 《国学季刊》第3期 济南:山东人民出版社 2016年10月

国家图书馆藏尤刻本《文选》系修补本考论 金少华 《在浙之滨——浙江大学古籍研究所建所三十周年纪念文集》 北京:中华书局 2016年10月

谈北宋雕李善注《文选》的版本 刘明 《国学季刊》第4期 济南:山东人民出版社 2016年12月

日本永青文库藏敦煌本《文选注》笺证一则 金少华 敦煌吐鲁番研究 2016年第1期

尤袤本《文选》研究现状分析 王玮 五邑大学学报 2016年第1期

韩国奎章阁六臣注本《文选》的传本价值 熊良智 四川师范大学学报 2016年第2期

台湾藏尤延之贵池刊理宗间递修本《文选》论略 王玮 文献 2016年第4期

清代《文选》校勘述略 刘锋 殷都学刊 2016年第4期

李善注《文选》底本与旧注本关系试探 刘志伟 河南师范大学学报 2016年第4期

道骞《楚辞音》对《文选》版本的校勘价值——以《离骚》经及王逸注为例 马燕鑫 古籍整理研究学刊 2016年第4期

古抄本《文选集注》汇录《钞》之撰者考 王翠红 广西师范大学学报 2016年第6期

元明时期《文选》的版刻与校勘　刘锋　许昌学院学报　2016年第6期

从刊本李善注的文本变迁看《文选集注》在宋代的流传　刘群栋　中州学刊　2016年第9期

从敦煌写卷看李善注《文选》的文本变迁　丁红旗　社会科学　2016年第9期

本文翻刻与书入注的整理　九条本《文选》卷二十二(本文の翻刻と书入注の整理　九条本《文选》卷二十二)　陈翀　中国学研究论集(35)　2017年

萧该事迹及其《文选音》小考:《集注文选》成书前史研究　陈翀　中国中世文学研究(69)　2017年

北宋刻递修本《文选》　刘明　《善本古籍掌故2》　上海:上海远东出版社　2017年1月

百年选学:抄本研究的成就与不足　景浩　中国社会科学报　2017年3月13日

九条本《文选》版本流传与文献价值　景浩　中国社会科学报　2017年4月13日

"《文选》书法学"刍议——以《文选》诸版本之书刻探原为中心　张典友　《"文选学"论文集粹》　北京:中华书局　2017年12月;《〈文选〉与汉唐文化:第十一届〈文选〉学国际学术研讨会论文集》　北京:中华书局　2018年8月

抄本时代《文选》校雠探微　刘锋　《"文选学"论文集粹》　北京:中华书局　2017年12月;《〈文选〉与汉唐文化:第十一届〈文选〉学国际学术研讨会论文集》　北京:中华书局　2018年8月

天津博物馆藏敦煌本《文选注》校释 刘明 《文津学志》第10辑 北京:国家图书馆出版社 2017年12月10日

《文选集注》所见唐前佚文辑校——以永明诗文为考察核心 魏晓帅 古籍研究 2017年第2期

敦煌写本《文选》李善注引《毛诗》考异 金少华 敦煌研究 2017年第3期

北宋国子监《文选》版本考述 唐普 四川师范大学学报 2017年第5期

日藏三条家本五臣注《文选》价值考论 丁红旗 图书馆杂志 2017年第6期

论《文选集注》的编纂原则及其成书年代 范志新 广西师范大学学报 2017年第6期

五代两宋五臣注《文选》的刊刻与校雠 刘锋 河南科技学院学报 2017年第9期

从尤刻本善注《文选》宋代避庙讳字臆推其祖本时代并申论 朱晓海 《文选学研究》第1辑 北京:中华书局 2018年2月

关于九条本《文选》识语的研究 佐竹保子撰,杨颖译 《域外汉籍研究集刊》第16辑 北京:中华书局 2018年7月

日藏《文选》古钞本中所见音注旧家遗说辑考 马燕鑫 《域外汉籍研究集刊》第16辑 北京:中华书局 2018年7月

日藏白文无注古钞《文选》二十卷本研究 高薇 《中国典籍与文化论丛》第19辑 南京:江苏凤凰出版社 2018年7月;文献 2018年第4期

李善注《文选》的底本 胡耀震 《〈文选〉与汉唐文化:第十

一届文选学国际学术研讨会论文集》 北京:中华书局 2018年8月

《文选》书法学——论今存传世最早的《文选》版本史岑《出师颂》 游志诚 《〈文选〉与汉唐文化:第十一届文选学国际学术研讨会论文集》 北京:中华书局 2018年8月

《文选集注》卷七三残卷文献辑佚札记二题——《烈女传》孟姜女故事与《别录·文子》 林晓光 《中文学术前沿》第12辑 杭州:浙江大学出版社 2018年8月

《朝鲜活字本六臣注文选》前言 徐华 《日本东京大学东洋文化研究所藏朝鲜活字本六臣注文选》 南京:凤凰出版社 2018年10月

海录轩本《文选》盗版猖獗的原因与鉴定方法 王传龙 《版本目录学》第9辑 北京:国家图书馆出版社 2018年11月

颠沛流离的宋刻本《文选》 王红军 文心学林 2018年第1期

王献唐与宋刻《文选》的不解之缘 魏敬群 文心学林 2018年第1期

宋代李善注《文选》的校雠与刊刻 刘锋 南京师范大学文学院学报 2018年第2期

尤袤研究三题 穆克宏 文心学林 2018年第2期

试论杨守敬旧藏《文选》室町钞本的异文与来源问题 何维刚 汉学研究 2018年第2期

关于"五臣注"陈八郎本与朝鲜正德本之分类问题——无"符命""史述赞"与"百一""游仙"乃后来之失辨 力之 古典文献研

究　2018 年第 2 期

陈八郎本《文选》五臣音注探源　韩丹　扬州文化研究论丛　2018 年第 2 期

谫议宋淳熙本《文选》的刊刻与修版　刘明　扬州文化研究论丛　2018 年第 2 期

《文选》诸本所见"刘伶""刘灵"名字考　胡文娣　扬州文化研究论丛　2018 年第 2 期

《文选集注》中江淹杂体诗的研究价值——兼论先唐文本的研究方法　宋展云　上海大学学报　2018 年第 3 期

日藏白文无注古钞《文选》研究的回顾与思考　高薇　文献　2018 年第 4 期

敦煌写本《文选》诗学文献的价值　钟仕伦　四川师范大学大学　2018 年第 4 期

从敦煌本看日本猿投神社藏旧抄《文选》的版本　金少华　敦煌研究　2018 年第 4 期

李善所引《三都赋》旧注底本问题蠡测　崔洁　文献　2018 年第 5 期

奎章阁本六臣《文选·海赋》作者注辨证　王琼　广西师范大学学报　2018 年第 6 期

《五臣注文选》的流传与版本考略　赵蕾　河南大学学报　2018 年第 6 期

从哈佛燕京馆藏零种《辍耕录》版印时间判定说起——兼谈清初汲古阁《津逮秘书》与《文选》书版流向　郭明芳　东海大学图书馆馆刊　2018 年第 26 期

《敦煌本文选注》“伏生所诵《诗》”及《文选集注》“《毛诗》孔安国《注》”辨正　王诚御　东吴中文线上学术论文　2018年第42期

五、《文选》体类研究

著作

文选·诗歌　斯波六郎著,花房英树译注　东京:筑摩书房　1963年

《文选》诗部探析　王令樾　台北:“国立编译馆”　1996年7月

设论体研究:三、四世纪中国之政治修辞学　戴麟(Declerq, Dominik)　Leiden:Brill　1998年

《文选》赠答诗流变史　江雅玲　台北:文津出版社　1999年

中国古代文体学论稿　郭英德　北京:北京大学出版社　2005年9月

中国古代文体分类研究　马建智　北京:中国社会科学出版社　2008年9月

六朝骈文研究　陈鹏　成都:巴蜀书社　2009年5月

《文选》之山水诗体类研究　孙淑芳　《古典诗歌研究汇刊》第8辑　第3册　新北:花木兰文化出版社　2010年

《文选》文研究　李乃龙　桂林:广西师范大学出版社　2013年2月

六朝文体论　福井佳夫　东京:汲古书院　2014年

文史·文体·文化　汉代五言诗探论　贡巧丽　长春:吉林

大学出版社　2014年9月

中国古代文体学论著集目:1900—2014　伏煦、陈凌　北京:北京大学出版社　2016年4月

《文选》赋研究　冯莉　北京:北京语言大学出版社　2016年6月

《昭明文选》分三体七十五类说　李立信　台北:文史哲出版社　2017年1月

论文

论骚赋的形成(骚赋の生成を论す)　铃木虎雄　支那学3(11)　1925年;汪馥泉译　《中国文学论集》　上海:神州国光社　1930年3月

读《论骚赋的形成》(骚赋の生成を论すを读む)　仓石武四郎　支那学　1925年

何谓乐府及乐府的起源　罗根泽　安徽大学月刊　1934年

汉赋与六朝辞赋的形成及其特色　王璠　学风　1934年第4卷第2期

关于乐府形成的考察(乐府の生成に于ける一考察)　丰田穰　汉学会杂志(3)　1935年

乐府之生成考　张敬　师大月刊　1936年

与黄轩祖论《文选》分类书　汪辟疆　制言半月刊1936年6月第18期;《中外学者文选学论集》(上)　北京:中华书局　1998年8月;《文选学研究》　北京:国家图书馆出版社　2010年11月

六朝五言诗之流变　缪钺　益世报　1942年6月4日文史副

刊第8期;《诗词散论》 上海:上海古籍出版社 1982年11月;《缪钺全集·第2卷,冰茧庵古典文学论集》 石家庄:河北教育出版社 2004年7月;《古典文学论丛》 杭州:浙江大学出版社 2009年7月

乐府的演变及其体制与命题 公方苓 中央日报 1946年8月

乐府的由来界说及类别 公方苓 中央日报 1946年9月

关于书序的形成(书序の成立について) 楠山春树 哲学(早稻田大学) 1951年

文体的变迁——以南朝时代为中心(文体の变迁——南朝时代を中心として—) 纲祐次 お茶の水女子大学人文科学纪要(2) 1952年

《文选》与文体理论 海陶玮 哈佛亚洲研究 1957年第20期;《中国文学研究》 哈佛大学出版社 1965年;《中外学者文选学论集》(下) 北京:中华书局 1998年8月

汉六朝铭初探 王士伦 考古通讯 1958年第9、10期

《文选》挽歌诗考 一海知义撰,俞士玲译 中国文学报 1960年;《古典文献研究》第14辑 《〈文选〉学专辑》 南京:凤凰出版社 2011年6月

论《文选》赋类区分情志之义答直方 饶宗颐 香港大学中文学会年刊 1963年12月

《文心雕龙》与萧《选》分体之比较研究 舒衷正 台湾政治大学学报 1963年第8期

乐府挽歌考 冈村贞雄 中国中世文学研究(广岛大学)

1967 年

“挽歌”考　西阿弘　国学院杂志(万叶集特辑号)　1969 年

南北朝乐府诗之体制　周诚明　中华诗学　1972 年

南北朝乐府诗体制之研究　周诚明　台北商专学报　1976 年第 14 期

乐府诗的特性及其源流　邱燮友　幼狮月刊　1978 年

汉魏六朝文体变迁之一考察　王梦鸥　《中央研究院历史语言研究所集刊》　第 50 本第 2 分册　1979 年

六朝文体论——关于诔文(六朝文体论——诔について)　福井佳夫　中国中世文学研究　1980 年

乐府题杂考——关于行·吟(乐府题杂考——行·吟について)　山口为广　汉文学会会报(国学院大学)　1980 年

六朝“临终诗”论考　后藤秋正　北海道教育大学纪要(第 1 部 A 人文科学编)30(2)　1980 年

《昭明文选》体式研究　李淑华　台南师专学报　1980 年 8 月第 13 期

汉大赋产生的历史背景与其政治意义——两汉文学史话之三一　段熙仲　文学遗产　1980 年第 2 期

关于诏文体——以汉魏为中心(“诏”の文体について——汉魏を中心に)　福井佳夫　日本中国学会报　1981 年

乐府文学的特质(乐府文学の特质)　森濑寿三　立命馆文学　白川静博士古稀纪念中国文史论丛　1981 年

以表现机能的异同为中心论乐府、新乐府、歌行(乐府、新乐府、歌行论——表现机能の异同を中心に)　松浦友久　中国文学

研究(早稻田大学)　1982年

以《狱中上书自明》为例——谈《上奏文》的文体(《上奏文》の文体について——邹阳の《狱中上书自明》を中心に)　福井佳夫　日本中国学会报　1983年

贵游文学与六朝文体的演变　王梦鸥　《古典文学论探索》　台北:正中书局　1984年

乐府"行"的本义　清水茂　日本中国学会报　第36集　1984年10月;《中国诗文论薮》　东京:创文社　1989年2月

赋的来源及其流辨　傅刚　上海师范学院学报　1984年第3期

"杂诗"考辨　房日晰　学术月刊　1984年第3期

评萧统的文体分类思想　徐召勋　安徽大学学报　1984年第4期

文体与风格　詹锳　河北大学学报　1985年第3期

连珠溯源　陈启智　渤海学刊　1985年第4期

连珠体试论　沈海燕　文学遗产　1985年第4期

文体辨析与总集的成立　王瑶　《中古文学史论》　北京:北京大学出版社　1986年1月;北京:商务印书馆　2017年12月

汉代颂赞铭箴与赋同体异用　万光治　社会科学研究　1986年第4期

论《文选》文体分类　田凤台　复兴岗学报　1986年第36期

论檄的文体——以陈琳的檄文二首为例(上)(下)[檄の文体について——陈琳の檄文二首を中心に——(上)(下)]　福井佳夫　汉文教室　1987年

《文选》赋体志类之分类趣旨与主题性格研究　李钟汉　韩国学论集(启明大韩国学研究所)第14辑　1987年12月

挽歌考　齐天举　《文史》第29辑　北京:中华书局　1988年1月

《文心雕龙》与《昭明文选》中对“文”的看法的比较　马积高《昭明文选研究论文集:首届〈昭明文选〉国际学术讨论会》　长春:吉林文史出版社　1988年6月;《中外学者文选学论集》(上)　北京:中华书局　1998年8月

论赋体的源流　康达维　文史哲　1988年第1期

古代哀祭文发展简说　章明寿　文学遗产　1988年第5期

《文选》之分体述考　柳晟俊　语言与语言学　第15辑　1989年12月;《唐诗论考》　北京:中国文学出版社　1994年8月

汉魏六朝文体论的发展　穆克宏　文学遗产　1989年第1期;《滴石轩文存》　福州:海峡文艺出版社　1994年1月

赋体清源(上)　金木生　齐鲁学刊　1990年第1期

赋体清源(下)　金木生　齐鲁学刊　1990年第2期

释“赋”　周勋初　古典文学知识　1990年第4期;《文史知新》　南京:凤凰出版社　2012年8月

汉魏六朝纪行赋的形成与发展　宋尚斋　文史哲　1990年第5期

《文选》赋立“物色”一目的意义　曹虹、彭行　社会科学战线　1991年第1期;《中国辞赋源流综论》　北京:中华书局　2005年9月

试论《昭明文选》的分类　王存信　《文选学论集》　长春:时

代文艺出版社 1992年6月;江苏教育学院学报 1992年第2期

诔辞初探 王人恩 社科纵横 1992年第5期

论“百一”体与钟嵘《诗品》评陶诗 陈元胜 文艺理论研究 1992年第5期

论《文选》之难体 游志诚 《魏晋南北朝文学与思想学术研讨会论文集》第二辑 台北:文津出版社 1993年11月;《昭明文选学术论考》 台北:台湾学生书局 1996年3月

论“连珠体”的逻辑性质 孙波 社会科学战线 1993年第5期

试论“连珠体”的产生及影响 陈汝法 北京图书馆馆刊 1994年

赋体评议 周勋初 南京大学学报 1994年第2期;《文史知新》 南京:凤凰出版社 2012年8月

关于乐府民歌的产生和写定 曹道衡 文史知识 1994年第9期;《汉魏六朝文学论文集》 桂林:广西师范大学出版社 1999年9月;《曹道衡文集》卷三 郑州:中州古籍出版社 2018年4月

《昭明文选》赋体分类初探 杨利成 新亚学术集刊 1994年第13期

《文选》行旅游览诗类例辨析 温文龙 问学集 1995年

《文选》选诗呈现之诗体概念 杨淑华 台中师院学报 1995年第9期

试论《文选》的“七”类 张福政 勤益学报 1996年

试用物色理论分析《文选》行旅诗 游志诚 《昭明文选学术论考》 台北:台湾学生书局 1996年3月

再用物色理论分析《文选》游览诗　游志诚　《昭明文选学术论考》　台北:台湾学生书局　1996年3月

《文选·登江中孤屿》一诗之归类问题　游志诚　《昭明文选学术论考》　台北:台湾学生书局　1996年3月

《文选》七体考　游志诚　《昭明文选学术论考》　台北:台湾学生书局　1996年3月

《文选》文体分类再议　穆克宏　江海学刊　1996年第1期;文心学林　2015年第2期;中国典籍与文化　2017年第1期

《文选》杂诗立类辨析　徐国荣　古籍研究　1996年第3期

论《文选》"难"体　傅刚　浙江学刊　1996年第6期;《汉魏六朝文学与文献论稿》　北京:商务印书馆　2016年3月

论汉魏六朝文体辨析观念的产生与发展　傅刚　文学遗产　1996年第6期

《文选》"序"类研究　蒲彦光　大陆杂志　1997年

《挽歌考》辨(上)　丘述尧　《文史》第43辑　北京:中华书局　1997年8月

骈文考源及其相关问题　李立信　《魏晋南北朝文学论集》　南京:南京大学出版社　1997年9月

《文选》诗"哀伤"类初探　胡大雷　山西大学师范学院学报　1997年第2期

"连珠"论　周建渝　《第三届魏晋南北朝文学国际学术研讨会论文集》　台北:文史哲出版社　1998年8月

《挽歌考》辨(下)　丘述尧　《文史》第44辑　北京:中华书局　1998年9月

评“吊”议“哀”剖“诔”　詹绪左　江淮论坛　1998 年第 2 期

论赋的文体属性　李立信　《辞赋文学论集》　南京:江苏教育出版社　1999 年 12 月

关于《文选》分类——屈守元先生《绍兴建阳陈八郎本文选五臣注跋》读后　傅刚　书品　1999 年第 3 期;《汉魏六朝文学与文献论稿》　北京:商务印书馆　2016 年 3 月

关于“行”之释义的补正　葛晓音　文学遗产　1999 年第 4 期;《先秦汉魏六朝诗歌体式研究》　北京:北京大学出版社　2012 年 4 月

汉魏六朝的禁碑与碑文的演变　李士彪　中国典籍与文化　1999 年第 4 期

《文选》杂体诗歌文体性质研究　洪顺隆　中国文哲研究集刊　2000 年

论汉魏六朝文体辨析的学术渊源　傅刚　中国社会科学　2000 年第 2 期;《中国古典文学与文献学研究》第 1 辑　北京:学苑出版社　2002 年 11 月

连珠文体探源　崔军红　郑州大学学报　2000 年第 3 期

七体:文体演变的缩影　李士彪　福建论坛　2000 年第 5 期

先唐诔文的职能变迁　徐国荣　文学遗产　2000 年第 5 期

六朝文体论的形成与其背景　甲斐胜二　《中国学研究》第 4 辑　济南:济南出版社　2001 年 5 月

论《文选》之书体　郭殿忱、李红光　《〈昭明文选〉与中国传统文化:第四届文选学国际学术研讨会》　长春:吉林文史出版社　2001 年 6 月读任昉《刘先生夫人墓志》并论南朝墓志文体格——读《文选》札记 程章灿 《〈昭明文选〉与中国传统文化:第四届文选学国际学术研讨会》 长春:吉林文史出版社 2001年6月

《文选》《杂歌》《杂诗》《杂拟》的题材类型研究 洪顺隆 《〈昭明文选〉与中国传统文化:第四届文选学国际学术研讨会》 长春:吉林文史出版社 2001年6月

论《文选》〈诗歌·乐府支类〉的文类性质 洪顺隆 《魏晋南北朝文学与思想学术研讨会论文集》第四辑 台北:文津出版社 2001年10月

模拟与超越:从汉赋看文体嬗变的规律 龙文玲 广西社会科学 2001年第3期;《西汉文学文献辨思录》 南宁:广西人民出版社 2018年7月

浅谈《文选》颂赞体 李翰 文史知识 2001年第4期

六朝杂诗题材类型论 洪顺隆 华冈文科学报 2001年第24期;《魏晋南北朝文学与文化论文集》 天津:南开大学出版社 2002年8月(题目为:六朝杂拟诗题材类型论)

关于墓志文体的三个问题 程章灿 《魏晋南北朝文学与文化论文集》 天津:南开大学出版社 2002年8月

先唐诔文的体式演变 陈恩维 贵州教育学院学报 2002年第1期;新疆教育学院学报 2002年第1期

汉魏六朝挽歌考论 吴承学 文学评论 2002年第3期

《独断》与秦汉文体研究 刘跃进 文学遗产 2002年第5期;《秦汉文学论丛》 南京:凤凰出版社 2008年12月

论七体的形成和演进 宋志民 湖南大学学报 2002年第

5期

《文选》制策文散论　钟涛　《〈文选〉与“文选学”:第五届文选学国际学术研讨会论文集》　北京:学苑出版社　2003年5月;柳州师专学报　2003年第2期

《文选》选录碑文及其相关的文体问题　程章灿　《〈文选〉与“文选学”:第五届文选学国际学术研讨会论文集》　北京:学苑出版社　2003年5月

祖饯诗的由来　戴燕　《文选》与“文选学”:第五届文选学国际学术研讨会论文集　北京:学苑出版社　2003年5月;《远游越山川:魏晋南北朝文学史研究论集》　上海:复旦大学出版社　2017年10月

《文选》赋分类简论　韩晖　《辞赋研究论文集——第五届国际辞赋研讨会》　北京:中国文史出版社　2003年11月

论《文选》之序体　郭殿忱、陈劲松　北华大学学报　2003年第1期

汉魏六朝檄文形式的创造性转化　麦婕　广西广播电视大学学报　2003年第2期

关于“骚”“赋”之同异问题——兼论吴子良等批评《文选》别“骚”于“赋”之得失　力之　钦州师范高等专科学校学报　2003年第3期

挽歌略考　查金萍　阜阳师范学院学报　2003年第3期

从谥诔到诔文:论古代诔文体式的形成　黄金明　漳州师范学院学报　2003年第4期

道别:中国中古时期诔体之嬗变　高德耀(Cutter, Robert Joe)

Early Medieval China10—11 2004 年

魏晋文体论对《文选》文体分类的影响 卫绍生 《中国古典文学与文献学研究》第 3 辑 北京:学苑出版社 2004 年 12 月;《中国文选学:第六届文选学国际学术研讨会论文集》 北京:学苑出版社 2007 年 9 月(题目为:魏晋文体论与《文选》的文体分类);《"文选学"论文集粹》 北京:中华书局 2017 年 12 月

《文选》诗以"类"相分的形成及影响 胡大雷 广西师范大学学报 2004 年第 1 期

试论《文选》与《文心雕龙》对"颂""赞"二体评录之异同 高明峰 绥化师专学报 2004 年第 1 期

《文选》"咏史"诗初论 张学成 景德镇高专学报 2004 年第 3 期

《文选》颂体文初探 许红英 枣庄师范专科学校学报 2004 年第 3 期

论历代《文选》类总集的分体归类 郭英德 中国文化研究 2004 年第 3 期

关于姚鼐章学诚批评《文选》分类之得失问题——兼论"七""设论"与赋的关系 力之 江汉大学学报 2004 年第 3 期;三峡大学学报 2004 年第 6 期

从"文学观点"与"文体选目"看《文心雕龙》对《文选》的影响 李金坤 中国文化研究 2004 年第 4 期;《中国文选学:第六届文选学国际学术研讨会论文集》 北京:学苑出版社 2007 年 9 月;《齐梁故里考证与齐梁文化新论》 南京:南京大学出版社 2009 年 12 月;《齐梁故里与文化论集》 上海:上海古籍出版社 2015 年 8 月

《文选》册(策)书源流探赜 周唯一 衡阳师范学院学报 2004年第5期

《文选》赞体文起源考辨 李成荣 长春师范学院学报 2004年第6期;《文选学散论》 长春:吉林人民出版社 2004年9月

历代《文选》类总集的编纂体例与选文范围 郭英德 《中国古代文体学论稿》 北京:北京大学出版社 2005年9月

历代《文选》类总集的分体归类 郭英德 《中国古代文体学论稿》 北京:北京大学出版社 2005年9月

《文选》类总集体类排序的规则与体例 郭英德 《中国古代文体学论稿》 北京:北京大学出版社 2005年9月

论中国古代文体分类的体式与原则——以《文选》类总集的文体二级分类为中心 郭英德 《中国古代文体学论稿》 北京:北京大学出版社 2005年9月

魏晋骈赋的文体性质及美学意义考论 王志清 《中国中古文学研究》 北京:学苑出版社 2005年12月

《文选》策诏文源流及艺术特色 周唯一 中国文学研究 2005年第2期

汉魏六朝"檄"体文综述 王晓静 萍乡高等专科学校学报 2005年第2期

从游戏到颂赞——"汉赋源于隐语"说之文体考察 郗文倩 中国文学研究 2005年第3期

《文选》六臣注的文体论与《文心雕龙》异同 胡大雷 广西师范大学学报 2005年第4期

论《文选》"对问"体——兼论先秦问对体式的发展历程 李

乃龙 广西师范大学学报 2005年第4期

连珠文体溯源及其演变 陆祖吉 株洲师范高等专科学校学报 2005年第4期

《文选》表体文源流辨证 周唯一 船山学刊 2005年第4期

从《文选》"七"看七体题材内容之演变 孙津华 中国韵文学刊 2005年第4期;古典文学知识 2005年第6期;《中国文选学:第六届文选学国际学术研讨会论文集》 北京:学苑出版社 2007年9月

《文选》表体文的文化艺术价值 周唯一 衡阳师范学院学报 2005年第5期

论汉魏六朝连珠体的演变与文学发展 徐国荣、杨艳华 暨南学报 2005年第5期

墓志文体起源新论 程章灿 学术研究 2005年第6期;《中国文体学与文体史研究》 南京:凤凰出版社 2011年4月(题目为:墓志文体起源新论——兼对诸种旧说的辨证)

《文选》祖饯诗浅探 刘敏 哈尔滨学院学报 2005年第9期

连珠源流考辨 高辅平 《知不足丛稿》 成都:巴蜀书社 2006年1月

《文心雕龙》的文体分类论——和《昭明文选》文体分类的比较 张少康 《文心与书画乐论》 北京:北京大学出版社 2006年12月;江苏大学学报 2007年第1期;《〈文选〉学与楚文化——纪念李善逝世1317周年国际学术研讨会》 武汉:武汉出版社 2008年8月(题目为:《昭明文选》和《文心雕龙》文体分类比较)

《文选》钱氏学之文体论——兼与徐达、宋秀丽先生商榷 陈

延嘉　《文选学研究论文集》　长春:吉林人民出版社　2006年12月

赞体溯源　钟嘉芳　湛江海洋大学学报　2006年第2期

《文选》之《百一》诗研究　文志华　新世纪论丛　2006年第3期

论设难体　侯立兵　陕西师范大学学报　2006年第3期

《文选》音乐赋类名与萧统音乐观探析　韩晖　广西师范大学学报　2006年第3期

论《文选》"令"体——兼析拟代体劝禅文的政治与心理特征　李乃龙　广西师范大学学报　2006年第3期

赋体起源考——关于"升高能赋"、"瞍赋"的具体所指　钱志熙　北京大学学报　2006年第3期

《文选·诗》杂拟类刍议——以江淹《杂体诗三十首》为例　侯素芳　许昌学院学报　2006年第6期

《文选》赋鸟兽类选文刍议　钟涛　青海师范大学学报　2006年第6期

"上书"的文体特征与《文选》"上书"的劝谏模式——兼论上书体兴衰的政治土壤　李乃龙　湖南文理学院学报　2006年第6期

《文心雕龙》与《文选》所揭示的赋体骈化轨迹　于景祥　社会科学辑刊　2006年第6期;《骈文论稿》　北京:中华书局　2012年5月

《文选》教体文初探　李晓一　现代语文　2006年第11期

从《文选》看萧梁以前旅游文学文体的使用和发展　姜勇

广西党史　2006 年第 11 期

符命的文体渊源与《文选》"符命"模式　李乃龙　学术论坛　2006 年第 12 期

《文选》哀祭文类——诔、哀辞探索　林登顺　《中国文选学:第六届文选学国际学术研讨会论文集》　北京:学苑出版社　2007 年 9 月

《齐竟陵文宣王行状》考析——兼论"行状"的文体特征　李乃龙　广西师范学院学报　2007 年第 1 期

《文选》郊祀赋略论　韩晖　东方丛刊　2007 年第 1 期

外戚政治背景与《女史箴》的箴戒艺术——兼论箴体流变与文体特征　李乃龙　东方丛刊　2007 年第 1 期

从《文选》的文体观念论《文选》赋"序"　胡大雷　惠州学院学报　2007 年第 2 期;《中古赋学研究》　桂林:广西师范大学出版社　2011 年 6 月

墓志的文体特征与《文选》"墓志"笺论　李乃龙　广西社会科学　2007 年第 2 期

乐府分类述评　颜庆余　古籍整理研究学刊　2007 年第 3 期

乐府诗题"行"、"篇"的音乐含义与诗体特征　王立增　文学遗产　2007 年第 3 期

连珠体的归类与起源问题的再思考　罗莹　古典文学知识　2007 年第 4 期

"七"体的形成发展及其文体特征　郭建勋　北京大学学报　2007 年第 5 期

南朝文体分类的思维特点　潘慧琼　南京理工大学学报

2007年第5期

试论《文选》赋体的分类原则 冯莉 山西大学学报 2007年第5期

《文心雕龙》与《文选》诔文观之辨析 王丹 社科纵横 2007年第9期

赞体和史述赞体略论 刘飙 《〈文选〉学与楚文化——纪念李善逝世1317周年国际学术研讨会》 武汉:武汉出版社 2008年8月

《文选》"教"类研究 李乃龙 《〈文选〉学与楚文化——纪念李善逝世1317周年国际学术研讨会》 武汉:武汉出版社 2008年8月

《文选》所录"七"体考论 卫绍生 《〈文选〉学与楚文化——纪念李善逝世1317周年国际学术研讨会》 武汉:武汉出版社 2008年8月

《昭明文选》的文体分类与文学观 马建智 《中国古代文体分类研究》 北京:中国社会科学出版社 2008年9月

《文选》中劝进文、加九锡文研究 朱晓海 清华学报 2008年9月第38卷第3期

《文选》最先提出"序"文题材 石建初 《中国古代序跋史论》 长沙:湖南人民出版社 2008年10月

南朝的文体分类与"文笔之辨" 杨东林 《中国文体学国际学术研讨会·〈文学遗产〉论坛论文集》 2008年12月;《中国文体学与文体史研究》 南京:凤凰出版社 2011年4月

"序"体溯源及先唐诗序的流变历程 吴振华 学术月刊 2008年第1期

汉魏六朝“杂诗”的诗史意义——以《文选》“杂诗”为例　赵超　中国韵文学刊　2008年第1期

论“碑文似赋”　程章灿　东方丛刊　2008年第1期

《文选》所录序文研究　王玥琳　励耘学刊(文学卷)　2008年第1期

祭文的源流与抒情特征　赵逵夫　西北民族大学学报　2008年第1期

从文献著录看“七体”的演变　孙津华　河南教育学院学报　2008年第2期

论《文选》“奏记”类　李乃龙　韶关学院学报　2008年第2期

奉辞伐罪笔为枪　情威并重词句工——从《喻巴蜀檄》到《为袁绍檄豫州》期间檄文的发展　李今珏　辽宁科技学院学报　2008年第2期

先唐“连珠”论　丁红旗　许昌学院学报　2008年第3期

连珠范式的演变及其逻辑解析　孙波　甘肃社会科学　2008年第3期

颂赞与四言诗的文体辨析　樊露露　西华大学学报　2008年第3期

《文选》“移”类的文体特征与选文的学术意味　李乃龙　钦州学院学报　2008年第4期

论《文选》“设论”类的文体特征　李乃龙　长江学术　2008年第4期

赞体的演变及其所受佛经影响探讨　高华平　文史哲　2008年第4期

“七体”题材的突破与创新——唐后“七体”创作管窥　孙津华　中国韵文学刊　2008年第4期

“七”体的模式与理论底色——兼论“七”体内容的矛盾性与艺术的统一性　李乃龙　广西师范大学学报　2008年第4期

赞的源流初探　张立兵　文学遗产　2008年第5期

连珠体渊源新探　马世年　甘肃社会科学　2008年第6期

论汉代颂赞铭箴与汉赋的同体异用　梁复明、费振刚　学术论坛　2008年第7期

《昭明文选》分三体七十三类说　李立信　《〈文心雕龙〉与21世纪文论研究国际学术研讨会论文集》　北京:学院出版社　2009年11月

赞体起源考　余琳　《文学评论丛刊. 第12卷. 第1期》　南京:南京大学出版社　2009年11月

宋玉《高唐》《神女》二赋之序为史辞辨——《文选》所录作品的序文研究之三　力之　钦州学院学报　2009年第1期

《文选》“笺”文的类型解读　李乃龙　广西民族大学学报　2009年第1期

《文选》赋类序说　王德华　古典文学知识　2009年第2期

论魏晋南北朝乐府体五言的文体演变——兼论其与徒诗五言体之间文体上的分合关系　钱志熙　中山大学学报　2009年第3期

《文心雕龙》与《文选》文体分类辨析　尹伟　西藏大学学报　2009年第3期

《文选》中“论”体文的特点　刘传文　乐山师范学院学报

2009年第4期

曹丕与陆机的文体学思想比较论略——兼及魏晋文学思潮的发展轨迹　效天庆　兰州大学学报　2009年第4期

连珠体的起源、命名及著录探析　孙津华　中州学刊　2009年第5期;《第八届文选学国际学术研讨会论文集》　扬州:广陵书社　2010年12月(题目为:连珠起源、命名及著录探析)

箴铭类文体　吴承学、刘湘兰　古典文学知识　2009年第6期

浅论《文选》所收诔文的哀告模式　赵毓龙　沈阳师范大学学报　2009年第6期

《文选》"次文之体"杂议——《文选》在文体学与文学史学上的贡献与局限　钱志熙　文艺理论研究　2009年第6期

"铭"体源流与文体特征简论——兼及《文心雕龙》与《文选》"铭"文评录之异同　赵俊玲　洛阳师范学院学报　2009年第6期

碑文与铭文、颂文及诔文的文体关系　李贵银　社会科学辑刊　2009年第6期

文体学视野中的"连珠"定位　孙津华　许昌学院学报　2009年第6期

连珠体的形成　杨明　《欣然斋笔记》　上海:东方出版中心　2010年5月

释《文选》赋"情"类的命名　杨明　《欣然斋笔记》　上海:东方出版中心　2010年5月

文体、读者与思想:读《文选》札记　胡晓明　《中外文化与文论　第19辑　中国古代文艺理论年会论文专辑》　成都:四川大学出版社　2010年6月;中外文化与文论　2010年第1期

关于《文选》"摘史辞以为序"之是非问题——《文选》所录作品的序文研究之一　力之　《古典文献研究》第13辑　南京:凤凰出版社　2010年6月

《文选》"赞"类源流考论　高明峰　《第八届文选学国际学术研讨会论文集》　扬州:广陵书社　2010年12月

赋序与六朝人的文体意识——兼及《文选》"误析"与增序现象　张蕾、常娟娟　《第八届文选学国际学术研讨会论文集》　扬州:广陵书社　2010年12月

《文选》墓志文类探析　林登顺　《第八届文选学国际学术研讨会论文集》　扬州:广陵书社　2010年12月

读《文选》令教文札记　奚彤云　《第八届文选学国际学术研讨会论文集》　扬州:广陵书社　2010年12月

从辞令到文章——泛论《文选》中的行政文书　徐兴无　《第八届文选学国际学术研讨会论文集》　扬州:广陵书社　2010年12月

汉魏两晋南北朝吊文论析　赵厚均　殷都学刊　2010年第1期

《文选》宫殿赋论略　冯莉　渭南师范学院学报　2010年第1期

《文心雕龙》与《文选》哀体之辨析　李冬燕　大众文艺　2010年第1期

《文选》体类研究述评　赵俊玲　宜宾学院学报　2010年第2期

《文选·赋》"鸟兽"类创作模式初探　钟其鹏　前沿　2010

年第 2 期

论《文选》“弹事”类　李乃龙　广西师范大学学报　2010 年第 2 期

《文选》中的“祖饯”诗　跃进　古典文学知识　2010 年第 3 期

关于文选分体学、文选类型学的思考　胡大雷　郑州大学学报　2010 年第 3 期

汉代拟作的文体意义　吕逸新　山东师范大学学报　2010 年第 4 期

《文选》江海赋发微　赵俊玲　中州学刊　2010 年第 4 期

论《文选》“书”类　李乃龙　百色学院学报　2010 年第 4 期

《昭明文选》所录作品之“序”问题考论　王书才　郑州大学学报　2010 年第 4 期

南朝诔文演进及撰作探析　刘涛　山东师范大学学报　2010 年第 5 期

《文选》畋猎赋立类相关问题探论　韩晖　广西师范大学学报　2010 年第 5 期

论宋代文体学承前启后的地位和意义　任竞泽　西南交通大学学报　2010 年第 6 期

“七”体创作的二百年沉寂与傅毅的写作模式　孙科镂　求是学刊　2010 年第 6 期

连珠源起及与汉赋之关系　孙良申　西南民族大学学报　2010 年第 6 期

论告请表——《文选》“表”类研究之一　李乃龙　广西民族师范学院学报　2010 年第 6 期

论魏晋南北朝时期总集编纂与文体分类之关系　崔军红　图书馆理论与实践　2010年第10期

《昭明文选》文体分类的成就和特点　马建智　名作欣赏　2010年第26期

《文选》赋的以类相分　胡大雷　《中古赋学研究》　桂林:广西师范大学出版社　2011年6月

赋与骚——以《文选》列赋为首与别骚于赋为中心　冯莉　《中国楚辞学》第17辑　北京:学苑出版社　2011年12月

论《文选》"补亡诗"体及其诗史意义　曹辛华　《唐宋诗词的文体观照》　北京:中华书局　2011年12月

论辞谢解三表——《文选》"表"类研究之二　李乃龙　广西民族师范学院学报　2011年第1期

连珠文体新论——兼论连珠与奏议之关系　仇海平　燕赵学术　2011年第1期

萧统《文选》文体分类及其文体观考论——以"《离骚》"与"歌"体为中心　陈翀　中华文史论丛　2011年第1期

《文选》赋"鸟兽"类析——从借物造端到赋有"形似之目"　胡大雷　广西师范大学学报　2011年第1期

连珠体的起源及文体意义　夏德靠　绍兴文理学院学报　2011年第2期

论萧统文体观念的三种面向　秦秋咀、周唯一　衡阳师范学院学报　2011年第4期

汉魏六朝"临终诗"探微　黄莹、胡辉　社会科学家　2011年第5期

《文选》文体分类的美学研究　江渝、张瑞利　台州学院学报　2011 年第 5 期

《文选·赋》类序与《汉志》“杂赋”关系臆说——《文选》研究之四　钟其鹏、刘剑丽　河南科技大学学报　2011 年第 5 期

《文心雕龙》与《文选》吊文观辨析　赵俊玲　广西师范大学学报　2011 年第 6 期

论箴体的生成及其文体意义　夏德靠　湖北大学学报　2011 年第 6 期

《文选》史论体对《史记》的继承和发展　孙志轩　文学界（理论版）　2011 年第 11 期

《文选》“弹事”文体论　黄威　长城　2011 年第 12 期

论檄与移、露布、难的关系　刘峨　安庆师范学院学报　2011 年第 12 期

说“官箴”“私箴”——兼及《文心雕龙》与《文选》对箴文的评录　赵俊玲　前沿　2011 年第 20 期

《文心·封禅》与《文选》符命的文类省思：以历史文化的考察为主　龙亚珍　中山人文学报　2011 年第 31 期

祖饯诗与挽歌　党薇薇　学术交流　2012 年

论汉魏六朝铭文功能与体式的变迁——以《文选》铭体选文为中心　钟涛　《2012 年中国古代散文研究国际研讨会论文集》　2012 年

萧统《文选》的体类观　曾枣庄　《中国古代文体学》　上海：上海人民出版社、上海书店出版社　2012 年 12 月

《文选》“戒”说　孙浩宇　《扬州文化研究论丛》第 10 辑　扬

州:广陵书社　2012年12月;《华夏文化论坛》　长春:吉林文史出版社　2014年12月

墓志铭与墓碑文考辨　王珂　中国社会科学报　2012年12月12日

论《文选》"铭"类　李乃龙　河池学院学报　2012年第1期

论汉代赋颂文体的交越互用　易闻晓　文学评论　2012年第1期

论汉魏六朝碑文的功能拓展和形式新变　钟涛　青海社会科学　2012年第1期

箴、铭文体辨析　金贝翎　黄山学院学报　2012年第2期

魏晋南北朝对问体论体文之分类及特点　杨朝蕾　江西科技师范学院学报　2012年第2期

"敦煌文"概念的再确立和分类的新思考　钟书林　西北大学学报　2012年第3期

《文选》耕藉赋立类原因及入选作品探析　赵俊玲　天中学刊　2012年第3期

"赞"文分类与《文选》录"赞"　高明峰　河北科技大学学报　2012年第3期

论先唐封禅文的体式演进　丁功谊　江西社会科学　2012年第3期

《文选》"哀伤"赋略论　冯莉　辽东学院学报　2012年第4期

略论"檄"的特点及《文选》文体分类的缺陷——以《文选》所选檄文为例　张悦　内蒙古农业大学学报　2012年第4期

浅谈《文选》诗哀伤类与挽歌类异同　张敏敏　楚雄师范学院

学报 2012年第5期

论《文选》荐贤表——兼论表类的文体意义 李乃龙 广西师范大学学报 2012年第5期

《古文苑》与《文选》赋体分类管窥 王晓鹃 西北师大学报 2012年第5期;《庆祝赵逵夫教授七十华诞文集》 兰州:甘肃民族出版社 2014年10月

虽始之以淫侈 而终之以居正——《文选》“七体”文解读(上) 王德华 古典文学知识 2012年第5期

虽始之以淫侈 而终之以居正——《文选》“七体”文解读(下) 王德华 古典文学知识 2012年第6期

从“曲终奏雅”到“发端警策”——论献、考制度对赋体嬗变之影响 许结 湖北大学学报 2012年第6期

“论难”与“问论”——魏晋人著论的新形式 王京州 贵州师范大学学报 2012年第6期;《〈文选〉与中国文学传统:第九届〈文选〉学国际学术研讨会论文集》 北京:中华书局 2014年8月

《文选》咏史诗的分类 米晓燕 哈尔滨师范大学社会科学学报 2012年第6期

《诗》的隐显与《文选》“赋、诗、骚”的排序——《文选》序“体”研究之一 邵杰 广西师范大学学报 2012年第6期;《“文选学”论文集粹》 北京:中华书局 2017年12月

内外相感:《文选》“物色”赋发微 钟仕伦 内江师范学院学报 2012年第11期;《第十届文选学国际学术研讨会论文集》 郑州:河南大学出版社 2014年8月

《文心雕龙》与《文选》碑文观辨析 赵俊玲 兰台世界 2012

年第15期

以《文选》"公宴诗"为例看其演变轨迹　张飞飞　文教资料　2012年第26期

萧统《文选》的公文批评　侯迎华　《汉魏六朝公文批评研究》　上海:上海人民出版社　2013年7月

《文选》骚体文述论　林登顺　《中国楚辞学》第20辑　北京:学苑出版社　2013年8月

《文选》与文体　范福潮　《父子大学》　上海:上海社会科学院出版社　2013年9月

六朝临终诗述论——兼论《文选》欧阳建《临终诗》的收录因素　何维刚　新竹教育大学人文社会学报　2013年第1期

《文选》情赋单独立类的原因及其特征　王宏林、姚建改　济宁学院学报　2013年第1期

《文选》和《文心雕龙》中乐府定位之比较　杨毅　文学教育(上)　2013年第1期

南朝哀祭文考论　刘涛　北方论丛　2013年第1期

"《昭明文选》分三体七十三类说"商兑　力之　学术交流　2013年第1期

魏晋南北朝文体分类动因考　秦艳　宁波广播电视大学学报　2013年第2期

古代咏史诗体论初探　张绪平　信阳师范学院学报　2013年第2期

文体生态与文体变迁——以先唐诔文为例　陈恩维　晋阳学刊　2013年第2期

魏晋南北朝文体分类动因考　秦艳　宁波广播电视大学学报　2013 年第 2 期

《文心雕龙》与《文选》祭文观辨析　赵俊玲　郑州大学学报　2013 年第 2 期;《"文选学"论文集粹》　北京:中华书局　2017 年 12 月

《文心雕龙》与《文选》表文观辨析　赵俊玲　兰州学刊　2013 年第 4 期

基于《昭明文选》的魏晋南北朝军旅诗类观念试探　袁君煊　解放军艺术学院学报　2013 年第 4 期

箴体溯源及其辨体　曹丹、张恩普　古籍整理研究学刊　2013 年第 4 期

《文选》诏令文与萧统之"崇雅"　赵俊玲　中南大学学报　2013 年第 4 期

《文选》分文体为三十八类说辨正——《〈文选〉分体三种说论衡》之二　力之　四川师范大学学报　2013 年第 5 期

《文选》与《文心雕龙》"檄"体选文刍议　李建松　天中学刊　2013 年第 6 期

《文选》"史论""史述赞"二体发微　高明峰　广西师范大学学报　2013 年第 6 期

《文选》分文体为三十七类说辨正——《文选》分体三种说论衡之一　力之　广西师范大学学报　2013 年第 6 期

论《文选》"乐府诗"的三大题材及其特征　魏小利　江西教育学院学报　2013 年第 6 期

《文选》"设论"类的赋体特征　方坚伟　内江师范学院学报

2013年第11期

浅谈《文选》中表文之分类　包玥　青年文学家　2013年第30期

《挽歌》源流考　孙立涛　《中国诗歌研究》第10辑　北京：中华书局　2014年4月

汉魏六朝祭文述论　赵厚均　《第十届文选学国际学术研讨会论文集》　郑州：河南大学出版社　2014年8月

《文选》之“文”辨　胡大雷　《〈文选〉与中国文学传统：第九届〈文选〉学国际学术研讨会论文集》　北京：中华书局　2014年8月

《文选》中的上书、书与启、笺　叶国良　《〈文选〉与中国文学传统：第九届〈文选〉学国际学术研讨会论文集》　北京：中华书局　2014年8月

《文选》铭体选文刍议　钟涛　《〈文选〉与中国文学传统：第九届〈文选〉学国际学术研讨会论文集》　北京：中华书局　2014年8月

关于《文选》哀策问题及其文体特色　何维刚　汉学研究　2014年9月第32卷第3期

《文选》中哀伤赋以及选录标准　郭家嵘　山西广播电视大学学报　2014年第1期

论《文心雕龙》与《文选》诔文评录标准之差异　王见楠　绵阳师范学院学报　2014年第3期

《文心雕龙》与《文选》论体观辨析　赵俊玲　郑州大学学报　2014年第3期

文体学视野中的“对问”、“设论”体　孙津华　聊城大学学报

2014 年第 3 期

《文选》奏议类文体研究综述(一)　徐小霞　鸭绿江(下半月版)　2014 年第 5 期

《文选》奏议类文体研究综述(二)　徐小霞　鸭绿江(下半月版)　2014 年第 6 期

关于《文选》分体之三十九类说与其研究方法问题——《〈文选〉分体三种说论衡》之三　力之　中山大学学报　2014 年第 6 期

连珠与骈文关系辨析　陈鹏　社会科学家　2014 年第 10 期

《文心雕龙》与《文选》诔文观辨析　赵俊玲　河南社会科学　2014 年第 11 期

《文心雕龙》与《文选》乐府观比较研究　刘群栋　河南社会科学　2014 年第 11 期

《文心雕龙》"封禅"与《文选》"符命"之辨析　罗明月　河南社会科学　2014 年第 11 期

现代《文选》学文体研究综述　张铁慧、刘希瑞　长春师范大学学报　2014 年第 11 期

《文选》"杂诗""杂拟"类的选录标准与特色　沈凡玉　《六朝同题诗歌研究》　台北:台大出版中心　2015 年 11 月

《文选》"设论"体刍议　赵俊玲　宁夏大学学报　2015 年第 1 期

萧统《文选》的文学体裁观　李福清撰,李逸津译　文心学林　2015 年第 2 期

"设论"文体新论　杨朝蕾　理论月刊　2015 年第 2 期

从"诗笔之辨"到文体三分——论"赋"在南北朝的再发现与

其文体学意义　胡大雷　文学遗产　2015年第2期

从“辞赋不分”到“以赋论赋”——古代赋文体论述的发展趋势及当代启示　何新文　文学遗产　2015年第2期

《文选》赋体分类探赜　黄志立　中山大学研究生学刊　2015年第3期

《文心雕龙》与《文选》“哀”体观辨析　赵俊玲　文艺理论研究　2015年第4期

《文选》“册”体选《册魏公九锡文》略说　钟涛　中国文学研究　2015年第4期;《〈文选〉与汉唐文化:第十一届〈文选〉学国际学术研讨会论文集》　北京:中华书局　2018年8月

《文选》的和诗归类　陈呈　重庆理工大学学报2015年第5期

《文选》“弹事”体刍议　赵俊玲　天中学刊　2015年第5期

文体与形名——从作家排序之“自相矛盾”再探《文选》文体观　刘宁　北京大学学报　2015年第5期

《文心雕龙》“封禅”与《文选》“符命”文体命名辨析　赵俊玲　西南交通大学学报　2015年第5期

论魏晋南北朝公宴诗体式的演变　张炜　咸阳师范学院学报　2015年第5期

《昭明文选》选诏“时义”论　孙浩宇　海南大学学报　2015年第6期

赋体形成与起源考索　熊良智　文学遗产　2015年第6期

魏晋南北朝赞体文探析　李小青　山西农业大学学报　2015年第10期

论《文选》对“和诗”的划分——兼论“杂”在《文选》诗类中的

辨体性 吴鹏 青年文学家 2015年第14期

《昭明文选》鸟兽赋探析 刘思怡 东吴中文研究集刊 2015年第21期

《文选》命运义理之论体文的持论意义研究 蒋振华 《现代学术视野下的〈文选〉研究》 北京:中国社会科学出版社 2016年7月

《文选》诗"临终"类的分属争议——中古"临终诗"研究述论 郑伟 《中国诗学》第21辑 北京:人民文学出版社 2016年7月;《〈文选〉与汉唐文化:第十一届〈文选〉学国际学术研讨会论文集》 北京:中华书局 2018年8月(题目为:《文选》诗"临终"类的分属争议及学术意义)

《文心雕龙》与《昭明文选》中诔文的选文比较 黄庚 鞍山师范学院学报 2016年第1期

"三十八"的惯性——略谈《文选》之文体分类问题 顾农 文心学林 2016年第1期

谶纬、符应思潮下"封禅"体的与时因变——以《文选》"符命"类为主线 郭思韵 文学遗产 2016年第2期

论《文心雕龙》与《文选》乐府观之异同 李建松 天中学刊 2016年第2期

《文选》与其广、续、补遗之作文体分类之比较 孙津华 中国韵文学刊 2016年第2期

论《文选》选赋与《文心雕龙》论赋之同异 冯莉 人文论丛 2016年第2期

《文心雕龙》与《文选》书信观辨析 赵俊玲 聊城大学学报

2016年第3期;《〈文选〉与汉唐文化:第十一届〈文选〉学国际学术研讨会论文集》　北京:中华书局　2018年8月

从"文话"视域看古代文体的品评方式——以七体为例　孙津华　河南教育学院学报　2016年第3期

论《文选》中表文的选取标准　朱家慧　齐齐哈尔大学学报　2016年第4期

论魏晋时期诔文由重述德向重哀情的转化——以《文选·王仲宣诔》为视角　张铁慧　长春师范大学学报　2016年第9期

试论《文选》与《文心雕龙》对"论"体评录之异同　许俊丽　名作欣赏　2016年第36期

从汉代的文学侍从论《文选》的赋分类　陈志信　《古典文献研究》第19辑下卷　南京:凤凰出版社　2017年7月;中国文学研究　2017年第1期

《文选》赋立"情"、"志"二目考论　黄燕平　浙江学刊　2017年第1期

《文心雕龙》与《文选》"论"体评录发微　高明峰　中国文学研究　2017年第2期;济南大学学报　2017年第6期(题目为:《文心雕龙》与《文选》"论"体评录小议)

《文选》与《文心雕龙》序体源起辨析　孙亚萍　科教导刊　2017年第2期

论《文选》中的"物色"赋　余招琴　湖北科技学院学报　2017年第2期

"启"在魏晋六朝的衍化　赵俊玲　南昌大学学报　2017年第3期

萧统把《圣主得贤臣颂》归为“颂”体的考论　王雅婷、董宏钰　长春师范大学学报　2017年第3期

萧统《文选》公文批评研究　侯迎华　郑州大学学报　2017年第3期

从《文选》选诔看萧统的诔文文体观　朱虹　陕西学前师范学院学报　2017年第3期

《文心雕龙》与《文选》“封禅”文体的比较　种梦卓　名作欣赏　2017年第3期

浅议《文心雕龙》和《昭明文选》的文体观——以辞体为例　郝广青　名作欣赏　2017年第5期

笺文文体属性辨析　米臻　天津大学学报　2017年第6期

“骚”“七”兼体与《文选》之“由诗渐文”——《文选》序“体”研究之二　邵杰　广西师范大学学报　2017年第6期

论《文选》“杂拟”类与萧统的诗学观念　郭晨光　兰州学刊　2017年第6期

文章、文体与文化:先唐公牍的多重价值　黄燕平　中国社会科学报　2018年6月25日

文体与形名——从作家排序之“自相矛盾”再探《文选》文体观　刘宁　《〈文选〉与汉唐文化:第十一届〈文选〉学国际学术研讨会论文集》　北京:中华书局　2018年8月

两汉赋序发展辨说——简论《文选》赋序问题　赵厚均　《〈文选〉与汉唐文化:第十一届〈文选〉学国际学术研讨会论文集》　北京:中华书局　2018年8月

反虚为实:略论《声无哀乐论》的体式——兼论《文选》“论”

类文体的选文标准　刘子立　《〈文选〉与汉唐文化:第十一届〈文选〉学国际学术研讨会论文集》　北京:中华书局　2018年8月

《文选》选文的文体命名与归类方式——再论《文选》之根　韩晖　《〈文选〉与汉唐文化:第十一届〈文选〉学国际学术研讨会论文集》　北京:中华书局　2018年8月

《文心雕龙》与《文选》檄文观辨析　赵俊玲　西南交通大学学报　2018年第1期

论江淹《杂体诗三十首并序》的文体学意义　陈力士　中国诗歌研究　2018年第1期

赋序的生成与文体特征的确立　马黎丽　文学遗产　2018年第1期

《文选》"赋篇"批评三题　许结　东北师大学报　2018年第1期

班固《典引》的文体创新与文章学思想　蔡丹君　中山大学学报　2018年第1期

从贾谊赋作看骚体赋的文体特征　孙璠　写作(上旬刊)　2018年第2期

关于"五臣注"陈八郎本与朝鲜正德本之分类问题——无"符命""史述赞"与"百一""游仙"乃后来之失辨　力之　古典文献研究　2018年第2期

《文心雕龙》与《文选》哀祭类文体探究　刘可、高明峰　扬州文化研究论丛　2018年第2期

论《文选》檄体的选录标准　刘伟利　安康学院学报　2018年第3期

《文选》哀祭类文体文本秩序研究　陈畅　绵阳师范学院学报　2018年第3期

骚体的早期演变及《文选》选录标准　李篮玉　文化学刊　2018年第4期

论司马相如《封禅文》文体归属的变迁　郑伟生　中北大学学报　2018年第4期

流动性与稳固性:《文选》“赋”类篇题源流考论　杨晓斌　文史哲　2018年第5期

张衡《二京赋》文体发微　黄燕平　文学遗产　2018年第5期

论赋的起源和赋文体的成立　傅刚　北京大学学报　2018年第5期

汉魏六朝时期吊文与祭文的互渗　赵俊玲　聊城大学学报　2018年第6期

《文选》“弹事”与齐梁奏议文风新变　王玉林　齐齐哈尔大学学报　2018年第6期

萧统《昭明文选》的诔文编选特征　江祎婧　湖南科技学院学报　2018年第6期

试论移文文体的功能——以《文选》与《文心雕龙》中选文为例　梁雅阁、马予静　乐山师范学院学报　2018年第7期

权力强制:《文选》对赋体论的重构与规范——以“更定赋名”为中心　安生　北京社会科学　2018年第8期

泛论江淹《杂体诗三十首》中体现的《文选》“杂拟”类特点　刘霁瑶　文教资料　2018年第9期

六、《文选》传播研究

著作

中国古典文学在国外(《文选》)　宋柏年　北京:北京语言学院出版社　1994 年 10 月

唐人选唐诗研究　孙桂平　北京:中国社会科学出版社　2012 年 9 月

《文选》与唐人诗歌创作　林英德　北京:知识产权出版社　2013 年 3 月

唐人选唐诗研究　石树芳　北京:中国社会科学出版社　2016 年 5 月

论文

《文选》《白氏文集》之流行于日本　李秉中　大公报(文学副刊)　1930 年 8 月 25 日

《昭明文选》流传之原因　家雁(李嘉言)　清华周刊　1933 年 1 月第 38 卷第 12 期;《文选学研究》　北京:国家图书馆出版社　2010 年 11 月

《文选》与国语、国文读本(文选と国语国文读本)　芝野六助　同仁 9(4)　1935 年

《昭明文选》流传的原因　李嘉言　现代西北　1944 年 7 月第 7 卷第 1 期;《李嘉言古典文学论文集》　上海:上海古籍出版社

1987年3月;《文选学研究》　北京:国家图书馆出版社　2010年11月

《日本书纪》的素材——它和《文选》《史记》《汉书》的关系(书纪の素材——文选・史记・汉书との关系)　小岛宪之　人文研究2(8)　1951年

《游仙窟》注引书考——它和《文选》的关系(游仙窟注引书考——文选との关系)　白木直也　说林3(7)　1951年

《万叶集》和《诗经》《文选》(万叶集と诗经文选)　久松潜一　上代文学　1955年

选诗与杜诗——及其连章法(1—4)(选诗と杜诗——その连章法)　杉本行夫　岛根大学论集(人文科学)(6、7、8、9)　1956年2月、1957年2月、1958年2月、1959年2月

唐代文选之盛　阮廷卓　大陆杂志　1961年

《万叶集》所引中国古典和《文选》——关于《万叶集》卷五及卷十七・八(《万叶集》に于ける汉籍引用と《文选》——卷五及び卷十七・八について)　古泽未知男　熊本女子大学学术纪要13(1)　1961年

《昭明文选》《白居易文集》对日本古代文学界的影响　曹先锟　学粹　1962年4月第4卷第3期

从日本庆安刊本《楚辞》见到的《文选》式读法(庆安刊本楚辞の文选读について)　竹治贞夫　德岛大学学艺纪要(人文科学)　1967年

《文选》与《白氏文集》的流行　绪方惟精撰,丁策泽　《日本汉文学史》　台北:正中书局　1968年4月

《徒然草》文化美的研究：以《文选》为中心（徒然草における教养美の考察：文选を中心として）　中田正心　中央学院大学论丛·一般教育关系5(1)　1970年

《徒然草》文化美的研究(2)：以《文选》为中心（徒然草における教养美の考察(2)：文选を中心として）　中田正心　中央学院大学论丛·一般教育关系5(2)　1970年

《万叶集》和《文选》（万叶集と文选）　野口进　金城学院大学论集·国文学编(12)　1970年

《太平记》和《文选》（太平记と文选）　增田欣　富山大学教育学部纪要(19)　1971年

关于《三教指归》中《文选》的影响（《三教指归》における《文选》の影响について）　木庭佳子　国语国文学研究(10)　1974年

奈良时代的《文选》普及（奈良时代における《文选》の普及）　东野治之　《正仓院文书と木简の研究》　东京：塙书房　1977年

杜甫和《文选》（杜甫と文选）　和田利男　语言と文学(19)　群马大学　1978年

奈良、平安时代汉籍受容的考察——关于《文选》与《白氏文集》的流传（奈良·平安时代の汉籍受容の一考察——《文选》と《白氏文集》の流传について）　山田胜久　语学文学(17)　1979年

弘法大师与《文选》——《遍照发挥性灵集》中反映出的《文选》的影响（弘法大师と《文选》——《遍照发挥性灵集》にみられる《文选》の影响）　静慈圆　密教文化(130)　1980年

有关云州往来(明衡往来)和《文选》的一瞥（云州往来(明衡

往来)と《文选》との关ゎす见)　三宝忠夫　大谷女子大国文(13)　1983 年

关于《文选》之韩国传来与其流行小考　中国语文学　第 8 辑　1984 年 11 月

《文选》在日本奈良、平安时代　王晓平　文史知识　1985 年第 1 期

《昭明文选》与唐代文学　朱金城、朱易安　文学评论　1985 年第 6 期

《文选》中所见鸷鸟类和杜诗(文选の鸷鸟类と杜诗)　芳原一男　二松学社创立百十周年纪念论文集　1987 年

《文选》的漂泊——南北朝末期的文学动向及其和《文选学》成立的关系(さまよえる文选——南北朝末期における文学の动向と文选学の成立)　冈村繁　花园大学禅文化研究所纪要(15)　1988 年;《学术集林》卷 11　上海:上海远东出版社　1997 年 11 月;《中外学者文选学论集》(下)　北京:中华书局　1998 年 8 月

宫体诗人对《文选》的突破——齐梁诗评价刍议　张业敏　《昭明文选研究论文集:首届〈昭明文选〉国际学术讨论会》　长春:吉林文史出版社　1988 年 6 月

昭明《文选》研究在日本　韩基国　重庆师院学报　1988 年第 4 期

《文选》措辞发展——从《日本书纪》到《草枕》(文选语の流れ——《日本书纪》から《草枕》まで)　中村宗彦　山辺道(33)　1989 年

高桥虫麻吕的《登筑波山歌》——与《文选・诗》“忧”之间的

关联(高桥虫麻吕の《登筑波山歌》——文选诗の“忧”との关连)　村山出　上代文学(67)　1991 年;小樽商科大学人文研究(83)　1992 年(题目为:文选诗の“忧”:高桥虫麻吕の《登筑波山歌》の关连资料)

《文选》在日本　江庆柏　文教资料　1991 年第 2 期

日本文学与《文选》(日本文学と文选)　小尾郊一　信浓每日新闻　1992 年

“文选理”与唐诗　李晖　《文选学论集》　长春:时代文艺出版社　1992 年 6 月

四杰诗歌艺术渊源考辨——兼析《昭明文选》与初唐诗风　徐尚定　文献　1993 年第 2 期

论初期茶山诗所受《文选》之影响(初期茶山诗における《文选》の影响について)　山冈万谦、谷本圭司　冈山理科大学纪要 B 人文社会科学(30)　1994 年

大江匡房的《文选》接受(大江匡房の《文选》受容)　佐藤道生　国文学解释与鉴赏 60(10)　1995 年

试论《文选》诗歌的影响及其在文学史上的地位　张和群　福州师专学报　1995 年第 2 期

“《文选》理”说　屈守元　杜甫研究学刊　1996 年第 1 期

试论《文选》所收陆机《挽歌》三首　傅刚　文学遗产　1996 年第 1 期;《汉魏六朝文学与文献论稿》　北京:商务印书馆　2016 年 3 月(题目为:试论《文选》所收陆机《挽歌》三首——兼论宋本《乐府诗集》、《陆士衡集》的编辑与《文选》的关系)

《文选》对后世的影响　穆克宏　福建论坛 1996 年第 3 期;《昭

明文选研究》 北京:人民文学出版社 1998年12月

都良香的文章——以五臣注《文选》之影响为中心(都良香の文章:五臣注文选の影响を中心として) 大冢雅司 驹泽国文(34) 1997年

唐人化用《选》诗范式举要 党银平 古籍整理研究学刊 1997年第5期

《文选》与《玉台新咏》之东渐时期考(文选及び玉台新咏の传来时期について) 清常民 新しい汉字汉文教育(26) 1998年

戴震《方言疏证》引《文选》考 佐藤进、小方伴子 人文学报(292) 1998年

《文选》流传韩国考 郑玉顺 古籍研究 1998年第2期

《文选·赋》牵动唐诗创作之一考察:以《恨赋》与《长恨歌》为例 许东海 中国古典文学研究 2000年

《文选》的流传及影响 傅刚 中国典籍与文化 2000年第1期;《汉魏六朝文学与文献论稿》 北京:商务印书馆 2016年3月

"文选"效应与艺术生产规律 陈仲庚 零陵师范高等专科学校学报 2000年第1期

试述唐代诗人对《文选》诗歌的学习和借鉴 张和群 闽江职业大学学报 2000年第4期

论《文选》对日本江户初期文坛的影响——以林罗山《文集》《诗集》为例 俞慰慈、陈秋萍 《〈昭明文选〉与中国传统文化:第四届文选学国际学术研讨会》 长春:吉林文史出版社 2001年6月

镰仓时代古辞书《尘袋》所引汉籍出典之《文选》与《文选注》

考(镰仓时代の古辞书《尘袋》における典据汉籍《文选》《文选注》について)　猪濑亚希子、萩原义雄　驹泽短期大学研究纪要(30)　2002年;国语学53(2)　2002年

《文选》与韩国汉文学　张伯伟　《文史》第62辑　北京:中华书局　2003年2月;《域外汉籍研究论集》　北京:北京大学出版社　2011年1月

论《文选》对日本江户汉诗坛的影响　陈秋萍　《〈文选〉与"文选学":第五届文选学国际学术研讨会论文集》　北京:学苑出版社　2003年5月

论《文选》对日本五山文学的影响　俞慰慈　《〈文选〉与"文选学":第五届文选学国际学术研讨会论文集》　北京:学苑出版社　2003年5月

唐代科举考试与《文选》　李金坤　《〈文选〉与"文选学":第五届文选学国际学术研讨会论文集》　北京:学苑出版社　2003年5月;人文杂志　2003年第2期

为杜诗"熟精《文选》理"进一解　韩泉欣　《〈文选〉与"文选学":第五届文选学国际学术研讨会论文集》　北京:学苑出版社　2003年5月;浙江大学学报　2003年第3期

关于《文选》一书成为科举教科书的时间问题　景献力　长春师范学院学报　2003年第4期

李白与选体及玉台体　赵昌平　《六朝隋唐学术研讨会论文集》　台北:文史哲出版社　2004年7月

《艺文类聚》引《文选》考　郭醒　《中国诗学》第9辑　北京:人民文学出版社　2004年6月

从科场之诗(试律诗)看《文选》对唐代科举的影响　彭国忠

《中国中古文学研究——中国中古(汉—唐)文学国际学术研讨会论文集》 2004年8月;《中国中古文学研究》 北京:学苑出版社 2005年12月

《文选》与《乐府诗集》的编纂 喻意志 《中国典籍与文化论丛》第8辑 北京:北京大学出版社 2005年1月;《〈乐府诗集〉成书研究》 长沙:湖南文艺出版社 2012年4月

宋代《文选》的流传与《文选》学 汪习波 《隋唐文选学研究》 上海:上海古籍出版社 2005年4月

唐人喜《文选》与宋人嗜《汉书》——论唐宋文人不同的读书趣向 张海沙 《唐代文学研究》第11辑 桂林:广西师范大学出版社 2006年5月

明代《文选》类总集叙录 郭英德 《中国中世文学研究论集》 上海:上海古籍出版社 2006年12月

李白"三拟《文选》"说阐微 周勋初 郑州大学学报 2006年第1期;《中国文选学:第六届文选学国际学术研讨会论文集》 北京:学苑出版社 2007年9月;《馀波集》 南京:南京大学出版社 2008年3月

苏轼正面接受《文选》现象浅议 汪超 上饶师范学院学报 2006年第1期

论北宋文人对《文选》的评价与接受 汪超、俞学华 上饶师范学院学报 2006年第5期

《怀风藻》所见《文选》之影响——以"樱"为考察之中心(《怀风藻》に见る《文选》の影响——"樱"の考察を中心に) 矢岛美都子 立命馆文学(598) 2007年

论唐代应试诗的命题倾向之一——以李善注本《文选》为中

心 孟二冬 《孟二冬文存》 北京:高等教育出版社 2007年4月

《文选》对日本平安时代的影响——以《菅家文草》《菅家后集》为例 陈秋萍 《中国文选学:第六届文选学国际学术研讨会论文集》 北京:学苑出版社 2007年9月

毛泽东评引《昭明文选》的启迪 钱永波 《中国文选学:第六届文选学国际学术研讨会论文集》 北京:学苑出版社 2007年9月

两宋《文选》流布地域与地域文化差异之关系 汪超 滨州学院学报 2007年第4期

论日本对《文选》之学习——以训点资料为研究材料(日本における《文选》の学习——训点资料に基づく考察) 渡边さゆり 比较文化论丛:札幌大学文化学部纪要(22) 2008年

《徒然草》对《文选》引用的诸问题(《徒然草》における《文选》引用の诸问题) 金文峰 冈大国文论稿(36) 2008年

《和名类聚抄》引用书目研究——以五臣注《文选》为中心(《和名类聚抄》引用书目の研究——五臣注《文选》を中心に) 尹仙花 外国语学会志(38) 2008年

重新发掘《文选》名篇的现代价值——江苏镇江市在普及应用方面的实践与认识 钱永波、昌万海、纪东 《〈文选〉学与楚文化——纪念李善逝世1317周年国际学术研讨会》 武汉:武汉出版社 2008年8月

论南宋文人对《文选》的评价与接受 汪超 广西师范大学学报 2008年第2期

论僧人撰述与《文选》的传播 李小荣、侯艳 福州大学学报 2008年第3期;《宗教与中国文学散论》 南京:凤凰出版社

2013 年 11 月

论《文选》对两宋总集编纂的影响　汪超　沈阳师范大学学报　2008 年第 4 期

试论唐代应试诗的命题及其和《文选》的渊源　刘青海　云南大学学报　2008 年第 4 期

“百一诗”和《文选》的接受史考察　洪彦龙　乐山师范学院学报　2008 年第 4 期

论《本朝文粹》的文体及其意义　刘瑞芝　浙江大学学报　2008 年第 5 期

杜诗与《文选》关系研究述略　林英德　重庆工商大学学报　2008 年第 6 期

试述唐代诗人对《文选》诗歌的学习和借鉴　钟玉华　文教资料　2008 年第 27 期

《和名类聚抄》所引《文选》注释中源顺的引用态度(《和名类聚抄》所引《文选》注における源顺の引用态度)　尹仙花　外国语学研究(4)　2009 年

平安朝《文选》受容考——以中期为中心(平安朝における《文选》の受容——中期を中心に)　后藤昭雄　文学 10(3)　2009 年

“李太白始终学《选》诗”浅论　沈曙东　《李白文化研究》成都:巴蜀书社　2009 年 10 月

杜甫“熟精《文选》理”“理”字新解　林英德　宜宾学院学报　2009 年第 1 期

《文选》东传时间及其途径　朴贞淑　东方丛刊　2009 年第

2 期

明代文学复古运动与《文选》的再度盛行　付琼　广西师范大学学报　2009 年第 3 期;《文学教育视角下的文学选本研究——以家塾文学选本为中心》　南昌:江西人民出版社　2010 年 3 月

清代科举与《文选》接受　付琼　求是学刊　2009 年第 6 期;《文学教育视角下的文学选本研究——以家塾文学选本为中心》　南昌:江西人民出版社　2010 年 3 月

宋人对《文选》文学标准的发难及其影响　付琼　学术论坛　2009 年第 7 期;《文学教育视角下的文学选本研究——以家塾文学选本为中心》　南昌:江西人民出版社　2010 年 3 月

杜甫对《文选》的接受探因　路元敦　四川教育学院学报　2009 年第 9 期

文选学兴盛而产生的注释书(文选学の隆盛から生まれた注释书)　佐藤道生　《周刊朝日百科国宝の美》　东京:朝日新闻社　2010 年

《昭明文选》在日本的传播　高文汉、韩梅　《东亚汉文学关系研究》　北京:中国社会科学出版社　2010 年 3 月

空海与中国文学——《文选》的影响　静慈圆　《日本密教与中国文化》　上海:文汇出版社　2010 年 6 月

从《秘藏宝钥》看《变文》的影响(来自《佛教》《文选》的影响)　静慈圆　《日本密教与中国文化》　上海:文汇出版社　2010 年 6 月

论洪兴祖《楚辞补注》对《文选》及其注释的接受　郭宝军　南京师范大学文学院学报　2010 年第 2 期

论中国选本对朝鲜《东文选》文体分类与编排的影响　陈彝秋　南京师大学报　2010 年第 3 期

论唐代《昭明文选》影响之二途　刘鹏　求是学刊　2010 年第 3 期

唐人试律诗诗题取用《文选》诗赋原句或李善注解比勘——《昭明文选》在唐代科举诗中的应用发微之一　张鹏飞　湖北师范学院学报　2010 年第 3 期

李淳《选文选》述略　赵俊玲　语文知识　2010 年第 3 期

《秋胡变文》中秋胡携《文选》事考释　丁红旗　商丘师范学院学报　2010 年第 4 期

科举视阈下的宋代《文选》传播与接受　郭宝军　汉语言文学研究　2010 年第 4 期

唐人试律诗习用《文选》诗赋文辞藻例析　张鹏飞　文学教育（上）　2010 年第 10 期

唐五代佛典音义引《文选》述　黄仁瑄　古汉语研究　2010 年第 12 期

平安时代《文选集注》的接受（平安时代に于ける《文选集注》の受容）　佐藤道生　《注释书の古今东西》　庆应义塾大学文学部　2011 年;张淘译　《域外汉籍研究集刊》第 9 辑　北京:中华书局　2013 年 7 月

菅原道真《宽平六年(895)第三十二回渤海使节应酬诗》注疏试论——以与《文选》之关系为中心（菅原道真《宽平六年(895)第三十二回の渤海使节应酬诗》注疏试论——《文选》との关系を中心に）　中村昌彦　帝京大学福冈医疗技术学部纪要(6)

2011 年

源顺诗序一首:《文选》受容一例(源顺の诗序一首:《文选》受容の一例) 后藤昭雄 成城国文学论集(34) 2011 年

杜甫诗歌与《昭明文选》关系之考察 刘鹏 《中国诗学》第 15 辑 北京:人民文学出版社 2011 年 3 月

《唐代研究指南》和《文选索引》 李庆 《海外典籍与日本汉学论丛》 北京:中华书局 2011 年 9 月

从《文选》等看《儒林外史》和《红楼梦》——以对"《儒林外史》和魏晋六朝文学"之命题的辨析为中心 甘宏伟 长江学术 2011 年第 1 期

关于唐代敦煌教授《文选》的一点臆测 丁红旗 敦煌研究 2011 年第 1 期

"《文选》烂 秀才半"谚语产生和流行的时代考论 侯艳、李栋 许昌学院学报 2011 年第 4 期

《文选》赋与诗在唐宋时代的接受 汪俊 华南师范大学学报 2011 年第 6 期

《文选》与《白氏文集》——对东亚古代汉籍流变史的一个考察 静永健、陈翀 《中国文学研究》第 19 辑 上海:复旦大学出版社 2012 年 4 月

《文苑英华》续《文选》特征及原因探析 何水英 文艺评论 2012 年第 1 期

韩国赋学三题 龚红林 辽东学院学报 2012 年第 1 期

朱熹"李太白始终学选诗,所以好"说刍议 沈曙东 绵阳师范学院学报 2012 年第 1 期

从吟咏情况看杜甫的《文选》接受 林英德 宜宾学院学报 2012年第2期

朝鲜朝中后期《文选》接受与辞赋创作 权赫子 徐州师范大学学报 2012年第2期

李白《古风》五十九首探源——以《文选》为中心 林英德 重庆师范大学学报 2012年第2期

从"邯郸学步"到"飘然不群"——李白学习《文选》诗赋的成功经验探源 张鹏飞 湖北师范学院学报 2012年第3期

杜甫取法《文选》诗艺举隅 林英德 名作欣赏 2012年第4期

《文选》东传学之一斑——菅原和长《文选御注表解》探析 卞东波 中山大学学报 2012年第4期;《〈文选〉与中国文学传统:第九届〈文选〉学国际学术研讨会论文集》 北京:中华书局 2014年8月

《文选》在古代朝鲜半岛的传播及其价值 季南 中南大学学报 2012年第5期

书评——林英德《〈文选〉与唐人诗歌创作》 富永一登 中国文学报 2013年

《世俗谚文》注文构成考:围绕以李善注《文选》为媒介的施注(《世俗谚文》注文の构成について:李善注《文选》を媒介とする施注を巡って) 滨田宽 和汉比较文学(50) 2013年

古代日本佛典注释书所引的《文选》初探——以善珠撰述书为中心 河野贵美子 《域外汉籍研究集刊》第9辑 北京:中华书局 2013年7月

《文选》与《文集》——对东亚古代汉籍流变史的一个考察　静永健、陈翀　《视角与方法:复旦大学第三届中国文论国际学术研讨会论文集》　南京:凤凰出版社　2013 年 8 月

“文选学在隋唐兴盛另有隐情”——萧统《文选》在隋唐得以发扬光大的原因探析　吴晓峰　信息交流　2013 年第 1 期

略论唐宋文人对《文选》的不同态度　常俊、李紫宸　剑南文学(经典教苑)　2013 年第 2 期

杜诗与《文选》注　谢思炜　文学遗产　2013 年第 4 期

简论唐人试策文对《文选》策论等文章体式的继承　张鹏飞　湖北师范学院学报　2013 年第 5 期

唐代《文选》学的兴盛及其影响　童岳敏　《唐代的文学与私学》　上海:上海古籍出版社　2014 年 10 月

杜甫“熟精《文选》理”辨——兼论《选》体与齐梁体格的相关问题　童岳敏　《中国诗学》第 18 辑　北京:人民文学出版社　2014 年 12 月

唐代试律诗对《文选》诗文的化用方式总略——《昭明文选》在唐代科举诗中的应用发微之三　张鹏飞　文学教育(中)　2014 年第 1 期

李白《蜀道难》历代主题说平议——兼论李白与《文选》赋的关系及其“以赋为诗”的艺术特征　冷卫国　中国海洋大学学报　2014 年第 1 期

“惟陈言之务去”乎——韩愈诗赋创作习用《昭明文选》之考察　张鹏飞　湖北社会科学　2014 年第 1 期

唐代应试诗赋对《文选》的接受　王士祥　河南师范大学学报

2014年第6期

因文作注 以注显文——从《文选》看古注本的文学传播功能 方虹 语文建设 2014年第12期

“怕春”考:对于杜甫《文选》李善注受容的一个考察(“怕春”考:杜甫における文选李善注の受容に关する一考察) 陈翀 福冈教育大学国语科研究论集(56) 2015年

简论《文选》对唐代律赋的影响——以大历十二年进士科所试《通天台赋》为例 赵俊波 科举学论丛 2015年第1期

论杜甫诗化用《文选》语句的方式 路元敦 杜甫研究学刊 2015年第2期

李朝《昭明文选》接受考述 邸宏香 中南大学学报 2015年第3期

精工细密:唐代诗人独孤及“诗题”艺术简论 金晶 陕西理工学院学报 2015年第3期

苏轼“舟中读《文选》”考论 唐普 四川师范大学学报 2015年第3期

熟读《文选》理——主持人语 范子烨 铜仁学院学报 2015年第5期

陆游“国初尚《文选》”的历史考察 张明华 铜仁学院学报 2015年第5期;《〈文选〉与汉唐文化:第十一届〈文选〉学国际学术研讨会论文集》 北京:中华书局 2018年8月

《永乐大典》所录《文选》考释 钟仕伦 铜仁学院学报 2015年第5期

论明人对《文选》赋类的删改与评点 禹明莲 鲁东大学学报

2015年第6期

论《〈楚辞〉补注》对《文选》骚卷六臣注的接受　张欢　安徽文学(下半月)　2015年第10期

《文选》对唐人诗歌理论及创作的影响研究　高微征　山西农业大学学报　2015年第11期

论南宋诗词创作宗法《文选》诗的特点　周翡　名作欣赏　2015年第23期

《文选》游仙诗的超越:围绕空海《游山慕仙诗》(《文选》游仙诗の超克:空海の《游山慕仙诗》をめぐって)　田云明　日本研究(53)　2016年

"郢曲与巴音"与"孀歌"之间:以与《文选》之比较为中心("郢曲与巴音"と"孀歌"の间:《文选》との比较を中心に)　加藤有子　日本文学研究(55)　2016年2月15日

"选学"兴盛与唐人选唐诗的历史、地域因缘　石树芳　《唐人选唐诗研究》　北京:中国社会科学出版社　2016年5月

孟诗证《选》　刘鹏　《中国诗学》第21辑　北京:人民文学出版社　2016年7月

唐代应试诗赋对《文选》的接受　王士祥　《唐代应试诗赋论稿》　北京:商务印书馆　2016年9月

经典的尴尬:《文选》在宋代的嬗替　凌郁之　古典文学知识　2016年第1期

抄本时代《文选》的流传与校雠——兼论两部早期"文选学"专著　刘锋　天中学刊　2016年第5期

杨慎对《文选》的评价与接受　高小慧　宜宾学院学报　2016

年第5期

试论《文选》经典化之可能与生成　郭宝军　文学遗产　2016年第6期

论《文选》对唐代律赋创作的影响　赵俊波　广西师范大学学报　2016年第6期

汉文日记所见《文选》:东亚汉文文化圈书物交流的一个痕迹(汉文日记に见える文选:东アジア汉文文化圈における书物交流の一痕迹)　中丸贵史　史聚(50)　2017年

《文选》对唐代应试诗、赋的影响　王士祥　《"文选学"论文集粹》　北京:中华书局　2017年12月;《〈文选〉与汉唐文化:第十一届〈文选〉学国际学术研讨会论文集》　北京:中华书局　2018年8月

重文轻术　附依以传——论《文选》骚类与唐代文人对楚辞的接受　蒋双　常州工学院学报　2017年第6期

论《文选》在唐代的影响　邹建雄　绵阳师范学院学报　2017年第10期

道元禅师撰《知事清规》对《文选》李善注的袭用(道元禅师撰《知事清规》における《文选》李善注の依用)　岩永正晴　驹泽史学(90)　2018年

《文选》经典化研究论纲　郭宝军　《文选学研究》第1辑　陈延嘉　北京:中华书局　2018年2月

《文选》是如何成为经典的　张廷银　光明日报　2018年4月2日;文心学林　2018年第1期

李白《静夜思》本文变迁史新考——与《文选》所收的魏文帝

《杂诗二首》的关系(李白《静夜思》本文变迁史新考——《文选》所收の魏文帝《杂诗二首》との关联性をめぐって)　陈翀　《广岛大学大学院文学研究科论集》第78卷　2018年12月

明末清初文坛"六朝转向"与骈文演进　张明强　苏州大学学报　2018年第4期

论《文选》读习的兴盛在中唐时期　丁红旗　广西师范大学学报　2018年第6期

《文选》与唐诗里的齐梁之风　陈飞、宋伊靖、王曦　名作欣赏　2018年第6期

文章千古事　得失寸心知——作为古典范本的《文选》及其当代意义　徐华　文史知识　2018年第9期

七、《文选》作家作品研究

（一）作家作品群体研究

著作

潘陆年谱　何融编　《知用丛刊》第二集

选诗笺释　李沧萍　稿本　1923年(中山大学图书馆藏)

乐府古辞考　陆侃如　北京:商务印书馆　1926年;1930年10月

汉诗研究　古层冰(古直)　上海:启智书局　1928年7月;1934年4月

汉魏六朝文学　陈钟凡　上海:商务印书馆　1929年10月

乐府文学史　罗根泽　北京:文化学社　1931年1月;北京:东方出版社　2012年9月

汉魏六朝诗研究　陈家庆　合肥:安徽大学出版社　1934年

汉代词赋之发达　金秬香　上海:商务印书馆　1934年9月

先秦诸子系年考辨　钱穆　上海:商务印书馆　1935年

东晋南北朝学术编年　刘汝霖　上海:商务印书馆　1936年1月;北京:中华书局　1987年11月;上海:上海书店出版社　1992年1月

汉赋之史的研究　陶秋英　北京:中华书局　1939 年;台北:新文丰出版公司　1980 年 2 月

十四朝文学要略　刘永济　重庆:中国文化服务社　1945 年 5 月;哈尔滨:黑龙江人民出版社　1984 年 2 月;北京:中华书局　2007 年 11 月

赋史大要　铃木虎雄著,殷石臞译　台北:正中书局　1947 年;太原:山西人民出版社　2015 年

神话与诗　闻一多　《闻一多全集》　上海:开明书店　1948 年 8 月;北京:中华书局　1959 年 9 月

汉魏六朝诗论丛　余冠英　上海:上海古典文学出版社　1952 年 8 月;台北:河洛图书出版社　1978 年;北京:商务印书馆　2010 年 12 月

六朝乐府与民歌　王运熙　上海:文艺联合出版社　1955 年 5 月;上海:古典文学出版社　1957 年 1 月;北京:中华书局　1961 年 8 月

读诗三札记　黄节讲,萧涤非记　北京:作家出版社　1957 年 2 月;香港:汉文出版社　1971 年 5 月

乐府诗论丛　王运熙　上海:古典文学出版社　1958 年 4 月;北京:中华书局　1962 年 2 月

历代人物年里碑传综表　姜亮夫　北京:中华书局　1959 年 9 月;1965 年 1 月;《姜亮夫全集. 十九》　云南:昆明人民出版社　2002 年 10 月

中国中世文学研究——以南齐永明时代为中心(中国中世文学研究——南齐永明时代を中心として)　网祐次　东京:新树社

1960 年

汉魏乐府风笺　黄节　香港:商务印书馆　1961 年 7 月;北京:中华书局　2008 年 1 月

竹林七贤研究　何启民　中国学术著作奖助委员会　1966 年;台北:学生书局　1984 年 2 月

汉魏六朝专家文研究　刘师培　香港:香港环球文化服务社　1966 年 2 月;北京:商务印书馆　2010 年 12 月;2017 年 12 月

汉魏诗研究(汉魏诗の研究)　铃木修次　东京:大修馆书店　1967 年

汉诗研究　方祖燊　台北:正中书局　1967 年 6 月

两种汉赋研究　康达维　西雅图华盛顿大学出版社　1968 年

魏晋南北朝文学家　章江　台北:大江出版社　1971 年 9 月

两晋诗论　邓仕樑　香港:香港中文大学出版社　1972 年 1 月

乐府历史的研究(乐府の历史研究)　增田清秀　东京:创文社　1975 年

六朝诗研究(六朝诗の研究)　森野繁夫　东京:第一学习社　1976 年

魏晋学术考　狩野直喜　东京:筑摩书房　1977 年

乐府诗研究　江聪平　台南:复文书局　1978 年

两汉乐府诗之研究　张清钟　台北:台湾“商务印书馆”　1979 年

汉晋学术编年　刘汝霖　台北:长安出版社　1979 年;北京:中华书局　1987 年 12 月

古乐府(东海大学古典丛书)　小尾郊一、冈村贞雄译注　台

中:东海大学出版社　1980年

两汉乐府研究　亓婷婷　台北:学海出版社　1980年

汉赋源流与价值之商榷　简宗梧　台北:文史哲出版社　1980年12月

汉诗研究　郑文　西北师范学院中文系　1981年1月;兰州:甘肃民族出版社　1994年12月

汉魏六朝唐代文学论丛　王运熙　上海:上海古籍出版社　1981年10月;上海:复旦大学出版社　2002年5月(《汉魏六朝唐代文学论丛　增补本》)

建安七子学述　江建俊　台北:文史哲出版社　1982年2月

竹林七贤　姜伯纯　台北:庄严出版社　1982年3月

先秦辞赋原论　姜书阁　济南:齐鲁书社　1983年9月

由隐逸到宫体　洪顺隆　台北:文史哲出版社　1984年

古诗别解　徐仁甫　上海:上海古籍出版社　1984年1月;北京:中华书局　2014年1月

汉魏六朝乐府文学史　萧涤非　北京:人民文学出版社　1984年3月

迦陵论诗丛稿　叶嘉莹　北京:中华书局　1984年4月;石家庄:河北教育出版社　1997年7月;台北:大块文化　2012年12月;北京:北京大学出版社　2014年10月

汉赋研究　龚克昌　济南:山东文艺出版社　1984年9月;1990年5月

齐梁诗探微　卢清青　台北:文史哲出版社　1984年10月

乐府诗史　杨生枝　西宁:青海人民出版社　1985年1月

建安文学编年史　刘知渐　重庆:重庆出版社　1985年3月

六朝诗论　洪顺隆　台北:文津出版社　1985年3月

乐府诗词论薮　萧涤非　济南:齐鲁书社　1985年5月

中古文学系年　陆侃如　北京:人民文学出版社　1985年6月

汉魏六朝赋家论略　何沛雄　台北:台湾学生书局　1986年

六朝诗研究　孙康宜　普林斯顿:普林斯顿大学出版社　1986年

齐梁丽辞衡论　陈松雄　台北:文史哲出版社　1986年1月

汉赋研究　陶秋英　杭州:浙江古籍出版社　1986年6月

中国古代学者百人传　张舜徽　北京:中国青年出版社　1986年6月

建安文学论稿　张可礼　济南:山东教育出版社　1986年9月

汉魏六朝乐府诗　王运熙、王国安　上海:上海古籍出版社　1986年9月;2011年6月

中国山水诗研究　王国璎　台北:联经出版事业公司　1986年10月

中国诗史　吉川幸次郎著,章培恒等译　合肥:安徽文艺出版社　1986年12月;上海:复旦大学出版社　2012年1月

汉赋之写物言志传统　曹淑娟　台北:文津出版社　1987年

辞赋流变史　李曰刚　台北:文津出版社　1987年2月

赋史述略　高光复　长春:东北师范大学出版社　1987年3月

中国古代文论管窥　王运熙　济南:齐鲁书社　1987年3月;上海:上海古籍出版社　2012年12月;2014年4月

赋史　马积高　上海:上海古籍出版社　1987年7月;1998

年9月

中国中古诗歌史　王钟陵　南京:江苏教育出版社　1988年5月;北京:人民出版社　2005年8月

先秦文学集疑　曹础基　广州:广东高等教育出版社　1988年7月

汉魏六朝四十家赋述论　高光复　哈尔滨:黑龙江教育出版社　1988年9月

八代诗史　葛晓音　西安:陕西人民出版社　1989年2月;北京:中华书局　2007年3月

汉赋:唯美文学之潮　刘斯翰　广州:广州文化出版社　1989年4月

建安七子集　俞绍初　北京:中华书局　1989年7月;台北:文史哲出版社　1990年4月;北京:中华书局　2005年6月;2016年10月;2017年7月

汉魏六朝辞赋　曹道衡　上海:上海古籍出版社　1989年8月;台北:国文天地出版社　1992年

汉赋通义　姜书阁　济南:齐鲁书社　1989年10月

中国文学中所表现的自然与自然观——以魏晋南北朝文学为中心　小尾郊一　上海:上海古籍出版社　1989年11月;2014年11月

古典诗文论丛　张永鑫　南京:江苏教育出版社　1990年1月

建安七子诗笺注　郁贤皓、张采民　成都:巴蜀书社　1990年5月

先秦两汉文学史稿　刘持生　西安:西北大学出版社　1991年

1月

历代赋论辑要　徐志啸　上海:复旦大学出版社　1991年2月

辞赋通论　叶幼明　长沙:湖南教育出版社　1991年5月

建安风骨　李宗为　北京:中华书局　1991年8月;2004年1月

建安七子集校注　吴云　天津:天津古籍出版社　1991年11月;2005年1月

南北朝文学史　曹道衡、沈玉成　北京:人民文学出版社　1991年12月

魏晋南北朝赋史　程章灿　南京:江苏古籍出版社　1992年2月;2001年6月

汉乐府研究　张永鑫　南京:江苏古籍出版社　1992年6月

汉赋纵横　康金声　太原:山西人民出版社　1992年9月

中国政论文学史稿　张啸虎　武汉:武汉出版社　1992年10月

中国赋论史稿　何新文　北京:开明出版社　1993年4月

汉赋史论　简宗梧　台北:东大图书股份有限公司　1993年5月

中国历代思想家传记汇诠　王蘧常　上海:复旦大学出版社　1993年8月

敦煌赋校注　伏俊琏　兰州:甘肃人民出版社　1994年

先秦两汉文学史稿　聂石樵　北京:北京师范大学出版社　1994年4月

建安文学述评　李景华　北京:首都师范大学出版社　1994年

7月

西晋文学研究——以陆机为中心 佐藤利行 东京:白帝社 1995年2月;周延良译 北京:中国社会科学出版社 2004年6月

魏晋南北朝诗歌史论 傅刚 长春:吉林教育出版社 1995年12月;北京:商务印书馆 2017年7月

门阀士族与永明文学 刘跃进 北京:生活·读书·新知三联书店 1996年3月

中古文学集团 胡大雷 桂林:广西师范大学出版社 1996年4月

敦煌赋汇 张锡厚 南京:江苏古籍出版社 1996年5月

中国辞赋发展史 郭维森、许结 南京:江苏教育出版社 1996年8月

南朝的门阀贵族与文学(南朝の门阀贵族と文学) 佐藤正光 东京:汲古书院 1997年

汉魏六朝骚体文学研究 郭建勋 长沙:湖南教育出版社 1997年3月

汉魏六朝诗讲录 叶嘉莹 石家庄:河北教育出版社 1997年7月;2000年12月;台北:大块文化 2012年12月

赋与骈文 简宗梧 台北:台湾书店 1998年

建安七子综论 韩格平 长春:东北师范大学出版社 1998年1月

六朝辞赋史 王琳 哈尔滨:黑龙江教育出版社 1998年7月;西安:世界图书出版西安有限公司 2014年6月

隐逸避世的名士集团:竹林七贤述评 鲁金波 北京:首都师

范大学出版社 1998年8月

山水风度——六朝山水田园诗论 朱新法 南京:南京出版社 1998年8月

东晋南朝的谢氏文学集团 丁福林 哈尔滨:黑龙江教育出版社 1998年8月;西安:世界图书西安出版公司 2014年6月(书名为:东晋南朝谢氏文学集团研究)

世族与六朝文学 程章灿 哈尔滨:黑龙江教育出版社 1998年10月

楚辞诗学 杨义 《杨义文存》第7卷 北京:人民出版社 1998年10月

中古五言诗研究 吴小平 南京:江苏古籍出版社 1998年12月

六朝骈赋研究 黄水云 台北:文津出版社 1999年

六朝作家年谱辑要 刘跃进、范子烨 哈尔滨:黑龙江教育出版社 1999年1月

南朝文学与北朝文学研究 曹道衡 南京:江苏古籍出版社 1999年9月

六朝赋述论 于裕贤 保定:河北大学出版社 1999年10月

魏晋时代诗人与诗歌 方祖燊 台北:兰台书局 2000年

巫山神女论·巫山文化论 程地宇、任桂园 万州:重庆三峡学院三峡文化研究所铅印本 2000年

六朝诗人传 兴膳宏 东京:大修馆书店 2000年

汉赋史论 汪小洋 天津:天津社会科学院出版社 2000年

赋:时代投影与体制演变 陈庆元 桂林:广西师范大学出版

社　2000年1月

辞赋散论　何新文　北京:东方出版社　2000年1月

建安诗传　李景华　长春:吉林人民出版社　2000年1月;2005年7月

《文选》诗研究　胡大雷　桂林:广西师范大学出版社　2000年4月;西安:世界图书出版西安有限公司　2014年6月

汉魏六朝文学研究　李文初　广州:广东人民出版社　2000年6月

性别与家国——汉晋辞赋的楚骚论述　郑毓瑜　台北:里仁书局　2000年8月;上海:上海三联书店　2006年6月

汉魏乐府的音乐与诗　钱志熙　郑州:大象出版社　2000年8月;2009年9月

建安辞赋之传承与拓新——以题材及主题为范围　廖国栋　台北:文津出版社　2000年9月

南北朝文学编年史　曹道衡、刘跃进　北京:人民文学出版社　2000年11月

生活在乱世的诗人们——六朝诗人论(乱世を生きる诗人たち六朝诗人论)　兴膳宏　东京:研文出版　2001年

两汉名家田猎赋研究　蔡辉龙　台北:天工书局　2001年

古乐府之起源与继承(古乐府の起源と继承)　冈村贞雄　东京:白帝社　2001年

建安七子评传　李文禄　沈阳:沈阳出版社　2001年1月

东晋文艺综合研究　张可礼　济南:山东大学出版社　2001年1月;2009年4月

悲秋——中国古典诗学研究 郁白 巴黎:友丰出版社 2001年1月;叶潇、全志刚译 桂林:广西师范大学出版社 2004年4月(书名为:《悲秋:古诗论情》)

中国赋学历史与批评 许结 南京:江苏教育出版社 2001年7月

中古文人生活研究 范子烨 济南:山东教育出版社 2001年7月

汉魏六朝文学论集 詹福瑞 保定:河北大学出版社 2001年8月

魏晋文学 曹道衡 合肥:安徽教育出版社 2001年9月

两汉文学 卞孝萱、王琳 合肥:安徽教育出版社 2001年9月

六朝诗人群像 兴膳宏 东京:大修馆书店 2001年12月

魏晋南北朝文学研究 吴云 北京:北京出版社 2001年12月

建安七子逐字索引 刘殿爵、陈方正、何志华 香港:香港中文大学出版社 2001年12月

西晋文学论 佐竹保子 东京:汲古书院 2002年

萧涤非说乐府 萧涤非 上海:上海古籍出版社 2002年6月

周汉文学史考 冈村繁著,陆晓光译 上海:上海古籍出版社 2002年8月;2009年5月

建安诗人及其传统(建安诗人とその传统) 伊藤正文 东京:创文社 2002年10月

玄理与任诞竹林七贤 陈代湘 武汉:湖北人民出版社 2002

年12月

六朝乐府文学史研究　佐藤大志　广岛:溪水社　2003年

中国文论:英译与评论　宇文所安著,王柏华、陶庆梅译　上海:上海社会科学院出版社　2003年1月

六朝江东世族之家风家学研究　王永平　南京:江苏古籍出版社　2003年1月

楚辞源流选集　周殿富编著,李书源点校　长春:吉林人民出版社　2003年1月

太康文学研究　姜剑云　北京:中华书局　2003年6月

经典与传统:先秦两汉诗赋考论　方铭　北京:人民文学出版社　2003年11月

中国辞赋研究　龚克昌　济南:山东大学出版社　2003年11月

六朝江东士族的家学门风　吴正岚　南京:南京大学出版社　2003年11月

先唐辞赋研究　郭建勋　北京:人民出版社　2004年5月

东汉士风与文学　蓝旭　北京:人民文学出版社　2004年5月

汉赋史略新证　朱晓海　西安:陕西人民出版社　2004年6月

20世纪中古文学研究　吴云　天津:天津古籍出版社　2004年6月

建安文坛上的齐鲁文人　张可礼、刘加夫　济南:山东文艺出版社　2004年10月

六朝文学的思索　斯波六郎　东京:创文社　2004年10月

建安七子研究　王鹏廷　北京:北京大学出版社　2004年

10月

汉魏六朝文学新论.拟代与赠答篇　梅家玲　北京:北京大学出版社　2004年11月

中古诗人研究　廖蔚卿　台北:里仁书局　2005年

汉唐艺术赋研究　余江　北京:学苑出版社　2005年1月

先唐文学与文学思想考论　徐正英　上海:上海古籍出版社　2005年3月

汉魏晋南北朝诔碑文研究　黄金明　北京:人民文学出版社　2005年3月

诗苑仙踪:诗歌与神仙信仰　孙昌武　天津:南开大学出版社　2005年6月

黄钟大吕之音:古代辞赋的文本阐释　李炳海　长春:吉林人民出版社　2005年7月

建安文学接受史论　王玫　上海:上海古籍出版社　2005年7月

赋学论丛　程章灿　北京:中华书局　2005年9月

魏晋诗歌艺术原论　钱志熙　北京:北京大学出版社　2005年9月

中国辞赋源流综论　曹虹　北京:中华书局　2005年9月

赋体文学的文化阐释　许结　北京:中华书局　2005年9月

《文选》·诗篇　内田泉之助、纲祐次　东京:明治书院　2005—2011年

西晋作家的人格与文风　叶枫宇　上海:上海三联书店　2006年1月

魏晋四言诗的研究　崔宇锡　成都:巴蜀书社　2006 年 6 月

乐府诗述论　王运熙　上海:上海古籍出版社　2006 年 7 月;2014 年 4 月

辞赋研究　熊良智　北京:商务印书馆　2006 年 11 月

六朝咏怀组诗研究　李正治　《古典诗歌研究汇刊》第 2 辑第 4 册　新北:花木兰文化出版社　2007 年

六朝游仙诗研究　张钧莉　《古典诗歌研究汇刊》第 3 辑　第 2 册　新北:花木兰文化出版社　2007 年

六朝的游戏文学　福井佳夫　东京:汲古书院　2007 年

竹林七贤与魏晋文化:首届中国·修武云台山竹林七贤学术研讨会论文集　李天会、郑强胜　郑州:大象出版社　2007 年 2 月

元嘉诗人用典研究　高莉芬　《古典诗歌研究汇刊》第 2 辑第 2 册　新北:花木兰文化出版社　2007 年 3 月

汉赋研究史论　踪凡　北京:北京大学出版社　2007 年 5 月

汉魏六朝公宴诗研究　黄亚卓　上海:华东师范大学出版社 2007 年 5 月

乐府文学文献研究　孙尚勇　北京:人民文学出版社　2007 年 6 月

晋宋乐府诗研究　王志清　保定:河北大学出版社　2007 年 6 月

汉代辞赋研究　孙晶　济南:齐鲁书社　2007 年 7 月

汉魏六朝赋多维研究　侯立兵　北京:人民出版社　2007 年 9 月

元嘉体诗学研究　蔡彦峰　北京:中国社会科学出版社　2007

年12月

乐府古辞之原型与流变——以汉至唐为断限 刘德玲 《古典诗歌研究汇刊》第3辑 第1册 新北:花木兰文化出版社 2008年

魏晋咏史诗研究 黄雅歆 《古典诗歌研究汇刊》第4辑 第5册 新北:花木兰文化出版社 2008年

六朝家族 王永平 南京:南京出版社 2008年3月

六朝拟诗研究 赵红玲 上海:上海辞书出版社 2008年6月

西晋文学考论 俞士玲 南京:南京大学出版社 2008年9月

中国古代序跋史论 石建初 长沙:湖南人民出版社 2008年10月

秦汉文学论丛 刘跃进 南京:凤凰出版社 2008年12月

从赋的文体定位论中国叙事诗的形成与发展(上下) 王晴慧 《古典诗歌研究汇刊》第5辑 第1、2册 新北:花木兰文化出版社 2009年

南朝诗研究 王次澄 《古典诗歌研究汇刊》第6辑 第3册 新北:花木兰文化出版社 2009年

汉乐府研究史论 赵明正 北京:同心出版社 2009年1月

秦汉魏晋游仙诗的渊源流变论略 张宏 北京:宗教文化出版社 2009年3月

竹林七贤与魏晋风度:第二届云台山与竹林七贤学术研讨会论文集 李天会、郑强胜 郑州:大象出版社 2009年4月

六朝骈文研究 陈鹏 成都:巴蜀书社 2009年5月

魏晋南北朝文学发展研究 赵玉萍 成都:四川大学出版社

2009年8月

魏晋南北朝乐府歌辞研究　吴大顺　上海:上海古籍出版社　2009年8月

东山再起:六朝绍兴谢氏家族史研究　周淑舫　杭州:浙江大学出版社　2009年11月

汉代乐府制度与歌诗研究　赵敏俐　北京:商务印书馆　2009年12月

钟优民文集　钟优民　长春:吉林人民出版社　2009年12月

《古诗十九首》与建安诗歌研究　木斋　北京:人民出版社　2009年12月;2011年3月

魏晋赋之新风貌探讨　萧湘凤　《古典诗歌研究汇刊》第8辑　第3册　新北:花木兰文化出版社　2010年

六朝小赋研究　谭澎兰　《古典诗歌研究汇刊》第9辑　第5册　新北:花木兰文化出版社　2010年

殡葬文学　吴以成、贺圣迪　北京:中国社会出版社　2010年1月

宋前咏史诗史　韦春喜　北京:中国社会科学出版社　2010年2月

建安七子　曹旭、叶当前　北京:中华书局　2010年2月

竹林七贤　曹旭、丁功谊　北京:中华书局　2010年3月

《文选》选诗研究(上、下)　杨淑华　《古典文献研究辑刊》第10编　第9册、第10册　新北:花木兰文化出版社　2010年3月

东晋南朝家族文化史论丛　王永平　扬州:广陵书社　2010年4月

悼亡诗史 胡旭 上海:东方出版中心 2010年4月

文学与文选四种 吕思勉 上海:上海古籍出版社 2010年6月;南京:译林出版社 2016年11月

汉碑文学研究 何如月 北京:商务印书馆 2010年8月

魏晋南北朝乐府制度与歌诗研究 刘怀荣、宋亚莉 北京:商务印书馆 2010年8月

辞赋文学与文化学探微 于浴贤 北京:中国社会科学出版社 2010年11月

《文选》·赋篇(上中下) 中岛千秋、高桥忠彦 东京:明治书院 2011年

《文选》·文章篇(上中下) 原田种成、竹田晃 东京:明治书院 2011年

南朝赠答诗与士人文化研究 黄智群 《古典诗歌研究汇刊》第9辑 第6册 新北:花木兰文化出版社 2011年

"竟陵八友"考辨 柏俊才 北京:中国社会科学出版社 2011年2月

东汉士风与文人文学 聂济冬 济南:山东大学出版社 2011年4月

中古赋学研究 胡大雷 桂林:广西师范大学出版社 2011年6月

汉魏六朝文体与文化研究 何诗海 北京:北京大学出版社 2011年7月

三国时期魏地文士"惜时生命观"研究——以建安七子与曹氏父子之诗歌为研究对象 丁威仁 《古典诗歌研究汇刊》第10辑

第1册 新北:花木兰文化出版社 2011年9月

唐前辞赋类型化特征与辞赋分体研究 王德华 杭州:浙江大学出版社 2011年10月

齐梁竟陵八友之交游与文学 刘慧珠 《古典文学研究辑刊》四编 第3册 新北:花木兰文化出版社 2012年

终末的关怀:中国早期中古诗歌中的绝命书写 陈伟强(Chan,Timothy Wai Keung) Leiden:Brill 2012年

建安文学的研究 福山泰男 东京:汲古书院 2012年

先秦汉魏六朝诗歌体式研究 葛晓音 北京:北京大学出版社 2012年4月

中国赋论史 何新文、苏瑞隆、彭安湘 北京:人民出版社 2012年4月

赋学论稿 曹明纲 上海:上海古籍出版社 2012年5月

顾随讲《文选》 叶嘉莹、刘在昭笔记,高献红、顾之京整理 石家庄:河北教育出版社 2012年8月

东汉社会变迁与文学演进 陈君 北京:中国社会科学出版社 2012年9月

汉魏六朝文史论衡 刘志伟 上海:上海古籍出版社 2012年11月

汉魏六朝赋学批评研究 冷卫国 北京:商务印书馆 2012年12月

六朝玄言诗史论(上下) 黄伟伦 《古典诗歌研究汇刊》第13辑 第1、2册 新北:花木兰文化出版社 2013年

汉代五言诗歌史之研究(汉代五言诗歌史の研究) 柳川顺

子　东京:创文社　2013年

汉赋的生产与消费研究　孔德明　北京:光明日报出版社　2013年2月

建安文学探微　施建军　《古典文学研究辑刊》第7编　第16册　新北:花木兰文化出版社　2013年3月

从孔融到陶渊明:汉末三国两晋文学史论衡　顾农　南京:凤凰出版社　2013年4月

《楚辞》论稿　李诚　北京:华龄出版社　2013年5月

曹魏文学论　魏宏灿　合肥:合肥工业大学出版社　2013年6月

竹林七贤与魏晋精神:云台山第四届竹林七贤文化国际学术研讨会论文集　张海晏、米纪文　北京:中国社会科学出版社　2013年7月

汉魏六朝公文批评研究　侯迎华　上海:上海人民出版社　2013年7月

魏晋乐府诗研究　王淑梅　北京:社会科学文献出版社　2013年8月

乐府诗体式研究　周仕慧　北京:北京大学出版社　2013年8月

齐梁乐府诗研究　王志清　北京:社会科学文献出版社　2013年8月

乐府诗本事研究　向回　北京:北京大学出版社　2013年8月

乐府诗题名研究　张煜　北京:北京大学出版社　2013年8月

两汉乐府诗研究　陈利辉　北京:社会科学文献出版社　2013

年8月

赋学:制度与批评　许结　北京:中华书局　2013年9月

汉代宫廷文学与文化之探微:康达维自选集　康达维著,苏瑞隆译　上海:上海译文出版社　2013年9月

竹林七贤传略　李庆森　郑州:河南人民出版社　2013年12月

竹林七贤游历地调查研究　程峰　郑州:河南人民出版社　2013年12月

竹林七贤的玄理与生命情调　曾春海　台北:五南图书出版股份有限公司　2013年12月

中国古体赋学史论　孙福轩　杭州:浙江大学出版社　2013年12月

魏晋风度:竹林七贤　申祖胜　郑州:中州古籍出版社　2014年5月

魏晋南北朝论说文研究　王京洲　上海:上海古籍出版社　2014年6月

儒学嬗变与魏晋文风建构　孙宝　北京:人民文学出版社　2014年8月

六朝东山谢氏文学生产与林下风绵远影响　周淑舫　长春:吉林大学出版社　2014年9月

乐府诗史话　郭丽　北京:社会科学文献出版社　2014年12月

竹林七贤学术档案　刘怀荣　武汉:武汉大学出版社　2014年12月

魏晋南北朝论体文通论(上) 杨朝蕾 《古典文学研究辑刊》十二编 第17册 新北:花木兰文化出版社 2015年

魏晋南北朝论体文通论(下) 杨朝蕾 《古典文学研究辑刊》十二编 第18册 新北:花木兰文化出版社 2015年

汉魏晋五言诗的演变:四种诗歌模式与自我呈现 蔡宗齐 北京:北京大学出版社 2015年6月

毛诗楚辞考 儿岛献吉郎著,隋树森译 太原:山西人民出版社 2015年9月

六朝同题诗歌研究 沈凡玉 台北:台大出版中心出版 2015年11月

魏晋南北朝战争诗文综论 宋雪玲 北京:社会科学文献出版社 2015年11月

竹林七贤画像砖研究文集 朱向东 南京:南京出版社 2015年12月

楚辞的艺术形态及其传播研究 熊良智 北京:商务印书馆 2016年3月

《文选》赋研究 冯莉 北京:北京语言大学出版社 2016年6月

竹林七贤研究 卫绍生 北京:社会科学文献出版社 2016年11月

唐代文学与竹林七贤 刘小兵 郑州:郑州大学出版社 2016年11月

魏晋南北朝诗论史 梅运生 芜湖:安徽师范大学出版社 2016年12月

六朝散体文论稿(上) 王琳、杨朝蕾 《古典文学研究辑刊》十六编 第4册 新北:花木兰文化出版社 2017年

六朝散体文论稿(下) 王琳、杨朝蕾 《古典文学研究辑刊》十六编 第5册 新北:花木兰文化出版社 2017年

魏晋诗人之游仙主题研究(上下) 陈子梅 《古典诗歌研究汇刊》第21辑 第1、2册 新北:花木兰文化出版社 2017年

历代赋学文献辑刊 郭英德、踪凡 北京:国家图书馆出版社 2017年3月

汉赋系年考证 彭春艳 上海:上海古籍出版社 2017年6月

文史索隐——晋唐文学杂考 姜剑云 北京:人民出版社 2017年7月

元嘉文学研究 白崇 北京:社会科学文献出版社 2017年11月

汉魏六朝四言诗赋研究 牛香兰 上海:上海文化出版社 2018年2月

元嘉家研究 张润平 北京:中国农业大学出版社 2018年6月

西汉文学文献辨思录 龙文玲 南宁:广西人民出版社 2018年7月

魏晋文史寻微 景蜀慧 北京:中华书局 2018年9月

《竹林七贤集》辑校 卫绍生 郑州:中州古籍出版社 2018年11月

论文

汉代的诸赋(汉代の诸赋) 手塚光贵 东亚研究 1912年

中国学者生卒考　郑振铎　小说月报　1925 年

六朝诗和老庄思想(六朝の诗と老庄思想)　内田泉之助　斯文　1926 年

赋之源流及《两都赋》研究法　陈文波　清华周刊　1926 年 5 月第 25 卷第 13 期;《文选学研究》　北京:国家图书馆出版社　2010 年 11 月

魏晋诗研究　陈延杰　小说月报十七号外　1927 年

魏晋风度及文章与药及酒之关系　鲁迅　北新　第 2 卷第 2 号　1927 年 11 月 16 日;《而已集》　上海:北新书局　1928 年;《而已集》　北京:人民文学出版社　1973 年 5 月;《而已集》　南京:译林出版社　2018 年 3 月

论赋之封略　段凌辰　中山大学语历所周刊　1929 年 11 月 9 卷 106 期

辞赋与骚赋　许世瑛　文学月刊　1932 年第 3 卷第 1 期

西汉的乐府(西汉の乐府)　高仓克己　立命馆文学　1934 年

论汉代的辞赋　沛青　国闻周刊　1934 年

汉志诗赋略广疏　段凌辰　河南大学学报　1934 年第 1 期

《文选》中惨死的作家(附文选被害作家表)　冉昭德　励学　1934 年第 2 期;《文选学研究》　北京:国家图书馆出版社　2010 年 11 月

汉赋研究　朱杰勤　国立中山大学文史学研究所月刊　1934 年第 3 卷第 1 期

乐府小论　高仓克己　立命馆 35 周年记念论文集　文学篇　1935 年

汉赋在中国文学上的地位　吴烈　国民文学　1935年

汉赋篇·中国文学史纲之四　王气钟　学风　1935年

论建安时期的诗　沛青　国闻周报　1935年第12卷第18期

《文选》读余　叶履工　学风　1936年8月第6卷第5期;《文选学研究》　北京:国家图书馆出版社　2010年11月

读汉赋　啸咸　学艺　1936年第15卷2号

《文选》中所表现的老庄之道(文选に表ほれたる老庄の道)　早川佑吉　势阳(2)　1939年

建安文学系年　陆侃如　清华学报　1941年第13卷第1期

西晋太康诗坛巡礼　公方苓　"中央"日报　1946年

汉赋研究　成世光　学术季刊　1946年第5卷第4期

东晋诗略论　公方苓　"中央"日报　1947年

西晋清谈与游仙招隐诗　王新民　海疆校刊　1947年第1卷第2、3期

大赋浅说　薛凤生　大学生活　1947年第4卷第1期

《文选》赋笺　缪钺　《中国文化研究汇刊》第7卷　1947年9月;《读史存稿》　北京:生活·读书·新知三联书店　1963年3月;《中外学者文选学论集》(上)　北京:中华书局　1998年8月;《缪钺全集·第2卷,冰茧庵古典文学论集》　石家庄:河北教育出版社　2004年7月;《古典文学论丛》　杭州:浙江大学出版社　2009年7月;《文选学研究》　北京:国家图书馆出版社　2010年11月

汉诗别录　逯钦立　《历史语言研究所集刊》第13本　1948年;《汉魏六朝文学论集》　西安:陕西人民出版社　1984年11月;《逯钦立文存》　北京:中华书局　2010年10月

南朝乐府与当时社会的关系　廖蔚卿　文史哲学报　1951年第3期

咏物和题咏在六朝诗(六朝诗における咏物と题咏)　小泽正夫　日本文学研究　1953年

乐府考察——乐府与文人诗的问题(乐府についての一考察——民歌と文人の诗との问题)　目加田诚　文学研究(九州大学)　1953年

论《招隐》诗　小尾郊一　东方学(9)　1954年

关于汉魏晋南北朝的叙事诗(汉魏晋南北朝の物语诗について)　竹田复　东洋大学纪要　1955年

论建安曹氏父子的诗　余冠英　《文学遗产增刊》第一辑　北京:作家出版社　1955年9月;《魏晋六朝诗研究论文集》　香港:龙门书店　1969年

拟古与作伪　王瑶　《中古文学史论集》　上海:上海古典文学出版社　1956年9月;上海:上海古籍出版社　1982年10月

玄言·山水·田园——论东晋诗　王瑶　《中古文学史论集》　上海:古典文学出版社　1956年9月;上海:上海古籍出版社　1982年10月;《中古文学史论》　北京:北京大学出版社　1986年1月

隶事·声律·宫体——论齐梁诗　王瑶　《中古文学史论集》　上海:古典文学出版社　1956年9月;上海:上海古籍出版社　1982年10月

游仙文学源流考　中迂竞　东京学艺大学研究报告(8)　1957年

汉代的赋——主要论其名称的起源(汉代の赋——主としてその名称の起源について)　大野实之助　东洋文化研究(早稻田大学)　1957年

汉代鼓吹曲考　王运熙　复旦大学(人文科学)　1957年第1期

辞赋的构成(辞赋の构成について)　中岛千秋　日本中国学会报　1958年

杂诗考(杂诗について)　一海知义　日本中国学会报　1958年

引导建安诗的东西(建安诗を方向づけるもの)　铃木修次　东京教育大学文学部纪要　1958年

汉赋的思想与艺术　郑孟彤　文学遗产增刊　1958年

试论竹林七贤(竹林七贤についての试论)　福井文雅　フィロソィア　1959年

六朝文章论管见　中迁竞　东京学报　1959年

与郑孟彤先生商榷汉赋的评价问题　童丹　光明日报　1959年1月25日

谈汉赋　陈介白　天津日报　1959年6月16日

汉魏六朝专家文研究　罗常培　文史杂志　1959年第1期

关于乐府　萧涤非　文学遗产选集　1960年

《文选》挽歌诗考　一海知义撰,俞士玲译　中国文学报　1960年;《古典文献研究》第14辑　《〈文选〉学专辑》　南京:凤凰出版社　2011年6月

关于汉赋——读书札记之一　李嘉言　光明日报　1960年4

月 17 日

魏晋时期的咏物赋及抒情赋(魏晋における咏物赋と抒情赋)　藤原尚　支那学研究　1961 年

杂诗的意味(杂诗という意味)　长谷川滋成　中国中世文学研究(广岛大学)　1962 年

关于汉代的诗(汉代の诗について)　中岛千秋　爱媛大学纪要(人文科学)　1962 年

建安诗的题材和赋(建安诗の题材と赋)　铃木修次　东京教育大学文学部纪要　1962 年

六朝文学摭佚　饶宗颐　大陆杂志　1962 年

竹林七贤　万绳楠　安徽日报　1962 年 5 月 22 日

汉赋略说　里庸　福建日报　1962 年 11 月 18 日

从宫廷音乐的立场看魏晋的乐府(1)(2)[魏晋の乐府(1)(2)——宫廷音乐の立场から]　增田清秀　学大国文　1964 年、1965 年

乐府研究　朴晟义　高丽大学校 60 周年纪念论文集(人文科学篇)　1965 年

从汉代乐府诗所看"弃妇"成立条件(汉代乐府诗より观たる弃妇の条件について)　阿布正次郎　东洋学研究(东洋大)创刊号　1965 年

汉赋诗论　安振高　文理大学报(음저大学校)　1965 年

汉古诗时代问题考辨(上)(中)(下)　方祖燊　大陆杂志　1965 年

乐府歌辞类别考订　张寿平　大陆杂志　1965 年

关于竹林七贤(いわゆる竹林七贤について)　丹羽兑子　史林　1967年

《选》赋考证　王礼卿　幼狮学志　1967年第6卷第4期;《中外学者文选学论集》(下)　北京:中华书局　1998年8月

释"白日"(白日の解释)　清水茂　《吉川博士退休纪念中国文学论集》　东京:筑摩书房　1968年

建安乐府诗溯源　廖蔚卿　幼狮学志　1968年

六朝诗的演变　邓中龙　东方杂志　1968年第2卷第6期

梁诗作者考　朱秉义　幼狮学志　1968年第7卷第3—4期

南朝山水诗论　杨一肩　中文学会学报　1968年第9期

汉魏乐府的表现诗形考(汉魏乐府の表现诗形考)　泽口刚雄　学习院大学文学部研究年报　1969年

乐府歌辞所引古诗——批判余冠英《乐府歌辞的并凑合分割》(乐府歌辞における古诗の引用——余冠英乐府歌辞的并凑和分割批判)　冈村贞雄　支那学研究　1969年

魏晋诗研究　陈延杰　《中国文学研究丛编》第一辑　香港:龙门书店　1969年

宋诗作者考　朱秉义　幼狮学志　1969年第8卷第2期

魏晋南北朝之郊庙歌　陈炜良　寿罗香林教授论文集　1970年

魏晋乐府诗解题　方祖桑　师大学报　1970年

南北朝乐府诗之渊源　周诚明　中华诗学　1971年

关于汉魏乐府传承的考察(汉魏乐府の传承についての一考察)　泽口刚雄　学习院大学文学部研究年报　1971年

关于汉魏乐府传承的考察(承前)[汉魏乐府の传承についての一(考察)]　泽口刚雄　学习院大学文学部研究年报　1972年

魏晋的乐府(魏晋の乐府について)　泽口刚雄　鸟居久靖先生华甲记念论集——中国の言语文学　1972年

汉初辞赋文学的发展动向(汉初における辞赋文学の动向)　冈村繁　《中国的语言与文学——鸟居久靖先生华甲纪念论文集》　1972年;陆晓光译　《周汉文学史考》　上海:上海古籍出版社　2002年8月;2009年5月

乐府杂录笺订(上)　洪惟助　中华学苑　1973年

魏晋时代诗人与诗歌　方祖燊　师大学报　1973年第18期

乐府杂录笺订(下)　洪惟助　中华学苑　1974年

两汉魏晋辞赋论中所表现的文学思想(两汉魏晋の辞赋论に流れる文学思想)　林田慎之助　文学研究(71)　1974年

建安诗坛考——曹氏的诗坛经营(建安诗坛考——曹氏の诗坛经营につきて)　横须贺司久　二松学舍大学论集昭和52年度(中国文学编)　1977年

齐梁诗与齐梁诗人　郑雷夏　女师专学报　1977年第9期

南北朝拟乐府诗作者评述　周诚明　台中商专学报　1977年第9期

六朝咏物诗研究　洪顺隆　大陆杂志　1978年

汉赋文学思想源流　简宗梧　台湾政治大学学报　1978年

六朝诗的诸问题——从西晋到东晋(六朝诗の诸问题——西晋から东晋へ)　石川忠久　汉文学会会报(国学院大学)　1978年

魏晋“七哀”诗考　向岛成美　《文艺言语研究》(文艺编)(2)　1978年

建安时代的诗歌风格　吴云　天津文艺　1978年第6期

关于竹林之游的时间(读史札记)　陆钊珑　历史研究　1978年第7期

论六朝诗中巧构形似之言　王文进　台湾师范大学国文研究所集刊　1979年

“慷慨”的轨迹——从曹植、嵇康、阮籍到陆机　后藤秋正　《加贺博士退官纪念中国文史哲学论集》　东京:讲谈社　1979年

试论汉赋和魏晋南北朝的抒情小赋　曹道衡　《文学评论丛刊》第3辑　北京:中国社会科学出版社　1979年7月;《中古文学史论文集》　北京:中华书局　1986年7月;《曹道衡文集》卷一　郑州:中州古籍出版社　2018年4月

对汉赋若干疵议之商榷　简宗梧　《古典文学》第1集　台湾学生书局　1979年12月

碑帖与诗之校勘　于大成　《古典文学》第1集　台湾学生书局　1979年12月

咏物诗的评价标准　黄永武　《古典文学》第1集　台湾学生书局　1979年12月

论建安文学的新面貌　王运熙　郑州大学学报　1979年第4期;《汉魏六朝唐代文学论丛》　上海:上海古籍出版社　1981年10月

谈五言诗　伍俶　《中国古典文学论文精选丛刊》　台北:幼狮文化事业公司　1980年

六朝“临终诗”论考　后藤秋正　北海道教育大学纪要(第1部A人文科学编)30(2)　1980年3月

关于魏晋南北朝的骈文和散文　曹道衡　《文学评论丛刊》第7辑　北京:中国社会科学出版社　1980年10月;《中古文学史论文集》　北京:中华书局　1986年7月;《曹道衡文集》卷一　郑州:中州古籍出版社　2018年4月

略论“建安七子”说的分歧和由来　高敏　郑州大学学报　1980年第1期

略论南北朝文学的评价问题　曹道衡　文学遗产　1980年第2期

对《略论“建安七子”说的分歧和由来》的异议　均地　郑州大学学报　1980年第3期

对《异议》的异议　高敏　郑州大学学报　1980年第3期

《七哀》题解　殷呈祥　淮北煤师院学报　1980年第4期

魏晋南北朝骈文的发展及成就　胡国瑞　武汉大学学报　1980年第5期

六朝咏怀组诗研究　李正治　台湾师范大学国文研究所集刊　1981年

“黎明”“拂晓”小考:以《文选》为中心(“あけほの”“あかつき”小考:《文选》を中心に)　北村英子　西山学报(29)　1981年

论汉赋　龚克昌　文史哲　1981年第1期

汉诗序文非诗人自作考　周子来　盐城师专学报　1981年第1期

汉赋新诠　张志岳　求是学刊　1981年第2期

乐府诗体　褚斌杰　文史知识　1981年第3期

建安七子论　徐公持　文学评论　1981年第4期

对于六朝文人论的源流的试论(六朝文人论의　源流와　展开에　대하　试论)　卢暻熙　中国语文学(岭南中国文学会)　1982年

梁代中期文坛考　清水凯夫　立命馆文学(437、438)　1982年

魏晋文学史料考辨　沈玉成　《文史》第13辑　北京:中华书局　1982年3月;《沈玉成文存》　北京:中华书局　2006年6月

山水诗溯源——试论东晋前的自然景色描写　韦凤娟　《文学评论丛刊》第13辑　北京:中国社会科学出版社　1982年5月

建国以来建安文学研究综述　徐定祥　艺谭　1982年第1期

西晋乐府"拟古"论　张国星　华东师范大学学报　1982年第4期

谈谈魏晋南北朝文学　曹道衡　文学知识　1982年第7期

建安七子诗文系年考证　徐公持　《文学遗产》　1982年增刊

晋人生卒年斠录　陈万成　食货月刊(13)　1983年

晋代作家六考(干宝、孙绰)　曹道衡　《文史》第20辑　北京:中华书局　1983年9月

论汉代的"京殿苑猎"赋　胡念贻　文学遗产　1983年第1期;《中国古代文学论稿》　上海:上海古籍出版社　1987年10月

贵游文学与六朝文体的演变　王梦鸥　《古典文学论探索》　台北:正中书局　1984年

招隐诗的系谱　大川忠三　大东文化大学汉学会志(23)　1984年3月

论南北朝诗中的边塞题材　曹道衡　光明日报　1984年8月28日

三曹与"七子"　宣奉华　《建安文学研究文集》　合肥:黄山书社　1984年11月

竹林之游三考　韩传达　南京师大学报　1984年第2期

宋刻三谢诗读后记　顾美华　文献　1984年第4期

中古文学丛考·三张小考　沈玉成、傅璇琮　《古代文学研究集》　北京:中国文联出版公司　1985年2月

六朝咏物诗研究　洪顺隆　《六朝诗论》　台北:文津出版社　1985年3月

试论六朝的游仙诗　洪顺隆　《六朝诗论》　台北:文津出版社　1985年3月

建安作家诗文全目　刘知渐　《建安文学编年史》　重庆:重庆出版社　1985年3月

建安文学史料系年　傅璇琮、沈玉成　《艺文志》第3辑　太原:山西人民出版社　1985年11月;《沈玉成文存》　北京:中华书局　2006年6月

女诗人甄氏与三曹的纠葛　龚维英　芜湖师专学报　1985年第1期

魏氏"三世立贱"的分析　周勋初　南京大学学报　1985年第1期;《魏晋南北朝文学论丛》　南京:江苏古籍出版社　1999年11月;《钟山愚公拾金行踪》　上海:复旦大学出版社　2016年5月

山水方滋　庄老未退——从玄言诗的兴衰看玄风与山水诗的关系　葛晓音　学术月刊　1985年第2期

建安文学和三曹创作的风格 张文勋 云南教育学院学报 1985年第2期

游仙诗的系谱——从曹丕到郭璞 佐竹保子 东北学院大学论集(一般教育)(83、84合刊) 1986年

论东晋南北朝陈郡谢氏的文学传统——兼论山水诗的产生 萧华荣 《中国古典文学论丛》 第4辑 北京:人民文学出版社 1986年10月

《昭明文选》中邹县作者作品 张延龄 邹县文史资料 第4辑 1986年12月

两汉写志赋说略 于雷 开封教育学院学报 1986年第2期

太康"三张"辨 房日晰 中华文史论丛 1986年第4期

谈南朝乐府民歌 曹道衡 文史知识 1986年第4期;《中古文学史论文集续编》 台北:文津出版社 1994年7月

《文选》中所见鸷鸟类和杜诗(文选の鸷鸟类と杜诗) 芳原一男 《二松学社创立百十周年纪念论文集》 1987年

乐府诗中的几个问题 王文颜 《古典文学》第9集 台湾学生书局 1987年4月

山林隐逸与山水诗的兴起 曹道衡 《中国古典文学论丛》第5辑 北京:人民文学出版社 1987年9月;《中古文学史论文集续编》 台北:文津出版社 1994年7月

略论我国古代咏史诗的演变 蒋立甫 《中国古典文学论丛》第6辑 北京:人民文学出版社 1987年10月;《蒋立甫古典文学研究论集》 芜湖:安徽师范大学出版社 2016年6月

东晋玄言诗与山水诗——从东晋士人生活看东晋文学的特

点　王毅　《中国古典文学论丛》第6辑　北京：人民文学出版社　1987年10月

建安七子诗文钩沉　俞绍初　郑州大学学报　1987年第2期

《文选·赋》评议　康达维　《昭明文选研究论文集：首届〈昭明文选〉国际学术讨论会》　长春：吉林文史出版社　1988年6月

《昭明文选》所收赋的辞格特点　吕岚　《昭明文选研究论文集：首届〈昭明文选〉国际学术讨论会》　长春：吉林文史出版社　1988年6月

论以悲为美——《选·赋》中的音乐审美观　徐延嘉　《昭明文选研究论文集：首届〈昭明文选〉国际学术讨论会》　长春：吉林文史出版社　1988年6月;《文选学研究论文集》　长春：吉林人民出版社　2006年12月

魏晋诗人用韵管窥(一)——曹氏兄弟与建安七子　李行杰　青岛大学学报　1988年第4期

西晋二十四友　师飚　古典文学知识　1988年第5期

关于建安诗人所写的送别赠答诗(建安诗人による送别の赠答诗について)　龟山朗　日本中国学会报　1989年

汉赋中的纪行之赋　康达维　《"中研院"第二届国际汉学会议论文集》　台北："中研院"出版　1989年;苏瑞隆译　《汉代宫廷文学与文化之探微：康达维自选集》　上海：上海译文出版社　2013年9月

建安七子佚文存目考　俞绍初　《建安七子集》　北京：中华书局　1989年7月

建安七子著作考　俞绍初　《建安七子集》　北京：中华书局

1989年7月

建安七子年谱 俞绍初 《建安七子集》 北京:中华书局 1989年7月

《昭明文选》祖饯诗中的离情 王国瓔 汉学研究 1989年第1期;文史知识 1989年第5期、第6期

曹氏父子与建安七子的关系 戴蕃瑨 西南师范大学学报 1989年第1期

简述汉代四家辞赋观 孙亭玉 长沙水电师院学报 1989年第1期

论魏晋赋学 曹大中 中国文学研究 1989年第2期

三曹与四萧的文学地位平议 张辰 语文学刊 1989年第2期

《文选》京都赋与汉代的空间意识 陈复兴 社会科学战线 1989年第3期

读汉魏乐府小札 艾荫范 辽宁大学学报 1989年第6期

建安七子年表 郁贤皓、张采民 《建安七子诗笺注》 成都:巴蜀书社 1990年5月

近十年来的魏晋南北朝辞赋研究 李生龙 云梦学刊 1990年第1期

美的企慕与欲的宣泄——屈原、宋玉、司马相如美人赋散论 伏俊琏 社会科学 1990年第4期

志深而笔长 梗概而多气——刘勰论“建安七子”(上) 穆克宏 福建师范大学学报 1990年第4期

三曹与建安文学精神 林方直 语文学刊 1990年第4期

从二谢到何逊——南朝山水诗发展轨迹　魏清荣　福建师大学报　1990 年第 4 期

文变染乎世情——谈魏晋南北朝赋风的转变　龚克昌　文史哲　1990 年第 5 期

简论汉魏六朝的纪行赋　王琳　文史哲　1990 年第 5 期

“竹林七贤”与“二十四友”　沈玉成　辽宁大学学报　1990 年第 6 期;《沈玉成文存》　北京:中华书局　2006 年 6 月

汉乐府的娱乐职能及其对艺术表现的影响　潘啸龙　中国社会科学　1990 年第 6 期

七夕诗歌的发展——以《诗经》《文选》《玉台新咏》所载七夕诗歌为中心(七夕诗歌の发展——《诗经》《文选》《玉台新咏》所载の七夕诗歌を中心として)　前川幸雄　敦贺论丛　敦贺女子短期大学纪要(6)　1991 年

赋说　徐志啸　《历代赋论辑要》　上海:复旦大学出版社　1991 年 2 月

赋论资料目录汇编　徐志啸　《历代赋论辑要》　上海:复旦大学出版社　1991 年 2 月

连珠与逻辑——文学史行中西接触误解之一例　饶宗颐　《文辙》　台北:学生书局　1991 年 11 月;《饶宗颐二十世纪学术文集·文辙新编》　台北:新文丰出版社　2003 年;北京:中国人民大学出版社　2009 年 9 月

试论《文选》中的“情文”　李桂廷　烟台师范学院学报　1991 年第 1 期

竹林七贤散论　王晓毅　山东社会科学　1991 年第 2 期

志深而笔长　梗概而多气——刘勰论“建安七子”（下）　穆克宏　福建师范大学学报　1991年第2期

文学的自觉与消沉——建安文学三题　胡世厚、卫绍生　学术界　1991年第4期

近十年山水旅游文学研究综述　范能船、郭本厚　扬州师院学报　1991年第4期

论南朝赋的唯美化追求　程章灿　学术论丛　1991年第4期

论南朝赋的诗化趋势　程章灿　江海学刊　1991年第4期

从“古诗之流”说看两汉之际赋学的渐变及其文化意义　曹虹　文学评论　1991年第4期

“竹林七贤”之有无与中古文化精神　刘康德　复旦学报　1991年第5期

略论北朝辞赋及其与南朝辞赋的异同　曹道衡　文史哲　1991年第6期

论《文选》的“畋猎”赋　何沛雄　《文选学论集》　长春：时代文艺出版社　1992年6月

汉赋年表　康金声　《汉赋纵横》　太原：山西人民出版社　1992年9月

建安赋：斑斓的情感世界　程章灿　中国文学研究　1992年第1期

赋体文学风貌的再现——读《中国历代赋选》（先秦两汉卷）　曹道衡、刘跃进　文史知识　1992年第1期

从竹林七贤看魏晋之际名士的政治心态　郭熹微　文史哲　1992年第1期

略论晋宋之际的江州文人集团　曹道衡　中国文学研究 1992年第2期;《中古文学史论文集续编》　台北:文津出版社 1994年7月;北京:中华书局　2011年9月

论竟陵八友　刘跃进　文学遗产　1992年第3期

论《昭明文选》中咏怀诗的成立(昭明文选における咏怀の成立)　藤井良雄　福冈教育大学纪要第1分册文科编(42)　1993年

历代赋学要集叙录　何新文　《中国赋论史稿》　北京:开明出版社　1993年4月

从文学角度看《文选》所收齐梁应用文　曹道衡　文学遗产 1993年第3期;《中外学者文选学论集》(上)　北京:中华书局 1998年8月;《汉魏六朝文学论文集》　桂林:广西师范大学出版社 1999年9月;《中古文学史论文集续编》　北京:中华书局　2011年9月;《曹道衡文集》卷三　郑州:中州古籍出版社　2018年4月

《选·赋》中的风俗画　赵福海　长春师范学院学报　1993年第3期;学林(20)　1994年;《昭明文选研读》　长春:时代文艺出版社　2001年6月

出题奉作——曹魏集团的赋作活动　郑良树　《魏晋南北朝文学论集》　台北:文史哲出版社　1994年;《辞赋论集》　台北:台湾学生书局　1998年2月

陈郡阳夏谢氏:六朝文学士族之个案研究　程章灿　《魏晋南北朝文学国际学术研讨会论文集》　台北:文史哲出版社　1994年

由京都赋之发展见魏晋京都之时代精神　高桂惠　《魏晋南北朝文学论集》　台北:文史哲出版社　1994年

建安文学年表　李景华　《建安文学述评》　北京:首都师范大

学出版社　1994年7月

关于乐府诗的几个问题　曹道衡　齐鲁学刊　1994年第3期;《汉魏六朝文学论文集》　桂林:广西师范大学出版社　1999年9月;《曹道衡文集》卷三　郑州:中州古籍出版社　2018年4月

论《昭明文选》中的咏史诗　郭丹　福建师范大学学报　1994年第3期

中国古代咏史诗歌初论　彭卫　史学理论研究　1994第3期

中国咏史诗的发展与评价　黄筠　中国文化研究　1994年第4期

论《文选》中乐府诗的几个问题　曹道衡　《国学研究》第3卷　北京:北京大学出版社　1995年12月;《汉魏六朝文学论文集》　桂林:广西师范大学出版社　1999年9月;《中古文学史论文集续编》　北京:中华书局　2011年9月;《曹道衡文集》卷三　郑州:中州古籍出版社　2018年4月

乐府诗二题　曹道衡　齐鲁学刊　1995年第1期;《汉魏六朝文学论文集》　桂林:广西师范大学出版社　1999年9月;《曹道衡文集》卷三　郑州:中州古籍出版社　2018年4月

略论两汉乐府民歌中所体现的人性精神　胡晓明　齐鲁学刊　1995年第1期

试论《文选》诗歌的影响及其在文学史上的地位　张和群　福州师专学报　1995年第2期

论《选·赋》在文学史上的地位和影响　梁建徽、郑金春　福建师范大学学报　1995年第2期

二十四友文人集团形成时间考　邓福舜　大庆高等专科学校学报　1995年第2期

从"三曹七子"到"二十四友"——试论魏晋文人集团与文学精神的演变 李中华 武汉大学学报 1995年第2期

齐梁拟乐府诗赋题法初探——兼论乐府诗写作方法之流变 钱志熙 北京大学学报 1995年第4期

《文选》音乐六赋三题 刘琦 长春师范学院学报 1995年第4期

魏晋赠答诗的基本模式及艺术文化特征 周唯一 衡阳师范学院学报 1995年第4期

梁武帝和竟陵八友 曹道衡 齐鲁学刊 1995年第5期;《汉魏六朝文学论文集》 桂林:广西师范大学出版社 1999年9月;《曹道衡文集》卷三 郑州:中州古籍出版社 2018年4月

关于南北朝文学研究问题之我见 曹道衡 文学遗产 1995年第6期

《文选》《鹏鸟赋》《幽通赋》《思玄赋》三篇之评价方法与标准 游志诚 《昭明文选学术论考》 台北:台湾学生书局 1996年3月

试用物色理论分析《文选》行旅诗 游志诚 《昭明文选学术论考》 台北:台湾学生书局 1996年3月

再用物色理论分析《文选》游览诗 游志诚 《昭明文选学术论考》 台北:台湾学生书局 1996年3月

六朝祖饯、赠答诗论略 洪顺隆 《第三节中国诗学会议论文集》 彰化:彰化师范大学国文系 1996年5月

读汉乐府相合、杂曲札记 王运熙 《中华文史论丛》第55辑 上海:上海古籍出版社 1996年12月

汉乐府诗文艺性质浅谈　钱志熙　古典文学知识　1996年第1期

关于《文选》中六篇作品的写作年代　曹道衡　文学遗产　1996年第2期;《汉魏六朝文学论文集》　桂林:广西师范大学出版社　1999年9月;《中古文学史论文集续编》　北京:中华书局　2011年9月;《曹道衡文集》卷三　郑州:中州古籍出版社　2018年4月

浅议《文选》诗歌的语言特色　张和群　福建论坛　1996年第4期

咏史诗渊源的探讨暨咏史诗内涵之界定　雷恩海　贵州社会科学　1996年第4期

伤逝:《文选》诗歌的时间模式　陶庆梅　江海学刊　1996年第5期

《文选》音乐赋创作程序与美学意蕴发微　刘志伟　西北师大学报　1996年第5期

赋的文学特性与《文选》列赋为首的原因　张廷银　北方论丛　1996年第5期

从京都赋看当时的文风　李小成　广西师范大学学报　1997年

南朝乐府民歌受容考——从颜延之到鲍照(南朝乐府民歌受容について——颜延之と鲍照から)　塚本信也　东北大学中国语学文学论集　1997年

六朝题材诗系统论　洪顺隆　《魏晋南北朝文学论集》　南京:南京大学出版社　1997年9月

《文选》五言诗与钟嵘《诗品》　张亚新　《文选学新论》　郑州:中州古籍出版社　1997 年 10 月

《文选》音乐赋发微　刘志伟　《文选学新论》　郑州:中州古籍出版社　1997 年 10 月

《文选·咏怀诗》论:与我的六朝题材诗中的咏怀诗观比较　洪顺隆　《文选学新论》　郑州:中州古籍出版社　1997 年 10 月

《文选》所选论文的文学性　王运熙　《文选学新论》　郑州:中州古籍出版社 1997 年 10 月;古籍研究　1997 年第 1 期;《汉魏六朝唐代文学论丛　增补本》　上海:复旦大学出版社　2002 年 5 月;《中古文论文要义十讲》　上海:复旦大学出版社　2004 年 12 月;2008 年 11 月;2010 年 9 月

论骈文在六朝及初盛唐的地位　钟涛　《文选学新论》　郑州:中州古籍出版社　1997 年 10 月

《文选》选赋四题　王琳　《文选学新论》　郑州:中州古籍出版社　1997 年 10 月

《文选》和辞赋　曹道衡　《文选学新论》　郑州:中州古籍出版社　1997 年 10 月;《〈文学遗产〉纪念文集》　北京:文化艺术出版社　1998 年 5 月;《汉魏六朝文学论文集》　桂林:广西师范大学出版社　1999 年 9 月;《曹道衡文集》卷三　郑州:中州古籍出版社　2018 年 4 月

咏史:个体抒情在时间上的扩张——中古咏史诗抒情分析　胡大雷　广西师范大学学报　1997 年第 1 期

论咏史诗的寄托　孙立　中山大学学报　1997 年第 1 期

拟作与《文选》组织结构之关系　樊荣　河南师范大学学报　1997 年第 1 期;《古代文学论稿》　海口:海南出版社　1998 年

论异型文化之合成品:“竹林七贤”的意蕴与背景　范子烨　学习与探索　1997 年第 2 期

《文选》诗“哀伤”类初探　胡大雷　山西大学师范学院学报　1997 年第 2 期

中古“公宴”诗初探　胡大雷　广西师院学报　1997 年第 2 期

“竹林七贤”中其他五贤对竹林精神的贡献　罗筠筠　甘肃社会科学　1997 年第 5 期

拟作内容在《文选》中之不同体现　樊荣　《古代文学论稿》　海口:海南出版社　1998 年

论《文选》中的老庄思想——以诗篇为中心(文选における老庄思想——その诗篇を中心に)　戴禾　国际研究论集 11(2)　1998 年

赋之名义及特征　程千帆　《俭腹抄》　上海:上海文艺出版社　1998 年 6 月

赋之源流　程千帆　《俭腹抄》　上海:上海文艺出版社　1998 年 6 月

汉赋发生之社会背景　程千帆　《俭腹抄》　上海:上海文艺出版社　1998 年 6 月

汉赋流别　程千帆　《俭腹抄》　上海:上海文艺出版社　1998 年 6 月

赋之旁衍　程千帆　《俭腹抄》　上海:上海文艺出版社　1998 年 6 月

论颜谢、沈谢齐梁间地位的升降得失　陈庆元　《第三届魏晋南北朝文学国际学术研讨会论文集》　台北:文史哲出版社　1998

年8月;文学遗产 1999年第1期

运用《文心雕龙》理论分析《文选》作品 游志诚 《第三届魏晋南北朝文学国际学术研讨会论文集》 台北:文史哲出版社 1998年8月

论六朝祖饯诗群对文类学原理的背离 洪顺隆 《第三届魏晋南北朝文学国际学术研讨会论文集》 台北:文史哲出版社 1998年8月

赋与中国古代散文诗 踪凡 中国韵文学刊 1998年第1期

南朝赠答诗对魏晋诗歌的继承与发展 周唯一 衡阳师专学报 1998年第1期

汉大赋美学品格的得与失 陈庆元 福建师范大学学报 1998年第2期

乐府古辞的经典价值——魏晋至唐代文人乐府诗的发展 钱志熙 文学评论 1998年第2期

论王公贵人对南朝乐府民歌的接受 陈桥生 北京大学学报 1998年第3期

试论梁代天监、普通年间文学思想与创作 傅刚 文学遗产 1998年第5期;《汉魏六朝文学与文献论稿》 北京:商务印书馆 2016年3月(题目为:以萧统为中心论梁天监、普通年间文学思想与创作)

论作为文学样式的"辞"之面貌(上)——从汉代到《文选》(文学样式としての"辞"の实态(上)——汉代から《文选》まで) 井上一之 中央学院大学人间自然论丛(9) 1999年

南朝"山水诗"中"游览"与"行旅"的区分——以《文选》为主

的观察　王文进　东华人文学报　1999 年 7 月第 1 期

赋之名实考论——赋之风比兴义说　欧天发　《辞赋文学论集》　南京:江苏教育出版社　1999 年 12 月

关于"居赋"——闲居赋、山居赋、郊居赋　齐藤希史　《辞赋文学论集》　南京:江苏教育出版社　1999 年 12 月

汉代骚体赋和散体赋的发展　何沛雄　《辞赋文学论集》　南京:江苏教育出版社　1999 年 12 月

六朝纪行赋繁荣之鸟瞰　于浴贤　《辞赋文学论集》　南京:江苏教育出版社　1999 年 12 月

南朝齐梁时代的离别赋初探　陈美丽　《辞赋文学论集》　南京:江苏教育出版社　1999 年 12 月

美丽的周旋——魏晋"神女论述"的模拟与转化　郑毓瑜　《辞赋文学论集》　南京:江苏教育出版社　1999 年 12 月

象征:情欲与"大道"——汉魏六朝"神女—美女"系列辞赋的探讨　郭建勋　《辞赋文学论集》　南京:江苏教育出版社　1999 年 12 月

魏晋玄学与"竹林七贤"赋作　龚克昌　《辞赋文学论集》　南京:江苏教育出版社　1999 年 12 月;文史哲　1999 年第 2 期

试论赋之范围与汉赋"序文"之作者问题——读《全汉赋》力之　河南师范大学学报　1999 年第 1 期

论汉代赋家创作的个性特征　章沧授　学术月刊　1999 年第 3 期

汉魏六朝的禁碑与碑文的演变　李士彪　中国典籍与文化　1999 年第 4 期

竹林七贤若干问题考辨　卫绍生　中州学刊　1999 年第 5 期

洒笔以成酣歌　和墨以藉谈笑——刘勰论“魏氏三祖”　穆克宏　《文心雕龙国际学术研讨会论文集》　台北:文史哲出版社　2000 年;福建师范大学学报　2000 年第 1 期

《七哀》解题及申论　朱晓海　《学术集林》卷 17　上海:上海远东出版社　2000 年 4 月

西晋“五言赠答诗”创作时期考　矢田博士　言语与文化:爱知大学语学教育研究史纪要 31(4)　2000 年 12 月

南朝文学史上的王谢二族　曹道衡　文史知识　2000 年第 1 期;《中古文史丛稿》　保定:河北大学出版社　2003 年 10 月;《曹道衡文集》卷二　郑州:中州古籍出版社　2018 年 4 月

《文选》本骚类作品八篇小序的文献价值　王德华　浙江大学学报　2000 年第 1 期

论赋的叙事功能与中古赋家对事件的参与　胡大雷　广西师范大学学报　2000 年第 1 期

汉赋研究的基本问题及其现代进展　踪凡　山东大学学报　2000 年第 1 期

“班马”的辞赋观与汉代赋学思想的演进　马予静　河南大学学报　2000 年第 2 期

汉魏六朝时期的海赋　谭家健　聊城师范学院学报　2000 年第 2 期

古代狩猎赋论略　刘贵华　沈阳师范学院学报　2000 年第 2 期

兼裁众美其美在调——论西汉文化的“和合”趋势对大赋美

学旨趣和创作模式的影响　韩高年　甘肃社会科学　2000年第3期

音乐史上的雅俗之变与汉代的乐府艺术　钱志熙　浙江社会科学　2000年第4期

建安文学三题　朱立新　上海师范大学学报　2000年第4期

七贤林下之游的时间与方式　顾农　中国文化研究　2000年第4期

六朝文人挽歌诗的演变和定型　王宜瑗　文学遗产　2000年第5期

论儒家思想与汉代辞赋　苏瑞隆　文史哲　2000年第5期

百年汉乐府研究概述　马庆洲　济南教育学院学报　2000年第5期

建安七子年表　李文禄　《建安七子评传》　沈阳:沈阳出版社　2001年1月

建安七子论著资料索引　李文禄　《建安七子评传》　沈阳:沈阳出版社　2001年1月

望今制奇、参古定法——读《文选》中的几篇骈文　曹道衡　《〈昭明文选〉与中国传统文化:第四届文选学国际学术研讨会》　长春:吉林文史出版社　2001年6月

《文选》赋中的建筑美学　刘琦　《〈昭明文选〉与中国传统文化:第四届文选学国际学术研讨会》　长春:吉林文史出版社　2001年6月

《文选》诗简述　胡大雷　《〈昭明文选〉与中国传统文化:第四届文选学国际学术研讨会》　长春:吉林文史出版社　2001年6月

《文选》汉大赋用字中的义符类化现象　易敏　《〈昭明文选〉与中国传统文化:第四届文选学国际学术研讨会》　长春:吉林文史出版社　2001年6月;北京师范大学学报　2002年第4期

《文选》与咏史诗　李晖　《〈昭明文选〉与中国传统文化:第四届文选学国际学术研讨会》　长春:吉林文史出版社　2001年6月;北方论丛　2001年第5期(题目为:《昭明文选》与咏史诗)

经学的演进与汉大赋的嬗变　刘培　南开学报　2001年第1期

汉大赋衰变探微　高一农　文史哲　2001年第2期

西晋文学:陆机、潘岳、左思三"疑案"实议　毛庆　武汉教育学院学报　2001年第2期

汉赋作家的生命欲望及其创作心理特点　陈允锋　武汉大学学报　2001年第3期

宫体诗与南朝乐府　胡大雷　文学遗产　2001年第6期

论中古《拟古诗》的传统与新变　陈恩维　广西师范大学学报　2002年

汉魏六朝诗简论　王运熙　《汉魏六朝唐代文学论丛　增补本》　上海:复旦大学出版社　2002年5月

齐梁诗歌的俗化趋势　李文初　《魏晋南北朝文学与文化论文集》　天津:南开大学出版社　2002年8月

论汉晋招隐诗的两次复变及文化动因　李红霞　唐都学刊　2002年第1期

论二十四友　阮忠　湛江师范学院学报　2002年第1期

南朝咏史诗试论　韦春喜　石油大学学报　2002年第2期

关于《封禅文》《剧秦美新》和《典引》的一点思考 蒋文燕 宁夏大学学报 2002年第2期

论建安公宴诗及其典范意义 黄亚卓 广西师院学报 2002年第3期

《文选》所载诸篇史辞类序考证 唐普 四川师范大学学报 2002年第3期;《知不足丛稿》 成都:巴蜀书社 2006年1月

建安时代诗乐关系之新变动——以"魏之三祖"为中心 顾农 广西师范大学学报 2002年第3期

汉末魏晋挽歌及其流变论——兼谈挽歌的产生 李金荣 涪陵师范学院学报 2002年第4期

论汉魏六朝咏史诗的演变 刘曙初 贵州社会科学 2002年第5期

论两汉辞赋与书法 龚克昌 文史哲 2002年第5期

读古诗札记二则 顾农 书品 2002年第5期;《文选论丛》 扬州:广陵书社 2007年9月

关于汉赋的"丽以淫"与"丽以则" 张毅 天津师范大学学报 2002年第5期

论中国文人的"巫山神女情结" 李定广、徐可超 复旦学报 2002年第5期

建安文学史料丛札(三则) 顾农 古籍整理研究学刊 2002年第5期

论汉魏六朝"神女——美女"系列辞赋的象征性 郭建勋 湖南大学学报 2002年第5期

"七体"文三说 熊良智 西南民族学院学报 2002年第9期

论《三都赋》对《两都赋》《二京赋》之模仿与发展(《三都赋》における《两都赋》《二京赋》の踏袭と发展について)　户高留美子　学芸国语国文学　2003 年

《文选》史传作家之研究——以对司马迁与班固之评价的变迁为中心　畑村学　中国古典文学研究(1)　2003 年

游仙诗的发生发展和没落　赖汉屏　《知了斋诗文赏论辑存》　北京:中国文联出版社　2003 年 1 月

魏有“三曹”梁有“四萧”　胡德怀　《〈文选〉与“文选学”:第五届文选学国际学术研讨会论文集》　北京:学苑出版社　2003 年 5 月

试论魏晋诗赋的骈偶化　刘志伟　《〈文选〉与“文选学”:第五届文选学国际学术研讨会论文集》　北京:学苑出版社　2003 年 5 月

从《文选·杂拟诗》谈《三妇艳诗》与《自君之出矣》　廖一瑾　《〈文选〉与“文选学”:第五届文选学国际学术研讨会论文集》　北京:学苑出版社　2003 年 5 月

论《文选》中的四言诗　周勋初　《〈文选〉与“文选学”:第五届文选学国际学术研讨会论文集》　北京:学苑出版社　2003 年 5 月;《馀波集》　南京:南京大学出版社　2008 年 3 月

赠答诗的勃兴——读《文选》随札一则　宋恪震　《〈文选〉与“文选学”:第五届文选学国际学术研讨会论文集》　北京:学苑出版社 2003 年 5 月;黄河科技大学学报　2003 年第 2 期;《问学鸿爪拾碎》　北京:线装书局 2009 年 8 月

汉晋赋管窥　赵逵夫　《辞赋研究论文集——第五届国际辞赋研讨会》　北京:中国文史出版社　2003 年 11 月

选赋所见之赋学章句学 游志诚 《辞赋研究论文集——第五届国际辞赋研讨会》 北京:中国文史出版社 2003年11月

《文选》诗赋哀伤主题透视 张蕾 河北师范大学学报 2003年第1期

试论南朝咏史诗 韦春喜 四川师范学院学报 2003年第1期

所遇无故物 焉得不速老——读《文选》"哀伤赋" 杨亮 新乡师范高等专科学校学报 2003年第1期

论汉代京都赋与亚欧文化交流 许结 贵州大学学报 2003年第1期;《赋体文学的文化阐释》 北京:中华书局 2005年9月

论《文选》中的边塞诗 王莉 延安大学学报 2003年第2期;西藏大学学报(汉文版) 2004年第1期

竹林七贤名义考辨 韩格平 文学遗产 2003年第2期

挽歌略考 查金萍 阜阳师范学院学报 2003年第3期

汉赋新论 龚克昌 贵州大学学报 2003年第4期

试析隋朝以前的诔文与哀文 钟嘉芳、陈钰君 湛江师范学院学报 2003年第4期

从招隐诗的衰歇看晋宋诗歌的历史走向 李红霞 深圳大学学报 2003年第6期

论建安公宴诗的价值选择 何红艳 内蒙古社会科学(汉文版) 2003年第6期

杂诗考——以《文选》为中心 森田浩一 多文化社会研究(甲南女子大学文学部多文化共生学科)(2) 2004年

《文选》中的"岁暮"主题新探 雷久密 Early Medieval

China10—11 2004年;章琦译 《古典文献研究》第14辑 《〈文选〉学专辑》 南京:凤凰出版社 2011年6月

魏晋六朝赋序简论 徐丹丽 《古典文献研究》第7辑 南京:凤凰出版社 2004年7月

先唐诔文写哀内容的变迁及其文学化进程 陈恩维 贵州文史丛刊 2004年第1期

汉魏六朝咏史诗探论 韦春喜 中国韵文学刊 2004年第2期

招隐诗三议 漆鹃 和田师范专科学校学报 2004年第2期

风、秋、雪、月——《昭明文选》物色赋探析 孙淑芳 台湾侨光技术学院通观洞识学报 2004年第2期

《文选》"咏史"诗初论 张学成 景德镇高专学报 2004年第3期

汉代乐府咏史诗探论 韦春喜 石油大学学报 2004年第3期

南朝乐府古辞的改造与艳情诗的写作 傅刚 文学遗产 2004年第3期

略谈魏晋赠答诗 顾农 古典文学知识 2004年第4期

从《文选》看中古作家的地域分布 曹道衡 齐鲁学刊 2004年第6期

东汉京都大赋论略 冯莉 唐都学刊 2004年第6期

魏晋南北朝咏怀诗的演变 蔡振雄 广西社会科学 2004年第8期

略论《文选》志类赋"言志"主题 陈司直 台湾吴凤学报

2004年第12期

“赋”与“比兴”的融合——浅谈《文选·禽鸟赋》抒情艺术的发展　王雅荣　文教资料　2004年增刊

《昭明文选》音乐赋研究　曹树华、何沛雄　珠海大学中国文学研究所　2005年

《昭明文选》畋猎赋之研究　严克强　东吴中文研究集刊　2005年

魏晋游仙、咏史、玄言诗探源　朱晓海　《中国中古文学研究》　北京:学苑出版社　2005年12月

先唐诔文述德内容的变迁及其文学化进程　陈恩维　广西师范大学学报　2005年第1期

《文选》“情”类赋探微　孙丹萍　滨州学院学报　2005年第1期

南朝公宴诗与五言诗的律化　黄亚卓　中国韵文学刊　2005年第1期

论两晋隐逸诗、赋的玄言色彩　胡大雷　河北师范大学学报　2005年第2期

关于“竹林七贤”名义的思考　胡海义　贵州文史丛刊　2005年第2期

汉大赋欲“风”反“劝”成因探析　胡大雷　江汉大学学报　2005年第3期

“赋家之心”的另类解读　谭淑娟　贵州社会科学　2005年第3期;广西社会科学　2005年第4期

萧统《文选》诗歌抒情方式琐谈　张和群　福建省社会主义学

院学报 2005年第3期

东汉诔文的骈化 王丹 社会科学辑刊 2005年第4期

竹林七贤与魏晋玄学思潮 孙光 北方论丛 2005年第4期

从京都赋到田园诗——对诗赋文学创作传统的思考 许结 南京大学学报 2005年第4期

《文选》表体文的文化艺术价值 周唯一 衡阳师范学院学报 2005年第5期

魏晋文人《挽歌诗》探微 程荣 安徽警官职业学院学报 2005年第6期

论《文选》音乐赋 章雯 唐山师范学院学报 2005年第6期

魏晋乐府的署名问题 箫文 文学遗产 2005年第6期

论经学对汉赋题材的催动 李桂荣、郑明璋 山东社会科学 2005年第8期

《文选》祖饯诗浅探 刘敏 哈尔滨学院学报 2005年第9期

《文选》物色类风、雪、月三赋析论 郭乃祯 国文学报 2005年第38期

试论汉代赋家"符命"文体创作与士人理想之关系 蒋文燕 人文丛刊 2006年

《文选》中的"哀伤"类诗 杨群 太原日报 2006年7月10日

汉乐府研究三题 许云和 《汉魏六朝文学考论》 上海:上海古籍出版社 2006年11月

日本三曹研究文献概观 钱振民 《中国中世文学研究论集》 上海:上海古籍出版社 2006年12月

汉代文人的乐府歌诗创作及其意义　赵敏俐　《乐府学》第1辑　北京:学苑出版社　2006年12月

辞赋源流与综合研究　曹虹　文学遗产　2006年第1期

汉代赋论的文学背景考述　许结　江海学刊　2006年第2期

《文选》中《杂诗》略论　张丽涛、赵坤　邢台职业技术学院学报　2006年第2期

汉魏六朝哀辞研究　张海鸥、梁锐　湛江师范学院学报　2006年第2期

从诗骚辨体看"风雅"和"风骚"的示范意义——兼论历代诗骚体式研究的思路和得失　葛晓音　中华文史论丛　2006年第3期

读《文选》诗札记(二题)　顾农　广西师范大学学报　2006年第3期

西晋士风与文人拟古乐府诗的盛行　张爱波　求索　2006年第10期

有关贾谧的二十四友相关人士的资料(贾谧の二十四友に所属する人士に关するデータ)　福原启郎　研究论丛　2007年

建安诗歌与乐府关系新论——以魏武帝、魏文帝诗歌研究为例　孙尚勇　《乐府文学文献考论》　北京:人民文学出版社　2007年5月

汉魏六朝的汉赋整理与编录　踪凡　《中国诗歌研究》第4辑　北京:中华书局　2007年7月

从拟古诗的繁荣看六朝诗学精神　于浴贤　《谁是诗中疏凿手:中国诗学研讨会论文集》　南京:凤凰出版社　2007年7月

论刘宋文人乐府的复兴　王志清　《乐府学》第2辑　北京:学苑出版社　2007年8月

论乐府古题的传统　颜庆余　《乐府学》第2辑　北京:学苑出版社　2007年8月

石崇、潘岳与金谷集诗　顾农　《文选论丛》　扬州:广陵书社　2007年9月

汉晋文学中的《庄子》接受概况——以《文选》所收先秦至晋末的作家作品为例　杨柳　《汉晋文学中的〈庄子〉接受》　成都:巴蜀书社　2007年11月

《文选·赋》哀伤类三题　吴健民　现代语文(文学研究版)2007年第1期

六朝公宴诗与游戏娱情诗学观　黄亚卓　聊城大学学报2007年第2期

曹魏的乐府诗创作对汉乐府的接受　唐会霞　贵州社会科学2007年第2期

论《文选》所收建安时期书信　赵俊玲　西南交通大学学报2007年第3期

浅析《文选》中的挽歌诗　张筝　海南广播电视大学学报2007年第3期

从《文选》所选碑传文看骈文的叙事方式　王运熙　上海大学学报　2007年第3期;《〈文选〉学与楚文化——纪念李善逝世1317周年国际学术研讨会》　武汉:武汉出版社　2008年8月;《汉魏六朝唐代文学论丛》　上海:上海古籍出版社　2012年12月

《文选》赋中的生命哀伤意识　刘琦　社会科学战线　2007年

第6期

“言志”母题之驿动与流变——以《昭明文选》“志”类赋为范畴展衍　郑柏彰　台湾华梵人文学报　2007年第8期

汉魏乐府诗“因声而歌”与“缘事而发”的成诗模式　田彩仙　福建论坛　2007年第10期

近二十年悼亡诗词研究综述　唐旺珍　文教资料　2007年第26期

《文选》咏史诗浅析　何辉兰　南方论刊　2008年

围绕迷迭的赋——建安文学中芳香表现一斑(迷迭の赋をめぐって——建安文学における芳香表现の一)　狩野雄　三国志研究　2008年

论汉赋与吟咏之间的相互发展的关系(汉赋と吟咏との相互发展关系について)　高桥庸一郎　阪南论集人文·自然科学编　2008年

汉赋乐礼探微　王士松　《中国古典文学与文献学研究》第4辑　北京:学苑出版社　2008年1月

由《文选》哀伤赋探析六朝生命意识　林登顺　台湾远东通识学报　2008年7月第2卷第2期

西晋三作家论(孙楚、应贞、夏侯湛)　顾农　《〈文选〉学与楚文化——纪念李善逝世1317周年国际学术研讨会》　武汉:武汉出版社　2008年8月

“竹林七贤”琐谈　崔军红　《〈文选〉学与楚文化——纪念李善逝世1317周年国际学术研讨会》　武汉:武汉出版社　2008年8月

建安七子作品辨伪 王辉斌 阜阳师范学院学报 2008年第1期

读《文选》诗札记三题 顾农 宁夏师范学院学报 2008年第2期

汉武帝时期乐府歌诗新变及与西域乐舞之关系 龙文玲 民族艺术 2008年第2期

秦汉时期巴蜀文学略论 刘跃进 重庆社会科学 2008年第2期

赋中论赋:汉代赋学批评的另一种形式 冷卫国 文学遗产 2008年第3期

论谶纬与汉赋创作的关系 冯维林 兰州学刊 2008年第6期

《文选·骚》三题 韦若任 长春师范学院学报 2008年第11期

《七哀诗》考论 田冬梅 文教资料 2008年第16期

从《文选》看边塞诗的演变及其特点——自建安到刘宋 王竞 古籍研究 2009年

说《文选》中的四言诗——兼论萧统与刘勰和钟嵘诗学观的异同 周伟 钦州学院学报 2009年第1期

魏晋六朝拟古辞乐府不均衡现象考察 文晓华 北方论丛 2009年第1期

晋宋文人对汉代古诗的继承与发展——以拟古诗为例 傅小林 漳州师范学院学报 2009年第2期

曹氏家族乐府诗对汉乐府的继承 郑霓虹、魏宏灿 阜阳师

范学院学报　2009年第2期

试论南朝颂赞文　刘涛　韩山师范学院学报　2009年第2期

《文选》"杂诗"浅析　赵红　科技信息　2009年第2期

"咏史"界说述论　纪倩倩、王栋梁　齐鲁学刊　2009年第3期

汉代"设论体"赋的源头及思想变化趋势　张德苏　济南大学学报　2009年第4期

汉魏六朝九锡文略述　尚慧鹏　许昌学院学报　2009年第4期

《文选》中"论"体文的特点　刘传文　乐山师范学院学报　2009年第4期

《昭明文选》中招隐诗解读　季南　现代语文(文学研究版)　2009年第5期

《文选》中的"三谢诗"(上)　跃进　古典文学知识　2009年第5期

《文选》中的"三谢诗"(下)　跃进　古典文学知识　2009年第6期

读《文选》中的建安作品(三题)　顾农　广西师范大学学报　2009年第6期

竹林七贤与《文选》研究二题　禚宝斌　绍兴文理学院学报　2009年第6期;《第八届文选学国际学术研讨会论文集》　扬州:广陵书社　2010年12月

《文选》与文化史——以《文选·咏史》为例　陈复兴　《第八届文选学国际学术研讨会论文集》　扬州:广陵书社　2010年12月;

社会科学战线 2010年第2期

论《文选》中的女性作品与女性题材 王玫、曾彩华 《第八届文选学国际学术研讨会论文集》 扬州:广陵书社 2010年12月

继步陈王——谈《文选》二谢赠答诗 廖一瑾 《第八届文选学国际学术研讨会论文集》 扬州:广陵书社 2010年12月

《文选》的诗学建构 黄坤尧 《第八届文选学国际学术研讨会论文集》 扬州:广陵书社 2010年12月

《文选》赋的自然观研究 周燕 《第八届文选学国际学术研讨会论文集》 扬州:广陵书社 2010年12月

受命于诸子,拓宇于汉赋——论源锥指 王京州 《第八届文选学国际学术研讨会论文集》 扬州:广陵书社 2010年12月

汉代"以诗论赋"批评现象形成的历史考察 彭安湘 《第八届文选学国际学术研讨会论文集》 扬州:广陵书社 2010年12月

《文选》所收三篇经学传注序探微 朱晓海 《中国文论的方与圆》 上海:华东师范大学出版社 2010年12月;淡江中文学报 2010年第22期

魏晋三良诗系列作品新论 王书才 广西社会科学 2010年第1期

中古"悼亡"诗论 胡大雷 玉林师范学院学报 2010年第1期

屈原赋、荀卿赋、宋玉赋异同论及其影响——南北文学融合的一个例子 胡大雷 宁夏师范学院学报 2010年第1期;《中古赋学研究》 桂林:广西师范大学出版社 2011年6月(题目为:屈原赋、荀卿赋、宋玉赋异同论——南北文化融合与赋的定形)

“客主以首引”辨——论“客主以首引”成为赋的文体象征　胡大雷　铜仁学院学报　2010年第1期

魏晋挽歌诗的坟墓意象和悲美的生命意识　王晓静　韶关学院学报　2010年第2期

两晋文人对汉魏乐府的接受　唐会霞　宝鸡文理学院学报　2010年第2期

汉初骈散之分途及其政治与文学功能　孙少华　文史哲　2010年第2期

汉赋文化特质简论　刘慧晏　文史哲　2010年第2期

唐前七体讽谏功能发微　王德华　学术月刊　2010年第2期

试论《文选》诗篇所反映的汉魏民俗　时英英　语文知识　2010年第2期

西晋“二十四友”集团交游方式探析　张爱波　民俗研究　2010年第2期

从江鲍与沈谢看宋齐五言诗的沿革　葛晓音　学术研究　2010年第3期;《先秦汉魏六朝诗歌体式研究》　北京:北京大学出版社　2012年4月

魏晋挽歌与士人心态　尹福佺　赤峰学院学报　2010年第3期

曹魏文人对汉乐府的接受　唐会霞、李世忠　广西社会科学　2010年第3期

赋源新论　踪凡　清华大学学报　2010年第4期

招隐与遁世——“七”体和“设论”交映下的东汉文人心态　王允亮　河南社会科学　2010年第4期

《文选》中的骚体(上)　跃进　古典文学知识　2010年第4期

《文选》中的骚体(下)　跃进　古典文学知识　2010年第5期

读《文选》赋三题　顾农　广西师范大学学报　2010年第5期

论五言诗在《文选·诗》中的重要地位　董宏钰、王允雷　佳木斯大学社会科学学报　2010年第5期

试探田猎赋的奠基历程——从《七发》到《子虚上林赋》　袁世刚　河北北方学院学报　2010年第5期

《文选》咏史诗试论　黎丽莎　铜仁学院学报　2010年第5期

《文选》隐逸诗及其“逆反式抒情”　黄伦峰　四川教育学院学报　2010年第5期

神女赋的流变及其特点初探　方中政　大理学院学报　2010年第5期

《文选》咏史诗浅议　王岩　南方论刊　2010年第6期

西汉蜀都赋家赋作考　金前文　湖北工业大学学报　2010年第6期

“连珠”研究述要　符欲静　湖北广播电视大学学报　2010年第11期

道别:中国中古前期的诔文转变　高德耀撰,何维刚译　《古典文献研究》第14辑　《〈文选〉学专辑》　南京:凤凰出版社　2011年6月

两晋文学家“三张”略论——以《文选》所录作品为中心　顾农　《扬州文化研究论丛》第7辑　扬州:广陵书社　2011年6月

《文选》赋“鸟兽”类析——从借物造端到赋有“形似之目”　胡大雷　广西师范大学学报　2011年第1期

近十年汉魏六朝乐府歌辞研究综述　吴大顺　中国韵文学刊　2011 年第 1 期

南朝“物色”考辨——《文选·赋》“物色”类研究之一　钟其鹏　广西师范大学学报　2011 年第 1 期

《文选·赋》“物色”类不含草木赋辨——《文选·赋》“物色”类研究之二　钟其鹏　牡丹江大学学报　2011 年第 1 期

乐府“行”题本义新考　张煜　首都师范大学学报　2011 年第 1 期

鼓吹曲的传播与齐梁时代鼓吹曲辞的创作　王志清　宁夏社会科学　2011 年第 1 期

中古时期招隐诗兴盛与消亡探究　许晓晴　南昌大学学报　2011 年第 1 期

陶渊明与张衡、束皙之关系发微——“其源出于应璩　又协左思风力”说续貂　范子烨　九江学院学报　2011 年第 1 期

《文选》“情”类赋所引发的几点思考　回静　辽宁教育行政学院学报　2011 年第 2 期

魏晋南北朝文人乐府创作述论　徐宝余、蒋宁　中国韵文学刊　2011 年第 2 期

托物抒情　观物赋德——《文选》赋体“鸟兽”类作品解读　王德华　古典文学知识　2011 年第 2 期

生离死别之痛　生命迁逝之悲——《文选》赋体“哀伤”类作品解读　王德华　古典文学知识　2011 年第 3 期

论“竹林七贤”盛名之兴起　胡大雷　焦作师范高等专科学校学报　2011 年第 3 期

论西汉抒情赋　刘海燕　新乡学院学报　2011年第3期

汉魏两晋诔文述论　赵厚均　上海大学学报　2011年第3期

汉代赋学论　徐志啸　杭州师范大学学报　2011年第3期

士的“精神维谷”——《文选》行旅诗主题透视　费康亮　湖南科技学院学报　2011年第3期

悼亡诗写作范式的演进　蒋寅　安徽大学学报　2011年第3期

中古招隐诗的创作模式　李宜蓬　长春师范学院学报　2011年第3期

辞赋遗传与宫体诗新变　曹旭、文志华　上海师范大学学报　2011年第3期

汉晋京都赋的史学传统　王紫微　船山学刊　2011年第4期

乐府“引”题本义考　张煜　文艺研究　2011年第4期

《文选》赋类所载汉魏风俗略考　黄志立　语文知识　2011年第4期

汉赋用《诗》的文学传统　许结、王思豪　中国社会科学　2011年第4期

《文选》中的四言诗(上)　跃进　古典文学知识　2011年第4期

《文选》中的四言诗(下)　跃进　古典文学知识　2011年第5期

汉代颂赞文化与汉赋　许智银　咸阳师范学院学报　2011年第5期

建安公宴诗在山水诗形成中的示范作用　杜红亮　中州学刊

2011年第5期

略论《文选》中的汉代音乐赋 邸宏香 长春师范学院学报 2011年第6期

论汉乐府对箴铭、格言、谣谚的继承和发展——以乐府古辞为例 张建华 许昌学院学报 2011年第6期

从《文选·赋》"物色"类看先唐物色赋的结构类型——《文选·赋》"物色"类研究之五 钟其鹏 宜春学院学报 2011年第7期

从《文选·赋》"物色"类看先唐物色赋的主题演变——《文选·赋》"物色"类研究之三 钟其鹏 文艺评论 2011年第8期

《文选》游览诗抒情模式探微 曹艳娇 华章 2011年第9期

魏晋北朝同题拟古诗成因及价值浅探 纪楠 学术交流 2011年第12期

汉代乐府考略 周文林 名作欣赏 2011年第30期

《文心·封禅》与《文选》符命的文类省思:以历史文化的考察为主 龙亚珍 中山人文学报 2011年第31期

身挫凭乎道胜 时屯寄于情泰——《文选》"对问"、"设论"文解读(上) 王德华 古典文学知识 2012年第1期

"设论体"词探微 彭洁明 安康学院学报 2012年第1期

论汉魏六朝的杂体诗 时国强 中南大学学报 2012年第1期

黄老养生思想与汉代散体大赋的形成 魏鸿雁 文学遗产 2012年第1期

汉赋礼仪功能的式微与文学意蕴的形成 孙少华 中南民族

大学学报　2012年第1期

身挫凭乎道胜　时屯寄于情泰——《文选》“对问”、“设论”文解读(下)　王德华　古典文学知识　2012年第2期

汉魏六朝“耕隐”作品的文学史意义——以《文选》中“耕隐”作品为例　郭春林　北方论丛　2012年第3期

论《文选》赋类“遇神”情节　只迎博　东京大学　2012年第3期

略论《文选》诗歌的思想内容　张和群　教育教学论坛　2012年第3期

《文选》耕藉赋立类原因及入选作品探析　赵俊玲　天中学刊　2012年第3期

《文选》“哀伤”赋略论　冯莉　辽东学院学报　2012年第4期

论曹魏乐府诗音乐研究的重要性　傅炜莉　求索　2012年第4期

情色的力量、规训与政治隐喻——以《文选》“情”类赋为中心　俞士玲　汉语言文学研究　2012年第4期

穷达出处　明道述志——《文选》赋体“志”类作品解读　王德华　古典文学知识　2012年第4期

汉代狩猎赋综论　杨晶瑜　文学界(理论版)　2012年第4期

略论“檄”的特点及《文选》文体分类的缺陷——以《文选》所选檄文为例　张悦　内蒙古农业大学学报　2012年第4期

浅谈《文选》诗哀伤类与挽歌类异同　张敏敏　楚雄师范学院学报　2012年第5期

从《文选》书笺看建安文学批评之动因　林静　云梦学刊

2012年第5期

论《文选》荐贤表——兼论表类的文体意义　李乃龙　广西师范大学学报　2012年第5期

试探魏晋南北朝重要文论作品与诔文之关系　张宁　吉林广播电视大学学报　2012年第5期

"论难"与"问论"——魏晋人著论的新形式　王京州　贵州师范大学学报　2012年第6期;《〈文选〉与中国文学传统:第九届〈文选〉学国际学术研讨会论文集》　北京:中华书局　2014年8月

十世纪以前的楚辞传播　崔富章　浙江大学学报　2012年第6期

"美"与"悲"——《文选》赋类中女性形象探析　张馨心　牡丹江师范学院学报　2012年第6期

魏晋南北朝狩猎赋综论　杨晶瑜　黑河学刊　2012年第6期

《文选》"情"类赋的抒情方式　王雅璇　现代交际　2012年第9期

《昭明文选》五言诗的韵律类型　邹德文、王允雷　长春师范学院学报　2012年第11期

内外相感:《文选》"物色"赋发微　钟仕伦　内江师范学院学报　2012年第11期;《第十届文选学国际学术研讨会论文集》　郑州:河南大学出版社　2014年8月

从《文选》中的诗人自序看魏晋诗歌的创作和阐释　龚方琴　语文学刊　2012年第17期

谈曹魏文人聚会——以《文选》书信类为材料　孙淑芬　青春岁月　2012年第20期

《文选》"咏怀"诗探究　陈江敬　教育教学论坛　2012年第22期

以《文选》"公宴诗"为例看其演变轨迹　张飞飞　文教资料　2012年第26期

《文选·赋》所见"鸟之形象"(《文选》の"赋"に见られる"鸟の形象")　金秀雄　关西大学中国文学会纪要(34)　2013年

台湾地区赋学研究概述　徐志啸　《古代文学理论研究》第35辑　上海:华东师范大学出版社　2013年4月

论《文学》《玉台新咏》中的郑、卫之音　田中和夫撰,李寅生译　《汉唐诗经学研究》　南京:凤凰出版社　2013年12月

武化到文化之转变——论汉大赋的形成　汪春泓　文史哲　2013年第2期

基于《昭明文选》的魏晋南北朝军旅诗类观念试探　袁君煊　解放军艺术学院学报　2013年第4期

赵壹、祢衡咏鸟赋研究　杨允　社会科学战线　2013年第4期

论汉大赋的敛藏　黄卓颖　南京大学学报　2013年第4期

从《文选》游览赋探汉魏六朝文人游思之变　原煜媛　延安大学学报　2013年第5期

西汉赋家的郎官身份对其赋作的影响　蔡丹君　文学遗产　2013年第5期

论《文选》"乐府诗"的三大题材及其特征　魏小利　江西教育学院学报　2013年第6期

《文选》公宴诗对《诗经》宴飨诗的继承与发展　党青青　重庆科技学院学报　2013年第12期

《文选》五言诗存在的韵律探析　杨懿娟　作家　2013 年第 12 期

文若春华:《昭明文选》"比喻"衡鉴　乔俊杰　语文学刊　2013 年第 15 期

《文选》与晚明时期骈文的复苏　李金松　《第十届文选学国际学术研讨会论文集》　郑州:河南大学出版社　2014 年 8 月

咏物诗说略　宋恪震　《第十届文选学国际学术研讨会论文集》　郑州:河南大学出版社　2014 年 8 月;《文选学研究》第 1 辑　北京:中华书局　2018 年 2 月(题目:咏史诗说略——读《文选》随札)

汉魏六朝祭文述论　赵厚均　《第十届文选学国际学术研讨会论文集》　郑州:河南大学出版社　2014 年 8 月

《文选》乐器赋之内容与结构述要——兼论唐代乐器赋的承袭与变异　卢庆滨　《〈文选〉与中国文学传统:第九届〈文选〉学国际学术研讨会论文集》　北京:中华书局　2014 年 8 月

魏晋赋的叙事对话多音性探析　梁淑媛　《〈文选〉与中国文学传统:第九届〈文选〉学国际学术研讨会论文集》　北京:中华书局　2014 年 8 月

《文选》汉魏五言诗的成立兼与木斋的相关讨论　黄坤尧　《〈文选〉与中国文学传统:第九届〈文选〉学国际学术研讨会论文集》　北京:中华书局　2014 年 8 月

从《诗经》之诗到《选》诗之诗　俞琼颖、王玫　《第十届文选学国际学术研讨会论文集》　郑州:河南大学出版社　2014 年 8 月

论《文选》对"建安七子"作品之去取　胡旭、宫伟伟　《中国

文学研究》第24辑　上海:复旦大学出版社　2014年12月;《〈文选〉与汉唐文化:第十一届〈文选〉学国际学术研讨会论文集》　北京:中华书局　2018年8月

《文选》中哀伤赋以及选录标准　郭家嵘　山西广播电视大学学报　2014年第1期

建安七体文论析　朱秀敏、宋金民　贵州大学学报　2014年第2期

建安七体文创作考论　林家骊、邓成林　贵州大学学报　2014年第2期

栖迟在王权的罅隙里——《文选》的"河北问题"及其名教叙述　汪习波　史林　2014年第2期;《〈文选〉与中国文学传统:第九届〈文选〉学国际学术研讨会论文集》　北京:中华书局　2014年8月

论《文选》中的离别诗　陈潇　鸡西大学学报　2014年第3期

谈《昭明文选》诗的韵律　马朝阳　长春师范大学学报　2014年第3期

汉魏四言诗对《诗经》的借鉴及发展——以《文选》十二首汉魏四言诗为例　苏江　钦州学院学报　2014年第3期

20世纪五六十年代魏晋南北朝诗歌研究的初步评述　钱志熙　北京大学学报　2014年第4期

从"设论"系列看汉代文人隐逸心迹　杨清之　甘肃社会科学　2014年第6期

《文选》设论体反映出的两汉士人心态转变　黄琳锋　广西职业技术学院学报　2014年第6期

《文选》游览诗主题探析　李赛萍、谢春梅　广西职业技术学院学报　2014年第6期

连珠与骈文关系辨析　陈鹏　社会科学家　2014年第10期

竹林七贤与魏晋玄学　卫绍生　中州学刊　2014年第10期

竹林七贤拙论　朱绍侯　史学月刊　2014年第11期

《文选》"物色"类赋解析　高晨、田婷婷　青春岁月　2014年第12期

《文选》序文与诗之六义:赋乃古诗之流(《文选》序文と诗の六义:赋は古诗の流)　牧角悦子　六朝学术学会报(16)　2015年

论《文选》十家及曹植　石天飞　《瓶水幽兰:乾嘉诗人舒位研究》　桂林:广西师范大学出版社　2015年12月

从《文选》音乐赋看汉晋音乐审美风尚　卢兰　钦州学院学报　2015年第1期

《文选》鸟兽赋之寒士心态探微　宋展云　广西师范大学学报　2015年1期

《文选》行旅诗研究　邓伟月　商　2015年第2期

东汉赋注考　踪凡　文学遗产　2015年第2期

论汉赋在子学流变中之作用与影响　刘成敏　文学遗产　2015年第2期

两汉魏晋时期河南作家的地域特征——以《文选》为例　刘海军　红河学院学报　2015年第2期

汉代赋家的身份、知识构成与汉赋创作　单良　北方论丛　2015年第2期

《文选》哀伤诗中的哀伤情感流变　邹朝斌　河南科技大学学

报　2015年第4期

西经东史：汉赋演进之学术思考　许结　安徽师范大学学报　2015年第4期

园林·旅林·山林——从《文选》诗看魏晋时期的山水书写　旷丹　焦作大学学报　2015年第4期

析《文选》"招隐"诗歌之"归隐"意识　王静　西江文艺　2015年第4期

《昭明文选》并非所有有字之作者均以字称　杨德春　文献信息论坛　2015年第4期

词章与经义——有关赋学理论的一则思考　许结　社会科学　2015年第5期

汉代赋论的文学实践与时代转换——以赋心、赋神、赋情为中心　孙少华　文学评论　2015年第5期

浅论《文选》乐府诗的选录情况及情感特色　郑琛　现代语文（学术综合版）　2015年第5期

从汉大赋中的天子车驾看汉代礼制　刘祥　北京社会科学　2015年第6期

论《文选》诗作中的丧葬习俗　时英英　太原师范学院学报　2015年第6期

诗赋·辞赋·赋颂——两汉辞赋文学的方向性及其认同问题　吴光兴　文学评论　2015年第6期

《文选》的述德诗　兰洋　青春岁月　2015年第7期

汉大赋"劝百讽一"成因考论　马燕鑫　文艺评论　2015年第8期

先秦两汉诸子赋论的时代转换与文学意义　孙少华　学术论坛　2015年第8期

论《文选》中的音乐赋　朱家慧　牡丹江大学学报　2015年第10期

《昭明文选》鸟首赋探析　刘思怡　东吴中文研究集刊　2015年第21期

近三十年来东汉抒情赋研究综述　贾国庆　名作欣赏　2015年第27期

“竟陵八友”与《文选》　顾农　《扬州文化研究论丛》第17辑　扬州:广陵书社　2016年7月

论《文选》中的游览诗　蔡华燕　攀枝花学院学报　2016年第1期

《昭明文选》哀辞浅析　张翼　语文学刊　2016年第3期

论《文选》之鸟兽类赋　刘畅　许昌学院学报　2016年第4期

竹林七贤文集流传及存佚考论　卫绍生　中州学刊　2016年第7期

论《文选》之“乐器赋”　肖琪琪　名作欣赏　2016年第11期

《昭明文选》哀伤赋与其他赋类之悲怨书写　萧湘凤　《博雅与融通:2016吴凤科技大学通识教育学术研讨会论文集》　嘉义:吴凤科技大学通识教育中心　2017年3月

《文选》行旅诗的文学史意义　宋展云　中国社会科学报　2017年4月10日

汉赋系年总表　彭春艳　《汉赋系年考证》　上海:上海古籍出版社　2017年6月

“三张二陆两潘一左”著述考略 姜剑云 《文史索隐——晋唐文学杂考》 北京:人民出版社 2017年7月

从《文选·情赋》看,情为何物? 戴燕 《远游越山川:魏晋南北朝文学史研究论集》 上海:复旦大学出版社 2017年10月

知识、观念与审美——作为《文选》江海赋选录背景的汉魏六朝江海赋创作考论 王允亮 《“文选学”论文集粹》 北京:中华书局 2017年12月

林茂春《文选·赋》简端记 南江涛 《传统中国研究集刊》第17辑 上海:上海社会科学院出版社 2017年12月

论《文选》中咏史诗的创作动机 董芳芳 北方文学 2017年第2期

《昭明文选》作品作者的统计方法研究 李娜 长沙航空职业技术学院学报 2017年第3期

从《文选》设论三篇论文人著述观念的产生 吴沂澐 江苏师范大学学报 2017年第3期

从“以悲为美”到“清和自然”——浅析《文选》音乐赋审美取向的衍变 邢馨元 辽东学院学报 2017年第4期

《文选》“游览”类诗歌中的山水因素 秦慧芳 山西青年 2017年第4期

“述其美”、“比德焉”——《文选》“公宴诗”情感书写轨迹浅析杨镖 青年文学家 2017年第4期

《文选》与汉赋作品的经典化 张文东 天中学刊 2017年第5期

《文选》诗选类作品体现的对汉代诗歌审美的倾向性 曹潇

青年文学家　2017 年第 6 期

《文选》"咏史诗"情感的转向　高恒　青年文学家　2017 年第 11 期

建安的乐府与诗:以《文选》卷二十九"杂诗"为中心(建安の乐府と诗:《文选》卷二十九"杂诗"を中心に)　牧角悦子　二松学舍大学人文论丛(100)　2018 年

《文选》诗笔记六题　顾农　《文选学研究》第 1 辑　陈延嘉　北京:中华书局　2018 年 2 月

近年来"竹林七贤"部分遗迹考察汇报　樊荣　《文选学研究》第 1 辑　陈延嘉　北京:中华书局　2018 年 2 月

《昭明文选》纪行赋之情感意蕴与写作模式探究　黄雅莉　《〈文选〉与汉唐文化:第十一届〈文选〉学国际学术研讨会论文集》　北京:中华书局　2018 年 8 月

两汉赋序发展辨说——简论《文选》赋序问题　赵厚均　《〈文选〉与汉唐文化:第十一届〈文选〉学国际学术研讨会论文集》　北京:中华书局　2018 年 8 月

六朝题写诗初探——以《文选》选诗为例的观察　严纪华　《〈文选〉与汉唐文化:第十一届〈文选〉学国际学术研讨会论文集》　北京:中华书局　2018 年 8 月

公宴诗中所见邺下文士游宴中的谈论与玄学清谈之发展　景蜀慧　《魏晋文史寻微》　北京:中华书局　2018 年 9 月

五言诗句式探考——《文选》诗歌卷调查　谢思炜　中国诗歌研究　2018 年第 1 期

《文选》劝励诗对《诗经》劝谏诗的承续与变化　黄鹤群　文

心学林　2018年第1期

魏晋南北朝至唐代诗歌词语的演变——以《文选》五言诗、《唐诗三百首》等为对象　谢思炜　社会科学战线　2018年第5期

流动性与稳固性:《文选》"赋"类篇题源流考论　杨晓斌　文史哲　2018年第5期

论《文选》情类赋中"情"的问题及神女形象的演变　肖琛婵、李鸣镝　青年文学家　2018年第36期

(二) 作家作品个体研究

班固(班孟坚)

《文选》收录篇目:

两都赋二首(《西都赋》《东都赋》)《幽通赋》《答宾戏》《典引》《汉书·公孙弘传赞》《汉书·述高祖纪赞》《汉书·述成纪赞》《汉书·述韩彭英卢吴传赞》《封燕然山铭》

著作

班固年谱　郑鹤声　上海:商务印书馆　1931年;台北:台湾"商务印书馆"　1980年6月(书名为:汉班孟坚先生固年谱)

中国两诗人:《两都赋》《二京赋》考　许士译注　普林斯顿:普林斯顿大学出版社　1960年

班固与《汉书》　安作璋　济南:山东人民出版社　1979年1月

班兰台集校注　白静生　郑州:中州古籍出版社　1991年9月

再建丰碑:班固和《汉书》　陈其泰　北京:生活·读书·新知三联书店　1994年11月;1998年1月

班固评传——一代良史　安作璋　南宁:广西教育出版社　1996年8月

班固评传　陈其泰、赵永春　南京:南京大学出版社　2002年5月;2009年3月;2011年4月

班固文学研究　孙亭玉　长沙:湖南人民出版社　2008年11月

班固与《汉书》　马宏艳　长春:吉林文史出版社　2010年1月

班固美学思想及《汉书》人物传记研究　朱家亮、李成军　哈尔滨:黑龙江教育出版社　2010年6月

班固与汉代文学思想　王钰　沈阳:辽海出版社　2010年6月

班固文学思想研究　吴崇明　上海:上海古籍出版社　2010年12月

班固　徐美丽　沈阳:辽海出版社　2012年5月;2016年5月

论文

赋之源流及《两都赋》研究法　陈文波　清华周刊　1926年5月第25卷第13期;《文选学研究》　北京:国家图书馆出版社　2010年11月

班孟坚年谱　郑鹤声　史学杂志　1929年3月第1卷第1期;《文选学研究》　北京:国家图书馆出版社　2010年11月

读《两都赋》偶记　俞士镇　古学丛刊　1940年1月第6期;《文选学研究》　北京:国家图书馆出版社　2010年11月

关于班固《咏史诗》 吉川幸次郎 《神田博士还历纪念书志学论集》 1957年

班固的生卒年 尹章义 食货月刊 1969年第9期

班固与张衡——论两者创作态度的异质性(班固と张衡——その创作态度の异质性) 冈村繁 《中国文学论集——小尾博士退休纪念》 东京:第一学习社 1976年;陆晓光译 《周汉文学史考》 上海:上海古籍出版社 2002年8月;2009年5月

关于《京都赋》对话部分(京都赋の对话部分について) Vernon、Charles 中国中世文学研究(广岛大学) 1977年

全后汉文卷二四 钱锺书 《管锥编》第三册 北京:中华书局 1979年8月

简评《文选》文二题(评述《文选》三篇之讹句[班固《两都赋》、陆士衡《谢平原内史表》、司马迁《报任少卿书》]) 柳晟俊 中国语文学(1) 1980年;《唐诗论考》 北京:中国文学出版社 1994年8月

班固的赋观(班固の赋观) 藤原尚 广岛大学文学部纪要 1981年

班固美学思想初探 韩林德 思想战线 1982年第4期

班固(评传) 费振刚 《中国历代著名文学家评传》第一卷 济南:山东教育出版社 1983年5月

《两都》与《二京》 周健 湘潭大学社会科学学报 1983年第1期

班固的思想和文风 郭预衡 社会科学战线 1983年第1期

班固赋论 龚克昌 《汉赋研究》 济南:山东文艺出版社

1984年9月

班固(评传)　安作璋　《中国史学家评传》　郑州:中州古籍出版社　1985年3月

班固的文学思想　蒋凡　复旦学报　1985年第2期

班固赋简论　龚克昌　《古典文学论丛》第4辑　济南:齐鲁书社　1986年2月

西汉的首都　世界的心脏——班固《西都赋》新探　顾绍炯　贵阳师专学报　1986年第2期

班固的文学论　船津富彦　文化(11)　1988年3月

班固评传　刘文忠　《中国古代文论家评传》　郑州:中州古籍出版社　1988年8月

论班固辞赋观　李亭玉　中国文学研究　1988年第4期

《两都赋》李善注正补　朱冠华　中华国学　1989年第2期

班固《西都赋》与汉代长安　何沛雄　《汉魏六朝赋论集》　台北:联经出版事业公司　1990年4月

《两都赋》和《二京赋》的历史价值　何沛雄　文史哲　1990年第5期

汉颂——论班固《东都赋》和同时代的京都赋　康达维、彭行　文史哲　1990年第5期;《汉代宫廷文学与文化之探微:康达维自选集》　上海:上海译文出版社　2013年9月

略论《两都赋》和《二京赋》　曹道衡　文学评论　1992年第3期;《中古文学史论文集续编》　台北:文津出版社　1994年7月;北京:中华书局　2011年9月

从《两都赋》和《二京赋》看汉代的长安与洛阳　何沛雄　《庆

祝饶宗颐教授七十五岁论文集》　香港:香港中文大学中国文化研究所　1993 年

敦煌唐写本《西京赋》残卷校诂　伏俊琏　敦煌学辑刊　1993 年第 2 期;敦煌研究　1994 年第 1 期;文献　1995 年第 1 期

论班固的《咏史诗》与文人五言诗的发展成熟问题——兼评当代五言诗研究中流行的一种错误观点　赵敏俐　北方论丛　1994 年第 1 期

汉赋的风格——略论班固《两都赋》　李景濚　《文选学新论》　郑州:中州古籍出版社　1997 年 10 月

班固生卒年新说　孙亭玉　长沙电力学院社会科学学报　1997 年第 2 期

论《幽通赋》与《答宾戏》　孙亭玉　长沙电力学院社会科学学报　1997 年第 4 期

班固《两都赋》主旨考辨　孙亭玉　求索　1998 年第 2 期

《两都》《二京》义疏补　朱晓海　中国文哲研究集刊　1999 年第 14 期;《汉赋史略新证》　西安:陕西人民出版社　2004 年 6 月

班固的文学思想与文学批评　刘文忠　《中古文学与文论研究》　北京:学苑出版社　2000 年 6 月

班固生卒年问题　方是　史学史研究　2000 年第 1 期

《答宾戏》与《幽通赋》合观　李景濚　《〈昭明文选〉与中国传统文化:第四届文选学国际学术研讨会》　长春:吉林文史出版社　2001 年 6 月

班固文学思想述评　辛保平　呼伦贝尔学院学报　2001 年第 2 期

论班固的文学思想　刘怀荣　青岛海洋大学学报　2001年第4期

林思进《文选·两都赋》简端记辑证　李佳　书品　2002年第1期

林思进《文选·两都赋》简端记辑证(续)　李佳　书品　2002年第2期

关于《封禅文》《剧秦美新》和《典引》的一点思考　蒋文燕　宁夏大学学报　2002年第2期

班固汉赋"四分法"评析　马金虎、董雪静　社会科学战线　2002年第4期

班固《典引》及其旧注平议　刘跃进　《〈文选〉与"文选学":第五届文选学国际学术研讨会论文集》　北京:学苑出版社　2003年5月;《秦汉文学论丛》　南京:凤凰出版社　2008年12月

《文选》史传作家之研究——以对司马迁与班固之评价的变迁为中心　畑村学　中国古典文学研究　2003年第1期

《两都赋》的创作背景、体制及影响　赵逵夫　文学评论　2003年第1期

从班固的《两都赋》看汉大赋的体制　徐好文　甘肃联合大学学报　2005年第4期

德藏吐鲁番本汉班固《幽通赋》并注校录考证　许云和　《汉魏六朝文学考论》　上海:上海古籍出版社　2006年11月

《西都赋》李善注与五臣注对比分析　陈延嘉　《文选学研究论文集》　长春:吉林人民出版社　2006年12月

论《文选》李善注与五臣注——以《西都赋》为中心　陈延嘉

《文选学研究论文集》　长春:吉林人民出版社　2006年12月;新乡师范高等专科学校学报　2007年第3期(题目为:论《文选》李善注与五臣注——以《西都赋》为例)

班固对汉赋的研究　踪凡　南京师范大学文学院学报　2006年第2期

论班氏赋作的历史成就及特色　徐宗文　《中国赋学》　南京:江苏教育出版社　2007年8月

《西都赋》中的长安城建制　吴晓峰　《中国文选学:第六届文选学国际学术研讨会论文集》　北京:学苑出版社　2007年9月

《两都赋》新论　常森　北京大学学报　2007年第1期

目录学家班固年谱　张永山　科技情报开发与经济　2007年第4期

略论班固的《咏史》诗　韦春喜　戏剧文学　2007年第12期

从《汉志·诗赋略》赋体类分看班固的"赋"观念　王长华、李菲　《古代文学理论研究(第二十六辑)——中国文论的史与用》　上海:华东师范大学出版社　2008年8月

从兰台文人到"宪府文章"——班固的宦海浮沉与文学活动　陈君　古典文学知识　2008年第3期

班固《答宾戏》对设论体文体艺术的解构　宋红霞　枣庄学院学报　2008年第4期

论班固的铭　孙亭玉　文学遗产　2008年第4期

班固《答宾戏》对设论体主题批判价值的解构　宋红霞　齐鲁学刊　2008年第5期

"义正"与"事实":《两都赋序》赋论新探　吉顺平　湖南第一

师范学报　2009 年第 2 期

班固《幽通赋》探微　陈君　古典文学知识　2009 年第 3 期

班固生卒年新论　高山　辽宁工程技术大学学报　2009 年第 5 期

《两都赋》的创作与东汉前期的政治趋向　陈君　文学评论　2010 年第 2 期

《西都赋》“长安事象”征实考论　王长顺、张新科　文史哲　2010 年第 4 期

班固《两都赋》作年考　曾祥旭　文学遗产　2011 年第 6 期

从《典引》篇看“封禅文”的文体特色　于素英、孔祥丽　传奇 · 传记文学选刊(理论研究)　2011 年第 8 期

《文选 · 答宾戏》折射的汉代文人情绪　张铁慧　作家　2011 年第 20 期

班固《典引》的创作时间考辨　王珏　九江学院学报　2012 年第 1 期

班固对汉赋的改造与六朝典雅文范的生成　徐华　湖北大学学报　2012 年第 2 期

论《两都赋》的创作时间与创作意图　王珏　沈阳师范大学学报　2012 年第 3 期

班固《封燕然山铭》所涉故实及写作年代考辨　李炳海　文学遗产　2013 年第 2 期

德藏吐鲁番出土《幽通赋注》写本的性质、年代及其流传　徐畅　吐鲁番学研究　2013 年第 2 期

班固《两都赋》的作年考辨　李艳　名作欣赏　2013 年第

26 期

《幽通赋》"宾祚"解　林海　中国韵文学刊　2014 年第 4 期

《文选》李善注京都赋引诗考论——以卷一班固的《两都赋》李善注为例　李光先　牡丹江教育学院学报　2015 年第 1 期

班固年表　侯文学　南京师范大学文学院学报　2015 年第 4 期

五德终始说与《两都赋》　蒋晓光　社会科学　2015 年第 5 期

班昭注《幽通赋》动因、时间考　孔德明　兰台世界　2015 年第 20 期

《文选·两都赋》笺释稿——兼论《文心雕龙》"《两都》明绚以雅赡"(一)　安海民　文心学林　2016 年第 1 期;青海师范大学学报　2017 年第 4 期

讲叙自己的赋——以班固《幽通赋》为中心(自己を语る赋——班固《幽通赋》を中心に)　釜谷武志　中国文学报(89) 2017 年 10 月

反讽与追忆:《西都赋》中的成帝书写　刘祥　湖南工业大学学报　2018 年第 1 期

班固《典引》的文体创新与文章学思想　蔡丹君　中山大学学报　2018 年第 1 期

《西都赋》和《西京赋》中的长安意象与都市理想　张雨　都市文化研究　2018 年第 1 期

从汉代宾客之盛衰谈班固《答宾戏》之主旨　周兴陆　中国社会科学院研究生院学报　2018 年第 2 期

《文选·两都赋》笺释稿——兼论《文心雕龙》"《两都》明绚

以雅赡”(二) 安海民 青海师范大学学报 2018年第3期

张衡(张平子)

《文选》收录篇目:

《西京赋》《东京赋》《南都赋》《思玄赋》《归田赋》《四愁诗》四首

著作

张衡年谱 孙文青 上海:商务印书馆 1935年9月;1944年;1956年

大科学家张衡 澄明 上海:四联出版社 1954年3月

张衡 赖家度 上海:上海人民出版社 1956年12月

中国两诗人:《两都赋》《二京赋》考 许士译注 普林斯顿:普林斯顿大学出版社 1960年

张衡 徐光烈 香港:香港育英书局 1961年

张衡 曹增祥 北京:中华书局 1961年6月

张衡 叶敏 香港:香港上海书局 1968年

张衡文学研究 杨清龙 马来亚大学中文系 1976年

张衡 谭一寰 贵阳:贵州人民出版社 1980年5月

张衡 王兆彤 南京:江苏人民出版社 1983年10月

我国古代的伟大科学家:张衡 邓文宽 北京:书目文献出版社 1984年3月

张衡诗文集校注 张震泽 上海:上海古籍出版社 1986年6月;2009年8月

科圣张衡 刘永平 郑州:河南人民出版社 1996年10月

张衡评传　王志尧等　开封:河南大学出版社　1997年10月

张衡评传　许结　南京:南京大学出版社　1999年1月;2011年4月

张衡,科学与宗教　雷立柏　北京:社会科学文献出版社　2000年11月

张衡诗文研究　王渭清　北京:中国社会科学出版社　2010年11月

论文

张衡年谱　张荫麟　东方杂志　1924年第21卷第23期

张衡别传　张荫麟　学衡　1925年4月第40期;《文选学研究》　北京:国家图书馆出版社　2010年11月

张衡著述年表　孙文青　金陵学报　1932年第2卷第1期;师大月刊　1933年第1卷第2期;《文选学研究》　北京:国家图书馆出版社　2010年11月

张衡年谱　孙文青　金陵学报　1933年第3卷第2期;《文选学研究》　北京:国家图书馆出版社　2010年11月

张衡的思想(张衡の思想)　中岛千秋　爱媛大学纪要　1950年

张衡数术穷天地诗文誉千秋　韩亮　中原文献　1969年10月

张衡著作系年考　杨清龙编　书目季刊　1975年第3期

班固与张衡——论两者创作态度的异质性(班固と张衡——その创作态度の异质性)　冈村繁　《中国文学论集——小尾博士

退休纪念》　东京:第一学习社　1976年;陆晓光译　《周汉文学史考》　上海:上海古籍出版社　2002年8月;2009年5月

张衡传　田久川　辽宁师院　1978年第1期

全后汉文卷五二　钱锺书　《管锥编》第三册　北京:中华书局　1979年8月

全后汉文卷五三　钱锺书　《管锥编》第三册　北京:中华书局　1979年8月

张衡《西京赋》"水人"解　李福顺　社会科学战线　1980年第3期

道德之旅:张衡的《思玄赋》　康达维　《冯平山图书馆金禧纪念论文集》　香港冯平山图书馆　1982年;康达维、陈广宏　古典文学知识　1996年第6期、1997年第1期;苏瑞隆译　《汉代宫廷文学与文化之探微:康达维自选集》　上海:上海译文出版社　2013年9月

张衡(评传)　龚克昌　《中国历代著名文学家评传》第一卷　济南:山东教育出版社　1983年5月

张衡生平大事年表　王兆彤　《张衡》　南京:江苏人民出版社　1983年10月

《两都》与《二京》　周健　湘潭大学社会科学学报　1983年第1期

张衡的文学成就　高泰山　中州今古　1983年第4期

张衡赋论　龚克昌　《汉赋研究》　济南:山东文艺出版社　1984年9月

张衡主要赋作系年　赵坚　上海师范大学学报　1984年第

1期

张衡家乡不在南召县　管成学　社会科学战线　1984年第4期

张衡"永元十二年为南阳主簿"新证　张采民　南京师大学报　1985年第3期

论张衡《思玄赋》(张衡の思玄赋について)　富永一登　大阪教育大学纪要　1986年

张衡年表　张震泽　《张衡诗文集校注》　上海:上海古籍出版社　1986年6月;2009年8月

张衡"三为太史令"及"阳嘉二年迁侍中"说辨正　张采民　南京师大学报　1986年第4期

我国第一首完整的七言诗辨　刘岸挺　齐鲁学刊　1987年第1期

《我国第一首完整的七言诗辨》的一点补充　刘岸挺　扬州师院学报　1987年第2期

论张衡《二京赋》对汉大赋讽谏艺术发展的贡献　刘周堂　中国文学研究　1987年第4期

张衡《四愁》、孔融《离合》诗的新解　陈直　《文史考古论丛》　天津:天津古籍出版社　1988年10月

论张衡的文学成就　周健　暨南学报　1988年第3期

张衡与抒情小赋　汪祚民　安庆师院社会科学学报　1990年第1期

民歌传统与文人创作的融合——试论张衡的诗歌　汪祚民　南都学坛　1990年第2期

《两都赋》和《二京赋》的历史价值　何沛雄　文史哲　1990年第5期

“利屣”臆解　罗继祖　古籍整理研究学刊　1990年第5期

试论张衡赋的双重性　阮忠　南都学坛　1991年第3期

张衡诗赋名篇述评　王增文　黄淮学刊　1991年第4期

略论《两都赋》和《二京赋》　曹道衡　文学评论　1992年第3期;《中古文学史论文集续编》　台北:文津出版社　1994年7月;北京:中华书局　2011年9月

从《两都赋》和《二京赋》看汉代的长安与洛阳　何沛雄　《庆祝饶宗颐教授七十五岁论文集》　香港:香港中文大学中国文化研究所　1993年

张衡《西京赋》与汉画百戏　李陈广　南都学坛　1993年第1期

张衡的矛盾心态与创作　秦彦士　四川师范大学学报　1993年第1期;《辞赋研究》　北京:商务印书馆　2006年11月

汉赋的期待视野及张衡的赋体超越　龙文玲　广西师院学报　1996年第2期;《西汉文学文献辨思录》　南宁:广西人民出版社　2018年7月

张衡年谱　王志尧　《张衡评传》　开封:河南大学出版社　1997年10月

张衡研究论著目录索引　王志尧　《张衡评传》　开封:河南大学出版社　1997年10月

古今中外评赞张衡的诗文　王志尧　《张衡评传》　开封:河南大学出版社　1997年10月

张衡《思玄赋》解读——兼论汉晋言志赋之承变　许结　社会科学战线　1998年第6期

永隆本《西京赋》非尽出于李善本说　傅刚　《中华文史论丛》第60辑　上海:上海古籍出版社　1999年12月;《文选版本研究》北京:北京大学出版社　2000年9月;西安:世界图书西安出版公司　2014年6月

《两都》《二京》义疏补　朱晓海　中国文哲研究集刊　1999年第14期;《汉赋史略新证》　西安:陕西人民出版社　2004年6月

围绕张衡的《四愁诗》——作为汉代情歌的一面(张衡《四愁诗》をめぐって——汉代情歌としての一面)　福山泰男　中国文人の思考と表现　东京:汲古书院　2000年

浅论张衡的文学创作　董青　南京社会科学　2000年第2期

从《四愁诗》到《我的失恋》　顾农　鲁迅世界　2000年第2期;《文选论丛》　扬州:广陵书社　2007年9月

张衡《四愁诗》与东汉的"七言"——傅玄《拟四愁诗序》的端绪　狩野雄　东方学(101)　2001年1月

张衡诗赋小考——围绕东汉后期之文学情况　福山泰男　山形大学纪要人文科学(144)　2001年

探讨张衡研究的现在情况　雷立柏　中国文化　2001年第17、18期

张衡年谱　《宛城文史资料　第2辑　宛城胜迹专辑》　2002年12月

《归田赋》"仓庚哀鸣"解　饶星　琼州大学学报　2003年第6期

论张衡《归田赋》　朱晓海　《汉赋史略新证》　西安:陕西人民出版社　2004年6月

张衡赋作与其心路历程　王渭清、张弘　唐都学刊　2004年第4期

《文选》李善注引《子虚赋》《上林赋》《西京赋》　富永一登　中国古典文学研究(3)　2005年

张衡《归田赋》小考　铃木崇义　国学院中国学会报(51)　2005年

张衡《西京赋》与《思玄赋》中的小说因素　陈君　文学遗产　2005年第5期

张衡《归田赋》对魏晋文学的两大影响　王晓卫　《中华传统文化与贵州地域文化研究论丛》　贵阳:贵州人民出版社　2006年8月

《"利屣"臆解》质疑　陈延嘉　《文选学研究论文集》　长春:吉林人民出版社　2006年12月

从《二京赋》到《归田赋》——论张衡赋作文体与题材的转换　冯晓莉　西安文理学院学报　2006年第1期

论张衡对汉魏文学传统的贡献　陈君　河南教育学院学报　2006年第1期

论张衡拟赋与汉赋递变的路径　陈恩维　怀化学院学报　2006年第7期

《东京赋》"中畋"考辨　黄交军　汉字文化　2008年第4期

《文选》正文与注文之训点的异同——以《西京赋》为例(《文选》の正文と注文における训点の异同について——《西京赋》を

例にして）　佐藤进　日本汉文学研究(4)　2009 年

曹道衡先生读书丛札(墆霓)　曹道衡　《中国典籍与文化论丛　第 13 辑》　南京:凤凰出版社　2009 年 1 月

《鲁颂·閟宫》"三寿作朋"考释　尹海江　中国文学研究　2012 年第 2 期

张衡《西京赋》"鱼龙蔓延"发覆——兼论佛教幻术的东传及其艺术表现　郗文倩　文学遗产　2012 年第 6 期

张衡《二京赋》小考　铃木崇义　国学院中国学会报(58)　2013 年

P. 2528《西京赋》写卷为李善注原本考辨　金少华　敦煌研究　2013 年第 4 期

月令之学与《二京赋》的论述　蒋晓光　南京大学学报　2013 年第 4 期

《文选·二京赋》薛综注真伪辨　罗琴　文献　2014 年第 1 期

张衡仕职考辨　吴从祥　史学月刊　2014 年第 9 期

张衡佚文之考察　前原あやの　关西大学中国文学会纪要(36)　2015 年

"金错刀"臆考(上、下)　张徽　中华文史论丛　2015 年第 1 期

张衡《二京赋》的风俗世态书写及其审美趣味　杨朝蕾　中国韵文学刊　2016 年第 2 期

《思玄赋》旧注归属问题拟测　鲁梦宇　河北北方学院学报　2016 年第 4 期

《二京赋》名物铺写探究　赵金平　安顺学院学报　2017 年第

4期

《西京赋》中秦穆公故事源流考　蒋晓光　求索　2017年第5期

汉诗的期待视野及张衡的诗体超越　龙文玲　《西汉文学文献辨思录》　南宁:广西人民出版社　2018年7月

《西都赋》和《西京赋》中的长安意象与都市理想　张雨　都市文化研究　2018年第1期

张衡《二京赋》的都市环境美学思想　陈望衡、朱洁　河北学刊　2018年第4期

张衡《二京赋》文体发微　黄燕平　文学遗产　2018年第5期

试论张衡《二京赋》"惩奢劝俭"讽谏特征　王滋颖　开封教育学院学报　2018年第10期

左思(左太冲)

《文选》收录篇目:

《三都赋序》《蜀都赋》《吴都赋》《魏都赋》《咏史》八首、《招隐诗》二首、《杂诗》一首

著作

左思练都考　陆侃如　北京:北京大学出版社　1948年;太原:山西人民出版社　2014年12月

左思生平及其诗之析论　叶日光　台北:文史哲出版社　1979年4月

左思·刘琨　刘文忠　沈阳:春风文艺出版社　1999年1月

左思左棻研究　徐傅武　北京:中国文联出版社　1999年

10月

左思与左棻　郑训佐、张晨　济南:山东文艺出版社　2004年10月

论文

左太冲《咏史》诗三论　程千帆(程会昌)　国文月刊　1948年8月第70期;《古诗考索》　上海:上海古籍出版社　1984年12月;武汉:武汉大学出版社　2008年12月;《20世纪中国文学研究论文选　魏晋南北朝卷》　北京:社会科学文献出版社　2010年1月;《文选学研究》　北京:国家图书馆出版社　2010年11月

西晋大诗人左思及其妹左棻　李长之　国文月刊　1948年第14期;《李长之文集》第7卷　石家庄:河北教育出版社　2006年12月

论左太冲咏史诗及其人格　张严　文学杂志　1958年9月第5卷第1期

左思之赋观　小尾郊一　广岛大学文学部纪要　1959年第15期

左思和左芬　陆侃如　大众日报　1962年7月4日;《陆侃如古典文学论文集》　上海:上海古籍出版社　1987年1月

左思评传　陆侃如　山东文学　1963年第2期;《陆侃如古典文学论文集》　上海:上海古籍出版社　1987年1月

刘逵《魏都赋》注辑　阮廷卓　大陆杂志　1964年第29卷第1期

綦毋邃三都赋注辑　阮廷卓　大陆杂志　1966年

左思及其《咏史诗》(左思と咏史诗)　兴膳宏　中国文学报

(21)　1966年;彭恩华译　《六朝文学论稿》　长沙:岳麓书社　1986年6月

《三都赋》札记　狩野直祯　圣心女子大学论丛　1969年

《三都赋》札记(续)　狩野直祯　圣心女子大学论丛　1970年

左思的文学(左思の文学)　林田慎之助　《目加田诚博士古稀记念中国文学论集》　东京:龙溪书舍　1974年

左思的苦恼(左思の苦恼)　长谷川滋成　《小尾博士退休记念中国文学论集》　东京:第一学习社　1976年

左思《三都赋》诸家注考证　狩野充德　中国中世文学研究(11)　1976年

《三都》序注(居学偶记)　游国恩　《文史》第5辑　北京:中华书局　1978年12月

左思生平及其作品年代之推测　叶日光　明新学报　1979年

左思《三都赋》写作年代质疑——《晋书·左思传》等辨误　傅璇琮　《中华文史论丛》第10辑　上海:上海古籍出版社　1979年4月

全晋文卷七四　钱锺书　《管锥编》第三册　北京:中华书局　1979年8月

左思《三都赋》创作意图(左思《三都赋》赋作の意图)　近藤笃　汉文学会会报(国学院大学)　1980年

左思的《咏史诗》(左思의 咏史诗)　朴东硕　中国文学　中国语文学会(7)　1980年

关于左思《三都赋》的两首序　王梦鸥　中外文学　1980年7月第9卷第2期;《台湾学者中国文学批评论文选》　北京:人民文学

出版社　1986 年 9 月

左思和他的《咏史诗》　刘文忠　《文学评论丛刊》第 7 辑　北京:中国社会科学出版社　1980 年 10 月;《中古文学与文论研究》　北京:学苑出版社　2000 年 6 月

试论左思的《咏史》诗　凌迅　文史哲　1980 年第 3 期

“陆机笑左思作《三都赋》”辨伪　毛庆　武汉师院汉口分部校刊　1981 年

魏晋南北朝文学史札记　曹道衡　《中华文史论丛》第 17 辑　上海:上海古籍出版社　1981 年 2 月

左思《三都赋》　石启勇　大众日报　1981 年 4 月 6 日

试论左思的文学创作　张全生　天津师院学报　1981 年第 2 期

《三都赋》何以引起“洛阳纸贵”　方永耀　泰安师专学报　1981 年第 2 期

左思评传　陈弘治　国文学报(11)　1982 年

不应把左思引入贾谧的“二十四友”之中　方永耀　东岳论丛　1982 年第 1 期

左思(评传)　刘文忠　《中国历代著名文学家评传》第一卷　济南:山东教育出版社　1983 年 5 月

洛阳纸贵未必佳作——论左思《三都赋》　王辉　陕西师大学报　1984 年第 1 期

尽锐于《三都》、拔萃于《咏史》——刘勰论左思　穆克宏　福建师范大学学报　1984 年第 4 期

高旷其境　挺拔其词——读左思《咏史》第一、二首　吴调公

《汉魏六朝诗歌赏集》　北京:人民文学出版社　1985年7月

论左思及其文学创作　韦凤娟　《中国古典文学论丛》第2辑　北京:人民文学出版社　1985年8月

《三都赋》何时写成　张玉书　山东师大学报　1985年第2期

西晋杰出的文学家左思及其作品　方永耀　齐鲁学刊　1985年第3期

左思及其诗歌新探　陈书良　求索　1985年第3期

左思《咏史》写作时间臆说　魏宏灿　阜阳师院学报　1985年第3期

左思功业思想辨析　王志民　《古典文学论丛》第4辑　济南:齐鲁书社　1986年2月

亦谈《三都赋》何时写成　方永耀　山东师大学报　1986年第6期

左思练都考　陆侃如　《陆侃如古典文学论文集》　上海:上海古籍出版社　1987年1月

左思风力琐议　张正鹄　宝鸡师院学报　1987年第2期

左思文学业绩新论　牟世金、徐传武　文学遗产　1988年第2期

《三都赋》和《咏史诗》　伧父　诗刊　1991年第1期

《三都赋》:京殿大赋的最后辉煌——兼论两晋以后骋辞大赋的历史命运　程章灿　南京大学学报　1991年第1期

左思《咏史》诗中诗人与史事的关系　张永钦等　天津教育学院学报　1991年第4期

试论左思的《咏史》对前人的继承和发展　吴开俊　淮阴师专

学报 1991 年第 4 期

借史咏怀、出类拔萃——说左思《咏史》八首(选诗研究之一) 穆克宏 福建师范大学学报 1992 年第 4 期

《三都赋》的撰年及其他 牟世金 文史哲 1992 年第 5 期

左思诗简评 谢季祥 福建论坛 1993 年第 2 期

论左思《咏史》诗的变体——兼论古代咏史诗的文化内涵 蒋方 中国韵文学刊 1994 年第 1 期;湖北大学学报 1994 年第 4 期;《中国古代文学论集》 北京:中华书局 2002 年 1 月

高出一时 名播千古——太康诗人左思述评 许安民 新疆职工大学学报 1994 年第 2 期

左思《招隐》诗二首 龚斌 中文自学指导 1994 年第 2 期

"洛阳纸贵"——说左思《三都赋》 王志民 文史知识 1994 年第 3 期

左思《三都赋》綦毋邃注发覆——《文选》旧注新探之一 罗国威 古籍整理研究学刊 1994 年第 6 期;《文选学新论》 郑州:中州古籍出版社 1997 年 10 月;《六朝文学与六朝文献》 成都:巴蜀书社 2010 年 3 月;《古典文献研究辑刊》第 25 编 第 8 册 《昭明文选丛考》 新北:花木兰文化出版社 2017 年

左思《三都赋》新探 杨合林 吉首大学学报 1995 年第 2 期

"左思野于陆机"说辨析——兼论钟嵘对左思的评价 徐传武 齐鲁学刊 1995 年第 6 期

论左思的咏史诗 周玲 宝鸡文理学院学报 1997 年第 2 期

左思《三都赋》及其辞赋观 冷卫国 西北师大学报 1997 年第 5 期

左思《咏史》诗的旨趣　程千帆　《俭腹抄》　上海:上海文艺出版社　1998 年 6 月

左思《咏史》诗的年代　程千帆　《俭腹抄》　上海:上海文艺出版社　1998 年 6 月

左思《咏史》诗的渊源　程千帆　《俭腹抄》　上海:上海文艺出版社　1998 年 6 月

论左思及其诗歌成就　姜明　楚雄师专学报　1998 年第 2 期

左思《三都赋》成功经验之研讨　周勋初　《魏晋南北朝文学论丛》　南京:江苏古籍出版社　1999 年 11 月;《辞赋文学论集》　南京:江苏教育出版社　1999 年 12 月;长春师范学院学报　1999 年第 3 期;《文史知新》　南京:凤凰出版社　2012 年 8 月

左思《三都赋》与西晋文坛风气　王志民　淄博学院学报　1999 年第 1 期

左思《杂诗》小议　徐传武　聊城师范学院学报　1999 年第 1 期

魏晋玄学与左思的诗歌创作　程丽芳　河南社会科学　1999 年第 2 期

左思《咏史》得失谈　宋毅　扬州教育学院学报　1999 年第 2 期

说"左思风力"及其背景　顾农　山东师大学报　1999 年第 4 期;《文选论丛》　扬州:广陵书社　2007 年 9 月

论左思　刘文忠　《中古文学与文论研究》　北京:学苑出版社　2000 年 6 月

左思《招隐诗》三题　徐传武　枣庄师专学报　2000 年第 1 期

关于"洛阳纸贵"——《三都赋》轰动效应剖析　顾农　南通

师范学院学报 2000 年第 4 期

试论左思的《咏史诗》 任超荣、蔡静波 渭南师范学院学报 2001 年第 1 期

从左思《咏史》诗看其思想变化之轨迹 张春丽 河南教育学院学报 2001 年第 1 期

左思杂考 杨合林 上海师范大学学报 2001 年第 3 期

左思的人生选择及其人品初探 孙亚军 皖西学院学报 2002 年第 1 期

《三都赋》撰年疑案新断 姜剑云 北京大学学报 2002 年第 6 期;《文史索隐——晋唐文学杂考》 北京:人民出版社 2017 年 7 月(题目为:左思《三都赋》撰年疑案新断)

《三都赋》作年 曹道衡、沈玉成 《中古文学史料丛考》 北京:中华书局 2003 年 7 月

《三都赋》小考——都城赋制作意义之变容及其背景(《三都赋》小考——都城赋制作意义の变容とその背景について) 户高留美子 お茶の水女子大学中国文学会报 2004 年

左思《咏史》诗创作时间新论 韦春喜 四川师范大学学报 2004 年第 2 期

左思的才性与《三都赋》的艺术特色 叶枫宇 福建师范大学学报 2004 年第 3 期

试论刘勰对左思的批评 韦春喜 福建师范大学学报 2004 年第 3 期

左思《三都赋》及其序注综考 顾农 广西师范大学学报 2005 年第 1 期;《文选论丛》 扬州:广陵书社 2007 年 9 月

敦煌写本《吴都赋》校释　秦丙坤　图书馆杂志　2005 年第 2 期

左思《三都赋》校勘补证　常思春　四川师范大学学报　2005 年第 3 期

《三都赋》之“实证”——论其引用资料的倾向(《三都赋》の实证——引用资料の倾向について)　户高留美子　六朝学术学会报　2006 年

左思《三都赋》“描写失实”、“同于类书”辨　徐美秋　《中国学研究》第 9 辑　济南:济南出版社　2006 年 8 月

从左思《三都赋》刘逵注看北宋监本对唐抄本《文选》旧注的整理　王立群　《古代文献的考证与诠释:海峡两岸古典文献学国际学术会议论文集》　上海:上海古籍出版社　2006 年 12 月;河南大学学报　2007 年第 1 期

咏史诗成熟的标志之作——左思的《咏史》诗　韦春喜　戏剧文学　2006 年第 7 期

关于左思《三都赋》及其序注　顾农　《中国文选学:第六届文选学国际学术研讨会论文集》　北京:学苑出版社　2007 年 9 月

左思研究中的几个问题　王辉斌　阜阳师范学院学报　2007 年第 4 期

论左思的隐逸思想及其思想文化史意义　张苏榕　盐城工学院学报　2007 年第 4 期

略论左思《咏史》八首　潘江艳、王祖基　社科纵横　2007 年第 4 期

试论韩国奎章阁本《文选·魏都赋》注者题录的有关问题

熊良智　四川师范大学学报　2007 年第 6 期

山水有清音——读左思《招隐诗》其一　蒋述卓　国学　2007 年第 9 期

左思文学系年考证　俞士玲　《西晋文学考论》　南京:南京大学出版社　2008 年 9 月

左思风力之成因初探　黄九莲　西昌学院学报　2008 年第 1 期

"咏史"诗体传统的开拓与嬗变——论左思《咏史诗》八首　潘江艳　甘肃高师学报　2008 年第 1 期

左思辞赋观及其产生原因探微　黄九莲　兰州教育学院学报　2008 年第 2 期

左思《三都赋》为何会让洛阳纸贵(左思《三都赋》は何故洛阳の纸价を贵めたか)　栗山雅央　中国文学论集　2009 年

曹道衡先生读书丛札(任豫、蜀四贤)　曹道衡　《中国典籍与文化论丛　第 13 辑》　南京:凤凰出版社　2009 年 1 月

左思《三都赋》校记十二则　常思春　《中国楚辞学》第 12 辑　北京:学苑出版社　2009 年 5 月

"左思风力"的儒学意蕴、审美构成及其影响　孙宝　滨州学院学报　2009 年第 2 期

法藏敦煌《西京赋》写卷校补　金少华　敦煌研究　2009 年第 2 期

左思《咏史诗》写作年代考　文擒鹰　湖南科技学院学报　2009 年第 3 期

左思《咏史诗》创作时间略考　钟志强　洛阳理工学院学报

2009年第3期

《文选·三都赋》旧注底本问题试探　唐普　四川大学学报　2009年第4期

再论左思《咏史》诗创作时间　钟志强　九江学院学报　2009年第4期

左思《咏史》诗创作时间考　张忠森　齐齐哈尔大学学报　2009年第5期

左思《蜀都赋》的创作观及资料来源初探　冯婵　四川文理学院学报　2009年第6期

左思风力论略　潘江艳　重庆科技学院学报　2009年第11期

日本新出古钞《文选集注·南都赋》残卷考　罗国威　《六朝文学与六朝文献》　成都:巴蜀书社　2010年3月;《古典文献研究辑刊》第25编　第8册　《昭明文选丛考》　新北:花木兰文化出版社　2017年

左思《咏史诗》创作年代新考　惠景侠　新乡学院学报　2010年第2期

从魏晋文化审视左思的"貌寝"与"口讷"——兼论《咏史》中左思的心态　阮忠勇　浙江海洋学院学报　2010年第2期

左思《三都赋》卫权注校考　唐普　西南民族大学学报　2011年第1期

尤刻本《文选》增注研究——以《吴都赋》为例的一个考察　王立群　河南大学学报　2011年第5期

左思《三都赋》邺都的选择与描写——兼论"洛阳纸贵"的历史与政治背景　王德华　浙江大学学报　2013年第4期

左氏兄妹年谱汇考　张敏、曹旭　《中古作家年谱汇考辑要》　西安:世界图书西安出版公司　2014年6月

左思《三都赋》成篇历程新考　王紫微　中国典籍与文化　2014年第3期

刘基《郁离子》之名出自左思《咏史》考　刘洪强　文学遗产　2014年第4期

左思《咏史诗》创作年代考　李捷鹏　邢台学院学报　2015年第1期

两汉魏晋辞赋论中流行的文学思想——左思、挚虞的观点　林田慎之助撰,曹旭译　古代文学理论研究　2015年第2期

文本层次与经典化——《文选》左思《蜀都赋》注引扬雄《蜀都赋》相关问题　孙少华　中南民族大学学报　2015年第3期;《从文献到文本:先唐经典文本的抄撰与流变》　上海:上海古籍出版社　2016年10月;《〈文选〉与汉唐文化:第十一届文选学国际学术研讨会论文集》　北京:中华书局　2018年8月

梁章钜批校翻刻汲古阁本《文选》及其价值——以《魏都赋》为例　南江涛　《国学季刊》第3期　济南:山东人民出版社　2016年10月

左思《三都赋》晋人旧注略论　杜慧月　北京化工大学学报　2016年第2期

王静芝与高步瀛文学因缘——以《文选李注义疏》〈蜀都赋〉为中心的探讨　梁淑媛　辅仁国文学报　2016年第43期

从左思《三都赋》的文本内容论西晋的时代性与武帝司马炎的影响　栗山雅央　扬州文化研究论丛　2018年第2期

《文选·三都赋》所引旧注之注者考辨　崔洁　古籍整理研究学刊　2018年第3期

左思《吴都赋》之“吴都”辨析　陶慧　文学遗产　2018年第3期

李善所引《三都赋》旧注底本问题蠡测　崔洁　文献　2018年第5期

扬雄(扬子云)

《文选》收录篇目:

《甘泉赋》《羽猎赋》《长杨赋》《解嘲》《赵充国颂》《剧秦美新》

著作

扬雄年谱　丁介民　台北:菁华出版社　1975年

扬雄辞赋研究　康达维　英国剑桥大学出版社　1976年

司马相如、扬雄及其赋之研究　简宗梧　台北:政治大学中国文学研究所博士论文　自刊本　1976年

一位玄静的儒学伦理大师——扬雄思想初探　黄开国　成都:巴蜀书社　1989年11月

扬雄:从模拟到创新的典范　沈东青　台北:幼师文化事业公司　1993年

扬雄　陈福滨　台北:东大出版　1993年3月

扬雄集校注　张震泽　上海:上海古籍出版社　1993年10月;2009年8月

扬雄文集笺注　郑文　成都:巴蜀书社　2000年6月

扬雄评传　王青　南京:南京大学出版社　2000 年 12 月;2011 年 4 月

扬雄集校注　林贞爱　成都:四川大学出版社　2001 年 6 月

蜀中汉赋三大家　万光治　成都:巴蜀书社　2004 年 8 月

扬雄《法言》思想研究　郭君铭　成都:巴蜀书社　2006 年 12 月;2018 年 5 月

疏离体制化的书写——扬雄写作的文化诗学研究　魏鹏举　汕头:汕头大学出版社　2007 年 8 月

扬雄美学思想研究　万志全　北京:中国社会科学出版社　2008 年 11 月

扬雄的范式研究:西汉末年学术范式冲突的折中之例　冯树勋　台北:台大出版中心　2015 年 7 月

扬雄及其太玄　郑万耕　成都:巴蜀书社　2018 年 5 月

扬雄著述版本荟萃　周斌、黎春林、尤佳　成都:巴蜀书社　2018 年 8 月

扬雄与六朝之学　汪文学　贵阳:贵州人民出版社　2018 年 12 月

论文

方言学家扬雄年谱　董作宾　中山大学语言历史研究所周刊　1929 年 6 月第 8 卷第 85—87 期;《文选学研究》　北京:国家图书馆出版社　2010 年 11 月

扬子云研究　李勖　瓯风杂志　1935 年第 13 卷第 13、14、16 期;《文选学研究》　北京:国家图书馆出版社　2010 年 11 月

扬子云年谱　汤炳正　论学　1937 年第 4—7 期;《文选学研究》　北京:国家图书馆出版社　2010 年 11 月

扬雄奏《甘泉》《河东》《羽猎》《长杨》四赋的年代　唐兰　学原　1948 年第 1 卷第 10 期;《文选学研究》　北京:国家图书馆出版社　2010 年 11 月

扬雄奏《甘泉》《羽猎》二赋在成帝永始三年考　施之勉　大陆杂志　1952 年

扬雄思想平议　吴则虞　哲学研究　1957 年第 6 期

有关扬雄——读书札记之二　李嘉言　光明日报　1960 年 5 月 15 日;《李嘉言古典文学论文集》　上海:上海古籍出版社　1987 年 7 月

扬雄《羽猎赋》的叙事、描写与修辞:汉赋的形式与功能研究　康达维　《转变与恒久:中国历史与文化——萧公权先生纪念论文集》　香港:香港中国出版公司　1972 年;苏瑞隆译　《汉代宫廷文学与文化之探微:康达维自选集》　上海:上海译文出版社　2013 年 9 月

扬雄人格评议　李鍌　国文学报　1972 年 4 月第 2 期

扬雄论究　徐复观　大陆杂志　1975 年

司马相如、扬雄辞赋之比较研究　简宗梧　中华学苑　1976 年第 18 期

掀开酱瓿:对扬雄《剧秦美新》的文学剖析　康达维　《古代中国:早期文明研究》　香港:香港中文大学出版社　1978 年;苏瑞隆译　《汉代宫廷文学与文化之探微:康达维自选集》　上海:上海译文出版社　2013 年 9 月

全汉文卷五一　钱锺书　《管锥编》第三册　北京:中华书局

1979 年 8 月

全汉文卷五二　钱锺书　《管锥编》第三册　北京:中华书局　1979 年 8 月

扬雄与道家思想(扬雄と道家思想)　清宫刚　樱美林大学星川博士退休记念中国文学论丛　1980 年;河北大学学报　1997 年第 4 期

扬雄文学思想述评　李庆甲　《古典文学论丛》　上海:上海人民出版社　1980 年 8 月

扬雄(评传)　李庆甲　《中国历代著名文学家评传》第一卷　济南:山东教育出版社　1983 年 5 月

扬雄著作系年　王以宪　湘潭大学社会科学学报　1983 年第 3 期

扬雄赋论　龚克昌　《汉赋研究》　济南:山东文艺出版社　1984 年 9 月

扬雄评传　张岱年　中国哲学史研究　1984 年第 3 期

对扬雄生平与作品的探索　郑文　《文史》第 24 辑　北京:中华书局　1985 年 4 月

扬雄赋新论　龚克昌　《中国古典文学研究论丛》第 2 辑　北京:人民文学出版社　1985 年 8 月

《剧秦美新》非“谀文”辨　许结　学术月刊　1985 年第 6 期

论扬雄融合儒道对其文论的影响　许结　学术月刊　1986 年第 4 期

扬雄与王音王根王商的关系　陆侃如　《陆侃如古典文学论文集》　上海:上海古籍出版社　1987 年 1 月

读刘汝霖《汉晋学术编年》(专论扬雄的部分)　陆侃如　《陆侃如古典文学论文集》　上海:上海古籍出版社　1987年1月

扬雄论　毕万忱　学术研究丛刊　1987年第1期

扬雄评传　毕万忱　《中国古代文论家评传》　郑州:中州古籍出版社　1988年8月

论扬雄与东汉文学思潮　许结　中国社会科学　1988年第1期

绵里藏针　寓讽于颂——扬雄《长杨赋》新探　顾绍炯　贵阳师专学报　1989年第1期

简论《解嘲》的用典　孙兴民　河北大学学报　1990年

关于汉赋同经学联系的一点探索——从扬雄否定大赋谈起　董治安　文史哲　1990年第5期

扬雄赋论　方铭　中国文学研究　1991年第1期

扬雄的著述活动与著作　黄开国　成都大学学报　1992年第2期

扬雄赋风的思想性　阮忠　成都大学学报　1992年第2期

扬雄世系考辨　周清泉　成都大学学报　1992年第2期

扬雄的生平、作品评价及其他有关问题　张震泽　辽宁大学学报　1992年第3期

扬雄年表　陈福滨　《扬雄》　台北:东大出版　1993年3月

《剧秦美新》疑议　陈福滨　《扬雄》　台北:东大出版　1993年3月

《剧秦美新》及扬雄与王莽的关系　方铭　中国文学研究　1993年第2期

扬雄论　多田伊织　日本研究(11)　1994年

扬雄著述考略　王春淑　四川师范大学学报　1996年第3期

扬雄文学思想新探　周悦　中国文学研究　1997年

扬雄述论　孟祥才　人文杂志　1999年第2期

扬雄与《剧秦美新》　刘保贞　山东大学学报　2000年第6期

扬雄年谱　林贞爱　《扬雄集校注》　成都:四川大学出版社　2001年6月

论扬雄赋　蓝旭　青海师范大学学报　2001年第1期

论扬雄　王玫　中国典籍与文化　2001年第2期

追步前贤　不乏创变——论扬雄赋　王琳　山东师大学报　2001年第5期

扬雄至京、待诏、奏赋、除郎的年代问题　杨福泉　上海大学学报　2002年第1期

关于《封禅文》《剧秦美新》和《典引》的一点思考　蒋文燕　宁夏大学学报　2002年第2期

《汉志·诗赋略》"扬雄赋"绎释　俞纪东　复旦学报　2002年第3期

汉巴蜀赋家三题　贾卉　长春大学学报　2002年第4期;绥化师专学报　2003年第1期

二十年来扬雄研究综述　张晓明　青岛大学师范学院学报　2002年第4期

论扬雄的《赵充国颂》　嘉濑达男　《〈文选〉与"文选学":第五届文选学国际学术研讨会论文集》　北京:学苑出版社　2003年5月

扬雄著作及其流传　刘保贞　山东大学学报　2003年第1期

扬雄赋析论拾余　朱晓海　《汉赋史略新证》　西安:陕西人民出版社　2004 年 6 月

司马相如与扬雄论略　贾名党、吴益群　贵州社会科学　2004 年第 3 期

扬雄著作存佚考及系年研究　张晓明　青岛大学师范学院学报　2004 年第 4 期

扬雄汉赋观刍议　踪凡、冷卫国　陕西师范大学学报　2004 年第 5 期;《汉赋研究史论》　北京:北京大学出版社　2007 年 5 月

《解嘲》补笺　李小龙　古籍研究　2005 年第 2 期

扬雄"四赋"时年考　熊良智　四川师范大学学报　2005 年第 3 期

扬雄"四赋"考论——兼论扬雄"三世不徙官"的重要原因　纪国泰　西华大学学报　2005 年第 6 期

扬雄的文学思想　陈朝辉　《知不足丛稿》　成都:巴蜀书社　2006 年 1 月

扬雄年谱考订　杨福泉　绍兴文理学院学报　2006 年第 1 期

扬雄《剧秦美新》考论　高明　西藏民族学院学报　2006 年第 2 期

《甘泉赋》新释新考　高芝麻子等　东京大学中国语中国文学研究室纪要　2007 年

扬雄《甘泉赋》的接受史——到唐代前半期为止(扬雄《甘泉赋》の受容史——唐代前半まで)　大村和人　东京大学中国语中国文学研究室纪要(10)　2007 年

扬雄与《剧秦美新》　方铭　"儒学与 21 世纪中国文化建设"

学术研讨会　2007 年

扬雄论　康金声　《中国赋学》　南京:江苏教育出版社　2007 年 7 月

《校猎赋》就是《羽猎赋》吗？——兼论扬雄初为郎的时间及年龄　易小平　广西大学学报　2007 年第 3 期

略论扬雄思想的理论来源　陈强　青海社会科学　2007 年第 5 期

扬雄述志赋发微　李昕昕　乐山师范学院学报　2007 年第 10 期

《甘泉赋》新释新考(二)　户仓英美等　东京大学中国语中国文学研究室纪要　2009 年

扬雄《蜀都赋》释疑　熊良智　文献　2010 年第 1 期

西汉蜀郡赋家赋作考　金前文　湖北工业大学学报　2010 年第 6 期

关于扬雄四赋作年的两个问题　易小平　古籍整理研究学刊　2010 年第 6 期

关于扬雄辞赋观的一点厘清　张明辉　南阳师范学院学报　2010 年第 11 期

论扬雄的文学思想　汪耀明　太原师范学院学报　2011 年第 1 期

扬雄赋论准则及其大赋创作模式　王德华　浙江师范大学学报　2011 年第 4 期

扬雄"诗人之赋"义证　刘浏　天中学刊　2011 年第 4 期

元成庙议与《长杨赋》的结构及影响　蒋晓光、许结　浙江大

学学报　2011年第6期

扬雄的文学追求与文学观念之迁变　孙少华　清华大学学报　2012年第1期

《文选》录扬雄六文而其五当来自《汉书》考——兼论《扬雄传·赞》以上本“雄之《自序》”非“未加裁割”　力之　《古典文献研究》第16辑　南京:凤凰出版社　2013年12月

重评扬雄《剧秦美新》　周桂钿　中国社会科学院研究生院学报　2013年第2期

“游目汉庭中”:陶渊明与扬雄之关系发微——以《饮酒》其五为中心　范子烨　四川师范大学学报　2013年第2期

《文选》所收《剧秦美新》之作年及涉莽时事考论　刘志伟、邵杰　河南师范大学学报　2014年第5期

“丽则”:扬雄赋论与汉赋嬗变　车瑞、刘冠君　武汉大学学报　2015年第4期

《扬雄赋研究》导言　康达维、蒋文燕　国际汉学　2015年第4期

《剧秦美新》“帝典”论与汉新之际士人心态　邵杰　文学遗产　2016年第2期

扬雄《甘泉赋》作年考辨　龙文玲　首都师范大学学报　2016年第5期;《现代学术视野下的〈文选〉研究》　北京:中国社会科学出版社　2016年7月;《西汉文学文献辨思录》　南宁:广西人民出版社　2018年7月

亦论“扬雄至京、待诏、奏赋、除郎的年代问题”　纪国泰　蜀学　2017年第2期;西华大学学报　2017年第4期(题目为:亦论

"扬雄至京、待诏、奏赋、除郎的年代问题"——解读《汉书·扬雄传·赞》的新思路）

扬雄《剧秦美新》与汉代的王道观　王允亮　上海大学学报　2017年第5期

扬雄四赋作年新论　陶成涛　西北大学学报　2017年第6期

甘泉赋的文化承载——兼论扬雄《甘泉赋》的创作背景　侯文学　贵州社会科学　2017年第7期

论扬雄的著述活动及文体实践　夏德靠　中华文化论坛　2017年第9期

扬雄甘泉四赋新解读　龙文玲　首都师范大学学报　2018年第1期

新时期以来扬雄赋研究述评　王燕飞、卿晗　河北科技师范学院学报　2018年第2期

重估《长杨赋》的创新意义及其赋史地位　陶成涛　聊城大学学报　2018年第5期

论扬雄与汉大赋的转向　易闻晓　复旦学报　2018年第6期

近百年来扬雄研究论文综述　李大明、王怀成　中华文化论坛　2018年第10期

潘岳（潘安仁）

《文选》收录篇目：

《籍田赋》《射雉赋》《西征赋》《秋兴赋》《闲居赋》《怀旧赋》《寡妇赋》《笙赋》《关中诗》《金谷集作诗》《悼亡诗》三首、《为贾谧作赠陆机》《河阳县作》《在怀县作》二首、《杨荆州诔》《杨仲武诔》《夏侯常侍诔》《马汧督诔》《哀永逝文》

著作

潘岳集校注　董志广　天津:天津人民出版社　1993年5月;天津:天津古籍出版社　2005年3月;2007年2月

潘岳及其诗文研究　陈淑美　台北:文津出版社　1999年

西晋太康诗人潘岳评传　潘玄明　香港:天马图书有限公司　1999年6月

潘岳、潘尼集逐字索引　刘殿爵等　香港:香港中文大学出版社　2005年12月

潘岳研究　王晓东　上海:上海古籍出版社　2011年6月

潘岳文化　陈会丽　北京:中国时代经济出版社　2013年4月

潘岳研究　高胜利　北京:中国文史出版社　2015年7月

论文

《潘安仁年谱》初稿　郑文　经世　1942年第2卷第3期;《文选学研究》　北京:国家图书馆出版社　2010年11月

《晋书·潘岳传》疏证　缪钺　东南日报·历史与传记　1947年2月6日;《缪钺全集·第1卷,冰茧庵读史存稿》　石家庄:河北教育出版社　2004年7月

晋潘岳生卒年考　章泰笙　中央图书馆馆刊　1947年12月第1卷第4号

西晋诗人潘岳的生平及其创作　李长之　国文月刊　1948年6月第68期;《李长之文集》第7卷　石家庄:河北教育出版社　2006年12月;《文选学研究》　北京:国家图书馆出版社　2010年11月

《晋潘岳生卒年考》书后　陆侃如　大公报　1948 年 8 月 17 日;《陆侃如古典文学论文集》　上海:上海古籍出版社　1987 年 1 月

潘岳论　高桥和巳　中国文学报(7)　1957 年

关于潘岳的评价(潘岳の评价について)　原田宪雄　方向(8)　1958 年

潘岳年谱　朱希祖　《中华文史论丛》　1960 年特刊

读潘岳《闲居赋》　缪钺　《读史存稿》　北京:生活·读书·新知三联书店　1963 年 3 月

《西征赋》中展现的人间观(西征の赋における人间观)　藤原尚　日本中国学会报(21)　1969 年

潘岳传记(潘岳の传记)　松元幸男　立命馆文学(32)　1972 年

潘岳年谱稿　兴膳宏　《名古屋大学教养部纪要》第 18 辑(人文科学·社会科学)　1974 年;彭恩华译　《六朝文学论稿》　长沙:岳麓书社　1986 年 6 月;戴燕选译　《异域之眼——兴膳宏中国古典论集》　上海:复旦大学出版社　2006 年 9 月

文选杂识——潘岳《夏侯常侍诔》　森野繁夫　中国中世文学研究(12)　1977 年

文选杂识——潘岳《马汧督诔》　森野繁夫　中国中世文学研究(13)　1978 年

全晋文卷九二　钱锺书　《管锥编》第三册　北京:中华书局　1979 年 8 月

潘岳其人其诗　丁嫔娜　华夏学报　1980 年

潘岳系年考证　傅璇琮　《文史》第14辑　北京:中华书局　1982年7月

潘岳的《秋兴赋》和《闲居赋》(潘岳の秋兴赋と闲居赋)　松元幸男　学林(立命馆文学)　1983年;《日本汉学论文集　1》　台北:文史哲出版社　1985年

潘岳(评传)　韦凤娟　《中国历代著名文学家评传》第一卷　济南:山东教育出版社　1983年5月

潘岳文学刍论　凌迅　东岳论丛　1983年第2期

潘岳悼亡　金性尧　书林　1983年第4期

关于潘岳《悼亡诗》(潘岳の悼亡诗について)　松元幸男　学林(3)　1984年1月

潘岳其人与其文　张国星　文学遗产　1984年第4期

说潘岳的《悼亡诗》　陈志明　《汉魏六朝诗歌赏集》　北京:人民文学出版社　1985年7月

《晋潘岳生卒年考》书后　陆侃如　《陆侃如古典文学论文集》　上海:上海古籍出版社　1987年1月

对西晋诗人潘岳的重新评价　高国藩　新疆师范大学学报　1987年第1期

钟美于《西征》　贾余于哀诔——刘勰论潘岳　穆克宏　《文心雕龙学刊·第5辑》　济南:齐鲁书社　1988年

潘岳《悼亡诗》论　斋藤希史　中国文学报(39)　1988年10月

策勋于鸿规、底债于流制——刘勰论潘、陆赋　穆克宏　中国文学研究　1988年第3期

试论潘岳的人格与文格　邵唯一　宁夏教育学院学报　1988年第4期

论潘岳的理想人格与现实行为的矛盾构成——兼论西晋文人的心理特点　蒋方　湖北大学学报　1989年第1期

《西征赋》的理性思考　王德华　中国文学研究　1989年第2期

人格和诗品——潘岳辨　尚定　古典文学知识　1989年第4期

潘岳哀词试论　潘新国　山东师大学报　1990年第3期

潘岳与潘尼　佐藤利行　中国中世文学研究(22)　1992年4月

潘岳赋论　王琳　山东师大学报　1993年第5期

论潘岳《秋兴》《闲居》两赋的创作心态　王德华　浙江师大学报　1993年第6期

潘岳和他的诗赋哀诔　王增文　黄淮学刊　1994年第2期;河南广播电视大学学报　2004年第1期(题目为:论潘岳和他的诗赋哀诔);《文史探微》　北京:新华出版社　2013年12月

诗歌"诚本"说辨析——从遗山论潘岳谈起　降大任　上海大学学报　1994年第3期

潘岳隐逸思想初探　胡旭　郑州大学学报　1995年第5期

潘岳行迹考　毕富春　社会科学战线　1996年第1期

潘岳二题　苗健青　宁德师专学报　1996年第4期

论潘岳的哀诔文字　萧永生　重庆社会科学　1996年第6期

试探潘岳《闲居赋》的内心世界　廖国栋　《魏晋南北朝文学

与思想学术研讨会论文集》第三辑　台北:文津出版社　1997年9月

潘岳年谱　许昌师专学报　1997年第1期

潘岳若干问题研究　胡旭　江苏教育学院学报　1997年第2期

试论潘岳人格的悲剧性　苗健青　温州师范学院学报　1997年第5期

从元遗山论诗绝句看潘岳诗品与人品的出入　吉广舆　陕西师范大学学报　1999年第3期

潘岳早期任职及徙官考辨　徐公持　文学遗产　2001年第5期

潘岳年谱　王增文　《潘黄门集校注》　郑州:中州古籍出版社　2002年2月;《文史探微》　北京:新华出版社　2013年12月

潘岳陆机的高下分别　曹道衡　文史知识　2002年第2期

潘岳三考　胡旭、王海兵　江苏教育学院学报　2002年第5期

潘尼赠潘岳诗、作潘尼碑　曹道衡、沈玉成　《中古文学史料丛考》　北京:中华书局　2003年7月

关于潘岳的《悼亡诗》《悼亡赋》《哀永逝文》之考察　小岛明纪子　《辞赋研究论文集——第五届国际辞赋研讨会》　北京:中国文史出版社　2003年11月

西晋潘岳之闲居与山水论考(西晋の潘岳の闲居と山水论について)　外村中　日本造园学会志　2004年

潘岳家世婚姻考订　王丽芬　闽江学院学报　2004年第6期

建安时期《寡妇赋》考——无名妇人的创作与诗坛(建安の《寡妇赋》について——无名妇人の创作と诗坛)　福山泰男　山

形大学人文学部研究年报(2)　2005年

潘岳年表　董志广　《潘岳集校注》　天津:天津古籍出版社　2005年3月

从《关中诗》探讨潘岳"人文不一"问题　崔瑞萍　晋中学院学报　2005年第1期

现代潘岳研究综述　李朝阳　贵州文史丛刊　2005年第3期

中古时代的四篇《寡妇赋》　顾农　书品　2006年第1期;《文选论丛》　扬州:广陵书社　2007年9月

潘岳与"文人无行"　萧立生　湖南大学学报　2006年第3期

潘岳人品论　潘啸龙、朱瑛　安徽师范大学学报　2006年第5期

清绮浅净——论潘岳作品的语言风格　刘志毅　湖北社会科学　2006年第12期

西晋文人潘岳历史评价之差异及其原因　王丽芬　福建论坛　2006年专刊

潘岳《杨荆州诔》与《杨仲武诔》——其创作态度的异质性(潘岳《杨荆州诔》と《杨仲武诔》——その创作态度の异质性)　土屋聪　中国文学论集　2007年

《闲居赋》与潘岳其人　顾农　《文选论丛》　扬州:广陵书社　2007年9月

潘岳的婚姻及其相关作品献疑　王晓东　《中国文选学:第六届文选学国际学术研讨会论文集》　北京:学苑出版社　2007年9月

古代的藉田礼和《藉田赋》　罗莹　殷都学刊　2007年第1期

潘岳赋作辨伪　王晓东　北京教育学院学报　2007年第1期

建国以来潘岳研究刍议　潘润娇　乐山师范学院学报　2007年第4期

潘岳研究二题　顾农　宁夏师范学院学报　2007年第4期

晋初党争与潘岳的早年栖迟　王晓东　河南科技大学学报　2007年第5期

读《文选》潘岳诗文札记　王晓东　《〈文选〉学与楚文化——纪念李善逝世1317周年国际学术研讨会》　武汉：武汉出版社　2008年8月

潘岳、潘尼文学系年考证　俞士玲　《西晋文学考论》　南京：南京大学出版社　2008年9月

潘岳《西征赋》吐鲁番残卷考释　郭殿忱　黄河科技大学学报　2008年第3期

从《闲居赋》看潘岳仕与隐的矛盾——兼论潘岳的人生悲剧　何雪群　太原城市职业技术学院学报　2008年第3期

试论潘岳的思想　王德宜、刘其荣　内蒙古农业大学学报　2008年第6期

浅探潘岳"人品与文品"不一之原因　曹静宜　内蒙古农业大学学报　2009年第1期

心画心声未失真——浅议潘岳及其创作　吴婷　浙江师范大学学报　2009年第4期

从"知人论世"看潘岳的人品及文品　谢伟　忻州师范学院学报　2009年第4期

潘岳及其悼亡诗研究　王华杰　中州学刊　2009年第5期

从潘岳《闲居赋》看两晋文人的思想历程　李静　沧桑　2009

年第 5 期

潘岳《马汧督诔》与西晋品官荫客制　蔡彦峰　许昌学院学报　2009 年第 6 期

从《西征赋》看潘岳的政治思想与艺术技巧　何祥荣　《中国学研究》第 13 辑　济南:济南出版社　2010 年 7 月

从模拟铺陈走向自抒机杼——潘岳五赋考论　杨晓斌　学术论坛　2010 年第 1 期

潘岳悼亡诗初探　肖立生、周小喜　湖南大学学报　2010 年第 3 期

论潘岳《悼亡诗》　吴文娟　语文知识　2010 年第 4 期

潘岳隐居考　高胜利　许昌学院学报　2010 年第 4 期

潘岳文学创作评议　王德宜　新疆大学学报　2010 年第 5 期

“诗意地栖居”:从潘岳《闲居赋》看西晋时期“人文不一”现象　龚颖仪　内蒙古农业大学学报　2010 年第 5 期

潘岳与贾充、贾谧等权贵的交游　李晓风　信阳师范学院学报　2010 年第 6 期

潘岳事迹二考　高胜利　三峡大学学报　2010 年第 6 期

从潘岳的哀挽之作看其“文人无行”　杨倩　山东社会科学　2011 年第 2 期

中国哀悼文学与潘岳的文学成就　李景奇　河南师范大学学报　2011 年第 4 期

《文选》中潘岳赋六首释证　顾农　广西师范大学学报　2011 年第 6 期

潘岳《寡妇赋》及其先驱者　魏宁(Williams, Nicholas Morrow)

Journal of the American Oriental Society 132.3 2012年

评《潘岳研究》 顾农 郑州师范教育 2012年第6期

潘岳《笙赋》的美学意蕴与作时 杨晓斌 井冈山大学学报 2013年第2期

潘岳的婚姻史与相关作品 顾农 文学遗产 2013年第4期

潘岳与晋初政坛 顾农 天中学刊 2014年第1期

潘岳《笙赋》"熟簧"之考辨 刘贝妮、孙晓辉 黄钟(武汉音乐学院学报) 2014年第1期

论潘岳《射雉赋》的作年、价值及影响 齐清仙 广西师范学院学报 2014年第4期

"潘岳两次婚姻说"辨疑 周兴陆 文学遗产 2015年第2期

"二十四友"考述——兼从《为贾谧作赠陆机十一章》看潘岳和陆机的关系 丁婧 湖南人文科技学院学报 2015年第6期

潘岳两次婚姻说考辨——以《新婚箴》与《答新婚箴》为据 王丽芬 闽江学院学报 2016年第6期

潘安仁《笙赋》校勘札记 崔雪萍 中文信息 2016年第7期

躁竞不已与亲情无限:潘岳考论 姜剑云 《文史索隐——晋唐文学杂考》 北京:人民出版社 2017年7月

潘岳伪疑作品考 王晓东 《〈文选〉与汉唐文化:第十一届〈文选〉学国际学术研讨会论文集》 北京:中华书局 2018年8月

李善注对《文选》旧注的"具释"——以《射雉赋》徐爰注为例 胡健 扬州文化研究论丛 2018年第2期

司马相如(司马长卿)

《文选》收录篇目:

《子虚赋》《上林赋》《长门赋》《上疏谏猎》《喻巴蜀檄》《难蜀父老》《封禅文》

著作

汉廷一诗人:司马相如　吴德明　巴黎　1972 年

司马相如、扬雄及其赋之研究　简宗梧　台北:政治大学中国文学研究所博士论文　自刊本　1976 年

司马相如生平及其文学研究　朱门　台北:文史哲出版社　1984 年 10 月

贾谊、司马相如文　徐超等　台北:锦绣出版公司　1992 年;台中:畅谈国际文化公司　2004 年

司马相如集校注　金国永　上海:上海古籍出版社　1993 年 9 月

司马相如集校注　朱一清、孙以昭　北京:人民文学出版社　1996 年 2 月

司马相如　龚克昌、苏瑞隆　沈阳:春风文艺出版社　1999 年 1 月

司马相如集校注　李孝中　成都:巴蜀书社　2000 年 12 月

相如故里在蓬安　赵正铭、邓郁章　成都:四川人民出版社　2001 年 12 月

司马相如集编年笺注　张连科　沈阳:辽海出版社　2003 年 12 月

蜀中汉赋三大家　万光治　成都:巴蜀书社　2004年8月

司马相如赋的美学思想与地域文化心态　李天道　北京:华龄出版社;中国社会科学出版社　2004年10月;2006年1月

司马相如考释　刘南平、班秀萍　天津:天津古籍出版社　2007年7月

相如故里风光吟　邓郁章　成都:四川人民出版社　2007年10月

司马相如与巴蜀文化研究论集　邓郁章　成都:四川人民出版社　2007年10月

相如故里故事集　赵正铭　成都:四川人民出版社　2007年10月

司马相如故里在蓬安　赵正铭、邓郁章　成都:四川人民出版社　2007年10月

赋者风流·司马相如　许结、今波、夏宁　上海:上海文化出版社　2008年8月

司马相如资料汇编　踪凡　北京:中华书局　2008年11月;2010年3月

司马相如与汉赋　孙学敏　长春:吉林文史出版社　2010年3月

司马相如赋篇之音韵风格研究　丁忆如　新北:花木兰文化出版社　2012年3月

司马相如研究　熊伟业　成都:电子科技大学出版社　2012年11月;2013年10月

天下文宗司马相如　邓郁章　成都:四川人民出版社　2013年

5月

浅说司马相如　侯柯芳　成都:四川大学出版社　2016年12月

一代辞宗司马相如　张大可、徐兴海　北京:商务印书馆　2018年1月

司马相如归葬都江堰市初考　都江堰社科联　北京:中国文史出版社　2018年4月

论文

司马相如评传　游国恩　觉悟　1923年11月15日、12月26日

司马相如与汉赋　昺衡　齐大季刊　1933年6月第2期;《文选学研究》　北京:国家图书馆出版社　2010年11月

《文选》札记——论《子虚赋》　古层冰(古直)　文学杂志(中山大学)　1933年9月第5期

略述司马相如与司马迁之文学　罗智强　民钟季刊　1935年12月第1卷第4期;《文选学研究》　北京:国家图书馆出版社　2010年11月

司马相如、卓文君行年考(附司马相如所著书考)　李洣　文澜学报　1937年第3卷第2期;《文选学研究》　北京:国家图书馆出版社　2010年11月

司马相如著述考　郑嘉苐　东方文化　1943年5月第2卷第5期

《长门赋》真伪辨　许世瑛　中德学志　1944年6月第6卷第1—2期;《文选学研究》　北京:国家图书馆出版社　2010年11月

司马相如赋论　万曼　国文月刊　1947年6月第55、56期；《文选学研究》　北京：国家图书馆出版社　2010年11月

司马相如赋论（续）　万曼　国文月刊　1947年6月10日第56期

关于司马相如　吉川幸次郎　叙说　1950年第5期；《中国诗史》　合肥：安徽文艺出版社　1986年12月；上海：复旦大学出版社　2012年1月

司马相如及其赋（上）　田倩君　大陆杂志　1957年8月第15卷第4期；学粹　1973年第2期

司马相如及其赋（中）　田倩君　大陆杂志　1957年9月第15卷第5期；学粹　1973年第4期

司马相如及其赋（下）　田倩君　大陆杂志　1957年10月第15卷第7期；学粹　1973年第6期

司马相如与《长门赋》　许世瑛　学术季刊　1957年12月第6卷第2期

《子虚》《上林》赋的源流（子虚・上林の赋の源流）　中岛千秋　东方学（17）　1958年

关于司马相如——和苏鹤同志商榷　黎本初　四川日报　1959年7月12日

论司马相如及其作品——纪念司马相如诞生2140周年　刘开扬　江海学刊　1962年第9期；《柿叶楼存稿》　上海：上海古籍出版社　1983年3月

关于《长门赋》　福岛吉彦　大安（110）　1965年

司马相如传略——前半生　福岛吉彦　《吉川博士退休记念

中国文学论集》　东京:筑摩书房　1968 年 3 月

司马相如《子虚》《上林》赋与枚乘《七发》的关系　何沛雄　人生　1968 年 4 月第 32 卷第 12 期;文史哲　1988 年第 1 期(题目为:《子虚》《上林》与《七发》的关系。下同);《汉魏六朝赋论集》　台北:联经出版事业公司　1990 年 4 月;《中国古代文学:作家·作品·文学现象》　北京:商务印书馆　2012 年 5 月

《上林赋》作于建元初年考　何沛雄　大陆杂志　1968 年第 36 期 2 号

司马相如赋篇用韵考　简宗梧　中华学苑　1972 年第 10 卷第 9 期

《长门赋》辨证　简宗梧　大陆杂志　1973 年 2 月第 46 卷第 2 期;《汉赋史论》　台北:东大图书股份有限公司　1993 年 5 月

《上林赋》著作年代之商榷　简宗梧　大陆杂志　1974 年;《汉赋史论》　台北:东大图书股份有限公司　1993 年 5 月

"卓绝汉代"的司马相如的赋　中文系七三级二班第四组　厦门大学学报　1976 年第 1 期

司马相如、扬雄辞赋之比较研究　简宗梧　中华学苑　1976 年第 18 期

《子虚》《上林赋》研究　简宗梧　中华学苑　1977 年第 19 期

司马相如是张叔、盛览的教师吗?　傅光宇　昆明师范学院学报　1980 年第 6 期

司马相如和他的赋(司马相如와그의赋)　金学主　东亚文化　1981 年第 18 期

司马相如的《长门赋》　康达维　哈佛亚洲研究期刊　1981

年;王心玲译　《国外学者看中国文学》　台北:“中央文物供应社”　1982年;苏瑞隆译　《汉代宫廷文学与文化之探微:康达维自选集》　上海:上海译文出版社　2013年9月

《长门赋》出现的意义——兼论其非托名之作及其他　费振刚　光明日报　1982年11月2日

宫怨体的滥觞——《长门赋》　沈伯俊　成都大学学报　1982年第1期

司马相如简论　沈伯俊　西南师范学院学报　1982年第2期

试论《子虚》《上林》(待续)　毕庶春　丹东师范专科学校学报　1982年第2期

司马相如的代表作是《天子游猎赋》　沈伯俊　四川师院学报　1982年第2期

《子虚》《上林赋》的修辞——赋中词汇的新颖性(《子虚》《上林赋》の修辞——ことばの新しさ)　藤原尚　广岛大学文学部纪要　1983年

司马相如(评传)　费振刚　《中国历代著名文学家评传》第一卷　济南:山东教育出版社　1983年5月

司马相如论(《汉赋研究》之一)　龚克昌　社会科学战线　1983年第3期

《天子游猎赋》辨　龚克昌　文学遗产　1983年第4期

《上林赋》注一例质疑　毕庶春　中国语文　1983年第5期

汉赋奠基者司马相如　龚克昌　《汉赋研究》　济南:山东文艺出版社　1984年9月

试论《子虚》《上林》(待续)　毕庶春　丹东师专学报 1984年

第 2 期

关于司马相如游梁年代与生年　束景南　文学遗产　1984 年第 3 期

《九歌》为司马相如所作辨误　吴明贤　四川师院学报　1984 年第 3 期;《辞赋研究》　北京:商务印书馆　2006 年 11 月

试论《子虚》《上林》(续)　毕庶春　丹东师范专科学校学报　1984 年第 4 期

试论扬雄在汉大赋上对司马相如的因革与发展　王以宪　江西师范大学学报　1985 年第 1 期

《子虚》《上林》质疑(四则)　毕庶春　文学遗产　1985 年第 1 期

也谈《天子游猎赋》——兼与龚克昌同志商榷　徐宗文　徐州师范学院学报　1985 年第 1 期

再谈司马相如游梁年代与生年　刘开扬　文学遗产　1985 年第 2 期

长门宫和《长门赋》　赵坚　上海师范大学学报　1985 年第 3 期

司马相如与司马迁　沈伯俊　天府新论　1985 年第 4 期

司马相如赋新论　颜昌新　内江师范学院学报　1986 年

《子虚赋》《上林赋》考辨——与龚克昌同志商榷　谌东飚　长沙水电师院学报　1986 年第 2 期

《子虚》《上林》实为一体辨　黄晓令　文学遗产　1986 年第 3 期

司马相如游梁年代与生平的再考辨——答刘开扬先生　束

景南 文学遗产 1987年第1期

司马相如赋和《楚辞》 坚白 上海师范大学学报 1987年第1期

赤日经天、光耀寰宇——司马相如《子虚》《上林》赋新探 顾绍炯 贵州师专学报 1987年第2期

从审美角度看司马相如的赋 黄广华、刘振东 文史哲 1987年第3期

司马相如对辞赋创作的贡献 曹明纲 社会科学战线 1987年第3期;《赋学论稿》 上海:上海古籍出版社 2012年5月

三谈司马相如生年与所谓"东受七经"问题 刘开扬 成都大学学报 1987年第4期

《子虚》《上林》赋的得与失——读《赋史》札记 叶幼明 中国文学研究 1988年第1期

司马相如大赋新论 孙玉成 延边教育学院学报 1989年第3—4期

重论司马相如及其赋 汪涌豪 思想战线(昆明) 1989年第4期

《子虚赋》《上林赋》辨正 全秋菊 学术月刊 1989年第9期

《上林赋》作于建元初年考 何沛雄 《汉魏六朝赋论集》 台北:联经出版事业公司 1990年4月

司马相如赋论质疑 周勋初 文史哲 1990年第5期;《魏晋南北朝文学论丛》 南京:江苏古籍出版社 1999年11月

司马相如小论——非常之人与非常之文 饶宗颐 《文辙》 台北:学生书局 1991年11月;《饶宗颐二十世纪学术文集·选堂赋

话》 台北:新文丰出版社 2003 年;北京:中国人民大学出版社 2009 年 9 月

司马相如出使西南夷 胡凡 黑龙江教育学院学报 1991 年第 1 期

司马相如考述——关于司马相如的生平和创作 季镇淮 《来之文录》 北京:北京大学出版社 1992 年 9 月

司马相如赋的主题特征和模式作用 霍松林、尚永亮 陕西师大学报 1992 年第 1 期

司马相如散论 张仲良 江汉论坛 1992 年第 11 期

"结轨"说义 王继如 学术研究 1988 年第 2 期;辞书研究 1993 年第 1 期

谈《子虚赋》《上林赋》的矛盾艺术效应 王思文 广西师范大学学报 1994 年

浅谈《子虚赋》 秦训习 中州大学学报 1994 年第 1 期

从《长门赋》看司马相如的汉赋成就 张宏义 驻马店师专学报 1994 年第 1 期

《长门赋》真伪考辨 汤斌 《中国典籍与文化论丛》第 3 辑 北京:中华书局 1995 年 12 月

司马相如生平及作品系年考 刘南平 《中国典籍与文化论丛》第 3 辑 北京:中华书局 1995 年 12 月

司马相如"东受七经"考 刘南平 张家口师范专科学校学报 1995 年第 1 期

子虚、上林赋课征 于维杰 《文选学新论》 郑州:中州古籍出版社 1997 年 10 月

试论司马相如辞赋的成就及其贡献　李金忠　渤海学刊　1997年第4期

司马相如与酒犊鼻裈　赵联赏　文史杂志　1997年第5期

司马相如传考　冈村繁　学林(28·29合集)　1998年;陆晓光译　《周汉文学史考》　上海:上海古籍出版社　2002年8月;2009年5月

司马相如《子虚》《上林》二赋的分合问题　郑良树　《辞赋论集》　台北:台湾学生书局　1998年2月

司马相如——文的自觉追求者　胡华钢、金明生　浙江师大学报　1998年第2期

《长门赋》之作者考辨　力之　钦州学刊　1998年第2期

关于司马相如的生卒年问题　龚克昌、苏瑞隆　《司马相如》　沈阳:春风文艺出版社　1999年1月

司马相如生平大事年表　龚克昌、苏瑞隆　《司马相如》　沈阳:春风文艺出版社　1999年1月

《长门赋》确系司马相如所作　孟彦　中华文化论坛　1999年第3期

司马相如与巴蜀文化　杨正苞　文史杂志　1999年第4期

相如故里知何处　蔡荣中、肖红涛　四川日报　2000年4月13日;《相如故里在蓬安》　成都:四川人民出版社　2001年12月;《司马相如故里在蓬安》　成都:四川人民出版社　2007年10月

司马相如爵里质疑　侯柯芳　《司马相如集校注》　成都:巴蜀书社　2000年12月;《相如故里在蓬安》　成都:四川人民出版社　2001年12月

司马相如其人其文 侯柯芳 《司马相如集校注》 成都:巴蜀书社 2000年12月

司马相如与司马迁创作道路之比较 周明侠 理论与创作 2000年第1期

司马相如《子虚赋》《天子游猎赋》小议 晓名 四川师范大学学报 2000年第4期

王培荀的司马相如"实之今蓬州人"说考论 司马研 四川师范学院学报 2000年第4期;《相如故里在蓬安》 成都:四川人民出版社 2001年12月;《司马相如故里在蓬安》 成都:四川人民出版社 2007年10月

司马相如散议 王玫 读书 2000年第6期

司马相如生平及其辞赋 李大明 《相如故里在蓬安》 成都:四川人民出版社 2001年12月

关于司马相如的小考二则 余江 淄博学院学报 2001年第2期

《子虚》《上林》的分合及其相关问题新探 富世平 天水师范学院学报 2001年第4期

关于《封禅文》、《剧秦美新》和《典引》的一点思考 蒋文燕 宁夏大学学报 2002年第2期

司马相如新论 康金声 山西大学学报 2002年第4期

汉巴蜀赋家三题 贾卉 长春大学学报 2002年第4期;绥化师专学报 2003年第1期

《文选·长门赋》为司马相如作无疑辨 力之 《〈文选〉与"文选学":第五届文选学国际学术研讨会论文集》 北京:学苑出版

社　2003年5月;《〈楚辞〉与中古文献考说》　成都:巴蜀书社　2005年12月

司马相如《子虚赋》与《天子游猎赋》辨　鲁红平　中国文学研究　2003年第1期

司马相如赋论发微　汪文学　贵州民族学院学报　2003年第1期

司马相如赋作失志情感论　伍联群、刘剑秋　渝西学院学报　2003年第3期

《子虚赋》《上林赋》:大一统思想的文学阐释　于春海　延边大学学报　2003年第3期

司马相如生于蓬安　李大明　光明日报　2004年12月31日

司马相如的拟作与汉赋之定型　陈恩维　南阳师范学院学报　2004年第1期

论张裕钊《辨司马相如〈封禅文〉》　丁有国　鄂州职业大学学报　2004年第2期

司马相如与扬雄论略　贾名党、吴益群　贵州社会科学　2004年第3期

《子虚赋》内容考略　金前文　渝西学院学报　2004年第3期

司马相如的官不是用钱买来的　杨永乐　文史杂志　2004年第5期

论《文选》中司马相如檄移文　徐世中　阜阳师范学院学报　2004年第5期

《长门》《自悼》考论　毕庶春　四川师范大学学报　2004年第5期;《司马相如与巴蜀文化研究论集》　成都:四川人民出版社

2007年10月

《文选》李善注引《子虚赋》《上林赋》《西京赋》 富永一登 中国古典文学研究(3) 2005年

《子虚》《上林》的创作背景与体制特征 谭淑娟 贵阳金筑大学学报 2005年第1期

司马相如与巴蜀文学范式 李凯 四川师范大学学报 2005年第2期;《司马相如与巴蜀文化研究论集》 成都:四川人民出版社 2007年10月

司马相如赋中人物命名方式的价值判断 刘朝谦 四川师范大学学报 2005年第2期;《司马相如与巴蜀文化研究论集》 成都:四川人民出版社 2007年10月

司马相如赋与四川方言 王启涛 四川师范大学学报 2005年第2期;《辞赋研究》 北京:商务印书馆 2006年11月;《司马相如故里在蓬安》 成都:四川人民出版社 2007年10月

关于司马相如故里问题的再探讨 房锐、邓郁章 四川师范大学学报 2005年第2期;《司马相如故里在蓬安》 成都:四川人民出版社 2007年10月

《子虚赋》《上林赋》:艺术转型与新范式的确立 许志刚 文学遗产 2005年第3期

司马相如《大人赋》献疑 万光治 四川师范大学学报 2005年第3期

司马相如辞赋美学思想的现代阐释 李天道 四川师范大学学报 2005年第4期;《辞赋研究》 北京:商务印书馆 2006年11月;《司马相如与巴蜀文化研究论集》 成都:四川人民出版社 2007年10月

别有《子虚赋》说不能成立　胡大雷　文学遗产　2005年第5期;《中古赋学研究》　桂林:广西师范大学出版社　2011年6月(题目为:《文选》所载即《天子游猎赋》——论别有《子虚赋》说不能成立)

西汉文章两司马:《史记·司马相如列传》考论　马予静　河南大学学报　2005年第6期

司马相如《封禅文》与汉武帝封禅　杨晓芳　成都教育学院学报　2005年第7期

司马相如年谱　李昊　《古代文献的考证与诠释:海峡两岸古典文献学国际学术会议论文集》　上海:上海古籍出版社　2006年12月

梁园赋家行年新考　石观海、杨亚蕾　齐鲁学刊　2006年第2期

试论《封禅》　贾树新　吉林师范大学学报　2006年第2期

司马相如作品考辨　李昊　中华文化论坛　2006年第3期

"得之于内":司马相如辞赋创作构思论　李天道　天府新论　2006年第4期

畋猎赋中的《子虚》《上林》之研究　张丽萍　辽宁师专学报　2006年第4期

司马相如生年考述评　班秀萍、贾知洵　河北北方学院学报　2006年第5期;《司马相如考释》　天津:天津古籍出版社　2007年7月

司马相如"自叙"考　大平幸代　外国语·外国文化研究(14)　2007年

20世纪20年代至21世纪初国内司马相如研究综述　刘南平、班秀萍　《司马相如考释》　天津:天津古籍出版社　2007年7月

读司马相如《封禅文》札记　侯艳　《中国文选学:第六届文选学国际学术研讨会论文集》　北京:学苑出版社　2007年9月

盛览、张叔从司马相如受学说辨析　房锐　《司马相如与巴蜀文化研究论集》　成都:四川人民出版社　2007年10月

司马相如三论　徐才安　《司马相如故里在蓬安》　成都:四川人民出版社　2007年10月

司马相如三题　李孝中　《司马相如故里在蓬安》　成都:四川人民出版社　2007年10月

从诗中寻觅司马相如出生地成长地　周子瑜　《司马相如故里在蓬安》　成都:四川人民出版社　2007年10月

关于司马相如故里在蓬安的探讨　邓郁章　《司马相如故里在蓬安》　成都:四川人民出版社　2007年10月

关于"司马相如故里"问题的探讨　李大明　《司马相如故里在蓬安》　成都:四川人民出版社　2007年10月

司马相如《上林赋》《大人赋》作年考辨　龙文玲　江汉论坛　2007年第2期;《西汉文学文献辨思录》　南宁:广西人民出版社　2018年7月

关于《史记·司马相如列传》与司马相如《自叙》关系之探讨　房锐　中华文化论坛　2007年第3期

《喻巴蜀檄》文体分析　熊伟业　康定民族师范高等专科学校学报　2007年第4期

从子虚赋、上林赋中的狩猎动词看古代狩猎　杨晶瑜　呼伦贝尔学院学报　2007年第4期

弹琴而感文君——司马相如“琴挑文君”说解　许结　四川师范大学学报　2007年第5期

《长门赋》作者与作年　龙文玲　文学遗产　2007年第5期；《西汉文学文献辨思录》　南宁:广西人民出版社　2018年7月

司马相如《喻巴蜀檄》校读　熊伟业　四川师范大学学报　2007年第6期

《文选》李善注引司马相如文舛误举例　唐普　四川师范大学学报　2007年第6期

《子虚上林赋》会校会注考释一例——葡萄　熊伟业　地方文化研究辑刊　2008年

司马相如研究论著索引　踪凡　《司马相如资料汇编》　北京:中华书局　2008年11月;2010年3月

表现相如生平及其与卓文君爱情故事的文艺作品和相关论著　踪凡　《司马相如资料汇编》　北京:中华书局　2008年11月;2010年3月

《子虚赋》《上林赋》的分篇、创作时间及其意义　刘跃进　《秦汉文学论丛》　南京:凤凰出版社　2008年12月;文史　2008年第2期

奉辞伐罪笔为枪　情威并重词句工——从《喻巴蜀檄》到《为袁绍檄豫州》期间檄文的发展　李今珏　辽宁科技学院学报　2008年第2期

司马相如受学说辨析　房锐　四川师范大学学报　2008年第

3 期

司马相如《喻巴蜀檄》丛考 熊伟业 许昌学院学报 2008 年第 3 期

诵赋而惊汉主——司马相如与汉宫廷赋考述 许结 四川师范大学学报 2008 年第 4 期

关于司马相如生年的再思考 吴贤哲 四川师范大学学报 2008 年第 4 期

司马相如巴蜀行迹考论 毕庶春 辽东学院学报 2008 年第 5 期

评《全汉赋校注》所录《长门赋》"历代赋评" 李英 乐山师范学院学报 2009 年第 1 期

试释曹丕《典论》的"屈原、司马相如优劣论"——兼探讨中国古典文学核心价值的形成 吴光兴 文学评论 2009 年第 3 期

《文选》所录《子虚赋》《上林赋》及《洞箫赋》创作时间新考——兼考王褒卒年 韩晖 广西师范大学学报 2009 年第 6 期

司马相如《难蜀父老》的写作年代、文体与篇名考 杜松柏 学术交流 2009 年第 11 期

《文选·长门赋》作者 姜书阁 《文史说林百一集正续编》下 杭州:浙江大学出版社 2010 年 4 月

司马相如人格论——从"劫财""劫色"说谈起 踪凡 《第八届文选学国际学术研讨会论文集》 扬州:广陵书社 2010 年 12 月

《〈长门赋〉作者与作年》献疑 毕庶春 文学遗产 2010 年第 1 期

汉代散体大赋主客问答模式与汉代经学之关系研究——以

《子虚赋》《上林赋》为例　冯良方　曲靖师范学院学报　2011 年第 1 期

《长门赋》新论　蒋晓光　古典文学知识　2011 年第 5 期

《难蜀父老》的双重主题　熊伟业　文艺评论　2011 年第 8 期

司马相如"骚体制歌"考　李程　西华大学学报　2012 年第 2 期

司马相如《难蜀父老》新论　王德华、宋雪玲　四川师范大学学报　2012 年第 4 期

《长门赋》真伪新论　熊伟业　广西社会科学　2012 年第 7 期

《封禅文》歧解辨析　侯艳　兰台世界　2013 年第 11 期

司马相如"赋圣"说　许结　四川师范大学学报　2014 年第 2 期

"犊鼻裈"之我见　李凤能　文史杂志　2015 年第 4 期

司马相如《难蜀父老》校读　张晓凤　忻州师范学院学报　2015 年第 4 期

圣域的图写:从《上林赋》到《上林图》　王思豪、许结　复旦学报　2015 年第 5 期

《子虚上林赋》旧注考辨　齐清仙　广西师范学院学报　2015 年第 6 期;《现代学术视野下的〈文选〉研究》　北京:中国社会科学出版社　2016 年 7 月

司马相如"买官""窃色""窃财"辨　伏俊琏　《古代文学特色文献研究　第 1 辑》　上海:上海古籍出版社　2016 年 5 月

《上林赋》的方位书写与体式垂范　蒋晓光　中国社会科学报　2016 年 5 月 11 日

《子虚赋》植物续考　踪凡　《中国赋学》第 3 辑　济南:齐鲁书社　2016 年 7 月

《难蜀父老》作年及司马相如生平新考　彭春艳　《中国赋学》第 3 辑　济南:齐鲁书社　2016 年 7 月

论司马相如入梁路径对《子虚赋》的影响　齐清仙　学术论坛　2016 年第 1 期

《长门赋》作年考辨　胡敬霞　华中师范大学研究生学报　2016 年第 3 期

司马相如《天子游猎赋》创作时间及成赋过程新论　牟歆　四川师范大学学报　2016 年第 6 期

司马相如师承问题略考　曹鹏程　国学　2017 年第 1 期

《子虚》《上林》赋的分篇及其学术意义　踪凡　中州学刊　2017 年第 2 期

论司马相如《封禅文》文体归属的变迁　郑伟生　中北大学学报　2018 年第 4 期

班彪(班叔皮)

《文选》收录篇目:

《北征赋》《王命论》

论文

班彪——其人及他的处世思想(班彪——その人となりと処世思想)　边士名朝邦　东方学　1984 年

班彪生于广平说　陆侃如　《陆侃如古典文学论文集》　上海:

上海古籍出版社　1987年1月

论班彪的赋　富世平　华夏文化　2001年第4期

班彪述评　李虎　咸阳师范学院学报　2002年第5期

班彪与两汉之际的河西文化　刘跃进　齐鲁学刊　2003年第1期

由班彪《北征赋》看《昭明文选》中纪行赋的抒情方式　栗奎秋　柳州师专学报　2005年第3期

论班彪　孟祥才　东岳论丛　2006年第1期

班彪《北征赋》小考　铃木崇义　国学院大学大学院纪要文学研究科(39)　2007年

班彪祖孙三代的民族关系思想　崔明德　烟台大学学报　2007年第1期

班彪《北征赋》探析　王征　时代文学(双月版)　2007年第3期

班彪与两汉之际的河西文化　刘跃进　《秦汉文学论丛》　南京:凤凰出版社　2008年12月

从班彪的赋看其外儒内道思想　李雪莲　黔南民族师范学院学报　2010年第1期

班彪、班昭诸赋创作时间考　金前文　传奇·传记文学选刊(理论研究)　2012年第3期

班彪父辈主要儒学文学成员生卒年考　邓桂姣　文艺评论　2013年第12期

汉代班彪家族受赐皇室秘书副本时间考　邓桂姣　兰台世界　2014年第15期

班彪赋研究　彭春艳　贵州师范大学学报　2015年第4期

《文选》中班彪、班昭父女创作　刘跃进　中国文化　2016年第2期

班彪《北征赋》文史价值考论　金璐璐　北方论丛　2016年第3期

班彪《北征赋》的空间维度论析　邢培顺　中国石油大学学报　2018年第5期

曹大家(班昭)

《文选》收录篇目：

《东征赋》

论文

班昭评传　蘂舟贵客　妇女杂志　1940年第1卷第1期

一代才女和史家——班昭　陈绍棣　历史教学　1991年第8期

班昭《东征赋》考　康达维　《辞赋文学论集》　南京：江苏教育出版社　1999年12月

班昭称谓考　张秀春　烟台师范学院学报　2006年第1期

班昭考　朱维铮　中华文史论丛　2006年第2期

班昭文学作品述论　李彤　赤峰学院学报　2007年第2期

班昭《东征赋》入《选》发微　罗志仲　《第八届文选学国际学术研讨会论文集》　扬州：广陵书社　2010年12月

班昭《东征赋》及其文学史意义　金璐璐　学术论坛　2010年

第6期

班昭《东征赋》中的情志　杨颖　《古典文献研究》第14辑《〈文选〉学专辑》　南京:凤凰出版社　2011年6月

班昭《东征赋》《女诫》作年考辨　金璐璐　船山学刊　2011年第1期

论班昭《东征赋》的创作年代　李艳　济宁学院学报　2012年第1期

班彪、班昭诸赋创作时间考　金前文　传奇·传记文学选刊(理论研究)　2012年第3期

论班昭《东征赋》的史料价值和文化地位　李艳　济宁学院学报　2013年第1期

班昭注《幽通赋》动因、时间考　孔德明　兰台世界　2015年第20期

《文选》中班彪、班昭父女创作　刘跃进　中国文化　2016年第2期

班昭生卒年考辨　戈冬莹　现代语文(学术综合版)　2016年第11期

班昭《东征赋》女性意识探微　叶月、王启才　阜阳师范学院学报　2018年第4期

王粲(王仲宣)

《文选》收录篇目:

《登楼赋》《公宴诗》《咏史诗》《七哀诗》二首、《赠蔡子笃》《赠士孙文始》《赠文叔良》《从军诗》五首、《杂诗》

著作

王粲集　俞绍初　北京:中华书局　1980年5月

王粲集注　吴云、唐绍忠　郑州:中州书画社　1984年3月

王粲集校注　张蕾　石家庄:河北教育出版社　2013年6月

论文

王粲年谱　谭其觉　文艺今刊　1921年第4期

从王粲的《登楼赋》说到"骚赋"与"辞赋"的分别　般乃　清华周刊　1932年第37卷第7期;《文选学研究》　北京:国家图书馆出版社　2010年11月

建安(王粲)诗谱初稿　陆侃如　语言文学专刊　1940年第2卷第1期

王粲行年考　缪钺　责善半月刊　1942年1月第2卷第21期;《读史存稿》　北京:生活·读书·新知三联书店　1963年3月;《缪钺全集·第1卷,冰茧庵读史存稿》　石家庄:河北教育出版社　2004年7月;《文选学研究》　北京:国家图书馆出版社　2010年11月

王粲卒年驳议　段凌辰　儒效月刊　1946年第2卷第5期;《文选学研究》　北京:国家图书馆出版社　2010年11月

敦煌写本《登楼赋》重研　饶宗颐　大陆杂志　1962年第24卷第6期;《文辙》　台北:学生书局　1991年11月;《饶宗颐二十世纪学术文集·选堂赋话》　台北:新文丰出版社　2003年;北京:中国人民大学出版社　2009年9月;《选堂集林·敦煌学》　香港:中华书局　2015年12月

王粲传论　伊藤正文　汉文教室　1964年

王粲诗论考　伊藤正文　中国文学报　1964年

关于王粲的《登楼赋》(王粲の登楼赋について)　新海一　国学院杂志　1967年

王粲《七哀诗》的位置　安东谅　中国中世文学研究(7)　1968年

王粲诗论(王粲诗について)　下定雅弘　中国文学报　1978年

全后汉文卷九〇　钱锺书　《管锥编》第三册　北京:中华书局　1979年8月

王粲事迹考辨　俞绍初　郑州大学学报　1979年12月增刊

王粲年谱　俞绍初　《王粲集》　北京:中华书局　1980年5月

王粲《七哀诗》考　伊藤正文　《中华文史论丛》第22辑　上海:上海古籍出版社　1982年5月

读书笔记十则——《登楼赋》　王瑶　《中古文学史论集》　上海:上海古籍出版社　1982年10月

论王粲的诗赋　吴云　《古典文学论丛》第3辑　西安:陕西人民出版社　1982年12月

略论新校点本《王粲集》　吴云、唐绍忠　文学遗产　1982年第4期

试论王粲的诗赋创作　吴云、唐绍忠　天津社会科学　1982年第6期

王粲(评传)　沈玉成　《中国历代著名文学家评传》第一卷　济南:山东教育出版社　1983年5月

《登楼赋》楼址辨正　俞绍初　文学遗产　1983年第2期

“魏晋之赋首”——读王粲《登楼赋》　徐公持　文史知识　1983年第2期

王粲年谱　吴云、唐绍忠　《王粲集注》　郑州：中州书画社　1984年3月

王粲传论　凌迅　《建安文学研究文集》　合肥：黄山书社　1984年11月

试论王粲《登楼》　贾锡信　河北大学学报　1984年第2期

王粲《登楼赋》研究中的几个问题　曹成浩　东岳论丛　1985年第3期

王粲诗风转变的标志——《从军诗》　樊楚宇、江玉祥　四川大学学报　1985年第3期

捷而能密、文多兼善——刘勰论王粲　穆克宏　福建师范大学学报　1985年第4期

故国情思、归用心曲——王粲《登楼赋》主旨辨　陈洪　徐州师范学院学报　1985年第4期

王粲籍贯今址辨　于召玉　华东师范大学学报　1986年第4期

论王粲诗赋为建安七子之首　周振甫　许昌学院学报　1988年第4期

王粲籍贯辨正　熊清元　学术研究　1989年第3期

王粲《从军诗五首》后四首系年考辨　熊清元　黄冈师专学报　1990年第2期

王粲赋论　于浴贤　文史哲　1990年第5期

王粲患麻疯病说　周勋初　《学林漫录》十三集　北京:中华书局　1991年5月;《魏晋南北朝文学论丛》　南京:江苏古籍出版社　1999年11月;《文史知新》　南京:凤凰出版社　2012年8月;《钟山愚公拾金行踪》　上海:复旦大学出版社　2016年5月

王粲《七哀诗》作年献疑　张瑗　《文学遗产增刊》第十七辑　北京:中华书局　1991年9月

遭乱流寓、自伤情多——读王粲《七哀诗》之一　徐公持　文史知识　1991年第9期

王粲论　顾农　天津师大学报　1992年第5期

《登楼赋》写作二辨　王怀让　齐鲁学刊　1992年第6期

王粲之《七哀诗》与建安诗(王粲の《七哀诗》と建安诗)　道家春代　中国中世文学研究　1993年

《登楼赋》考辨　易健贤　贵州文史丛刊　1993年第1期

敦煌赋校补(《登楼赋》《啸赋》)　伏俊连　社科纵横　1993年第3期

王粲生平、创作中两个问题的考辨　王怀让　齐鲁学刊　1994年第2期

王粲离长安和创作《七哀诗》第一首之时间辨　王怀让　山东教育学院学报　1995年第1期

"七子之冠冕"的另一面——王粲实用文章价值初探　蔡世华　江苏社会科学　1996年第2期

从"体"的释义看王粲的"体弱"　林维民　温州师范学院学报　1997年第4期

王粲至荆州在初平三年　曹道衡、沈玉成　《中古文学史料丛

考》　北京:中华书局　2003年7月

王粲《咏史》　曹道衡、沈玉成　《中古文学史料丛考》　北京:中华书局　2003年7月

《登楼赋》测年　俞绍初　文学遗产　2003年第2期

王粲典定朝仪与其家世学术背景考述　景蜀慧　四川大学学报　2003年第4期

王粲《从军诗》析论——兼谈古代的颂诗　吴伏生　《中国诗学》第9辑　北京:人民文学出版社　2004年6月

论王粲与五言诗的成熟——兼证《七哀诗》《杂诗》的写作时间　木斋　齐鲁学刊　2005年第2期

王粲《七哀诗·西京乱无象》注释辨误　杨思贤　江苏教育学院学报　2006年第2期

王粲的文学——站在宫廷诗人与流民的角度(王粲の文学——宫廷诗人流民の视座)　安藤信广　日本文学(103)　2007年

王粲《登楼赋》《七哀诗》《从军行》之接受状况初探　王玫　《中国文选学:第六届文选学国际学术研讨会论文集》　北京:学苑出版社　2007年9月

王粲《登楼赋》所见其投向风土的目光——文学中南北中国之对立轴的出现(王粲《登楼赋》に见える风土へのまなざし——文学における南北中国の对立轴の出现)　住谷孝之　中国诗文论丛(27)　2008年

王粲荆州交游考论　黄燕平　中南大学学报　2009年第3期

浅论王粲的人格心态　杨立群　广西社会科学　2009年第11期

王粲“为两公子楼护”质疑——王粲和曹丕、曹植关系论　黄燕平　兰州学刊　2010年第8期

20世纪80年代以来王粲研究述评　黄燕平　广西社会科学　2011年第11期

王粲年谱　张蕾　《王粲集校注》　石家庄:河北教育出版社　2013年6月

论“七子之冠冕”的形成——试论王粲文学创作中诗礼秩序与情感表现的融合　袁济喜、徐晓　中国文学研究　2013年第4期

21世纪以来王粲研究综述　张振龙、胡娅　陕西理工学院学报　2015年第2期

王粲行年系地考　王金龙　汉语言文学研究　2017年第4期

敦煌残卷王仲宣《登楼赋》校考　郭殿忱　中国韵文学刊　2017年第4期

王粲典定朝仪与其家世学术背景考述　景蜀慧　《魏晋文史寻微》　北京:中华书局　2018年9月

“密”与王粲诗歌“体弱”关系考论　袁卫华、孙艳庆　中北大学学报　2018年第3期

孙绰(孙兴公)

《文选》收录篇目:

《游天台山赋》

著作

孙绰研究——憧憬理想之道的诗人　长谷川滋成　东京:汲

古书院 1999年12月

· 论文

孙绰的生与思想(孙绰の生涯と思想) 蜂屋邦夫 东洋文化 1977年

全晋文卷六一 钱锺书 《管锥编》第三册 北京:中华书局 1979年8月

晋代作家六考(干宝、孙绰) 曹道衡 《文史》第20辑 北京:中华书局 1983年9月

东晋诗人孙绰考议 李文初 《文史》第28辑 北京:中华书局 1987年3月;《汉魏六朝文学研究》 广州:广东人民出版社 2000年6月

论孙绰《游天台山赋》(孙绰游天台山赋について) 石川忠久 二松(二松学舍大学) 1991年

孙绰小传 长谷川滋成 中国中世文学研究(20) 1991年12月

论孙绰的文学成就 钟涛 淮阴教育学院学报 1991年第2期

东晋诗家孙许殷谢通考(孙绰、殷仲文、谢混) 张蓓蓓 台湾大学文史哲学报 1997年第46期;《魏晋学术人物新研》 台北:大安出版社 2001年12月

孙绰《游天台山赋序》详解 长谷川滋成 广岛大学大学院教育学研究科纪要第二部 2000年

孙绰的文学思想 李秀花 济宁师专学报 2001年第2期

东晋玄言、山水诗赋的旗手——孙绰　顾农　集美大学学报　2002年第2期

孙绰撰《游天台山赋》与般若经世界（孙绰撰《游天台山赋》と般若经世界）　远藤裕介　智山学报　2003年

孙绰仕历　曹道衡、沈玉成　《中古文学史料丛考》　北京：中华书局　2003年7月

《天台灵应图本传集》所收之李善注《游天台山赋》　池丽梅　成大宗教与文化学报　2004年

《天台山游赋》序文检讨——与《存思法》之关联（《天台山に游ぶ赋》序文の检讨——存思法との关わり）　佐竹保子　东北大学中国语学文学论集（10）　2004年

孙绰《游天台山赋》之修辞——从《楚辞》到谢灵运诗赋（孙绰《天台山に游ぶ赋》の修辞——《楚辞》より谢灵运诗赋に至）　佐竹保子　集刊东洋学　2005年

论孙绰的文学贡献　王建国　山东师范大学学报　2006年第5期

孙绰《游天台山赋》所描写的理想境——从先秦到刘宋之理想境描写的位相（孙绰《天台山に游ぶ赋》の描く理想境——先秦から刘宋に至る理想境描写における位相）　佐竹保子　立命馆文学　2007年

孙绰个性浅析　赵莉　《中国古典文学与文献学研究》第4辑　北京：学苑出版社　2008年1月

孙绰生平考　陈慧娟　中山大学研究生学刊　2009年第3期

山岳·文体·隐逸——《游天台山赋》与《北山移文》　许东

海 励耘学刊(文学卷) 2010年第2期

试论孙绰诗文中三教杂糅之现象——以《游天台山赋》为例 马杰 《中国学研究》第14辑 济南:济南出版社 2011年8月

伝最澄编《天台灵应图本伝集》の研究(1)现存最古の李善单注本《游天台山赋》 池丽梅 鹤见大学佛教文化研究所纪要(17) 2012年

鲍照(鲍明远)

《文选》收录篇目:

《芜城赋》《舞鹤赋》《咏史》《行药至城东桥》《还都道中作》《乐府》八首(《东武吟》《出自蓟北门行》《结客少年场行》《东门行》《苦热行》《白头吟》《放歌行》《升天行》)、《数诗》《玩月城西门廨中》《拟古》三首、《学刘公干体》《代君子有所思》

著作

鲍照年谱 吴丕绩 北京:商务印书馆 1940年;鲍明远先生年谱 商务印书馆 1982年

鲍参军诗注 叶菊生 北京:人民文学出版社 1957年6月

鲍参军集注 钱仲联 北京:古典文学出版社 1958年;上海:上海古籍出版社 1980年11月;2005年5月

鲍照生平及其诗文研究 余学芳 台北:惊声文物供应公司 1983年

鲍照和庾信 刘文忠 上海:上海古籍出版社 1986年5月

社会诗人鲍照 钟优民 台北:文津出版社 1994年

鲍照诗文选注与研究 朱思信 乌鲁木齐:新疆大学出版社

1997年8月

鲍照　刘世林　沈阳:春风文艺出版社　1999年1月

鲍照研究　殷雪征　北京:中国文联出版社　2001年

鲍照年谱　丁福林　上海:上海古籍出版社　2004年10月

鲍照诗文研究　苏瑞隆　北京:中华书局　2006年2月

鲍参军诗注　黄节　北京:中华书局　2007年8月;2008年1月;台北:世界书局　2009年8月

俊逸鲍参军——南朝元嘉三大家之鲍照诗研究　陈敬介　《古典诗歌研究汇刊》第4辑　第5册　新北:花木兰文化出版社　2008年9月

鲍照研究　丁福林　南京:凤凰出版社　2009年12月

鲍照生平与作品论考　殷雪征　北京:线装书局　2011年12月

鲍照集校注　丁福林、丛玲玲　北京:中华书局　2012年4月;2016年10月

六朝寒门文人鲍照之研究　土屋聡　东京:汲古书院　2013年

鲍照专题研究　李鹏　北京:中国人口出版社　2014年12月

鲍参军诗注补正　朱晓海　郑州:中州古籍出版社　2018年6月

论文

鲍照之思想及其文艺　刘大杰　晨报副镌　1925年3月26—29日;《文选学研究》　北京:国家图书馆出版社　2010年11月

鲍明远的纯文艺　甘蛰仙　戏剧与文艺　1929年

鲍明远年谱　缪钺　文学月刊　1932年5月第3卷第1期;《缪钺全集·第1卷,冰茧庵读史存稿》　石家庄:河北教育出版社　2004年7月;《文选学研究》　北京:国家图书馆出版社　2010年11月

鲍明远诗蠡测　王正履　无锡国专季刊　1933年第1期;《文选学研究》　北京:国家图书馆出版社　2010年11月

鲍照年谱(吴丕绩编)　敬　国书季刊　1940年第2卷第2期;《文选学研究》　北京:国家图书馆出版社　2010年11月

鲍明远诗摭谈　殷孟伦　学志　1944年第14—18期

《芜城赋》发微　饶宗颐　东方杂志　1945年2月第41卷第4期;《文辙》　台北:学生书局　1991年11月;《饶宗颐二十世纪学术文集·选堂赋话》　台北:新文丰出版社　2003年;北京:中国人民大学出版社　2009年9月

鲍照和他的作品　陈贻焮　文学遗产增刊一辑　1955年4月

略谈鲍照　罗根泽　光明日报　1955年9月25日;《罗根泽古典文学论文集》　上海:上海古籍出版社　1985年7月

鲍照传论稿　伊藤正文　研究(14)　1957年

鲍照与《芜城赋》　孙楷第　光明日报1957年7月7日

鲍照研究　曾君一　四川大学学报　1957年第4期

鲍照年表　钱仲联　《鲍参军集注》　北京:古典文学出版社1958年;上海:上海古籍出版社　1980年11月;上海:上海古籍出版社　2005年5月

读《鲍照研究》　李伯勋等　四川大学学报　1958年第1期

鲍照诗论稿　伊藤正文　神户大学文学会研究(文学编)(20)　1959年

元嘉诗人鲍参军　飞扬　“中央日报”　1960年1月16日

略论鲍照和他的诗　高海夫　人文杂志　1960年第6期

鲍照的乐府(鲍照の乐府)　藤井守　中国中世文学研究(4)　1965年

鲍照年谱补证　吴德风　幼狮学志　1966年第5卷第1期

鲍照的诗风(鲍照の诗风)　向岛成美　汉文学会会报(28)　东京教育大学　1969年9月

关于鲍照《拟行路难》(鲍照拟行路难について)　向岛成美　东京教育大学文学部纪要(77)　1970年3月

关于鲍照《拟行路难》十八首(鲍照の拟行路难十八首について)　藤井守　支那学研究(36)　1972年5月

关于鲍照(鲍照について)　中岛千秋　爱媛大学法文学部论集(文学科编)　1973年

鲍照其人及其诗　菊韵　今日中国(27)　1973年

鲍照赋的写作年代(鲍照の赋の制作年代について)　藤井守　亲和国文　1974年

鲍照的赋(鲍照の赋)　藤井守　广岛大学文学部纪要(34)　1975年

鲍照的文学(鲍照の文学)　中森健二　立命馆文学　(364—366)　1975年

鲍照生年考辨　郑骞　幼狮月刊　1978年第4期

鲍照非胡人改姓　郑骞　幼狮月刊　1978年第4期

鲍照之先世及籍贯　郑骞　幼狮月刊，1978年第4期

鲍照与南朝乐府民歌(鲍照と南朝乐府民歌)　向岛成美　加贺博士退官纪念集　1979年

关于鲍照的家世和籍贯　曹道衡　《文史》第7辑　北京：中华书局　1979年12月；《中古文学史论文集》　北京：中华书局　1986年7月；《曹道衡文集》卷一　郑州：中州古籍出版社　2018年4月

鲍照及其诗新探　张志岳　文学评论　1979年第1期；《中国文学史论集》　哈尔滨：黑龙江人民出版社　1984年8月

"自振"与"坐飞"　杨栩生　南充师院学报　1980年第1期

关于鲍照诗的评价——与张志岳同志商榷　萧月贤、尹建章　郑州大学学报　1980年第3期

鲍照诗小论　吕正惠　文学评论　1980年第6期

论鲍照诗歌的几个问题　曹道衡　社会科学战线　1981年第2期；《中古文学史论文集》　北京：中华书局　1986年7月；《曹道衡文集》卷一　郑州：中州古籍出版社　2018年4月

鲍照五题　段熙仲　文学遗产　1981年第4期

鲍照作品研究　余学芳　淡江学报(19)　1982年

读书札记二则　曹道衡　《古典文学论丛》第3辑　济南：齐鲁书社　1982年11月

鲍照几篇诗文的写作时间　曹道衡　《文史》第16辑　北京：中华书局　1982年11月；《中古文学史论文集》　北京：中华书局　1986年7月；《曹道衡文集》卷一　郑州：中州古籍出版社　2018年4月

试论鲍照创作的艺术成就　朱思信　文学评论　1982年第

5期

论鲍照怀才不遇　王长发　江海学刊　1982年第5期

鲍照《拟行路难》的构成(鲍照《拟行路難》の構成について)　中森健二　学林(1)　1983年

鲍照(评传)　曹道衡　《中国历代著名文学家评传》第一卷　济南:山东教育出版社　1983年5月

鲍照诗文系年考辨　丁福林　《中华文史论丛》第27辑　上海:上海古籍出版社　1983年8月

关于鲍照的籍贯　丁福林　《文史》第20辑　北京:中华书局　1983年9月

鲍照《芜城赋》的现实意义　丁福林　教学与进修　1983年第2期

试论鲍照诗歌的"俊逸"特色　丁福林　文学遗产　1983年第3期

关于鲍照身世的几个问题　朱思信　新疆大学学报　1983年第4期

鲍照山水诗刍论　凌迅　柳泉　1983年第6期

鲍照任前军参军的时间　丁福林　《文史》第22辑　北京:中华书局　1984年6月

鲍照出身"寒微"说　刘丽文　长春师院学报　1984年第2期

试论鲍照于齐梁之际的文学影响　凌迅　东岳论丛　1984年第3期

鲍照交游考略　丁福林　教学与进修(镇江师专)　1984年第3期

鲍照诗风“俊逸”的涵义 王木森 江西师范大学学报 1985年第1期

鲍照交游考略(续) 丁福林 镇江师专学报 1985年第1期

鲍照传记中的几个问题 唐海涛 幼狮学志 1985年第18卷

鲍照的社会诗 钟优民 《古典文学论丛》第4辑 济南:齐鲁书社 1986年2月

鲍照生年考索 丁福林 南京师大学报 1986年第1期;《半室斋文学论稿》 南京:凤凰出版社 2014年11月(题目为:鲍照生年考)

鲍照作品在南北朝隋唐时期的影响 丁福林 汕头大学学报 1986年第3期

鲍照《拟古》诗探微 谢占杰 许昌学院学报 1986年第3期

《芜城赋》臆说 孟庆麟 绥化师专学报 1986年第4期

简论鲍照的文学成就 钟优民 北方论丛 1986年第4期

鲍照交游考略(续完) 丁福林 江苏大学学报 1986年第4期

论鲍照及其乐府诗 刘长耿 殷都学刊 1987年第3期

鲍照故里今何在 高立保 贵州文史丛刊 1987年第3期

鲍照及其乐府诗 温洪隆、涂光雍 《先秦两汉魏晋南北朝文学揽胜》 武汉:湖北教育出版社 1988年3月

鲍照诗文又考辨 丁福林 南京师大学报 1988年第1期

鲍照的政治命运及其诗文风格再认识 王毅 文学评论 1988年第6期

鲍照爱情诗初探 朱思信 《中国古典文学论丛》第7辑 北

京:人民文学出版社　1989 年 10 月

鲍照乐府诗初探　房聚棉　沈阳师范学院学报　1989 年第 1 期

论鲍照“俊逸”艺术风格构成的主观因素　胡大雷　广西民族学院学报　1989 年第 1 期

鲍照家世新议　季广贤、贾瑞青　青海师范大学学报　1990 年第 3 期

鲍照和汤惠休何尝贬颜　谌东飙　湘潭大学学报　1991 年第 1 期

鲍照《芜城赋》写作时间考定及补说　陈伟强　北京大学研究生学刊　1991 年第 2 期

鲍照和江淹　曹道衡　齐鲁学刊　1991 年第 6 期;《中古文学史论文集续编》　台北:文津出版社　1994 年 7 月

读《文选》札记　曹道衡、沈玉成　《文选学论集》　长春:时代文艺出版社　1992 年 6 月;《中古文学史料丛考》　北京:中华书局　2003 年 7 月(题目为:鲍照《芜城赋》);《沈玉成文存》　北京:中华书局　2006 年 6 月

鲍照《芜城赋》的创作时间与场合　康达维　《庆祝饶宗颐教授七十五岁论文集》　香港:香港中文大学出版社　1993 年;苏瑞隆译　《汉代宫廷文学与文化之探微:康达维自选集》　上海:上海译文出版社　2013 年 9 月

鲍照《拟行路难》十八首的创作意图　佐藤大志　汉文教育(17)　1993 年

论鲍照“俊逸”艺术风格构成的客观因素　胡大雷　固原师专学报　1993 年第 3 期

刘宋时代的杰出诗人——鲍照　王成杰　贵州民族学院学报 1993 年第 4 期

鲍照简谱　丁福林　镇江师专学报　1993 年第 4 期

鲍照《学刘公干体》诗五首考(鲍照の《学刘公干体》诗五首について)　铃木敏雄　言语表现研究　1994 年

鲍照乐府考——旁边者的悲哀(鲍照の乐府について——周缘者の悲哀)　塚本信也　集刊东洋学　1994 年

论鲍照诗之自然描写——情景之间(鲍照诗の自然描写——情と景のあいだ)　大平幸代　人间文化研究科年报　1994 年

鲍照籍贯新探　朱玉宝　临沂师专学报　1994 年第 1 期

论鲍照的社会诗　丁福林　镇江师专学报　1994 年第 3 期

鲍照乐府诗的特质(鲍照乐府诗の特质)　佐藤大志　中国中世文学研究(28)　1995 年

从《昭明文选》论鲍照别离诗　许东海　国立中正大学学报 1995 年

鲍照《学刘公干体》考　大平幸代　人间文化研究科年报(10) 1995 年 3 月

《芜城赋》的写作年代与主题管窥　皇甫煃　文教资料　1995 年第 2 期

鲍照籍贯考　向岛成美　《中村璋八博士古稀纪念东洋学论集》　东京:汲古书院　1996 年 1 月

《芜城赋》是都邑赋的变体　王琳　山东师大学报　1996 年第 5 期

颜延之与鲍照(颜延之と鲍照)　塚本信也　东北学院大学论

集　人间·言语·情报　1997年

南朝乐府民歌受容考——从颜延之到鲍照(南朝乐府民歌受容について——颜延之と鲍照から)　塚本信也　东北大学中国语学文学论集　1997年

六朝文人传——鲍照(《宋书》)　佐藤大志　中国学论集(16)　1997年

关于鲍照的重新评价　钟优民　《魏晋南北朝文学论集》　南京:南京大学出版社　1997年9月

关于鲍照《拟行路难》的篇数　井口博文　中国诗文论丛(16)　1997年10月

关于鲍照杂言诗的形式特征　井口博文　中国文学研究(23)　1997年12月

鲍照诗歌"险俗"释证　徐国荣　中国韵文学刊　1997年第2期

《舞鹤赋》未引《相鹤经》——辑佚起源误说纠谬　时永乐　文献　1997年第4期

从鲍照乐府诗看其复杂矛盾的心态　李宗长　江苏社会科学　1997年第5期

鲍照与"俗"文学——围绕六朝的鲍照评价(鲍照と"俗"文学——六朝における鲍照评价をめぐって)　佐藤大志　国语教育研究　1998年

鲍照其人其诗　朱新法　江苏教育学院学报　1998年第1期

鲍照抒情小赋略论　高建新　集宁师专学报　1998年第2期

鲍照年谱简编　丁福林　《六朝作家年谱辑要》　哈尔滨:黑龙

江教育出版社 1999年1月

围绕鲍照的“代”(鲍照の“代”をめぐって) 釜谷武志 《兴膳教授退官记念中国文学论集》 东京:汲古书院 2000年

鲍照《代东门行》与古辞《东门行》——对于其“代”作之意图的一个考察(鲍照《代东门行》と古辞《东门行》——その“代”作の意图についての一考察) 土屋聪 中国文学论集 2000年

鲍照诗文的艺术成就及其影响 刘文忠 《中古文学与文论研究》 北京:学苑出版社 2000年6月

钱仲联先生《鲍照年谱》中存在的几个问题 傅希亮、王玉岚 保定师专学报 2000年第1期;《文史》第53辑 北京:中华书局 2001年4月

鲍照《代苦热行》主旨辨 史铁良 株洲师范高等专科学校学报 2000年第2期

鲍照乐府诗创新探微 江秀玲 东方论坛(青岛大学学报) 2000年第2期

鲍照与七言歌行 陈斌 古典文学知识 2000年第5期

上追汉魏 不染时风——鲍照拟古乐府诗述论 刘则鸣 内蒙古大学学报 2000年第6期

鲍照《学刘公干体五首》考——六朝宋之五言八句诗(鲍照《学刘公干体五首》考——六朝宋における五言八句诗) 土屋聪 中国文学论集(30) 2001年

谈鲍照身世及其作品的评价 张鸣年、张云年 滁州师专学报 2001年第2期

鲍照与其时代之陶渊明的接受(鲍照とその时代の陶渊明の

受容）　上田武　六朝学术学会报　2002年

宋本《鲍照集》考——特别以其与《文选》的关系而论（宋本鲍照集考——特に《文选》との关わりについて）　向岛成美　新しい汉字汉文教育（35）　2002年

论鲍照的义兴和吴兴之行及其后期的升降沉浮　丁福林　《文史》第58辑　北京：中华书局　2002年3月；《半室斋文学论稿》　南京：凤凰出版社　2014年11月

再论鲍照几首诗歌的创作时间　丁福林　中华文史论丛　2002年第2辑；《半室斋文学论稿》　南京：凤凰出版社　2014年11月

鲍照《芜城赋》作年考　张小夫、张屏　五邑大学学报　2002年第4期

读《文选》鲍照诗文札记　丁福林　《〈文选〉与"文选学"：第五届文选学国际学术研讨会论文集》　北京：学苑出版社　2003年5月

鲍照著作考　丁福林　《文史》第63辑　北京：中华书局　2003年5月；《半室斋文学论稿》　南京：凤凰出版社　2014年11月

"鲍谢"并称　曹道衡、沈玉成　《中古文学史料丛考》　北京：中华书局　2003年7月

鲍照为永安令　曹道衡、沈玉成　《中古文学史料丛考》　北京：中华书局　2003年7月

鲍照《芜城赋》　曹道衡、沈玉成　《中古文学史料丛考》　北京：中华书局　2003年7月

鲍照祖籍　曹道衡、沈玉成　《中古文学史料丛考》　北京：中

华书局　2003 年 7 月

鲍照入始兴王刘濬幕时间　曹道衡、沈玉成　《中古文学史料丛考》　北京:中华书局　2003 年 7 月

鲍照行年　曹道衡、沈玉成　《中古文学史料丛考》　北京:中华书局　2003 年 7 月

鲍照《代出自蓟北门行》　曹道衡、沈玉成　《中古文学史料丛考》　北京:中华书局　2003 年 7 月

鲍照多病　曹道衡、沈玉成　《中古文学史料丛考》　北京:中华书局　2003 年 7 月

鲍照几首诗歌写作时间的再认识　丁福林　华东船舶工业学院学报　2004 年第 1 期

鲍照对建安风骨的继承与发展　柏俊才　山西师大学报　2004 年第 1 期

读鲍照诗札记三题　顾农　中国典籍与文化　2005 年第 1 期

鲍照"出身寒门"考论　季南　延边教育学院学报　2005 年第 4 期

鲍照籍贯小考　鲍淮龙　北京师范大学学报　2005 年第 5 期

《文选》的诗学:《芜城赋》　倪春军　《中国文论的常与变:古代文学理论研究　第 24 辑》　上海:华东师范大学出版社　2006 年 12 月

《芜城赋》注释辨误一则　邵春驹　江海学刊　2006 年第 4 期

论鲍照文学特征的形成及其人生依附形态　马青芳　青海社会科学　2006 年第 5 期

鲍照赋与魏晋赋　李向东　贵州大学学报　2006 年第 6 期

论鲍照对七言古诗的贡献　安然　华中师范大学学报　2006年增刊

鲍照《芜城赋》编年考　土屋聪　文学研究　2007年

从《芜城之歌》看鲍照《芜城赋》的创作时间　丁福林　《中国文选学:第六届文选学国际学术研讨会论文集》　北京:学苑出版社　2007年

鲍照诗风及其文学史意义的重新解读　陈广宏　《谁是诗中疏凿手:中国诗学研讨会论文集》　南京:凤凰出版社　2007年7月

论鲍照的咏物赋　李华　枣庄学院学报　2007年第1期

鲍照诗歌渊源考　白崇　中国文学研究　2007年第2期

鲍照:刘宋时期著名的山水诗人——鲍照山水诗兼与二谢山水诗比较论　王辉斌　贵州社会科学　2007年第6期

重读鲍照《芜城赋》　顾农　《扬州文化研究论丛》第2辑　扬州:广陵书社　2008年11月;中国典籍与文化　2008年第4期

鲍照古乐府与抒情方式的嬗变　时国强　殷都学刊　2008年第1期

鲍照研究综述　郑俊　四川职业技术学院学报　2008年第3期

鲍照《数诗》和乾隆皇帝　丁福林　《学林漫录》十七集　北京:中华书局　2009年5月

鲍照其人其诗探析　马钦娟、黄鹏　鸡西大学学报　2009年第1期

鲍照"代"乐府体探析——兼论汉魏乐府创作传统的特征　葛晓音　上海大学学报　2009年第2期;《中国文体学与文体史研

究》　南京:凤凰出版社　2011年4月;《先秦汉魏六朝诗歌体式研究》　北京:北京大学出版社　2012年4月

论鲍照的辞赋　丁福林　钦州学院学报　2009年第4期

关于鲍照的情歌　丁福林　古典文学知识　2009年第5期

千古流传"江鲍体"——江淹对鲍照的接受及其贡献　罗春兰、张洁　江西社会科学　2009年第12期

鲍照与幕府　王琳妮　《中国学研究》第13辑　济南:济南出版社　2010年7月

论鲍照的悲剧意识　郑国周　江汉论坛　2010年第6期

寒族士人之崛起与鲍照之"险俗"诗风　林家骊、杨健　浙江社会科学　2010年第12期

"孤游"离京口,"疲老还旧邦"——鲍照与京口浅探　乔长富　镇江高专学报　2011年第1期

鲍照山水诗的抒情意绪和悲苦情结　丁福林　郑州大学学报　2011年第3期

拟古:一种非个人化的抒情策略——以陶渊明《拟古》九首、鲍照《拟古》八首为例　王玫、庄筱玲　厦门大学学报　2011年第4期

古钞《文选集注》鲍照乐府诗注的价值　刘志伟、王翠红　《汉魏六朝文史论衡》　上海:上海古籍出版社　2012年11月;广西师范大学学报　2012年第6期;《"文选学"论文集粹》　北京:中华书局　2017年12月

鲍照《芜城赋》研究　郭永吉　《〈文选〉与中国文学传统:第九届〈文选〉学国际学术研讨会论文集》　北京:中华书局　2014年

8月

鲍照“代”乐府新探　李倩茹　《乐府学》第10辑　北京:社会科学文献出版社　2014年10月

鲍照籍贯考　丁福林　《半室斋文学论稿》　南京:凤凰出版社　2014年11月

鲍照家世考　丁福林　《半室斋文学论稿》　南京:凤凰出版社　2014年11月

鲍照评传　丁福林　《半室斋文学论稿》　南京:凤凰出版社　2014年11月

鲍照赋作时考辨　陈刚　三门峡职业技术学院学报　2014年第3期

元嘉三大家永嘉郡事迹考　钱志熙　中国典籍与文化　2015年第4期

鲍照《舞鹤赋》中的“若无毛质”　刘佳慧　古典文学知识　2018年第2期

王延寿(王文考)

《文选》收录篇目:

《鲁灵光殿赋》

论文

全后汉文卷五八　钱锺书　《管锥编》第三册　北京:中华书局　1979年8月

记王逸及其子延寿　陆侃如　《陆侃如古典文学论文集》　上海:上海古籍出版社　1987年1月

王延寿的生卒 陆侃如 《陆侃如古典文学论文集》 上海:上海古籍出版社 1987年1月

论王延寿赋 刘昆庸 漳州师院学报 1999年第3期

禀才瑰颖 体含飞动——论王延寿赋 刘昆庸 文史哲 2000年第1期

论王延寿《鲁灵光殿赋》的艺术创新性 吴从祥 唐都学刊 2005年第2期

王延寿和他的赋——《历代襄阳名作家研究》系列论文之三 周圣弘 湖北广播电视大学学报 2007年第5期

图写神圣:王延寿《鲁灵光殿赋》与辞赋宫殿书写的转变 高莉芬 南京大学学报 2012年第5期

由"讽上"到"颂德"——以《鲁灵光殿赋》为例论汉赋文学功能的变化 孙少华 湖北大学学报 2017年第5期

圣域发现与王延寿《鲁灵光殿赋》之神圣书写 张玖青 安徽大学学报 2018年第1期

何晏(何平叔)

《文选》收录篇目:

《景福殿赋》

著作

何晏王弼玄学新探 余敦康 济南:齐鲁书社 1991年7月;北京:方志出版社 2007年4月

王弼评传·附何晏评传 王晓毅 南京:南京大学出版社

1996年2月

论文

我国古代足球竞赛活动从未有过双球门——谈《文选·景福殿赋》中"二六"李善注　翁士勋　体育文史　1996年第1期

何晏生年考辨　郑欣　文史哲　1998年第3期

《景福殿赋》与何晏的儒家思想——兼论《景福殿赋》主旨　贡小妹　安徽大学学报　2002年第2期

何晏年岁与"假子"　曹道衡、沈玉成　《中古文学史料丛考》　北京:中华书局　2003年7月

何晏著述考　高华平　文献　2003年第4期

"补天谶言":何晏《景福殿赋》中的人才观念探析　樊荣　南阳师范学院学报　2005年第8期

何晏丛考　杨鉴生　福州大学学报　2009年第3期

何晏罹疾及服散考释　景蜀慧　《魏晋文史寻微》　北京:中华书局　2018年9月

木华(木玄虚)

《文选》收录篇目:

《海赋》

论文

全晋文卷一〇五　钱锺书　《管锥编》第四册　北京:中华书局　1979年8月

木华《海赋》中的状态语、拟声语考(木华《海赋》における状

态语、拟声语について）　藤原尚　广岛大学文学部纪要　1995年

从季札评《邶》《墉》《卫》三风看木华的《海赋》　别亚飞　安康学院学报　2010年第5期

木华《海赋》与郭璞《江赋》用语考论　禹明莲　宜宾学院学报　2011年第7期

木华《海赋》发微　马黎丽　兴义民族师范学院学报　2013年第5期

奎章阁本六臣《文选·海赋》作者注辨证　王琼　广西师范大学学报　2018年第6期

郭璞(郭景纯)

《文选》收录篇目：

《江赋》《游仙诗》七首

著作

郭弘农集校注　聂恩彦　太原：山西人民出版社　1991年4月

郭璞　连镇标　沈阳：春风文艺出版社　1999年1月

郭璞研究　连镇标　上海：上海三联书店　2002年6月

郭璞《方言注》研究　李清桓　武汉：崇文书局　2006年12月

文化视野中的嵇康、郭璞研究　赵玉霞　延吉：延边人民出版社　2007年12月

郭璞诗赋研究　赵沛霖　北京：中国社会科学出版社　2015年7月

论文

郭景纯、曹尧宾《游仙诗》辨异　程会昌(程千帆)　国文月刊 1949年12月第86期;《古诗考索》　上海:上海古籍出版社　1984年12月;武汉:武汉大学出版社　2008年12月

郭璞的游仙诗　黄君实　华国　1951年第3期

诗人郭璞的命运——游仙诗的思想结构(郭璞における诗人の运命)　林田慎之助　九州中国学会报(7)　1961年

浪漫主义诗人与语言学者郭璞——《郭璞集》前言　段熙仲　南京师院学报　1962年第3期

诗人郭璞(诗人としての郭璞)　兴膳宏　中国文学报　第19册　1963年;戴燕选译　《异域之眼——兴膳宏中国古典论集》　上海:复旦大学出版社　2006年9月(东京:筑摩书房1995年初版)

试论郭璞《游仙诗》的特征(郭璞の游仙诗の特质について)　船津富彦　东京支那学报(10)　1964年

从郭璞的《游仙诗》谈起　林文月　现代文学(33)　1967年;《中国古典文学研究丛刊·诗歌之部(一)》　台北:巨流图书公司 1977年10月;2012年3月

郭璞年谱初稿　游信利　中华学苑(10)　1972年

魏晋游仙诗中郭璞的地位(魏晋の游仙诗における郭璞の位置)　由元由美子　中国文学论集四　1974年

郭璞游仙诗的研究　游信利　台湾政治大学学报　1975年12月第32期

郭璞正传　游信利　台湾政治大学学报　1976年5月第33期

六朝文人传——郭璞(《晋书》) 长谷川滋成 中国中世文学研究(13) 1978年9月

全晋文卷一二〇 钱锺书 《管锥编》第四册 北京:中华书局 1979年8月

试论郭璞及其《游仙诗》 凌迅 晋阳学刊 1982年第3期

郭璞在东晋诗歌史上的地位(东晋诗郭璞の位置) 长谷川滋成 《小尾博士古稀记念中国学论集》 东京:汲古书院 1983年

郭璞(评传) 曹道衡 《中国历代著名文学家评传》第一卷 济南:山东教育出版社 1983年5月

郭璞和《游仙诗》 曹道衡 社会科学战线 1983年第1期;《中古文学史论文集》 北京:中华书局 1986年6月;《曹道衡文集》卷一 郑州:中州古籍出版社 2018年4月

《晋书·郭璞传》志疑 曹道衡 苏州大学学报 1983年第2期;《中古文学史论文集》 北京:中华书局 1986年7月;《曹道衡文集》卷一 郑州:中州古籍出版社 2018年4月

郭璞游仙诗变创说之提出及其意义 李丰楙 《古典文学》第6集 台北:台湾学生书局 1984年12月;《忧与游:六朝隋唐仙道文学》 北京:中华书局 2010年10月

郭璞简论 高国藩 齐鲁学刊 1985年第3期

浅谈郭璞和他的《游仙诗》 欧阳忠伟 上海师范大学学报 1985年第4期

《文选》所收郭璞《游仙诗》七首的结构(《文选》所收郭璞《游仙诗》七首の构成) 佐竹保子 东北学院大学论集(一般教育)(82) 1986年

关于《文选·郭璞游仙诗李善注笺疏》的说明　郑宏华　青海民族学院学报　1988年第4期

郭璞和他的《游仙诗》　鲁同群　镇江师专学报　1989年第3期

郭璞的文化成就及其悲剧结局　郭润伟　晋阳学刊　1990年第2期

郭璞行年考　沈海波　四川师院学报　1991年第4期

郭璞诗美成就略论　吴功正　天府新论　1994年第3期

郭璞《游仙诗七首》详解　上　长谷川滋成　广岛大学教育学部纪要第二部　1997年

郭璞《游仙诗七首》详解　中　长谷川滋成　广岛大学教育学部纪要第二部　1998年

郭璞《游仙诗七首》详解　下　长谷川滋成　广岛大学教育学部纪要第二部　1999年

疾驰之逸民——郭璞《江赋》的叙述法(疾走する逸民——郭璞《江赋》の叙法)　佐竹保子　中国文学报　1999年;《〈昭明文选〉与中国传统文化:第四届文选学国际学术研讨会》　长春:吉林文史出版社　2001年6月

郭璞诗为晋"中兴第一"说辨析　周勋初　《魏晋南北朝文学论丛》　南京:江苏古籍出版社　1999年11月

郭璞《游仙诗》主旨说述评　陈道贵　中国典籍与文化　2000年第4期

郭璞《游仙诗》之孤立(郭璞《游仙诗》の孤立)　大平幸代　东方学　2001年

郭璞引书考　丛晓静　邢台职业技术学院学报　2001年第4期

论郭璞《游仙诗》的自叙性　顾农　齐鲁学刊　2001年第5期;《文选论丛》　扬州:广陵书社　2007年9月

“蓬莱”一定是“蓬藜”之误吗——郭璞《游仙诗·京华游侠窟》别解　陈道贵　古典文学知识　2001年第5期

郭璞《游仙诗》论　卢凤鹏　毕节师范高等专科学校学报　2002年第3期

郭璞道教思想考　连镇标　福建师范大学学报　2002年第4期

试论郭璞游仙诗的创作意向与审美表现　刘启云　理论月刊　2002年第5期

郭璞为尚书郎在太兴四年　曹道衡、沈玉成　《中古文学史料丛考》　北京:中华书局　2003年7月

二十世纪郭璞研究综述　彭建华　重庆职业技术学院学报　2004年第2期

论郭璞身份认同的错位——兼论汉末魏晋时期思想与学术的历史流变　翁频　厦门大学学报　2007年第1期

郭璞游仙诗研究综述　关永利　科教文汇(下旬刊)　2007年第3期

郭璞诗赋研究综述　关永利　运城学院学报　2007年第4期

日本郭璞研究综述(日本における郭璞研究)　关清孝　人文科学　2008年

郭璞注同素异序词语特点探析　胡晓华　浙江师范大学学报

2008 年第 6 期

郭璞注"轻重"释义　刘新春　宜宾学院学报　2008 年第 7 期

两种不同人生价值取向的抉择——郭璞《游仙诗·京华游侠窟》试解　赵沛霖　北京大学学报　2011 年第 3 期

试析东晋游仙诗——以《文选》所收郭璞《游仙》诗七首为例　王薇　群文天地　2011 年第 14 期

郭璞《江赋》地理文化考论　禹明莲　扬州教育学院学报　2012 年第 1 期

郭璞《游仙诗》中的神仙世界与宗教存想　赵沛霖　文学遗产　2012 年第 4 期

郭璞《游仙诗》研究的历史教训与启示　赵沛霖　天津社会科学　2015 年第 2 期

郭璞《游仙诗》与魏晋玄学　景蜀慧　《魏晋文史寻微》　北京:中华书局　2018 年 9 月

郭璞《游仙诗》现存篇目考论——兼与赵沛霖先生商榷　孙倩　职大学报　2018 年第 3 期;邢台学院学报　2018 年第 3 期

宋玉(2013 年—2018 年)

《文选》收录篇目:

《风赋》《高唐赋》《神女赋》《登徒子好色赋》《九辩》五首、《招魂》《对楚王问》

著作

宋玉考释　江从镐　长沙:岳麓书社　2014 年 3 月

宋玉辞赋的美学解读　江柳　武汉:长江出版社　2014 年 9 月

宋玉四家注集释与汇评　高志明、刘刚　北京:中国文史出版社　2014年12月

宋玉研究资料类编　刘刚　北京:商务印书馆　2015年1月

宋玉辞赋语法修辞研究　姚守亮　武汉:湖北人民出版社　2015年3月

宋玉及其辞赋研究:第二届宋玉国际学术研讨会论文集　李骜　北京:学苑出版社　2016年2月

宋玉与临澧　吴广平　长沙:湖南人民出版社　2016年12月

中外学者论宋玉　吴广平　长沙:湖南人民出版社　2016年12月

宋玉新论　金荣权、姚圣良　郑州:河南人民出版社　2017年3月

宋玉与宜城　程本兴　北京:中国文史出版社　2017年11月

论文

巫山之朝云:宋玉赋的不定型性考(巫山の朝云:宋玉赋の不定型さについて)　谷口洋　(奈良女子大学)叙说(40)　2013年

宋玉《九辩》作于淮北的几点疏证　刘五一　《中国楚辞学》第20辑　北京:学苑出版社　2013年8月

《登徒子好色赋》的"好色"所指与讽谏旨归　刘刚　鞍山师范学院学报　2013年第1期

古楚婚俗文化的追溯与宋玉谏楚王"好色"的思辨　刘刚　中国文化研究　2013年第3期

21世纪以来宋玉研究的回顾与反思　刘刚　文艺评论　2013

年第4期

“招生魂与招死魂”学案的文化考辨——宋玉《招魂》的礼俗文化解读　刘刚　社会科学辑刊　2013年第6期

《招魂》乃宋玉自招其生魂　云承俊、付希亮　语文学刊　2013年第10期

二十世纪以来关于宋玉研究的几点思考　刘刚　《中国诗歌研究》第10辑　北京:社会科学文献出版社　2014年4月

《登徒子好色赋》重探　郭永吉　《第十届文选学国际学术研讨会论文集》　郑州:河南大学出版社　2014年8月

从史公称《春秋》等之情形看其“读”“悲”指向——关于《招魂》作者与所招对象研究之方法论问题一　力之　《〈文选〉与中国文学传统:第九届〈文选〉学国际学术研讨会论文集》　北京:中华书局　2014年8月

从文本视角探析《招魂》的作者　薛璞　淮海工学院学报　2014年第2期

古楚招魂巫俗、巫术与宋玉《招魂》——宋玉《招魂》的礼俗文化解读之二　刘刚　古籍整理研究学刊　2014年第4期

《招魂》研究综述　王兴芬、李兵　宝鸡文理学院学报　2014年第5期

《神女赋》的作者归属问题探讨　李建芳　辽东学院学报　2014年第6期

《〈楚辞〉·招魂》作者研究述评　刁生虎、王晓萌　绵阳师范学院学报　2014年第7期

“作者”宋玉的诞生:汉魏六朝中的“作者”意识(“作者”宋玉

の诞生:汉魏六朝における“作者”意识)　谷口洋　六朝学术学会报(16)　2015年

宋玉主要作品完成于楚国迁都淮阳之后　金荣权　《中国楚辞学》第21辑　北京:学苑出版社　2015年11月

论《招魂》的作者和争议　熊人宽　职大学报　2015年第4期

《高唐赋》正文为巫山神女祭文考　黄权生　荆楚学刊　2015年第4期

《卜居》《渔父》作者探析——以宋玉骚赋考察为主　马军峰　铜仁学院学报　2015年第5期

论20世纪以来中国文学史著的宋玉书写——从断代文学史到文学通史的考察　何新文、张家国　湖北社会科学　2015年第6期

高唐神女传说和宋玉作品辨伪　黄震云　江苏第二师范学院学报　2015年第7期;《宋玉及其辞赋研究:第二届宋玉国际学术研讨会论文集》　北京:学苑出版社　2016年2月

五十九部宋玉研究著述解题(上)　吴广平　湖北文理学院学报　2015年第10期;《宋玉及其辞赋研究:第二届宋玉国际学术研讨会论文集》　北京:学苑出版社　2016年2月

五十九部宋玉研究著述解题(下)　吴广平　《宋玉及其辞赋研究:第二届宋玉国际学术研讨会论文集》　北京:学苑出版社　2016年2月;湖北文理学院学报　2016年第1期

明代《招魂》研究述评　陈炜舜　《宋玉及其辞赋研究:第二届宋玉国际学术研讨会论文集》　北京:学苑出版社　2016年2月

宋玉《九辨》校理　赵逵夫　《宋玉及其辞赋研究:第二届宋玉国际学术研讨会论文集》　北京:学苑出版社　2016年2月

《招魂》,屈原而非宋玉营构的奇诡世界　常森　《宋玉及其辞赋研究:第二届宋玉国际学术研讨会论文集》　北京:学苑出版社　2016 年 2 月

《〈招魂〉“些”字的来源》商榷　熊人宽　《宋玉及其辞赋研究:第二届宋玉国际学术研讨会论文集》　北京:学苑出版社　2016 年 2 月

关于宋玉《高唐》《神女》赋的两个问题　金荣权　《宋玉及其辞赋研究:第二届宋玉国际学术研讨会论文集》　北京:学苑出版社　2016 年 2 月

探索宋玉生平　熊人宽　《宋玉及其辞赋研究:第二届宋玉国际学术研讨会论文集》　北京:学苑出版社　2016 年 2 月

宋玉其人考　蔡崇友　《宋玉及其辞赋研究:第二届宋玉国际学术研讨会论文集》　北京:学苑出版社　2016 年 2 月

宋玉生平事迹发微(摘要)　罗运环　《宋玉及其辞赋研究:第二届宋玉国际学术研讨会论文集》　北京:学苑出版社　2016 年 2 月

《招魂》刍议　郑亚芳　《中国赋学》第 3 辑　济南:齐鲁书社　2016 年 7 月

宋玉生平及行迹考　金寅浩撰,贾捷译　《中外学者论宋玉》　长沙:湖南人民出版社　2016 年 12 月

宋玉赋的真伪及其赋文学特征　方铭　《中外学者论宋玉》　长沙:湖南人民出版社　2016 年 12 月

浅论宋玉赋的叙述模式　谷口洋　《中外学者论宋玉》　长沙:湖南人民出版社　2016 年 12 月

《高唐赋》《神女赋》历代评论　踪凡　《中外学者论宋玉》

长沙:湖南人民出版社　2016年12月

美国汉学家康达维英译《高唐赋》研究　王慧　当代教育理论与实践　2016年第5期

有关东歌中所见“岭にたなびく云”的一个考察:从与《文选·高唐赋》的关联谈起(东歌に见出される“岭にたなびく云”に关する一考察:《文选·高唐赋》との关わりから)　胜俣隆　国语と教育(42)　2017年

宋玉主要作品创作时地考　金荣权　信阳师范学院学报　2017年第1期

当代宋玉研究的现状与待解决的问题　金荣权　社会科学动态　2017年第1期

宋玉或是屈原私淑弟子　束说　文史杂志　2017年第2期

《文心雕龙》征引宋玉及其作品阐论　张德恒　山西大学学报　2017年第5期

汉代载录宋玉其人其文的文献考察　龙文玲　铜仁学院学报　2017年第11期;《西汉文学文献辨思录》　南宁:广西人民出版社　2018年7月

通行本《文选·高唐赋》中的文字舛误　沈元良　汉字文化　2018年第4期

谢惠连

《文选》收录篇目:

《雪赋》《泛湖出楼中玩月》《秋怀》《西陵遇风献康乐》《七月七日夜咏牛女》《捣衣》《祭古冢文》

论文

释“双题” 李次篯 《文史》第3辑 北京:中华书局 1963年10月

谢惠连《雪赋》结构研究 宇文所安 美国东方社会科学杂志 1974年第1期

全宋文卷三四 钱锺书 《管锥编》第四册 北京:中华书局 1979年8月

从《雪赋》《月赋》看南朝文风之流变 曹道衡 文学遗产 1985年第2期;《中古文学史论文集续编》 台北:文津出版社 1994年7月;《汉魏六朝文学论文集》 桂林:广西师范大学出版社 1999年9月;《20世纪中国文学研究论文选 魏晋南北朝卷》 北京:社会科学文献出版社 2010年1月;《中古文学史论文集续编》 北京:中华书局 2011年9月;《曹道衡文集》卷三 郑州:中州古籍出版社 2018年4月

谢惠连(评传) 萧华荣 《中国历代著名文学家评传》(续编) 济南:山东教育出版社 1989年12月

“小谢”并非指谢朓 赵善嘉 复旦学报 1990年第4期

谢灵运与谢惠连——灵运杂记2(谢灵运と谢惠连——灵运杂记2) 森野繁夫 中国学论集(8) 1994年7月

才思富捷的青年诗人谢惠连 丁福林 古典文学知识 1994年第3期

谢惠连《雪赋》 曹道衡、沈玉成 《中古文学史料丛考》 北京:中华书局 2003年7月

谢惠连年岁 曹道衡、沈玉成 《中古文学史料丛考》 北京:

中华书局　2003年7月

谢灵运与谢惠连　曹道衡、沈玉成　《中古文学史料丛考》　北京:中华书局　2003年7月

谢惠连《雪赋》与谢庄《月赋》考(谢惠连の《雪赋》と谢庄の《月赋》について)　佐藤正光　立命馆文学　2007年

谢氏山水诗的流畅婉细——“三谢”中的过渡诗人谢惠连　郁慧娟　阴山学刊　2007年第1期

借他人酒杯　浇胸中块垒——《拟魏太子邺中集诗》《雪赋》与《月赋》作意考辨　孙煜峰　西藏民族学院学报　2007年第3期

试论谢惠连的《祭古冢文》　王人恩　龙岩学院学报　2007年第5期

南朝作家谢惠连、刘令娴考论二题　王人恩　中国文化研究　2008年第3期

风花雪月　物色人情——谢惠连《雪赋》、谢庄《月赋》解读　王德华　古典文学知识　2011年第1期

从《雪赋》《月赋》看南朝赋的才学化倾向——《文选·赋》“物色”类研究之四　钟其鹏　广西社会科学　2011年第8期

谢惠连评传　丁福林　《半室斋文学论稿》　南京:凤凰出版社　2014年11月

钟嵘《诗品》关于谢惠连条疏证　康伟伟　许昌学院学报　2014年第1期

论《文选》中谢惠连诗歌的“情”与“采”——以《文心雕龙》的“情采”观为依据　姬娜娜　青年文学家　2015年第14期

宇文所安《谢惠连〈雪赋〉结构研究》述评　李光先　河北广

播电视大学学报　2016年第2期

谢惠连《雪赋》异文考证　徐梅　辽东学院学报　2016年第2期

谢惠连《雪赋》探微——兼论元嘉相王专权及与谢灵运罹罪之关系　洪绵绵　中山大学学报　2017年第3期

谢庄(谢希逸)

《文选》收录篇目:

《月赋》《宋孝武宣贵妃诔》

论文

全宋文卷三四　钱锺书　《管锥编》第四册　北京:中华书局　1979年8月

从《雪赋》《月赋》看南朝文风之流变　曹道衡　文学遗产　1985年第2期;《中古文学史论文集续编》　台北:文津出版社　1994年7月;《汉魏六朝文学论文集》　桂林:广西师范大学出版社　1999年9月;《20世纪中国文学研究论文选　魏晋南北朝卷》　北京:社会科学文献出版社　2010年1月;《中古文学史论文集续编》　北京:中华书局　2011年9月;《曹道衡文集》卷三　郑州:中州古籍出版社　2018年4月

谢庄(评传)　萧华荣　《中国历代著名文学家评传》(续编)　济南:山东教育出版社　1989年12月

机辩敏捷的才士谢庄　丁福林　古典文学知识　1996年第4期

谢庄作品简论　王运熙　南阳师范学院学报　2002年第3期;

《〈文选〉与“文选学”:第五届文选学国际学术研讨会论文集》　北京:学苑出版社　2003年5月;《汉魏六朝唐代文学论丛》　上海:上海古籍出版社　2012年12月

谢氏宗风与山水诗传承中的第五代人:谢庄和谢朓　郁慧娟　阴山学刊　2002年第5期

谢庄诗文新探　陈庆　《〈文选〉与“文选学”:第五届文选学国际学术研讨会论文集》　北京:学苑出版社　2003年5月

谢庄元嘉间仕历　曹道衡、沈玉成　《中古文学史料丛考》　北京:中华书局　2003年7月

谢庄诗歌律化初探——兼与刘跃进先生商榷　徐明英、熊红菊　长春师范学院学报　2004年第1期

元嘉时代的谢庄(元嘉时代の谢庄)　佐藤正光　《中国古典文学论集:松浦友久博士追悼记念》　东京:研文出版社　2006年

简论谢庄　陈庆　《古代文献的考证与诠释:海峡两岸古典文献学国际学术会议论文集》　上海:上海古籍出版社　2006年12月

借他人酒杯　浇胸中块垒——《拟魏太子邺中集诗》《雪赋》与《月赋》作意考辨　孙煜峰　西藏民族学院学报　2007年第3期

论谢庄创作风格的两重性　熊红菊、徐明英　淮北煤炭师范学院学报　2007年第3期

风花雪月　物色人情——谢惠连《雪赋》、谢庄《月赋》解读　王德华　古典文学知识　2011年第1期

从《雪赋》《月赋》看南朝赋的才学化倾向——《文选·赋》“物色”类研究之四　钟其鹏　广西社会科学　2011年第8期

《文选》异文考——以《月赋》为例　尹大海　北方文学(下半

月）2011年第8期

谢庄与元嘉三大家诗歌创作述略　仲秋融　求索　2013年第5期

谢庄年谱汇考　王琳　《中古作家年谱汇考辑要》　西安:世界图书西安出版公司　2014年6月

谢庄评传　丁福林　《半室斋文学论稿》　南京:凤凰出版社　2014年11月

"风流领袖"谢庄　孙明君　古典文学知识　2015年第4期

谢庄行年及著述考　孙耀庆　广西职业技术学院学报　2017年第2期

贾　谊

《文选》收录篇目:

《鹏鸟赋》《过秦论》《吊屈原文》

著作

贾谊和晁错　北京:中华书局　1976年4月

贾谊集　上海:上海人民出版社　1976年6月

贾谊　吴忠烈　北京:中华书局　1981年3月

贾谊研究　蔡廷吉　台北:文史哲出版社　1984年

贾谊集校注　吴云、李春台　郑州:中州古籍出版社　1989年5月;天津:天津古籍出版社　2010年1月

贾谊、司马相如文　徐超等　台北:锦绣出版公司　1992年;台中:畅谈国际文化公司　2004年

贾谊评传　王兴国　南京:南京大学出版社　1992年1月;2007年7月;2011年4月

贾谊集校注　王洲明、徐超　北京:人民文学出版社　1996年11月

贾谊集汇校集解　方向东　南京:河海大学出版社　2000年6月

贾谊晁错政论思想比较研究　徐丽霞　台北:文史哲出版社　2002年;新北:花木兰文化出版社　2012年

贾谊和西汉文学　汪耀明　上海:复旦大学出版社　2003年2月

贾谊思想研究　梁安和　西安:三秦出版社　2007年7月

贾谊《新书》思想探究　陈司直　新北:花木兰文化出版社　2010年9月

汉初贤才贾谊　陈功文　郑州:大象出版社　2018年8月

论文

贾谊和他的作品　王季星　东北人民大学人文科学学报　1956年第4期

论贾谊　吴则虞　光明日报　1961年10月25日

贾谊思想初探　阴法鲁、陈铁民　北京大学学报　1962年第5期

贾谊《过秦论》分篇考　孙钦善　《文史》第3辑　北京:中华书局　1963年10月

贾谊三题　岚世　南京师院学报　1974年第3期

论贾谊　石元　北京师大学报　1974年第4期

贾谊年表　《西汉初期青年法家——贾谊》　北京:北京人民出版社　1976年1月

贾谊生活时代大事年表　《贾谊集》　上海:上海人民出版社　1976年6月

贾谊《鹏鸟赋》和《庄子》的关联(贾谊《鹏鸟赋》について——《庄子》との关联を中心にして)　田中麻纱巳　东方宗教　1977年

评贾谊　邵勤　安徽师大学报　1977年第4期

全汉文卷一五　钱锺书　《管锥编》第三册　北京:中华书局　1979年8月

从"仁义不绝,攻守之势异也"的解释说起——贾谊《过秦论》　温洪隆　华中师院学报　1980年第2期

读贾谊《过秦论》　苏显勤、羊华荣　四川师院学报　1980年第2期

贾谊的年龄　胡仪　华东师大学报　1981年第1期

试论贾谊思想的历史渊源　彭卫　西北大学学报　1981年第3期

贾谊在长沙的创作与遗迹　周寅宾　湖南师范学院学报　1981年第3期

贾谊生卒年考　吕伯涛　《文史》第14辑　北京:中华书局　1982年7月

贾谊《过秦论》中的"九国"解　许世荣　成都大学学报　1982年第1期

《过秦论》中的"天下"解　陶汉清　教学研究　1982 年第 1 期

《过秦论》异文辨析　徐应佩、周溶泉　教学通讯(郑州)　1982 年第 2 期

读《过秦论》札记　夏明钊　教学通讯(郑州)　1982 年第 2 期

贾谊生卒年考订　胡澍　武汉师院咸宁分院学报　1982 年第 2 期

贾谊散文的特点及在文学史上的地位　王洲明　文史哲　1982 年第 3 期

《过秦论》用事实考辨　王晓明　青海师范学院学报　1982 年第 4 期

贾谊散文浅论　李伯齐　《文苑纵横谈》总第 6 辑　山东人民出版社　1983 年 3 月

贾谊(评传)　董治安　《中国历代著名文学家评传》第一卷　济南:山东教育出版社　1983 年 5 月;《两汉文献与两汉文学》　上海:上海古籍出版社　2005 年 11 月

说"过秦"　陈永生　南京师院学报　1983 年第 1 期

对"攻守之势异也"一注的异议　钟俊德　四川师院学报　1983 年第 1 期

《过秦论》史实考辨　王晓明　语文教学研究(台州师专)　1983 年第 2 期

骚赋作家贾谊　龚克昌　《汉赋研究》　济南:山东文艺出版社　1984 年 9 月

贾谊其人　朗正宇　成都大学学报　1984 年第 1 期

贾谊《吊屈原赋》臆说　张永鑫　南充师院学报　1985 年第 2

期;《论诗说赋集》　太原:北岳文艺出版社　2014 年 12 月

贾谊赋论　龚克昌　中州学刊　1985 年第 4 期

《吊屈原》论析　霍松林　河北师院学报　1987 年第 1 期

论贾谊不遇　李大明　四川师范大学学报　1987 年第 2 期

试谈贾谊的才、遇及其悲剧　胡蔚康　宁夏大学学报　1988 年第 2 期

"贾谊之不遇　罪在汉文帝"辨——兼与龚克昌、李大明同志商榷　杨邦国　南昌大学学报　1988 年第 2 期

承上启下的骚体赋——读贾谊的赋　吴开俊　淮阴师专学报 1988 年第 2 期

贾谊之误　黄瑞卿　社会科学辑刊　1989 年

贾谊生卒年及其名赋作年考　田宜弘　黄石教育学院学报 1989 年第 1 期

贾谊辞赋略论　董笔正　兰州教育学院学报　1989 年第 2 期

《过秦论》思想新探　邓鉴坤　江汉大学学报　1989 年第 4 期

贾谊人生悲剧的再认识　陈玉屏　西南民族学院学报　1990 年第 5 期

贾谊赋小考　王更生　《文选学论集》　长春:时代文艺出版社 1992 年 6 月

论贾谊的辞赋及其意义　郭建勋　求索　1993 年第 4 期

《过秦论》(上)不当独立成篇　周明　江苏教育学院学报 1994 年第 2 期

汉代秦王朝史观之变迁考——以贾谊《过秦论》、司马迁《秦始皇本纪》为中心(汉代における秦王朝史观の变迁——贾谊《过

秦论》、司马迁《秦始皇本纪》を中心として）　鹤间和幸　茨城大学教养部纪要　1995 年

贾谊年谱　王洲明、徐超　《贾谊集校注》　北京:人民文学出版社　1996 年 11 月

再评《过秦论》　施丁　史学史研究　1996 年第 1 期

台湾学者贾谊研究概况　刘铮铮　中国史研究动态　1997 年第 9 期

贾谊《过秦论》分篇探略　郑良树　《辞赋论集》　台北:台湾学生书局　1998 年 2 月

贾谊新论　李平　烟台师范学院学报　1998 年第 1 期

贾谊美学、哲学思想抉微——从《鹏鸟赋》的核心细胞"道"谈起　李珺平　佳木斯大学社会科学学报　1998 年第 2 期

怅望千秋一洒泪——浅谈唐宋诗中的贾谊和王昭君　莫砺锋　古典文学知识　1998 年第 5 期

贾谊思想中《过秦论》的位置（贾谊の思想における《过秦论》の位置）　芳贺良信　中国哲学研究　2000 年

屈贬长沙　升堂赋坛——论贾谊贬长沙对其骚体赋创作的影响　梁颂成　衡阳师范学院学报　2002 年第 1 期

论贾谊赋的"承上启下"　韩高年　中国韵文学刊　2002 年第 1 期

贾谊《诗》学寻踪　刘跃进　周口师范学院学报　2003 年第 1 期

贾谊《鹏鸟赋》及其人学　饶宗颐　东南大学学报　2003 年第 4 期

贾谊谱系考略　吴松庚　船山学刊　2004年第3期

贾谊散文风格论　邱冬玎　西华师范大学学报　2004年第4期

贾谊研究一百年　唐雄山　《贾谊礼治思想研究》　广州:中山大学出版社　2005年9月

《过秦论》:一个文学经典的形成　吴承学　文学评论　2005年第3期

贾谊《鹏鸟赋》的人生境界及其思想传承　唐雄山　求索　2005年第5期

贾谊年谱长编序说——以资料编年上的问题点为中心　城山阳宣　关西大学中国文学会纪要(27)　2006年

论贾谊的美学思想　唐雄山　求索　2006年第1期

贾谊的学术背景及其文章风格的形成　刘跃进　文史哲　2006年第2期;《秦汉文学论丛》　南京:凤凰出版社　2008年12月

论贾谊悲剧的原因　曹启富　天府新论　2006年第2期

贾谊赋考论四题　张强　文学遗产　2006年第4期

论历代贾谊研究的分期　熊永祥　求索　2007年第9期

贾谊《鹏鸟赋》的哲学思想　殷明耀　史学月刊　2007年第10期

贾谊所见书蠡测　刘跃进　南京师大学报　2008年第4期;《秦汉文学论丛》　南京:凤凰出版社　2008年12月

从接受史论贾谊《鹏鸟赋》　李春云　江南大学学报　2008年第3期

由《过秦论》经典化进程看接受美学在中国的意义　程建

太原师范学院学报　2008年第4期

贾谊骚体赋对屈原“悲世之风”的解读　郭建鹏、郭建辉　长春师范学院学报　2009年第1期

贾谊述略　谭宝刚　河南理工大学学报　2009年第3期

《鹖冠子·世兵》篇非抄袭贾谊《鹏鸟赋》辨　杨兆贵　中国文学研究　2009年第3期

论贾谊在辞赋发展史上的地位　李霁　湖北社会科学　2009年第11期

贾谊《吊屈原赋》的文学价值及文化意蕴考述　高胜利　安康学院学报　2011年第2期

论贾谊辞赋　汪耀明　信阳师范学院学报　2011年第3期

近二十年来贾谊思想研究综述　任建伟、郝建平　黑龙江史志　2013年第3期

《文选》所录贾谊《吊屈原赋》《鹏鸟赋》讲疏　安海民　青海师范大学学报　2013年第5期

论贾谊《吊屈原文》　朱晓海　文学遗产　2013年第5期

贾谊诸赋创作时间考　金前文　安徽文学(下半月)　2013年第12期

贾谊辞赋的汇集与传播　踪凡　《第十届文选学国际学术研讨会论文集》　郑州:河南大学出版社　2014年8月

文洁体清　雄伟卓荦——贾谊的赋　聂石樵　《聂石樵文集第11卷　古代诗文论集》　北京:中华书局　2015年9月

贾谊《服鸟赋》之再诠释　刘国民　学术界　2017年第3期

从贾谊赋作看骚体赋的文体特征　孙璠　写作(上旬刊)

2018年第2期

《鹏鸟赋》写作时间考订与贾谊年谱重勘　王学军　北京社会科学　2018年第3期

祢衡(祢正平)

《文选》收录篇目:

《鹦鹉赋》

论文

祢衡生卒年考　章荥笙　大公报(文史周刊第33期)　1947年7月16日

全后汉文卷八七　钱锺书　《管锥编》第三册　北京:中华书局　1979年8月

孔融与祢衡(孔融と祢衡)　串田久治　爱媛大法文学部论集　1984年

中古文学丛考·祢衡骂曹、依刘及其卒年　沈玉成、傅璇琮　《古代文学研究集》　北京:中国文联出版公司　1985年2月

鹦鹉不媚主、千古断肠声——试析祢衡《鹦鹉赋》　郭长庚　中国文学研究　1988年第3期

祢衡和《鹦鹉赋》　郑在瀛　荆州师专学报　1989年第2期

祢衡论　顾农　湖北大学学报　1993年第2期;《文选论丛》　扬州:广陵书社　2007年9月(题目为:祢衡论——以《鹦鹉赋》为中心)

祢衡与《鹦鹉赋》　金性尧　古典文学知识　1996年第5期

论刘安《屏风赋》及《文选》之祢衡《鹦鹉赋》　朱晓海　《〈昭

明文选〉与中国传统文化:第四届文选学国际学术研讨会》　长春:吉林文史出版社　2001 年 6 月

祢衡骂曹　曹道衡、沈玉成　《中古文学史料丛考》　北京:中华书局　2003 年 7 月

祢衡入许在建安元、二年间　曹道衡、沈玉成　《中古文学史料丛考》　北京:中华书局　2003 年 7 月

祢衡被杀年月　曹道衡、沈玉成　《中古文学史料丛考》　北京:中华书局　2003 年 7 月

魏晋的鹦鹉赋与当时文士的英才情结　王晓卫　贵州大学学报　2003 年第 2 期

祢衡论　杜朝晖　湖北大学学报　2003 年第 6 期

祢衡与《鹦鹉赋》　余文祥　武汉文史资料　2003 年第 7 期

欲望:时代与人性的"推背式"思考——从祢衡的《鹦鹉赋》看其"恶魔"意识　赵世强　《文选学散论》　长春:吉林人民出版社　2004 年 9 月;长春师范学院学报　2004 年第 9 期

论一代狂士祢衡的文学创作　刘天利　唐都学刊　2004 年第 1 期

论祢衡的悲剧人生　孟祥才　齐鲁学刊　2004 年第 2 期

祢衡话语的文化符号意义　黄南珊　江汉论坛　2005 年第 12 期

咏鸟赋考——以祢衡《鹦鹉赋》为中心(咏鸟赋考——祢衡《鹦鹉赋》を中心に)　铃木崇义　国学院大学大学院纪要文学研究科(38)　2006 年

祢衡故事的文化意蕴　黄南珊　江汉大学学报　2006 年第

1 期

汉末狂士孔融、祢衡的精神个性与文章风格　刘天利　中国文学研究　2008 年第 2 期

以生命印证生命的魏晋辞赋拟作——从祢衡的《鹦鹉赋》说起　隋晓会、樊婧　渭南师范学院学报　2010 年第 1 期

就祢衡的《鹦鹉赋》论鸟类赋之演变　梁保建　许昌学院学报　2011 年第 3 期

祢衡之死与汉末士风　王允亮　郑州大学学报　2013 年第 3 期

赵壹、祢衡咏鸟赋研究　杨允　社会科学战线　2013 年第 4 期

鹦鹉洲地名由来与祢衡关系考辨　胡耀　武汉文史资料　2013 年第 7 期

祢衡《鹦鹉赋》作年新考　彭春艳　语文教学通讯·D 刊(学术刊)　2014 年第 7 期

祢衡年谱简表　黄东坚　长江大学学报　2014 年第 7 期

张华(张茂先)

《文选》收录篇目：

《鷦鷯赋》《励志诗》《答何劭》二首、《杂诗》《情诗》二首、《女史箴》

著作

张华年谱　姜亮夫　上海:古典文学出版社　1957 年 8 月;《姜亮夫全集》　昆明:云南人民出版社　2002 年 10 月

张华集逐字索引、张载集逐字索引、张协集逐字索引　刘殿爵

等　香港:香港中文大学出版社　2003 年 12 月

太康英彦——三张诗文研究　张嘉珊　《古典文学研究辑刊》三编　第 5 册　新北:花木兰文化出版社　2011 年

张华研究　王媛　北京:北京师范大学出版社　2013 年 7 月;2015 年 8 月

论文

论张华在魏晋南朝文学中的地位(魏晋南朝文学に占める张华の座标)　林田慎之助　日本中国学会报(17)　1965 年

关于张华的《鷦鷯赋》(张华の鷦鷯の赋について)　中岛千秋　支那学研究　1966 年

关于张华的诗(张华の诗について)　向岛成美　国文学汉文学论丛　1972 年

张华与西晋政治之关系　廖蔚卿　台太文史哲学报　1973 年第 22 期

张华年谱　朱希祖　珠海学报(10)　1978 年

张华年谱　廖蔚卿　文史哲学报　1978 年第 27 期;《中古诗人研究》　台北:里仁书局　2005 年

西晋诗人——张华　杨振喜　河北日报　1979 年 12 月 28 日

张华作为自荐文的《鷦鷯赋》(自荐状としての张华鷦鷯赋)　田中顺子　中国文学论集(九州大学中国文学会)　1986 年

张华(评传)　徐公持　《中国历代著名文学家评传》(续编)　济南:山东教育出版社　1989 年 12 月

倡导文学,功不可没:张华散论之一　王琳　山东师大学报

1990年第3期

二陆与张华　佐藤利行　中国中世文学研究(20)　1991年

六朝文人传——张华(晋书·张华传)　佐藤利行　中国中世文学研究(21)　1992年

《张华年谱》《陆平原年谱》中的几个问题　沈玉成　文学遗产　1992年第3期;《沈玉成文存》　北京:中华书局　2006年6月

张华文学集团考(张华の文学集团)　佐藤利行　中国学论集　1994年

张华文学中所见老子的投影(张华の文学に见られる老子の影)　佐竹保子　日本中国学会报　1997年

张华《情诗》语义说略　孙伯涵　烟台师范学院学报　1997年第1期

作为相闻赠答诗的张华《情诗》五首——别离之爱,男性的恋歌(相闻の赠答诗としての张华《情诗》五首——别离の爱,男の恋歌)　佐竹保子　鸣门教育大学研究纪要人文·社会科学编　1998年

张华仕历　曹道衡、沈玉成　《中古文学史料丛考》　北京:中华书局　2003年7月

张华《鹪鹩赋》作年　曹道衡、沈玉成　《中古文学史料丛考》　北京:中华书局　2003年7月

小鸟的飞翔:从阮籍张华到郭象(小鸟の飞翔:阮籍·张华から郭象へ)　兴膳宏　《松浦友久博士追悼记念中国古典文学论集刊行会编集》　东京:研文出版社　2006年

《文选·张华〈励志诗〉》辨证　方顺贵　牡丹江教育学院学报

2006年第5期

外戚政治背景与《女史箴》的箴戒艺术——兼论箴体流变与文体特征　李乃龙　东方丛刊　2007年第1期

陆机与张华、潘尼、冯文罴的交游　李晓风　南都学坛　2007年第2期

"儿女情"与"风云气"——论张华文学及其玄儒思想　秦跃宇　《新国学》第7卷　成都:巴蜀书社　2008年6月

张华文学系年考证　俞士玲　《西晋文学考论》　南京:南京大学出版社　2008年9月

《文选》所录张华作品研究　秦跃宇　聊城大学学报　2009年第4期

张华对陆云文学批评的影响　曾毅　四川师范大学学报　2009年第4期

阮籍赋体创作思维考论——由与张华《鹪鹩赋》之关系及阮籍的赋创作作时契入　刘志伟　钦州学院学报　2010年第2期

《女史箴图》箴文书体讨论与文字校刊　杨新　中国国家博物馆馆刊　2011年第7期

张华《情诗》的意义　曹旭　文学评论　2012年第5期

张华年谱汇考　刘雅莉、曹旭　《中古作家年谱汇考辑要》　西安:世界图书西安出版公司　2014年6月

晋初党争中的张华之贬与作品编年　罗昌繁　唐都学刊　2015年第4期

亦儒亦道:张华考论　姜剑云　《文史索隐——晋唐文学杂考》　北京:人民出版社　2017年7月

张华《励志诗》题旨发微——以敦煌写本注、李善注、五臣注为例　张亚军　《〈文选〉与汉唐文化:第十一届〈文选〉学国际学术研讨会论文集》　北京:中华书局　2018年8月

颜延之(颜延年)

《文选》收录篇目:

《赭白马赋》《应诏曲水宴诗》《皇太子释奠会诗》《秋胡诗》《五君咏》五首、《应诏观北湖田收》《车驾幸京口侍游蒜山作》《车驾幸京口三月三日侍游曲阿后湖诗》《拜陵庙作》《赠王太常》《夏夜呈从兄散骑车长沙》《直东宫答郑尚书》《和谢监灵运》《北使洛》《还至梁城作》《始安郡还都与张湘州登巴陵城楼作》《宋郊祀歌》二首、《三月三日曲水诗序》《阳给事诔》《陶征士诔》《宋文元皇后哀策文》《祭屈原文》

著作

颜延之及其诗文研究　黄水云　台北:文史哲出版社　1989年5月

南朝颜谢诗研究　陈美足　台北:文津出版社　1989年12月

颜延之文集校注　石磊　长春:吉林大学出版社　2005年5月

颜延之研究　谌东飚　长沙:湖南人民出版社　2008年12月

被误读的"元嘉体":颜延之"文"新释　王晓燕、刘郝霞、韦强　成都:四川大学出版社　2014年5月

论文

颜延之年谱　季冰　清华周刊　1933年第46卷第6—9期;

《文选学研究》 北京:国家图书馆出版社 2010年11月

颜延之年谱 缪钺 《中国文化研究所汇刊》第8卷 1948年9月;《读史存稿》 北京:生活·读书·新知三联书店 1963年3月;《缪钺全集·第1卷,冰茧庵读史存稿》 石家庄:河北教育出版社 2004年7月

颜延之的文学(颜延之の文学) 高桥和巳 立命馆文学(180) 1960年

颜延之的诗(颜延之の诗) 大矢根文次郎 《东洋文化研究所纪要》(无穷会4) 1962年12月

颜延之的生与思想(颜延之の生涯と思想) 木全德雄 日本中国学会报(15) 1963年

颜延之与谢灵运(颜延之と谢灵运) 高桥和巳 高桥和巳的作品集七(中国文学论集) 1972年

颜延之儒佛一致论研究(颜延之の儒佛一致论についてその一) 小林正美 早稻田十九集(中国古典研究) 1973年

陶渊明与颜延之 大上正美 高校通讯·东书国语(129) 1974年

颜延年及其诗文研究 倪台瑛 淡江学报 1975年第13期

颜延之论——关于颜延之对阮籍受容的意味(颜延之论——阮籍受容の颜延之意味について) 大上正美 汉文学会会报(35)(东京教育大学) 1976年

《文选》杂识——颜延之《阳给事诔并序》 森野繁夫 国语科研究纪要(10)(广岛大学附属高校) 1979年

全宋文卷三六 钱锺书 《管锥编》第四册 北京:中华书局

1979 年 8 月

论颜延之的文学创作　周建忠　山东师大学报　1985 年第 5 期

论颜延之的思想和创作　曹道衡　《古典文学论丛》第 4 辑　济南：齐鲁书社　1986 年 2 月；《中古文学史论文集续编》　台北：文津出版社　1994 年 7 月

论颜延之之“狂”　周建忠　烟台师院学报　1986 年第 1 期

颜延之小论三题　甲斐胜二　福山大学综合研究所报(115)　1989 年 1 月

颜延之年表　黄水云　《颜延之及其诗文研究》　台北：文史哲出版社　1989 年 5 月

颜延之(评传)　蒋祖怡　《中国历代著名文学家评传》(续编)　济南：山东教育出版社　1989 年 12 月

关于颜延之的生平和作品　沈玉成　西北师大学报　1989 年第 4 期；《沈玉成文存》　北京：中华书局　2006 年 6 月

关于《五君咏》的作者　郝景鹏　文学评论　1990 年第 1 期

论钟嵘《诗品》对颜延之诗歌的评价　钱钢　中州学刊　1990 年第 5 期

试论颜延之的文学创作　周田青　思想战线(昆明)　1990 年第 6 期

关于颜延之《陶徵士诔》(颜延之陶徵士诔について)　松冈荣志　《竹田晃先生退官纪念东ァジァ文化论丛》　东京：汲古书院　1991 年；中华女子学院山东分院学报　2006 年第 4 期

鲍照和汤惠休何尝贬颜　谌东飙　湘潭大学学报　1991 年第

1期

颜延之诗、文证误二则　周田青　《文史》第34辑　北京:中华书局　1992年5月

论颜延之对偶诗对初唐律诗的影响　陈书录　南京师大学报　1992年第1期

颜延之与陶渊明关系考辨　卫军英　杭州大学学报　1992年第1期

颜延之行实及《文选》所收诗文系年　李之亮　郑州大学学报　1994年第1期;《中州学术论集·古代文学卷.第1辑》　北京:中华书局　2000年1月

南朝宋初的政治与文学——以颜延之《五君咏》的创作为背景(南朝宋初の政治と文学——颜延之《五君咏》诗创作に至る背景)　佐藤正光　学艺国语国文学(27)　1995年3月

论颜延之的文与赋　李宗长　贵州师范大学学报　1996年第1期

论颜延之的《秋胡行》——兼谈中国的叙事诗(节译)　高桥和巳、王则远　齐齐哈尔师范学院学报　1996年第2期

论颜延之的思想　李宗长　南京社会科学　1996年第6期

颜延之与鲍照(颜延之と鲍照)　塚本信也　东北学院大学论集人间·言语·情报　1997年

南朝乐府民歌接受考——从颜延之到鲍照(南朝乐府民歌受容について——颜延之と鲍照から)　塚本信也　东北大学中国语学文学论集　1997年

从《五君咏》论赞贤诗组　杨承祖　《魏晋南北朝文学论集》

南京:南京大学出版社　1997 年 9 月

论颜谢、沈谢齐梁间地位的升降得失　陈庆元　《第三届魏晋南北朝文学国际学术研讨会论文集》　台北:文史哲出版社　1998 年 8 月;文学遗产　1999 年第 1 期

颜延之诗歌与一段被忽略的诗潮　吴怀东　山东大学学报　1998 年第 4 期

试论颜延之《赭白马赋》之艺术表现技巧　黄水云　《〈昭明文选〉与中国传统文化:第四届文选学国际学术研讨会》　长春:吉林文史出版社　2001 年 6 月

颜延之《五君咏》与萧统《咏山涛王戎》作意蠡测　江建俊　成大中文学报　2002 年;《中国文选学:第六届文选学国际学术研讨会论文集》　北京:学苑出版社　2007 年 9 月

颜延之元嘉间仕历　曹道衡、沈玉成　《中古文学史料丛考》　北京:中华书局　2003 年 7 月

颜延之早年仕历与《北使洛》诗李善注误字　曹道衡、沈玉成　《中古文学史料丛考》　北京:中华书局　2003 年 7 月

颜延之为始安太守在景平二年　曹道衡、沈玉成　《中古文学史料丛考》　北京:中华书局　2003 年 7 月

颜延之《和谢监灵运诗》《夏夜呈从兄散骑车长沙》《为皇太子侍宴饯衡阳南平二王应诏诗》　曹道衡、沈玉成　《中古文学史料丛考》　北京:中华书局　2003 年 7 月

琅琊颜氏家族与颜回关系考论——颜氏家族:儒家精神与文艺思想传承的个案研究之一　李文玉　成都教育学院学报　2003 年第 3 期

论颜延之公宴诗的复与变 黄亚卓 上海师范大学学报 2003年第3期

生前名噪 身后寂寞——近二十年颜延之研究综述 熊红 湖北省社会主义学院学报 2003年第5期

谢灵运与颜延之(谢灵运と颜延之) 森野繁夫 安田女子大学大学院文学研究科纪要(合册)(11) 2005年;《中国中古文学研究》 北京:学苑出版社 2005年12月

陶渊明政治品节的见证——颜延之《陶征士诔并序》笺证 邓小军 《中国中古文学研究》 北京:学苑出版社 2005年12月;北京大学学报 2005年第5期

论《文选》咏史诗类——颜延之《五君咏》 黄水云 辽东学院学报 2005年第2期

颜延之思想性格解析 陆立玉 承德民族师专学报 2005年第3期

颜延之三十以后初仕质疑 杨晓斌 甘肃理论学刊 2006年第1期

颜延之出为始安太守始末考——兼谈《祭屈原文》等几篇诗文的作时与背景 杨晓斌 西北师大学报 2006年第2期

元嘉十七年至二十九年间颜延之仕历考辨 杨晓斌 甘肃联合大学学报 2006年第4期

类书、总集误收颜延之诗文辨正 杨晓斌 文史哲 2006年第4期

颜延之诗文四篇写作年代考 李佳 浙江师范大学学报 2007年第1期

论颜延之《应诏宴曲水作诗》的写作背景、动机与主旨　杨晓斌　甘肃社会科学　2007年第2期

逸集·别集辨析——兼谈《颜延之逸集》的性质与内容　杨晓斌　图书馆杂志　2007年第4期

颜延之《陶征士诔并序》在陶渊明研究中的重要文献价值　党万生、张志新　河西学院学报　2007年第6期

颜延之年表　谌东飚　《颜延之研究》　长沙:湖南人民出版社　2008年12月

略论颜延之《五君咏》对早期咏史诗的变革　于溯　南京理工大学学报　2008年第1期

颜延之骈文论略　刘涛　韩山师范学院学报　2008年第2期

颜延之作品新探　李佳　北京大学研究生学志　2008年第2期

颜延之行实与诗文作年新考　石磊　古籍整理研究学刊　2008年第6期

颜延之研究回顾与反思　杨晓斌　宁夏师范学院学报　2009年第1期

颜延之研究综述　叶飞　开封大学学报　2009年第4期

颜延之的作品及其语言艺术　李佳　《第八届文选学国际学术研讨会论文集》　扬州:广陵书社　2010年12月

论《文选》咏史诗类——颜延之《秋胡行》　黄水云　《第八届文选学国际学术研讨会论文集》　扬州:广陵书社　2010年12月

两"颜延之"辨　杨晓斌　中国典籍与文化　2011年第2期

颜延之著述辑佚与辨伪　杨晓斌　文史　2011年第4期

颜延之《陶征士诔并序》在陶渊明接受史上的地位 莫砺锋 学术月刊 2012年第1期

颜延之与刘宋宫廷文学 孙明君 文学遗产 2012年第2期

颜延之的人生命运及其著作的编辑与流传——兼谈《颜氏传书》本《颜光禄集》的文学与文献价值 杨晓斌 文学遗产 2012年第2期

颜延之研究百年回顾 石磊 古籍整理研究学刊 2014年第5期

《文选·宋郊祀歌》小考 周夏 商 2014年第51期

玩世如阮籍 善对如乐广——元嘉诗人颜延之 孙明君 古典文学知识 2015年第2期

元嘉三大家永嘉郡事迹考 钱志熙 中国典籍与文化 2015年第4期

释颜延之《五君咏·嵇中散》"寻山洽隐沦" 项念东 西部学刊 2015年第6期

"芙蓉出水"与"错彩镂金"——关于汤惠休与颜延之的一段公案 许云和 文学遗产 2016年第3期

《文选》收《三月三日曲水诗序》初探 周媛颖 西江文艺 2016年第22期

颜延之诗文系年考辨五则 王学军 湖南人文科技学院学报 2017年第2期

颜延之与王僧达的文学交游 陈虹岩 哈尔滨师范大学社会科学学报 2017年第4期

《文选》"咏史诗"情感的转向——论颜延之对《秋胡诗》的转

变　高恒　青年文学家　2017 年第 4 期

颜延之诗文十篇系年考　王学军　重庆三峡学院学报　2018 年第 2 期

《陶征士诔》七释　顾农　九江学院学报　2018 年第 3 期

向秀(向子期)

《文选》收录篇目:

《思旧赋》

著作

向秀评传　王晓毅　《郭象评传》附录　南京:南京大学出版社　2006 年 8 月;2011 年 4 月;2014 年 6 月

论文

冷酷的名士——论嵇康之为人及向秀凭吊嵇康之《思旧赋》等　董郁青　天津益世报　1937 年 1 月

向秀的《思旧赋》(向秀の思旧の赋について)　中岛千秋　日本中国学会报　1967 年

向秀玄学思想简论　许抗生　文史哲　1986 年第 4 期

从层次意蕴看《思旧赋》的主题　顾竺　西北师院学报　1986 年第 4 期

向秀《思旧赋》写作时间辨　王治中　江苏教育学院学报　1988 年第 3 期

向秀(评传)　徐公持　《中国历代著名文学家评传》(续编)

济南:山东教育出版社　1989年12月

向秀《思旧赋》试释　甲斐胜二　文史哲　1990年第5期

向秀《思旧赋》曲说　刘汉初　《魏晋南北朝文学与思想学术研讨会论文集》　台北:文津出版社　1991年8月

向子期《思旧赋》研究　吕凯　《文选学论集》　长春:时代文艺出版社　1992年6月

向秀《思旧赋》考论　邓小军　文学前沿　2002年第1期

林下之游的终结与向秀《思旧赋》　顾农　文史知识　2003年第11期;《文选论丛》　扬州:广陵书社　2007年9月

向秀玄儒兼治研究　秦跃宇　兰州学刊　2006年第10期

徘徊于儒道之间的向秀　安继民　中州学刊　2007年第2期

向秀本体论玄学发微　秦跃宇　扬州大学学报　2007年第2期

《思旧赋》中的行程及作者心态　归青　南京师范大学文学院学报　2008年第3期

怀旧空吟闻笛赋——唐人对向秀及其《思旧赋》的接受　邓溪燕　求索　2014年第3期

《思旧赋》的诠释与转译——从李善的注释到白先勇的创作　范里　鹅湖月刊　2014年第464期

《思旧赋》"方罪于李斯"说辨析　马麟　宁夏大学学报　2018年

陆机(陆士衡)

《文选》收录篇目:

《叹逝赋》《文赋》《皇太子宴玄圃宣猷堂有令赋诗》《招隐诗》《赠冯文罴迁斥丘令》《答贾谧》《于承明作与士龙》《赠尚书郎顾彦先》二首、《赠交阯太守顾公真》《赠从兄车骑》《答张士然》《为顾彦先赠妇》二首、《赠冯文罴》《又赠弟士龙》《赴洛》二首、《赴洛道中作》二首、《为吴王郎中时从梁陈作》《乐府十七首》(《猛虎行》《君子行》《从军行》《豫章行》《苦寒行》《饮马长城窟行》《门有车马客行》《君子有所思行》《齐讴行》《长安有狭邪行》《长歌行》《悲哉行》《吴趋行》《短歌行》《日出东南隅作或曰罗敷艳歌》《前缓声歌》《塘上行》)《挽歌诗》三首、《园葵诗》《拟古诗》十二首、《谢平原内史表》《豪士赋序》《汉高祖功臣颂》《辨亡论上下》《五等诸侯论》《演连珠》五十首、《吊魏武帝文》

著作

陆平原年谱　余有　民国间排印本

陆士衡史　李泽仁　成都:茹古书局　1934 年

陆平原年谱　姜亮夫　上海:上海古典文学出版社　1957 年 7 月;《姜亮夫全集》　昆明:云南人民出版社　2002 年 10 月

陆士衡诗注　郝立权　北京:人民文学出版社　1958 年 5 月

陆机及其诗　唐荣吉　台北:嘉新水泥公司文化基金会　1969 年

陆机集　金涛声　北京:中华书局　1982 年 1 月

《文赋》译注　张怀瑾　北京:北京出版社　1984 年 1 月

《文赋》集释　张少康　上海:上海古籍出版社　1984年1月;北京:人民文学出版社　2002年

陆机《文赋》校释　杨牧　台北:洪范书店　1985年

《文赋》《诗品》注译　周伟民、萧华荣　郑州:中州古籍出版社　1985年1月

文赋纂论　董国柱　哈尔滨:黑龙江人民出版社　1990年4月

文赋研究新论　刘忠惠　长春:东北师范大学出版社　1993年6月

西晋文学研究——以陆机为中心　佐藤利行　东京:白帝社　1995年2月;周延良译　北京:中国社会科学出版社　2004年6月

《文赋》《诗品》译注　杨明　上海:上海古籍出版社　1999年9月

时空情境中的自我影像——以阮籍、陆机、陶渊明诗为例　李清筠　台北:文津出版社　2000年

陆机论　李晓风　郑州:中州古籍出版社　2007年8月

陆士衡文集校注　刘运好　南京:凤凰出版社　2007年12月

陆机的文学创作与理论　李秀花　济南:齐鲁书社　2008年8月

陆机陆云年谱　俞士玲　北京:人民文学出版社　2009年2月

陆机诗研究　陈玉惠　《古典诗歌研究汇刊》第6辑　第6册　新北:花木兰文化出版社　2009年9月

陆机演连珠译注评　陈启智　天津:天津科学技术出版社　2011年

吴郡二陆文学研究　马荣江　北京:社会科学文献出版社

2014 年 6 月

陆机研究　杨秀英　北京:中国社会科学出版社　2016 年 2 月

陆机集校笺　杨明　上海:上海古籍出版社　2016 年 7 月

论文

《文赋》(读书杂记)　西谛(郑振铎)　小说月报　1923 年 5 月 14 卷 5 期;《文选学研究》　北京:国家图书馆出版社　2010 年 11 月

陆士衡史(附陆士衡年谱)　李泽仁　尚友书塾季报　1926 年 3 月第 5 期;成都:茹古书局铅印《陆士衡史》本　1934 年;《北京图书馆藏珍本年谱丛刊》第 8 册　北京:北京图书馆出版社　1999 年

陆机年表　朱东润　武大文哲季刊　1930 年 4—7 月第 1 卷第 1—2 期;《文选学研究》　北京:国家图书馆出版社　2010 年 11 月

陆机《文赋》论　荷魄　中国文学　1934 年第 2 期

讲陆士衡《文赋》自记　陈柱　学术世界　1935 年第 1 卷第 4 期;《文选学研究》　北京:国家图书馆出版社　2010 年 11 月

《文赋》论文　朱绍安　励学　1936 年 1 月第 5 期;《文选学研究》　北京:国家图书馆出版社　2010 年 11 月

陆机《文赋》书后　杨树芳　协大艺文　1936 年第 3 期

质陆机《文赋》　李廷玉　国学(天津)　1937 年第 1 卷第 4 期

陆机《文赋》义证　李全佳　中山学报　1944 年 2—4 月第 2 卷第 2—3 期;《文选学研究》　北京:国家图书馆出版社　2010 年 11 月

《文赋》绎意　方竑　中国文学　1944 年第 3 期

《文赋》撰出年代考——《文赋》笺证之一　逯钦立　学原　1948年第2卷第1期;《汉魏六朝文学论集》　西安:陕西人民出版社　1984年11月;《逯钦立文存》　北京:中华书局　2010年;《文选学研究》　北京:国家图书馆出版社　2010年11月

关于《文赋》——逯钦立先生《文赋撰出年代考》书　陆侃如　春秋　1949年3月第6卷第4期;《陆侃如古典文学论文集》　上海:上海古籍出版社　1987年1月;《文选学研究》　北京:国家图书馆出版社　2010年11月

读《文赋》笔记　卢润祥　厦门大学学生科学研究　1957年第3期

陆机的生平与《文赋》创作的准确年代(陆机の生涯と文赋制作の正确な年代)　陈世骧、一海知义译　中国文学报　1958年

关于《文赋》疑年的四封讨论信　陈世骧、逯钦立　民主评论　1958年第9卷第13期;《逯钦立文存》　北京:中华书局　2010年10月

陆机的传记与其文学(陆机の传记とその文学)　高桥和巳　中国文学报(11)　1959年

关于《文赋》一些问题的商榷　李嘉言　(景卯)　光明日报　1959年9月13日;《李嘉言古典文学论文集》　上海:上海古籍出版社　1987年3月

如何评价《文赋》　晏震亚　光明日报　1959年12月27日

论陆机的《文赋》　胡国瑞　光明日报　1960年4月17日;文学遗产　1960年第309期

论《文赋》与音乐　饶宗颐　中国文学报　第14册　1961年;

《文辙》　台北：学生书局　1991 年 11 月；《饶宗颐二十世纪学术文集·选堂赋话》　台北：新文丰出版社　2003 年；北京：中国人民大学出版社　2009 年 9 月

陆机的创作理论与创作实践　陆侃如　文汇报　1961 年 8 月 1 日；《陆侃如古典文学论文集》　上海：上海古籍出版社　1987 年 1 月

对《文赋》所谓"意"的理解　郭绍虞　文汇报　1961 年 8 月 12 日；《照隅室古典文学论集》　上海：上海古籍出版社　1983 年 10 月

陆机《文赋》二例　陆侃如　文学评论　1961 年第 1 期；《陆侃如古典文学论文集》　上海：上海古籍出版社　1987 年 1 月

论陆机《文赋》中之所谓"意"　郭绍虞　文学评论　1961 年第 4 期；《照隅室古典文学论集》　上海：上海古籍出版社　1983 年 10 月

谈陆机《文赋》　振甫　文艺报　1961 年第 7 期

陆机《文赋》理论与音乐之关系　饶宗颐　中国文学报　1961 年第 14 期

读《文赋》札记　万曼　光明日报　1962 年 9 月 2 日

关于陆机《文赋》的三个问题　夏承焘　文艺报　1962 年第 7 期

陆机《文赋》"缘情绮靡"说的意义　周汝昌　文史哲　1963 年第 2 期

关于《文赋》的评价　郭绍虞　文学评论　1963 年第 4 期；《照隅室古典文学论集》　上海：上海古籍出版社　1983 年 10 月

关于《文赋》的评价通信　马南屏等　文学评论　1963 年第 6 期

《典论·论文》与后世之论文气　邝利安　文学世界　1963 年第 7 卷第 3 期

《文赋》课徵(一)　王礼卿　人生　1966 年第 30 卷第 10 期

《文赋》课徵(二)　王礼卿　人生　1966 年第 31 卷第 1 期

陆庚连珠小考　横山弘　中国文学报(22)　1968 年

有关陆机创作《文赋》的意图(陆机の文赋の意图するもの)　小尾郊一　广岛大学文学部纪要(28)　1968 年

陆机《文赋》诠意　李三荣　中华学苑　1968 年第 2 期

西晋时代的乐府诗——以陆机为例(西晋时代の乐府诗——陆机を中心として)　藤井宏　广岛大学文学部纪要　1976 年

陆机诗索引　后藤秋正　东京:松云堂书店　1976 年

关于陆机《文赋》的几个问题　高大鹏　幼狮月刊　1977 年

论陆机的诗　廖蔚卿　《中国古典文学研究丛刊·诗歌之部(一)》　台北:巨流图书公司　1977 年 10 月;2012 年 3 月

《典论·论文》与《文赋》(典论论文と文赋)　林田慎之助　文学研究(75)　1978 年;《古代文学理论研究丛刊》第 12 辑　上海:上海古籍出版社 1987 年 11 月

六朝文人传——陆机陆云(《晋书》)　长谷川滋成　中国中世文学研究(13)　1978 年 9 月

《文赋》初探　王纯庵　辽宁第一师范学院学报　1978 年第 2 期

《文赋》疏证　杜松柏　女师专学报　1978 年第 2 期

陆机的《文赋》 吴功正 长春 1978年第3期

陆机的《文赋》 曹济平 江苏文艺 1978年第3期

关于《文赋》的几个问题 张文勋 思想战线 1978年第5期

全晋文卷九六 钱锺书 《管锥编》第三册 北京:中华书局 1979年8月

全晋文卷九七 钱锺书 《管锥编》第三册 北京:中华书局 1979年8月

全晋文卷九九 钱锺书 《管锥编》第三册 北京:中华书局 1979年8月

说《文赋》 刘存璞 菏泽师专学报 1979年第1期

也谈《文赋》里的“意”——与陆侃如、郭绍虞二教授商榷 赵盛德 学术论坛 1979年第2期

陆机《文赋》初释初稿 徐复观 中外文学 1980年;《中国文学论集续篇》 台北:学生书局 1981年10月;北京:九州出版社 2014年4月(题目为:陆机《文赋》疏释)

简评《文选》文二题(评述《文选》三篇之讹句[班固《两都赋》、陆士衡《谢平原内史表》、司马迁《报任少卿书》]) 柳晟俊 中国语文学(1) 1980年;《唐诗论考》 北京:中国文学出版社 1994年8月

陆机及其《文赋》 刘广发 齐齐哈尔师范学院学报 1980年第1期

《文赋》的主要贡献何在 牟世金 文史哲 1980年第1期;《中国古代文学:作家·作品·文学现象》 北京:商务印书馆 2012年5月

试论陆机的《文赋》——兼与郭绍虞同志商榷 姜涛 辽宁大学学报 1980 年第 2 期

陆机及其《文赋》 刘广发 齐齐哈尔师院学报 1980 年第 2 期

谈谈关于《文赋》的研究(附陆机《文赋》研究参考书目) 张少康 文献 1980 年第 2 期

《文赋》创作年代考辨 毛庆 武汉大学学报 1980 年第 5 期

“榛楛勿翦”释(陆机《文赋》) 克冰 文学评论 1980 年第 5 期

“陆机笑左思作《三都赋》”辨伪 毛庆 武汉师院汉口分部校刊 1981 年

从《平复帖》说到陆机之死 伏琛 北京晚报 1981 年 5 月 23 日

《文赋》写作年代考略 张武扬 江汉论坛 1981 年第 5 期

我若西流水——陆机《赠弟士龙》诗小考(川は西へ流れるか——陆机《赠弟士龙》诗小考) 后藤秋正 国语(东京书籍) 1982 年

《文赋》写作年代新探 周勋初 《文学遗产》增刊 1982 年;《文史探微》 上海:上海古籍出版社 1987 年 12 月;《魏晋南北朝文学论丛》 南京:江苏古籍出版社 1999 年 11 月;《钟山愚公拾金行踪》 上海:复旦大学出版社 2016 年 5 月

“感物”与“称物”——读陆机《文赋》札记 解从志 台州师专学报 1982 年第 2 期

陆机《文赋》札记 蒋祖怡 宁波师专学报 1982 年第 2 期

《文赋》琐谈　李伯勋　青海社会科学　1982年第2期

《文赋》中“难”字误作“不能”证　许晓林　阜阳师院学报　1982年第4期

陆机《拟古诗十二首》考　门胁广文　东洋研究(69)　1983年

读《文赋》私记　吴孟复　《艺文志》第1辑　太原:山西人民出版社　1983年2月

陆机(评传)　蒋祖怡、韩泉欣　《中国历代著名文学家评传》第一卷　济南:山东教育出版社　1983年5月

陆机的艺术构思论——读《文赋》札记　李德钧　济宁师专学报　1983年第2期

陆机生平三考　陈庄　四川大学学报　1983年第4期

《文赋》笺注今译　夏传才　河北师院学报　1983年第4期

陆机《文赋》三题议　周伟民　华中师院学报　1983年第6期

《文赋》研究中的几个问题　毛庆　武汉师范学院学报　1983年第6期

陆机《文赋》校释　王靖献　文史哲学报　1983年第32期

拟古诗考——以陆机的《拟古诗》为例(拟古诗考——陆机の拟古诗を中心にして)　大川忠三　大东文化大学创立六十周年记念中国学论集　1984年

读《文赋》札记　刘溶　《文学论丛》第二辑　郑州:河南人民出版社　1984年3月

论陆机《文赋》的进步性及其主要贡献　徐中玉　《古代文学理论研究丛刊》第9辑　上海:上海古籍出版社　1984年4月

《文赋》“夸目者尚奢”四句小释　宋谋瑒　光明日报　1984

年 11 月 13 日

《文赋》二题　吴调公　克山师专学报　1984 年第 1 期;《古典文论与审美鉴赏》　济南:齐鲁书社　1985 年 12 月

应、和、悲、雅、艳——陆机《文赋》美学思想琐议　张少康　文艺理论研究　1984 年第 1 期

《文赋》札记三题　夏传才　河北学刊　1984 年第 2 期

《〈文赋〉〈诗品〉注译》导言　周伟民、萧华荣　《〈文赋〉〈诗品〉注译》　郑州:中州古籍出版社　1985 年 1 月

论陆机的《文赋》　徐中玉　《古代文艺创作论集》　北京:中国社会科学出版社　1985 年 8 月

陆机简论　王毅　《中国古典文学论丛》第 2 辑　北京:人民文学出版社　1985 年 8 月

浅说刘勰对陆机的评论——《文心雕龙》札记之一　陈志明　《中国古典文学论丛》第 2 辑　北京:人民文学出版社　1985 年 8 月

陆机的籍贯问题　曹道衡　《艺文志》第 3 辑　太原:山西人民出版社　1985 年 11 月;《中古文学史论文集续编》　台北:文津出版社　1994 年 7 月

为陆机"缘情"辨——与马芝同志商榷　李怀霜　艺谭　1985 年第 1 期

开拓衢道、瑕不掩瑜——陆机《文赋》评介　汪正章　石家庄教育学院学报　1985 年第 2 期

妙解情理　心识文体——评陆机的文学创作理论　陈必胜　中山大学学报　1985 年第 2 期

《文赋》收视反听刍议　董国柱　学习探索　1985年第2期

陆机略论　吴调公　南通师专学报　1985年第2期

《文赋》研究综述　李庆甲　文史知识　1985年第5期

《文赋》研究　金世焕　人文论丛(釜山大)　1985年第27辑

陆机评传　吴调公　《古典文学论丛》第4辑　济南:齐鲁书社　1986年2月

《陆机集》志疑　曹道衡　《文史》第26辑　北京:中华书局　1986年5月

陆机《文赋》所代表的文学观念　王梦鸥　《台湾学者中国文学批评论文选》　北京:人民文学出版社　1986年9月

陆机论"创作情绪的酝酿"——《文赋》第一小节释义新探　裘惠楞　浙江师范大学学报　1986年第1期

《文赋》写作年代考析　赵盛德　河北师专学报　1986年第1期

说《文赋》"体有万殊、无物一量"节　吴枝培　南京大学学报　1986年第2期

陆机初次赴洛时间考辨　傅刚　上海师范大学学报　1986年第2期;《汉魏六朝文学与文献论稿》　北京:商务印书馆　2016年3月

陆机《演连珠》中美学观点试探　詹杭伦　四川师范大学学报　1986年第5期

《文赋》二题　顾农　江汉论坛　1986年第11期

怎样评价陆机的《拟古诗》　毛庆　中州学刊　1987年第1期

陆机《文赋》三题　杨隽　南充师院学报　1987年第3期

从文学理论史上看《文赋》(文学理论史上から见た《文赋》)　兴膳宏　《中国の文学理论》　东京:筑摩书房　1988年

《文选》陆机《演连珠》刘孝标注疏证　罗国威　《刘孝标集校注》　上海:上海古籍出版社　1988年2月;《古典文献研究辑刊》第25编　第8册　《昭明文选丛考》　新北:花木兰文化出版社　2017年

陆机评传　张少康　《中国古代文论家评传》　郑州:中州古籍出版社　1988年8月

刘勰论陆机　穆克宏　《古代文学理论研究丛刊》第13辑　上海:上海古籍出版社　1988年9月

才深辞隐　思巧文繁——刘勰论陆机　穆克宏　《古代文学理论研究丛刊》第13辑　上海:上海古籍出版社　1988年9月

策勋于鸿规、底债于流制——刘勰论潘、陆赋　穆克宏　中国文学研究　1988年第3期

《文赋》新论——骈赋特征的内化与思维优势的形成　胡晓明　华东师范大学学报　1988年第4期

陆机拟古诗新探　陈颀、张帆　理论学习月刊　1988年第12期

陆机乐府诗私论　柳川顺子　文学研究(九州大学)　1989年

关于陆机兄弟四言赠答诗　松元幸男　立命馆文学(511)　1989年

《文赋》句解献疑　罗振球　江苏教育学院学报　1989年第1期

试论陆机陆云的《为顾彦先赠妇》　曹道衡　河北师院学报

1989 年第 1 期;《中古文学史论文集续编》　台北:文津出版社 1994 年 7 月

《文赋》评议　刘溶　驻马店师专学报　1989 年第 2 期

论陆机诗歌创作的艺术特色　傅刚　上海师范大学学报 1989 年第 2 期;《汉魏六朝文学与文献论稿》　北京:商务印书馆 2016 年 3 月

关于唐写本陆机《文赋》　陈炜湛　中山大学学报　1989 年第 4 期

《文赋》义疏　吴柏林　齐鲁学刊　1989 年增刊

陆机《辨亡论》的制作意图(陆机における《辨亡论》制作の意图)　柳川顺子　筑紫女学园大学纪要　1990 年

现存陆机赋考　何沛雄　《汉魏六朝赋论集》　台北:联经出版事业公司　1990 年 4 月

《文赋》在创作论上的贡献　郭可楠　福建师范大学学报 1990 年第 2 期

重评陆机的诗　徐柏青　湖北师范学院学报　1990 年第 3 期

《文赋》义疏　罗索强　吕梁学刊　1990 年第 3 期

《文赋》"实体未该"非"知言"么?　滕福海　广西大学学报 1990 年第 5 期

陆机拟古诗试论　柳川顺子　筑紫女学园大学国际文化研究所论丛　1991 年

陆机诗研究(1)　佐藤利行　安田女子大学纪要(19) 1991 年

二陆与张华　佐藤利行　中国中世文学研究(20)　1991 年

检论《文赋》 吴林伯 武汉大学学报 1991年第4期

关于陆机诗的几个问题 陈延嘉 古籍整理研究学刊 1991年第5期;《文选学研究论文集》 长春:吉林人民出版社 2006年12月(题目为:关于陆机诗注的几个问题)

陆机《文赋》研究 宋辛根 中国人文科学 1991年第10辑

关于陆机几个问题的澄清 傅刚 上海师范大学学报增刊 1992年;《汉魏六朝文学与文献论稿》 北京:商务印书馆 2016年3月(题目为:关于陆机生平几个问题的澄清)

二陆与潘尼 佐藤利行 安田女子大学纪要(20) 1992年

陆机《赠顾交阯公真》李善注 曹道衡、沈玉成 《文选学论集》 长春:时代文艺出版社 1992年6月(题目为:读《文选》札记);《中古文学史料丛考》 北京:中华书局 2003年7月;《沈玉成文存》 北京:中华书局 2006年6月

试谈《文赋》抄本的系统 兴膳宏 《文选学论集》 长春:时代文艺出版社 1992年6月

关于入洛后的二陆 佐藤利行 日本中国学会报(44) 1992年10月

陆机赋论探微 曹虹 中国文学报 1993年;《古代文学理论研究丛刊》第17辑 上海:上海古籍出版社 1995年5月

陆机诗研究(2) 佐藤利行 安田女子大学纪要(21) 1993年

陆机诗研究——任职太子洗马时期 佐藤利行 国语国文论集(23) 1993年

陆机著作及《文赋》研究目录索引 刘忠惠 《文赋研究新论》

长春:东北师范大学出版社　1993年6月

陆机及其诗文略论　刘忠惠　学习与探索　1993年第2期

《文赋》义疏　罗宗强　《道家道教古文论谈片》　台北:文津出版社　1994年8月

《文赋》札记　张学松、刘清珍　驻马店师专学报　1994年第1期

“言意之辩”与《文赋》　赵泰靖　河南电大　1994年第1期

论陆机在两晋及南北朝的文学地位　胡国瑞　文学遗产　1994年第1期

论陆机的《文赋》　张文生　锦州师院学报　1994年第2期

试释《文赋》“怀霜”“临云”　吴承学　学术研究　1994年第2期

吴中文化与陆机创作心态　俞灏敏　吴中学刊　1994年第4期

陆机与魏晋文学自觉的演进　俞灏敏　阴山学刊　1994年第4期

《文选》陆机诗笺识　李之亮　殷都学刊　1994年第4期

魏晋玄风与陆机《文赋》的思辨性　顾兆禄　南京社会科学　1994年第10期

论陆机的文学思想及其历史意义　张佩玉　新疆大学学报　1995年第1期

陆机、陆云仕晋宦迹考　蒋方　湖北大学学报　1995年第3期

陆机心态与其行旅诗的独特性　胡大雷　河北大学学报　1995年第3期

陆机诗歌试论　李剑铭　湘潭师范学院学报　1995 年第 4 期

陆机乐府考(陆机の乐府について)　阿部正和　中国中世文学研究　1996 年

陆机《吊魏武帝文》考(陆机《吊魏武帝文》について)　佐藤利行　中国学论集　1996 年

陆机《文赋》新探　吴绍礼　佳木斯师范专科学校学报　1996 年第 1 期

陆机的思想及其诗歌　曹道衡　中国社会科学院研究生院学报　1996 年第 1 期;《汉魏六朝文学论文集》　桂林:广西师范大学出版社　1999 年 9 月;《曹道衡文集》卷三　郑州:中州古籍出版社　2018 年 4 月

试论《文选》所收陆机《挽歌》三首　傅刚　文学遗产　1996 年第 1 期;《汉魏六朝文学与文献论稿》　北京:商务印书馆　2016 年 3 月(题目为:试论《文选》所收陆机《挽歌》三首——兼论宋本《乐府诗集》、《陆士衡集》的编辑与《文选》的关系)

论《文赋》体制方法之创新及其历史成因　钱志熙　求索　1996 年第 1 期

陆机《文赋》"夸目尚奢"四句辨义　李逸津　天津师大学报　1996 年第 3 期

陆机《短歌行》考(陆机《短歌行》について)　佐藤利行　中国学论集(18)　1997 年

试论陆机《文赋》之文化背景　毛庆　中州学刊　1997 年第 3 期

陆机《吴趋行》考(陆机《吴趋行》について)　佐藤利行　中

国学论集(20)　1998年

陆机《园葵诗》考(陆机《园葵诗》について)　佐藤利行　中国学论集(21)　1998年

论陆机的拟古乐府诗　陈冰　淮阴师范学院学报　1998年第1期

陆机论　徐公持　传统文化与现代化　1998年第1期

“诗缘情”辨义　詹福瑞、侯贵满　河北大学学报　1998年第2期

陆机《文赋》二论　王开国　重庆师院学报　1998年第3期

论陆机《拟古诗》　刘昆庸　福建师范大学学报　1998年第4期

陆机所拟古诗考(陆机拟する所の古诗について)　柳川顺子　中国文学论集　1999年

我若西流水,子如东峙岳——陆机·陆云(我は西に流るる水の若し、子は东に峙つ岳たらん——陆机·陆云)　木津佑子　月刊しにか　1999年

论陆机对前代文学的继承　俞士玲　《中国诗学》第6辑　南京:南京大学出版社　1999年12月

《文赋》撰出年代新证　胡耀震　辽宁大学学报　1999年第2期;《中国古典文学与文献学研究》第1辑　北京:学苑出版社　2002年11月

“缘情绮靡”与陆机诗风　刘运好　宁波大学学报　1999年第3期

陆机《演连珠》美学臆解　陈复兴　长春师范学院学报　1999

年第3期

江东陆氏家风与陆机的文学创作 张天来 东南大学学报 1999年第4期

陆机散文略论 谭家健 中州学刊 1999年第5期

从东吴学术文化特点看陆机文学理论和创作 汪春泓 复旦学报 1999年第5期

陆机陆云思想趣向探微 周国林 华中师范大学学报 2000年第1期

说陆机 魏同贤 枣庄师专学报 2000年第1期

从陆机《拟古诗》看其"呈才"的诗学观 刘则鸣 中国韵文学刊 2000年第1期

文学自觉时代的标志——《文赋》在古代文艺心理学研究上的贡献和地位 刘琦 社会科学战线 2000年第1期

末世文人的一曲命运哀歌——吴灭仕晋的陆机兄弟 蒋方 古典文学知识 2000年第2期

试论陆机的《文赋》 刘宗敏 南京师范大学文学院学报 2000年第2期

《文赋》即"文心"论——兼评《管锥编》之解"玄览" 周汝昌 北京大学学报 2000年第2期

陆机入洛之遭遇及其死因考析 王永平 东南文化 2000年第3期

论陆机文论的创新思想与作品的拟古倾向 刘加夫 齐鲁学刊 2000年第5期

《文赋》札记二则 李秀花、焦继顺 齐齐哈尔大学学报 2000

年第6期

陆机兄弟考(陆机の兄弟について) 佐藤利行 中国中世文学研究(40) 2001年

陆机拟古乐府及拟古诗考(陆机の拟古乐府、および拟古诗について) 长谷部刚 中国文学研究 2001年

《奥之细道》与《文选》陆机《猛虎行》——围绕"田一枚植て立去る柳かな"之解释(《奥の细道》と《文选》陆机《猛虎行》——"田一枚植て立去る柳かな"の解释をめぐって) 塚越义幸 野州国文学 2001年

陆机入洛之遭遇及其死因考析——兼论西晋时期南北士人间的冲突 王永平 南京区域文化与旅游产业学术研讨会论文集 2001年

陆机《拟古诗》创作动机考(陆机の《拟古诗》制作の动机について) 柳川顺子 六朝学术学会报第二集 2001年3月

太康之英、《文选》之冠——陆机其人平议 刘良明 《〈昭明文选〉与中国传统文化:第四届文选学国际学术研讨会》 长春:吉林文史出版社 2001年6月

陆士衡《文赋》"课虚无以责有、叩寂寞而求音"李善注平议 韩泉欣 《〈昭明文选〉与中国传统文化:第四届文选学国际学术研讨会》 长春:吉林文史出版社 2001年6月

陆机研究综述 姜剑云 《古代文学理论研究》 第19期 上海:华东师范大学出版社 2001年7月;《文史索隐——晋唐文学杂考》 北京:人民出版社 2017年7月

陆机《文赋》创作论今探 阳海洲、王莉娟 金筑大学学报(综

合版） 2001年第2期

陆机创作之“繁” 跃进 文学遗产 2001年第3期

《文赋》研究二十年的回顾与反思 张丰君、徐爱国 山东电大学报 2001年第4期

论孙吴士风的变迁对陆机出处之影响 吴正岚 苏州大学学报 2001年第4期

陆机事迹杂考 曹道衡 《文史》第59辑 北京：中华书局 2002年7月；《中古文史丛稿》 保定：河北大学出版社 2003年10月；《曹道衡文集》卷二 郑州：中州古籍出版社 2018年4月

陆机的诗风 佐藤利行撰，李国栋译 文学前沿 2002年第1期

从陆机诗赋论看其诗学赋学思想价值——兼论诗赋理论研究的思维模式与方法 刘志伟 西北师大学报 2002年第2期

潘岳陆机的高下分别 曹道衡 文史知识 2002年第2期

陆机美学思想的本体意义 张义宾 阴山学刊 2002年第3期

论陆机陆云兄弟之死 王永平 南京晓庄学院学报 2002年第3期

陆机与连珠体 李秀花 上海大学学报 2002年第4期

《文赋》和《文心雕龙·神思》的主旨承传关系 赵寅 贵州社会科学 2002年第4期

从《文赋》看陆机的文学创作主张 张坤晓 陕西教育学院学报 2002年第4期

陆机《文赋》创作论今探 阳海洲 贵州教育学院学报 2002

年第5期

刘勰论陆机评述 文玉 四川师范学院学报 2002年第6期

陆机《演连珠》五十首考(陆机《演连珠》五十首について) 佐竹保子 日本中国学会报 2003年

藤原定家与《叹逝赋》——汉诗句受容的一侧面(藤原定家と《叹逝赋》——汉诗句受容の一侧面) 藤川功和 古代中世国文学 2003年

钱锺书《管锥编》《文赋》译注 和田英信、水津有里 东北大学中国语学文学论集 2003年

陆机《演连珠》的构成特质(陆机《演连珠》の构成上の特质) 佐竹保子 六朝学术学会报 2003年

陆机《文赋》中展现的文质论——围绕其中的特异性展开(陆机《文赋》に见える文质论——その特异性) 井上雅隆 东洋大学大学院纪要 2003年

陆机的诗语(三)[陆机の诗语(三)] 佐藤利行 广岛大学大学院文学研究科论集(63) 2003年

陆机《文赋》 宇文所安 《中国文论:英译与评论》 上海:上海社会科学院出版社 2003年1月

陆机《演连珠》臆说 朱晓海 《〈文选〉与“文选学”:第五届文选学国际学术研讨会论文集》 北京:学苑出版社 2003年5月

陆机《为顾彦先赠妇》诗 曹道衡、沈玉成 《中古文学史料丛考》 北京:中华书局 2003年7月

陆机赠顾秘诗及《晋书》记事淆乱 曹道衡、沈玉成 《中古文学史料丛考》 北京:中华书局 2003年7月

陆机、陆云兄弟赠答诗十首 曹道衡、沈玉成 《中古文学史料丛考》 北京:中华书局 2003年7月

陆机为著作郎年月与议《晋书》限断 曹道衡、沈玉成 《中古文学史料丛考》 北京:中华书局 2003年7月

敦煌写本《运命论》与《辨亡论》的抄写及其他 范志新 《〈文选〉版本论稿》 南昌:江西人民出版社 2003年9月

陆机赋中所反映的学术思想 王运熙 《辞赋研究论文集——第五届国际辞赋研讨会》 北京:中国文史出版社 2003年11月;《汉唐文学辨思录》 上海;上海古籍出版社 2005年4月

《文赋》撰年疑案新断 姜剑云 《辞赋研究论文集——第五届国际辞赋研讨会》 北京:中国文史出版社 2003年11月;天津师范大学学报 2003年第5期;《文史索隐——晋唐文学杂考》 北京:人民出版社 2017年7月

陆机入洛疑案新断 姜剑云 洛阳大学学报 2003年第1期;《文史索隐——晋唐文学杂考》 北京:人民出版社 2017年7月

论陆机赋的东吴情结 于浴贤 贵州大学学报 2003年第2期

陆机重儒的人生态度及其文学主题 李揆一 求索 2003年第2期

陆机诗文创作与两晋诗风 胡遂 荆州师范学院学报 2003年第3期

陆机诗文风格繁缛成因论 胡遂 求索 2003年第3期

陆机陆云分裂人格探析 胡秋银 临沂师范学院学报 2003年第5期

论陆机《拟古诗》十二首　朱晓海　台大中文学报　2003 年第 19 期

论析陆机诗歌赋体法与“尚规矩”特点　李揆一　《中国诗学》第 9 辑　北京:人民文学出版社　2004 年 6 月

陆机《拟古诗》十四首考——兼谈《古诗十九首》的成立　俞士玲　《古典文献研究》第 7 辑　南京:凤凰出版社　2004 年 7 月

从东吴学术文化特点见陆机文学理论和创作　汪春泓　《文史探真》　北京:昆仑出版社　2004 年 7 月

《文赋》与《演连珠》　顾农　书品　2004 年第 1 期;《文选论丛》　扬州:广陵书社　2007 年 9 月

论《文赋》创作思想之渊源——兼与张少康先生商榷　黄娟　中国文学研究　2004 年第 1 期

论《文赋》与《文心雕龙》对“说”体的不同认识　赵俊玲　河南教育学院学报　2004 年第 4 期

陆机《拟古诗》在五言古诗发展中的价值　周振华　乐山师范学院学报　2004 年第 11 期

陆机研究　廖蔚卿　《中古诗人研究》　台北:里仁书局　2005 年

陆机和陆云　佐藤利行　《中国中古文学研究》　北京:学苑出版社　2005 年 12 月

陆机生平著作考辨三题　顾农　清华大学学报　2005 年第 4 期

20 世纪《文赋》研究述评　李天道　文学评论　2005 年第 5 期

陆机《文赋》刍议　曲德来　北方论丛　2005 年第 5 期

陆机《文赋》中的语言提炼原则　陈莉　学术论坛　2005年第9期

近十年来陆机《文赋》研究综述　李天道　西南民族大学学报　2005年第12期

陆云文学思想新论——兼与陆机比较　温小腾　语文学刊　2005年第17期

"飞驰"新解——读《典论·论文》札记　戴燕　《中国中世文学研究论集》(上)　上海:上海古籍出版社　2006年12月;《远游越山川:魏晋南北朝文学史研究论集》　上海:复旦大学出版社　2017年10月

《文选》钱氏学之陆机《文赋》研究——兼论《管锥编》之学术价值　陈延嘉　《文选学研究论文集》　长春:吉林人民出版社　2006年12月;长春师范学院学报　2007年第3期

《文赋》"短韵"辨析　柳春蕊　云梦学刊　2006年第1期

陆机为太康之英新说　冯淑然　殷都学刊　2006年第3期

试论《文赋》在文论史上的贡献　张强强　井冈山学院学报　2006年第4期

评对《文赋》的一种误解　黄昌年　北华大学学报　2006年第4期

两晋陆机论及其意义略探　张利玲、凌霄　吉首大学学报　2006年第5期

陆机为太康之英新说　冯淑然　石河子大学学报　2006年第5期

陆机《文赋》"诗缘情而绮靡、赋体物而浏亮"含义辨　张安祖

求是学刊　2006年第6期

陆机的《日出东南隅行》　孙明君　文史知识　2006年第7期

陆机之"临川"考(陆机の"临川"について)　阿部正和　中国中世文学研究　2007年

陆机《拟古诗》所见之表现的特征(陆机《拟古诗》に见える表现の特征)　井上雅隆　白山中国学　2007年

《文选·吊魏武帝文并序》今本善注补正　朱晓海　《中国文选学:第六届文选学国际学术研讨会论文集》　北京:学苑出版社　2007年9月

北京图书馆藏敦煌新1543号《文选·辨亡论》写卷校证　罗国威　《中国诗学研究.第6辑,"中古诗学暨曹道衡先生学术思想研讨会"专辑》　合肥:安徽人民出版社　2007年9月;《古典文献研究辑刊》第25编　第8册　《昭明文选丛考》　新北:花木兰文化出版社　2017年(题目为:国家图书馆藏敦煌新1543《文选·辩亡论》写卷校证)

陆机研究的反思与展望　刘志伟　《中国文选学:第六届文选学国际学术研讨会论文集》　北京:学苑出版社　2007年9月;《中国古典文学与文献学研究》第4辑　北京:学苑出版社　2008年1月

文学模拟的传统和陆机《拟古诗》的再评价　涂光社　《中国文选学:第六届文选学国际学术研讨会论文集》　北京:学苑出版社　2007年9月

陆机、陆云与吴王晏　顾农　《文选论丛》　扬州:广陵书社　2007年9月

陆士衡年谱　刘运好　《陆士衡文集校注》　南京:凤凰出版社　2007年12月

陆机与张华、潘尼、冯文罴的交游　李晓风　南都学坛　2007年第2期

陆机与二十四友　李晓风　河南社会科学　2007年第4期

游戏性与严肃性的统一——论连珠的文体特征与陆机的《演连珠》　李乃龙　广西师范大学学报　2007年第4期

二陆赠答诗中的东南士族　孙明君　北京大学学报　2007年第5期

《诗品》陆机诗“气少于公干”疏证　蔡彦峰　许昌学院学报　2007年第6期

陆机文学创作研究史述略　李秀花　《陆机的文学创作与理论》　济南:齐鲁书社　2008年8月

《赠弟士龙》等诗的写作时间　李秀花　《陆机的文学创作与理论》　济南:齐鲁书社　2008年8月

陆机入洛时间考　李秀花　《陆机的文学创作与理论》　济南:齐鲁书社　2008年8月

《文赋》作于永康元年　李秀花　《陆机的文学创作与理论》　济南:齐鲁书社　2008年8月

陆机文学创作与理论研究状况详述　李秀花　《陆机的文学创作与理论》　济南:齐鲁书社　2008年8月

陆机诗文系年解读三题　顾农　文献　2008年第1期

陆机、陶潜评价的历史变迁　王运熙　东方丛刊　2008年第2期;《中国古代文论管窥》　上海:上海古籍出版社　2012年12月;2014年4月

读陆机的《演连珠》　杨明　中华文史论丛　2008年第2期

陆机入洛后赋作与北方风物　李剑清　河南社会科学　2008年第2期

钟嵘《诗品》评陆机“不贵绮错”文献考辨　蔡锦芳　文献　2008年第2期

试论陆机的诗歌　安海民　青海师范大学民族师范学院学报　2008年第2期

论陆机的吴地情结　刘艳春　乐山师范学院学报　2008年第3期

《为顾彦先赠妇》李注辨证　力之　南京师范大学文学院学报　2008年第3期

咏新曲于故声——改造旧经典、再造新范型的陆机乐府　孙明君　北京大学学报　2008年第3期

陆机《文赋》创作论中的士族意识　孙明君　文学评论　2008年第4期

《文赋》与《文心雕龙》比较研究　戚良德　鲁东大学学报　2008年第5期

论陆机散文的“宏”风格　渠晓云　江西社会科学　2008年第6期

袭古而弥新——陆机“拟古诗”新探　檀晶　鲁东大学学报　2008年第6期

从“赠答诗”看西晋时人对陆机的认同　李剑清　青海师范大学学报　2008年第6期

论陆机《文赋》对刘勰《文心雕龙》的影响　周兴泰　前沿　2008年第10期

陆机入洛与“文章中兴”　钟新果　广西社会科学　2008 年第 12 期

“说炜烨而谲诳”——论刘勰对陆机《文赋》的一个错误批评　李壮鹰　学术月刊　2008 年第 12 期

陆机《拟古诗》与古诗之比较——陆机《拟古诗》创作时间考　马建华　名作欣赏　2008 年第 22 期

曹道衡先生读书丛札(陆机《演连珠》“据图无挥剑之痛”典)　曹道衡　《中国典籍与文化论丛　第 13 辑》　南京:凤凰出版社　2009 年 1 月

《文赋》之“用心”考论　彭玉平　《古代文学理论研究》第 28 辑　上海:华东师范大学出版社　2009 年 6 月

《文赋》撰年钩沉——《文赋》诞生于松江小昆山　徐侠　《〈平复帖〉暨二陆文化学术研讨会论文集》　上海:文汇出版社　2009 年 10 月

说《文选》诗二题(《园葵诗》)　顾农　《扬州文化研究论丛》第 4 辑　扬州:广陵书社　2009 年 12 月

陆机籍贯考　李姝　北京化工大学学报　2009 年第 1 期

论陆机作品风格与吴地文化之关系　刘艳春　唐山学院学报　2009 年第 1 期

《唐钞文选集注》陆机诗注的价值　刘志伟　中国典籍与文化　2009 年第 2 期;《汉魏六朝文史论衡》　上海:上海古籍出版社　2012 年 11 月

论陆机入洛创作中的羁旅情结　张喜贵　学术交流　2009 年第 2 期

由陆机交游看西晋吴地文士的生存状态　刘艳春　苏州教育学院学报　2009年第2期

陆机的模拟策略及其诗学意义　陈恩维　中国韵文学刊　2009年第2期

玄学“言意之辨”与陆机《文赋》的理论建构　蔡彦峰　文艺理论研究　2009年第2期

《文赋》写作年代新断　钟新果　中国韵文学刊　2009年第2期

两晋南朝陆机文学接受论　刘涛　山东师范大学学报　2009年第3期

“太康之英”与“形式主义”代表——论文学史上陆机诗歌的两种不同评价与接受　王丽珍　青海社会科学　2009年第3期

陆机太康事迹考　王林莉　鞍山师范学院学报　2009年第3期

“平吴之利　在获二俊”——张华何以如此激赏陆机　李剑清　宝鸡文理学院学报　2009年第4期

“太康之英”陆机:开创个性化抒情新风气——以《赴洛道中作二首》(其一)为例　徐静　苏州教育学院学报　2009年第4期

陆机与入洛南方文人的交游　李晓风　河南社会科学　2009年第5期

陆机《文赋》在韩国的流传与影响　杨君　文艺理论研究　2009年第6期

陆机《文赋》之文章考(上)(下)[陆机《文赋》の文章について(上)(下)]　福井佳夫　中国中世文学研究　2010年

魏晋文人挽歌的文化考察——以《文选》所收录之陆机《挽歌》三首为考察中心　何维刚　中台学报　人文社会卷　2010年

陆机的君主观与《吊魏武帝文》(陆机の君主观と《吊魏武帝文》)　渡边义浩　大东文化大学汉学会志　2010年

陆机的“封建”论与贵族制(陆机の“封建”论と贵族制)　渡边义浩　日本中国学会报　2010年

陆机《文赋》札记　福井佳夫　中京大学文学部纪要　2010年

《风雅集》真名序之警策考——从陆机《文赋》所受的影响(《风雅集》真名序の警策について——陆机《文赋》からの影响)　中村健史　京都大学国文学论丛　2010年

旧钞本《文选集注》诸注考——以其中所载陆机《答贾长渊》为例　童岭　《中国诗学》第14辑　北京:人民文学出版社　2010年3月

二陆所居之华亭　杨明　《欣然斋笔记》　上海:东方出版中心　2010年5月

陆机重视创新　杨明　《欣然斋笔记》　上海:东方出版中心　2010年5月

陆机《演连珠》的比喻　杨明　《欣然斋笔记》　上海:东方出版中心　2010年5月

西晋时期孙吴旧地士人入洛原因考察——以二陆为中心　翁频　廊坊师范学院学报　2010年第1期

陆机诗歌研究三题　刘运好、赵婧　文学遗产　2010年第1期

论陆机诗学主张与其创作实践的矛盾——以陆机的“诗缘情”说为例　胡吉星　鞍山师范学院学报　2010年第3期

陆机诗歌绮靡风格及其成因探究　胡吉星　重庆三峡学院学报　2010年第4期

简析陆机《文赋》的文学思想　胡吉星　新余高专学报　2010年第4期

陆机籍贯与行迹考论　刘运好　南京师大学报　2010年第4期

论陆机作品的吴地特色　刘艳春　怀化学院学报　2010年第6期

论陆机赋　刘运好　安徽师范大学学报　2010年第6期

陆机《文赋》中创作对“意、物、文”三者关系的探讨　余跃　文学界(理论版)　2010年第12期

陆机乐府诗探源　马荣江　前沿　2010年第20期

《文选》缪袭、陆机挽歌诗中的死亡意象——《文选》挽歌诗死亡意象论析之一　陈远洋　山花　2010年第20期

“诗缘情”与《文选·文赋》写作年代新证　胡大雷　《中古赋学研究》　桂林:广西师范大学出版社　2011年6月

陆机初次入洛时间新探　王林莉　长沙大学学报　2011年第1期

论乐府古题《豫章行》及其流变　吴大顺、吴昀珊　湖南人文科技学院学报　2011年第2期

说陆机《招隐诗》　顾农　中国典籍与文化　2011年第3期

近三十年陆机研究及未来研究方向　刘宝丽　山西煤炭管理干部学院学报　2011年第3期

陆机《演连珠》中的音乐美学思想——陆机音乐美学思想系

列研究之三　刘亚男　内江师范学院学报　2011年第3期

建构·阐释·考虑——以20世纪陆机文学思想的阐释性话语为例　李剑清　河南社会科学　2011年第3期

从《辩亡论》看陆机拟古中的创新倾向　杨朝蕾　武汉科技大学学报　2011年第3期

陆机悲剧原因探析　任海滨、孙睿智　盐城工学院学报　2011年第3期

陆机作品用韵考　安牧阳　广西民族师范学院学报　2011年第4期

变奏与讹韵——陆机"繁缛"诗风新论　黄卓颖、肖爱华　中国韵文学刊　2011年第4期

陆机初入洛及初仕晋行迹考　刘岩岩、何尊沛　绥化学院学报　2011年第4期

谈《文赋》"以乐论文"的审美价值　冯云琪　龙岩学院学报　2011年第4期

陆机还乡及其相关作品　顾农　文学遗产　2011年第5期

陆机生平考辨二则　李晓敏　中北大学学报　2012年第1期

论陆机《拟古诗》《赴洛道中作》等五言诗的写作时间　木斋、尚雪红　求是学刊　2012年第3期

玄言诗赋的先行者:陆机　顾农　清华大学学报　2012年第3期

"二陆"的悲情与创作　刘跃进　北京联合大学学报　2012年第3期

陆机太康元年被俘入洛说考辨　李晓敏　船山学刊　2012年

第 4 期

陆机《与弟云诗》及其太康元年行迹考辨　李晓敏　华中师范大学研究生学报　2012 年第 4 期

陆机生平、作品考证三题　杨明　第二届江南文化论坛——江南都市与中国文学　2013 年

陆机初仕西晋考辨　李晓敏　商丘师范学院学报　2013 年第 1 期

远游越山川——论陆机对阮籍的继承　戴燕　文史　2013 年第 1 期;《远游越山川:魏晋南北朝文学史研究论集》　上海:复旦大学出版社　2017 年 10 月

陆机《赴洛道中作》之系年——兼论古代文学作品的研究方法问题　黎臻　中国文化研究　2013 年第 3 期

二陆年谱汇考　刘运好　《中古作家年谱汇考辑要》　西安:世界图书西安出版公司　2014 年 6 月

论颜延之赠答诗及其对陆机诗歌之继承与发展　黄水云　《〈文选〉与中国文学传统:第九届〈文选〉学国际学术研讨会论文集》　北京:中华书局　2014 年 8 月

生新抑或生造——论颜延之新鲜语汇在后世的接受　曲景毅　《〈文选〉与中国文学传统:第九届〈文选〉学国际学术研讨会论文集》　北京:中华书局　2014 年 8 月

21 世纪陆机生平研究疏理　王林莉　职大学报　2014 年第 1 期

“华亭鹤唳”与《拟古诗》(十二首)　李剑清　宝鸡文理学院学报　2014 年第 2 期

读《文选》笔记二则(陆机、谢灵运) 顾农 文心学林 2014年第2期

陆机《文赋》几个问题的理解 卢盛江、杨宝珠 吉林师范大学学报 2014年第3期

陆机生平、作品考证四则 杨明 学术界 2014年第3期

“二十四友”考述——兼从《为贾谧作赠陆机十一章》看潘岳和陆机的关系 丁婧 湖南人文科技学院学报 2015年第6期

陆机《文赋》的抄本及译本考述 黎思文 现代语文(学术综合版) 2015年第10期

陆机年表 杨明 《陆机集校笺》 上海:上海古籍出版社 2016年7月

陆机《文赋》以赋名篇原因考 黄紫 文化学刊 2016年第9期

述先士之盛藻,论作文之利害——读陆机《文赋》 刘跃进 文史知识 2016年第10期

“太康之英”:陆机考论 姜剑云 《文史索隐——晋唐文学杂考》 北京:人民出版社 2017年7月

索靖、陆机交往考 戴燕 《远游越山川:魏晋南北朝文学史研究论集》 上海:复旦大学出版社 2017年10月

从吴郡到洛阳——论西晋统一王朝中的陆机、陆云 戴燕 《远游越山川:魏晋南北朝文学史研究论集》 上海:复旦大学出版社 2017年10月

陆机的籍贯 穆克宏 文心学林 2017年第2期

陆机乐府诗注议 杨明 吉林大学社会科学学报 2017年第

3期

《文心雕龙》与《文选》对陆机作品评价的比较　周娜　名作欣赏　2017年第3期

陆机《答贾长渊》的思想倾向及其文化意义　宋展云　古典文学知识　2017年第4期

浅论陆机乐府诗的艺术新创——以《文选》收录作品为例　刘恒　青年文学家　2017年第4期

《文选》所载陆机诗六臣注议　杨明　厦大中文学报　2017年辑刊

吊文的"托兴"抒怀——以《文选》陆机《吊魏武帝文》为视角　张铁慧　《文选学研究》第1辑　北京:中华书局　2018年2月

读《文选》陆机诗札记　顾农　《扬州文化研究论丛》第21辑　扬州:广陵书社　2018年6月

论《文选》对陆机诗歌的选录　陈璐　宁波大学学报　2018年第2期

江淹(江文通)

《文选》收录篇目:

《恨赋》《别赋》《从建平王登庐山香炉峰》《望荆山》《杂体诗》三十首、《诣建平王上书》

著作

江淹年谱　吴丕绩　上海:商务印书馆　1938年7月

江淹生平及其赋之研究　段铮　台北:撰者自印(油印本)　1982年

江文通集汇注 李长路、赵威 北京:中华书局 1984年4月;2006年3月;2017年9月

江淹集校注 俞绍初、张亚新 郑州:中州古籍出版社 1994年9月

江淹及其作品研究 萧合姿 台北:文津出版社 2000年3月

江淹集逐字索引 刘殿爵、陈方正、何志华 香港:香港中文大学出版社 2001年

江淹年谱 丁福林 南京:凤凰出版社 2007年12月

江淹文学创作研究 王大恒 北京:中国社会科学出版社 2013年9月

自我之模拟:江淹与中国诗学 魏宁(Williams, Nicholas Morrow) Leiden:Brill 2015年

江文通集校注 丁福林、杨胜朋 上海:上海古籍出版社 2017年12月

论文

江文通的文艺 甘蛰仙 晨报副镌 1922年12月21—30日;《文选学研究》 北京:国家图书馆出版社 2010年11月

江淹年谱(吴丕续编) 敬 国书季刊 1939年第1卷第2期;《文选学研究》 北京:国家图书馆出版社 2010年11月

江淹及其作品 曹道衡 光明日报 1961年3月19日;《中古文学史论文集》 北京:中华书局 1986年7月;《曹道衡文集》卷一 郑州:中州古籍出版社 2018年4月

"江郎才尽"考 于十一 文汇报 1962年7月22日

试论江文通的《恨赋》和《别赋》　乔正康　扬州师院学报　1962年第16期

《文选·别赋》李注补正　胡楚生　南洋大学学报　1967年第1期;《荷马笔下的伦理》　北京:华夏出版社　2010年4月

江淹的赋(江淹の赋)　丰福健二　中国中世文学研究(7)　1968年

有关《恨赋》产生的基础(恨みの赋の基盘)　藤原尚　支那研究(34)　1969年

江郎两赋(江淹)　杜若　合肥月刊　1974年4月第15卷第4期

江淹的挫折——围绕左迁建安吴兴令(江淹の挫折——建安吴兴の令左迁をめぐって)　大上正美　东京工业高等门学校研究报告书六　1975年

江文通《杂体诗》三十首(江文通《杂体诗》三十首について)　森博行　中国文学报　1977年

全梁文卷三三　钱锺书　《管锥编》第四册　北京:中华书局　1979年8月

全梁文卷三八　钱锺书　《管锥编》第四册　北京:中华书局　1979年8月

读江淹《别赋》《恨赋》——兼评南北朝文学的"形式主义"　吴干兑、刘修明　社会科学　1979年第2期

江郎何以才尽　宁远　文学思潮(7)　1980年

论江淹诗歌的几个问题　曹道衡　《文学遗产增刊》第14辑　1982年;《中古文学史论文集》　北京:中华书局　1986年7月;《曹

道衡文集》卷一 郑州:中州古籍出版社 2018年4月

江淹(评传) 曹道衡 《中国历代著名文学家评传》第一卷 济南:山东教育出版社 1983年5月

以五色之笔 绘碧水丹山——江淹入闽之作考论 陈庆元 集美师专学报 1983年第1期

江淹的拟古诗及其他 曹道衡 《中国古典文学论丛》第1辑 北京:人民文学出版社 1984年12月

江淹故里小考 杨惠民、王冠群 中州今古 1984年第2期

危惧的悲呻——江淹《望荆山》的情思探索 胡国瑞 《汉魏六朝诗歌赏集》 北京:人民文学出版社 1985年7月

江淹作品写作年代考 曹道衡 《艺文志》第3辑 太原:山西人民出版社 1985年11月;《中古文学史论文集续编》 台北:文津出版社 1994年7月;《汉魏六朝文学论文集》 桂林:广西师范大学出版社 1999年9月;《中古文学史论文集续编》 北京:中华书局 2011年9月;《曹道衡文集》卷三 郑州:中州古籍出版社 2018年4月

释"三五"(江淹《诣建平王上书》) 曹道衡 《艺文志》第3辑 太原:山西人民出版社 1985年11月;《中古文学史论文集续编》 台北:文津出版社 1994年7月

江淹"筋力于王微、成就于谢朓"辨 陈庆元 文学遗产 1985年第4期;《中古文学论稿》 天津:天津人民出版社 1992年2月

江淹仿真作品考 神田慎治 中国语文志(京都产业大学外国语学部中国语文研究会) 1986年

江淹、沈约和南齐诗风 曹道衡 河北师院学报 1986年第2

期;《中古文学史论文集续编》 台北:文津出版社 1994年7月;《汉魏六朝文学论文集》 桂林:广西师范大学出版社 1999年9月;《曹道衡文集》卷三 郑州:中州古籍出版社 2018年4月

“江淹才尽”说之我见 汤亚平 湘潭大学学报(语言文学论集) 1987年

论江淹《杂体诗》及其序 倪钟鸣 深圳大学学报 1987年第3期

江淹诗文系年考辨 丁福林 河南师范大学学报 1987年第3期

关于江淹评价的几个问题 昕文 贵阳师专学报 1989年第1期

江淹《别赋》《恨赋》论析 何沛雄 《汉魏六朝赋论集》 台北:联经出版事业公司 1990年4月

江淹诗文系年杂考 丁福林 镇江师专学报 1990年第1期

江郎才尽与永明文风的关系 周锋 学术研究 1990年第3期

论江淹《诣建平王上书》(江淹诣建平王上书について) 福井佳夫 中国诗文论丛(中国诗文研究会) 1991年

简论江淹的《杂体诗》三十首 宋弄 安徽教育学院学报 1991年第2期

江淹拟古诗别议 张亚新 辽宁大学学报 1991年第2期

鲍照和江淹 曹道衡 齐鲁学刊 1991年第6期;《中古文学史论文集续编》 台北:文津出版社 1994年7月

江文通《杂体诗三十首》与萧统的文学批评 陈复兴 《文选

学论集》　长春:时代文艺出版社　1992年6月;《文选学散论》　长春:吉林人民出版社　2004年9月

读《文选》札记　曹道衡、沈玉成　《文选学论集》　长春:时代文艺出版社　1992年6月;《中古文学史料丛考》　北京:中华书局　2003年7月(题目为:江淹《望荆山诗》);《沈玉成文存》　北京:中华书局　2006年6月

江淹著述又考　丁福林　扬州师院学报　1992年第1期

读《文选》江淹诗文拾琐　俞绍初　郑州大学学报　1993年第1期;《中外学者文选学论集》(上)　北京:中华书局　1998年8月

江淹诗文系年考辨　母美春　南京师大学报　1993年第3期

江淹年谱　俞绍初　《江淹集校注》　郑州:中州古籍出版社　1994年9月;《中国古籍研究》第1卷　上海:上海古籍出版社　1996年11月;《六朝作家年谱辑要》　哈尔滨:黑龙江教育出版社　1999年1月

江淹事迹新证　丁福林　扬州师院学报　1994年第3期

读《江淹集校注》　曹道衡　古典文学知识　1995年第6期

江淹《杂拟》三十首反映的文类学　游志诚　《昭明文选学术论考》　台北:台湾学生书局　1996年3月

江淹《杂体诗三十首》新探　叶幼明、颜建华　中国韵文学刊　1996年第1期

钟嵘《诗品》江淹条订误——兼谈顾农《萧统〈文选〉与钟嵘〈诗品〉》引证中的问题　刘晟　青海师专学报　1996年第4期

江淹"筋力于王微　成就于谢朓"再辨——与陈庆元先生商榷　樊荣　《古代文学论稿》　海口:海南出版社　1998年;新乡师

范高等专科学校学报　1999年第1期

论钟嵘《诗品》对江淹诗歌的评价　谢文学　中州学刊　1998年第1期

王俭、钟嵘与江淹关系考　樊荣　新乡师专学报　1998年第4期

略论江淹恨、别二赋之声律　韦金满　《古典文学论丛》　高雄:复文图书出版社　1999年1月

“江郎才尽”新解——读江淹《恨赋》《别赋》　莫砺锋　《辞赋文学论集》　南京:江苏教育出版社　1999年12月

江淹:古代写作史的千年疑案　刘智明　衡阳师专学报　1999年第2期

六朝文人传——江淹(《梁书》)　森野繁夫、先坊幸子　中国中世文学研究(37)　2000年1月

“江郎才尽”考　俞铭璜　《真话的空间:杂文卷》　北京:大众文艺出版社　2000年5月

“江郎才尽”辨析　李文初　《汉魏六朝文学研究》　广州:广东人民出版社　2000年6月

“江郎才尽”辨析　梁惠　焦作工学院学报　2000年第1期

江淹“才尽”之梦解析　顾农　山东师范大学学报　2000年第1期

诗体总杂　善于摹拟——关于江淹的拟诗与其文学观念　刘则鸣　内蒙古社会科学(汉文版)　2000年第5期

论江淹摹拟之作的两大类别　胡大雷　首都师范大学学报　2000年第5期

江淹诗之叙景表现考——以其色彩为中心(江淹诗の叙景表现について—その色彩を中心として) 黑田真美子 お茶の水女子大学中国文学会报 2001年

六朝的文人——江淹与任昉 森野繁夫 国语国文论集(31) 2001年1月

20世纪最后二十年江淹研究综述 徐正英、阮素雯 中国文化研究 2001年第2期;《先唐文学与文学思想考论》 上海:上海古籍出版社 2005年3月

"江郎才尽"考辨 周唯一 衡阳师范学院学报 2001年第2期

江淹诗论说 颜建华 贵阳师范高等专科学校学报 2002年第3期

江淹的诗文辞赋论 王增斌 商丘师范学院学报 2002年第4期

江淹事迹诗文系年补正 陈春保 阜阳师范学院学报 2002年第6期

萧山江淹故居 曹道衡、沈玉成 《中古文学史料丛考》 北京:中华书局 2003年7月

江淹贬建安吴兴令原因 曹道衡、沈玉成 《中古文学史料丛考》 北京:中华书局 2003年7月

江淹为中书侍郎时间 曹道衡、沈玉成 《中古文学史料丛考》 北京:中华书局 2003年7月

江淹《恨赋》、《别赋》创作年代 曹道衡、沈玉成 《中古文学史料丛考》 北京:中华书局 2003年7月

江淹诗赋学鲍照　曹道衡、沈玉成　《中古文学史料丛考》　北京:中华书局　2003 年 7 月

江淹永明中仕历　曹道衡、沈玉成　《中古文学史料丛考》　北京:中华书局　2003 年 7 月

谢朓、江淹为宣城太守时间　曹道衡、沈玉成　《中古文学史料丛考》　北京:中华书局　2003 年 7 月

沈约、江淹与陶渊明　刘中文　北方论丛　2003 年第 1 期

试论江淹《杂体诗三十首》及其序对钟嵘的影响　孙津华　平顶山师专学报　2003 年第 1 期

边缘化的江淹——江淹“才尽”原因新探　崔军红、侯冬梅　盐城师范学院学报　2003 年第 2 期

江淹“才尽”说新解　陈涛　贵州社会科学　2004 年第 1 期；古典文学知识　2004 年第 4 期

江淹拟古诗新辨　于浴贤　漳州师范学院学报　2004 年第 2 期

论江淹《杂体诗三十首》及其序　茹燕玲　平原大学学报　2004 年第 2 期

浅析江淹《杂体诗三十首》　刘涛　大连教育学院学报　2004 年第 2 期

论江淹以五经授始安王及为新安王从事、奉朝请始末　丁福林　南京师大文学院学报　2004 年第 4 期

论江淹青年时期历仕刘宋诸王之时间及始末　丁福林　南京师范大学文学院学报　2004 年第 4 期

论江淹的《杂体诗三十首》并序　刘良政　《安徽文学论文集》

2005 年

近十年江淹研究综述 屠青 中州学刊 2005 年第 1 期

江淹《杂体诗三十首》与钟嵘《诗品》关系考辨 王丰先 甘肃高师学报 2005 年第 3 期

江淹"才尽"时间考辨 崔军红 南阳师范学院学报 2005 年第 5 期

《望荆山》诗所反映的江淹生平仕履问题 丁福林 文学遗产 2006 年第 2 期

"江郎才尽"新考 陈亮 南通大学学报 2006 年第 3 期

江淹《杂体诗三十首》新论 母美春 南京师范大学文学院学报 2006 年第 3 期

再论江淹几首诗歌的写作时间 丁福林 文史 2006 年第 3 期;《半室斋文学论稿》 南京:凤凰出版社 2014 年 11 月

试论江淹的诗学思想 梁晓霞 阜阳师范学院学报 2006 年第 4 期

江淹思想略论 陆岩军 重庆邮电学院学报 2006 年第 5 期

《文选·诗》杂拟类刍议——以江淹《杂体诗三十首》为例 侯素芳 许昌学院学报 2006 年第 6 期

江淹与建平王刘景素 顾农 《文选论丛》 扬州:广陵书社 2007 年 9 月

杰出的政治家和文学家江淹(上) 丁福林 古典文学知识 2007 年第 3 期

杰出的政治家和文学家江淹(下) 丁福林 古典文学知识 2007 年第 4 期

江淹文集版本源流考　郑虹霓　古籍整理研究学刊　2007年第6期

江淹《杂体诗三十首》的文学史学价值　王丰先　兰州学刊　2007年第6期

江淹的仕宦及其创作观考辨——"才尽"说探义　李锡镇　文与哲　2007年第10期

江淹的心路历程　侯艳霞　《中国古典文学与文献学研究》第4辑　北京:学苑出版社　2008年1月

江淹生平性格及创作互动探略　陆岩军　《中国学研究》第11辑　济南:济南出版社　2008年6月

试论《楚辞》对江淹文学创作的影响　刘占召　许昌学院学报　2008年第1期

江淹《杂体诗》中的曹丕(江淹《杂体诗》の曹丕)　稀代麻也子　文艺言语研究文艺篇　2009年

江淹《杂体诗》中的陶渊明(江淹《杂体诗》の陶渊明)　稀代麻也子　筑波中国文化论丛　2009年

论江淹几篇文章的写作时间　丁福林　盐城师范学院学报　2009年第1期;《半室斋文学论稿》　南京:凤凰出版社　2014年11月

千古流传"江鲍体"——江淹对鲍照的接受及其贡献　罗春兰、张洁　江西社会科学　2009年第12期

三十个角色与一个演员——从《杂体诗三十首》看江淹的艺术"本色"　程章灿　中山大学学报　2010年第1期

江淹"筋力于王微　成就于谢朓"辨——论江淹整合汉魏古

风与晋宋山水诗风的功绩　王晓萌　临沂师范学院学报　2010年第1期

“江郎才尽”新解　胡大雷　广西师范学院学报　2010年第2期

江淹“杂拟诗”的辨体观念和诗史意义——兼论两晋南朝五言诗中的“拟古”和“古意”　葛晓音　晋阳学刊　2010年第4期；《先秦汉魏六朝诗歌体式研究》　北京：北京大学出版社　2012年4月

江淹拟诗探论　张晨　文学评论　2011年第1期

江淹拟诗研究综述——以《杂体三十首》并序为主　赵熙　中国诗歌研究动态　2012年第2期

从江淹《杂体诗三十首》对原作的因革看南朝诗学观念的变迁　郭晨光　内蒙古大学学报　2013年第6期

钟嵘《诗品》“江淹”条疏证　穆克宏　《第十届文选学国际学术研讨会论文集》　郑州：河南大学出版社　2014年8月

论江淹复入宋建平王刘景素幕之时间、过程及其后期的仕途沉浮　丁福林　《半室斋文学论稿》　南京：凤凰出版社　2014年11月

“筋力于王微成就于谢朓”众说平议　穆克宏　文学遗产　2014年第1期

江淹《别赋》《恨赋》写作时间及本事新证　张海明　北京师范大学学报　2014年第2期

江淹《恨赋》别解　张海明　中国文学研究　2014年第3期

“江郎才尽”的新解读　南开学报　2014年第5期

江淹《别赋》注释质疑四则　武海敬　名作欣赏　2016年第3期

江淹《望荆山》创作时地考　陆路　文史哲　2016年第6期

江淹《别赋》笺证　邱光华　重庆师范大学学报　2017年第2期

论江淹赋作中的文学审美观念——兼论中国文学理论批评对象的学科定位　袁济喜、迟文颖　学术研究　2017年第10期

江淹《别赋》《恨赋》新论　邵春驹　湖州师范学院学报　2017年第11期

论江淹《杂体诗三十首并序》的文体学意义　陈力士　中国诗歌研究　2018年第1期

《文选集注》中江淹杂体诗的研究价值——兼论先唐文本的研究方法　宋展云　上海大学学报　2018年第3期

江淹集成书及版本考论　刘明　许昌学院学报　2018年第7期

泛论江淹《杂体诗三十首》中体现的《文选》"杂拟"类特点　刘霁瑶　文教资料　2018年第9期

王褒（王子渊）

《文选》收录篇目：

《洞箫赋》《圣主得贤臣颂》《四子讲德论》

著作

王褒集校注　牛贵琥　北京：新华出版社　1993年

王褒集考译　王洪林　成都:巴蜀书社　1998年6月

蜀中汉赋三大家　万光治　成都:巴蜀书社　2004年8月

论文

王褒生卒年考(王褒の生卒年について)　沼口胜　汉文学会会报(22)(东京教育大学)　1963年

王褒传记与文学(王褒の传纪と文学)　清水凯夫　立命馆文学　1975年;《六朝文学论文集》　重庆:重庆出版社　1989年5月

王褒辞赋用韵考　简宗梧　中华学苑　1976年第17期

全汉文卷四二　钱锺书　《管锥编》第三册　北京:中华书局　1979年8月

关于王褒的生卒年问题　曹道衡　文学遗产　1982年第1期;《中古文学史论文集》　北京:中华书局　1986年7月;《曹道衡文集》卷一　郑州:中州古籍出版社　2018年4月

试论西汉王褒　金国永　社会科学研究　1986年第4期

《洞箫赋》研究　白乘锡　中国语文学　1986年第12辑

王褒生卒年小考　陈洪　徐州师范学院学报　1989年第2期

风骨学于诸子、华实化于骚赋——王褒赋简论　秦彦士　天府新论　1989年第6期;《辞赋研究》　北京:商务印书馆　2006年11月

王褒卒年考　牛贵琥　山西大学学报　1990年第4期

《四子讲德论》之体类探索　白承锡　《文选学论集》　长春:时代文艺出版社　1992年6月

论王褒赋的特点及贡献　徐宗文　社会科学战线　1993年第

3期

王褒论略 牛贵琥 山西大学学报 1993年第3期

从《文选》所录王褒作品看他的美学思想 陈复兴、景献力 《文选学新论》 郑州:中州古籍出版社 1997年10月

《文选·王褒〈洞箫赋〉》札记 王华宝 文教资料 1998年第3期

王褒年谱 牛贵琥 《文献研究》第1辑 北京:北京图书馆出版社 1999年6月

王褒卒年及部分作品写作年代考 牛贵琥 文献 1999年第2期

王褒《四子讲德论》考(王褒《四子讲德论》について) 上原尉畅 东北大学中国语学文学论集(6·7合集) 2002年

汉巴蜀赋家三题 贾卉 长春大学学报 2002年第4期;绥化师专学报 2003年第1期

王褒《四子讲德论》之探讨 白承锡 辽东学院学报 2004年第6期

《洞箫赋》《长笛赋》对两汉乐论的新突破 徐华 中国历史文献研究会第26届年会论文集 2005年

王褒卒年考辨 曾祥旭 船山学刊 2005年第2期

王褒卒年新考 胡春润 石河子大学学报 2006年第1期

前汉文人终军、王褒行年新考 石观海、胡春润 长江学术 2006年第3期

六朝文人传——《周书》王褒传 森野繁夫 中国中世文学研究(53) 2008年

王褒卒年及籍贯考论　顾国柱、丁玉娜　南都学坛　2009 年第 5 期

《文选》所录《子虚赋》《上林赋》及《洞箫赋》创作时间新考——兼考王褒卒年　韩晖　广西师范大学学报　2009 年第 6 期

刘安、王褒生卒年考　姜书阁　《文史说林百一集正续编》上　杭州:浙江大学出版社　2010 年 4 月

《洞箫赋》与《长笛赋》文艺思想研究　许志刚、杨允　文学评论　2010 年第 2 期

王褒《甘泉赋》、《洞箫赋》作年考　彭春艳　安徽文学(下半月)　2013 年第 1 期

关于王褒生平思想几个问题的考辨　赵静　文艺评论　2013 年第 6 期

王褒生平及作品考　李昊　国学　2014 年

王褒卒年与何武生年　王瑰　成都大学学报　2014 年第 6 期

论王褒的创作及其心态　刘跃进、彭燕　社会科学战线　2015 年第 7 期

王褒《圣主得贤臣颂》考　上原尉畅　集刊东洋学(115)　2016 年

萧统把《圣主得贤臣颂》归为“颂”体的考论　王雅婷、董宏钰　长春师范大学学报　2017 年第 3 期

赋之音乐效果英译研究——以康达维《文选 · 洞箫赋》为例　阮诗芸、姚斌　国际汉学　2018 年第 1 期

规范体式　由诗入文——王褒《圣主得贤臣颂》的文体学意义　杨化坤　扬州文化研究论丛　2018 年第 2 期

傅毅(傅武仲)

《文选》收录篇目:

《舞赋》

论文

论傅毅《舞赋》对音乐美学理论的贡献——读《赋史》札记之二　叶幼明　中国韵文学刊　1988年

傅毅生卒年试测　曹道衡、沈玉成　《中古文学史料丛考》　北京:中华书局　2003年7月

《舞赋》为傅毅所作申证　范春义　文学遗产　2010年第2期

"七"体创作的二百年沉寂与傅毅的写作模式　孙科镂　求是学刊　2010年第6期

傅毅诸赋创作时间考　金前文　传奇·传记文学选刊(理论研究)　2010年第8期

傅毅《舞赋》"增衍说"驳证　范春义　文艺研究　2010年第9期

《文选》所录《舞赋》系宋玉所作考论　江柳　湖北大学学报　2011年第5期

后汉·傅毅《舞赋》初探　宫内克浩　国学院中国学会报(60)　2014年

马融(马季长)

《文选》收录篇目:

《长笛赋》

著作

后汉马季长先生融年谱　陈邦福　台北:台湾“商务印书馆”1980年

论文

马季长年谱　陈邦福　国粹学报　1911年第7卷第8期

全后汉文卷一八　钱锺书　《管锥编》第三册　北京:中华书局1979年8月

《洞箫赋》《长笛赋》对两汉乐论的新突破　徐华　中国历史文献研究会第26届年会论文集　2005年

《长笛赋》“哀姜”考辨　李成荣　长春师范学院学报　2005年第3期

马融的学行及其在经学史上的地位　李俊岭、王成略　理论学刊　2007年第2期

马融作品研究　吴桂美　长江大学学报　2008年第1期

马融学行考论　李峻岭　中共济南市委党校学报　2009年第2期

《洞箫赋》与《长笛赋》文艺思想研究　许志刚、杨允　文学评论　2010年第2期

马融文章考　易闻晓　古籍整理研究学刊　2011年第6期

马融诸赋创作时间考　金前文　传奇·传记文学选刊(理论研究)　2012年第3期

马融学行污点辨正　赵均强　渭南师范学院学报　2014年第

2期

马融学行考辨　王叶迟　文学教育　（上）　2014年第8期

马融所赋"长笛"考　王峥　文艺评论　2014年第10期

《后汉书·马融传》考辨　吴从祥、郭蕾　咸阳师范学院学报　2016年第3期

嵇康(嵇叔夜)

《文选》收录篇目：

《琴赋》《幽愤诗》《赠秀才入军》五首、《杂诗》《与山巨源绝交书》《养生论》

著作

嵇中散集　上海:商务印书馆　1937年12月;1940年12月

嵇康集　鲁迅　鲁迅先生纪念委员会出版　1947年10月;香港:新艺出版社　1970年10月

嵇康集校注　戴明扬　北京:人民文学出版社　1962年7月;台北:河洛图书出版社　1978年;北京:中华书局　2014年3月;2016年10月

嵇康集"诗"索引　松浦崇　京都:汇文堂　1975年

嵇康年谱　庄万寿　台北:三民书局　1981年

嵇康集"文章"索引　松浦崇　福冈:中国书店　1981年

阮籍嵇康　白化文、许德楠　北京:中华书局　1983年1月

阮籍与嵇康　徐公持　上海:上海古籍出版社　1986年5月;台北:国文天地杂志社　1991年7月

嵇康集注　殷翔、郭全芝　合肥:黄山书社　1986 年 12 月

嵇康集译注　夏明钊　哈尔滨:黑龙江人民出版社　1987 年 1 月

嵇康研究及年谱　庄万寿　台北:学生书局　1990 年

嵇康评传　王晓毅　南宁:广西教育出版社　1994 年 8 月

嵇康美学　张节末　杭州:浙江人民出版社　1994 年 12 月

嵇康音乐美学思想探究　张蕙慧　台北:文津出版社　1997 年 4 月

历史的嵇康与玄学的嵇康:从玄学史看嵇康思想的两个侧面　谢大宁　台北:文史哲出版社　1997 年 12 月

阮籍·嵇康　陈庆元　沈阳:春风文艺出版社　1999 年 1 月

龙性难驯:嵇康传　陈庆元、林女超　北京:东方出版社　1999 年 7 月

阮籍、嵇康的文学(阮籍·嵇康の文学)　大上正美　东京:创文社　2000 年

竹林玄学的典范:嵇康　曾春海　台北:万卷楼图书有限公司 2000 年

嵇康论　皮元珍　长沙:湖南人民出版社　2000 年 3 月

广陵余响:论嵇康之死与魏晋社会风气之演变及文学之关系 牛贵琥　北京:学苑出版社　2004 年 7 月;2006 年 11 月

竹林嵇康　宋金鼎　郑州:中州古籍出版社　2005 年

嵇康评传　童强　南京:南京大学出版社　2006 年 4 月;2007 年 10 月;2011 年 4 月

文化视野中的嵇康、郭璞研究　赵玉霞　延吉:延边人民出版

社　2007年12月

稽康研究　萧登福　新北:花木兰文化出版社　2008年9月

嵇康的精神世界　曾春海　郑州:中州古籍出版社　2009年5月

嵇康　张波　昆明:云南教育出版社　2009年10月;西安:陕西师范大学出版社　2017年1月

嵇康美学思想述评　卢政　北京:中国社会科学出版社　2011年11月

魏晋名士嵇康　李岫泉　北京:中国书籍出版社　2014年10月

"无"与"空":以嵇康与大乘佛教的音乐观为讨论中心　韩文杰　新北:花木兰文化出版社　2015年3月

走向嵇康——从情之有无到气通内外　吴冠宏　台北:台湾大学出版中心　2015年9月

竹林悲风:嵇康传　陈书良　北京:作家出版社　2018年9月

论文

述阮籍嵇康的思想　容肇祖　史语所周刊　1928年第3期

大文学家嵇叔夜年谱　刘汝林　益世报国学周刊　1929年12月7—15日

《嵇康集》校记　叶渭清　北平图书馆馆刊　1930年4月—1935年12月第4卷第2、5期、第5卷第4期、第9卷第6期;《文选学研究》　北京:国家图书馆出版社　2010年11月

冷酷的名士——论嵇康之为人及向秀凭吊嵇康之《思旧赋》

等　董郁青　天津益世报　1937年1月

嵇中散之《琴赋》序　董郁青　天津益世报　1937年1月14—15日

嵇康集序　鲁迅　华美　1938年4月第1卷第1期;《文选学研究》　北京:国家图书馆出版社　2010年11月

跋《嵇康集》第一卷诗　逯钦立　中央图书馆馆刊　1947年9月第1卷第3期;《文选学研究》　北京:国家图书馆出版社　2010年11月

嵇康集考　鲁迅　历史研究　1954年第2期

嵇康研究(上下)　黄振民　大陆杂志　1959年

如何评价嵇康　罗国贤　文汇报　1959年3月28日

也谈如何评价嵇康　马圣贵、姚国华　文汇报　1959年4月17日

论嵇康　霍松林　人文杂志　1959年第3期

关于嵇康的评价　高海夫　人文杂志　1959年第3期

试论嵇康　何世华　人文杂志　1959年第4期

论嵇康　万绳楠　安徽日报　1960年8月4日

嵇康诗小论　兴膳宏　中国文学报(15)　1961年

嵇康的飞翔　兴膳宏　中国文学报(16)　1962年;彭恩华译《六朝文学论稿》　长沙:岳麓书社　1986年6月

阮籍与嵇康　凯风　华侨日报　1962年2月28日

嵇康事迹　戴明扬　《嵇康集校注》　北京:人民文学出版社　1962年7月;北京:中华书局　2014年4月;2016年10月

"不虑不营"是指"自然"吗?——《论嵇康》一文质疑　蒋立

甫　安徽日报　1962年8月18日

魏晋时代的文坛巨匠——嵇康与阮籍　余菴　华侨日报　1962年12月14日

嵇康“论”的思想(嵇康の论の思想)　西顺藏　东洋学集刊(东北大学)　1963年

嵇康思想及其诗文的特色　郭维森　南京大学学报　1963年第2期

嵇康先世及家族考述　庄万寿　师大学报　1970年第26期

嵇康“论”的相关考察(嵇康の“论”に关する考察)　加贺荣治　语学文学　1971年

嵇康与向秀的养生论争(养生论をめぐる嵇康と向秀との论难)　平木康平　《中国哲学史的前瞻与摸索》　东京:创文社　1976年

全三国文卷四七　钱锺书　《管锥编》第三册　北京:中华书局　1979年8月

全三国文卷四八　钱锺书　《管锥编》第三册　北京:中华书局　1979年8月

嵇康为什么被杀　振甫　《学林漫录》初集　北京:中华书局　1980年6月

嵇康及其《幽愤诗》　林宏作　阪南论集(人文·自然科学)　1981年

关于嵇康的《琴赋》(嵇康の《琴赋》について)　松浦崇　福冈大学人文论丛　1981年

嵇康与吕安事件　松元幸男　立命馆文学(430、431、432)

1981 年 6 月

嵇康集人名索引　松浦崇　福冈大学人文论丛　1983 年

阮籍、嵇康年表　白化文、许德楠　《阮籍嵇康》　北京：中华书局　1983 年 1 月

试谈嵇康《幽愤诗》的思想倾向　赵乃增　《文学论集》第 6 辑　北京：中国人民大学出版社　1983 年 3 月

嵇康（评传）　郭维森　《中国历代著名文学家评传》第一卷　济南：山东教育出版社　1983 年 5 月

嵇康究竟为何被杀　龚斌　华东师大学报　1983 年第 3 期

嵇康《与山巨源绝交书》创作年代与嵇康刑死年代考证（嵇康《与山巨源绝交书》作年代及び嵇康刑死年代の考证）　久保卓哉　宇部工业高等专门学校研究报告　1984 年

嵇康与兼好——中国与日本的隐逸（嵇康と兼好——中国と日本の隐逸）　堀池信夫　筑波大学哲学思想学系・哲学思想论集　1984 年

阮籍・嵇康和长明・兼好——人际关系、主要以友人之间的用语为中心（阮籍・嵇康と长明・兼好——人间关系、主として友の语を中心として）　户沼市子　お茶の水女子大学中国文学会报　1984 年

嵇康被杀之我见　郑学弢　读书　1984 年第 1 期

嵇康的政治态度和他的作品　顾农　西南师范大学学报　1984 年第 4 期

嵇康是安徽涡阳县人　席广辉　艺谭　1984 年第 4 期

论嵇康和阮籍的放达　徐斌　兰州学刊　1984 年第 6 期

嵇康诗论札记(1):关于《幽愤诗》的解释　亀山朗　武库川国文(25)　1985年3月

关于嵇康的赠答诗(上下)　松元幸男　学林(56)　1985年7月

嵇康《幽愤诗》辨析　龚斌　《中国古典文学论丛》第2辑　北京:人民文学出版社　1985年8月

嵇康诗小考　甲斐胜二　中国文学论(14)　1985年12月

嵇康生卒年新考　李剑国　南开学报　1985年第3期

嵇叔夜《琴赋》小考　范善均　中国人文科学　1985年第4辑

嵇康和他的诗文集　朱海　书林　1985年第5期

嵇叔夜《琴赋》小考　李永求　论文集(韩国外大)　1985年第18辑

师心以遣论　使气以命诗——刘勰论阮籍、嵇康　穆克宏　《文心雕龙学刊　第4辑》　济南:齐鲁书社　1986年12月

中古诗人小纪(嵇康)　陆侃如　《陆侃如古典文学论文集》　上海:上海古籍出版社　1987年1月

嵇康论(1)——《绝交书》二首中所见表现的相[嵇康论(1)——绝交书二首に见る表现の位相]　大上正美　中国文化(大冢汉文学会)　1989年

关于《幽愤诗》(幽愤诗をめぐつて)　福山泰男　山形大学纪要(人文科学)　1991年

嵇康散文简论　唐晓萍　广西师院学报　1991年第3期

司马昭杀嵇康的年代　季镇淮　《来之文录》　北京:北京大学出版社　1992年9月

嵇康之死辨闻　季镇淮　《来之文录》　北京:北京大学出版社　1992 年 9 月

嵇康曾官中散大夫吗?　沈元林　文学遗产　1992 年第 6 期

嵇叔夜与山巨源绝交书研究　吕凯　《魏晋南北朝文学与思想学术研讨会论文集》第二辑　台北:文津出版社　1993 年 11 月

嵇康曾官中散大夫　穆克宏　文学遗产　1993 年第 2 期

嵇康之死及其矛盾心理的发展　周斌　四川师范学院学报　1993 年第 2 期

嵇康被杀的原因和时间——与李剑国先生商榷　沈玉成　辽宁大学学报　1993 年第 2 期;《沈玉成文存》　北京:中华书局　2006 年 6 月

嵇康未官中散大夫吗?　熊清元　黄冈师专学报　1993 年第 3 期

嵇康被杀的时间及其原因　跃进　古典文学知识　1994 年第 2 期

阮籍与嵇康(阮籍と嵇康)　玉野井纯子　东洋学研究(32)　1995 年

嵇康曾任中散大夫考　福建学刊　1995 年第 1 期

阮籍、嵇康的生命与文学(阮籍・嵇康の生と文学)　大上正美　青山语文(26)　1996 年

嵇康《幽愤诗》解读　顾农　山东师大学报　1996 年第 3 期;《文选论丛》　扬州:广陵书社　2007 年 9 月

嵇康《兄秀才公穆入军赠诗十九首》及嵇喜《秀才答诗四首》试解　韩格平　《文选学新论》　郑州:中州古籍出版社　1997 年

10月

《与山巨源绝交书》作年考　顾农　江海学刊　1998年第4期;《文选论丛》　扬州:广陵书社　2007年9月

嵇康与山涛"绝交"说质疑　林家骊　《文史》第52辑　北京:中华书局　2000年10月

嵇康的神仙道教色彩及其悲剧命运　顾农　徐州教育学院学报　2000年第2期

琴心合一的审美生命境界——嵇康《琴赋》探微　皮元珍　理论与创作　2000年第2期

贵在肆志、纵心无悔——嵇康《与山巨源绝交书》的政治立场与主题思想析论　张静茹　中国学术年刊　2001年

嵇康山涛绝交考　祁伟　《新国学》第3卷　成都:巴蜀书社　2001年12月

嵇康与道家思想　清宫刚　米泽国语国文(30·31合集)　2002年

二十世纪嵇康研究　吴云　《魏晋南北朝文学与文化论文集》　天津:南开大学出版社　2002年8月

嵇康研究中的几个问题　卫绍生　《中国古典文学与文献学研究》第1辑　北京:学苑出版社　2002年11月

嵇康的养生术和游仙诗　孙昌武　郑州大学学报　2002年第4期

嵇康被杀原由及年月　曹道衡、沈玉成　《中古文学史料丛考》　北京:中华书局　2003年7月

嵇康为曹操曾孙女婿　曹道衡、沈玉成　《中古文学史料丛

考》 北京:中华书局 2003年7月

璀璨的余晖——论嵇康四言诗 皮元珍 中国文学研究 2003年第1期

以“和”为美——评嵇康《琴赋》的美学思想 李丹博 文史哲 2003年第2期

论嵇康“声无哀乐”的哲学美学思想 孙永岷 四川大学学报 2003年第4期

嵇康《与山巨源绝交书》写作时间考 张波 西安航空技术高等专科学校学报 2005年第4期

自然至响 千秋绝调——嵇康《琴赋》论 余江 济南大学学报 2005年第6期

王戎与嵇康、阮籍饮于黄公酒垆小考 陈圣宇 中国典籍与文化 2006年第2期

竹林七贤评价、交往与嵇康死因真相考辨 樊荣 《中国文选学:第六届文选学国际学术研讨会论文集》 北京:学苑出版社 2007年9月

绝交书下隐藏的真实——从《与山巨源绝交书》论嵇康和山涛的关系 胡勇、朱茹 重庆教育学院学报 2007年第4期

嵇康与嵇喜赠答诗质疑 孙亚军 南京工业职业技术学院学报 2008年第1期

嵇康《幽愤诗》“子玉之败”句笺释 徐君辉 贵州教育学院学报 2008年第2期

嵇康《琴赋序》的理论内涵与价值 刘伟生 船山学刊 2008年第4期

《文选》嵇康赠答诗略论　张铁慧、王大恒　长春师范学院学报　2009年第4期

嵇康《与山巨源绝交书》论析　包秀艳　沈阳师范大学学报　2009年第4期

试论萧统诗歌观在《昭明文选》嵇康诗中的体现　张铁慧、刘雁　吉林省教育学院学报　2009年第11期

在养生中体味理想人生境界——《文选》嵇康《养生论》中的自然养生观　吴晓峰　"六朝历史文化与镇江地域发展学术研讨会"论文汇编　2010年;文心学林　2011年第1期

嵇康关系研究文献目录(稿)——日本编1956年—2009年　今关雄史　大东文化大学中国学论集(28)　2010年

嵇康《琴赋》(并序)中的文化信息　樊荣　《第八届文选学国际学术研讨会论文集》　扬州:广陵书社　2010年12月

陶渊明与嵇康、阮籍文学创作关系伸说　张迪　社会科学辑刊　2010年第1期

孙登与阮籍、嵇康关系的几个问题　程峰　河南理工大学学报　2010年第4期

嵇康本质上是养生主义者　顾农　宁夏师范学院学报　2011年第1期

向秀和嵇康养生思想比较　黄霞平　青海社会科学　2011年第1期

《文选》嵇康《幽愤诗》主旨及归类辨析　杨化坤　《扬州文化研究论丛》第8辑　扬州:广陵书社　2012年3月

嵇康年谱汇考　童强　《中古作家年谱汇考辑要》　西安:世界

图书西安出版公司　2014年6月

稽康《兄秀才公穆入军赠诗十九首》辨疑　张亚新　《第十届文选学国际学术研讨会论文集》　郑州:河南大学出版社　2014年8月

透视《与山巨源绝交书》之“循性而动”——中古文人与庄学的一个观察　陈引驰　《〈文选〉与中国文学传统:第九届〈文选〉学国际学术研讨会论文集》　北京:中华书局　2014年8月

《文选》编选与嵇康形象　袁济喜　复旦学报　2014年第6期;《〈文选〉与汉唐文化:第十一届〈文选〉学国际学术研讨会论文集》　北京:中华书局　2018年8月

“魏晋风度”下人物美的时代重塑——以《文选》嵇康诗文为例　董萌　长春师范大学学报　2016年第9期

论嵇康《琴赋》对两汉音乐赋的因承与革新　宋展云、张嘉慧　《扬州文化研究论丛》第19辑　扬州:广陵书社　2017年6月

《与山巨源绝交书》作年考辨　颜敏　阴山学刊　2017年第6期

“琴德”与“文心”——论嵇康《琴赋》之袭故弥新及其余韵流风　宋展云　文艺理论研究　2017年第6期

阮籍、嵇康与隐者孙登:将隐者作为固有之他者来表现的契机(阮籍、嵇康と隐者孙登:隐者を固有の他者とする表现への契机)　大上正美　二松学舍大学人文论丛(100)　2018年

嵇康之“轻时傲世”与“嵇志清峻”　景蜀慧　《魏晋文史寻微》　北京:中华书局　2018年9月

《与山巨源绝交书》的载录　颜敏　陇东学院学报　2018年第

2 期

成公绥(成公子安)

《文选》收录篇目:

《啸赋》

论文

敦煌赋校补(《登楼赋》《啸赋》)　伏俊连　社科纵横　1993 年第 3 期

啸、《啸赋》与魏晋名士风度　樊荣　《古代文学论稿》　海口:海南出版社　1998 年;长春师范学院学报　2004 年第 8 期

世所传宁戚饭牛歌所作时代考　周明初　古籍整理研究学刊　2002 年第 2 期

魏晋之赋首——成公绥考论　范子烨　《国学研究》第 11 卷　北京:北京大学出版社　2003 年 6 月

成公绥入仕年与《司马懿诔》　曹道衡、沈玉成　《中古文学史料丛考》　北京:中华书局　2003 年 7 月

指千秋以厉响　俟寂寞之来和——成公绥赋论　吕则丽　枣庄师范专科学校学报　2004 年第 3 期

妙音极乐　自然至和——成公绥《啸赋》论　余江　湖南科技大学学报　2005 年第 1 期

成公子安《啸赋》的艺术魅力及其文化阐释　樊荣　名作欣赏　2005 年第 10 期

《啸赋》残卷校证　金少华　敦煌学辑刊　2007 年第 2 期

成公绥《啸赋》的音乐美学思想初探　彭岩　湖南科技学院学

报　2007年第11期

成公绥辞赋略论　杨兴龙　濮阳职业技术学院学报　2010年第4期

“互文性”解构与音乐学透视——成公绥的《啸赋》及啸史的相关问题　范子烨　文学评论　2013年第6期

曹植(曹子建)

《文选》收录篇目：

《洛神赋》《上责躬诗》《应诏》《公宴诗》《送应氏诗》二首、《三良诗》《七哀诗》《赠徐干》《赠丁仪》《赠王粲》《又赠丁仪王粲》《赠白马王彪》《赠丁翼》《乐府》四首(《箜篌引》《美女篇》《白马篇》《名都篇》)、《朔风诗》《杂诗》六首、《情诗》《七启》八首、《求自试表》《求通亲表》《与杨德祖书》《与吴季重书》《王仲宣诔》

著作

曹子建年谱一卷　古直　层冰草堂丛书本　民国排印本

曹子建诗研究　陈一百　上海:商务印书馆　1928年6月;1935年2月;上海:大地出版社　1971年;太原:山西人民出版社　2015年3月

曹植与《洛神赋》传说　沈达材　上海:华通书局　1933年;台中:文听阁图书有限公司　2011年

曹子建及其诗　洪为法　上海:大光书局　1936年7月

三曹诗选　余冠英　北京:人民文学出版社　1956年8月;1979年10月;1997年7月

曹子建诗注　黄节　北京:人民文学出版社　1957年6月;北

京:中华书局　2008年1月;2011年11月

曹植　伊藤正文　东京:岩波书店　1958年

曹氏父子和建安文学　李宝均　北京:中华书局　1962年6月;上海:上海古籍出版社　1978年10月

《洛神赋》——中国文学论文与随笔(洛神赋——中国文学论文と随笔)　目加田诚　东京:武藏野书院　1966年

曹子建集评注　杨家骆　上海:世界书局　1974年;1998年12月

曹子建诗笺　古直　上海:广文书局　1976年

曹氏父子诗研究　钟京铎　台北:学海出版社　1977年

曹植评传　刘维崇　台北:黎明文化事业公司　1977年12月

三曹资料汇编　河北师范学院中文系古典文学教研　北京:中华书局　1980年9月;2005年1月

魏曹子建先生植年谱　邓永康　台北:台湾"商务印书馆"　1981年

三曹年谱　张可礼　济南:齐鲁书社　1983年5月

曹植集校注　赵幼文　北京:人民文学出版社　1984年;台北:明文书局　1985年;北京:中华书局　2016年10月

曹植新探　钟优民　合肥:黄山书社　1984年12月

曹子建诗的诗经渊源研究　毛炳生　台北:文史哲出版社　1985年9月

曹子建评传　黄守诚　台北:水牛出版社　1987年

三曹诗论集　陈飞之　桂林:广西师范大学出版社　1989年1月

三曹评传　王巍　沈阳:辽宁古籍出版社　1995年3月

三曹与中国诗史　孙明君　台北:商鼎文化出版社　1996年11月;北京:清华大学出版社　1999年9月;北京:商务印书馆　2013年4月

曹子建新探　黄守诚　台北:云龙出版社　1998年

曹操·曹丕·曹植　王巍　沈阳:春风文艺出版社　1999年1月

曹植诗新探　裴登峰　兰州:甘肃人民出版社　1999年11月

曹植集逐字索引　刘殿爵、陈方正、何志华　香港:香港中文大学出版社　2001年

曹操评传:附曹丕、曹植评传　张作耀　南京:南京大学出版社　2001年5月;2011年4月;上海:上海书店出版社　2018年8月

曹植纪事　黄德晟　香港:天马图书有限公司　2001年11月

曹氏父子与建安文学　王巍　沈阳:辽海出版社　2001年12月;2011年4月;2017年6月

三曹诗选评　陈庆元　上海:上海古籍出版社　2002年10月;2018年7月

曹植研究　崔积宝　哈尔滨:黑龙江教育出版社　2003年11月

三曹文学评述　黄昌年　长春:吉林大学出版社　2006年6月

曹植散论　刘玉新　香港:华夏文化出版社　2008年10月

曹氏文学家族研究　张明华等　合肥:安徽教育出版社　2009年1月

三曹　刘跃进、王莉　北京:中华书局　2010年2月

逞才任情的乐章:曹操父子与建安文学　魏宏灿　合肥:安徽大学出版社　2010年4月

曹植思想文化研究　王胜　北京:线装书局　2011年

三曹与魏晋文学研究　吴怀东　合肥:安徽文艺出版社　2011年1月

才高八斗——曹植　肖艳丽　长春:吉林文史出版社　2011年5月

曹氏父子和建安文学检析　许善述　北京:五洲传播出版社　2012年

曹植传　王玫　北京:中华书局　2012年7月

曹植诗歌艺术研究　虞德懋　合肥:安徽人民出版社　2012年10月

曹氏家族与汉晋社会文化变迁　吴怀东　合肥:安徽大学出版社　2013年2月

曹植集校注　王巍　石家庄:河北教育出版社　2013年6月

曹植年谱　江竹虎撰,江宏整理　台北:台湾“商务印书馆”　2013年11月

曹植文学研究　邢培顺　北京:中国社会科学出版社　2014年6月

东阿曹植文化　曹传喜　北京:中国社会出版社　2016年1月

曹植年谱考证　徐公持　北京:社会科学文献出版社　2016年11月

曹操父子生活研究　魏宏灿、张立驰　合肥:合肥工业大学出版社　2017年6月

顾随讲曹操、曹植、陶渊明　顾随　石家庄:河北教育出版社　2018年9月

论文

论曹子建诗　李开先　觉悟　1923年7月26日—8月5日

曹子建评传　吴溥　学灯　1924年8月2—8日;《文选学研究》　北京:国家图书馆出版社　2010年11月

读曹子建诗札记　萧涤非　学衡　1929年;《读诗三札记》　北京:作家出版社　1957年2月

曹子建的文学研究　钱振东　新晨报副刊　1929年

曹子建年谱两种考略　梁延灿　北平图书馆月刊　1929年7月第3卷第1期

曹子建《责躬诗》"于彼冀方"考　董众　东北丛刊　1930年第6期

论建安中曹氏兄弟论文识度之优劣　张树德　金声　1931年第1期

读书杂志·《洛神赋》　苏小苏　拓荒　1934年3月第2卷第1期

曹子建诗歌辞赋及其他　徐北辰　进德月刊　1935年10—11月第1卷第3—4期;《文选学研究》　北京:国家图书馆出版社　2010年11月

曹氏兄弟之文学及其文学批评　程方万　文史丛刊(安徽大学)　1935年第1期

《洛神赋》本事辨　谭庆传　励学　1935年第1卷第3期;《文

选学研究》　北京：国家图书馆出版社　2010年11月

曹子建痛赋感甄文　谭正璧　青年界　1935年第8期

曹子建年谱　闵孝吉　新民月刊　1936年第2卷第4期

曹植诗研究　杨树芳　协大艺文　1937年

曹家文学　李家瑞　天津益世报读书周刊　1937年

建安（曹操）诗谱初稿　陆侃如　语言文学专刊　1940年第2卷第1期

曹植《洛神赋》本事说　詹锳　东方杂志　1943年第39卷第16期；《文选学研究》　北京：国家图书馆出版社　2010年11月；《詹锳全集》卷6　石家庄：河北教育出版社　2016年7月

论曹植　郭沫若　中原月刊　1943年7月7日第1卷第3期；《历史人物》　北京：人民出版社　1979年9月；《郭沫若古典文学论文集》　上海：上海古籍出版社　1985年2月；《文选学研究》　北京：国家图书馆出版社　2010年11月

写在《洛神赋》之后　许世瑛　艺文杂志　1944年6月第2卷第6期；《文选学研究》　北京：国家图书馆出版社　2010年11月

曹丕曹植争储考实　张志岳　东方杂志　1946年第17期

读曹植《洛神赋》　缪钺　《东南日报·历史与传记》第2期　1947年1月16日

《洛神赋》与《闲情赋》　逯钦立　学原　1948年第2卷第8期；《逯钦立文存》　北京：中华书局　2010年10月；《文选学研究》　北京：国家图书馆出版社　2010年11月

曹植与五言诗体　缪钺　文学杂志　1948年5月第2卷第12期；《缪钺全集·第2卷，冰茧庵古典文学论集》　石家庄：河北教育出版社　2004 年 7 月;《20 世纪中国文学研究论文选　魏晋南北朝卷》　北京:社会科学文献出版社　2010 年 1 月

洛神赋说　张志岳　岭南学报　1951 年 6 月第 11 卷第 2 期

论曹植的诗　张志岳　《文学遗产增刊》第一辑　北京:作家出版社　1955 年 9 月;《诗词论析》　哈尔滨:黑龙江人民出版社　1963 年 1 月

关于《论曹植》　贾斯荣　文史哲　1955 年第 6 期

关于曹植　王瑶　《中古文学史论集》　上海:古典文学出版社　1956 年;上海:上海古籍出版社　1982 年 10 月

略谈曹植作品的评价问题　程毅中　光明日报　1957 年 8 月 25 日

试论曹植和他的诗歌　郑孟彤、黄志辉　《文学遗产增刊》五辑　北京:作家出版社　1957 年 12 月

论曹植诗　胡宗仁　科学与教学　1957 年创刊号

曹植诗论　崔冠一　兰州大学学生科学论文集刊(人文)　1957 年第 1 期

关于曹植的评价问题　张德钧　历史研究　1957 年第 2 期

《洛神赋》成于黄初四年考　阮廷卓　大陆杂志　1958 年 1 月第 16 卷第 1 期

关于曹植的诗　北京师院中文系古典文学教研组　河北日报　1959 年 5 月 24 日

关于曹植的几个问题　廖仲安　《文学遗产增刊》第七辑　北京:作家出版社　1959 年 12 月;《反刍集》　北京:北京师范学院出版社　1986 年 6 月

曹植乐府诗初探 顾随 天津师大学报 1959年第1期

曹子建年谱简编 叶伯村 浙江师院学报 1960年第1期

曹植年谱 俞绍初 郑州大学学报 1963年第3期

曹子建其人其诗 张志豪 艺文志 1965年8月第131期

曹子建年谱新编(上中下) 邓永康 大陆杂志 1967年第34期

曹植《赠白马王彪》诗考 山口为广 国学院杂志 1970年

曹植《杂诗六首》论考 后藤秋正 汉文学会报(31)(东京教育大学) 1972年

曹植论 小守郁子 名古屋大学文学部研究论集 1976年

南朝时期曹植评价实态(上)[南朝期における曹植评价の实态(上)] 植木久行 中国古典研究(早稻田大学) 1977年

曹植赠白马王彪诗并序笺证 雷家骥 新亚学报 1977年第12卷

曹子建及其诗 钟京铎 《中华学术与现代文化丛书 第二册 文学论集》 台北:华冈出版有限公司 1978年8月

南朝时期曹植评价的实态(中)——以永明体诗学上的关连为中心[南朝期における曹植评价の实态(中)——永明体の诗学上の关连を中心として] 植木久行 中国古典研究(早稻田大学) 1979年

曹植诗歌的写作年代问题 徐公持 《文史》第6辑 北京:中华书局 1979年6月

全三国文卷八 钱锺书 《管锥编》第三册 北京:中华书局 1979年8月

全三国文卷一五　钱锺书　《管锥编》第三册　北京:中华书局　1979 年 8 月

全三国文卷一六　钱锺书　《管锥编》第三册　北京:中华书局　1979 年 8 月

简评《文选》文二题(读曹子建之《洛神赋》)　柳晟俊　中国语文学(1)　1980 年;《唐诗论考》　北京:中国文学出版社　1994 年 8 月

曹植生平八考　徐公持　《文史》第 10 辑　北京:中华书局　1980 年 10 月

论曹植及其作品　何进华　延安大学学报　1980 年第 2 期

曹植及其诗歌的评价问题　钟优民　吉林大学社会科学学报　1980 年第 6 期

曹植研究——关于“捐躯”的意识(曹植研究ノ—ト——“捐躯”の意识について)　大场洋子　京都教育大学国文学会志　1981 年

三曹诗歌试论　任访秋　《中国古典文学论文集》　郑州:河南人民出版社　1981 年 3 月

曹植的文学理论　钟优民　《文学评论丛刊》第 9 辑　北京:中国社会科学出版社　1981 年 5 月

略论曹魏父子和他们的诗　(上、下)　赵福坛　广州师院学报　1981 年第 1—2 期

试论曹植的五言抒情诗　陈庆元　福建师大学报　1981 年第 2 期

浅谈曹植的《洛神赋》　傅淑芳　青海社会科学　1981 年第

2期

曹植的《白马篇》作于何时？ 张浩逊 教研通讯(江苏师院) 1981年第2期

李善给曹植投下的不白之冤——对读《洛神赋》札记 赵福坛 广州师院学报 1981年第4期

《洛神赋》的写作时间 石云涛 河南师大学报 1981年第5期;《建安唐宋文学考论》 北京:学苑出版社 2003年1月

曹植生平若干事迹考辨 俞绍初 郑州大学学报 1982年第3期

曹植(评传) 徐公持 《中国历代著名文学家评传》第一卷 济南:山东教育出版社 1983年5月

关于曹植的评价问题 徐公持 文学遗产 1983年第1期

应该正确评价曹植的游仙诗 陈飞之 文学评论 1983年第1期;《三曹诗论集》 桂林:广西师范大学出版社 1989年1月

论曹植诗歌在中古文学史上的地位 周建国 安庆师院学报 1983年第1期

论曹丕与曹植 陈曼平、张克 山西师院学报 1983年第3期

《洛神赋》为"寄心文帝"说质疑 张瑗 南京师院学报 1983年第4期

《白马篇》"宿昔……"八句新解 韩玉生 中州学刊 1983年第4期

曹植为曹操第几子 徐公持 文学评论 1983年第5期

略论洛神形象的象征意义 张亚新 中州学刊 1983年第6期

《洛神赋》主旨寻绎——为“感甄”说一辩兼驳“寄心君王”说　陈祖美　北方论丛　1983 年第 6 期

“七哀”新臆(曹植)　田汉云　学术月刊　1983 年第 6 期

曹植年表　《曹植集校注》　北京:人民文学出版社　1984 年

曹植的世界观　钟优民　《建安文学研究文集》　合肥:黄山书社　1984 年 11 月

曹植政治表现及创作风格的特点　徐公持　《建安文学研究文集》　合肥:黄山书社　1984 年 11 月

试说曹植作品的“华丽”与“壮大”　许善述　《建安文学研究文集》　合肥:黄山书社　1984 年 11 月

略论曹植及其创作的特点　徐公持　《中国古典文学论丛》第 1 辑　北京:人民文学出版社　1984 年 12 月

从《陌上桑》到《美女篇》　张亚新　广西大学学报　1984 年第 2 期

“友于之痛”与曹植的诗歌创作　张亚新　青海社会科学　1984 年第 3 期

关于曹植初次就国的问题　俞绍初　郑州大学学报　1984 年第 3 期

《洛神赋》的思想寓托——论《洛神赋》　赖汉屏　常德师专学报　1984 年第 5 期;《知了斋诗文赏论辑存》　北京:中国文联出版社　2003 年 1 月(题目为:论《洛神赋》的思想寓托)

曹植与他的《洛神赋》小考　安秉均　论文集(京畿大)　1984 年第 15—1 辑

读曹植《杂诗·南国有佳人》　王运熙　《汉魏六朝诗歌赏集》

北京:人民文学出版社　1985年7月;《汉魏六朝唐代文学论丛增补本》　上海:复旦大学出版社　2002年5月

苦闷的象征——《洛神赋》新义　张文勋　社会科学战线　1985年第1期

曹丕、曹植文艺思想比较观　顾农　许昌学院学报　1985年第1期

曹植诗二首写作年代考　董明旺　湖北大学学报　1985年第4期

曹植文学思想概说　张亚新　安徽师大学报　1985年第4期

《洛神赋》源流考论　钟来因　江海学刊　1985年第5期

曹植《洛神赋》写作年代考　朴现圭　中语中文学　1985年第7辑

思捷而才俊,诗丽而表逸——刘勰论曹植　穆克宏　《古典文学论丛》第4辑　济南:齐鲁书社　1986年2月

论曹丕曹植文学价值观的一致性及其历史背景　曹融南、傅刚　《古代文学理论研究丛刊》第11辑　上海:上海古籍出版社　1986年8月;《汉魏六朝文学与文献论稿》　北京:商务印书馆　2016年3月

再谈《洛神赋》的主旨　张瑗　南京师大学报　1986年第1期

《洛神赋》论　陈弘　湖南教育学院学报　1986年第4期

《曹植集校注》得失评　江殷　文学遗产　1987年第4期

从三曹的诗风看"建安风骨"的嬗变与发展——兼论曹植的文学史地位　王力坚　学术论坛　1988年第2期

论曹植的诗学思想　陈飞之　文学评论　1988年第3期;《三

曹诗论集》　桂林:广西师范大学出版社　1989年1月

曹植二题　王绍良　北方论丛　1988年第3期

曹植《名都篇》新证　吴朝义　西南民族学院学报　1988年第4期

神女归来——一个原型和《洛神赋》　吴光兴　文学评论　1989年第3期

《文选》曹植《与杨德祖书》"此魏"异文及李善注辨正　孙静　北京大学学报　1989年第5期

现存曹植赋考　何沛雄　《汉魏六朝赋论集》　台北:联经出版事业公司　1990年4月

洛神象征辨　胡洪治　社会科学动态　1990年第4期

考曹植《洛神赋》——关于其制作意图(曹植洛神赋考——その作意をめぐつて)　山口为广　国文学论考(都留文科大学国语国文学会)　1991年

再论曹植的游仙诗　陈飞之　广西师范大学学报　1991年第2期

释梦——《洛神赋》的一个原型　吴光兴　北京大学研究生学刊　1991年第2期

曹植《赠丁仪》诗作年辨析　熊清元　学术研究　1991年第4期

《洛神赋》的创作及其寄托　罗敬之　《文选学论集》　长春:时代文艺出版社　1992年6月

《曹子建集》二题　黄永年　陕西师大学报　1992年第1期

曹植辞赋初探　杨柳桥　天津社会科学　1992年第2期

曹植《七启》作于建安十五年质疑　徐明　河北大学学报　1993年

曹植《三良诗》考——以与《文帝诔》的关联为中心　矢田博士　中国文学研究(19)　1993年

曹植生平中的三个问题　顾农　扬州师范学院学报　1993年第1期

曹植诗歌别论——兼论建安诗风的不同趋向及影响　韩式朋　北方论丛　1993年第2期

曹植诗赋之语汇与表现考——以与《诗经》之比较为中心(曹植诗赋の语汇、表现について——《诗经》との比较を中心として)　张健　中国中世文学研究(26)　1994年

读书札记二则(曹植《杂诗》、《文选·咏怀诗注》)　穆克宏　《滴石轩文存》　福州:海峡文艺出版社　1994年1月

《曹植生平八考》两误(一)　熊清元　《文史》第39辑　北京:中华书局　1994年3月

《曹植生平八考》两误(二)　熊清元　《文史》第39辑　北京:中华书局　1994年3月

也谈《洛神赋》和《神女赋》　李华年　贵州民族学院学报　1994年第3期

从《洛神赋》李善注看尤刻《文选》的版本系统　跃进　文学遗产　1994年第3期;《结网漫录·中国古代经典文学作品探幽》　北京:学苑出版社　1997年6月;《门阀士族与文学总集》　西安:世界图书出版西安有限公司　2014年6月

从游侠到游仙——曹植创作中的两大热点　顾农　东北师大

学报　1995 年第 3 期

《洛神赋》寓意管窥——兼谈曹植与甄后的暧昧关系　刘玉新　聊城师范学院学报　1996 年第 1 期

谈《文选》李善注本的《洛神赋》注　周振甫　书品　1996 年第 2 期

从《高唐赋》到《洛神赋》——美人幻梦的文学原型　叶舒宪《高唐神女与维纳斯》　北京:中国社会科学出版社　1997 年 12 月;西安:陕西人民出版社　2004 年;2018 年

《洛神赋》新探　顾农　贵州文史丛刊　1997 年第 1 期;《文选论丛》　扬州:广陵书社　2007 年 9 月

曹植初次就国时地考辨　俞绍初　《第三届魏晋南北朝文学国际学术研讨会论文集》　台北:文史哲出版社　1998 年 8 月

陈思情采源于骚——论曹植在实现汉乐府向文人抒情五言诗转化过程中对屈赋的继承　吴相洲　首都师范大学学报　1998 年第 4 期

《文选·洛神赋》的注　周振甫　《学林漫录》十四集　北京:中华书局　1999 年 4 月

建安诗文系年新考二题　顾农　许昌师专学报　1999 年第 1 期

递相祖述复先谁　转益多师是汝师——从《陌上桑》《羽林郎》到《美女篇》的演进谈文学的继承和发展　王人恩　社科纵横　1999 年第 6 期

曹植赋创作时期考略　梁惠　殷都学刊　2000 年

曹植庙碑考　小川博章　书学文化(2)　2000 年

论《洛神赋》 洪顺隆 《辞赋论丛》 台北:文津出版社 2000年9月

论《洛神赋》对六朝赋坛的投映 洪顺隆 《辞赋论丛》 台北:文津出版社 2000年9月

《洛神赋》创作年代补考 洪顺隆 《辞赋论丛》 台北:文津出版社 2000年9月

试析《文选》中萧统对曹植诗的评价 崔军红 华北水利水电学院学报 2000年第1期

《文选·曹植·送应氏二首》写作时间蠡测 韩格平 古籍研究整理学刊 2000年第6期;《〈昭明文选〉与中国传统文化:第四届文选学国际学术研讨会论文集》 长春:吉林文史出版社 2001年6月;《文选学散论》 长春:吉林人民出版社 2004年9月

曹丕、曹植与道家思想 清宫刚 山形县立米泽女子短期大学纪要(36) 2001年

诗缘情而绮靡——论曹植《赠白马王彪诗》声情相谐的诗歌美学 廖一瑾 《〈昭明文选〉与中国传统文化:第四届文选学国际学术研讨会》 长春:吉林文史出版社 2001年6月

曹植年谱 黄德晟 《曹植纪事》 香港:天马图书有限公司 2001年11月

曹子建诗卓荦举隅 朱晓海 《新国学》第3卷 成都:巴蜀书社 2001年12月

续曹植庙碑考——论其与北朝刻经书法之关系 小川博章 书学文化(4) 2002年

曹操没后的曹丕与曹植——不仲说的检证 渡边由美子 二

松(16)　2002年

曹植赋篇目系年编年等问题考异　刘文忠　《鱼山诗魂——中国东阿曹植学术国际研讨会论文集》　北京:中国文联出版社　2002年

曹植在东阿　王晓东、俞绍初　《鱼山诗魂——中国东阿曹植学术国际研讨会论文集》　北京:中国文联出版社　2002年

曹植诗考——用生命写成的热情之诗(曹植の诗について——命をかけた情热の诗)　上野裕人　语文与教育(17)　2003年

水之汉诗纪行(17)洛神赋——汉诗所见水神(续前)[水の汉诗纪行(17)洛神の赋——汉诗にみえる水神(承前)]　赤井益久　季刊河川レビュ　2003年

曹植诗歌与魏晋六朝的文学发展问题——兼论曹诗风骨及建安风骨问题　周建国　学林(38)　2003年;古籍研究　2003年第2期

《洛神赋》写作的年代与成因　俞绍初　《〈文选〉与"文选学":第五届文选学国际学术研讨会论文集》　北京:学苑出版社　2003年5月;《国学研究》第13卷　北京:北京大学出版社　2004年6月

曹植建安二十五年就国在甄诚　曹道衡、沈玉成　《中古文学史料丛考》　北京:中华书局　2003年7月

曹植"东临沧海"当在建安十二年　曹道衡、沈玉成　《中古文学史料丛考》　北京:中华书局　2003年7月

曹植《赠白马王彪》诗序　曹道衡、沈玉成　《中古文学史料丛

考》　北京:中华书局　2003 年 7 月

曹植从曹操西征在建安十六年　曹道衡、沈玉成　《中古文学史料丛考》　北京:中华书局　2003 年 7 月

丁仪兄弟生年及其党附曹植　曹道衡、沈玉成　《中古文学史料丛考》　北京:中华书局　2003 年 7 月

曹植《三良诗》考辨　侯方元　南阳师范学院学报　2003 年第 11 期

对嫂子的思念——《洛神赋》与“佩利亚斯与梅丽桑德”(あによめへの想い——洛神の赋と“ベレアスとメリザンド”)　杂喉润　新しい汉字汉文教育(38)　2004 年

曹植赋中的“游”与“独”(曹植の赋における“游”と“独”)　高桥大辅　筑波中国文化论丛(24)　2005 年

《洛神赋》的写作年代与屈宋文学传统　程二行　《中国楚辞学》第 6 辑　北京:学苑出版社　2005 年 1 月

关于曹植《七哀》及其晋乐所奏本——并相桀溺(J-P　Dieny)先生请教　顾农　国际汉学　2005 年第 1 期;《文选论丛》　扬州:广陵书社　2007 年 9 月

有关曹植的《七哀》与晋乐所奏的《怨诗行》:以其中不可解的改变之处为中心(曹植の《七哀》と晋乐所奏の《怨诗行》について:不可解な二个所の改变を中心に)　矢田博士　《中国古典文学论集:松浦友久博士追悼记念》　东京:研文出版社　2006 年

曹植的乐府　山口为广　新しい汉字汉文教育(43)　2006 年

从曹植作品中的两类形象看其对比兴象征手法的发展　赵俊玲　《中国学研究》第 9 辑　济南:济南出版社　2006 年 8 月

曹植《白马篇》的原型蠡测　张应斌　汕头大学学报　2006年第6期

曹植《白马篇》考——“游侠儿”的诞生　福山泰男　山形大学人文学部研究年报　2007年

与神女遇者是襄王还是宋玉——关于《文选·神女赋》的异文　杨明　《中国文选学:第六届文选学国际学术研讨会论文集》北京:学苑出版社　2007年9月

论曹植《赠白马王彪诗》的几个问题　俞绍初　《中国文选学:第六届文选学国际学术研讨会论文集》　北京:学苑出版社　2007年9月

曹植《朔风诗》解读　顾农　《文选论丛》　扬州:广陵书社　2007年9月

《白马篇》:侠文化的转向　胡大雷　湖南文理学院学报　2007年第1期

论曹植的赠答诗　刘全志　漳州师范学院学报　2007年第3期

曹植作品集著录源流述略　刘群栋　《中国古典文学与文献学研究》第4辑　北京:学苑出版社　2008年1月

曹植创作“情兼雅怨”说略　刘跃进　《秦汉文学论丛》　南京:凤凰出版社　2008年12月

曹植乐府不入乐说质疑　向回　暨南学报　2008年第1期

试论曹植诔文的新变　马江涛　新疆社科论坛　2008年第3期

曹植《洛神赋》作年新考　徐浩然　洛阳师范学院学报　2009年第3期

曹植黄初间获罪事件新探——读《文选·责躬诗》书后 俞绍初 《国学研究》第26卷 北京:北京大学出版社 2010年6月

浅析《洛神赋》中的谜 钟菡 《中国学研究》第13辑 济南:济南出版社 2010年7月

中古小说家眼中的《洛神赋》 王晓东 《第八届文选学国际学术研讨会论文集》 扬州:广陵书社 2010年12月

曹植与甄妃的学术公案——《文选·洛神赋》李善注辨析 傅刚 中国典籍与文化 2010年第1期;《汉魏六朝文学与文献论稿》 北京:商务印书馆 2016年3月

论《洛神赋》为曹植辩诬之作 木斋 山西大学学报 2010年第1期

主题史和心态史上的曹植 蒋寅 西北大学学报 2010年第1期

曹植与吴质交恶考辨——以对曹植《与吴季重书》的解读为中心 邢培顺 山东大学学报 2010年第4期

曹植与丁仪——汉魏交代期之谋反的痕迹 石冈浩 アジア文化研究所研究年报(46) 2011年

论曹植的赠答诗 吴美英、陈如碧 内蒙古民族大学学报 2011年第1期

曹植《洛神赋》意旨蠡测 王学军、贺威丽 贵州文史丛刊 2011年第3期

以《洛神赋》分析李善注与五臣注 廖君 中国语文 2012年

曹植乐府的变容:围绕“兴”的表现与物语性(曹植における乐府の变容:“兴”的表现と物语性をあぐって) 牧角悦子 六朝

学术学会报(13)　2012年

曹植研究二题　顾农　天中学刊　2012年第1期

新世纪曹植辞赋研究综述　钟桃　绥化学院学报　2012年第1期

论建安二十二年:曹植的人生转折——兼析《美女篇》《蝉赋》《节游赋》　木斋、李恒　河北师范大学学报　2012年第3期

日本古代对曹植《洛神赋》的接受:以秋田城出土的木简为中心(古代日本における曹植《洛神赋》受容:秋田城出土木简の性格を中心として)　渡边滋　文学・语文(207)　2013年

《文选・洛神赋》题注发微　胡旭　中国韵文学刊　2013年第2期;《第十届文选学国际学术研讨会论文集》　郑州:河南大学出版社　2014年8月

论古诗"建安曹植"说的学术史承续　木斋　厦门大学学报　2013年第6期

曹植与阮瑀——读《与杨德祖书》三札　孙浩宇　长春师范学院学报　2013年第9期

曹丕、曹植诗文押韵状况考(附二曹韵谱)　田婧　中国学志(29)　2014年

曹植年谱汇考　徐公持　《中古作家年谱汇考辑要》　西安:世界图书西安出版公司　2014年6月

读曹植《与杨德祖书》二则　孙浩宇　《第十届文选学国际学术研讨会论文集》　郑州:河南大学出版社　2014年8月

《文选》李善注中"感甄"故事考论　刘志伟、陈淑娅　兰州大学学报　2014年第5期

敦煌残卷曹子建《上责躬应诏诗表》校考　郭殿忱　湖北文理学院学报　2014年第10期

从曹植《赠白马王彪》的历代选评看名篇的经典化　杨贵环　理论界　2014年第11期

曹植诗歌声韵观照　王珊珊　《中国学研究》第17辑　济南：济南出版社　2015年1月

曹植《赠王粲》诗系年考辨　林婧　福州大学学报　2015年第5期

曹植三考　刘玉新　铜仁学院学报　2015年第6期

萧统《文选》选录曹丕、曹植诗文比较论　王莉　西部学刊　2015年第12期

关于曹彪黄初四年是否曾封白马王的问题——兼论《文选》所录之《赠白马王彪》乃原题　力之　《中国诗学》第21辑　北京：人民文学出版社　2016年7月

《赠白马王彪》之题非萧统编纂《文选》时所改　力之　文学遗产　2016年第5期

文章之难，难在知音——读曹植与吴质的往还书信　刘跃进　文史知识　2016年第5期

诋诃文章，掎摭利病——读曹植与杨修往还书信　刘跃进　文史知识　2016年第6期

论魏晋时期诔文由重述德向重哀情的转化——以《文选·王仲宣诔》为视角　张铁慧　长春师范大学学报　2016年第9期

浅析《昭明文选》曹植乐府诗　袁媛　山西青年　2016年第21期

黄侃《曹子建洛神赋识语》考 杨焄 历史文献研究 2017年第2期

曹植《白马篇》本事考原 舒大清 湖北师范大学学报 2017年第5期

论"于圈城作"非诗题而此"集"为再编本——《文选·赠白马王彪》改自"于圈城作"异议 力之 《中国诗学》第25辑 北京:人民文学出版社 2018年9月

曹植《白马篇》写作时间考论 王京州 历史文献研究 2018年第1期

曹植《白马篇》本事新说 王京州 文献 2018年第5期

曹植王城今阿城事考 杨俊生 春秋 2018年第5期

束皙(束广微)

《文选》收录篇目:

《补亡诗》六首

论文

束皙文学论 凌迅 山东师大学报 1981年第6期

束皙的文学(束皙の文学) 佐竹保子 东洋学集刊(76) 1996年

《补亡诗》不是束皙的作品——关于《诗经》佚诗《白华》《南陔》篇原始传承形式的调查 刘成学 贵州文史丛刊 1999年第6期

关于《补亡诗》的一些看法 胡锐进 贵州文史丛刊 2000年

第5期

束皙生卒年拟测　曹道衡、沈玉成　《中古文学史料丛考》　北京:中华书局　2003年7月

《诗经》"六笙诗"遗说与西晋补亡"六笙诗"考　周延良　《中国中古文学研究——中国中古(汉—唐)文学国际学术研讨会》2004年;《中国中古文学研究》　北京:学苑出版社　2005年12月

论中国诗歌的补亡精神——以《文选》补亡诗为例　曹辛华　文史哲　2004年第10期

束皙《补亡诗》考论　毛振华　西南交通大学学报　2006年第5期

论《文选》补亡诗　曹辛华　《中国文选学:第六届文选学国际学术研讨会论文集》　北京:学苑出版社　2007年9月

束皙《补亡诗》论考　张宝三　《东亚〈诗经〉学论集》　台北:台湾大学出版中心　2009年7月

论《文选》"补亡诗"体及其诗史意义　曹辛华　《唐宋诗词的文体观照》　北京:中华书局　2011年12月

关于束皙《补亡诗》的思考　陈佳　语文知识　2011年第3期

束皙《补亡诗》与《文选》中的《补亡诗》——重探经学、文学学术性质的案例研究　陈志信　《〈文选〉与中国文学传统:第九届〈文选〉学国际学术研讨会论文集》　北京:中华书局　2014年8月

论束皙的《诗经》学及其《补亡诗》创作　赵婧　信阳师范学院学报　2015年第2期

《文选》文献研究丛书

刘跃进 主编

现当代《文选》研究论著分类目录索引

下

王玮 编著

凤凰出版社

谢灵运

《文选》收录篇目：

《述祖德诗》二首、《九日从宋公戏马台送孔令》《邻里相送方山》《从游京口北固应诏》《晚出西射堂》《登池上楼》《游南亭》《游赤石进帆海》《石壁精舍还湖中》《登石门最高顶》《于南山往北山经湖中瞻眺》《从斤竹涧越岭溪行》《庐陵王墓下作》《还旧园作见颜范二中书》《登临海峤与从弟惠连》《酬从弟惠连》《初发都》《过始宁墅》《富春渚》《七里濑》《发江中孤屿》《初去郡》《初发石首城》《道路忆山中》《入彭蠡湖口》《入华子冈是麻源第三谷》《乐府》(会吟行)《南楼中望所迟客》《斋中读书》《田南树园激流植援》《石门新营所住四面高山回溪石濑茂林修竹》《拟邺中咏》八首

著作

谢康乐诗注　黄节　北京:人民文学出版社　1958年3月;北京:中华书局　2008年1月

潺潺溪流:中国山水诗人谢灵运(康乐公)的生平与创作　傅乐山　马来亚大学　1967年

谢灵运传论　小尾郊一　小尾博士退官纪念事业会　1977年1月

谢灵运诗索引　兴膳宏　福冈:中国书店　1981年

谢灵运诗索引　小西升　福冈:中国书店　1981年

汉代乐府与谢灵运诗论集——小西升中国文学论集　小西升　福冈:苇书房　1983年2月

山水诗人——谢灵运　船津富彦　东京:集英社　1983年5月

谢灵运:孤独的山水诗人(谢灵运——孤独の山水诗人)　小尾郊一　东京:汲古书院　1983年9月

山水诗人谢灵运传记　船津富彦著,谭继山译　台北:万盛出版有限公司　1983年11月

谢灵运论稿　钟优民　济南:齐鲁书社　1985年10月

陶谢诗之比较　沈振奇　台北:台湾学生书局　1986年

谢灵运集校注　顾绍柏　郑州:中州古籍出版社　1987年8月;台北:里仁书局　2004年4月

山水诗人谢灵运　李森南　台北:文史哲出版社　1989年1月

山水诗奇葩——谢灵运谢朓诗选注　殷海国　郑州:中州古籍出版社　1989年5月

南朝颜谢诗研究　陈美足　台北:文津出版社　1989年12月

谢灵运谢朓诗选释　高光复　哈尔滨:黑龙江人民出版社　1991年10月

山水诗人谢灵运　吴忠华　台北:庄严出版社　1991年12月

谢灵运　林文月　台北:"国家出版社"　1998年;2005年1月;北京:生活·读书·新知三联书店　2014年2月

谢灵运研究　皋于厚　天津:天津古籍出版社　1998年3月

谢灵运集逐字索引　刘殿爵、陈方正、何志华　香港:香港中文大学出版社　1999年

谢灵运·谢朓　张国星　沈阳:春风文艺出版社　1999年1月

日韩谢灵运研究译文集　宋红　《谢灵运研究丛书》　桂林:广西师范大学出版社　2001年7月

谢灵运研究论集　葛晓音　《谢灵运研究丛书》　桂林:广西师

范大学出版社 2001年7月

天地一客儿——谢灵运传 宋红 《谢灵运研究丛书》 桂林:广西师范大学出版社 2001年7月;杭州:浙江人民出版社 2005年7月

谢灵运在永嘉(温州) 黄世中 《谢灵运研究丛书》 桂林:广西师范大学出版社 2001年7月;2005年7月

谢灵运年谱汇编 陈祖美 《谢灵运研究丛书》 桂林:广西师范大学出版社 2001年7月;2005年7月

千古诗魂:谢灵运研究专集 洪禹平 北京:线装书局 2002年5月

谢灵运山水诗研究 简敦献 香港:科华图书出版公司 2004年

趣闲而思远:文化视野中的陶渊明、谢灵运诗境研究 马晓坤 杭州:浙江大学出版社 2005年6月

谢灵运研究 李雁 北京:人民文学出版社 2005年9月

中国山水诗开山鼻祖——谢灵运 李绍文 北京:中国社会出版社 2006年4月

陶渊明谢灵运诗歌比较研究 白振奎 上海:上海辞书出版社 2006年12月

谢灵运山水诗艺术美探微 刘明昌 台北:文津出版社 2007年4月

谢灵运论集 森野繁夫 东京:白帝社 2007年12月

庙堂与山林之间:谢灵运的心路历程与诗歌创作 吴冠文、陈文彬 上海:复旦大学出版社 2013年12月

谢灵运集笺释　张兆勇　北京:中国社会科学出版社　2017年9月

谢灵运在永嘉的踪迹　徐逸龙　北京:线装书局　2017年12月

谢灵运诗歌在英语世界的译介及研究　黄莉　北京:中国社会科学出版社　2018年8月

谢灵运新探与解读　姜剑云、霍贵高　北京:中华书局　2018年12月

论文

谢灵运文学(附谢灵运年谱)　叶瑛　学衡　1924年9月第33期;《文选学研究》　北京:国家图书馆出版社　2010年11月

谢康乐诗注序　黄节　学衡　1925年3月第39期;《谢灵运研究论集》　桂林:广西师范大学出版社　2001年7月;《文选学研究》　北京:国家图书馆出版社　2010年11月

谢康乐年谱　丁陶庵　京报(文学副刊第41—42期)　1925年10月17日—11月4日

谢康乐年谱　郝立权　京报　1925年10月17日—11月14日　文学副刊　第41—42期;《文选学研究》　北京:国家图书馆出版社　2010年11月

读谢康乐诗札记　萧涤非　清华中国文学会月刊　1931年8月第1卷第4期;《谢灵运研究论集》　桂林:广西师范大学出版社　2001年7月;《文选学研究》　北京:国家图书馆出版社　2010年11月

谢灵运诗研究　许文雨　国风半月刊(2)　1933年

谢灵运文学 叶英 青年界 1934年第5期

谢灵运的山水诗 王岑 朔风 1939年9月第12期;《谢灵运研究论集》 桂林:广西师范大学出版社 2001年7月;《文选学研究》 北京:国家图书馆出版社 2010年11月

谢灵运的一生 昌黎 西北公论 1942年9月第4卷第1期

谢灵运诗源流考 许文雨 中央日报 1948年2月16日

山水诗人谢灵运 张秉权 大公报(8) 1950年

谢灵运与自然(谢灵运と自然) 小尾郊一 汉文学纪要(5) 1950年6月

论谢灵运 张秉权 大陆杂志(11) 1955年

谢灵运的研究(谢灵运の研究) 石井登志子 中国文学研究会报创刊号 1956年

读谢康乐诗札记 萧涤非 《读诗三札记》 北京:作家出版社 1957年2月

谢灵运年谱(附谢氏世系表) 郝昺衡 华东师大学报 1957年第3期

谢灵运的思想(谢灵运の思想) 福永光司 东方宗教 1958年第13期

试论谢灵运及其山水诗 曹道衡 光明日报 1959年9月20日

谢灵运的生涯(上下)(谢灵运の生涯——上、下) 高木正一 立命馆文学(174、175) 1959年11月、1959年12月

谢灵运诗风的考察(谢灵运の诗风についての一考察) 高木正一 立命馆文学(180) 1960年

论谢灵运和他的山水诗　邓潭州　人文杂志 1960 年第 4 期

读诗笔记二则(《登池上楼》)　赵开泉　甘肃师院学报　1962 年第 2 期

谢灵运诗论　邓仕杰　华国(4)　1963 年

谢灵运的《初去郡》诗(谢灵运の初め郡を去る诗)　小尾郊一　中国中世文学研究(4)　1965 年

谢灵运及其诗　林文月　台大中文文史丛刊之十　1966 年

谢灵运再评价　孙克宽　现代学苑　1966 年第 3 期

谢宣城诗集校注　杨宗莹　台湾省立师范大学国文研究所集刊　1966 年第 11 期

答小尾教授《关于谢灵运的〈初去郡〉》(谢灵运の初去郡について——小尾教授へ)　小川环树　中国中世文学研究(广岛大学)　1967 年

谢灵运的山水诗(谢灵运の山水诗)　小尾郊一　日本中国学会报(20)　1968 年

读谢灵运《登池上楼》一首(谢灵运登池上楼一首を读みて)　桥川时雄　福井博士颂寿纪念东洋文化论集　1969 年

谢灵运与山水诗　李曰刚　文风(15)　1969 年

谢灵运年谱　杨勇　《饶宗颐教授南游赠别论文集》　1970 年;《六朝作家年谱辑要》　哈尔滨:黑龙江教育出版社　1999 年 1 月

颜延之与谢灵运(颜延之と谢灵运)　高桥和巳　高桥和巳的作品集七(中国文学论集)　1972 年

向山水诗转变的契机——以谢灵运为例(山水诗への契机——谢灵运の场合)　志村良治　集刊东洋学(29)　1973 年

谢灵运的乐府诗(谢灵运の乐府诗)　藤井守　日本中国学会报　1975年;《日韩谢灵运研究译文集》　桂林:广西师范大学出版社　2001年7月

谢灵运传论——孤独的山水诗人(谢灵运传论——孤独の山水诗人)　小尾郊一　广岛大学文学部纪要(35)　1975年

读谢灵运《过始宁墅》(谢灵运の《始宁の墅过》の诗を读む)　小松英生　《小尾博士退休记念中国文学论集》　东京:第一学习社　1976年

谢灵运山水诗考——自然素材的选择与审美意识(谢灵运山水诗考——自然素材の选择と美意识)　小西升　福冈教育大学纪要第1分册文科编(26)　1976年;《日韩谢灵运研究译文集》　桂林:广西师范大学出版社　2001年7月

陶渊明与谢灵运　罗宗涛　幼狮月刊　1976年9月第64卷第3期

池塘生春草——六朝诗人谢灵运　杜若　台肥月刊(18)　1977年

元嘉之雄谢灵运　李鎏　"中央月刊"(10)　1978年

谢灵运山水诗续考——其审美意识与山水画之关系(谢灵运山水诗续考——その美意识と山水画との关系)　小西升　福冈教育大学纪要(27)　1978年;《日韩谢灵运研究译文集》　桂林:广西师范大学出版社　2001年7月

谢灵运山水诗三考——对自然的审美意识(谢灵运山水诗三考——自然に对する美意识)　小西升　福冈教育大学纪要第1分册文科编(28)　1978年

谢灵运山水诗浅识　叶嘉炎　江苏文艺　1978年第2期

全宋文卷三三　钱锺书　《管锥编》第四册　北京:中华书局　1979年8月

谢灵运山水诗四考——对自然的审美意识　小西升　福冈教育大学纪要第1分册文科编(29)　1979年

谢灵运山水诗五考——对水的审美意识及与楚辞的关系(谢灵运山水诗五考、その水に关する美意识と楚辞)　小西升　福冈教育大学纪要第1分册文科编(30)　1980年

《宋书·谢灵运传论》综说　兴膳宏　东方学(59)　1980年;《中国文艺思想史论丛》第一辑　北京:北京大学出版社　1984年5月;彭恩华译　《六朝文学论稿》　长沙:岳麓书社　1986年6月

谢灵运的爱国思想　钟优民　社会科学战线　1981年第4期;《谢灵运论稿》　济南:齐鲁书社　1985年10月

谢灵运诗中表现的特色——围绕其与《楚辞》的关连为中心(谢灵运の诗表现の特色——《楚辞》との关连を中心に)　铃木敏雄　中国中世文学研究(广岛大学)　1982年

谢灵运的世界观　钟优民　《文学评论丛刊》第16辑　北京:中国社会科学出版社　1982年10月

谢灵运的文学观　船津富彦　《小尾博士古稀纪念中国学论集》　东京:汲古书院　1983年

略论谢灵运对于山水诗的贡献　张明非　北京师范学院学报　1983年第1期

谢灵运的山水诗　钟优民　长春师院学报　1983年第1期;《谢灵运论稿》　济南:齐鲁书社　1985年10月

玄言·山水·谢灵运　蒲友俊　四川师院学报　1983年第3期

谢灵运美学思想钩玄　皮朝纲、詹杭伦　四川师院学报　1983年第3期;《谢灵运研究论集》　桂林:广西师范大学出版社　2001年7月

谢灵运的咏怀诗　钟优民　学术研究丛刊　1983年第4期;《谢灵运论稿》　济南:齐鲁书社　1985年10月

谢灵运之评价与梁代诗风演变　骆玉明、贺圣遂　复旦学报　1983年第6期

二谢的人品与文品　周建忠　学术论坛　1983年第6期

谢灵运山水诗论——山水中的体验和诗(谢灵运山水诗论——山水のなかの体验と诗)　衣川贤次　日本中国学会报　1984年

从"池塘生春草"中来——论谢朓对谢灵运诗的继承和发展　陈庆元　福建师大学报　1984年第1期

谢灵运山水诗辨议　胡明　江淮论坛　1984年第3期;《古典文学论丛》第4辑　济南:齐鲁书社　1986年2月;《谢灵运研究论集》　桂林:广西师范大学出版社　2001年7月

述评王夫之论谢灵运　宋绪连　辽宁大学学报　1984年第5期;《谢灵运研究论集》　桂林:广西师范大学出版社　2001年7月

中古文学丛考·谢灵运《初去郡》诗《文选》注辨　沈玉成、傅璇琮　《古代文学研究集》　北京:中国文联出版公司　1985年2月

风日流丽　景美趣遥——读谢灵运《石壁精舍还湖中作》　韦凤娟　《汉魏六朝诗歌赏集》　北京:人民文学出版社　1985年

7 月

初发芙蓉——读谢灵运《登池上楼》　林冠夫　《汉魏六朝诗歌赏集》　北京:人民文学出版社　1985 年 7 月

谢灵运诗歌艺术初探　皋于厚　天津社会科学　1985 年第 1 期

陶谢诗歌艺术的比较　袁行霈　九江师专学报　1985 年第 1、2 期合刊;《谢灵运研究论集》　桂林:广西师范大学出版社　2001 年 7 月

山水诗的鼻祖谢灵运　徐公持　文史知识　1985 年第 4 期

谢灵运山水诗结构初探　宋绪连　辽宁大学学报　1985 年第 5 期

论谢灵运　顾绍柏　学术论坛　1986 年第 1 期;《谢灵运研究论集》　桂林:广西师范大学出版社　2001 年 7 月

佛学与谢灵运的山水诗　张国星　学术月刊　1986 年第 11 期;《谢灵运研究论集》　桂林:广西师范大学出版社　2001 年 7 月

谢灵运生平事迹及作品系年　顾绍柏　《谢灵运集校注》　郑州:中州古籍出版社　1987 年 8 月

从士族文化心理观念看谢灵运山水诗　何锡光　南京大学研究生学报　1987 年第 2 期

谢灵运的政治态度和思想性格　沈玉成　社会科学战线 1987 年第 2 期;《谢灵运研究论集》　桂林:广西师范大学出版社 2001 年 7 月;《沈玉成文存》　北京:中华书局　2006 年 6 月

严羽论谢灵运——读《沧浪诗话》札记　陈庆元　贵州社会科学　1987 年第 2 期

谢灵运年谱中的几个问题　顾绍柏　社会科学家　1987年第5期

佛教与谢灵运及其诗　齐文榜　中州学刊　1988年第1期;文学遗产　1988年第2期

读谢疑考　周建忠　南都学刊　1988年第2期

说谢灵运《邻里相送至方山》 吴小如　名作欣赏　1988年第6期

谢灵运的诗风与谢玄晖的比较(谢灵运の诗风について谢玄晖との比较)　山本诚司　中国诗文论丛(7)　1989年

谢灵运诗华子冈麻源辨证　游国恩　《游国恩学术论集》 北京:中华书局　1989年1月

谢灵运佚诗考辨　张靖龙　文学遗产　1989年第2期;《谢灵运研究论集》 桂林:广西师范大学出版社　2001年7月

论谢灵运山水文学的创作经验　周勋初　文学遗产　1989年第5期;《魏晋南北朝文学论丛》 南京:江苏古籍出版社　1999年11月;《谢灵运研究论集》 桂林:广西师范大学出版社　2001年7月

谢灵运《辨宗论》和山水诗　钱志熙　北京大学学报　1989年第5期;《谢灵运研究论集》 桂林:广西师范大学出版社　2001年7月

谢灵运与山水诗的起源　赵昌平　中国社会科学　1990年第4期;《谢灵运研究论集》 桂林:广西师范大学出版社　2001年7月

谢灵运山居考辨　丁加达　杭州师范学院学报　1990年第5期

试论谢灵运创作山水诗的社会条件和审美心理　臧清　北京大学学报　1990年第5期

谢灵运事迹年表　汤用彤　《理学·佛学·玄学》　北京:北京大学出版社　1991年2月

山水文学之起源与谢灵运研究　饶宗颐　《文辙》　台北:学生书局　1991年11月;温州师范学院学报　1992年第4期;《饶宗颐二十世纪学术文集·文辙新编》　台北:新文丰出版社　2003年;北京:中国人民大学出版社　2009年9月

说"兴会标举"——论谢灵运的山水诗之一　管雄　《中国诗学》第1辑　南京:南京大学出版社　1991年12月

谢灵运山水诗的情景与其内心矛盾及中国古代的四季观念　胡大雷　《中国诗学》第1辑　南京:南京大学出版社　1991年12月

池塘生春草、园柳变鸣禽——关于中国第一位山水诗人谢灵运及其创作的一些探索　赵瑞蕻　南京大学学报　1991年第1期

谢灵运游雁荡山考　陈赞鼎　温州师范学院学报　1991年第2期

说谢灵运《从斤竹涧越岭溪行》　吴小如　名作欣赏　1991年第2期

谢灵运诗地名考三则　陈冰原　温州师范学院学报　1991年第2期

说谢灵运《七里濑》　吴小如　名作欣赏　1991年第3期

说"庄、老告退而山水方滋"——关于谢灵运的山水诗　管雄　文学遗产　1992年

陶渊明谢灵运与慧远　袁行霈　中国典籍与文化　1992年第1期

陶渊明与谢灵运诗比较谈　王志刚　松辽学刊　1992年第2期

谢灵运二题　沈洪保　温州师范学院学报　1992年第2期

“池塘生春草”非谢灵运梦惠连所得　于厚　镇江师专学报　1992年第2期

“狂人”谢灵运与庄子的“价值转换”　刘思刚　山东社会科学　1992年第3期

关于谢灵运(谢灵运について)　森野繁夫　中国学论集(5)　1993年7月

谢灵运生平及作品系年的几个问题　顾绍柏　文学遗产　1993年第2期

《宋书·谢灵运传论》与永明文学革新——兼论沈约的文学发展道路　钱志熙　求索　1993年第2期

谢朓诗所见谢灵运之投影(谢朓诗における谢灵运の投影)　小松英生　中国中世文学研究　1994年

谢灵运与宋文帝——灵运杂记1　森野繁夫　中国学论集(7)　1994年3月

谢灵运与谢惠连——灵运杂记2　森野繁夫　中国学论集(8)　1994年7月

论谢灵运《拟魏太子邺中集诗》　邓仕樑　《魏晋南北朝文学论集》　台北:文史哲出版社　1994年11月

谢灵运美学成就论　吴功正　浙江学刊　1994年第5期

论晋宋佛学对谢灵运山水审美观的影响　范琦　中州学刊　1994年第5期

中国文学与自然——以谢灵运为中心(中国文学と自然——谢灵运を中心に)　安藤信广　日本文学(84)　1995年

试论谢朓清丽山水——兼论谢朓对谢灵运诗风的变革　詹福瑞　《谢朓与李白研究》　北京:人民文学出版社　1995年9月

孤悬的个体:谢灵运生存悲剧论　程世和　陕西师大学报　1995年第1期

《诗品上·宋临川太守谢灵运诗》考辨　许云和　文献　1995年第1期

谢灵运山水诗"卒章多托玄思"新解　曾明　西南民族学院学报　1995年第1期

谢灵运的性情与其山水诗的成因　朱新法　江海学刊　1995年第6期

论谢灵运《拟魏太子邺中集诗八首并序》的美学特质——兼论汉晋诗赋中的拟作、代言现象及相关问题　梅佳玲　台大中文学报　1995年第7期

《文选·登江中孤屿》一诗之归类问题　游志诚　《昭明文选学术论考》　台北:台湾学生书局　1996年3月

"选自然之神丽"——谢灵运山水诗之探讨　王力坚　广东社会科学　1996年第1期

慧远的净土信仰与谢灵运的山水诗　李炳海　学术研究　1996年第2期

新发现的谢灵运佚文及《述祖德诗》佚注　罗国威　辽宁大学

学报　1996年第3期;《六朝文学与六朝文献》　成都:巴蜀书社　2010年3月

精雕细琢　穷形尽相——论谢灵运的山水诗　朱新法　江苏社会科学　1996年第6期

关于谢灵运的“赏心”　森野繁夫　《安田女子大学大学院文学研究科纪要》日本语学日本文学专业2(2)　1997年3月

谢瞻、谢灵运的文学与他们的周围——对彭城戏马台之宴游及作品的考察　佐藤正光　《魏晋南北朝文学论集》　南京:南京大学出版社　1997年9月

病患意识与谢灵运的山水诗　陈桥生　文学遗产　1997年第3期

论谢灵运山水诗中自然描写之特征(谢灵运山水诗における自然描写の特质)　牧角悦子　二松学舍大学东洋学研究所集刊　1998年

“达人”形象与谢氏门风——谢灵运《述祖德诗》析疑　齐益寿　《文化的馈赠——汉学研究国际会议》　1998年

谢灵运《临终诗》异文之商榷——兼论谢灵运之死　齐益寿　《第三届魏晋南北朝文学国际学术研讨会论文集》　台北:文史哲出版社　1998年8月

谢灵运的思想与文学　森野繁夫　《日本中国学会创立五十年纪念论文集》　东京:汲古书院　1998年10月

围绕谢灵运“池塘生春草”句——唐宋文学批评的一个侧面(谢灵运“池塘生春草”句をめぐって——唐宋文学批评の一侧面)　中森健二　学林　1999年

陶渊明与谢灵运——围绕其评价(陶渊明と谢灵运——その评价をめぐって)　鸟羽田重直　和洋国文研究　1999 年

元嘉九年至十年的谢灵运　森野繁夫　中国学论集(22)　1999 年 3 月

谢灵运的山水诗(谢灵运の山水诗)　森野繁夫　六朝学术学会报(1)　1999 年 10 月

谢客风容映古今——谢灵运生平与创作漫谈　钱志熙　中国典籍与文化　1999 年第 1 期

作为诗语的知觉动词——从陶渊明与谢灵运的诗歌谈起(诗的言语としての知觉动词——陶渊明と谢灵运の诗から)　堂园淑子　中国文学报　2000 年

"园柳变鸣禽"的版本异文及鉴赏问题(附:冈村繁教授关于《文选》版本的一封信)　李文初　《汉魏六朝文学研究》　广州:广东人民出版社　2000 年 6 月

谢灵运《拟邺中集八首》考论　刘则鸣　上海师范大学学报　2000 年第 1 期

大乘涅盘学与谢灵运的山水诗　普慧　陕西师范大学学报　2000 年第 4 期

谢灵运诗歌的士族色彩、情调之成因与表现　周唯一　湛江师范学院学报　2000 年第 4 期

观想念佛与谢灵运山水诗　李小荣　贵州大学学报　2000 年第 4 期

陶渊明与谢灵运——围绕生与死(陶渊明と谢灵运——生と死をめぐって)　森博行　大谷女子大学纪要　2001 年

谢朓与谢灵运——谢朓所表现的谢灵运的存在(谢朓と谢灵运——谢朓における谢灵运の存在)　森野繁夫　六朝学术学会报(2)　2001 年 3 月

谢灵运的思想　福永光司撰,宋红译　《日韩谢灵运研究译文集》　桂林:广西师范大学出版社　2001 年 7 月

通向山水诗的契机——以谢灵运为论　志村良治撰,宋红译　《日韩谢灵运研究译文集》　桂林:广西师范大学出版社　2001 年 7 月

中国山水诗的发展与谢灵运山水诗的特性　金万源　《日韩谢灵运研究译文集》　桂林:广西师范大学出版社　2001 年 7 月

谢诗用典之探析　李光哲　《日韩谢灵运研究译文集》　桂林:广西师范大学出版社　2001 年 7 月

谢灵运的"顿悟"说与山水诗　森野繁夫　《中国中世文学研究四十周年纪念论文集》　东京:白帝社　2001 年 10 月

谢氏家族兴衰与谢灵运、谢朓诗歌感情基调　杨东林　深圳大学学报　2001 年第 1 期

谢灵运与佛教　章沧授　聊城师范学院学报　2001 年第 1 期

东晋僧徒的山水诗与谢灵运　周铁项、齐文榜　中州学刊　2001 年第 1 期

近二十年谢灵运研究综述　孙海燕　安徽教育学院学报　2001 年第 1 期

谢灵运年谱考辨　宋红　文学遗产　2001 年第 1 期;《魏晋南北朝文学与文化论文集》　天津:南开大学出版社　2002 年 8 月

谢灵运被劾真相考——兼考谢灵运之卒期　李雁　文学遗产

2001年第5期;《魏晋南北朝文学与文化论文集》　天津:南开大学出版社　2002年8月(题目为:谢灵运被劾真相及死期考)

陶渊明、谢灵运与晋宋时期诗运之转关　马晓坤　江西社会科学　2001年第6期

朱弦一拂遗音在　却是当年寂寞心——永初三年出守永嘉后谢灵运心态探讨　马晓坤　辽宁大学学报　2001年第6期

谢灵运作品杂考　李雁　齐鲁学刊　2001年第6期

凝视的眼睛、移动的身体——围绕陶渊明与谢灵运的"风"(凝视する眼、移动する身体——陶渊明と谢灵运における"风"をめぐって)　松冈荣志　新しい汉字汉文教育　2002年

谢灵运诗的自然表现(谢灵运诗の自然表现)　森野繁夫《安田女子大学大学院文学研究科纪要(合册)》(8)　2002年

谢灵运之死——考辨与献疑　洪禹平　《千古诗魂:谢灵运研究专集》　北京:线装书局　2002年5月

谢灵运出守永嘉郡行踪事迹考　洪禹平　《千古诗魂:谢灵运研究专集》　北京:线装书局　2002年5月

从有寓意作用的《易经》的用法看陶渊明与谢灵运(寓意としての《易》の用法に见る陶渊明と谢灵运)　沼口胜　《中国读书人の政治と文学》　东京:创文社　2002年10月

《宋书·谢灵运传》考看沈约《宋书》中表现者称扬的方法(《宋书·谢灵运传》について:沈约《宋书》における表现者称扬の方法)　稀代麻也子　《中国读书人の政治と文学》　东京:创文社　2002年10月

对谢灵运山水诗历代评价之再认识　欧明俊　中国韵文学刊

2002年第1期

谢灵运山水诗的文化底蕴　魏晓彤　宁波大学学报　2002年第4期

论谢灵运山水诗的佛学意蕴　马晓坤　社会科学战线　2002年第4期

略论谢灵运的山水诗和李白的因革　许黎英　浙江学刊　2002年第5期

谢灵运山水诗刍议　吴在庆、李菁　固原师专学报　2002年第5期

评谢灵运诗所表现的生命活力　蒋凡、白振奎　《〈文选〉与"文选学":第五届文选学国际学术研讨会论文集》　北京:学苑出版社　2003年5月

谢灵运逸诗　曹道衡、沈玉成　《中古文学史料丛考》　北京:中华书局　2003年7月

释谢灵运《还旧园作见颜范二中书》　曹道衡、沈玉成　《中古文学史料丛考》　北京:中华书局　2003年7月

谢灵运袭爵及入仕　曹道衡、沈玉成　《中古文学史料丛考》　北京:中华书局　2003年7月

谢灵运与庐陵王义真　曹道衡、沈玉成　《中古文学史料丛考》　北京:中华书局　2003年7月

谢灵运《与庐陵王义真笺》与义真被杀年月　曹道衡、沈玉成　《中古文学史料丛考》　北京:中华书局　2003年7月

谢灵运与谢惠连　曹道衡、沈玉成　《中古文学史料丛考》　北京:中华书局　2003年7月

谢灵运“谋逆”辨　曹道衡、沈玉成　《中古文学史料丛考》　北京:中华书局　2003 年 7 月

谢灵运的“理”与陶渊明的“真”(谢灵运の“理”と陶渊明の“真”)　森野繁夫　中国学论集(35)　2003 年 8 月

谢灵运新研三题　顾农　山东师范大学学报　2003 年第 3 期

谢灵运的山水诗创作与谢氏家族风习　阮忠　华中师范大学学报　2003 年第 4 期

谢灵运研究中的两个问题　顾农　扬州大学学报　2003 年第 5 期

南朝文学的特质与谢灵运的生涯——山水诗研究序说(南朝文学の特质と谢灵运の生涯——山水诗研究序说)　清宫刚　米泽国语国文　2004 年

谢灵运诗与陶渊明(谢灵运の诗と陶渊明)　森野繁夫　中国学论集(36)　2004 年 2 月

谢灵运的思想　缪钺　《缪钺全集·第 7、8 卷,冰茧札记》　石家庄:河北教育出版社　2004 年 7 月

论《述祖德诗》　缪钺　《缪钺全集·第 7、8 卷,冰茧札记》　石家庄:河北教育出版社　2004 年 7 月

谢灵运的山水描写与“自然之理”(谢灵运の山水描写と“自然の理”)　森野繁夫　中国中世文学研究(45·46 合刊)　2004 年 10 月

《拟邺中集八首》的咏怀性质与谢灵运的接受心态　尚永亮、邓铁兰　中国韵文学刊　2004 年第 1 期

万事难并欢　达生幸可托——试论谢灵运的隐逸　王磊　中

山大学研究生学刊　2004年第1期

弥陀净土信仰与谢灵运的山水文学创作　普慧　学术月刊　2004年第3期

谢灵运山水诗的般若理趣　尹邦志　学术月刊　2004年第9期

谢灵运所见之道教思维的受容(谢灵运にみる道教的思维の受容)　北岛大悟　日本中国学会报　2005年

联系现代文注解论《文选》李善注中的"善曰言"的释义方式及其与五臣注的关联性——以《文选》第二十二卷谢灵运的诗解为例(《文选》李善注"善曰言"の解释と五臣注、及び现代の注释との关联——《文选》卷二十二谢灵运の诗解释を中心)　佐藤正光　六朝学术学会报(6)　2005年;《中国古代文学文献学国际学术研讨会论文集》　南京:凤凰出版社　2006年1月;长春师范学院学报　2008年第7期(题目为:《文选》李善注"善曰言"的解释和五臣注以及现代注释之间的关联——以《文选》卷二十二谢灵运的诗的解释为中心);《扬州文化研究论丛》第2辑　扬州:广陵书社　2008年11月

谢灵运与颜延之(谢灵运と颜延之)　森野繁夫　安田女子大学大学院文学研究科纪要(合册)(11)　2005年;《中国中古文学研究》　北京:学苑出版社　2005年12月

谢灵运的山水表现——光辉、生气、清新(谢灵运の山水表现—辉き·生气·清新)　森野繁夫　中国学论集(40)　2005年7月

论谢灵运及其山水诗——兼论"庄、老告退,而山水方滋"

汪春泓　《中国中古文学研究》　北京:学苑出版社　2005 年 12 月

谢灵运未交游陶渊明探说　王辉斌　九江学院学报　2005 年第 1 期

谢灵运与慧远交游考论　姜剑云　太原师范学院学报　2005 年第 2 期;《文史索隐——晋唐文学杂考》　北京:人民出版社　2017 年 7 月

谢灵运流放广州时间及死因考　张小夫　兰州学刊　2005 年第 3 期

谢灵运文艺思想管窥　白崇　求索　2005 年第 5 期

谢灵运年谱　侯云龙　吉林师范大学学报　2005 年第 5 期

谢灵运翻译《金刚经》小考　姜剑云　文学遗产　2005 年第 6 期

论谢灵运与佛教的关系　王永波、王辉斌　贵州社会科学　2005 年第 6 期

谢灵运与慧严、慧观　姜剑云　河北大学学报　2005 年第 6 期

谢灵运与"涅盘圣"竺道生　姜剑云　广州大学学报　2005 年第 9 期

谢灵运山水诗的特质——从与老・庄・佛之关联谈起(谢灵运の山水诗の特质——老・庄・佛との关连から)　清宫刚　山形县立米泽女子短期大学纪要　2006 年

日本中世禅林中的谢灵运受容——以初期情况为例(日本中世禅林における谢灵运受容——初期の场合)　太田亨　中国古典文学研究　2006 年

怎样读谢灵运的山水诗　沈玉成　《沈玉成文存》　北京:中

华书局 2006年6月

谢灵运理想人格与现实人格的矛盾 王芳 《中国学研究》第9辑 济南:济南出版社 2006年8月

论谢灵运的“心杂”——中国传统文人的一面镜子 史文 兰州学刊 2006年第1期

谢灵运《拟魏太子邺中集诗八首》中的邺下之游 孙明君 陕西师范大学学报 2006年第1期

谢灵运《庐陵王墓下作》解读 顾农 古典文学知识 2006年第2期

言意之辨——谢灵运山水诗的内驱力 张金梅 学术论坛 2006年第2期

论谢灵运山水诗对慧远佛教美学思想的创造性发展 蔡彦峰 南京师范大学文学院学报 2006年第3期

谢灵运与佛教人物的交往考 王辉斌 襄樊学院学报 2006年第3期

《拟魏太子邺中集诗八首》作年臆度 孙明君 文学遗产 2006年第3期

谢灵运诗中的身体意识 卢明辉 南京师大学报 2006年第3期

论玄学与谢灵运山水诗 王辉斌 北京化工大学学报 2006年第4期

谢灵运的庄园山水诗 孙明君 北京大学学报 2006年第4期

谢灵运山水诗新探 王琳、李存霞、杜瑞平 中北大学学报

2006 年第 5 期

谢灵运诗《邻里相送至方山》解读　顾农　《文选论丛》　扬州:广陵书社　2007 年 9 月

谢灵运诗《庐陵王墓下作》解读　顾农　《文选论丛》　扬州:广陵书社　2007 年 9 月

试论《文选》二谢诗　张亚新　《中国文选学:第六届文选学国际学术研讨会论文集》　北京:学苑出版社　2007 年 9 月

谢灵运诗文系年　皋于厚　《汉魏六朝文学论稿》　南京:东南大学出版社　2007 年 12 月

谢灵运与"头陀僧"昙隆交游考　姜剑云　江西师范大学学报　2007 年第 1 期;《文史索隐——晋唐文学杂考》　北京:人民出版社　2017 年 7 月

格调与感悟——兼谈谢灵运诗歌的被解读与王夫之对谢灵运诗歌的批评　黄河　华侨大学学报　2007 年第 2 期

谢灵运山水诗风景骈句的形态分析　刁文慧　中国文化研究　2007 年第 2 期

净土观想与谢灵运山水意象及意境之关系略探　李小荣、张志鹏　社会科学研究　2007 年第 5 期

谢灵运永嘉郡吏治考辨　潘懿丹　温州大学学报　2007 年第 5 期

谢灵运、谢朓诗风比较论　赵厚均　重庆社会科学　2007 年第 5 期

谢灵运《拟魏太子邺中诗八首》二题　孙明君　文学研究　2008 年

纪念文才：谢灵运拟应玚诗考　李吉儿　T'ang　Studies(26)　2008年

谢灵运对涅盘佛性的认识与诗文创作　姜剑云、王岩峻　中国诗歌研究动态　2008年第1期

关于谢灵运诗歌的文献学问题　周兴陆　复旦学报　2008年第2期

论谢灵运的“文体宜兼　以成其美”的创作观　唐爱明　殷都学刊　2008年第2期

论谢灵运的文学思想　姜剑云、霍贵高　钦州学院学报　2008年第2期

谢灵运、王维山水诗之诗学阐释　于俊利　求索　2008年第11期

沈约《宋书·谢灵运传》考(沈约《宋书·谢灵运传》について)　森野繁夫　中国中世文学研究　2009年

李善注“事无高玩，而情之所赏，即以为美”考——与谢灵运《从斤竹涧越岭溪行》诗中“情”的解释相关(李善注“事无高玩，而情之所赏，即以为美”考——谢灵运《从斤竹涧越岭溪行》诗の“情”の解释に关わって)　佐竹保子　集刊东洋学(101)　2009年

谢灵运诗“源出于陈思　杂有景阳之体”考论　李光哲　四川师范大学学报　2009年第2期

谢灵运《会吟行》创作背景考　巴国焱　濮阳职业技术学院学报　2009年第6期

超越之场：山水对于谢灵运的意义　蒋寅　文学评论　2010

年第 2 期

谢灵运与家族成员交游及其文学　张晓庆　宝鸡文理学院学报　2010 年第 5 期

道教对谢灵运及其诗文的影响　刘育霞、徐传武　北方论丛　2010 年第 6 期

谢灵运"奉道"与"信佛"辨　吴冠文　浙江学刊　2011 年第 1 期

"隐逸诗"辨:从田园到山水——以陶渊明、王维、谢灵运为人物表　夏中义　中山大学学报　2011 年第 5 期

玄学与谢灵运诗歌考论　蔡彦峰　南京师范大学文学院学报　2012 年第 3 期

南齐诗"谢灵运体"及"傅咸、应璩体"辨析　童岭　兰州大学学报　2012 年第 3 期

谢灵运仕前新考三题　孙宝　周口师范学院学报　2012 年第 4 期

谢客去后的永嘉山水——从地域文学经典的角度论谢灵运温州诗风中的传承　钱志熙　第二届江南文化论坛——江南都市与中国文学　2013 年

谢灵运《游南亭》诗中的"赏心"——与《惟良知》解释之关联　佐竹保子　集刊东洋学(109)　2013 年

关于谢灵运山水诗美的再认识——与蒋寅先生商榷　刁文慧　《中国诗歌研究》第 9 辑　北京:社会科学文献出版社　2013 年 9 月

谢灵运《述祖德诗》发微——兼及晋宋之际陈郡阳夏谢氏子

弟的境遇 陈庆元 《融通与新变:世变下的中国知识分子与文化》 新北:华艺学术出版 2013年10月

论谢灵运对美的观点 朱晓海 《古代文学理论研究:美的观点与中国文论》 上海:华东师范大学出版社 2013年12月

他者视野中的谢灵运——英语世界谢灵运诗歌的译介与研究 黄莉、晏生宏 中外文化与文论 2013年第3期

关于谢灵运年谱中的几个问题 宋红 国学 2014年

谢灵运年谱汇考 宋红 《中古作家年谱汇考辑要》 西安:世界图书西安出版公司 2014年6月

谢灵运《拟魏太子邺中集诗八首并序》的《文选》式阅读 陈志信 《古典文献研究》第17辑上 南京:凤凰出版社 2014年11月

谢灵运入莲社辨 刘蕻 九江学院学报 2014年第1期

视角的差异——20世纪有关谢灵运年谱传记观点之研究 陶玉璞 中国诗歌研究动态 2014年第2期

读《文选》笔记二则(陆机、谢灵运) 顾农 文心学林 2014年第2期

有关谢灵运《拟魏太子邺中集诗》的几个问题 郭晨光 福建论坛 2014年第8期

浅析《昭明文选》两家注——以《述祖德诗二首》部分句子为例 马朝阳 长春师范大学学报 2015年第3期

元嘉三大家永嘉郡事迹考 钱志熙 中国典籍与文化 2015年第4期

王谢家族交恶与谢灵运之死考 董志广 历史教学(下半月

刊） 2015年第7期

谢灵运著述考略 姜剑云 《文史索隐——晋唐文学杂考》 北京:人民出版社 2017年7月

谢灵运年谱辑要 张兆勇 《谢灵运集笺释》 北京:中国社会科学出版社 2017年9月

从谢灵运到谢朓:南朝士族文人思想性格之演变 付英超 《国学季刊》第7期 济南:山东人民出版社 2017年10月

《文选》李善注"以赋注诗"现象研究——以《文选》谢氏行旅诗注为例 曾朝骄 合肥学院学报 2017年第3期

王弘奏免谢灵运事考 洪绵绵 文学遗产 2017年第4期

《文选》所录谢灵运行旅诗的情感内蕴及诗史意义 宋展云 中南民族大学学报 2017年第5期

《昭明文选》中谢灵运山水诗艺术内蕴 林奥妮 成都师范学院学报 2017年第9期

谢灵运年谱新编 姜剑云、霍贵高 《谢灵运新探与解读》 北京:中华书局 2018年12月

《谢灵运集》佚文汇辑 姜剑云、霍贵高 《谢灵运新探与解读》 北京:中华书局 2018年12月

谢灵运研究相关论文索引 姜剑云、霍贵高 《谢灵运新探与解读》 北京:中华书局 2018年12月

谢灵运集成书及版本考论 刘明 天中学刊 2018年第2期

移情入境与角色扮演——谢灵运《拟魏太子邺中集八首》探微 张嘉慧、宋展云 扬州文化研究论丛 2018年第2期

从《邺中集》到《拟魏太子邺中集诗》——曹丕书写建安文学

史的历史意义　许云和　文学遗产　2018年第6期

谢灵运“池塘生春草”新解　董龙光　兰州教育学院学报 2018年第9期

韦　孟

《文选》收录篇目：

《讽谏诗》

论文

旧题韦孟《讽谏》《在邹》创作时代辨正　部同麟　南京师范大学文学院学报　2017年第4期

刘桢(刘公干)

《文选》收录篇目：

《公宴诗》《赠五官中郎将》四首、《赠徐干》《赠从弟》三首、《杂诗》

著作

阮瑀应玚刘桢合集校注　林家骊　石家庄:河北教育出版社 2013年6月

论文

刘桢考　中川薰　鸟取大学学艺部研究报告　1955年

刘桢传　中川薰　斯文　1956年

论刘桢的诗(刘桢の诗について)　中川薰　鸟取大学学艺部

研究报告　1957年

刘桢《赠徐干》诗写作年代考　黎活仁　抖擞(43)　1981年

中古文学丛考·刘桢事迹钩沉　沈玉成、傅璇琮　《古代文学研究集》　北京:中国文联出版公司　1985年2月

真骨凌霜,高风脱俗——从《赠从弟》看刘桢的诗风　薛崧云　淮阴师专学报　1985年第3期

刘桢籍贯考辨　舟子　文学遗产　1988年第2期

谈前人对刘桢诗的评价　王运熙　《古代文学理论研究丛刊》第14辑　上海:上海古籍出版社　1989年12月;《汉魏六朝唐代文学论丛　增补本》　上海:复旦大学出版社　2002年5月

刘桢(评传)　王运熙　《中国历代著名文学家评传》(续编)　济南:山东教育出版社　1989年12月;《汉魏六朝唐代文学论丛　增补本》　上海:复旦大学出版社　2002年5月

徐干、陈琳、应玚、刘桢籍里歧说考略　王发国、何斌　西南民族学院学报　1991年第2期

刘桢论　顾农　齐鲁学刊　1992年第2期

论刘桢　宋景昌　殷都学刊　1992年第4期

刘桢赠答诗论　龟山朗　中国文学报(47)　1993年10月

刘桢新论　魏宏灿　阜阳师院学报　1993年第1期

刘桢为宁阳何处人　徐传武　文献　1996年第2期

刘梁、刘桢故里及世系、行辈试说　杜贵晨　泰安教育学院学报岱宗学刊　2002年第3期

刘桢《赠五官中郎将》诗　曹道衡、沈玉成　《中古文学史料丛考》　北京:中华书局　2003年7月

刘桢籍贯、输作及年岁　曹道衡、沈玉成　《中古文学史料丛考》　北京:中华书局　2003 年 7 月

“与君共翱翔”:刘桢《赠五官中郎将诗》四首　吴伏生　Journal of the American Oriental Society 129.4　2009 年

刘桢作品中的反讽与死亡　魏宁(Williams, Nicholas Morrow)　Bulletin of the Jao Tsung-I Academy of Sinology1　2014 年

经学素养对刘桢生平及诗歌创作的影响　袁亚铮　新疆大学学报　2015 年第 6 期

应玚(应德琏)

《文选》收录篇目:

《侍五官中郎将建章台集诗》

著作

阮瑀应玚刘桢合集校注　林家骊　石家庄:河北教育出版社　2013 年 6 月

论文

试论应玚的文学思想及创作　曹立波、戚津红　北方论丛　1988 年第 1 期

徐干、陈琳、应玚、刘桢籍里歧说考略　王发国、何斌　西南民族学院学报　1991 年第 2 期

应玚论　顾农　临沂师专学报　1993 年第 1 期

应玚论　魏宏灿　阜阳师院学报　1994 年第 2 期

关于应玚事迹的臆测　曹道衡　《文史》第 54 辑　北京:中华

书局 2001年6月;《中古文史丛稿》 保定:河北大学出版社 2003年10月;《曹道衡文集》卷二 郑州:中州古籍出版社 2018年4月

应玚早年漂泊与曹植《送应氏》诗 曹道衡、沈玉成 《中古文学史料丛考》 北京:中华书局 2003年7月

说《文选》诗二题(《侍五官中郎将建章台集诗》) 顾农 《扬州文化研究论丛》第4辑 扬州:广陵书社 2009年12月

阮瑀、应玚的文质论及创作异同 刘天栋 牡丹江教育学院学报 2009年第3期

应玚赋作略论 尚岩 西藏民族学院学报 2010年第6期

陆云(陆士龙)

《文选》收录篇目:

《大将军宴会被命作诗》《为顾彦先赠妇》二首、《答兄机》《答张士然》

著作

陆云集 黄葵 北京:中华书局 1988年8月

陆云研究 佐藤利行 东京:白帝社 1990年5月;重庆:西南师范大学出版社 1995年10月

陆云及其作品研究 林芬芳 台北:文津出版社 1997年

陆云诗索引 小川恒男、佐藤利行 东京:白帝社 2001年10月

陆机陆云年谱 俞士玲 北京:人民文学出版社 2009年2月

陆士龙文集校注 刘运好 南京:凤凰出版社 2010年12月

吴郡二陆文学研究　马荣江　北京：社会科学文献出版社　2014年6月

论文

陆云《与兄书》——其中有关文学论的考察（陆云《兄への书简》——その文学论考察）　釜谷武志　中国文学报（28）　1977年

六朝文人传——陆机陆云（《晋书》）　长谷川滋成　中国中世文学研究（13）　1978年9月

陆云"清省"的美学观　肖华荣　文史哲　1982年第1期

陆云的生涯（1—3）　佐藤利行　安田女子大学纪要（16、17、18）　1988年、1989年、1990年

试论陆机陆云的《为顾彦先赠妇》　曹道衡　河北师院学报　1989年第1期；《中古文学史论文集续编》　台北：文津出版社　1994年7月

二陆与张华　佐藤利行　中国中世文学研究（20）　1991年

二陆与潘尼　佐藤利行　安田女子大学纪要（20）　1992年

关于入洛后的二陆　佐藤利行　日本中国学会报（44）　1992年10月

略论陆云的文学主张　胡大雷　广西民族学院学报　1992年第3期

陆机、陆云仕晋宦迹考　蒋方　湖北大学学报　1995年第3期

我若西流水，子如东峙岳——陆机・陆云（我は西に流るる水の若し、子は东に峙つ岳たらん——陆机・陆云）　木津佑子　月刊しにか　1999年

陆机陆云思想趣向探微　周国林　华中师范大学学报　2000年第1期

文学情感论:附情而言——陆云文学思想述评之一　周昌梅　孝感学院学报　2000年第3期

西晋文人关系论——陆云与严隐(西晋文人关系论——陆云と严隐)　佐藤利行　广岛大学大学院文学研究科论集　2001年

论陆机陆云兄弟之死　王永平　南京晓庄学院学报　2002年第3期

论陆云"文贵清省"的创作思想　姜剑云　上海师范大学学报　2002年第4期

陆云"雅好清省"的文学审美观　龚斌　《古代文学理论研究》第21辑　上海:华东师范大学出版社　2003年12月

陆机陆云分裂人格探析　胡秋银　临沂师范学院学报　2003年第5期

清正而文弱:陆云的人生道路与人格精神　姜剑云　陕西师范大学继续教育学报　2004年第2期

陆云生平事迹二题　顾农　文学遗产　2004年第3期

陆云文学思想新论——兼与陆机比较　温小腾　语文学刊　2005年第17期

陆机、陆云与吴王晏　顾农　《文选论丛》　扬州:广陵书社　2007年9月

试论陆云的文学创作　彭鸿程　湖北社会科学　2008年第1期

论陆云文学思想对钟嵘《诗品》的影响　廉水杰　文学前沿

2009年第1期

张华对陆云文学批评的影响 曾毅 四川师范大学学报 2009年第4期

二陆所居之华亭 杨明 《欣然斋笔记》 上海:东方出版中心 2010年5月

陆士龙年谱 刘运好 《陆士龙文集校注》 南京:凤凰出版社 2010年12月

陆云研究综述 彭鸿程 长春工业大学学报 2011年第4期

《文选》里的陆云 顾农 《扬州文化研究论丛》第10辑 扬州:广陵书社 2012年12月

"二陆"的悲情与创作 刘跃进 北京联合大学学报 2012年第3期

元康二年(292)陆云未曾入洛——与顾农先生《陆机还乡及其相关作品》商榷 李剑清 文学遗产 2014年第4期

以"自然"为本体:陆云诗学思想论 刘运好 安徽师范大学学报 2014年第5期

《文选》中的陆云诗 顾农 广西师范大学学报 2015年第1期

陆云入洛问题探析——兼答李剑清先生 顾农 中原文化研究 2015年第3期

清正而文弱:陆云考述 姜剑云 《文史索隐——晋唐文学杂考》 北京:人民出版社 2017年7月

从吴郡到洛阳——论西晋统一王朝中的陆机、陆云 戴燕 《远游越山川:魏晋南北朝文学史研究论集》 上海:复旦大学出版社

2017 年 10 月

应贞(应吉甫)

《文选》收录篇目:

《晋武帝华林园集诗》

论文

平庸的文人应贞　顾农　《文选论丛》　扬州:广陵书社　2007 年 9 月

西晋三作家论(孙楚、应贞、夏侯湛)　顾农　《〈文选〉学与楚文化——纪念李善逝世 1317 周年国际学术研讨会》　武汉:武汉出版社　2008 年 8 月

谢瞻(谢宣远)

《文选》收录篇目:

《九日从宋公戏马台送孔令》《王抚军庾西阳集别作诗》《张子房诗》《答灵运》《于安城答灵运》

论文

论晋末宋初诗人谢瞻　李世萼　山东大学学报　1992 年第 2 期

谢瞻、谢灵运的文学与他们的周围——对彭城戏马台之宴游及作品的考察　佐藤正光　《魏晋南北朝文学论集》　南京:南京大学出版社　1997 年 9 月

谢瞻仕历　曹道衡、沈玉成　《中古文学史料丛考》　北京:中

华书局 2003年7月

谢瞻行第及年岁 曹道衡、沈玉成 《中古文学史料丛考》 北京:中华书局 2003年7月

谢瞻《王抚军庾西阳集别》诗 曹道衡、沈玉成 《中古文学史料丛考》 北京:中华书局 2003年7月

谢瞻《九日从宋公戏马台集送孔令诗》 曹道衡、沈玉成 《中古文学史料丛考》 北京:中华书局 2003年7月

从刚躁负气到处贵遗权——谈东晋山水诗人谢瞻 丁福林 古典文学知识 2003年第5期

谢瞻评传 丁福林 《半室斋文学论稿》 南京:凤凰出版社 2014年11月

《文选》谢瞻诗与陶集《于王抚军座送客》诗辨伪——兼论《文选》五臣注的价值及对古人权威注疏的吸收与扬弃 钟书林 《现代学术视野下的〈文选〉研究》 北京:中国社会科学出版社 2016年7月

范晔(范蔚宗)

《文选》收录篇目:

《乐游应诏》《后汉书皇后纪论》《后汉二十八将论》《宦者传论》《逸民传论》《后汉光武纪赞》

著作

范晔与其《后汉书》 戴蕃豫 上海:商务印书馆 1941年4月

范晔评传(上下) 瞿林东、李珍 南京:南京大学出版社

2006年7月;2011年4月

范晔之人格与风格 钟书林 北京:中国社会科学出版社 2010年6月

论文

范蔚宗年谱 张述祖 史学年报 1940年12月第3卷第2期;《文选学研究》 北京:国家图书馆出版社 2010年11月

论范晔之死 陈光崇 史学史资料 1980年第1期

范晔《后汉书》的序和论 王运熙 《汉魏六朝唐代文学论丛》 上海:上海古籍出版社 1981年10月

范晔的折中思想及其生平 陈千钧 东北师大学报 1982年第2期

范晔卒年及《后汉书》始撰年辨 徐志啸 社会科学辑刊 1984年第3期

范晔(评传) 赵志汉、林剑鸣 《中国史学家评传》 郑州:中州古籍出版社 1985年3月

范晔籍贯考 龚剑锋 史学史研究 1987年第1期

谈范晔《后汉书》的序、论、赞 赵国华 华中师范大学学报 1988年第1期

谈谈范晔的史论 施丁 学术月刊 1988年第8期

范晔(评传) 王达津 《中国历代著名文学家评传》(续编) 济南:山东教育出版社 1989年12月

《后汉书》论赞之价值 饶宗颐 《文辙》 台北:学生书局 1991年11月;《饶宗颐二十世纪学术文集·文辙新编》 台北:新文

丰出版社 2003年;北京:中国人民大学出版社 2009年9月

范晔的文学主张 徐志啸 上海师范大学学报 1991年第3期

范晔《后汉书》研究二题 臧云浦 徐州师范学院学报 1993年第1期

范晔《后汉书》的进步思想倾向 赵淡元 西南师范大学学报 1993年第1期

范晔卒年辨正 韩杰 史学月刊 1995年第1期

沈约《宋书·范晔传》考辨 刘重来 文献 1995年第3期

范晔《后汉书》序论赞评析 王春淑 四川师范大学学报 1998年第4期

范晔与佛教 福井重雅撰,曹虹译 《古代文献研究》第7辑 南京:凤凰出版社 2004年7月

东汉逸民的归隐及其与统治者的互动——读范晔《后汉书·逸民列传》 邹明军 内江师范学院学报 2004年第1期

从骈俪倾向谈范晔《后汉书》的序、论 程方勇 中国社会科学院研究生院学报 2005年第1期

范晔"谋反"新说——兼论沈约对范晔的评价 瞿林东 安徽史学 2006年第1期

范晔的文学审美论及其贡献 吴功正 扬州大学学报 2007年第2期

范晔《后汉书》序论赞的文学特色 彭利辉 湖南第一师范学报 2007年第3期

范晔之死及其文化象征意义 曹旭、全亮 上海师范大学学

报　2014 年第 1 期

丘迟(丘希范)

《文选》收录篇目：

《侍宴乐游苑送张徐州应诏》《旦发渔浦潭》《与陈伯之书》

论文

全梁文卷五六　钱锺书　《管锥编》第四册　北京:中华书局　1979 年 8 月

感人肺腑的骈文杰作——读丘迟《与陈伯之书》　方永耀　名作欣赏　1980 年第 2 期

丘迟的《与陈伯之书》　许革非　语言学习　1981 年第 10 期

齐梁间的散文佳品——读丘迟的《与陈伯之书》　徐公持　文史知识　1982 年第 7 期

理直·情真·言宜——读《与陈伯之书》　何必、李运瑛　北京师范大学学报　1988 年第 6 期

丘迟(评传)　魏明安　《中国历代著名文学家评传》(续编)　济南:山东教育出版社　1989 年 12 月

《与陈伯之书》注释质疑　杜秉庄　语文学习　1989 年第 11 期

丘迟《与陈伯之书》注释商榷　潘筱成　镇江师专学报　1990 年第 2 期

尺书敌他人千兵——读丘迟《与陈伯之书》　王洪震　古典文学知识　1990 年第 5 期

论丘迟《与陈伯之书》(丘遅の与陈伯之书について) 福井佳夫 中京大学文学部纪要 1991年

《与陈伯之书》"霜露所均"新说 熊清元 黄冈师专学报 1995年第1期

再论丘迟《侍宴乐游苑送张徐州应诏诗》 曹道衡 文学遗产 1997年第6期

丘迟《侍宴乐游苑送徐州应诏诗》诗题新证 熊清元 古籍研究 1998年第4期

《文选》丘希范公宴诗题无"张"字说新证 熊清元 黄冈师专学报 1999年第2期

丘迟年谱 尹曙光 四川师范学院学报 2001年第1期

丘迟年谱 阮爱东 湖北大学学报 2002年第4期

丘迟《侍宴乐游苑送张徐州应诏诗》辨 曹道衡、沈玉成 《中古文学史料丛考》 北京:中华书局 2003年7月

丘迟仕历 曹道衡、沈玉成 《中古文学史料丛考》 北京:中华书局 2003年7月

丘迟和他的《与陈伯之书》 顾农 名作欣赏 2005年第19期;《文选论丛》 扬州:广陵书社 2007年9月

陈言纵横文近旨远——《与陈伯之书》和《为幽州牧与彭宠书》的比较阅读 王树槐 甘肃教育 2008年第11期

以文脉逻辑递进贯穿骈句——读丘迟《与陈伯之书》 孙绍振 语文建设 2018年第31期

沈约(沈休文)

《文选》收录篇目:

《应诏乐游饯吕僧珍》《别范安成》《钟山诗应西阳王教》《宿东园》《游沈道士馆》《早发定山》《新安江水至清浅深见底贻京邑游好》《和谢宣城诗》《应王中丞思远咏月》《冬节后至丞相第诣世子车中作》《直学省愁卧》《咏湖中雁》《三月三日率尔成》《奏弹王源》《宋书谢灵运传论》《恩倖传论》《齐安陆昭王碑文》

著作

沈休文诗注　郝立权　济南:齐鲁大学出版社　1935年

沈约年谱　铃木虎雄著,马导源编译　上海:商务印书馆　1935年3月

沈约及其学术探究　姚振黎　台北:文史哲出版社　1989年3月

沈约集校笺　陈庆元　杭州:浙江古籍出版社　1995年12月

沈约研究　林家骊　杭州:杭州大学出版社　1999年8月

沈约集逐字索引　刘殿爵、陈方正、何志华　香港:香港中文大学出版社　2000年6月

隐逸与文学——以陶渊明与沈约为中心(隠逸と文学陶渊明と沈约を中心に)　今场正美　京都:朋友书店　2004年

沈约诗歌研究管窥　陈瑜　长春:吉林人民出版社　2014年9月

论文

沈约年谱　伍俶　中山大学文史研究所周刊　1931年7月第1

卷第1期

沈约的诗论及诗作 大矢根文次郎 早稻田大学教育学部学术研究人文·社会·自然(1) 1952年10月

沈约文集考证 小尾郊一 中国中世文学研究(1) 1961年

南朝士大夫精神之一面——论沈约(南朝士大夫の精神の一面——沈约について) 纲祐次 斯文(30) 1961年3月

艳诗的形成与沈约 兴膳宏 日本中国学会报(24) 1972年10月

六朝文人传——沈约(《梁书》) 森野繁夫 中国中世文学研究(13) 1978年9月;中国中世文学研究(41) 2002年3月

宋书《谢灵运传论》与文学史的自觉 林田慎之助 《中国中世文学评论史》 东京:创文社 1979年

全梁文卷二七 钱锺书 《管锥编》第四册 北京:中华书局 1979年8月

沈约籍贯考 崔富章 杭州大学学报 1980年第1期

沈约任东阳太守的时间 陈庆元 浙江师范学院学报 1982年第3期

诗体的重大变革——重评沈约"声律论"和"永明体"诗 张桎寿 云南社会科学 1982年第4期

沈约(评传) 王达津 《中国历代著名文学家评传》第一卷 济南:山东教育出版社 1983年5月;《古典文学研究丛稿》 成都:巴蜀书社 1987年12月

沈约何时"贵盛"小考 李增文 辽宁大学学报 1984年第3期

沈约(评传)　刘静夫　《中国史学家评传》　郑州:中州古籍出版社　1985年3月

论沈约对诗律学的贡献　徐青　湖州师专学报　1985年第4期

论沈约《奏弹王源》(沈约の奏弹王源について)　中森健二　学林(立命馆文学)　1986年

江淹、沈约和南齐诗风　曹道衡　河北师院学报　1986年第2期;《中古文学史论文集续编》　台北:文津出版社　1994年7月;《汉魏六朝文学论文集》　桂林:广西师范大学出版社　1999年9月;《曹道衡文集》卷三　郑州:中州古籍出版社　2018年4月

沈约隐逸思想探原　姚振黎　中央大学人文学报　1987年6月第5期

沈约文学批评六论　陈庆元　福建师范大学学报　1987年第4期

沈约评传　穆克宏　《中国古代文论家评传》　郑州:中州古籍出版社　1988年8月

沈约诗的韵部　徐青　湖州师专学报　1990年第2期

从武力强宗到文化士族——吴兴沈氏的衰微与沈约的振起跃进　浙江学刊　1990年第4期

沈约声律论新探　张静文　广西师范大学学报　1991年

沈约诗歌简论　林家骊　殷都学刊　1991年第1期

沈约诗歌的评价和在文学史上的地位　林家骊　杭州大学学报　1991年第2期

沈约著作佚存考　兆吉、懿诚　西北第二民族学院学报　1991

年第4期

士庶天隔 文心相通——刘勰、沈约文学思想异同论 刘跃进 江淮论坛 1991年第5期

《宋书·谢灵运传论》与永明文学革新——兼论沈约的文学发展道路 钱志熙 求索 1993年第2期

《文选·齐故安陆昭王碑文》的几个校注问题 陈延嘉 长春师范学院学报 1993年第2期;《文选学研究论文集》 长春:吉林人民出版社 2006年12月

从《宋书》史论看沈约对现实的认识 李润和 文史哲 1993年第3期

从《宋书》史论看沈约的天命观与处世观 李润和 中国史研究 1994年第1期

沈约事迹诗文系年 陈庆元 《沈约集校笺》 杭州:浙江古籍出版社 1995年12月

沈约与《楚辞》 林家骊 中州学刊 1995年第1期

沈约《奏弹王源》与南朝士风考辨——读《文选》札记 程章灿 传统文化与现代化 1995年第6期;《文选学新论》 郑州:中州古籍出版社 1997年10月;《世族与六朝文学》 哈尔滨:黑龙江教育出版社 1998年10月

沈约事迹二考 林家骊 《文史》第41辑 北京:中华书局 1996年4月

一代辞宗——齐梁之际文坛领袖沈约 陈庆元 辽宁大学学报 1996年第3期

沈约的事道及其仙道诗 陈庆元 古典文学知识 1996年第

5 期

论沈约与《沈约集》　陈庆元　《魏晋南北朝文学论集》　南京:南京大学出版社　1997 年 9 月

沈约任昉年谱　罗国威　《学术集林》卷 12　上海:上海远东出版社　1997 年 12 月;《六朝作家年谱辑要》　哈尔滨:黑龙江教育出版社　1999 年 1 月;《六朝文学与六朝文献》　成都:巴蜀书社　2010 年 3 月;《古典文献研究辑刊》第 25 编　第 8 册　《昭明文选丛考》　新北:花木兰文化出版社　2017 年

沈约籍贯故里考　林家骊　杭州大学学报　1997 年第 2 期

沈约批评述论　李显雨　江汉论坛　1997 年第 4 期;《中国学研究》第 1 辑　北京:中国书籍出版社　1997 年 9 月

论颜谢、沈谢齐梁间地位的升降得失　陈庆元　《第三届魏晋南北朝文学国际学术研讨会论文集》　台北:文史哲出版社　1998 年 8 月;文学遗产　1999 年第 1 期

论沈约的咏物诗　常为群　南京师大学报　1998 年第 4 期

沈约简论　沈元祺　苏州教育学院学报　1999 年

“一代辞宗”的全面深入研究——读《沈约研究》　黄桦　浙江大学学报　2000 年第 1 期

沈约声病说新探　井上一之　学海　2000 年第 2 期

论沈约的门第观、政治地位、文学地位及其关系　吴建辉　湘潭大学学报　2000 年第 2 期

沈约《宋书》史论四题　孔毅　南京师专学报　2000 年第 2 期

论沈约的隐逸诗与游仙诗　常为群　盐城师范学院学报　2000 年第 3 期

论沈约的“文章三易”说 林家骊 浙江大学学报 2000年第4期

沈约“四声”说本于传统文化之四象理论 陈顺智 武汉大学学报 2000年第5期

沈约的文学理论 井上一之 《古代文学理论研究》第19期 上海:华东师范大学出版社 2001年7月

沈约诗文系年 林家骊 《文史》第55辑 北京:中华书局 2001年7月

诗伯文宗 泽被久远——论沈约在齐梁诗坛的地位及其影响 李文 长沙电力学院学报 2001年第3期

沈约年谱 侯云龙 松辽学刊 2001年第5期

沈约研究的现在与展望(沈约研究の现在と展望) 稀代麻也子 六朝学术学会报第三集 2002年3月

《宋书·谢灵运传》考看沈约《宋书》中表现者称扬的方法(《宋书·谢灵运传》について:沈约《宋书》における表现者称扬の方法) 稀代麻也子 《中国读书人の政治と文学》 东京:创文社 2002年10月

沈约短句咏物诗考(沈约の短句の咏物诗について) 今场正美 《中国读书人の政治と文学》 东京:创文社 2002年10月

论沈约的山水诗 常为群 南京理工大学学报 2002年第1期

论沈约文学活动的影响 常为群 盐城师范学院学报 2002年第1期

论沈约、陆厥的声律之争与沈氏家族文化的关系 吴正岚

福州大学学报 2002年第3期

近五十年来沈约文学思想研究评述 李燕 北京科技大学学报 2002年第4期

沈约与钟嵘《诗品》考索 谢文学 许昌师专学报 2002年第4期

沈约、江淹与陶渊明 刘中文 北方论丛 2003年第1期

论南朝风习对沈约艳情诗创作的影响 叶枫宇 福建师范大学学报 2003年第2期

论沈约诗歌的艺术特色及其对齐梁诗歌的影响 李文 湖南社会科学 2003年第2期

论沈约的史学思想 庞天佑 湛江师范学院学报 2003年第2期

刘勰与沈约考论 孙蓉蓉 江苏社会科学 2003年第5期

沈约出任东阳太守时间与任期考 林家骊 《庆祝王运熙八十华诞文集》 上海:上海古籍出版社 2005年4月

沈约“声律论”再审视 张泉 山东师范大学学报 2005年第3期

论刘勰与沈约文学思想的异同 孙蓉蓉 浙江学刊 2005年第5期

论沈约的诗歌理论 刘石泉 广东教育学院学报 2006年第2期

吟咏情性 有声有色——论沈约的诗歌创作 刘石泉 邵阳学院学报 2006年第3期

诗人之外的沈约:对沈约思想与生平的文化考察 唐燮军

文学遗产　2006 年第 4 期

沈约诗歌理论近百年来研究综述　邱光华　《中国诗歌研究》第 4 辑　北京:中华书局　2007 年 7 月

论沈约对汉乐府的接受　唐会霞、赵红　求索　2007 年第 4 期

二十世纪以来沈约研究综述　郭常斐　江西教育学院学报　2007 年第 4 期

沈约文学观辨析　邱光华、童春华　湖州师范学院学报　2008 年第 3 期

沈约永泰元年赴天台桐柏山辨误——兼与林家骊先生商榷　柏俊才　内蒙古大学学报　2008 年第 4 期

沈约《宋书·谢灵运传》考(沈约《宋书·谢灵运传》について)　森野繁夫　中国中世文学研究　2009 年

沈约文学审美理想综论　邱光华　文学前沿　2009 年第 1 期

沈约"起家奉朝请"的时间新考　柏俊才　文学遗产　2009 年第 5 期

沈约研究　吉川中夫　《六朝精神史研究》　南京:江苏人民出版社　2010 年 11 月

论沈约的佛教思想及其创作　杨满仁　北方论丛　2010 年第 2 期

沈约的家世及其特点　林家骊　浙江树人大学学报　2010 年第 4 期

略论《文选集注》中的五臣注:以沈约《奏弹王源》为个案　王翠红　剑南文学　2010 年第 9 期

论沈约在文学史上的地位和意义　崔德全　湖北经济学院学

报　2010 年第 10 期

沈约年谱汇考　林家骊　《中古作家年谱汇考辑要》　西安:世界图书西安出版公司　2014 年 6 月

《宋书·谢灵运传论》和文学史的自觉　林田慎之助撰,曹旭译　铜仁学院学报　2014 年第 2 期

沈约事迹又二考　林家骊　社会科学战线　2015 年第 9 期

故籍中王融、谢朓、沈约的造型　朱晓海　《国学研究》第 36 卷　北京:北京大学出版社　2016 年 1 月

以情纬文,以文被质(上)——读沈约《宋书·谢灵运传论》　刘跃进　文史知识　2016 年第 11 期

《文选》中的文学批评史料(十二)　以情纬文,以文被质(下)——读沈约《宋书·谢灵运传论》　刘跃进　文史知识　2016 年第 12 期

萧统为何把《奏弹王源》录入《文选》　陈延嘉　扬州文化研究论丛　2018 年第 2 期

孙楚(孙子荆)

《文选》收录篇目:

《征西官属送于陟阳候作诗》《为石仲容与孙皓书》

论文

孙楚生年志疑　曹道衡、沈玉成　《中古文学史料丛考》　北京:中华书局　2003 年 7 月

《文选》孙子荆《征西官属送于陟阳作诗》臆考　曹道衡　《中古文史丛稿》　保定:河北大学出版社　2003 年 10 月;《曹道衡文

集》卷二　郑州:中州古籍出版社　2018年4月

临别之际大谈玄理——说孙楚《征西官属送于陟阳候作》　顾农　《文选论丛》　扬州:广陵书社　2007年9月;古典文学知识　2008年第2期

西晋三作家论(孙楚、应贞、夏侯湛)　顾农　《〈文选〉学与楚文化——纪念李善逝世1317周年国际学术研讨会》　武汉:武汉出版社　2008年8月

孙楚诗文用韵研究　史维生　楚雄师范学院学报　2010年第11期

孙楚研究　周芳　山西师大学报　2010年第37卷

谢朓(谢玄晖)

《文选》收录篇目:

《新亭渚别范零陵》《游东田》《同谢谘议铜爵台》《郡内高斋闲坐答吕法曹》《在郡卧病呈沈尚书》《暂使下都夜发新林至京邑赠西府同僚》《酬王晋安》《之宣城出新林浦向版桥》《敬亭山》《休沐重还道中》《晚登三山还望京邑》《京路夜发》《鼓吹曲》《始出尚书省》《直中书省》《观朝雨》《郡内登望》《和伏武昌登孙权故城》《和王著作八公山诗》《和徐都曹诗》《和王主簿怨情》《拜中军记室辞随王笺》《齐敬皇后哀策文》

著作

谢宣城诗注　郝立权　北京:人民文学出版社　1956年;台北:艺文印书馆　1976年

谢宣城诗集校注　杨宗莹　台湾师范大学国文研究所集刊

（11）　1966年6月

谢宣城诗注(附谢朓诗研究)　李直方　香港:龙门书店　1968年5月

谢宣城集校注　洪顺隆　台北:台湾中华书局　1969年

谢宣城诗一字索引　盐见邦彦　名古屋:采华书林社　1970年

山水诗奇葩——谢灵运谢朓诗选注　殷海国　郑州:中州古籍出版社　1989年5月

谢灵运谢朓诗选释　高光复　哈尔滨:黑龙江人民出版社　1991年10月

谢宣城集校注　曹融南　上海:上海古籍出版社　1991年11月;2007年9月

谢朓与李白研究　茆家培、李子龙　北京:人民文学出版社　1995年9月

谢朓与李白管窥　梁森　北京:人民文学出版社　1995年12月

谢朓集逐字索引　刘殿爵、陈方正、何志华　香港:香港中文大学出版社　1999年

谢灵运·谢朓　张国星　沈阳:春风文艺出版社　1999年1月

谢朓庾信及其他诗人诗文选评　杨明、杨焄　上海:上海古籍出版社　2002年10月;2018年7月

谢朓诗论　魏耕原　北京:中国社会科学出版社　2004年9月

谢朓庾信诗选　杜晓琴　北京:中华书局　2005年8月;2006年7月

谢朓研究　孙兰　济南:齐鲁书社　2011年12月

论文

谢朓年谱　伍叔傥　小说月报　1927 年 6 月第 17 卷号外

谢朓的传记与作品　网祐次　御茶水女子大学人文科学纪要(7)　1955 年

永明诗人的文学——以谢朓为中心(1)　网祐次　御茶水女子大学人文科学纪要(8)　1956 年

永明文学——以谢朓为中心(2)　网祐次　御茶水女子大学人文科学纪要(9)　1957 年

有关谢朓诗文注正误　洪顺隆　大陆杂志　1967 年第 35 卷第 9 期

谢朓生平及其作品研究　洪顺隆　东方杂志　1968 年第 1 卷第 9 期

谢朓诗的抒情　兴膳宏　东方学(39)　1970 年 3 月;彭恩华译《六朝文学论稿》　长沙:岳麓书社　1986 年 6 月

谢朓其人其诗　慕梵　今日中国(26)　1973 年

谢朓作品体现的危惧感(谢朓の作品に现われた危惧感)　洪顺隆　日本中国学会报(26)　1974 年

谢朓作品中对其先祖的投影(谢朓の作品に对する其の先祖の投影)　洪顺隆　东方学　1976 年

关于谢朓的诗(谢朓の诗について)　向岛成美　东京教育大学文学部纪要(107)　1976 年

六朝文人传——谢朓(《南齐书》)　小松英生　中国中世文学研究(12)　1977 年

谢朓诗论　井波律子　中国文学报(30)　1979年

关于谢朓的唱和诗(谢朓の唱和诗について)　中森健二　白川静博士古稀纪念中国文史论丛　1981年

论谢朓的人品及其山水诗　张子敬　辽宁师院学报　1981年第3期

论谢朓诗歌的艺术成就　沈松勤　杭州大学学报　1981年第4期

谢朓生平考略　葛晓音　艺谭　1982年第4期

谢朓及其诗歌简论　宋绪连　《研究生论文选集》　中国古代文学分册(一)　南京:江苏人民出版社　1983年3月

谢朓(评传)　林东海　《中国历代著名文学家评传》第一卷　济南:山东教育出版社　1983年5月

谢朓诗歌系年　陈庆元　《文史》第21辑　北京:中华书局　1983年10月;《中古文学论稿》　天津:天津人民出版社　1992年2月

玄晖诗变有唐风　陈庆元　南京师院学报　1983年第4期

谢朓高祖辨　宋绪连　学术研究　1983年第6期

二谢的人品与文品　周建忠　学术论坛　1983年第6期

六朝诗语小记——谢朓　森野繁夫　汉语汉文的世界(2)　1984年5月

从"池塘生春草"中来——论谢朓对谢灵运诗的继承和发展　陈庆元　福建师大学报　1984年第1期

亦仕亦隐的幻想曲——谢朓《之宣城郡出新林浦向板桥》　李敏　文史知识　1984年第2期

谢朓及其诗　郝立城　中州学刊　1984年第2期

诗传谢朓清　陈庆元　贵州文史丛刊　1984年第3期

南齐诗坛之冠谢朓　张宗原　文史知识　1984年第4期

论谢朓诗歌的思想性　陈庆元　西南师范学院学报　1984年第4期

谢朓诗歌艺术简论　张宗原　文学评论　1984年第6期

"思逐风云上"——读谢朓《游东田》　王玫　文史知识　1984年第6期

谢朓生平及其作品略论　洪顺隆　《六朝诗论》　台北:文津出版社　1985年3月

谢朓祖先对他作品的影响　洪顺隆　《六朝诗论》　台北:文津出版社　1985年3月

大江流日夜　客心悲未央——读谢朓《暂使下都夜发新林至京邑赠西府同僚》　林东海　《汉魏六朝诗歌赏集》　北京:人民文学出版社　1985年7月

玄晖诗变有唐风——谢朓《晚登三山还望京邑》简评　陶道恕　《汉魏六朝诗歌赏集》　北京:人民文学出版社　1985年7月

胸中丘壑　眼底性情——读谢朓《之宣城出新林浦向板桥》　葛晓音　《汉魏六朝诗歌赏集》　北京:人民文学出版社　1985年7月

清新俊秀　和谐自然——读谢朓的《游东田》　潘慧惠　《汉魏六朝诗歌赏集》　北京:人民文学出版社　1985年7月

谢朓诗艺术三题　陈庆元　安庆师院学报　1985年第2期

谢朓人品琐议　李太斌　南充师院学报　1985年第2期

玄晖独步南齐与太白低首宣城——论谢朓在文学史上的地位和影响　陈庆元　福建师范大学学报　1985 年第 2 期

谢朓诗歌的景物描写　陈庆元　贵州文史丛刊　1985 年第 4 期

谢朓诗歌创作简论　曹融南　上海师范大学学报　1986 年第 2 期

谢朓诗品略辨　李太斌　南充师院学报　1987 年第 1 期

谢朓诗研究(1—3)　森野繁夫　《广岛大学教育学部纪要》(第 2 部)(37、38、39)　1988 年、1989 年、1990 年

谢朓及其文学成就　宋绪连　古典文学知识　1988 年第 4 期

谢灵运的诗风与谢玄晖的比较(谢灵运の诗风について谢玄晖との比较)　山本诚司　中国诗文论丛(7)　1989 年

论谢朓诗　王钟陵　四川大学学报　1989 年第 3 期

谢朓诗研究　森野繁夫　日本广岛大学教育部纪要(37)　1990 年

宣城时代的谢朓(宣城时代の谢朓)　佐藤正光　日本中国学会报(41)　1990 年

“小谢”并非指谢朓　赵善嘉　复旦学报　1990 年第 4 期

谢朓事迹诗文系年　曹融南　《谢宣城集校注》　上海:上海古籍出版社　1991 年 11 月;《六朝作家年谱辑要》　哈尔滨:黑龙江教育出版社　1999 年 1 月

谢朓的诗风　森野繁夫　广岛大学文学部纪要(51)　1992 年 3 月

谢朓研究——宣城郡的谢朓　森野繁夫　中国中世文学研究

（22） 1992 年 4 月

谢朓《拜中军记室辞随王笺》撰写年月考 景蜀慧 许昌学院学报 1992 年第 2 期

南朝诗人谢朓与山水诗 杨海青 暨南大学研究生学报 1992 年第 2 期

谢朓诗所见谢灵运之投影（谢朓诗における谢灵运の投影） 小松英生 中国中世文学研究 1994 年

论谢朓的宣城情怀 杨承祖 《魏晋南北朝文学论集》 台北：文史哲出版社 1994 年

试论谢朓清丽山水——兼论谢朓对谢灵运诗风的变革 詹福瑞 《谢朓与李白研究》 北京：人民文学出版社 1995 年 9 月

谢朓五言诗创作的趋长现象及其意义 蓝旭 《谢朓与李白研究》 北京：人民文学出版社 1995 年 9 月

谢朓诗三题 丁福林 镇江师范专科学校学报 1995 年第 1 期；《半室斋文学论稿》 南京：凤凰出版社 2014 年 11 月

谢朓在六朝诗歌演变中的贡献 徐正英 青海师专学报 1996 年第 1 期

论谢朓的山水诗 朱起予 苏州大学学报 1996 年第 2 期

论家族传统对谢朓人生与诗歌创作之影响 李鹏飞 中国文学研究 1997 年第 1 期

论颜谢、沈谢齐梁间地位的升降得失 陈庆元 《第三届魏晋南北朝文学国际学术研讨会论文集》 台北：文史哲出版社 1998 年 8 月；文学遗产 1999 年第 1 期

谢朓生平及诗文系年考论 关玉林 四川师范大学学报

1998 年第 1 期

关于谢朓生平的两个问题　奚彤云　中州学刊　1998 年第 1 期

六朝的诗语——关于谢朓《之宣城郡出新林浦向板桥》诗　森野繁夫　《冈村贞雄博士古稀纪念中国学论集》　东京:白帝社　1999 年 8 月

谢朓:山水诗发展中的转折　高建新　内蒙古大学学报　1999 年第 5 期

谢朓诗札记——“风”与“光”的表现　森野繁夫、山田小百合　《山本昭教授退休纪念中国学论集》　东京:白帝社　2000 年 3 月

谢朓诗艺发微　魏耕原　咸阳师范专科学校学报　2000 年第 1 期

谢朓诗的特质及其对唐诗的影响　魏景波　陕西师范大学学报　2000 年第 2 期

谢朓的诗语 1(谢朓の诗语 1)　森野繁夫　中国学论集　2001 年

谢朓与谢灵运——谢朓所表现的谢灵运的存在(谢朓と谢灵运——谢朓における谢灵运の存在)　森野繁夫　六朝学术学会报(2)　2001 年 3 月

谢氏家族兴衰与谢灵运、谢朓诗歌感情基调　杨东林　深圳大学学报　2001 年第 1 期

心意的飞越:谢朓诗的飞鸟情结　魏耕原　陕西师范大学学报　2001 年第 2 期

谢朓永明体向唐人近体的转型轨迹 魏耕原 吉林大学社会科学学报 2001年第3期

谢朓山水诗审美时空的拓展 魏耕原 文学遗产 2001年第4期

谢朓关连著作、论文目录 郑炳秀、户高留美子 六朝学术学会报 2002年

谢朓诗之自然表现(谢朓诗の自然表现) 森野繁夫 安田女子大学大学院文学研究科纪要合册 2002年

南齐文运转关与谢朓诗风新变——兼论大小谢诗风的因革嬗变 魏耕原、魏景波 兰州大学学报 2002年第2期

谢朓的景物描写 森野繁夫、李国栋 文学前沿 2002年第2期

谢朓之死 陈庆元 文史知识 2002年第2期

清丽山水中见宦游之情——论谢朓的山水诗 侯发迅 中州大学学报 2002年第3期

谢氏宗风与山水诗传承中的第五代人:谢庄和谢朓 郁慧娟 阴山学刊 2002年第5期

谢朓山水景物诗的美学特征和艺术匠心 王跃平 江苏社会科学 2002年第6期

谢朓婚宦时间 曹道衡、沈玉成 《中古文学史料丛考》 北京:中华书局 2003年7月

谢朓《和王著作八公山诗》 曹道衡、沈玉成 《中古文学史料丛考》 北京:中华书局 2003年7月

谢朓为随王镇西功曹转文学 曹道衡、沈玉成 《中古文学史

料丛考》 北京:中华书局 2003年7月

谢朓《新亭渚别范零陵诗》 曹道衡、沈玉成 《中古文学史料丛考》 北京:中华书局 2003年7月

谢朓与永明末政局 曹道衡、沈玉成 《中古文学史料丛考》 北京:中华书局 2003年7月

谢朓《暂使下都夜发新林至京邑示西府同僚诗》 曹道衡、沈玉成 《中古文学史料丛考》 北京:中华书局 2003年7月

"鲍谢"并称 曹道衡、沈玉成 《中古文学史料丛考》 北京:中华书局 2003年7月

谢朓、江淹为宣城太守时间 曹道衡、沈玉成 《中古文学史料丛考》 北京:中华书局 2003年7月

论谢朓山水诗的新境界 李文 邵阳学院学报 2003年第3期

谢朓乐府诗初探 孙兰 辽宁大学学报 2003年第5期

六朝的文人们——南齐谢朓(六朝の文人たち——南齐谢朓) 森野繁夫 国语国文论集(34) 2004年

谢朓咏物诗简论 黄佳佳 文学前沿 2004年第1期

从谢朓的"意锐而才弱"说起 徐明英、熊红菊 阿坝师范高等专科学校学报 2004年第3期

谢朓风接受的转关略论 温长青 长春师范学院学报 2004年第4期

略谈《诗品》对谢朓的评价 陶春林 乐山师范学院学报 2004年第9期

论谢朓的人生悲剧及其深层文化原因 张苏榕 江苏社会科

学　2005年第1期

谢朓咏物诗、联句诗探析　孙兰　南京师范大学文学院学报　2005年第2期

谢朓诗声律的接受史考察　马荣江　宝鸡文理学院学报　2005年第3期

谢朓诗歌的思想内容　孙兰、张泉　中国海洋大学学报　2005年第5期

谢朓生平及诗文系年考论　关玉林　《知不足丛稿》　成都：巴蜀书社　2006年1月

谢朓诗歌系年考补　王辉斌　宝鸡文理学院学报　2006年第1期

论谢朓诗的清丽风格及成因　周仕慧　中国韵文学刊　2006年第3期

谢朓与西邸文学集团　王辉斌　贵州教育学院学报　2006年第5期

论谢朓诗的隐逸及其诗体范式意义　查正贤　浙江社会科学　2006年第5期

谢朓诗歌中忧患意识下的隐遁思想　吴威　黑龙江教育学院学报　2006年第5期

1980年代以来谢朓研究综述　徐明英、顾农　徐州师范大学学报　2006年第5期

谢朓诗歌齐梁接受状况研究　陈传君、王东　琼州学院学报　2007年

试论《文选》二谢诗　张亚新　《中国文选学：第六届文选学国

际学术研讨会论文集》　北京:学苑出版社　2007年9月

读《谢朓诗论》　房日晰、时国强　社会科学评论　2007年第2期

谢朓诗歌唐前接受研究　马荣江　安徽师范大学学报　2007年第2期

谢灵运、谢朓诗风比较论　赵厚均　重庆社会科学　2007年第5期

《文选》谢朓诗刍议　刘妍　绵阳师范学院学报　2007年第12期

情感的宣泄与诗美的建构——谢朓山水诗新探　梅国宏　兰州学刊　2008年第1期

谢朓诗歌中的"隐秀"　崔志伟　沧桑　2008年第1期

谢朓出守宣城的时限和原因　白红霞　襄樊职业技术学院学报　2008年第1期

谢朓任随郡王文学时间考　柏俊才　江西师范大学学报　2008年第3期

谢朓诗歌的力量之美　陈静怡　黑龙江教育学院学报　2008年第3期

远祖楚骚——试论谢朓创作对《楚辞》的继承与发展　李俊　名作欣赏　2008年第20期

魂兮有句重吟否　谢朓山孤月转坳——谢朓在宋代的接受　孙兰　青岛大学师范学院学报　2011年第3期

谢朓年谱汇考　李猛、曹旭　《中古作家年谱汇考辑要》　西安:世界图书西安出版公司　2014年6月

永明诗人谢朓　孙明君　古典文学知识　2015年第6期

故籍中王融、谢朓、沈约的造型　朱晓海　《国学研究》第36卷　北京:北京大学出版社　2016年1月

从谢灵运到谢朓:南朝士族文人思想性格之演变　付英超　《国学季刊》第7期　济南:山东人民出版社　2017年10月

谢朓出守宣城考论　田丹丹　学术探索　2018年第8期

张协(张景阳)

《文选》收录篇目:

《咏史》《杂诗》《七命》八首

著作

张华集逐字索引、张载集逐字索引、张协集逐字索引　刘殿爵等　香港:香港中文大学出版社　2003年12月

太康英彦——三张诗文研究　张嘉珊　《古典文学研究辑刊》三编　第5册　新北:花木兰文化出版社　2011年

“三张”集校注　王承斌　合肥:黄山书社　2018年12月

论文

西晋诗人张协考(西晋の诗人张协について)　一海知义　中国文学报(7)　1957年

张景阳杂诗——魏晋南北朝史文论稿之三一　显兆黄　东方　1967年

纯粹的憧憬——张协考(纯粹への憧憬——张协について)　高志真夫　铃鹿工业高等专门学校纪要(9)　1976年

张载、张协文学论　郁守　文苑纵横谈 1982 年第 3 期

张协(评传)　韩泉欣　《中国历代著名文学家评传》(续编)　济南:山东教育出版社　1989 年 12 月

论张协《杂诗》　朱晓海　《中国古代文学文献学国际学术研讨会论文集》　南京:凤凰出版社　2006 年 1 月

俄藏 Dx1551《文选·七命》残卷考　罗国威　《中国古代文学文献学国际学术研讨会论文集》　南京:凤凰出版社　2006 年 1 月

吐鲁番本《文选·七命》残卷考　罗国威　《域外汉籍研究集刊》第 2 辑　北京:中华书局　2006 年 5 月;《六朝文学与六朝文献》　成都:巴蜀书社　2010 年 3 月;《古典文献研究辑刊》第 25 编　第 8 册　《昭明文选丛考》　新北:花木兰文化出版社　2017 年

情志高远　造语清新——张景阳诗试论　徐昕　《中国文选学:第六届文选学国际学术研讨会论文集》　北京:学苑出版社　2007 年 9 月

傅玄与张载、张协文学系年考证　俞士玲　《西晋文学考论》　南京:南京大学出版社　2008 年 9 月

西晋文学家"三张"略论——以《文选》所录作品为中心　顾农　扬州文化研究论丛　2011 年第 1 期

张载张协年谱汇考　蒋碧薇、曹旭　《中古作家年谱汇考辑要》　西安:世界图书西安出版公司　2014 年 6 月

论张协与两晋之际文学新变　宋展云　中南民族大学学报　2015 年第 5 期

《文选》所录张协作品三题　宋展云　《现代学术视野下的〈文选〉研究》　北京:中国社会科学出版社　2016 年 7 月

“抽簪解朝衣,散发归海隅”:张协考述 姜剑云 《文史索隐——晋唐文学杂考》 北京:人民出版社 2017年7月

卢谌(卢子谅)

《文选》收录篇目:

《览古》《赠刘琨》《赠崔温》《答魏子悌》《时兴诗》

论文

卢谌、刘琨赠答诗考辨 刘文忠 文史哲 1988年第2期;《中古文学与文论研究》 北京:学苑出版社 2000年6月(题目为:刘琨、卢谌赠答诗考辨——辨正逯钦立先生将刘诗误作卢诗)

刘琨与卢谌作品真伪小识 刘文忠 文史哲 1988年第3期

关于刘琨与卢谌的赠答诗 顾农 河北师范大学学报 1993年第4期;《文选论丛》 扬州:广陵书社 2007年9月

刘琨卢谌赠答诗考辨 喻斌 武当学刊 1995年第1期;海南大学学报 1995年第2期

刘琨、卢谌赠答诗始末推论 董慧秀 魏晋南北朝隋唐史资料 2003年

两晋之际的刘琨、卢谌及其作品 康达维 Chinese Literature:Essays,Articles,Reviews(CLEAR)(28) 2006年

何意百炼刚 化为绕指柔——从刘琨卢谌二人的赠答之作分析刘琨其人的人格魅力 张明明 语文学刊 2007年第8期

《文选》卢谌、刘琨四言赠答诗注误 杨明 《欣然斋笔记》 上海:东方出版中心 2010年5月;《第八届文选学国际学术研讨会论文集》 扬州:广陵书社 2010年12月

刘琨赠卢谌诗"璧由识真显"　杨明　《欣然斋笔记》　上海：东方出版中心　2010年5月

《艺文类聚》在卢谌《答刘琨》应是刘琨答卢谌　杨明　《欣然斋笔记》　上海：东方出版中心　2010年5月

虞羲（虞子阳）

《文选》收录篇目：

《咏霍将军北伐》

论文

魏晋南北朝文学家五考（虞羲）　曹道衡　《文史》第28辑　北京：中华书局　1987年3月

虞羲生平考　曹道衡、沈玉成　《中古文学史料丛考》　北京：中华书局　2003年7月

虞羲《咏霍将军北伐》诗　曹道衡、沈玉成　《中古文学史料丛考》　北京：中华书局　2003年7月

应璩（应休琏）

《文选》收录篇目：

《百一诗》《与满公琰书》《与侍郎曹长思书》《与广川长岑文瑜书》《与从弟君苗君胄书》

论文

关于应璩《百一诗》　吉川幸次郎　《京都大学文学部五十周年纪念论集》　1956年

隐士诗考——从应璩到陶潜(隐士诗考——应璩から陶潜まで)　小笠原博慧　汉文学会会报(国学院大学)　1957年

应璩诗论略　张伯伟　中州学刊　1987年第5期

应璩仕历　曹道衡、沈玉成　《中古文学史料丛考》　北京:中华书局　2003年7月

循环的创作:重观应璩、陶潜和清贫隐士传统　林葆玲　《中国中古文学研究》　北京:学苑出版社　2005年12月

应璩《百一诗》与形名学　胡大雷　《中国诗学》第11辑　北京:人民文学出版社　2006年10月

应璩诗歌归类研究　李爱花　学理论　2009年第28期

选集的遗憾:以应璩诗为个案　康达维　国际汉学研究通讯　2010年第1、2期

文学选集的问题:应璩的"百一诗"　康达维　Asia　Major　2010年第23期

南齐诗"谢灵运体"及"傅咸、应璩体"辨析　童岭　兰州大学学报　2012年第3期

试论应璩《百一诗》和阮籍《咏怀》八十二首　张朋兵　西南科技大学学报　2014年第1期

钟嵘《诗品》应璩条疏证　孙佩　天中学刊　2014年第2期

《文选》所载应璩《百一诗》探微　杨和为、卫佳　六盘水师范学院学报　2014年第6期

应璩及其《百一诗》　杨和为、卫佳　史志学刊　2015年第2期

儒道与风雅并存——论应璩其人及其书信文创作　周长娟

名作欣赏　2018年第6期

何劭(何敬祖)

《文选》收录篇目:

《游仙诗》《赠张华》《杂诗》

论文

关于何劭的诗(何劭の诗について)　中岛千秋　爱媛大学纪要　1965年

何劭　曹道衡、沈玉成　《中古文学史料丛考》　北京:中华书局　2003年7月

王康琚

《文选》收录篇目:

《反招隐诗》

曹丕(魏文帝)

《文选》收录篇目:

《芙蓉池作》《乐府》二首(《燕歌行》《善哉行》)、《杂诗》二首、《与朝歌令吴质书》《又与吴质书》《与钟大理书》《典论·论文》

著作

三曹诗选　余冠英　北京:人民文学出版社　1957年8月;1979年10月;1997年7月

魏武帝魏文帝诗注　黄节　北京:人民文学出版社　1958年

2 月

曹氏父子和建安文学　李宝均　北京:中华书局　1962 年 6 月;上海:上海古籍出版社　1978 年 10 月

曹氏父子诗研究　钟京铎　台北:学海出版社　1977 年

三曹资料汇编　河北师范学院中文系古典文学教研编　北京:中华书局　1980 年 9 月;2005 年 1 月

曹丕　章新建　合肥:安徽人民出版社　1982 年 9 月;合肥:黄山书社　1985 年 10 月

三曹年谱　张可礼　济南:齐鲁书社　1983 年 5 月

魏文帝曹丕年谱暨作品系年　洪顺隆　台北:台湾"商务印书馆"股份有限公司　1989 年

三曹诗论集　陈飞之　桂林:广西师范大学出版社　1989 年 1 月

曹丕集校注　夏传才、唐绍忠　郑州:中州古籍出版社　1992 年;石家庄:河北教育出版社　2013 年 6 月

三曹评传　王巍　沈阳:辽宁古籍出版社　1995 年 3 月

三曹与中国诗史　孙明君　台北:商鼎文化出版社　1996 年 11 月;北京:清华大学出版社　1999 年 9 月;北京:商务印书馆 2013 年 4 月

曹操·曹丕·曹植　王巍　沈阳:春风文艺出版社　1999 年 1 月

曹丕集逐字索引　刘殿爵、陈方正、何志华　香港:香港中文大学出版社　2000 年

曹操评传:附曹丕、曹植评传　张作耀　南京:南京大学出版社

2001年5月;2011年4月;上海:上海书店出版社　2018年8月

曹氏父子与建安文学　王巍　沈阳:辽海出版社　2001年12月;2011年4月;2017年6月

三曹诗选评　陈庆元　上海:上海古籍出版社　2002年10月;2008年7月

三曹文学评述　黄昌年　长春:吉林大学出版社　2006年6月

曹氏文学家族研究　张明华等　合肥:安徽教育出版社　2009年1月

魏文帝曹丕传论　宋战利　开封:河南大学出版社　2009年9月

曹丕集校注　魏宏灿　合肥:安徽大学出版社　2009年10月

三曹　刘跃进、王莉　北京:中华书局　2010年2月

曹氏家族与汉晋社会文化变迁　吴怀东　合肥:安徽大学出版社　2013年2月

逞才任情的乐章:曹操父子与建安文学　魏宏灿　合肥:安徽大学出版社　2010年4月;2018年1月

三曹与魏晋文学研究　吴怀东　合肥:安徽文艺出版社　2011年1月

曹氏父子和建安文学检析　许善述　北京:五洲传播出版社　2012年

曹丕研究　韦运韬　北京:民族出版社　2016年8月

曹操父子生活研究　魏宏灿、张立驰　合肥:合肥工业大学出版社　2017年6月

论文

论建安中曹氏兄弟论文识度之优劣 张树德 金声 1931年第1期

曹氏兄弟之文学及其文学批评 程方万 文史丛刊(安徽大学) 1935年第1期

建安(曹丕)诗谱初稿 陆侃如 语言文学专刊 1940年第2卷第1期

曹丕曹植争储考实 张志岳 东方杂志 1946年第17期

魏文帝《典论·论文》"齐气"解 范宁 国文月刊 1948年第63期;《文选学研究》 北京:国家图书馆出版社 2010年11月

《典论·论文》和《答李翊书》所说的气 童寿 大陆杂志3(11) 1951年

曹丕的文学理论——释"体"与"气" 炳宸 光明日报 1958年10月26日;《文学遗产选集》第三辑 北京:中华书局 1960年5月

论曹丕的《典论·论文》 冈村繁 支那学研究(24、25合并号) 1960年;曦钟译 《中国文艺思想史论丛》第1辑 1984年5月;陆晓光译 《周汉文学史考》 上海:上海古籍出版社 2002年8月;2009年5月

释"齐气" 志洋 光明日报 1960年11月20日

曹丕和他的《典论·论文》 王璠 内蒙古师院学报 1960年第2期

《典论·论文》"齐气"辨 柳文英 江海学刊 1961年第9期

曹丕《典论·论文》的时代精神　王运熙　文汇报　1962 年 1 月 27 日;《中国古代文论管窥》　济南:齐鲁书社　1987 年 3 月;上海:上海古籍出版社　2012 年 12 月;2014 年 4 月

《典论·论文》与后世之论文气　邝利安　文学世界　1963 年第 7 卷第 3 期

试谈曹丕的《典论·论文》　谭家健　新建设　1964 年第 2 期

关于曹丕的《典论·论文》(曹丕の典论论文について)　冈村繁　支那学研究　1966 年

《典论·论文》考　山口为广　汉文学会会报(国学院大学)　1975 年

曹丕与吴质——曹丕评论活动的契机(曹丕と吴质——曹丕の评论活动の契机)　松元幸男　立命馆文学(358、359 合刊)　1975 年

曹丕的文气论——兼论"气"与"风骨"的关系　裴世俊　教与学(宁夏大学)　1978 年第 2 期

魏文帝《典论·论文》"齐气"说　李华年　社会科学战线　1978 年第 3 期

曹丕的《典论·论文》　赖先德　江苏文艺　1978 年第 4 期

全三国文卷八　钱锺书　《管锥编》第三册　北京:中华书局　1979 年 8 月

曹丕"文气说"三题　韩泉欣　杭州大学庆祝建国三十周年科学报告会论文集　1979 年 10 月

试论曹丕的文学思想　顾启等　菏泽师专学报　1979 年第 3 期

曹丕和他的《典论·论文》 刘广发等 齐齐哈尔师院学报 1979年第3期

从《典论》残篇看曹丕嗣位之争 王梦鸥 中央研究院历史语言所集刊 1980年;《中国史学论文选集》 台北:幼狮文化事业公司 1984年3月

曹丕的文学批评标准及有关问题 陈伯海 《古代文学理论研究丛刊》第2辑 上海:上海古籍出版社 1980年7月

曹丕曹植文学思想异同论 栾勋、王大鹏 《美学论丛》第2辑 北京:中国社会科学出版社 1980年8月

试论《典论·论文》 范成庵 通化师院学报 1980年第1期

曹丕和他的《典论·论文》 张伯训 丹东师专学报 1980年第2期

曹丕《典论·论文》的写作背景和在文学批评史上的地位 周舸岷 浙江师院学报 1980年第2期

《典论·论文》语译和评介 曾扬华 作品 1980年第4期

作家创作的个性和艺术风格——曹丕《典论·论文》学习札记 王世德 广州文艺 1980年第5期

三曹诗歌试论 任访秋 《中国古典文学论文集》 郑州:河南人民出版社 1981年3月

对《曹丕的文学批评标准及有关问题》一文的两点意见 秀川 《古代文学理论研究丛刊》第5辑 上海:上海古籍出版社 1981年10月

对曹丕"文以气为主"的两点理解 褚玉龙 《古代文学理论研究丛刊》第5辑 上海:上海古籍出版社 1981年10月

有关曹丕《典论·论文》一条材料的甄别　湛之　文学遗产　1981 年第 1 期

略论曹魏父子和他们的诗(上、下)　赵福坛　广州师院学报　1981 年第 1—2 期

曹丕文气论新探　陆晓光　华东师范大学学报　1981 年第 2 期

《典论·论文》写作时间考辨　张亚新　贵阳师院学报　1981 年第 2 期

曹丕"文气"说刍议　陈植锷　文学遗产　1981 年第 4 期

曹丕和刘勰论作家的个性特点与风格　曹道衡　社会科学研究　1981 年第 5 期;《中古文学史论文集》　北京:中华书局　1986 年 7 月;《曹道衡文集》卷一　郑州:中州古籍出版社　2018 年 4 月

曹丕的《燕歌行》　邱英生　语文学习　1981 年第 7 期

曹丕年谱笔记(曹丕年谱ノ一ト)　成濑哲生　北海道大学文学部纪要　1982 年

曹丕"文气"说新探　涂光社　《文史》第 13 辑　北京:中华书局　1982 年 3 月

读曹丕的《典论·论文》　宣奉华　艺谭　1982 年第 2 期

曹丕"文气"说的时代精神　吕美生　艺谭　1982 年第 3 期

曹丕的"文气"说及其影响　刘溶　河南师大学报　1982 年第 3 期

曹丕及其《典论·论文》　陈必胜　中山大学学报　1982 年第 4 期

《典论·论文》中的"齐气"一解　黄晓令　文学评论　1982

年第6期

有关曹丕的种种——髑髅与感伤(曹丕のことども　——髑髅と感伤)　成濑哲生　北海道大学文学部纪要　1983年

《典论·论文》再探索　蒋寅　《广西师范大学研究生论文集》1983年1月;教学通讯(沧州教育学院)　1985年第1、2期

曹丕(评传)　徐公持　《中国历代著名文学家评传》第一卷　济南:山东教育出版社　1983年5月

曹丕"文气"说浅析　吴孟复　淮北煤炭师院学报　1983年第2期;《建安文学研究文集》　合肥:黄山书社　1984年11月

试论曹丕"文气说"的由来与发展　董德泉　辽宁教育学院学报　1983年第3期

论曹丕与曹植　陈曼平、张克　山西师院学报　1983年第3期

《典论·论文》与文学的自觉　蔡仲翔　文学评论　1983年第5期

《典论·论文》"齐气"试释　曹道衡　文学评论　1983年第5期;《中古文学史论文集》　北京:中华书局　1986年7月;《曹道衡文集》卷一　郑州:中州古籍出版社　2018年4月

曹丕诗文及其理论探索　柴青岳　《文艺论丛》第19辑　上海:上海文艺出版社　1984年1月

论曹丕诗歌的现实主义精神　徐定祥　《建安文学研究文集》合肥:黄山书社　1984年11月

《典论·论文》中的两个问题　徐寿凯　《建安文学研究文集》合肥:黄山书社　1984年11月

汉音·魏响——论曹丕与建安文学　曹文心、刘传增　《建安

文学研究文集》　合肥:黄山书社　1984年11月

曹丕《典论·论文》"气"义探微　庄耀郎　《古典文学》第6集　台北:台湾学生书局　1984年12月

"文气"说探源　张良志　南宁师专学报　1984年第1期

曹丕诗歌与乐府　章新建　安徽大学学报　1984年第2期

"下笔不能自休"辨　张家钊　文艺理论研究　1984年第2期

简论"文以气为主"　刘红阳　广州师院学报　1984年第2期

中国古代文论中的文气说　陈果安　江汉论坛　1984年第4期

古代文论中的文气说　王运熙　文史知识　1984年第4期

再说"齐气"　李华年　贵州民族学院学报　1984年第4期

中古文学丛考·曹丕《与吴质书》之作年　沈玉成、傅璇琮　《古代文学研究集》　北京:中国文联出版公司　1985年2月

曹丕、曹植文艺思想比较观　顾农　许昌学院学报　1985年第1期

试释"文气"　贾树新　松辽学刊　1985年第4期

《典论·论文》"书论宜理"解　杨明　文学评论　1985年第4期;《汉唐文学辨思录》　上海;上海古籍出版社　2005年4月

论曹丕曹植文学价值观的一致性及其历史背景　曹融南、傅刚　《古代文学理论研究丛刊》第11辑　上海:上海古籍出版社　1986年8月;《汉魏六朝文学与文献论稿》　北京:商务印书馆　2016年3月

曹丕诗歌的内容与风格　陈飞之　广西师范大学学报　1986年第2期;《三曹诗论集》　桂林:广西师范大学出版社　1989年1月

曹丕乐府诗小议 高庆滨 内蒙古民族师院学报 1986年第2期

试论曹丕对文学革新的贡献 程天佑 社会科学辑刊 1986年第5期

论曹丕政德及对中国文学发展的贡献——《曹丕集注》序 夏传才 河北学刊 1986年第6期

曹丕文气说考 杨明 《中国古典文学丛考》第2辑 上海:复旦大学出版社 1987年11月

主体意识的觉醒和文学价值观念的变迁——对《典论·论文》的再评价 朱恩彬、周波 山东师大学报 1987年第5期

曹丕这一次不在邺城 熊清元 学术研究 1987年第6期

曹丕评传 张可礼 《中国古代文论家评传》 郑州:中州古籍出版社 1988年8月

曹丕的文学实迹 魏宏灿 阜阳师范学院学报 1988年第2期

《典论·论文》之开创意义 解中平 山西师大学报 1988年第2期

《典论·论文》的含蕴摭余——兼论曹丕对建安文学发展的贡献 张普 北方论丛 1988年第3期

《典论·论文》新论 刘朝谦 四川师范大学学报 1988年第3期

曹丕"文气说"涵义新探 袁金刚 宝鸡师院学报 1988年第4期

曹丕《典论·论文》在文学批评史上的贡献 吕美生 《中国

古典文学论丛》第7辑　北京:人民文学出版社　1989年10月

从曹丕的《典论·论文》看文学的自觉　王晓枫　山西大学学报　1989年第4期

曹丕的衡文标准与建安风骨　陈长义　社会科学研究　1990年第2期

论曹丕《与吴质书》——其与六朝文学的关联(曹丕の与吴质书について——六朝文学との关联)　福井佳夫　中国中世文学研究(广岛大学)　1991年

《典论·论文》释义辨析　侯天杰　开封大学学报　1991年第2—3期

曹丕文学思想新论　张连举　宝鸡师院学报　1992年第3期

《典论·论文》"齐气"辨　曹毓生　湘潭大学学报　1992年第4期

论曹丕的诗歌创作　周欣　求是学刊　1992年第6期

曹丕"文以气为主"辨　寇效信　陕西师大学报　1994年第2期;《古代文学理论研究丛刊》第18辑　上海:上海古籍出版社　1997年7月

《文心雕龙》之作家论与曹丕《典论·论文》的关系(《文心雕龙》の作家论と曹丕《典论·论文》との关系)　今场正美　学林(23)　1995年

曹丕《典论·论文》的创作动机探析　徐正英　郑州大学学报　1995年第4期

清理"齐气"说　朱晓海　台大中文学报　1997年

曹丕乐府诗本事系年综论　易健贤　贵州教育学院学报

1997 年第 3 期

论乐府古题《燕歌行》的发展演变　江艳华　云南师范大学学报　1997 年第 4 期

论建安文学中曹丕的地位(建安文学における曹丕の位置について)　新纳良树　中国学研究论集(1)　1998 年

曹丕《典论·论文》甄微　孙明君　清华大学学报　1998 年第 1 期

论曹丕《典论·论文》　吴淑莹　中山大学学报　1998 年第 1 期

"魏响"诗人曹丕论　顾农　阜阳师范学院学报　2000 年第 2 期

《典论·论文》二题　傅刚　《古代文学理论研究丛刊》第 19 辑　上海:上海古籍出版社　2001 年;《汉魏六朝文学与文献论稿》　北京:商务印书馆　2016 年 3 月

曹丕文学考——以《燕歌行》(一、二)为中心(曹丕の文学について——《燕歌行》一、二を中心として)　上野裕人　语文与教育(15)　2001 年

曹丕、曹植与道家思想　清宫刚　山形县立米泽女子短期大学纪要(36)　2001 年

曹操没后的曹丕与曹植——不仲说的检证　渡边由美子　二松(16)　2002 年

论曹丕《典论·论文》　汪春泓　江苏大学学报　2002 年第 3 期

曹丕"文气"说考辨　张石川　福建论坛　2002 年第 6 期

曹丕《典论·论文》创作年代与创作目的　张振龙　信阳师范学院学报　2002年第6期

曹丕《典论·论文》　宇文所安　《中国文论:英译与评论》　上海:上海社会科学院出版社　2003年1月

曹丕《燕歌行》之文学接受系列初探　王玫　《〈文选〉与“文选学”:第五届文选学国际学术研讨会论文集》　北京:学苑出版社　2003年5月

曹丕纳甄氏　曹道衡、沈玉成　《中古文学史料丛考》　北京:中华书局　2003年7月

曹丕生年与《典论·自叙》记年之误　曹道衡、沈玉成　《中古文学史料丛考》　北京:中华书局　2003年7月

曹丕《典论》最终成于黄初间　曹道衡、沈玉成　《中古文学史料丛考》　北京:中华书局　2003年7月

曹丕南皮之游　曹道衡、沈玉成　《中古文学史料丛考》　北京:中华书局　2003年7月

《典论·论文》“齐气”研究略评　项念东　《古代文学理论研究》第21辑　上海:华东师范大学出版社　2003年12月

论曹丕的“文气论”及其影响　王玫　太原教育学院学报　2003年第1期

作家主体精神的自觉与发扬:论曹丕的“文气说”　李夫泽　西南民族学院学报　2003年第2期

“文气说”与古典文学批评的自觉　黄宗广　新乡师范高等专科学校学报　2003年第3期

论《典论·论文》到《文赋》的美学嬗变　李华斌　黄冈师范

学院学报 2003年第4期

释《典论·论文》的三个问题 牟玉亭 河北师范大学学报 2003年第5期

关于曹丕《典论·论文》的重新解读 汪春泓 《文史探真》 北京:昆仑出版社 2004年7月

读《文选》之《与朝歌令吴质书》等三篇书后 朱晓海 广西师范大学学报 2004年第1期

《典论·论文》中的“齐气”考释 王连峰 山东省青年管理干部学院学报 2004年第1期

《典论·论文》写作时间辨正 易小平 阜阳师范学院学报 2004年第6期

曹丕《典论·论文》创作动机新解 徐正英 《先唐文学与文学思想考论》 上海:上海古籍出版社 2005年3月

曹丕《燕歌行》的点校 李葆华 黑龙江社会科学 2005年第2期

“飞驰”新解——读《典论·论文》札记 戴燕 《中国中世文学研究论集》(上) 上海:上海古籍出版社 2006年12月;《远游越山川:魏晋南北朝文学史研究论集》 上海:复旦大学出版社 2017年10月

试论曹丕《典论·论文》“齐气”释当以李善注、黄侃平点为正解 王庆元 《中国文选学:第六届文选学国际学术研讨会论文集》 北京:学苑出版社 2007年9月

“南皮之游”与建安诗歌创作——读《文选》曹丕《与朝歌令吴质书》 俞绍初 文学遗产 2007年第5期;《“文选学”论文集

粹》　北京：中华书局　2017年12月

曹丕《与吴质书》解读　梅铮铮　成都大学学报　2007年第6期

释"齐气"　刘跃进　文献　2008年第1期；《秦汉文学论丛》　南京：凤凰出版社　2008年12月

曹丕年谱简编　魏宏灿　《曹丕集校注》　合肥：安徽大学出版社　2009年10月

曹丕的诗学成就与清商曲辞　黄震云　古代文学理论研究　2009年第3期

试释曹丕《典论》的"屈原、司马相如优劣论"——兼探讨中国古典文学核心价值的形成　吴光兴　文学评论　2009年第3期

曹丕《典论·论文》札记　福井佳夫　中京大学文学部纪要45(1)　2010年

我看曹丕　王玫　文史知识　2010年第12期

曹丕《典论·论文》之文章考(曹丕《典论·论文》の文章について)　福井佳夫　中京大学文学部纪要45(2)　2011年

论清商乐始于曹魏建安时期——以曹丕《燕歌行》为中心　木斋、尚雪红　学习与探索　2011年第2期

《文选》所收魏文帝《与朝歌令吴质书》篇名辨正　丁宏武　文献　2011年第2期

《典论·论文》创作时间之我见　陈天佑　佛山科学技术学院学报　2012年第1期

再论曹丕《典论·论文》的写作时间及缘起　葛志伟　《文学评论丛刊.第15卷.第1期》　南京：南京大学出版社　2013年8月

曹丕《典论·论文》"齐气"发覆　范子烨　中国文化　2013 年第 1 期

经国之大业:曹丕文章经国论考　和久希　筑波哲学(22)　2014 年

曹丕、曹植诗文押韵状况考:附二曹韵谱　田婧　中国学志(29)　2014 年

曹丕的魏王即位与曹操的后继者问题　大原信正　中央大学アジア史研究(38)　2014 年

曹丕《典论·论文》"齐气"当为"逸气"新证　范子烨　中国文化　2014 年第 2 期

《典论·论文》集校　杨鉴生　《古代文学理论研究》　2015 年第 1 期

萧统《文选》选录曹丕、曹植诗文比较论　王莉　西部学刊　2015 年第 12 期

曹丕与日本文学　辰巳正明撰,刘静译　《国际中国文学研究丛刊》第 4 集　上海:上海古籍出版社　2016 年 9 月

文艺批评的初祖——读曹丕的《典论·论文》　刘跃进　文史知识　2016 年第 2 期

《典论·论文》之"气""体"辨正　潘华　文学遗产　2016 年第 3 期

同盟者的文学活动——读曹丕与吴质的往还书信(上)　刘跃进　文史知识　2016 年第 3 期

曹丕与吴质的书信往还(下)　刘跃进　文史知识　2016 年第 4 期

《文选》中的文学批评史料(八) “文以气为主”的展示——读曹丕与繁钦的往来书信 刘跃进 文史知识 2016年第8期

李白《静夜思》本文变迁史新考——与《文选》所收的魏文帝《杂诗二首》的关系(李白《静夜思》本文変迁史新考——《文选》所收の魏文帝《杂诗二首》との关联性をめぐって) 陈翀 《广岛大学大学院文学研究科论集》第78卷 2018年12月

从《邺中集》到《拟魏太子邺中集诗》——曹丕书写建安文学史的历史意义 许云和 文学遗产 2018年第6期

殷仲文

《文选》收录篇目:

《南州桓公九井作》《自解表》

论文

东晋诗家孙许殷谢通考(孙绰、殷仲文、谢混) 张蓓蓓 台湾大学文史哲学报 1997年第46期;《魏晋学术人物新研》 台北:大安出版社 2001年12月

东晋玄言诗风衰歇的文化考察——以谢混、殷仲文为中心 陈道贵 宝鸡文理学院学报 2003年第1期

论殷仲文、谢混对玄言诗的终结 胡大雷 河池学院学报 2006年第1期

谢混(谢叔源)

《文选》收录篇目:

《游西池》

论文

谢混与《游西池》诗——东晋文学研究札记(三)[谢混と《游西池》诗——东晋文学研究劄记(三)]　石川忠久　樱美林大学中国文学论丛(8)　1983年

东晋诗家孙许殷谢通考(孙绰、殷仲文、谢混)　张蓓蓓　台湾大学文史哲学报　1997年第46期;《魏晋学术人物新研》　台北:大安出版社　2001年12月

东晋玄言诗风衰歇的文化考察——以谢混、殷仲文为中心　陈道贵　宝鸡文理学院学报　2003年第1期

谢混和他的山水诗　丁福林　古典文学知识　2004年第4期

论殷仲文、谢混对玄言诗的终结　胡大雷　河池学院学报　2006年第1期

论谢混在晋宋诗风变迁中的作用　徐明英、顾农　西华大学学报　2006年第3期

谢混与东晋玄言诗风的终结　顾农　古典文学知识　2010年第4期

谢混年岁及仕历补证　王建国　洛阳理工学院学报　2013年第6期

南朝诗家谢混初探　高静　《多元视角与文学文化:古典文学论集》　合肥:安徽大学出版社　2014年2月

谢混《游西池》考论　王建国　洛阳师范学院学报　2015年第4期

徐悱(徐敬业)

《文选》收录篇目:

《古意酬到长史溉登琅邪城》

论文

《文选》徐悱作品选录管窥　刘晟　烟台师范学院学报　2001年第2期

刘令娴《祭夫徐悱文》的写作时间及其在古代祭文发展史上的地位　王人恩　社科纵横　2008年第1期

《文选》刘孝标徐悱作品之作时辨——《关于〈文选〉中六篇作品的写作年代》异议及其他　力之　广西师范大学学报　2009年第3期

阮籍(阮嗣宗)

《文选》收录篇目:

《咏怀》十七首、《为郑冲劝晋王笺》《奏记诣蒋公》

著作

阮籍研究　何蟠飞　北京:燕京大学　1937年

阮步兵咏怀诗注　黄节　北京:人民文学出版社　1957年4月;台北:学海出版社　1975年(书名为:阮步兵咏怀诗笺);北京:中华书局　2008年1月;2011年11月

阮嗣宗咏怀诗笺定本　古直　台北:广文书局　1966年影印本

阮籍的《咏怀诗》(阮籍の咏怀诗について)　吉川幸次郎

《吉川幸次郎全集7》　东京:筑摩书房　1970年;《中国诗史》　合肥:安徽文艺出版社　1986年12月;上海:复旦大学出版社　2012年1月

阮籍的生平与咏怀诗(阮籍の生涯の咏怀诗)　松元幸男　东京:木耳社　1977年

阮籍集　李志钧等　上海:上海古籍出版社　1978年5月

阮籍咏怀诗研究　邱镇京　台北:文津出版社　1980年7月

阮籍嵇康　白化文、许德楠　北京:中华书局　1983年1月

阮籍与嵇康　徐公持　上海:上海古籍出版社　1986年5月;台北:国文天地杂志社　1991年7月

阮籍传　吉川幸次郎　《中国诗史》　合肥:安徽文艺出版社　1986年12月;上海:复旦大学出版社　2012年1月

阮籍集校注　陈伯君　北京:中华书局　1987年10月;2004年6月;2012年12月;2014年10月;2015年8月

阮籍集校注　郭光　郑州:中州古籍出版社　1991年9月

阮籍　宁稼雨　天津:新蕾出版社　1993年5月

阮籍评传　高晨阳　南京:南京大学出版社　1994年5月;2011年4月

阮籍评传:慷慨任气的一生　田文棠　南宁:广西教育出版社　1994年12月

阮籍　辛旗　台北:东大图书股份有限公司　1996年6月;北京:华艺出版社　2012年11月(书名为:阮籍评传)

阮籍评传　韩传达　北京:北京大学出版社　1997年6月

阮籍咏怀诗讲录　叶嘉莹主讲,刘志刚整理　天津:天津教育

出版社　1997 年 6 月

阮籍·嵇康　陈庆元　沈阳:春风文艺出版社　1999 年 1 月

阮籍审美思想研究　孙良水　台北:文津出版社　1999 年 7 月

阮籍咏怀诗译解　罗仲鼎　南京:南京大学出版社　1999 年 8 月

阮籍咏怀诗详解　靳极苍　太原:山西古籍出版社　1999 年 9 月;太原:三晋出版社　2011 年 11 月

时空情境中的自我影像——以阮籍、陆机、陶渊明诗为例　李清筠　台北:文津出版社　2000 年

阮籍、嵇康的文学(阮籍·嵇康の文学)　大上正美　东京:创文社　2000 年

叶嘉莹说阮籍咏怀诗　叶嘉莹　北京:中华书局　2007 年 1 月;2017 年 6 月;2018 年 4 月

阮籍研究　徐丽霞　《中国学术思想研究辑刊　十一编　第 24 册》　新北:花木兰文化出版社　2011 年 3 月

阮籍研究　张建伟、李卫峰　太原:三晋出版社　2012 年 4 月

阮籍《咏怀诗》研究　贺雯婧　上海:上海文化出版社　2018 年 8 月

阮籍《咏怀诗》集校、集注、集评　季芳　武汉:武汉大学出版社　2018 年 12 月

论文

阮籍的思想及其作品　徐绍烈　学灯　1923 年 10 月 19 日

阮嗣宗的《咏怀诗》——阮籍评传之一段　李开先　世界日报

副刊 1926年12月2日—7日

述阮籍嵇康的思想 容肇祖 史语所周刊 1928年第3期

阮籍研究 植亭 厦大集美国专学生会季刊 1929年

读阮嗣宗诗札记 萧涤非 学衡 1929年7月第70期;《读诗三札记》 北京:作家出版社 1957年2月;《文选学研究》 北京:国家图书馆出版社 2010年11月

阮嗣宗评传 钱振东 新晨报副刊 1929年12月25日—30日

咏怀诗笺 黄侃 东北丛镌 1930年3月第3期;《文选学研究》 北京:国家图书馆出版社 2010年11月

阮步兵年谱 董众 东北丛镌 1930年3月第3期;《文选学研究》 北京:国家图书馆出版社 2010年11月

阮嗣宗咏怀诗笺序 星笠 文学杂志(中山大学) 1930年第5期

阮籍及其《咏怀诗》 会因 北平晨报(学园第68—70期) 1931年4月2日—4日

阮籍及其《咏怀诗》 恽灵曦 北平晨报(学园第708、709期) 1934年7月26日—27日

阮籍研究 何蟠飞 文学年报 1937年第3期

《咏怀诗》补注(阮籍) 黄季刚(黄侃) 制言 1937年7月第45期;《文选学研究》 北京:国家图书馆出版社 2010年11月

阮籍《咏怀诗》之研究(附《阮籍年谱》) 朱偰 东方杂志 1945年6月第41卷第11期;《文选学研究》 北京:国家图书馆出版社 2010年11月

论阮籍诗　公方苓　中央日报　1946 年 10 月 8 日

阮嗣宗《咏怀诗》初论　沈祖棻　国文月刊　1948 年 3 月第 6 期;《20 世纪中国文学研究论文选　魏晋南北朝卷》　北京:社会科学文献出版社　2010 年 1 月;《文选学研究》　北京:国家图书馆出版社　2010 年 11 月

阮籍试论　萧学鹏　中山大学学报　1956 年第 4 期

阮籍咏怀诗论(阮籍の咏怀诗について)　吉村幸次郎　中国文学报　1957 年第 6 期

略论阮籍及其《咏怀诗》　高海夫　人文杂志　1959 年第 2 期

阮籍《咏怀诗》考——关于作者的孤绝意识(阮籍咏怀诗考——その孤绝の意识について)　林田慎之助　九州中国学会报(6)　1960 年;《中国中世文学评论史》　东京:创文社　1979 年

试论阮籍及其《咏怀诗》　张志岳　哈尔滨师院学报　1961 年第 1 期;《诗词论析》　哈尔滨:黑龙江人民出版社　1963 年 1 月

阮籍与嵇康　凯风　华侨日报　1962 年 2 月 28 日

阮籍和他的《咏怀诗》　王毓　河南日报　1962 年 11 月 15 日

魏晋时代的文坛巨匠——嵇康与阮籍　余菴　华侨日报　1962 年 12 月 14 日

阮籍的风格　牟宗三　民主评论　1962 年第 13 期

略论阮籍及其《咏怀诗》　张志岳　文学遗产　1962 年增刊

阮籍《咏怀诗》探解(续前)　陈赓平　兰州大学学报　1964 年第 1 期

阮籍的时代思想　韦政通　出版月刊　1966 年第 19 期

阮籍咏怀诗论　李直方　《汉魏六朝诗论稿》　香港:龙门书店

1967年12月

阮籍的时代和他的思想 韦政通 出版月刊 1967年第19期

阮籍《为郑冲劝晋王笺》考辨 阮廷焯 大陆杂志 1967年第34卷第9期

阮籍研究 徐丽霞 台湾师范大学国文研究所集刊 1969年6月

诗与政治——阮籍的生命与作品 李恭蔚 书评书目 1970年7月

阮嗣宗的生平与《咏怀诗》(阮嗣宗の生涯と咏怀诗について) 山田胜久 中国文学论考(二松学舍大学) 1973年

阮籍小论——以《咏怀诗》为例(阮籍小论——咏怀诗を中心として) 井波律子 《入矢教授、小川教授退休纪念中国文学语学论集》 东京:筑摩书房 1974年

阮籍《咏怀诗》索引(1、2、3) 大上正美 东京工业高等专门学校研究报告 1975—1977年

阮籍《咏怀诗》试论 大上正美 《汉文学会会报》(36)(东京教育大学) 1977年

关于阮籍的《咏怀诗》(阮籍の咏怀诗について) 松元幸男 立命馆文学(384、385合刊) 1977年

论两首序诗(阮籍、陶渊明) 柯庆明 《中国古典文学研究丛刊·诗歌之部(一)》 台北:巨流图书公司 1977年10月;2012年3月

阮籍咏怀四言诗三首私笺 大上正美 《加贺博士退官记念中国文学哲学论集》 东京:讲谈社 1979年

"难以情测"出自谁手——《文选·咏怀诗》注中的一个问题　柯弘(穆克宏)　福建师大学报　1980 年第 2 期

关于阮籍的《为郑冲劝晋王牋》(阮籍の《为郑冲劝晋王牋》について)　大上正美　日本中国学会报　1982 年

阮籍评传　丁冠之　《中国古代著名哲学家评传》续编二　济南:齐鲁书社　1982 年 8 月

阮籍《咏怀诗》探解(二续)　陈庚平　兰州大学学报　1982 年第 1 期

阮籍《咏怀诗》探解(三续)　陈庚平　兰州大学学报　1982 年第 2 期

论阮籍《咏怀诗》是魏晋易代的史诗——《阮籍〈咏怀诗〉探解》代序　陈赓平　兰州大学学报　1982 年第 3 期

阮籍、嵇康年表　白化文、许德楠　《阮籍嵇康》　北京:中华书局　1983 年 1 月

阮籍,陶渊明,"垮掉的一代"?　廖仲安　光明日报　1983 年 1 月 11 日

阮籍(评传)　罗竹风　《中国历代著名文学家评传》第一卷　济南:山东教育出版社　1983 年 5 月

阮诗臆绎　徐千生　《中华文史论丛》第 28 辑　上海:上海古籍出版社　1983 年 11 月

阮籍《咏怀(二十)》诗新解　周勋初　文史知识　1983 年第 1 期;《文史探微》　上海:上海古籍出版社　1987 年 12 月(题目为:阮籍《咏怀》诗其二十新解);《魏晋南北朝文学论丛》　南京:江苏古籍出版社　1999 年 11 月;《钟山愚公拾金行踪》　上海:复旦大学出版

社　2016 年 5 月

佯狂避世的诗人阮籍　何权衡　文史知识　1983 年第 2 期

《咏怀诗》第一首新解　聂文郁　青海师范学院学报　1983 年第 3 期

阮籍·嵇康和长明·兼好——人际关系、主要以友人之间的用语为中心(阮籍·嵇康と长明·兼好——人间关系、主として友の语を中心として)　户沼市子　お茶の水女子大学中国文学会报　1984 年

出于阮籍《咏怀诗》之意识世界小考　金璟铉　中国学研究(韩国外大中国学研究所)　第 2 辑　1984 年 10 月

阮籍《咏怀诗》思想内容初探　韩传达　西南师范学院学报　1984 年第 4 期

论嵇康和阮籍的放达　徐斌　兰州学刊　1984 年第 6 期

关于阮籍的四言《咏怀诗》十三首　刘文忠　《文献》第 19 辑　北京:书目文献出版社　1985 年 2 月

言在耳目之内　情寄八荒之表——阮籍《咏怀·夜中不能寐》浅析　张国星　《汉魏六朝诗歌赏集》　北京:人民文学出版社　1985 年 7 月

读阮籍《咏怀诗》(其十九)　郭维森　《汉魏六朝诗歌赏集》　北京:人民文学出版社　1985 年 7 月

论阮籍诗歌创作的审美经验　沈悦苓　文学评论　1985 年第 3 期

阮籍《咏怀·夜中不能寐》发微　冯宇　北方论丛　1985 年第 5 期

阮籍《咏怀诗》管窥　沼口胜　高校通信东书国语　1986年

关于阮籍五言《咏怀诗》(阮籍五言咏怀诗の表现について)　道家春代　名古屋大学文学部研究论集文学　1986年

阮籍五言咏怀诗小考　甲斐胜二　《冈村繁教授退官纪念论集 中国诗人论》　1986年

黄节《阮步兵咏怀诗注补篇》补遗　沼口胜　中国文化——研究与教育(44)　1986年

论阮籍《咏怀诗》之悲怨　袁济喜　光明日报　1986年3月11日

阮籍五言《咏怀诗》小考　甲斐胜二　《中国诗人论——冈村繁教授退官纪念论集》　东京:汲古书院　1986年10月

关于阮籍四言《咏怀诗》——以修辞手法为中心　沼口胜　日本中国学会报(38)　1986年10月

师心以遣论　使气以命诗——刘勰论阮籍、嵇康　穆克宏　《文心雕龙学刊》第4辑　济南:齐鲁书社　1986年12月

阮籍《咏怀诗》管窥(续稿)　沼口胜　高校通信东书国语　1987年

阮籍诗风与玄学思想方法　胡大雷　《中国古典文学论丛》第6辑　北京:人民文学出版社　1987年10月

竹林名士阮籍与《咏怀诗》　温洪隆、涂光雍　《先秦两汉魏晋南北朝文学揽胜》　武汉:湖北教育出版社　1988年3月

忧伤而深沉的心灵之歌——阮籍《咏怀诗》初探　梅俊道　九江师专学报　1989年第1期

阮籍《咏怀诗》和《诗经》《楚辞》的关系　祝凤梧　湖北大学

学报 1989年第2期

徘徊和逍遥——对于阮籍《咏怀诗》的考察(徘徊と逍遥——阮籍咏怀诗への——考察) 森田浩一 中国文学报(京都大学) 1990年

阮籍人格的双重性及其思想文化意义 高晨阳 山东大学学报 1990年第2期

论阮籍的心态 罗宗强 社会科学战线 1990年第4期

《咏怀诗》中所见阮籍的忧愁(咏怀诗にみぇる阮籍の忧年について) 功力夕里子 汉文学会会报(国学院大学) 1991年

论《咏怀诗》的思想倾向及其在阮籍哲学体系中的地位 高晨阳 山东社会科学 1991年第2期

阮籍诗歌的象征性 罗仲鼎 浙江学刊 1991年第5期

阮籍访孙登辨疑 陈伟强 学术月刊 1991年第10期

阮籍与汉魏思潮述略 陈引驰 中国文学研究 1992年第1期

正始玄学与阮籍的游仙诗 蔡锦军 广西师范大学学报 1992年第1期

论阮籍《咏怀》诗的文学构成 孙伯涵 烟台师范学院学报 1992年第3期

阮旨遥深——评阮籍《咏怀》诗的思想内容 李哲夫 广东社会科学 1992年第5期

《阮籍集校注》失误评议 李景华 北京师范学院学报 1992年第6期

从音乐意象看阮籍文学创作与音乐的关系 刘志伟 西北师

大学报　1993年第6期

论阮籍的“自然观”(阮籍の“自然观”)　洼田守弘　圣德学园岐阜教育大学纪要(27)　1994年

读书札记二则(曹植《杂诗》、《文选·咏怀诗注》)　穆克宏　《滴石轩文存》　福州:海峡文艺出版社　1994年1月

阮籍《咏怀诗》的自然表现(阮籍《咏怀诗》の自然表现)　鹰桥明久　中国中世文学研究(27)　1994年10月

魏末之赋首——阮籍赋试论　王琳　山东师大学报　1994年第3期

阮籍与嵇康(阮籍と嵇康)　玉野井纯子　东洋学研究(32)　1995年

东晋时代史书对阮籍评价的异同(东晋时代の史书における阮籍评价の相违)　阿部顺子　艺文研究　1995年

阮籍仕宦考　林宏作　国际文化论集(11)　1995年

阮籍事迹新考　范子烨　学术交流　1995年第1期

玄学与阮籍、陶渊明的人生思想　李健　九江师专学报　1995年第1期

阮籍事迹新考　范子烨　学术交流　1995年第1期

《阮籍集校注》补正　韩格平　古籍整理研究学刊　1995年第1期

(阮籍)年表　辛旗　《阮籍》　台北:东大图书股份有限公司　1996年

阮籍、嵇康的生命与文学(阮籍·嵇康の生と文学)　大上正美　青山语文(26)　1996年

阮籍隐士论考　马场英雄　国学院杂志97(11)　1996年

阮籍《咏怀诗》小论　矢渊孝良　金泽大学教养部论集人文科学篇(332)　1996年

《阮籍集》校点札记　顾义生　古籍整理研究学刊　1996年第2期

阮籍“咏怀诗”的若干问题　甲斐胜二　《中国学研究》第1辑　北京:中国书籍出版社　1997年9月

阮籍《咏怀诗》和其“啸”的关系　甲斐胜二　《魏晋南北朝文学论集》　南京:南京大学出版社　1997年9月

《咏怀诗》的诗语分析　边成圭　《魏晋南北朝文学论集》　南京:南京大学出版社　1997年9月

阮籍的两种理想及其幻灭　顾农　昌潍师专学报　1997年第3期

阮籍《咏怀诗》一、二(阮籍の《咏怀诗》一、二)　鹰桥明久　中国中世文学研究　1998年

阮籍的政治态度及其作品　顾农　山东师大学报　1998年第3期

阮籍《咏怀诗》三(阮籍の《咏怀诗》三)　鹰桥明久　中国中世文学研究　1999年

阮籍年谱　靳极苍　《阮籍咏怀诗详解》　太原:山西古籍出版社　1999年9月

阮籍的情况(阮籍と情况)　大上正美　《六朝学术学会报第一集》　1999年10月

试论阮籍《咏怀诗》的游仙描写与建安游仙诗模式风格的差

异　王利锁　中州学刊　1999年第1期

《为郑冲劝晋王笺》作年考　顾农　文教资料　1999年第1期;《文选论丛》　扬州:广陵书社　2007年9月

“不贰忠臣论”是误解阮籍《咏怀》诗的总根源　韩理洲　人文杂志　1999年第4期

阮籍的性格与生活态度——从《晋书·阮籍传》谈起(阮籍の性格と生活态度——《晋书》の《阮籍传より》)　洼田守弘　爱知淑德大学论集文学部·文学研究科篇(25)　2000年

阮籍《咏怀诗》四(阮籍の《咏怀诗》四)　鹰桥明久　中国中世文学研究(38)　2000年

关于阮籍咏怀诗形成的考察——兼及晋代“咏怀诗”的受容　鹰桥明久　《冈村贞雄博士古稀纪念中国学论集》　东京:白帝社　2000年3月

阮籍《咏怀诗》中的对比思考　鹰桥明久　《山本昭教授退休纪念中国学论集》　东京:白帝社　2000年3月

关于阮籍的四言《咏怀诗》十三首　刘文忠　《中古文学与文论研究》　北京:学苑出版社　2000年6月

阮籍《咏怀诗》的比喻表现(阮籍《咏怀诗》の比喻表现)　鹰桥明久　四国大学纪要(14)　2000年12月

从阮籍、陶渊明看儒家归隐思想的特征　王建平　河南社会科学　2000年第4期

二十世纪阮籍研究　吴云　天津师大学报　2000年第6期

关于阮籍生平的两个问题　顾农　天津师大学报　2000年第6期

阮籍之咏怀诗五(阮籍の咏怀诗五)　鹰桥明久　中国中世文学研究(39)　2001年

至慎与佯狂——阮籍人格之迷试解　刘志伟　《〈昭明文选〉与中国传统文化:第四届文选学国际学术研讨会》　长春:吉林文史出版社　2001年6月

论阮籍思想及其与《咏怀诗》的关系　渠晓云　山西大学学报　2001年第2期

阮籍《咏怀》诗句的解说之人(阮籍《咏怀》诗の语り手)　安藤信广　《中国读书人の政治と文学》　东京:创文社　2002年10月

关于阮籍《为郑冲劝晋王笺》的作年　孙明君　文史哲　2002年第1期

论阮籍的《咏怀诗》和郭璞的《游仙诗》　龚玉兰　广西社会科学　2002年第1期

阮籍与司马氏集团之关系辨析　孙明君　北京大学学报　2002年第1期

从《咏怀诗》看阮籍的政治远识　顾农　东南大学学报　2002年第5期

东昏侯治下的沈约与阮籍《咏怀诗》注考(东昏侯治下における沈约と阮籍《咏怀诗》注について)　今场正美　学林(36・37合集)　2003年

阮籍的象征表现手法与咏怀体的艺术特征　蔡宗齐　《〈文选〉与"文选学":第五届文选学国际学术研讨会论文集》　北京:学苑出版社　2003年5月

说阮籍《咏怀诗》中的“仙心”　顾农　《〈文选〉与“文选学”：第五届文选学国际学术研讨会论文集》　北京:学苑出版社　2003年5月;阜阳师范学院学报　2003年第1期

阮籍之卒　曹道衡、沈玉成　《中古文学史料丛考》　北京:中华书局　2003年7月

《晋书·阮籍传》记事含混　曹道衡、沈玉成　《中古文学史料丛考》　北京:中华书局　2003年7月

读阮籍《咏怀诗》札记二则　顾农　书品　2003年第5期;《文选论丛》　扬州:广陵书社　2007年9月

阮籍思想考　櫻井みさき　境界を越えて(4)　2004年

阮籍与山涛(阮籍と山涛)　鹰桥明久　中国中世文学研究(45·46合集)　2004年10月

从《咏怀诗》看阮籍的理想及其幻灭　顾农　集美大学学报　2004年第3期

浅论阮籍《咏怀诗》及其时代意义　贺玉萍　洛阳师范学院学报　2004年第3期

20世纪90年代以来阮籍研究述评　王渭清　宝鸡文理学院学报　2004年第6期

释“阮籍使气以命诗”——《文心雕龙》识小录之四　罗宗强《中国中古文学研究》　北京:学苑出版社　2005年12月

阮籍政治倾向考辨　黄宁　华南师范大学学报　2005年第1期

阮籍《咏怀诗》源出《小雅》解　林家骊、陶琳　淮阴师范学院学报　2005年第1期

谈阮籍《为郑冲劝晋王笺》一文的写作时间　吴从祥　铜仁师范高等专科学校学报　2005年第5期

青少年时期的阮籍　鹰桥明久　中国中世文学研究(50)　2006年

阮籍:文化危机与诗人　胡晓明　《诗与文化心灵》　北京:中华书局　2006年12月

阮籍五言诗诗题考辨　杨志刚　宜宾学院学报　2006年第1期

新时期以来阮籍研究综述　杨志刚　许昌学院学报　2006年第1期

阮籍生平系年考索(上)　祝鼎民　励耕学刊(文学卷)　2006年第1期

阮籍生平系年考索(下)　祝鼎民　励耕学刊(文学卷)　2006年第2期

《咏怀诗》格调论　徐旭平　文山师范高等专科学校学报　2006年第2期

王戎与嵇康、阮籍饮于黄公酒垆小考　陈圣宇　中国典籍与文化　2006年第2期

论阮籍的《咏怀》五言诗的诗史意义——兼论正始诗歌与建安诗歌的异同　木斋　天中学刊　2006年第4期

阮籍至东平考　牛贵琥　江西师范大学学报　2006年第5期

《咏怀诗·其三》的曲折用典与阮籍的心志　程怡　华东师范大学学报　2006年第6期

阮籍《咏怀诗》中的"剑"　王尧美　贵州社会科学　2006年第

6期

王船山所见阮籍《咏怀诗》的“量”(王船山の见る阮籍《咏怀诗》に手ける“量”)　铃木敏雄　六朝学术学会报(8)　2007年

阮籍诗文之底本考(阮籍の诗文テキストについて)　阿部顺子　艺文研究(93)　2007年

《阮籍集》版本源流考　张建伟　《国学研究》第19卷　北京:北京大学出版社　2007年6月

超越死亡——阮籍的死亡超越意识对《庄子》思想的继承与变化　崔永斌　《中国文选学:第六届文选学国际学术研讨会论文集》　北京:学苑出版社　2007年9月

阮籍的玄学思想与《咏怀诗》的审美理想　胡丽茹　文化学刊　2007年第2期

阮籍《咏怀诗》中“逍遥”义解析　汪培　牡丹江教育学院学报　2007年第5期

阮籍“醉酒拒婚”考论　束莉　文教资料　2007年第34期

寓意与史实——围绕阮籍四言《咏怀诗》(寓意と史实——阮籍の四言《咏怀诗》をめぐって)　沼口胜　中国文化(66)　2008年

阮籍的天与空间(阮籍の天と空间)(2)　桥本敬司　广岛大学大学院文学研究科论集　2008年

论阮籍《咏怀诗》——组诗创作性质及其主题的逻辑展开　钱志熙　东方丛刊　2008年第1期

试论阮籍《咏怀诗》玄远意蕴的象征主义　王永青　琼州学院学报　2008年第1期

1994 年以来阮籍诗赋研究综述 汪淑霞 山东理工大学学报 2008 年第 2 期

阮籍《为郑冲劝晋王笺》若干问题析解 束莉 现代语文(文学研究版) 2008 年第 2 期

飞鸟意象与阮籍的多重人格 罗洪启 华中师范大学研究生学报 2008 年第 4 期

六朝文学的一个视角——以读阮籍《咏怀诗》的一些杂感为基础(六朝文学への一视角——阮籍《咏怀诗》をめぐる杂感をもとに) 柳川顺子 六朝学术学会报(10) 2009 年

寓意与史实(续稿)——围绕阮籍四言《咏怀诗》[寓意と史实(续稿)——阮籍の四言《咏怀诗》をめぐって] 沼口胜 中国文化(67) 2009 年

论《文选》《咏怀》十七首注与阮诗解释的历史演变 钱志熙 文学遗产 2009 年第 1 期

事典与阮籍《咏怀》诗之"遥深" 丁玲 中国韵文学刊 2009 年第 2 期

阮籍《咏怀诗》——仙界描写之特征考(阮籍《咏怀诗》——仙界の描き方の特征について) 郑月超 お茶の水女子大学中国文学会报(29) 2010 年

说《文选》所录阮籍《咏怀诗》 顾农 《第八届文选学国际学术研讨会论文集》 扬州:广陵书社 2010 年 12 月

忧生与逃世:作为心态典型的阮籍 蒋寅 井冈山大学学报 2010 年第 1 期

陶渊明与嵇康、阮籍文学创作关系伸说 张迪 社会科学辑

刊　2010年第1期

阮籍赋体创作思维考论——由与张华《鷦鷯赋》之关系及阮籍的赋创作作时契入　刘志伟　钦州学院学报　2010年第2期

阮籍《咏怀》诗对人生意义的追寻　赵翔　贵州师范大学学报　2010年第2期

论阮籍《咏怀诗》——出世思想与《咏怀诗》发展的三个阶段　赵沛霖　北京大学学报　2010年第3期

《文选》所录阮籍《咏怀诗》五题　顾农　文学遗产　2010年第4期

孙登与阮籍、嵇康关系的几个问题　程峰　河南理工大学学报　2010年第4期

灰色的人生情怀——从《文选》中的咏怀诗来解读阮籍的审美定势　高芸　东京文学　2010年第9期

阮籍《咏怀诗》创作与接受考论　董继兵　咸宁学院学报　2010年第10期

试析《文选》李善注的特点——以所收阮籍《咏怀》诗十七首为例　张安娜　大众文艺　2010年第14期

阮籍的研究——作者、作品与研究者之间的关系(阮籍の研究——作者、作品と研究者とのあいだ)　阿部顺子　艺文研究(100)　2011年

吉川幸次郎的阮籍研究　李庆　《海外典籍与日本汉学论丛》北京:中华书局　2011年9月

李善《文选·咏怀诗注》中的旧注问题　于溯　南京大学学报　2011年第1期

颜延之注阮籍诗“怯言其志”辨　胡大雷　钦州学院学报　2011年第1期

阮籍《咏怀诗》新探　唐志远　社科纵横　2011年第2期

吉川幸次郎与近世日本的阮籍研究　李庆　古典文学知识　2011年第2期

关于阮籍《为郑冲劝晋王笺》的作年问题　张晓婧　新余学院学报　2011年第3期

阮籍《为郑冲劝晋王笺》写作时间考辨　李晓敏　文艺评论　2011年第4期

《文选·咏怀诗》未标明姓氏注文的归属问题　范志新　文学遗产　2011年第6期

论黄侃《咏怀诗补注》——兼谈阮籍《咏怀》诗的注释　张建伟　江汉大学学报　2012年第2期

从《为郑冲劝晋王笺》看阮籍的个性　繁荣　焦作师范高等专科学校学报　2012年第2期

“玄风”始自阮籍考　庄亦乐、闫春新　南京晓庄学院学报　2012年第2期

阮籍思想的变迁　顾农　苏州教育学院学报　2012年第3期

阮籍诗流传考　颜庆余　图书馆杂志　2012年第7期

远游越山川——论陆机对阮籍的集成　戴燕　文史　2013年第1期;《远游越山川:魏晋南北朝文学史研究论集》　上海:复旦大学出版社　2017年10月

《文选》阮籍诗注及钟嵘评论问题探究　刘涛　牡丹江师范学院学报　2013年第4期

阮籍年谱汇考　张建伟　《中古作家年谱汇考辑要》　西安:世界图书西安出版公司　2014年6月

论《世说新语》中的阮籍形象　卫绍生　《第十届文选学国际学术研讨会论文集》　郑州:河南大学出版社　2014年8月

试论应璩《百一诗》和阮籍《咏怀》八十二首　张朋兵　西南科技大学学报　2014年第1期

"咏怀"与"言志":为何阮籍诗被称为"咏怀"?("咏怀"と"言志":なぜ阮籍诗は"咏怀"と呼ばれたか)　郑月超　六朝学术学会报(16)　2015年

浅析阮籍《咏怀诗》中的忧患意识——以《文选》所收阮籍《咏怀诗》十七首为例　郑琛　青年文学家　2015年第5期

阮旨"遥深"的诗学阐释——从阮籍《咏怀诗其一》的用典说起　徐华　北方论丛　2017年第1期

阮籍集及诗集版本考论　刘明　商丘师范学院学报　2017年第5期

《文选》中沈约注阮籍《咏怀》诗之初探　孙冲　西江文艺　2017年第9期

阮籍、嵇康与隐者孙登:将隐者作为固有之他者来表现的契机(阮籍、嵇康と隐者孙登:隐者を固有の他者とする表现への契机)　大上正美　二松学舍大学人文论丛(100)　2018年

试释《咏怀》诗中的"王子""夸父"和"夏后"　景蜀慧　《魏晋文史寻微》　北京:中华书局　2018年9月

《咏怀诗》所见阮籍政治情感及思想历程　景蜀慧　《魏晋文史寻微》　北京:中华书局　2018年9月

论阮籍《咏怀》诗的行吟特质与地理空间 王京州 中国文学研究 2018年第3期

欧阳建(欧阳坚石)

《文选》收录篇目:

《临终诗》

论文

六朝"临终诗"论考 后藤秋正 北海道教育大学纪要30(2) 1980年3月

欧阳建事迹、年岁 曹道衡、沈玉成 《中古文学史料丛考》 北京:中华书局 2003年7月

汉魏六朝"临终诗"探微 黄莹、胡辉 社会科学家 2011年第5期

六朝临终诗述论——兼论《文选》欧阳建《临终诗》的收录因素 何维刚 新竹教育大学人文社会学报 2013年第1期

《文选》诗"临终"类的分属争议——中古"临终诗"研究述论 郑伟 《中国诗学》第21辑 北京:人民文学出版社 2016年7月;《〈文选〉与汉唐文化:第十一届〈文选〉学国际学术研讨会论文集》 北京:中华书局 2018年8月(题目为:《文选》诗"临终"类的分属争议及学术意义)

张载(张孟阳)

《文选》收录篇目:

《七哀诗》二首、《拟四愁诗》《剑阁铭》

著作

张华集逐字索引、张载集逐字索引、张协集逐字索引　刘殿爵等　香港:香港中文大学出版社　2003年12月

太康英彦——三张诗文研究　张嘉珊　《古典文学研究辑刊》三编　第5册　新北:花木兰文化出版社　2011年

"三张"集校注　王承斌　合肥:黄山书社　2018年12月

论文

张载《剑阁铭》著成时代及其相关问题　朱晓海　书目季刊1976年第1期

张载、张协文学论　郁守　文苑纵横谈　1982年第3期

张载(评传)　韩泉欣　《中国历代著名文学家评传》(续编)济南:山东教育出版社　1989年12月

张载入蜀之年考辨　徐传武　《文史》第46辑　北京:中华书局　1998年12月

读张载《剑阁铭》　何峥　文史杂志　2002年第1期

张载《剑阁铭》作年及《七哀诗》佚句　曹道衡、沈玉成　《中古文学史料丛考》　北京:中华书局　2003年7月

河北诗人张载生平与人格考论　王岩峻、吉云　河北大学成人教育学院学报　2004年第2期

傅玄与张载、张协文学系年考证　俞士玲　《西晋文学考论》南京:南京大学出版社　2008年9月

张载《剑阁铭》的创作时间及其作品辑录　黄梅　文教资料

2010年第18期

张载生平及作品系年初探 张宁 文教资料 2010年第18期

西晋文学家“三张”略论——以《文选》所录作品为中心 顾农 扬州文化研究论丛 2011年第1期

张载张协年谱汇考 蒋碧薇、曹旭 《中古作家年谱汇考辑要》 西安:世界图书西安出版公司 2014年6月

张载涉蜀作品考述 徐永升 中华文化论坛 2018年第2期

任昉(任彦升)

《文选》收录篇目:

《出郡传舍哭范仆射》《赠郭桐庐》《宣德皇后令》《天监三年策秀才文》三首、《为齐明帝让宣城郡公表》《为范尚书让吏部封侯第一表》《为萧扬州荐士表》《为褚谘议蓁让代兄袭封表》《为范始兴作求立太宰碑表》《奉答七夕诗启》《为卞彬谢修卞忠贞墓启》《上萧太傅固辞夺礼启》《奏弹曹景宗》《奏弹刘整》《到大司马记室笺》《劝进今上(梁高祖武皇帝)笺》《王文宪集序》《刘先生夫人墓志》《齐竟陵文宣王行状》

著作

任昉评传 魏道揆 北京:中国文联出版社 2010年5月

任昉与南朝士风 杨赛 上海:上海古籍出版社 2011年12月

任昉研究 李兆禄 北京:中国社会科学出版社 2014年6月

南朝学者任昉研究 张金平 北京:中国社会科学出版社

2015 年 9 月

任昉与齐梁诗风之变　冯源　郑州：中州古籍出版社　2017 年 8 月

论文

《文选》任彦升《奏弹刘整》题下注考辨　冯承基　幼狮学志 1963 年 4 月第 2 卷第 3 期

南朝门阀的家产——文选所引《奏弹刘整》的新解释（南朝门阀の家产——文选所引《奏弹刘整》の新解释）　胜村哲也　人文学论集（8）　1974 年

全梁文卷四三　钱锺书　《管锥编》第四册　北京：中华书局 1979 年 8 月

任昉的文章——其形成过程与晚年的文体变化（任昉の文章——その形成过程と晚年の文体变化）　佐竹保子　日本中国学会报　1980 年

任昉的奏弹文（任昉の奏弹文）　佐竹保子　集刊东洋学（东北大学）　1981 年

文选卷四十《奏弹刘整》中间部分七百余字的由来及其文学性（文选卷四十《奏弹刘整》中间部分七百余字の由来とその文学性について）　佐竹保子　文化 45（3・4）　1982 年

试论任昉　谭家健　《文学评论丛刊》第 16 辑　北京：中国社会科学出版社　1982 年 10 月

任昉所弹之刘整非刘勰世系中人　周绍恒　怀化师专社会科学学报　1989 年第 2 期

无文的文化　金克木　读书　1991年第7期

《文选》诸本任昉作品称呼的混乱与《奏弹刘整》的原貌　佐竹保子　《文选学论集》　长春:时代文艺出版社　1992年6月

任昉诗文系年考证　熊清元　黄冈师专学报　1992年第2期

论任昉在文学史上的地位　曹道衡　齐鲁学刊　1993年第4期;《中古文学史论文集续编》　台北:文津出版社　1994年7月;《魏晋南北朝文学论集》　台北:文史哲出版社　1994年11月;《汉魏六朝文学论文集》　桂林:广西师范大学出版社　1999年9月;《曹道衡文集》卷三　郑州:中州古籍出版社　2018年4月

任昉年谱　罗国威　四川大学学报　1994年第1期

《文选》所载《奏弹刘整》一文诸注本之分析　周勋初　文学遗产　1996年第2期;《文选学新论》　郑州:中州古籍出版社 1997年10月;《魏晋南北朝文学论丛》　南京:江苏古籍出版社　1999年11月;《文史知新》　南京:凤凰出版社　2012年8月;《钟山愚公拾金行踪》　上海:复旦大学出版社　2016年5月

沈约任昉年谱　罗国威　《学术集林》卷12　上海:上海远东出版社　1997年12月;《六朝作家年谱辑要》　哈尔滨:黑龙江教育出版社　1999年1月;《六朝文学与六朝文献》　成都:巴蜀书社　2010年3月

任昉为褚蓁表若干问题考辨　胡耀震　聊城师范学院学报　1998年第3期

任昉代褚蓁表和相关的《文选》旧注　胡耀震　山东大学学报　1998年第4期;文献　1999年第2期;《中州学术论集·古代文学卷　第1辑》　北京:中华书局　2000年1月

任昉年谱略稿　张顶政　西南民族学院学报　1999年;《知不

足丛稿》　成都:巴蜀书社　2006年1月

六朝文人传——任昉(《梁书》)　森野繁夫、先坊幸子　中国中世文学研究(38)　2000年7月

六朝的文人——江淹与任昉　森野繁夫　国语国文论集(31)　2001年1月

读任昉《刘先生夫人墓志》并论南朝墓志文体格——读《文选》札记　程章灿　《〈昭明文选〉与中国传统文化:第四届文选学国际学术研讨会》　长春:吉林文史出版社　2001年6月

《文选》臆札——《奏弹刘整》旧注的疑义和补充　杨明　《〈昭明文选〉与中国传统文化:第四届文选学国际学术研讨会》　长春:吉林文史出版社　2001年6月;《汉唐文学辨思录》　上海:上海古籍出版社　2005年4月

《齐竟陵文宣王行状》校正　俞樟华、盖翠杰　文献　2001年第4期

任昉永明、天监间仕历　曹道衡、沈玉成　《中古文学史料丛考》　北京:中华书局　2003年7月

总集《文选》中所见别集的痕迹(1)——奇妙的自称与《奏弹刘整》以及陆善经注本《文选》的价值[总集文选のなかに见える别集の痕迹(1)——奇妙な自称と奏弹刘整、および陆善经注本文选の价值について]　佐竹保子　东北大学中国语学文学论集(9)　2004年

《文选·齐竟陵文宣王行状》校读杂(札)记　罗国威　《新国学》第5卷　成都:巴蜀书社　2005年3月;《六朝文学与六朝文献》　成都:巴蜀书社　2010年3月;《古典文献研究辑刊》第25编　第

8 册 《昭明文选丛考》 新北:花木兰文化出版社 2017 年

梁陈作家识小录(任昉) 沈玉成 《沈玉成文存》 北京:中华书局 2006 年 6 月

《齐竟陵文宣王行状》考析——兼论“行状”的文体特征 李乃龙 广西师范学院学报 2007 年第 1 期

《文选》选文“任昉现象”之成因探析 胡旭 《〈文选〉学与楚文化——纪念李善逝世 1317 周年国际学术研讨会》 武汉:武汉出版社 2008 年 8 月;文史哲 2009 年第 4 期

任昉在南齐的仕历及相关问题 熊清元 中国史研究 2008 年第 1 期

任昉研究综述 杨赛 青海师范大学学报 2008 年第 1 期

任昉浙江行踪及创作考述 柏俊才 山西师大学报 2008 年第 4 期

任昉年谱 杨赛 安庆师范学院学报 2008 年第 5 期;《任昉与南朝士风》 上海:上海古籍出版社 2011 年 12 月

论昉文之隐秀——以《为齐明帝让宣城郡公第一表》为例 王龙 韶关学院学报 2008 年第 7 期

《广绝交论》任昉事质疑 宋华礼 现代语文 2008 年第 8 期

任昉仕履考 杨赛 《中国的立场 现代化与社会主义:上海市社会科学界第七届学术年会文集(2009 年度)青年学者文集》 2009 年

南朝文笔大家任昉 陈伟娜 滨州学院学报 2009 年第 1 期

任昉文章“文体本疏”与破体辨析 陈伟娜 温州大学学报 2009 年第 6 期

齐梁士人的交游:以任昉的社交网络为中心的考察 郑雅如 台大历史学报 2009年第44期

任昉年谱 张金平 辽东学院学报 2010年第1期

敦煌残卷《王文宪集序》校考 郭殿忱 敦煌研究 2010年第2期

任昉与梁初文坛 杨赛 古代文学理论研究 2010年第2期

任昉与南朝聚书之风 杨赛 古代文学理论研究 2010年第2期

试论任昉骈文用典 陈伟娜 社会科学战线 2010年第7期

任昉与南朝目录学 杨赛 《古典文献研究》第14辑 《〈文选〉学专辑》 南京:凤凰出版社 2011年6月

论任昉诗派 杨赛 《中国诗歌研究》第8辑 北京:中华书局 2011年12月

《文选集注·奏弹刘整》发微 王翠红 天中学刊 2011年第1期

任昉与萧子良文士集团交游考 杨赛 北京科技大学学报 2011年第2期

读《文选·齐竟陵文宣王行状》札记三则 吴晓峰 信息交流 2012年第2期

任昉晚年作诗"欲以倾沈"考论 冯源 河南师范大学学报 2012年第3期

任昉交游形成的人脉与文脉 张顶政 西南民族大学学报 2012年第11期

任昉"终建武中位不过列校"原因探隐 李兆禄 广西社会科

学　2013年第2期

任昉身世考　杨赛　郑州师范教育　2013年第4期

南朝学者任昉"龙门游"、"兰台聚"人物考略　高险峰、张金平　兰台世界　2014年第21期

《文选·奏弹曹景宗》发覆　胡旭　铜仁学院学报　2015年第5期

《文选·为范尚书让吏部封侯第一表》锥指　柏俊才　兰州学刊　2015年第10期;《现代学术视野下的〈文选〉研究》　北京:中国社会科学出版社　2016年7月

司马彪(司马绍统)

《文选》收录篇目:

《赠山涛》

论文

司马彪年岁与《赠山涛诗》　曹道衡、沈玉成　《中古文学史料丛考》　北京:中华书局　2003年7月

梧桐意象:《庄子》思想体系中的悖论之一——兼论《文选》中司马绍统的《赠山涛》诗　樊星、樊荣　长春师范学院学报　2012年第11期

司马彪《赠山涛诗》作时新探　来森华　兰州文理学院学报　2014年第2期

司马彪著述考辨　杨继承　南都学坛　2014年第6期

潘尼(潘正叔)

《文选》收录篇目：

《赠陆机出为吴王郎中令》《赠河阳诗》《赠侍御史王元贶》《迎大驾》

著作

潘岳、潘尼集逐字索引　刘殿爵等　香港：香港中文大学出版社　2005年12月

潘尼赋研究　招祥麟　上海：上海古籍出版社　2011年11月

论文

潘岳与潘尼　佐藤利行　中国中世文学研究(22)　1992年4月

潘尼赠潘岳诗、作潘尼碑　曹道衡、沈玉成　《中古文学史料丛考》　北京：中华书局　2003年7月

陆机与张华、潘尼、冯文罴的交游　李晓风　南都学坛　2007年第2期

潘岳、潘尼文学系年考证　俞士玲　《西晋文学考论》　南京：南京大学出版社　2008年9月

安身而守正：潘尼考论　姜剑云　《文史索隐——晋唐文学杂考》　北京：人民出版社　2017年7月

傅咸（傅长虞）

《文选》收录篇目：

《赠何劭王济》

论文

晋初的诗人傅玄　苏丰、江夏　甘肃日报　1961年6月23日

傅玄、傅咸、傅亮籍贯考辨　王茂福　《文史》第52辑　北京：中华书局　2000年10月

傅咸与挚虞——以交游为中心（傅咸と挚虞——その交流关系を中心に）　矢田博士　中国诗文论丛（21）　2002年12月

《晋书·傅咸传》吴注质疑　曹道衡、沈玉成　《中古文学史料丛考》　北京：中华书局　2003年7月

傅咸家风与魏晋文风流变　孙宝　兰州学刊　2008年第1期

傅咸诗歌刍议　马黎丽　江淮论坛　2010年第4期

南齐诗“谢灵运体”及“傅咸、应璩体”辨析　童岭　兰州大学学报　2012年第3期

郭泰机

《文选》收录篇目：

《答傅咸》

刘琨（刘越石）

《文选》收录篇目：

《答卢谌》《重赠卢谌》《扶风歌》《劝进表》

著作

刘琨集　赵天瑞　天津:天津古籍出版社　1996 年 1 月

左思·刘琨　刘文忠　沈阳:春风文艺出版社　1999 年 1 月

论文

辑晋太尉《刘琨集》序　温廷敬　文史学研究所月刊　1935 年 1 月第 3 卷第 3 期;《文选学研究》　北京:国家图书馆出版社　2010 年 11 月

闻鸡起舞的刘琨和他的诗作　万后　羊城晚报　1960 年 11 月 7 日

读诗臆札——刘琨《扶风歌》"惟昔李骞期"　虞莎　《文史》第 2 辑　北京:中华书局　1963 年 4 月

刘琨诗小论——以《答卢谌》诗为中心(刘琨诗小论——《答卢谌》诗を中心として)　后藤秋正　汉文学会会报(东京教育大学)　1975 年

试论刘琨的诗　汪其楣　《中国古典文学研究丛刊·诗歌之部(一)》　台北:巨流图书公司　1977 年 10 月;2012 年 3 月

谈刘琨及其《劝进表》　李廷先　徐州师范学院学报　1978 年第 3 期

刘琨和他的诗　曲素燕　河北日报　1979 年 7 月 29 日

刘越石诗笺释　高越天　中国诗季刊(台湾)　1979 年第 4 期

刘琨年谱稿　坂元悦夫　中国中世文学研究(广岛大学)　1981 年

刘琨诗文简评　陈曼平、张克　锦州师院学报　1984 年第 1 期

刘琨及其诗作　李善奎　济宁师专学报　1984 年第 2 期

要全面地评价刘琨　庞思纯　贵州文史丛刊　1984 年第 4 期

“何意百炼钢　化为绕指柔?”——论刘琨《重赠卢谌》诗及其他　方步和　山西大学学报　1985 年第 1 期

爱国的志士　悲壮的诗篇——略论刘琨和他的诗　曹剑章　教学通讯(沧州教育学院学报)　1985 年第 1 期

定乱扶衰　慷慨悲壮——谈刘琨及其诗　罗星明　承德师专学报　1985 年第 1 期

刘琨早期仕宦活动的年序考异　吴鈓鈓　福建师范大学学报　1986 年第 2 期

刘琨《扶风歌》作年考及其他　韩传达　辽宁广播电视大学学报　1987 年

卢谌、刘琨赠答诗考辨　刘文忠　文史哲　1988 年第 2 期;《中古文学与文论研究》　北京:学苑出版社　2000 年 6 月(题目为:刘琨、卢谌赠答诗考辨——辨正逯钦立先生将刘诗误作卢诗)

刘琨与卢谌作品真伪小识　刘文忠　文史哲　1988 年第 3 期

刘琨(评传)　刘文忠　《中国历代著名文学家评传》(续编)　济南:山东教育出版社　1989 年 12 月

刘琨诗案考——中古文学史考证四则　王钟陵　许昌师专学报　1991 年第 4 期

万绪悲凉的失路英雄——刘琨　张亚新　古典文学知识　1991 年第 5 期

论刘琨《重赠卢谌》及有关的几个问题　陈公望等　牡丹江师

范学院学报　1992 年第 4 期

关于刘琨与卢谌的赠答诗　顾农　河北师范大学学报　1993 年第 4 期;《文选论丛》　扬州:广陵书社　2007 年 9 月

刘琨死因考略　梁建徽　南平师专学报　1994 年第 2 期

英雄失路　慷慨悲歌——读刘琨《重赠卢谌》　李景琦　文史知识　1994 年第 2 期

刘琨卢谌赠答诗考辨　喻斌　武当学刊　1995 年第 1 期;海南大学学报　1995 年第 2 期

“先吾著鞭”说刘琨　王健秋　古典文学知识　1995 年第 4 期

(刘琨)研究论文索引　赵天瑞　《刘琨集》　天津:天津古籍出版社　1996 年 1 月

慷慨悲壮　清拔多气——西晋末爱国诗人刘琨的诗作　江振华　三明大学学报　1997 年

论刘琨　刘文忠　《中古文学与文论研究》　北京:学苑出版社　2000 年 6 月

刘琨之死记疑　董慧秀　魏晋南北朝隋唐史资料　2002 年

评刘琨　刘国石　史学集刊　2002 年第 4 期

刘琨、卢谌赠答诗始末推论　董慧秀　魏晋南北朝隋唐史资料　2003 年

刘琨诗考论　马世年　甘肃社会科学　2003 年第 2 期

两晋之际的刘琨、卢谌及其作品　康达维　Chinese Literature: Essays, Articles, Reviews (CLEAR) (28)　2006 年

刘琨的人格与文风　叶枫宇　福建师范大学学报　2006 年第 6 期

闻鸡起舞　慷慨悲歌——论西晋诗人刘琨的经典化历程　高莹　河北省首届社会科学学术年会论文专辑　2007年;沧州师范专科学校学报　2008年第1期

略论刘琨诗歌的文学史意义　姚瑶　贵州文史丛刊　2007年第2期

刘琨研究的近十年成果及未来　卢一飞　和田师范专科学校学报　2007年第4期

何意百炼刚　化为绕指柔——从刘琨卢谌二人的赠答之作分析刘琨其人的人格魅力　张明明　语文学刊　2007年第8期

释"刘琨雅壮而多风"——兼论刘琨的创作倾向　魏崇周　文学前沿　2008年第1期

《文选》卢谌、刘琨四言赠答诗注误　杨明　《欣然斋笔记》　上海:东方出版中心　2010年5月;《第八届文选学国际学术研讨会论文集》　扬州:广陵书社　2010年12月

刘琨赠卢谌诗"璧由识真显"　杨明　《欣然斋笔记》　上海:东方出版中心　2010年5月

《艺文类聚》在卢谌《答刘琨》应是刘琨答卢谌　杨明　《欣然斋笔记》　上海:东方出版中心　2010年5月

钟嵘《诗品》刘琨条疏证　史小贺　许昌学院学报　2011年第6期

论长啸艺术与西北游牧民族之关系——以刘琨之啸为中心　范子烨　中国文化　2012年第2期

刘琨研究综述　孙耀庆　青年文学家　2013年第35期

刘琨诗渊源辨证　黄鸿秋　中国诗歌研究　2017年第1期

王僧达

《文选》收录篇目：

《答颜延年》《和琅邪王依古》《祭颜光禄文》

论文

王僧达入仕年　曹道衡、沈玉成　《中古文学史料丛考》　北京：中华书局　2003 年 7 月

王僧达被诬谋逆　曹道衡、沈玉成　《中古文学史料丛考》　北京：中华书局　2003 年 7 月

《文选》的最后一篇：王僧达《祭颜光禄文》　柏士隐(Berkowitz, Alan J.)　Early Medieval China 10—11　2004 年；许浩然译　《古典文献研究》第 14 辑　《〈文选〉学专辑》　南京：凤凰出版社　2011 年 6 月

颜延之与王僧达的文学交游　陈虹岩　哈尔滨师范大学社会科学学报　2017 年第 4 期

陆厥(陆韩卿)

《文选》收录篇目：

《奉答内兄希叔》《中山王孺子妾歌》

论文

陆厥作品写作时间　曹道衡、沈玉成　《中古文学史料丛考》　北京：中华书局　2003 年 7 月

范云(范彦龙)

《文选》收录篇目:

《赠张徐州》《古意赠王中书》《效古诗》

论文

范云为国学博士的时间问题　熊清元　史学月刊　1992年第5期

范云仕历　曹道衡、沈玉成　《中古文学史料丛考》　北京:中华书局　2003年7月

范云年谱　柏俊才　中国韵文学刊　2008年第4期

清便宛转流风回雪——论范云诗歌的风格　孙艳庆　兰州学刊　2008年第6期

范云仕历新考二则　孙艳庆　唐山学院学报　2011年第5期

陶渊明

《文选》收录篇目:

《始作镇军参军经曲阿作》《辛丑岁七月赴假还江陵夜行涂口作》《挽歌》《杂诗》二首、《咏贫士》《读山海经》《拟古诗》《归去来》

著作(2014年至2018年)

蒋勋说文学:从《诗经》到陶渊明　蒋勋　北京:中信出版社　2014年1月

陶渊明诗　袁行霈　北京:中华书局　2014年1月

隐逸诗人的历史影像——陶渊明经典化研究　边利丰　《古

典诗歌研究汇刊》第15辑　第2册　新北:花木兰文化出版社　2014年3月

陶渊明批评　萧望卿　北京:北京出版社　2014年3月;2016年1月

陶渊明诗歌典型意义的文化解读　孙晓梅　北京:光明日报出版社　2014年6月

阅读陶渊明　Wendy　Swartz著,张月译　北京:中华书局　2014年7月;2016年11月

陶渊明集　陈庆元、曹丽萍、邵长满　南京:凤凰出版社　2014年10月;2017年9月

陶渊明研究学术档案　钟书林　武汉:武汉大学出版社　2014年11月

陶渊明之思想与清谈之关系;陶渊明批评　陈寅恪、萧望卿　太原:山西人民出版社　2014年12月

叶嘉莹说陶渊明饮酒及拟古诗　叶嘉莹　北京:中华书局　2015年1月;2018年7月

浔阳论陶——2014年陶渊明与生态文明国际学术研讨会论文集　李宁宁、吴国富　南昌:江西人民出版社　2015年3月

无官一身轻,谁解陶渊明　戴建业　海口:海南出版社　2015年5月

追慕陶公:纪念陶渊明诞辰1650周年　南昌:江西美术出版社　2015年8月

隐士的深度:陶渊明新探　钟书林　北京:中国社会科学出版社　2015年8月

陶渊明传论　李长之　天津:天津人民出版社　2015年10月;北京:新世界出版社　2017年8月(书名为:陶渊明传)

陶渊明集　逯钦立　北京:中华书局　2015年12月

陶渊明集笺注　袁行霈　北京:中华书局　2015年12月;2018年1月

陶渊明集译注　孟二冬　北京:中华书局　2016年4月;2018年1月

黄菊东篱耀古今——陶渊明其人其诗散论　齐益寿　台北:台湾大学出版社　2016年4月

陶渊明集版本荟萃　周斌、杨华　成都:巴蜀书社　2016年4月

走出桃花源的江东诗人陶渊明　施长斌　合肥:安徽文艺出版社　2016年5月

重定陶渊明诗笺　古直笺,李剑锋评　济南:山东大学出版社　2016年6月

南朝陶渊明人物形象之建构与重构　陈启仁　台北:文史哲出版社　2016年9月

陶渊明的映像　吴国富　南昌:江西人民出版社　2016年10月

生态文明与陶渊明研究——2015年陶渊明研究暨生态文明国际学术研讨会论文集　刘松来　上海:复旦大学出版社　2017年4月

陶渊明集注新修　金融鼎　上海:华东理工大学出版社　2017年5月

东晋名士陶渊明社会思想研究　朱道平　成都:四川大学出版社　2017年6月

陶渊明诗笺注　丁福保笺注,郭潇、施心源整理　上海:华东师范大学出版社　2017年10月

梁启超评历史人物合集.汉宋卷:陶渊明传、王安石传　梁启超　武汉:华中科技大学出版社　2018年1月

陶渊明集校笺　龚斌　上海:上海古籍出版社　2018年1月

一念桃花源:苏东坡与陶渊明的灵魂对话　比尔·波特著,李昕译　北京:中信出版社　2018年4月

顾随讲曹操、曹植、陶渊明　顾随　石家庄:河北教育出版社　2018年9月

陶渊明八论　戴建业　上海:复旦大学出版社　2018年11月

陶渊明年谱考辨　龚斌　南昌:江西人民出版社　2018年12月

论文(2011至2018年)

从五古结构看"陶体"的特征和成因　葛晓音　《中国诗学》第15辑　北京:人民文学出版社　2011年3月

陶渊明的游墓诗情与陶渊明墓地寻踪　范子烨　中华读书报　2011年3月9日

萧梁尚隐之风与陶渊明的价值发掘　徐宝余　《古代文学理论研究》第33辑　上海:华东师范大学出版社　2011年10月

陶渊明归隐的真相　范子烨　中华读书报　2011年10月12日

略论“陶渊明始家宜丰”起源于南宋《图经》 吴国富 九江学院学报 2011年第1期

论陶渊明革新玄言诗风的功绩 张亚新 文学遗产 2011年第2期

评范子烨《悠然望南山——文化视域中的陶渊明》 吴国富 文学评论 2011年第2期

陶渊明咏酒诗探讨 杨立群 广西社会科学 2011年第2期

从三首诗看陶渊明的心路历程 顾农 九江学院学报 2011年第3期

陶渊明与王弘交游文献辨考 钟书林 九江学院学报 2011年第4期

“见”南山还是“望”南山？——谈陶渊明《饮酒》(其五)的诗眼 孙绍振 语文建设 2011年第9期

陶渊明归隐原因考辨 李进 求索 2011年第12期

关于“白莲社”本事及陶渊明年谱中相关问题的考述 郭鹏 《文学评论丛刊.第14卷.第1期》 南京:南京大学出版社 2012年3月

颜延之《陶征士诔并序》在陶渊明接受史上的地位 莫砺锋 学术月刊 2012年第1期

隆安四年陶渊明行迹考 李治中 九江学院学报 2012年第1期

陶渊明《归去来兮辞序》“瓶无贮粟”解 范子烨 文史知识 2012年第2期

陶渊明“性不解音”新解 李小荣 福建师范大学学报 2012

年第2期

东晋彭泽县城地址考　吴国富　九江学院学报　2012年第3期

别样的叙写:《建康实录》陶渊明事迹考辨　范子烨　中国典籍与文化　2012年第3期

"悠然望南山":一句陶诗文本的证据链　范子烨　淮阴师范学院学报　2012年第4期

陶渊明的躬耕之路与相关诗歌创作考论　李锦旺　安徽农业大学学报　2012年第5期

谁是陶渊明　谁的陶渊明?——陶渊明之谜与陶渊明经典之变迁　卞东波　古典文学知识　2012年第6期

评范子烨《悠然望南山——文化视域中的陶渊明》——《悠然望南山》之妙　顾农　中国诗歌研究动态　2013年第1期

《饮酒·其五》的多义性分析　钟亮　九江学院学报　2013年第1期

陶渊明"始家宜丰"说献疑　龚斌　中华文史论丛　2013年第1期

"清出于老":论冈村繁对陶渊明诗歌的研究　杨子彦　《古代文学理论研究》　2013年第2期

"游目汉庭中":陶渊明与扬雄之关系发微——以《饮酒》其五为中心　范子烨　四川师范大学学报　2013年第2期

论萧统在陶渊明传播史上的重要地位　钟涛、包琳　青海社会科学　2013年第2期;《第十届文选学国际学术研讨会论文集》郑州:河南大学出版社　2014年8月

饮酒、服药与“心好异书”——作为魏晋人的陶渊明　卞东波　古典文学知识　2013年第6期

《拟古》九首的艺术建构和思想旨趣　范子烨　名作欣赏　2013年第19期

“互文性”解构的文学与非文学因素：对钟嵘品陶的还原阐释　范子烨　《第十届文选学国际学术研讨会论文集》　郑州：河南大学出版社　2014年8月

以陶证陶：陶渊明诗文与《形影神》的相互映发及相关问题　王京州　《第十届文选学国际学术研讨会论文集》　郑州：河南大学出版社　2014年8月

百年陶渊明研究大事记（1990—2013）　钟书林　《陶渊明研究学术档案》　武汉：武汉大学出版社　2014年11月

近四十年陶渊明研究论著提要　钟书林　《陶渊明研究学术档案》　武汉：武汉大学出版社　2014年11月

陶渊明晚年痁疾与陶谱订误　李锦旺　九江学院学报　2014年第4期

《冷斋夜话》称引陶渊明诗文考辨　周萌　九江学院学报　2014年第4期

陶渊明集编次考：以《读山海经》诗为线索的汲古阁本《陶渊明集》和《文选》之间关系的考察（陶渊明集编次考：《读山海经》詩を手がかりとした汲古阁本《陶渊明集》と《文选》の关系についての一考察）　中尾健一郎　中唐文学会报（22）　2015年

陶渊明《拟古》九首：拟《古诗》的诗还是“拟古”的诗？——兼论《拟古》与拟《古诗》的不同　郭晨光　《中国诗歌研究》第11

辑　北京:社会科学文献出版社　2015 年 6 月

易代之悲:解读陶诗文化内涵　宋展云　中国社会科学报　2015 年 8 月 24 日

亲人在陶渊明诗文中　顾农　九江学院学报　2015 年第 1 期

无依的孤云:陶渊明与晋宋政局　范子烨　青海社会科学　2015 年第 1 期

陶渊明五子年龄及诗人早年仕宦探隐　吴国富　九江学院学报　2015 年第 3 期

关于陶渊明诗文“甲子”系年的历史公案　魏青　九江学院学报　2015 年第 3 期

“欢言酌春酒”之“春酒”探析　岳俊丽　九江学院学报　2015 年第 4 期

质而实绮　癯而实腴——品读陶渊明《咏贫士》之一　叶嘉莹　高中生　2015 年第 7 期

和萧纲的医学眼光——中古的阅读与阅读中古　田晓菲　《国学研究》第 37 卷　北京:北京大学出版社　2016 年 7 月

陶渊明名字新考　谭积仁　九江学院学报　2016 年第 1 期

辨“悠然见南山”之“见”与“望”　姚秋萍　名作欣赏　2016 年第 14 期

关于陶渊明的年龄问题　金融鼎　《陶渊明集注新修》　上海:华东理工大学出版社　2017 年 5 月

关于陶渊明的组诗《咏贫士》　顾农　《扬州文化研究论丛》第 19 辑　扬州:广陵书社　2017 年 6 月

欧美近期陶渊明研究综述、分析与展望　张月　《古典文献研

究》第20辑 南京:江苏古籍出版社 2017年12月

《文选》中的陶渊明 顾农 天中学刊 2017年第2期

以贫傲世,猛志长存——陶渊明晚年思想心态剖析 景蜀慧 《魏晋文史寻微》 北京:中华书局 2018年9月

陶渊明《读〈山海经〉》十三首政治主题疏释 景蜀慧 《魏晋文史寻微》 北京:中华书局 2018年9月

《读〈山海经〉》十三首与陶渊明思想中的墨派倾向 景蜀慧 《魏晋文史寻微》 北京:中华书局 2018年9月

陶渊明北方从军再考 吴国富 九江学院学报 2018年第2期

萧统评陶渊明三十年研究述评 张梦珂 天中学刊 2018年第3期

《文选补遗》所录陶渊明诗文考论 贺伟 苏州教育学院学报 2018年第5期

萧统:陶渊明之先知先觉者 陈延嘉 长春师范大学学报 2018年第5期

《古乐府》三首

《青青河边草》非饮马行说 胡念贻 中央日报 1947年9月8日

抒情名篇《饮马长城窟行》 王进珊 南京大学学报 1979年第2期

《饮马长城窟行》本辞探实 费秉勋 人文杂志 1980年第3期

由《饮马长城窟行》说到相和三调歌的解、艳和趋　齐天举　《文学评论丛刊》第31辑　北京:文化艺术出版社　1989年3月

乐府古辞《饮马长城窟行》考索　傅如一　文学遗产　1990年第1期

释“焜黄”　黄征　古籍整理研究学刊　1991年第3期

《饮马长城窟行》中“双鲤鱼”与“烹鲤鱼”的指意管见　杨皑　华南师范大学学报　2001年第6期

汉乐府诗《长歌行·青青园中葵》出处新证　李志和　湖南广播电视大学学报　2005年第3期

《饮马长城窟行》新解——兼释“双鲤鱼”　蒋玮　沈阳教育学院学报　2006年第3期

释“焜黄”　袁津琥　《中国诗歌研究》第5辑　北京:中华书局　2008年12月

《饮马长城窟行·青青河边草》“蔡邕作”献疑　郭铁娜、张世超　古籍整理研究学刊　2009年第5期

胡刻本《文选》乐府古辞三首献疑　黄毓芸　宜宾学院学报　2014年第10期

《饮马长城窟行》本辞考　蒲帅　文化学刊　2016年第1期

《饮马长城窟行·青青河畔草》诗本义新考　冉魏华　乐府学　2017年第2期

《长歌行》本旨辨　赵建军　阴山学刊　2018年第4期

班婕妤

《文选》收录篇目：

《怨歌行》

著作

西汉女诗人班婕妤　王巾荣　太原：三晋出版社　2017年5月

论文

班婕妤《怨歌行》辨证　古直　中山大学语言历史研究所周刊　1928年8月第4卷第41期；《20世纪中国文学研究论文选　汉代卷》　北京：社会科学文献出版社　2010年1月；《文选学研究》　北京：国家图书馆出版社　2010年11月

班婕妤　晋言　语文教学通讯　1979年第4期

班婕妤与夕颜（班婕妤と夕颜）　黑须重彦　文学（岩波书店）50(2)　1982年2月

论所谓班婕妤的《怨歌行》　郑文　《汉诗研究》　西北师范学院中文系　1981年1月；兰州：甘肃民族出版社　1994年12月

一位皇妃的诗歌：班婕妤　康达维　德国远东期刊　1993年

班婕妤论——围绕《怨歌行》与《自悼赋》（班婕妤论——《怨歌行》及び《自悼の赋》をめぐって）　西村富美子　人文论丛：三重大学人文学部文化学科研究纪要(12)　1995年

班婕妤诗和赋的考辨　康达维　《文选学新论》　郑州：中州古籍出版社 1997年10月；苏瑞隆译　《汉代宫廷文学与文化之探微：康达维自选集》　上海：上海译文出版社　2013年9月

班婕妤思想浅探　郑之洪　湛江师范学院学报　1999 年第 2 期

小议“怨深文绮”的班婕妤　陈传胜　江西社会科学　2002 年第 4 期

汉代至唐代班婕妤主题演变流程　罗然　《中国中古文学研究》　北京:学苑出版社　2005 年 12 月

“情深至淡”:班婕妤文学思想略论　虞蓉　乐山师范学院学报　2006 年第 9 期

班婕妤生年及其《怨歌行》作年与真伪考辨　谢文学　许昌学院学报　2017 年第 4 期

曹操(魏武帝)

《文选》收录篇目:

《乐府》二首(《短歌行》《苦寒行》)

著作

三曹诗选　余冠英　北京:人民文学出版社　1957 年 8 月;1979 年 10 月;1997 年 7 月

曹操　王仲荦　上海:上海人民出版社　1958 年

魏武帝魏文帝诗注　黄节　北京:人民文学出版社　1958 年 2 月

关于评价曹操资料索引　辽宁大学图书馆　1959 年

曹操集　北京:中华书局　1959 年 7 月

曹操　张习孔　北京:中华书局　1959 年 12 月

曹操论集　三联书店编辑部　北京:生活·读书·新知三联书店　1960年1月

曹氏父子和建安文学　李宝均　北京:中华书局　1962年6月;上海:上海古籍出版社　1978年10月

曹操传注　上海:上海人民出版社　1975年7月

曹氏父子诗研究　钟京铎　台北:学海出版社　1977年

三曹资料汇编　河北师范学院中文系古典文学教研　北京:中华书局　1980年9月;2005年1月

三曹年谱　张可礼　济南:齐鲁书社　1983年5月

曹操传记资料　张作耀　台北:天一出版社　1985年

曹操集注　夏传才　郑州:中州古籍出版社　1986年5月

三曹诗论集　陈飞之　桂林:广西师范大学出版社　1989年1月

曹操　伊如一　南京:江苏古籍出版社　1991年3月

曹操新传　松本一男　台北:新潮文化事业有限公司　1995年

三曹评传　王巍　沈阳:辽宁古籍出版社　1995年3月

三曹与中国诗史　孙明君　台北:商鼎文化出版社　1996年11月;北京:清华大学出版社　1999年9月;北京:商务印书馆　2013年4月

曹操·曹丕·曹植　王巍　沈阳:春风文艺出版社　1999年1月

曹操集逐字索引　刘殿爵、陈方正、何志华　香港:香港中文大学出版社　2000年

曹操传　张作耀　北京:人民出版社　2000年10月;2008年5

月;2015 年 2 月

曹操评传　张作耀　南京:南京大学出版社　2001 年 5 月;2011 年 4 月;上海:上海书店出版社　2018 年 8 月

曹氏父子与建安文学　王巍　沈阳:辽海出版社　2001 年 12 月;2011 年 4 月;2017 年 6 月

曹操与道教及其仙游诗研究　陈华昌　西安:陕西人民出版社　2002 年 9 月

三曹诗选评　陈庆元　上海:上海古籍出版社　2002 年 10 月;2008 年 7 月

三曹文学评述　黄昌年　长春:吉林大学出版社　2006 年 6 月

曹氏文学家族研究　张明华等　合肥:安徽教育出版社　2009 年 1 月

说曹操　王仲荦　北京:中华书局　2009 年 5 月

三曹　刘跃进、王莉　北京:中华书局　2010 年 2 月

逞才任情的乐章:曹操父子与建安文学　魏宏灿　合肥:安徽大学出版社　2010 年 4 月;2018 年 1 月

三曹与魏晋文学研究　吴怀东　合肥:安徽文艺出版社　2011 年 1 月

曹氏父子和建安文学检析　许善述　北京:五洲传播出版社　2012 年

曹氏家族与汉晋社会文化变迁　吴怀东　合肥:安徽大学出版社　2013 年 2 月

曹操诗赋编年笺证　万绳楠　贵阳:贵州教育出版社　2016 年 5 月

曹操父子生活研究　魏宏灿、张立驰　合肥:合肥工业大学出版社　2017 年 6 月

曹操曹雪芹家族基因考证　康栋东　上海:上海财经大学出版社　2017 年 8 月

曹操评传　叶毓洲　北京:中国文史出版社　2018 年 6 月

顾随讲曹操、曹植、陶渊明　顾随　石家庄:河北教育出版社　2018 年 9 月

论文

谈曹操《短歌行》　林庚　国文月刊　1944 年 6 月第 27 期;《文选学研究》　北京:国家图书馆出版社　2010 年 11 月

再论曹操的《短歌行》　王福民　国文月刊　1947 年 10 月第 60 期;《文选学研究》　北京:国家图书馆出版社　2010 年 11 月

曹操《短歌行》试解　傅长君　文史哲　1957 年第 6 期

曹操《短歌行》新解　梁荣若　大陆杂志　1957 年第 20 卷第 5 期

论曹操　谭其骧　文汇报　1959 年 3 月 31 日;《曹操论集》　北京:生活·读书·新知三联书店　1960 年 1 月

关于曹操讨论中的几个问题　束世澂　文汇报　1959 年 4 月 16 日;《曹操论集》　北京:生活·读书·新知三联书店　1960 年 1 月

曹操著作考　江耦　《曹操集》　北京:中华书局　1959 年 7 月

曹操年表　江耦　《曹操集》　北京:中华书局　1959 年 7 月;历史研究　1959 年第 3 期

谈曹操　吴晗　光明日报　1959年7月30日;《曹操论集》　北京:生活·读书·新知三联书店　1960年1月

关于曹操的几个问题　缪钺　《曹操论集》　北京:生活·读书·新知三联书店　1960年1月;《读史存稿》　北京:生活·读书·新知三联书店　1963年3月;《缪钺全集》第1卷,《冰茧庵读史存稿》　石家庄:河北教育出版社　2004年7月

关于曹操的几个问题　田余庆　《曹操论集》　北京:生活·读书·新知三联书店　1960年1月

《短歌行》之我见　石田公道　语学文学(北海道教育大学)　1967年

曹操论　井波律子　中国文学报(23)　1972年10月

曹操乐府诗论考　植木久行　《目加田诚博士古稀记念中国文学论集》　东京:龙溪书舍　1974年

曹操诸葛亮主要活动年表　《曹操诸葛亮著作选注》　武汉:湖北人民出版社　1975年3月

曹操年表　项罗　《曹操》　上海:上海人民出版社　1975年4月

曹操传　福利海等　南京大学学报　1975年第3期

曹操主要活动年表　《曹操小传》　郑州:河南人民出版社　1976年3月

改造文章的祖师——略谈曹操的诗文　李晖　安徽大学学报　1978年第1期

试论曹操《短歌行》的基调　吴妙琪　菏泽师专学报　1980年第2期

从曹操的佚文谈曹操的文学思想　傅璇琮　北方论丛　1980年第4期

曹操《苦寒行》"注释"异议　张华儒　昆明师范学院学报　1980年第6期

三曹诗歌试论　任访秋　《中国古典文学论文集》　郑州:河南人民出版社　1981年3月

略论曹魏父子和他们的诗(上、下)　赵福坛　广州师院学报　1981年第1—2期

试论曹操诗歌的写实精神　吴云　昆明师院学报　1981年第2期

试析"建安风骨"在曹操诗歌中的体现　马燕华　宜春师专学报　1981年第3期

曹操文章与建安风骨　张啸虎　社会科学辑刊　1981年第4期

曹操在文学史上的地位　吴云　辽宁师院学报　1981年第6期

曹操其人其诗　黄书璋　京都外国语大学研究论丛　1982年

不是"求贤"、是"激贤"——小议《短歌行》的题旨　魏宏灿　阜阳师院学报　1982年第1期

谈曹诗　陈子展　艺谭　1982年第1期

试析曹操的《短歌行》　金舒年　文史知识　1982年第7期

曹操(评传)　徐公持　《中国历代著名文学家评传》第一卷　济南:山东教育出版社　1983年5月

对曹操《短歌行》中"杜康"之我见　钟新平　惠阳师专学报　1983年第1期

曹操其人及其乐府诗　胡守仁　江西社会科学　1983年第1期

释“嘉宾”、“乌鹊”——谈曹操《短歌行》的创作时间　吴玖华　阜阳师院学报　1983年第2期

关于曹操《短歌行》的两个问题　李仁守　湖南教育学院分院论文选刊　1983年第2期

曹操《短歌行》为谁而作　知渐　重庆师院学报　1983年第3期

曹操诗歌艺术剖析　蔡厚示　文史哲　1983年第5期

论曹操诗歌的艺术成就　陈飞之　文学评论　1983年第5期；《三曹诗论集》　桂林:广西师范大学出版社　1989年1月

曹操《短歌行》疑义辨析　方明光　《建安文学研究文集》　合肥:黄山书社　1984年11月

“去日苦多”与“志在千里”——读孟德诗札记　张如法　《建安文学研究文集》　合肥:黄山书社　1984年11月

曹操诗中的悲慨美　袁济喜　阜阳师范学院学报　1984年第1期

曹操与建安文学——兼与刘知渐同志商榷　胡世厚、夏炜　重庆师院学报　1984年第1期

“对酒当歌”新解　杨本祥　社会科学辑刊　1984年第2期

建安文学研究中曹操的评价问题　阎璞　汉中师院学报　1984年第2期

曹操《短歌行》试析　周祜　下关师专学报　1984年第2期

从曹操的诗看建安风骨　蔡申　宁夏教育学院学刊　1984年

第3期

古直　悲凉——读曹操《苦寒行》　龚克昌　《汉魏六朝诗歌赏集》　北京:人民文学出版社　1985年7月

关于曹诗《苦寒行》的一点理解　张金未　河北学刊　1985年第5期

曹操年谱　夏传才　《曹操集注》　郑州:中州古籍出版社　1986年5月

曹操的乐府诗　吉川幸次郎　《中国诗史》　合肥:安徽文艺出版社　1986年12月;上海:复旦大学出版社　2012年1月

评曹孟德诗　陈贻焮　《中国古典文学论丛》第5辑　北京:人民文学出版社　1987年9月;《论诗杂著》　北京:北京大学出版社　1989年5月

曹操诗歌风格散论　许善述　安徽教育学院学报　1987年第2期

曹操《短歌行·对酒》新解　万绳楠　安徽师大学报　1987年第2期

《短歌行·对酒》并非宾主酬唱之辞——与万绳南先生商榷　张智通　安徽教育学院学报　1987年第3期

从曹操的乐府诗看他在音乐史上的贡献　陈飞之　《三曹诗论集》　桂林:广西师范大学出版社　1989年1月;许昌学院学报　1989年第3期

《短歌行》写作年代初探　范垂新　吕梁教育学院学报　1989年第1期

曹操《短歌行》旧训中几个问题的探讨　李成蹊　徐州师范学

院学报　1989年第4期

曹操《短歌行》"慨当以慷"辨析　熊永谦　贵州大学学报　1990年第2期

《短歌行》作于何时　李宗为　《建安风骨》　北京:中华书局　1991年8月;2004年1月

曹操《短歌行》新解　杨宝林　辽宁大学学报　1991年第6期

青青子衿、悠悠我心、但为君故、沉吟至今——曹操《短歌行》　姚宝元　人民日报(海外版)　1992年5月9日

曹操乐府诗哀情臆说　许善述　安庆师院社会科学学报　1993年第3期

曹操和乐府诗　姚汉荣　上海大学学报　1993年第5期

曹操的乐府(曹操の乐府)　西纪昭　熊本商大论集40(3)　1994年

曹操《短歌行·对酒篇》考——以未被歌唱的"月明星稀"以下四句为中心(曹操《短歌行·对酒篇》考——歌われなかった"月明星稀"以下の4句を中心に)　矢田博士　中国诗文论丛(13)　1994年

横槊赋诗充满霸气——读曹操《短歌行》　刘跃进　古典文学知识　1995年第5期

曹操《短歌行》杂谈　张承鹄　安顺师专学报　1996年第1期

曹操《短歌行》写作年代考　范垂新　辽宁教育学院学报　1997年第1期

魏曹操的乐府——论其与汉古乐府的关连性(魏曹操の乐府—汉古乐府との关连性について)　平井彻　艺文研究(75)

1998 年

慷慨雄壮的言志之作——浅析曹操《短歌行》　赵江　延安教育学院学报　1998 年第 2 期

曹操之乐府诗与魏的建国(曹操の乐府诗と魏の建国)　道家春代　名古屋大学中国语学文学论集(12)　1999 年

建安文学与曹操 2——以曹操诗为中心(建安文学と曹操 2——曹操の诗を中心として)　清宫刚　米泽国语国文(28)　1999 年

从《短歌行》看曹操思想基本倾向及其在汉魏之际文学转变中的作用　左浩坤、杜波　西南民族学院学报　1999 年

曹操《短歌行·对酒当歌》再探索　林世芳　福建师大福清分校学报　1999 年第 4 期

东汉末年的曹操　傅刚　新亚学刊　2002 年创刊号;《汉魏六朝文学与文献论稿》　北京:商务印书馆　2016 年 3 月

略谈曹操的《短歌行》　顾农　古典文学知识　2002 年第 6 期;《文选论丛》　扬州:广陵书社　2007 年 9 月

曹操的文艺思想与文艺实践　王巍　清华大学学报　2003 年第 3 期

曹操《短歌行》诗义探微　陈瑞赞　浙江工商职业技术学院学报　2003 年第 4 期

谈曹操之忧——由《短歌行》谈起　张仁碧　内江师范学院学报　2004 年第 1 期

文人乐府的开山祖　建安风骨的顶梁柱——曹操诗歌的文学价值新论　朱光宝　四川教育学院学报　2005 年第 11 期

论曹操诗歌对汉乐府的突破及其创作特色　卢明德　湖北教育学院学报　2006年第1期

论曹操对汉乐府民歌文人化的开创性贡献　傅正义　重庆工商大学学报　2006年第3期

曹操《短歌行》的写作时间及其它　王青　南京师范大学文学院学报　2008年第1期

曹操诗歌与乐府　路元敦　泰安教育学院学报岱宗学刊　2008年第2期

曹操《短歌行》诗解辨笺　孙桂平　集美大学学报　2008年第3期

"魏武王":曹操高陵的铁证　范子烨　光明日报　2010年8月30日

"管鲍之交"——蔡邕与曹操关系考论　陈海燕　重庆三峡学院学报　2010年第6期

曹操《短歌行·对酒当歌》考解——再论乐府诗的拼凑与割裂　吴伯雄　《中国学研究》第14辑　济南:济南出版社　2011年8月

曹操《短歌行》"慨当以慷"正解　李金坤　《扬州文化研究论丛》第9辑　扬州:广陵书社　2012年10月

论曹操的乐府诗写作　傅刚　铜仁学院学报　2014年第3期

《短歌行》创作时间背景与曹操当时心态　沈立群　湖北师范学院学报　2014年第5期

曹操在中国诗歌史上的地位　朱晓海　中国诗歌研究　2017年第2期

曹操《苦寒行》本事考　邢灿　齐齐哈尔大学学报　2018年第1期

曹操家族世系新考　吴孟灏　史学月刊　2018年第8期

石崇(石季伦)

《文选》收录篇目:

《王明君辞》《思归引序》

论文

石崇的王昭君诗　邱燮友　新天地　1967年

敦煌古抄《石崇王明君辞一首并序》之校　陈祚龙　东京东方宗教　1967年

金谷游宴人物考　张金耀　复旦学报　2001年第2期

石崇三事　曹道衡、沈玉成　《中古文学史料丛考》　北京:中华书局　2003年7月

石崇入仕年　曹道衡、沈玉成　《中古文学史料丛考》　北京:中华书局　2003年7月

论石崇人格特征的多元性　张爱波　甘肃社会科学　2007年第1期

禄利诱因下西晋士人人格冲突范型的文本关照——对读石崇的《王明君辞》和《楚妃叹》　晁成林　福建论坛　2007年第12期

缪袭(缪熙伯)

《文选》收录篇目:

《挽歌》

论文

略论东海诗人缪袭　孔繁信　临沂师专学报　1990年第2期

缪袭《挽歌》五臣注有脱文　曹道衡、沈玉成　《中古文学史料丛考》　北京:中华书局　2003年7月

《文选》缪袭、陆机挽歌诗中的死亡意象——《文选》挽歌诗死亡意象论析之一　陈远洋　山花　2010年第20期

曹魏东海缪袭生平著述辑考　刘全波　齐鲁文化研究　2012年

荆　轲

《文选》收录篇目:

《歌》一首

论文

荆轲的《易水歌》(荆轲の易水の歌について)　花房英树　《乌居久靖先生华甲纪念论集　中古的语言和文学》　1972年

刘邦(汉高帝)

《文选》收录篇目:

《歌》一首

著作

刘邦　宋云彬　北京:中华书局　1964年8月

刘邦评传　安作璋、孟祥才　济南:齐鲁书社　1988年12月

刘邦新传　罗庆康　开封:河南大学出版社　1995年1月

论文

读汉高帝《大风歌》　周　春笋　1930年6月第2卷第1期;《文选学研究》　北京:国家图书馆出版社　2010年11月

关于汉高祖《大风歌》　吉川幸次郎　中国文学报(2)　1955年4月;《中国诗史》　合肥:安徽文艺出版社　1986年12月;上海:复旦大学出版社　2012年1月

汉高祖生年考　曹家遵　中山大学学报　1957年第3期

刘邦年表　宋云彬　《刘邦》　北京:中华书局　1964年8月

刘邦年表　项立岭、罗义俊　《刘邦》　北京:人民出版社　1976年1月

写出历史的真实才能获得艺术的真实——兼谈《大风歌》的继承和创新　徐天健　《钟山文艺论集》　南京:江苏人民出版社　1980年11月

刘邦大事年表　安作璋、孟祥才　《刘邦评传》　济南:齐鲁书社　1988年12月

论刘邦的《大风歌》　霍松林　蒲峪学刊　1989年第1期

从《大风歌》看到刘邦晚年的忧患　张森年　广西大学学报　1989年第2期

刘邦项羽年表　胡一华　《刘邦和项羽》　杭州:浙江古籍出版社　1992年3月

《大风歌》与《秋风辞》　赵伯陶　古典文学知识　1992年第11期

刘邦年表　罗庆康　《刘邦新传》　开封:河南大学出版社　1995年1月

刘邦生平大事年表　赵山虎　《汉祖刘邦》　江苏省沛县印刷厂　1996年1月;《汉高祖刘邦》　西安:陕西人民出版社　1999年2月

汉高祖刘邦考　山本岩　宇都宫大学教育学部纪要第1部(501)　2000年

刘邦《大风歌》中"风"当作"凤"解　林家骊　《〈文选〉与"文选学":第五届文选学国际学术研讨会论文集》　北京:学苑出版社　2003年5月;《文史》第63辑　北京:中华书局　2003年5月

汉高祖与西汉文学　龙文玲　《中国中古文学研究》　北京:学苑出版社 2005年12月;广西师范大学学报　2006年第3期;《西汉文学文献辨思录》　南宁:广西人民出版社　2018年7月

《古诗十九首》

《文选》收录篇目:

《行行重行行》《青青河畔草》《青青陵上柏》《今日良宴会》《西北有高楼》《涉江采芙蓉》《明月皎夜光》《冉冉孤生竹》《庭中有奇树》《迢迢牵牛星》《回车驾言迈》《东城高且长》《驱车上东门》《去者日以疏》《生年不满百》《凛凛岁云暮》《孟冬寒气至》《客从远方来》《明月何皎皎》

著作

《古诗十九首》之研究　贺扬灵　上海:光华书局　1927 年 7 月;上海:大光书局　1935 年 8 月

《古诗十九首》集释　隋树森　上海:中华书局　1936 年 6 月;北京:中华书局　1957 年 3 月;2018 年 6 月

《古诗十九首》探索　马茂元　北京:作家出版社　1957 年 6 月;西安:陕西人民出版社　1981 年 6 月(题目为:《古诗十九首》初探);北京:商务印书馆　2017 年 12 月

《古诗十九首》汇说赏析与研究　张清钟　台北:台"商务印书馆"　1988 年 10 月

古诗十九首评译　王强模　贵阳:贵州人民出版社　1991 年 4 月

朱自清、马茂元说古诗十九首　朱自清、马茂元　上海:上海古籍出版社　1999 年 12 月

《古诗十九首》与乐府诗选评　曹旭　上海:上海古籍出版社　2002 年 12 月;2011 年 12 月

古诗十九首释　朱自清　杭州:浙江古籍出版社　2008 年 6 月;台北:五南图书出版股份有限公司　2011 年 10 月;南京:译林出版社　2015 年 1 月;北京:人民文学出版社　2017 年 10 月

《古诗十九首》与建安诗歌研究　木斋　北京:人民出版社　2009 年 12 月;2011 年 3 月

千古五言之祖《古诗十九首》(上下)　王岩　长春:吉林文史出版社　2011 年 1 月

走向"经典"之路:《古诗十九首》阐释史研究　李祥伟　广州:暨南大学出版社　2011 年 12 月

山水诗前史:从《古诗十九首》到玄言诗审美经验的变迁　何国平　广州:暨南大学出版社　2011 年 12 月

古诗十九首析评　杨鸿铭　台北:文史哲出版社　2015 年 4 月

明、清诗话对《古诗十九首》的接受研究　叶宛桦　新北:花木兰文化出版社　2016 年

古诗十九首讲录　刘炜　北京:中国社会科学出版社　2016 年 8 月

流沙河讲古诗十九首　流沙河(余勋坦)　成都:四川文艺出版社　2017 年 8 月

古诗十九首　周维强　南京:江苏凤凰文艺出版社　2018 年 1 月

论文

《古诗十九首》诠释　髯客　学艺　1920 年 7—8 月第 2 卷第 4—5 期;《文选学研究》　北京:国家图书馆出版社　2010 年 11 月

《古诗十九首》考　徐中舒　立达　1925 年第 1 期;中山大学语言历史研究所周刊　1929 年 1 月第 6 卷第 65 期;《文选学研究》　北京:国家图书馆出版社　2010 年 11 月

《古诗十九首》在文学上的地位　徐禅心　中山大学语言历史研究所周刊　1929 年 1 月第 6 卷第 65 期;《文选学研究》　北京:国家图书馆出版社　2010 年 11 月

《古诗十九首》论丛　常工　晨星月刊　1930 年 4 月第 1 期

《古诗十九首》讲话　钱基博　光华大学半月刊　1934年第3卷第4期

月午楼《古诗十九首》详解　饶学斌　光华大学半月刊　1934年第3卷第4期;《文选学研究》　北京:国家图书馆出版社　2010年11月

《古诗十九首》的探讨　史奇生　文艺战线　1934年第3卷第32期;《文选学研究》　北京:国家图书馆出版社　2010年11月

《古诗十九首》之研究　华　交大平院季刊　1935年6月第1期

《古诗十九首》解　陈柱　学术世界　1935年6月第1卷第1期

《古诗十九首》新笺　王缁尘　学术世界　1935年第1卷第3期;《文选学研究》　北京:国家图书馆出版社　2010年11月

《古诗十九首》之研究　卢重华　交大平院季刊　1935年第1期;《文选学研究》　北京:国家图书馆出版社　2010年11月

《古诗十九首》志疑　胡怀琛　学术世界　1935年第1卷第4期;《文选学研究》　北京:国家图书馆出版社　2010年11月

葺芷缭衡室古诗札记(古诗十九首)章句之解释　俞平伯　中学生杂志　1935年第56号;《文选学研究》　北京:国家图书馆出版社　2010年11月

《古诗十九首》解　徐柱　学术世界　1935年6月第1卷第1期

古诗《明月皎夜光》辨　俞平伯　清华学报　1936年第11卷第3期;《文选学研究》　北京:国家图书馆出版社　2010年11月

《古诗十九首》论证　潘圣予　进德月刊　1937年第2卷第5、6期;《文选学研究》　北京:国家图书馆出版社　2010年11月

古诗作者考异　张长弓　文学年报1940年—1941年第6期

《古诗十九首》释　朱自清　国文月刊　1941年第6—9期、1945年第15期;《文选学研究》　北京:国家图书馆出版社　2010年11月

《古诗十九首》之作者及年代　罗根泽　读书通讯　1941年第31期;《罗根泽古典文学论文集》　上海:上海古籍出版社　1985年7月;《文选学研究》　北京:国家图书馆出版社　2010年11月

《古诗十九首》说　朱筠口授,徐昆笔述　国学丛刊　1942年9月第10期;《文选学研究》　北京:国家图书馆出版社　2010年11月

古诗《明月皎夜光》节候解　劳贞一　文史杂志　1944年第3卷第11—12期;《文选学研究》　北京:国家图书馆出版社　2010年11月

《古诗》"西北有高楼"篇双飞句义　程千帆(程会昌)　国文月刊　1945年11月第39期;《古诗考索》　上海:上海古籍出版社　1984年12月;武汉:武汉大学出版社　2008年12月;《文选学研究》　北京:国家图书馆出版社　2010年11月

谈诗(《明月皎夜光》《青青河畔草》《驱车上东门》《步出城东门》)　林庚　国文月刊　1945年12月第40期;《文选学研究》　北京:国家图书馆出版社　2010年11月

古诗"玉衡指孟冬"试解　金克木　国文月刊　1948年第63期;《文选学研究》　北京:国家图书馆出版社　2010年11月

关于《古诗十九首》　铃木修次　《汉文教室》(大修馆书店)

1953年5月

《古诗十九首》作者的年代　罗根泽　《中国古典文学论集》　北京:五十年代出版社　1955年10月

浅谈《古诗十九首》　司徒淑娴　香港大学中文学学会刊　1956年

论《古诗十九首》里的四首　马茂元　语文学习　1956年

论《古诗十九首》　马茂元　新建设　1956年;《20世纪中国文学研究论文选　汉代卷》　北京:社会科学文献出版社　2010年1月

涉江采芙蓉　朱光潜　中国青年　1956年第24期

迢迢牵牛星　朱光潜　中国青年　1957年第4期

略谈《古诗十九首》　马茂元　语文学习　1958年

推移的悲哀(上中下)——《古诗十九首》的主题　吉川幸次郎　中国文学报(10、12、14)　1959年、1960年4月、1961年

说《行行重行行》　张志岳　《诗词论析》　哈尔滨:黑龙江人民出版社　1963年1月

谈《古诗十九首》之时代问题——兼论李善注之三点错误　叶嘉莹　现代学苑　1965年第4期;《迦陵论诗丛稿》　北京:中华书局　1984年4月;石家庄:河北教育出版社　1997年7月;台北:大块文化　2012年12月;北京:北京大学出版社　2014年10月

古诗十九首用韵考　唐亦璋　淡江学报　1965年第4期

古诗明月皎夜光创作年代考　邝士元　大陆杂志　1966年

关于《古诗十九首》——以主题为中心　安部成得　帝京大学文学部纪要1(1)　1969年11月

论《古诗十九首》《东城高且长》等三首不作于太初正历以前　郑文　甘肃师大学报　1979年第1期

试论《古诗十九首》对建安诗歌的影响　张亚新　延安大学学报　1981年第1期

《迢迢牵牛星》成诗于东汉补正　陈庆元　南京师院学报　1981年第3期

试论《古诗十九首》真率自然的风格　郭精锐　中山大学学报　1982年第2期

"浮云蔽白日、游子不顾返"辨　赵福坛　广州师院学报　1982年第3、4期

漫谈《古诗十九首》　倪其心　文史知识　1982年第10—11期

《古诗十九首》新探　何沛雄　《雪兰莪中华大会堂学术丛书》第三辑　1983年4月

关于《古诗十九首》的思想评价问题　郭双成　郑州大学学报　1983年第4期

古乐府与《古诗十九首》(古乐府と《古诗十九首》)　道家春代　名古屋大学中国语学论集　1984年

建安诗歌与《古诗十九首》　赵昌平　江淮论坛　1984年第3期

《古诗十九首》"行乐"思想评价　徐小平　宁波师院学报　1984年第4期

《古诗十九首》思想试探　吕廷华　青海师范大学学报　1984年第4期

文温以丽　意悲而远——读古诗《行行重行行》　杜维沫《汉魏六朝诗歌赏集》　北京:人民文学出版社　1985年7月

《古诗十九首》二题　吴小如　名作欣赏　1986年第5期

《古诗十九首》写作年代考　李炳海　东北师范大学学报1987年第1期

《古诗十九首》在我国诗歌史上的地位　叶幼明　中国文学研究　1987年第1期

不悬而悬的悬案——漫谈《古诗十九首》写作年代及五言诗体的成立　倪其心　古典文学知识　1987年第4期

《古诗十九首》的名称和篇数　何沛雄　《昭明文选研究论文集:首届〈昭明文选〉国际学术讨论会》　长春:吉林文史出版社1988年6月

汉诗作品之断代(《古诗十九首》中《生年不满百》作者之时代)　陈直　《文史考古论丛》　天津:天津古籍出版社　1988年10月

《行行重行行》评释　斯波六郎　中国中世文学研究(19)1989年

《〈古诗十九首〉·凛凛岁云暮》新解　王锡荣　北方论丛1989年第4期

谈《〈古诗十九首〉·客从远方来》的主题　王锡荣　吉林大学社会科学学报　1989年第4期

《文选》与《玉台新咏》中之《古诗》首数与类别　顾颉刚　《顾颉刚读书笔记　第7卷　上　汤山小记》　台北:联经出版事业公司1990年1月

《古诗十九首》创作时代新探　张茹倩、张启成　贵州民族学院学报　1990年第4期;《五十载文选》　贵阳:贵州大学出版社　2008年1月

中国古代文人创作态势的形成——从《古诗十九首》及南朝文学谈起　刘跃进　社会科学战线　1992年第3期

“西北有高楼”中“西北”的涵义　李金松　文史知识　1992年第8期

《古诗十九首》探索　石之俊　文山师专学报　1994年

古乐府与《古诗十九首》——关于中国古代抒情诗成熟的研究　道家春代撰,李寅生译　河池师专学报　1994年第4期

“昔为倡家女,今为荡子妇”考——兼论汉代“倡家”的实际社会生活状况　矢田博士　中国诗文论丛(15)　1996年

《〈古诗十九首〉·涉江采芙蓉》别解　李全祯、丁毅　牡丹江师范学院学报　1997年第2期

《古诗十九首》三题　邓乔彬　洛阳大学学报　1998年第3期

《古诗十九首》讲录　早早　江海学刊　1998年第6期

《古诗十九首》研究百年综述　刘则鸣　集宁师专学报　1999年第2期

《古诗十九首》五臣注管窥　王晓东　《〈昭明文选〉与中国传统文化:第四届文选学国际学术研讨会》　长春:吉林文史出版社　2001年6月

《古诗十九首》浅探　赵杰　滁州师专学报　2001年第1期

二十世纪《古诗十九首》研究综述　王庆梅　《中国古典文学与文献学研究》第1辑　北京:学苑出版社　2002年11月

追迁逝于夐古 转意象于虚圆——从《古诗十九首》看东汉士人时空意识的扩展 徐华 华侨大学学报 2002年第1期

说古诗《青青陵上柏》 顾农 阅读与写作 2002年第7期

从汉末交游士风看"《古诗十九首》"女子形象知音化 胡大雷 常德师范学院学报 2003年第2期

《古诗十九首》"其体源出于《国风》"论 杨钊 渝西学院学报 2003年第3期

谈《古诗十九首》中被误解的几首友情诗 王锡荣 吉林大学社会科学学报 2003年第3期

《古诗十九首》的细读批评 胡丽娜 黄石教育学院学报 2003年第3期

20世纪《古诗十九首》研究述评 张幼良 贵州文史丛刊 2003年第4期

《古诗十九首》形成臆测 宁宇 广西大学学报 2003年第4期

梁启超与《古诗十九首》研究 张幼良、陈德新 齐齐哈尔大学学报 2003年第6期

马茂元与《古诗十九首》研究 张幼良 江淮论坛 2003年第6期

陆机《拟古诗》十四首考——兼谈《古诗十九首》的成立 俞士玲 《古典文献研究》第7辑 南京:凤凰出版社 2004年7月

叶嘉莹与《古诗十九首》研究 张幼良、蒋晓城 云梦学刊 2004年第3期

汉代"王子乔"演变考——围绕《古诗十九首》其十五的解释

(汉代“王子乔”演变考——《古诗十九首》其十五の解释をめぐって) 土屋聪 中国文学论集(34) 2005年

初论《古诗十九首》产生在建安曹魏时代——从五言诗形成历程角度的探寻 木斋 山西大学学报 2005年第2期

略论《古诗十九首》的产生时间和作者阶层 木斋 山西大学学报 2005年第4期

《古诗十九首》为“歌诗”辨 刘旭青 中国韵文学刊 2005年第4期

《古诗十九首》写作年代研究综述 吴金香 株洲师范高等专科学校学报 2005年第4期

诗骚合流与文人短章抒情典范的确立——《古诗十九首》研究 王玥琳 新亚论丛 2006年

《古诗十九首》引《诗》考论 黄震云 《诗经研究丛刊》(第十辑):中国诗经学会 2006年1月

论建安游宴诗的兴起——兼论《今日良宴会》的作者 木斋 山西大学学报 2006年第1期

《古诗十九首》引《诗经》考论 黄震云、韩宏韬 临沂师范学院学报 2006年第2期

《古诗十九首》“东汉”说质疑 木斋 中华文化论坛 2006年第2期

《古诗十九首》的文学史意义 马跃敏 理论学刊 2006年第3期

试论曹植与《古诗十九首》的女性题材写作——兼论《青青河畔草》的作者和写作背景 木斋 新疆大学学报 2006年第4期

胡应麟与《古诗十九首》 赵燕 兰州学刊 2006年第4期

木斋《古诗十九首》系列论文之方法论反思 国家玮 天中学刊 2006年第4期

《古诗十九首》研究述论 李祥伟 广州大学学报 2006年第6期

论《古诗十九首》之过渡性 黄敏、肖伟 湖北社会科学 2007年第5期

方东树《昭昧詹言》论《古诗十九首》简评 高政锐 大庆师范学院学报 2007年第6期

大伴家持与汉诗——与《古诗十九首》之第九首《庭中有奇树》的关联 曹元春 共立女子大学总合文化研究所纪要(14) 2008年

楼中女:《古诗十九首》与隐藏之诗学 田晓菲 Early Medieval China(5) 2009年

乐府古辞与《古诗十九首》关系考辨 易闻晓 贵州文史丛刊 2009年第1期

从语汇语句角度考虑《古诗十九首》与建安诗歌 木斋 山西大学学报 2009年第1期

《古诗十九首》研究的首次系统梳理和突破——评木斋的汉魏五言诗研究 傅璇琮 山西大学学报 2009年第2期

论《古诗十九首》与曹植的关系——兼论《涉江采芙蓉》为曹植建安十七年作 木斋 社会科学研究 2009年第4期

《古诗十九首》百年研究之总检讨 欧明俊 社会科学研究 2009年第4期

百年《古诗十九首》研究史的第一次大收获　孙艳红、焦宝　江西师范大学学报　2009年第5期

论东汉《古诗十九首》之过渡性　朱艳　天水师范学院学报　2009年第6期

《古诗十九首》考证　隋树森　《20世纪中国文学研究论文选　汉代卷》　北京:社会科学文献出版社　2010年1月

惊人之论　精湛考索——关于木斋《古诗十九首》与建安诗歌研究的思考　龚斌　江西师范大学学报　2010年第1期

木斋《古诗十九首》研究的方法论解读　宁稼雨　江西师范大学学报　2010年第1期

《迢迢牵牛星》《兰若生春阳》二诗关系浅谈　赵逵夫　中国典籍与文化　2010年第2期

疑案破解既有成　文学史理当改写——以木斋《古诗十九首》之研究成果为例　陈怡良　社会科学研究　2010年第2期

文学史研究的多种可能性——从木斋《〈古诗十九首〉与建安诗歌研究》说起　刘跃进　社会科学研究　2010年第2期;《回归中国的超越:文学史研究的多种可能性》　南京:凤凰出版社　2011年10月

木斋《古诗十九首》研究与古代叙事文学研究的更新思考　宁稼雨　社会科学研究　2010年第2期

《〈古诗十九首〉与建安诗歌研究》反思　木斋　社会科学研究　2010年第2期

《古诗十九首》的时代作者与文体来源　赵东栓、孙少华　中国社会科学院研究生院学报　2010年第2期

《古诗十九首》的音乐和主题　杨合林　文学评论　2011年第1期

《古诗十九首》非乐府论　赵琼琼　浙江学刊　2011年第5期

谈《古诗十九首》的多义性——以《行行重行行》为例　叶嘉莹　语文学习　2011年第9期

古诗十九首《去者日以疏》诗考(古诗十九首《去者日以疏》诗について)　增野弘幸　大妻国文(43)　2012年

从《文选》选文《古诗十九首》作品探析萧统选录标准　支媛　六盘水师范学院学报　2012年第1期

论古诗十九首之第十二首当分为两首　王子义、李肖肖　语文学刊　2012年第20期

《古诗十九首》是否为秦嘉徐淑赠答诗——基于对秦嘉徐淑创作年限与诗文风格的考察　连振波　天水师范学院学报　2013年第3期

“说诗者　不以文害辞　不以辞害志”——木斋先生《古诗十九首》主要作者为曹植说商兑　袁济喜　中国文化研究　2013年第4期

《古诗十九首》与党锢之祸　郭京春　中华读书报　2014年6月18日

曹植是《古诗十九首》的作者吗？　白彬彬　中华读书报　2014年10月8日

《青青陵上柏》的作者与作年辨　孙明君　陕西师范大学学报　2014年第1期

论《古诗十九首》中的异文与模件化套语　胡旭、刘美惠　琼

州学院学报　2014年第3期

以《西北有高楼》《青青河畔草》为例看木斋对《古诗十九首》的解读　邢培顺　滨州学院学报　2014年第4期

《古诗十九首》与中国文学的抒叙传统　董乃斌　北京大学学报　2014年第5期

《昭明文选》所收曹植五言诗与《古诗十九首》韵律对比——对木斋先生关于《古诗十九首》作者问题的音韵学考证　董宏钰　江西师范大学学报　2015年第5期

《古诗十九首》词语考论　谢思炜　中山大学学报　2015年第5期

《古诗十九首》经典性探源及反思　赵琼宇　《中国学研究》第18辑　济南:济南出版社　2016年8月

汉魏诗歌交叉传播与"古诗十九首"性质及年代的争论　吴大顺　中国韵文学刊　2016年第4期

《古诗十九首》作者考　顾常平　中学语文教学参考　2016年第27期

避讳视角下看《古诗十九首》创作年代问题　高路路　海南热带海洋学院学报　2017年第6期

"苏李诗"与《古诗十九首》关系及时代考论　袁丁　语文教学通讯·D刊　2017年第9期

《文选》所收作品经典化历程——以《古诗十九首》为例　宋展云　文史知识　2018年第9期

李陵(李少卿)、苏武(苏子卿)

《文选》收录篇目:

李少卿《与苏武诗》三首、《答苏武书》

苏子卿《诗》四首

著作

苏李诗制作时代考　马雍　上海:商务印书馆　1944年1月

苏武与李陵　冯惠民　西安:陕西人民出版社　1981年1月

汉之魂——苏武精神及其现代价值　苏振武　北京:人民出版社　2009年2月

苏武精神与儒家伦理　苏振武　北京:人民出版社　2013年1月

论文

苏李诗考证　陈仲子　学灯　1924年4月30日—5月1日

我对于苏武诗所发生的疑问　方愁　河南民报副刊(寸土)　1929年5月

苏李诗论证　潘圣予　进德月刊　1937年第2卷第8期

苏李诗制作时代考　马雍　《时与潮文艺》第4卷第1期　1944年9月

苏李诗辨(汉诗新辨之三)　张长弓　东方杂志　1945年第41卷第24期;《文选学研究》　北京:国家图书馆出版社　2010年11月

Some Notes on the Authorship of the Li Ling/Su Wu Letters(关

于李陵苏武信作者真伪问题的一些看法)　韦特克(W. P. K. Whitaker)　Bulletin of the School of Oriental and African Studies　1953年

“结发为夫妻”浅析(苏武诗)　柯庆明　1957年12月14日写于金门;《中国古典文学研究丛刊·诗歌之部(一)》　台北:巨流图书公司　1977年10月;2012年3月

李陵苏武书　王重民　《敦煌古籍叙录》　北京:商务印书馆　1958年6月;《敦煌古籍叙录新编》第16册　台北:新文丰出版公司　1986年6月

李陵试论　滨川胜彦　《女子大国文》(京都女子大学国文学会)(77)　1976年

试论李陵及其几首五言诗的真伪　雷树田　西北大学学报　1981年第3期

论李陵《与苏武》三首诗的假托　郑文　甘肃师大学报　1981年第4期;《汉诗研究》　西北师范学院中文系　1981年1月;兰州:甘肃民族出版社　1994年12月

“苏李诗”和五言文人诗的起源　曹道衡　文史知识　1988年第2期

苏武生平大事年表　李光羽　《苏武》　南京:江苏古籍出版社　1991年5月

苏李古诗的革新意向　刘毓庆　晋阳学刊　1991年第4期

关于李陵研究的几个问题　崔明德　聊城师范学院学报　1993年第3期

苏李诗出自代言体说　胡大雷　柳州师专学报　1994年第3期

有关《文选》"苏李诗"若干问题的考察　刘跃进　文学遗产　1996年第2期;《结网漫录·中国古代经典文学作品探幽》　北京:学苑出版社　1997年6月;《文选学新论》　郑州:中州古籍出版社　1997年10月;《门阀士族与文学总集》　西安:世界图书出版西安有限公司　2014年6月

关于李陵《与苏武诗》及《答苏武书》的真伪问题　章培恒、刘骏　复旦学报　1998年第2期

苏武李陵诗考——离别诗的一个源泉　松原朗　中国诗文论丛(21)　2002年;钦州师范高等专科学校学报　2004年第3期

李陵与苏武事迹考论——关于西汉史教学研究的两个问题　李文才、王嘉川　大同职业技术学院学报　2004年第3期

李陵与李陵诗文研究史综述　董姣　《中国中古文学研究》　北京:学苑出版社　2005年12月

《李少卿答苏武书》真伪考略　范春义　《古典文献研究》第9辑　南京:凤凰出版社　2006年6月

李陵《答苏武书》的真伪　王琳　山东师范大学学报　2006年第3期

《诗品》"汉都尉李陵诗"考辨　柳春蕊　阴山学刊　2007年第3期

关于《汉书·苏武传》成篇问题之研究　汪春泓　《文心雕龙》与21世纪文论研究国际学术研讨会论文集　2008年

千古悲辛俘虏歌——论李陵《答苏武书》有关诸问题　李乃龙　井冈山学院学报　2008年第3期

《答苏武书》的几则证伪材料及其辨析　刘国斌　学习月刊

2008年第20期

汉代五言诗史上苏李诗所占位置考　柳川顺子　中国文化（67）　2009年

苏武持“节”之考辨　苏永祈、谢惠英　《汉之魂——苏武精神及其现代价值》　北京：人民出版社　2009年2月

苏建苏武父子英烈事迹与里贯考析　杜晓辉　《汉之魂——苏武精神及其现代价值》　北京：人民出版社　2009年2月

关于《汉书·苏武传》成篇问题之研究　汪春泓　文学遗产　2009年第1期

《文选》收录“苏、李诗”的诗史意义　田瑞文　太原师范学院学报　2009年第6期

苏李诗辩证　陈仲子　《20世纪中国文学研究论文选　汉代卷》　北京：社会科学文献出版社　2010年1月

《文选》所收李陵《答苏武书》　姜书阁　《文史说林百一集正续编》上　杭州：浙江大学出版社　2010年4月

“苏李诗”真伪研究综述与辨析　武平英　学理论　2010年第29期

两汉六朝诗文中的李陵现象　朱晓海　《古典文献研究》第14辑　《〈文选〉学专辑》　南京：凤凰出版社　2011年6月

关于李陵《答苏武书》的讨论与判断　刘国斌　湖北师范学院学报　2011年第5期

李陵《答苏武书》真伪再探讨　丁宏武　宁夏大学学报　2012年第2期

论苏李诗文的形成机制与产生年代——兼及《汉书·苏武李

陵传》的成篇问题 孙尚勇 文艺研究 2012年第3期

论苏李诗应主要为曹植甄后送行别离之作 木斋 郑州大学学报 2013年第5期

从书信落款“顿首”看李陵《答苏武书》真伪 郭炳洁 中国史研究 2016年第1期

“苏李诗文出自民间演艺节目”说平议 丁宏武 西北师大学报 2016年第2期

“苏李诗”真伪情况研究概述——兼从《艺文类聚》看唐初对“苏李诗”的认识 韩志远 黑龙江教育学院学报 2016年第3期

李陵、苏武诗词语考论 谢思炜 汉语言文学研究 2016年第4期

唐前李陵接受史考察——兼论李陵作品的流传及真伪 丁宏武 文史哲 2017年第6期

“苏李诗”与《古诗十九首》关系及时代考论 袁丁 语文教学通讯·D刊 2017年第9期

谈司马迁为李陵辩护 伏俊琏 档案 2018年第8期

傅玄(傅休奕)

《文选》收录篇目:

《杂诗》

著作

傅玄阴铿诗注 蹇长春、王会绍、余贤杰 兰州:甘肃人民出版社 1987年7月

傅玄评传　赵以武、魏明安　南京:南京大学出版社　1996 年 3 月;2011 年 4 月

傅玄思想研究　高新民　兰州:兰州大学出版社　1996 年 5 月

傅玄及其诗文研究　王绘洁　台北:文津出版社　1997 年 6 月

《傅子》评注　刘治立　天津:天津古籍出版社　2010 年 3 月

《傅子》《傅玄集》辑注　赵光勇、王建域　西安:陕西师范大学出版社　2014 年 12 月

傅玄及《傅子》研究　吴婉霞　北京:中国政法大学出版社　2015 年 11 月

论文

陕西历代作家传论——傅玄论　赵光勇　陕西师大学报　1979 年第 2 期

傅玄是太康作家吗?　魏明安　甘肃师大学报　1981 年第 2 期

论傅玄诗的思想与艺术　陈作林　北方论丛 1984 年第 4 期

傅玄五题　胡大雷　宁夏教育学院学报　1985 年第 2 期

傅子辑本考略　曹东方、陈见微　古籍整理研究学刊　1995 年第 5 期

傅玄生平年表　赵以武、魏明安　《傅玄评传》　南京:南京大学出版社　1996 年 3 月;2011 年 4 月

傅玄生平简表　王绘洁　《傅玄及其诗文研究》　台北:文津出版社　1997 年 6 月

傅玄家世生平考　王茂福　宁夏大学学报　1997 年第 3 期

傅玄、傅咸、傅亮籍贯考辨 王茂福 《文史》第52辑 北京:中华书局 2000年10月

傅玄撰作庙堂乐府 曹道衡、沈玉成 《中古文学史料丛考》 北京:中华书局 2003年7月

《史通》误书傅玄在魏官司隶校尉 曹道衡、沈玉成 《中古文学史料丛考》 北京:中华书局 2003年7月

傅玄转司隶校尉及卒年 曹道衡、沈玉成 《中古文学史料丛考》 北京:中华书局 2003年7月

傅玄生平考略 高新民、朱允 《傅玄〈傅子〉校读》 银川:宁夏人民出版社 2008年3月

傅玄及其思想研究述评 高新民、朱允 《傅玄〈傅子〉校读》 银川:宁夏人民出版社 2008年3月

傅玄与张载、张协文学系年考证 俞士玲 《西晋文学考论》 南京:南京大学出版社 2008年9月

傅玄研究资料索引 刘治立 《〈傅子〉评注》 天津:天津古籍出版社 2010年3月

傅玄籍贯考 赵光勇、王建域 《〈傅子〉〈傅玄集〉辑注》 西安:陕西师范大学出版社 2014年12月

傅玄生平考略 吴婉霞 《傅玄及〈傅子〉研究》 北京:中国政法大学出版社 2015年11月

政治家、文学家与音乐家:傅玄考述 姜剑云 《文史索隐——晋唐文学杂考》 北京:人民出版社 2017年7月

曹攄(曹颜远)

《文选》收录篇目:

《思友人诗》《感旧诗》

王赞(王正长)

《文选》收录篇目:

《杂诗》

枣据(枣道彦)

《文选》收录篇目:

《杂诗》

论文

枣据仕历　曹道衡、沈玉成　《中古文学史料丛考》　北京:中华书局　2003年7月

张翰(张季鹰)

《文选》收录篇目:

《杂诗》

论文

关于张翰的传记及其诗作　佐藤利行　《中国学论集》创刊号　1992年

张翰出处　曹道衡、沈玉成　《中古文学史料丛考》　北京:中

华书局　2003年7月

“江东步兵”张翰　孙中旺　苏州杂志　2003年第4期

“江东步兵”张季鹰　顾农　文史知识　2005年第7期;《文选论丛》　扬州:广陵书社　2007年9月

王微(王景玄)

《文选》收录篇目:

《杂诗》

论文

王微卒年、岁年　曹道衡、沈玉成　《中古文学史料丛考》　北京:中华书局　2003年7月

刘宋王微生平思想考辨三则　孙耀庆、姜剑云　河北大学学报　2018年第3期

袁淑(袁阳源)

《文选》收录篇目:

《效白马篇》《效古诗》

论文

袁淑仕历　曹道衡、沈玉成　《中古文学史料丛考》　北京:中华书局　2003年7月

袁淑拟古诗评议　刘健　三峡大学学报　2007年

袁淑行年及著述考　孙耀庆、姜剑云　广西社会科学　2017年第7期

刘铄(刘休玄)

《文选》收录篇目:

《拟古诗》二首

屈原(屈平)(2000年—2018年)

《文选》收录篇目:

《离骚经》《九歌》六首(《东皇太一》《云中君》《湘君》《湘夫人》《少司命》《山鬼》)、《九章》(《涉江》)、《卜居》《渔父》

著作

司马迁与屈原和《楚辞》学　吕培成　西安:陕西人民教育出版社　2000年9月

屈原赋论笺　张登勤　呼和浩特:内蒙古教育出版社　2001年12月

屈原与他的时代　赵逵夫　北京:人民文学出版社　2002年10月

姜亮夫全集.七,楚辞今绎讲录、屈原赋今译　姜亮夫　昆明:云南人民出版社　2002年10月

姜亮夫全集.六,重订屈原赋校注、二招校注　姜亮夫　昆明:云南人民出版社　2002年10月

屈原与《离骚》　詹安泰　广州:暨南大学出版社　2002年10月;2010年12月

屈原评传　郭维森　南京:南京大学出版社　2002年12月;2011年4月

楚辞魂:屈原辞译注图录　周殿富　长春:吉林人民出版社　2003 年 1 月

屈原研究　褚斌杰　武汉:湖北教育出版社　2003 年 8 月

屈原辞译注　熊任望　保定:河北大学出版社　2004 年 5 月

《楚辞》与屈原辞再考辨　董运庭　北京:中国社会科学出版社　2005 年 10 月

屈原新论　郭杰　长春:吉林大学出版社　2006 年 3 月

屈学问题综论　谭家斌　武汉:湖北人民出版社　2006 年 5 月

九歌十辨　张元勋　北京:中华书局　2006 年 8 月

《离骚》语法研究　胡力文　北京:中国文史出版社　2007 年 4 月

屈原学集成　戴锡琦、钟兴永　北京:中央编译出版社　2007 年 6 月

屈原的文化人格研究　彭红卫　武汉:华中师范大学出版社 2007 年 8 月

屈原与九歌　苏雪林　武汉:武汉大学出版社　2007 年 11 月;2010 年 6 月

屈原与司马迁的人格悲剧　曹晋　上海:上海古籍出版社 2008 年 4 月

屈原集校注　金开诚等　北京:中华书局　2008 年 7 月;2011 年 3 月;2014 年 10 月

屈原与《楚辞》　孙学敏　长春:吉林文史出版社　2010 年 1 月

屈原与《离骚》研究　李哮沛　呼和浩特:内蒙古人民出版社 2010 年 5 月

屈原论稿 聂石樵 北京:中华书局 2010年5月;2015年9月

屈原《楚辞》正宗 李朝辉 北京:华夏出版社 2010年7月

屈原赋注译和简析 邹云鹤 武汉:崇文书局 2010年9月

《离骚》讲义手稿 熊任望 保定:河北大学出版社 2010年12月

主体属性的追寻与重构屈原的身份认同及汉人对他的阅读与书写 许又方 台北:大安出版社 2011年

屈原论丛及其他 温洪隆 武汉:湖北人民出版社 2011年4月

屈原论集 张启揆 香港:时代文化出版社 2011年7月

屈原与儒、道文化论辨 田耕滋 北京:中国社会科学出版社 2011年10月

屈原·宋词研究 詹安泰 上海:上海古籍出版社 2011年10月;2012年1月

屈原及其诗歌研究 常森 北京:北京大学出版社 2012年3月

屈原故里研究 侯文汉 北京:中国戏剧出版社 2012年6月

屈原赋辨译:离骚卷 从药汀 北京:故宫出版社 2012年6月

屈原综论 易重廉 长沙:岳麓书社 2012年9月

屈原诗歌的美学探索 何国治 广州:暨南大学出版社 2012年12月

屈原赋译注 李周存 上海:上海浦江教育出版社 2013年

8月

屈原庙史料通考　龚红林　武汉:湖北人民出版社　2014年6月

屈原赋今译　郭沫若　北京:线装书局　2014年7月

屈原与宋玉　陆侃如　太原:山西人民出版社　2014年11月

屈原　郭维森　北京:人民文学出版社　2015年8月

诗祖屈原　萧叔言　南京:凤凰出版社　2015年8月

读骚九探　陆天华、陆天鹤　杭州:浙江大学出版社　2015年12月

屈原赋辨译:九章卷　从药汀　北京:故宫出版社　2016年2月

屈原年鉴　田荣、曹正平　北京:团结出版社　2016年5月

屈原及楚辞学论考　常森　北京:北京大学出版社　2016年6月

屈原及其作品研究　黄耀忠　北京:中国文联出版社　2016年6月

屈原宋玉辞赋译注　袁梅　合肥:黄山书社　2016年12月;2017年1月

屈原赋辨译:九歌、招魂、卜居、渔父卷　从药汀　北京:故宫出版社　2017年6月

屈原年鉴　岳阳市屈原管理区史志档案局　北京:团结出版社　2017年8月

读骚拾零　刘石林　南京:南京大学出版社　2017年9月

屈原研究三十年:《云梦学刊》“屈原研究”栏目论文选萃　南

京:南京大学出版社　2017 年 9 月

《离骚》琴曲集成　朱益红　南京:南京大学出版社　2017 年 9 月

屈原赋通释　吴广平　南京:南京大学出版社　2017 年 9 月

屈原与岳阳综论　钟兴永　南京:南京大学出版社　2017 年 9 月

屈原文化版图考　龚红林、何轩　南京:南京大学出版社　2017 年 9 月

屈原赋注　孙晓磊　上海:上海古籍出版社　2018 年 11 月

论文

湘君、湘夫人身份考　钱玉趾　西南民族学院学报　2000 年

试论《离骚》　洪顺隆　《辞赋论丛》　台北:文津出版社　2000 年 9 月

试论《九章》　洪顺隆　《辞赋论丛》　台北:文津出版社　2000 年 9 月

试论《九歌》　洪顺隆　《辞赋论丛》　台北:文津出版社　2000 年 9 月

《九歌·山鬼》研究辨疑　潘啸龙　安徽师范大学学报　2000 年第 1 期

《离骚》篇名考　耿忠　南京师范大学文学院学报　2000 年第 1 期

《离骚》称“经”考辨　王德华　浙江师大学报　2000 年第 1 期

《离骚》中求女之谜破解　李伟实　社会科学战线　2000 年第

1 期

《九歌》是楚国郊祀的祭歌　黄露生　第一师范学报　2000 年第 1 期

从《楚辞》成书之体例看其各非屈原作品之旨　力之　四川大学学报　2000 年第 2 期

《离骚》三辨　傅正义　探索　2000 年第 2 期

《离骚》的结构、叙事与抒情　赵逵夫　天水行政学院学报　2000 年第 2 期

说《山鬼》　刘润芳　青岛海洋大学学报　2000 年第 3 期

《九歌》的舞蹈动作及其与原始祭祀的关系　侯虹斌　中山大学研究生学刊　2000 年第 3 期

重读《离骚》——谈《离骚》中的关键字“灵”　饶宗颐　浙江师大学报　2000 年第 4 期；《饶宗颐二十世纪学术文集·楚辞论丛》　台北：新文丰出版社　2003 年；北京：中国人民大学出版社　2009 年 9 月

《楚辞章句》前十五卷的前序刘向作驳议　力之　黄冈师范学院学报　2000 年第 4 期

《离骚》“求女”喻“求君”说证微　吴惠敏　安徽农业大学学报　2000 年第 4 期

山林皋壤实文思之奥府——屈原之《离骚》与楚文化　张庆霞　呼伦贝尔学院学报　2000 年第 4 期

对话与独白：《离骚》抒情方式的重新解读　陈瑜　荆州师范学院学报　2000 年第 4 期

试论《离骚》的原创意图　曹圣高、卢静　天中学刊　2000 年

第4期

《九歌》无对唱说　吴广平　湘潭师范学院学报　2000年第4期

论《楚辞》、刘安与《淮南子》　陈广忠　中国文化研究　2000年第4期

论以他称写己与自我称扬——兼论屈宋某些作品之真伪问题　力之　云梦学刊　2000年第5期

再说《渔父》的作者　翟振业　常熟高专学报　2000年第5期

王船山与《离骚》　曾也鲁　衡阳师范学院学报　2000年第5期

巫风楚舞的文学呈现——《九歌》的戏剧文化学考察　卜键　文学评论　2000年第5期

《九歌》真相揭秘　戴锡琦　云梦学刊　2000年第5期

《离骚》称“经”的文化考察　熊良智　四川师范大学学报　2000年第6期

《九歌》二《湘》“恋爱”说评议　潘啸龙　安庆师范学院学报　2000年第6期

试论《九歌》的象征意蕴　刘复初　云梦学刊　2000年第6期

《离骚》首六句旧注平议　曲德来　《文史》第57辑　北京:中华书局　2001年12月

屈原《九章》思想论　张登勤　徐州教育学院学报　2001年第1期

一篇政治改革家失败的自白书——《离骚》的一种文化解读　李立泉　云梦学刊　2001年第1期

试论《离骚》的原创意图　曹圣高、卢静　职大学报　2001年第1期

《〈离骚经〉王逸注》两种版本比较　张实龙　古籍研究　2001年第1期

《九歌》主题之谜新解　钱玉趾　文史杂志　2001年第2期

《〈楚辞〉章句·九歌第一篇》评析　张中一　云梦学刊　2001年第2期

从朗吉努斯的《论崇高》看屈原的《离骚》　张世英　北京大学学报　2001年第3期

《涉江》"齐吴榜兮击汰"新解　钱玉趾　文史杂志　2001年第3期

沅湘自然崇拜和《〈楚辞〉·九歌》　龚维英　云梦学刊　2001年第3期

迷狂与理智——试论《九歌》独特的审美趋向　何长文　中州学刊　2001年第3期

《离骚》"求女"喻意五说得失辨　鲍红　安庆师范学院学报　2001年第3期

从《生民》到《离骚》——上古诗歌历史发展的一个实证考察　郭杰　文学遗产　2001年第4期;诗经研究丛刊(第三辑)　2002年

再论楚墓祭祀竹简与《〈楚辞〉·九歌》　汤漳平　文学遗产　2001年第4期;《屈原研究》　武汉:湖北教育出版社　2003年8月

《离骚》"先路"与屈原早期经历的再认识　姚小鸥　中州学

刊　2001年第5期

宋人《离骚》辨体——从宋人对《骚》类作品的选评出发　徐宝余　蒙自师范高等专科学校学报　2001年第5期

略论《离骚》与《九歌》之关系　刘贵华　佳木斯大学社会科学学报　2001年第6期

《离骚》"求女"研究平议　周建忠　东南文化　2001年第11期

《离骚》之"骚"　郭维森　三峡文化研究丛刊　2002年

《诗经·周颂》与《〈楚辞〉·九歌》不同宗教背景之考察　姚兴富　中国社会科学院研究生院学报　2002年

论两晋名士对屈原的解读及其意义　蒋方　《中国古代文学论集》　北京:中华书局　2002年1月

从楚地出土帛画分析《〈楚辞〉·九歌》的世界　石川三佐男、王晓平　《中国楚辞学》第1辑　北京:学苑出版社　2002年7月

论《离骚》中的三次"遨游"与屈原的"路"　董运庭　《中国楚辞学》第1辑　北京:学苑出版社　2002年7月

美与善的颂歌——《九歌》新论　刘艳　《中国楚辞学》第1辑　北京:学苑出版社　2002年7月

再论《国殇》与《九歌》　黄凤显　《中国楚辞学》第1辑　北京:学苑出版社　2002年7月;中央民族大学学报　2002年第3期

重读《九歌》　蒋南华　《中国楚辞学》第1辑　北京:学苑出版社　2002年7月

《〈楚辞〉·九歌》"与佳期兮夕张"解　姚小鸥　《中国楚辞学》第1辑　北京:学苑出版社　2002年7月

《离骚》奠定了我国迁谪文学的审美基调 江立中 《中国楚辞学》第1辑 北京:学苑出版社 2002年7月;云梦学刊 2002年第5期

关于《楚辞·离骚》中的天界游行 矢田尚子 东北大学中国语学文学论集(6、7合刊) 2002年11月

论祭祀诗反映的南北文化——以《周颂》《九歌》为考察中心 高婉瑜 浙江学刊 2002年第1期

《九歌》名称探源 刘树胜 沧州师范专科学校学报 2002年第1期

《楚辞》简帛释证 黄灵庚 文史杂志 2002年第2期;《屈原研究》 武汉:湖北教育出版社 2003年8月

从偏蹇之难到偃蹇之美——《离骚》篇名与《楚辞》审美取向 李炳海 社会科学战线 2002年第2期

《史记》乃"无韵之《离骚》"的文本阐释 刘生良 陕西师范大学学报 2002年第2期

从屈原的人生痛苦论《离骚》"求女"指寓 胡大雷 山西大学师范学院学报 2002年第2期;《中古赋学研究》 桂林:广西师范大学出版社 2011年6月(题目为:论《离骚》"求女"指寓)

《离骚》新解 钱玉趾 文史杂志 2002年第2期

《卜居》《渔父》:屈原精神困境的揭示和对自我与社会的双重固持 王德华 中国文学研究 2002年第3期

《〈楚辞〉章句·渔父》校记 马骏鹰、王逸 浙江师范大学学报 2002年第3期

《离骚》"求女"喻意之我见——兼论屈原在求女中的矛盾心

态　白崇　中国文学研究　2002年第3期

《离骚》作年考辨　佘丹清　晋东南师范专科学校学报　2002年第3期

《离骚》代言及其三歌考察　廖群　东方丛刊　2002年第4期

《离骚》的作者及其他　戴建华　郭沫若学刊　2002年第4期

《涉江》的"伍子"为"伍子胥"无误辨　力之　云梦学刊　2002年第4期

试论《离骚》中的"三个世界"层面　卫朝晖　山西师大学报　2002年第4期

屈原"放逐"问题证辩　周建忠　南都学坛　2002年第4期

《离骚》求女失败意象辨析　芮宁生　中国文学研究　2002年第4期

劳苦倦极思美人——试论《离骚》中"求女"的意义　徐习文　滁州师专学报　2002年第4期

论乐府诗对楚声《楚辞》的接受　郭建勋　中国文学研究　2002年第4期

《九歌》篇目诸说辨析　刘树胜　沧州师范专科学校学报　2002年第4期

《离骚》的作者及其他　戴建华　郭沫若学刊　2002年第4期

关于《九歌》主题的解读　陈尚敏　西北成人教育学报　2002年第4期

《山鬼》考　刘毓庆　山西大学学报　2002年第4期;《中国楚辞学》第5辑　北京:学苑出版社　2004年7月

《九章》阐释三题　顾农　云梦学刊　2002年第5期

《九歌》华夏古俗探　夏培文　南京理工大学学报　2002年第5期

屈原出生地考论　王峰　武汉大学学报　2002年第6期

《离骚》“求女”喻意研究综述　左川凤　学语文　2002年第6期

屈原“自沉”动机研究综述　周建忠　云梦学刊　2002年第6期

《〈楚辞〉·九章》中的非屈原作品　何金松　中南民族学院学报　2002年第6期

《九歌》要籍解题　周建忠　东南文化　2002年第7期

屈原与经术　饶宗颐　《饶宗颐二十世纪学术文集·楚辞论丛》　台北:新文丰出版社　2003年;北京:中华人民大学出版社　2009年9月

屈原研究　梁启超　《屈原研究》　武汉:湖北教育出版社　2003年8月

读《读〈楚辞〉》　陆侃如　《屈原研究》　武汉:湖北教育出版社　2003年8月

史记屈原列传发疑　刘永济　《屈原研究》　武汉:湖北教育出版社　2003年8月

简论屈子文学　姜亮夫　《屈原研究》　武汉:湖北教育出版社　2003年8月

《楚辞》女性中心说　游国恩　《屈原研究》　武汉:湖北教育出版社　2003年8月

说屈赋中之巫　姜亮夫　《屈原研究》　武汉:湖北教育出版社

2003年8月

20世纪屈原研究论文目录索引　黄筠　《屈原研究》　武汉：湖北教育出版社　2003年8月

试论屈原诗歌的象征手法及其特色　毛庆　《屈原研究》　武汉：湖北教育出版社　2003年8月

读《九歌》　马其昶　《屈原研究》　武汉：湖北教育出版社　2003年8月

《涉江》《哀郢》《怀沙》新论　周建忠　《屈原研究》　武汉：湖北教育出版社　2003年8月

《楚辞》成书之探索　汤炳正　《屈原研究》　武汉：湖北教育出版社　2003年8月；《辞赋研究》　北京：商务印书馆　2006年11月

"《离骚》"命题新探——兼对"屈原族别初探"质疑　娄彦刚　宁波职业技术学院学报　2003年第1期；合肥工业大学学报　2003年第3期

《离骚》题旨别解　刘树胜　沧州师范专科学校学报　2003年第1期

《九歌》楚颂说　韩高年　中州学刊　2003年第1期

论王夫之的《九歌》研究及其得失　孙宗晓　职大学报　2003年第1期

《离骚》"朕皇考曰伯庸"考证　武砺兴　甘肃高师学报　2003年第1期

《屈原列传》的错排与《离骚》的写作年代　钱玉趾　南通师范学院学报　2003年第1期

20世纪90年代的屈原研究　李青、梅桐生　安顺师范高等专科学校学报　2003年第1期

论《离骚》"求女"情节的深层文化心理　梅桐生、刘中黎　贵州文史丛刊　2003年第2期

《离骚》释义辨正　畅孝昌　太原师范学院学报　2003年第3期

《离骚》"西皇"非"少皞"而是"西王母"考　许富宏　云梦学刊　2003年第3期

关于"骚""赋"之同异问题——兼论吴子良等批评《文选》别"骚"于"赋"之得失　力之　钦州师范高等专科学校学报　2003年第3期

香草·美人·琼佩——《离骚》珵美义蕴述论　邓国光　文学遗产　2003年第4期

《离骚》"命灵氛为余占之"一节之再正——读徐复先生《后读书杂志》　于峻嵘　南京师范大学文学院学报　2003年第4期

《离骚》中的女媭与上古时期的女性名号　蒋方　古典文学知识　2003年第4期

重读《九歌》——再论屈原《九歌》的思想内容及艺术成就　蒋南华　黔南民族师范学院学报　2003年第4期

《九歌》源于黄河流域考　吴龙辉　中国文学研究　2003年第4期

《离骚》中有关西北神话传说的地名考述　赵逵夫　社科纵横　2003年第5期

从战国楚墓祭祀竹简看《九歌》的属性　王泽强　淮阴师范学

院学报　2003年第6期

中国放逐诗学的奠基之作——解读《离骚》　熊国华　江汉论坛　2003年第10期

关于《楚辞·离骚》中的“上下”与“求索”　矢田尚子　东洋学集刊(91)　2004年

屈原《九歌》与楚越“花林”诗歌文化的嬗变　韦琴琴　《中国楚辞学》第4辑　北京:学苑出版社　2004年1月

庄子、屈原《渔父》与渔父现象　黄震云、林光华　《中国楚辞学》第4辑　北京:学苑出版社　2004年1月

《九歌》源流丛论　黄灵庚　《文史》第66辑　北京:中华书局　2004年2月

《九歌·少司命》的美学价值　刘谦功　《中国楚辞学》第5辑　北京:学苑出版社　2004年7月

楚歌“代言”体与《离骚》三章臆说　廖群　《中国楚辞学》第5辑　北京:学苑出版社　2004年7月

香草、美人、琼佩:《离骚》程美义蕴考论　邓国光　《中国楚辞学》第5辑　北京:学苑出版社　2004年7月

从“天公行出镜”的画像看《〈楚辞〉·九歌》的世界　石川三佐男、周延良　《中国楚辞学》第5辑　北京:学苑出版社　2004年7月

《九歌》的创作动机　韩高年　《中国楚辞学》第5辑　北京:学苑出版社　2004年7月

灵氛、巫咸与《离骚》中卜筮结果的依从　马世年　《中国楚辞学》第5辑　北京:学苑出版社　2004年7月

《离骚》"滋兰树蕙"证解——也谈《离骚》香草的象征意义 李金善 《先秦两汉文学论集》 北京:学苑出版社 2004年7月

《离骚》中的比兴系统及意象群 任刚 《先秦两汉文学论集》 北京:学苑出版社 2004年7月

出土文献与《〈楚辞〉·九歌》 汤漳平 北京:中国社会科学出版社 2004年9月

《九歌·山鬼》源于祀夔乐臆说 高华平 江海学刊 2004年第1期

在洞庭湖畔行吟——屈原湖湘行踪及其诗歌创作 胡敬君 云梦学刊 2004年第1期

屈原"三闾大夫"考 张旋、张启揆 云梦学刊 2004年第2期;《屈原论集》 香港:时代文化出版社 2011年7月

有关屈原生平几个问题的考证 王问靖 江西社会科学 2004年第3期

《九歌》辨疑 叶罕云 江汉大学学报 2004年第4期

我考订的屈原著作年谱 王红旗 文史杂志 2004年第4期

试论屈原《九歌》为"祭事歌" 王琳 云梦学刊 2004年第5期

论屈原对《九章》的整体构想及整理 毛庆 文学遗产 2004年第6期

《九歌》"展诗兮会舞"考辨 曹海东 江汉论坛 2004年第8期

从《离骚》和《九歌》的节奏结构看《楚辞》体的成因 葛晓音 学术研究 2004年第12期

关于《楚辞·离骚》中“求女”的考察(楚辞《离骚》の“求女”をめぐる一考察) 矢田尚子 日本中国学会报(57) 2005年

屈原行历考 钱今凡 《中国楚辞学》第6辑 北京:学苑出版社 2005年1月

王逸理解的《离骚》 吴万钟 《中国楚辞学》第7辑 北京:学苑出版社 2005年7月

《卜居》《渔父》作者考辨 力之 《〈楚辞〉与中古文献考说》 成都:巴蜀书社 2005年12月

二十世纪屈原人格研究述论 彭红卫、周禾 江淮论坛 2005年第1期

《离骚》的总体结构 顾农 阜阳师范学院学报 2005年第1期

《九歌》“河山恋”辨 王铁 滁州学院学报 2005年第1期

《离骚》层次结构探索 周建忠 江苏社会科学 2005年第1期

《离骚》“内美”与屈原的美学思想 田耕滋 云梦学刊 2005年第1期

《离骚》解题:一个古老而常新的话题 龙文玲 广西师范学院学报 2005年第1期

屈赋比兴的性质及其作用的转化——兼论“雅”与“骚”的关系 葛晓音 北京大学学报 2005年第1期

《离骚》“朕皇考”辨 胡棋智 贵州文史丛刊 2005年第2期

屈原仕履考 周建忠 文学评论 2005年第2期

《楚辞》层次结构研究——以《离骚》为例 周建忠 云梦学

刊　2005年第2期

《〈楚辞〉·涉江》中的“登昆仑”之谜　张国荣　湖南城市学院学报　2005年第3期

祭祀祖先和以性娱神——《周颂》《九歌》祭祀诗两极现象的文化考察　刘惠卿　中国文学研究　2005年第4期

《国殇》与《九歌》　黄露生　湖南第一师范学报　2005年第4期

《楚辞》“山鬼”形象探源　昌庆志　云梦学刊　2005年第4期

赋体杂文的先导——论屈原的《天问》《卜居》《渔父》　刘洪仁　社会科学辑刊　2005年第4期

《湘君》《湘夫人》祭主考　陈亮　南京师范大学文学院学报　2005年第4期

从《离骚》看屈原创制的“骚体诗”的来源及创造　许丽丽　湖北教育学院学报　2005年第4期

《离骚》“象事行”之“赋”为主的文学物象组合　苏敏　重庆师范大学学报　2005年第4期

《九歌》性质考辨　孙老虎　古典文学知识　2005年第4期

《九歌》主题新解　刘惠卿　求索　2005年第5期

《离骚》“落英”词义探求　李秀飞、李润茂　名学院学报　2005年第5期

《离骚》中的象征手法和象征系统　殷光熹　云南大学学报　2005年第5期

《离骚》前四句与屈原家世再考释　董运庭　重庆教育学院学报　2005年第5期

《九歌》语词训释商榷　李大明　四川师范大学学报　2005年第6期;《辞赋研究》　北京:商务印书馆　2006年11月

一个倒果为因的命题——就屈原《九章》的整体构想问题与毛庆先生商榷　吴承林、张岳林　皖西学院学报　2005年第6期

屈原身世考　朱小丰　天府新论　2005年第6期

《离骚》结构的深层解析　黄崇浩　云梦学刊　2005年第6期

《楚辞》中的香草香木考——以屈原与“兰”为中心(《楚辞》における香草香木について——屈原と“兰”を中心に)　太田阳子　日本文学志要　2006年

志在深情求索魂系悲愤远逝——从《离骚》看屈原的文化人格和审美追求　曹继华　广西民族学院学报　2006年

《楚辞》新考五十例　卓振英　《新国学研究》第4辑　北京:人民文学出版社　2006年7月

屈子之自沉心事及其文化意蕴　胡晓明　《诗与文化心灵》　北京:中华书局　2006年12月

芬芳悱恻之美:《离骚》的艺术境界　胡晓明　《诗与文化心灵》　北京:中华书局　2006年12月

端午节和屈原　李长之　《李长之文集》第7卷　石家庄:河北教育出版社　2006年12月

《离骚》主题探原　冯小禄　云梦学刊　2006年第1期

《离骚》“求女”指意探微　韩国良　西藏大学学报(汉文版)　2006年第1期

论《九歌》的直接源头　张玉春、唐英　古籍整理研究学刊　2006年第1期

重新解读《九歌》中的某些人称及其归属问题　殷光熹　云梦学刊　2006年第1期

从《九歌》的直接源头看其性质　唐英　云梦学刊　2006年第1期

《湘君》《湘夫人》探疑　田冬梅　南宁师范高等专科学校学报　2006年第1期

《招魂》乃屈原自招生魂考辨　孔英民　哈尔滨学院学报　2006年第2期

屈原《九章》研究纵览　任强、潘啸龙　古籍研究　2006年第2期

作为传播者的屈原——《离骚》作者的传播学分析　阮艳萍　理论月刊　2006年第2期

《离骚》中的卜筮与祭祷——灵氛占断与巫咸夕降之关系新论　马世年　甘肃社会科学　2006年第2期

《离骚》"三后"即新蔡简"三楚先"说——兼论穴熊不属于"三楚先"　宋华强　云梦学刊　2006年第2期

《离骚》"求女"指意探微　韩国良　绥化学院学报　2006年第2期;石河子大学学报　2006年第3期

《离骚》与《九章》是否为同一个时期的作品——《离骚》研究系列之四　冀凡　黄石教育学院学报　2006年第3期

楚、秦黔中郡略论——兼论屈原之卒年　赵炳清　中国历史地理论丛　2006年第3期

《九歌》祭祀性质辨析　兰甲云、陈戍国　西北师大学报　2006年第3期

由《九歌新考》所想起的　周勋初　《中国图书评论》　2006年第3期;《馀波集》　南京:南京大学出版社　2008年3月

屈原故里秭归说质疑　阮先　湖南文理学院学报　2006年第4期

《九歌》性质研究辨析　潘啸龙、陈玉洁　长江学术　2006年第4期

《九歌》主题研究述评(上)　张强、杨颖　徐州师范大学学报　2006年第4期

《九歌》主题研究述评(下)　张强、杨颖　徐州师范大学学报　2006年第5期

《九歌》为刘安及其门客所撰考　周远斌　云梦学刊　2006年第5期

《离骚》三家注特色探究　杨淑鹏　晋中学院学报　2006年第6期

淮南王作《离骚传》考　张继海　古籍整理研究学刊　2006年第6期

论屈原晚年被放湖湘的时间及其创作　陈学文、黄玲青　湖南社会科学　2006年第6期

《九歌》典祀说浅议　董芬芬　社科纵横　2006年第9期

《九歌》作于怀王十九年春　徐志啸　东亚细亚比较文化学术会议、中国屈原学会　2007年

《九歌·云中君》探微　刘谦功　《中国楚辞学》第8辑　北京:学苑出版社　2007年3月

《离骚》中的角色转换　顾农　《文选论丛》　扬州:广陵书社

2007年9月

《涉江》阐释　顾农　《文选论丛》　扬州:广陵书社　2007年9月

论《离骚》求女情节的"怀母"原型　刘中黎　怀化学院学报　2007年第1期

《离骚》之"昆仑"新论　姚宇亮　中南大学学报　2007年第1期

《九歌》略论　董运庭　重庆师范大学学报　2007年第1期

屈原《九歌》与楚文化　游进　鄂州大学学报　2007年第1期

抒情还是叙事——论《九歌》注释的两种立场　谷口洋　职大学报　2007年第1期

《九歌》作者新考——兼《九歌》非屈原作品补证　乂田　古籍整理研究学刊　2007年第1期

从《九章》看屈原自沉前的复杂心态　刘丽华　中国楚辞学　2007年第2期

屈原《涉江》"辰阳""溆浦"地望考释　潘惠　湖南文理学院学报　2007年第2期

《离骚》"性恋模式"试探　王玫　中国文化研究　2007年第2期;《〈文选〉学与楚文化——纪念李善逝世1317周年国际学术研讨会》　武汉:武汉出版社　2008年8月

《离骚》戴氏注　郭全芝　中国楚辞学　2007年第2期

云中君为"岁星"考　曹胜高　民族文学研究　2007年第2期

从评《离骚》看两汉文学思想之演变　刘丽　殷都学刊　2007年第3期;太原师范学院学报　2007年第6期

《涉江》创作时地考论　刘庆安　云梦学刊　2007年第3期

离别之痛:《离骚》的意旨与篇题　姚小鸥　文史哲　2007年第4期;《中国古代文学:作家·作品·文学现象》　北京:商务印书馆　2012年5月

《九歌》词语歧解辨析三则　党万生　贵阳学院学报　2007年第4期

《卜居》《渔父》的产生与屈原的影响　蔡靖泉　华中师范大学学报　2007年第5期

《楚辞·渔父》考论　殷光熹　楚雄师范学院学报　2007年第5期;《中国楚辞学》第15辑　北京:学苑出版社　2011年1月

《楚辞》神秘数"九"的文化意蕴——解读"九歌"、"九天"、"九阳"　翟振业　常熟理工学院学报　2007年第5期

《九歌》的体式与原始"倚声填词"臆测　郑家治　西华大学学报　2007年第5期

出土文献与《〈楚辞〉·〈离骚〉》之研究　汤漳平　中州学刊　2007年第6期

王逸对《九章》创作时间问题所持观点辨　刘庆安　文教资料　2007年第7期

乐府楚调曲怨诗类所见《楚辞》怨慕情结　廖一瑾　《〈文选〉学与楚文化——纪念李善逝世1317周年国际学术研讨会》　武汉:武汉出版社　2008年8月

楚文化在《文选》中的地位以及对日本汉文学的渗透(提要)　海村惟一　《〈文选〉学与楚文化——纪念李善逝世1317周年国际学术研讨会》　武汉:武汉出版社　2008年8月

《文选》"屈骚《楚辞》"中楚文化地标举隅　徐纪芳　《〈文选〉学与楚文化——纪念李善逝世1317周年国际学术研讨会》　武汉:武汉出版社　2008年8月

《涉江》"溆浦"研究平议　刘伟生　湖南工业大学学报　2008年第1期;《中国楚辞学》第13辑　北京:学苑出版社　2009年5月

《离骚》与屈原之集——以《楚辞》成书研究为中心　程海翔　海南大学学报　2008年第1期

今本《楚辞》与刘安的关系及版本源流新探　漆子扬　青海师范大学学报　2008年第1期

湘君、湘夫人原型考论　曹胜高　云梦学刊　2008年第1期

汉代祠太一的方位与"东皇太一"名称的来源　许富宏　云梦学刊　2008年第1期

《楚辞·九章·涉江》"鄂渚"索考　舒大清　湖北师范学院学报　2008年第1期

《离骚》创作时地新探　陈学文　武汉大学学报　2008年第1期

巫山神女与屈原《山鬼》的关系　钱玉趾　三峡大学学报　2008年第2期

《离骚》首章四句新解　郑慧生　河南大学学报　2008年第2期

《离骚》题名的文化透视　曾凡、钱宗武　贵州民族研究　2008年第2期

屈原生卒年新考　吴心源、叶立东　云梦学刊　2008年第3期;《中国楚辞学》第13辑　北京:学苑出版社　2009年5月

析“山鬼”的形象及其文化内涵　刘谦功　职大学报　2008年第3期

屈原“入溆浦”的前后经历和心声——《涉江》解读及评议　殷光熹　职大学报　2008年第3期

《渔父》沧浪地理位置之究索　钱明锵　云梦学刊　2008年第3期;《中国楚辞学》第15辑　北京:学苑出版社　2011年1月

《楚辞》“渔父”形象内蕴探微　张少杰　职大学报　2008年第3期

两种人生观的抉择——关于《离骚》的中心主题和屈原精神　赵沛霖　北京大学学报　2008年第3期

生死相依苦乐随行——屈原《离骚》所引发的生命之思　蔡红燕　中州大学学报　2008年第3期

楚简“大水”即水帝颛顼即《离骚》“高阳”考　蒋瑞　湖北大学学报　2008年第3期

屈原《离骚》三次“求女”补证　李霁　湖北社会科学　2008年第4期

宓妃考索——兼论《离骚》中“求女”的比兴意义　郭令原　湖南大学学报　2008年第4期

《离骚》“民”字解　白志勇　宝鸡文理学院学报　2008年第4期

《离骚》中“鸩”新解　彭春艳　广西民族大学学报　2008年第4期

两汉时期屈原的崇高化与《离骚》经典化历程　刘向斌　西北大学学报　2008年第4期

从《离骚》评价看两汉文学思想之演变　刘丽　山西师大学报　2008 年第 5 期

《离骚》抒情主人公的佩饰意象　李炳海　华中师范大学学报　2008 年第 5 期

屈原应该名原字平　姚军　江汉大学学报　2008 年第 6 期

发愤以抒情的坦率表白和精心调遣——屈原《九章》对创作缘起的交待　李炳海　江汉论坛　2008 年第 6 期

《渔父章句》评析　张中一　云梦学刊　2008 年第 6 期

情系于美——屈原《离骚》之美探析　刘桂荣　运城学院学报　2008 年第 6 期

《离骚》"秋菊落英"之"落"字解诂　杨庆鹏　毕节学院学报　2008 年第 6 期

论《离骚》是屈原的绝笔辞　熊刚、董常保　西南民族大学学报　2008 年第 6 期

"屈原名平"说证误　黄毅、章培恒　学术月刊　2008 年第 8 期

《九歌》即巫歌考　刘仁霞　内蒙古电大学刊　2008 年第 9 期

出土文献与《楚辞·九歌》近十年之研究　李晓琼　楚雄师范学院学报　2008 年第 11 期

"《离骚》"考辨　喻进芳、韩国良　江汉论坛　2008 年第 11 期

《卜居》《渔父》的作者考辨　蔡靖泉　《中国楚辞学》第 11 辑　北京:学苑出版社　2009 年 5 月

探《涉江》《哀郢》之作时、作地与作因——兼论《怀沙》和《悲回风》　陆天鹤、陆天华　《中国楚辞学》第 13 辑　北京:学苑出版

社 2009年5月

屈原被流放到溆浦的时间考 周绍恒 《中国楚辞学》第13辑 北京:学苑出版社 2009年5月

《离骚》三论 常森 《国学研究》第24卷 北京:北京大学出版社 2009年12月

屈原的名、字与《渔父》《卜居》的作者、作时、作地问题 赵逵夫 兰州大学学报 2009年第1期;《中国楚辞学》第15辑 北京:学苑出版社 2011年1月

试论两汉时期围绕屈原及《离骚》产生的序体文学作品 崔瑞萍 中国社会科学院研究生院学报 2009年第1期

屈原生于秭归乐平里新证 谭家斌 职大学报 2009年第1期

《九歌》文体新论 韩高年 兰州大学学报 2009年第1期

《九歌》"东皇太一"祭祀渊源考论 赵晓斌 江南大学学报 2009年第2期

《离骚》今译质疑——与文怀沙先生商榷 徐志啸 文艺研究 2009年第2期

《离骚》中的"西游"之谜与河西故地考——姜亮夫先生"追怀往迹"说发微 朱瑜章 文史哲 2009年第3期

谈《离骚》受祝辞的影响 伏俊琏、张艳芳 宁夏师范学院学报 2009年第4期

《离骚》校读四则 徐广才、张秀华 古籍整理研究学刊 2009年第4期

《庄子·渔父》与《楚辞·渔父》 徐志啸 文学遗产 2009

年第4期;《中国楚辞学》第16辑　北京:学苑出版社　2011年12月

关于《离骚》"求女"解的思考　魏红翎　成都大学学报　2009年第5期

《离骚》"三后"考辨　高芳　辽宁工程技术大学学报　2009年第5期

《涉江》中"伍子"为子胥考　姚小鸥　文史哲　2009年第5期

根据出土古文字材料校读《离骚》三则　徐广才　黑龙江教育学院学报　2009年第5期

《离骚》中求女意象问题辨析　崔楠　商丘师范学院学报　2009年第8期

屈原放居汉北与陵阳问题　姜书阁　《文史说林百一集正续编》上　杭州:浙江大学出版社　2010年4月

试论《九歌》之"山鬼"原型　贾雯鹤、梁艳敏　湖北师范学院学报　2010年第1期

《九辩》为宋玉代屈原立言而作说　韦若任　钦州学院学报　2010年第2期

从文体方面论《卜居》之真伪　毕红刚　安徽文学(下半月)　2010年第2期

《九歌·山鬼》祀主为九疑山神　张京华　船山学刊　2010年第3期

《九歌》《九章》校证(二十八则)　王伟　湖北民族学院学报　2010年第4期

论屈原纪行抒情组诗《九章》的纪行真实性　张登勤　江苏广播电视大学学报　2010年第4期

《九章》:人生忧患期心路历程的写照　李炳海　沈阳师范大学学报　2010 年第 5 期

屈原《九章》真伪问题探讨　任强、潘啸龙　淮北煤炭师范学院学报　2010 年第 5 期

用"四分法"探考《九章》的时与地——兼论《九章》的篇次　谭家斌　三峡论坛　2010 年第 6 期;《中国楚辞学》第 16 辑　北京:学苑出版社　2011 年 12 月

《卜居》、《渔父》作者之我观　李飞宏　安徽文学(下半月)2010 年第 7 期

《楚辞·九歌》考　吉井凉子　二松(25)　2011 年

"屈原故乡在汉寿"详细考证　毛炳汉　《中国楚辞学》第 14 辑　北京:学苑出版社　2011 年 1 月

屈原"放流"辨　温洪隆　《中国楚辞学》第 14 辑　北京:学苑出版社　2011 年 1 月

《涉江》中"伍子"为子胥考　姚小鸥　《中国楚辞学》第 15 辑　北京:学苑出版社　2011 年 1 月

屈原自沉与"以身祷之"　胡大雷　《中古赋学研究》　桂林:广西师范大学出版社　2011 年 6 月

屈原始祖考　张启揆　《屈原论集》　香港:时代文化出版社　2011 年 7 月

关于屈原家世及出生研究的几个问题　张启揆　《屈原论集》　香港:时代文化出版社　2011 年 7 月

屈原"三闾大夫"再考　张启揆　《屈原论集》　香港:时代文化出版社　2011 年 7 月

女媭应当是屈原之妻 张启撰 《屈原论集》 香港:时代文化出版社 2011年7月

屈原与楚怀王关系之谜 张启撰 《屈原论集》 香港:时代文化出版社 2011年7月

屈原流放江南湘沅间有几次? 张启撰 《屈原论集》 香港:时代文化出版社 2011年7月

长剑与屈原——兼驳所谓屈原有"女性癖"之说 张启撰 《屈原论集》 香港:时代文化出版社 2011年7月

屈原三"求女"(求宓妃、求佚女、求二姚)的象征意义 张启撰 《屈原论集》 香港:时代文化出版社 2011年7月

《九歌》之我见 张启撰 《屈原论集》 香港:时代文化出版社 2011年7月

楚歌声中的屈原 刘跃进 《回归中国的超越:文学史研究的多种可能性》 南京:凤凰出版社 2011年10月

《离骚》的叙事巫歌特征小考 宣钉奎 《中国楚辞学》第18辑 北京:学苑出版社 2011年12月

屈原"造为宪令"考——屈原生平重大事件的司法解释 黄震云 《中国楚辞学》第16辑 北京:学苑出版社 2011年12月

也谈屈原《涉江》之溆浦 禹经安 《中国楚辞学》第16辑 北京:学苑出版社 2011年12月

《离骚》述略 蒋南华 《中国楚辞学》第16辑 北京:学苑出版社 2011年12月

《离骚》"吾将从彭咸之所居"新解 俞志慧 《中国楚辞学》第16辑 北京:学苑出版社 2011年12月

诗歌两句一意与《离骚》首句解释　郭全芝　《中国楚辞学》第16辑　北京:学苑出版社　2011年12月

《离骚》题义新考　黄震云　《中国楚辞学》第16辑　北京:学苑出版社　2011年12月

屈原故里秭归为何有红棺葬习俗　黄丹、闫广礼　《中国楚辞学》第17辑　北京:学苑出版社　2011年12月

屈原后裔探考　郑之问、谭家斌　《中国楚辞学》第17辑　北京:学苑出版社　2011年12月

《离骚》创作时代考　林贞爱　文学界　2011年第1期

出土文献与《〈楚辞〉·九歌》研究　郭常斐　云梦学刊　2011年第2期

《离骚》创作时地辨正　魏鸿雁　中州学刊　2011年第2期

《从军行》创作探源　刘珠丽　齐齐哈尔大学学报　2011年第3期

2008—2009年屈原及楚辞研究综述　方铭、牟颖、余霞　云梦学刊　2011年第3期

近三十年屈原及楚辞研究综述　方铭　中国文化研究　2011年第4期

《九歌》、《九章》校证(十七则)　王伟　贵州大学学报　2010年第5期

《惜诵》《涉江》的窜简问题再议　赵逵夫　文学遗产　2011年第6期;《中国楚辞学》第18辑　北京:学苑出版社　2011年12月

《九歌》与戏曲起源考辨　张洋　沈阳师范大学学报　2011年第6期

先秦卜居习俗对《离骚》构思的影响 韩高年 齐鲁学刊 2011年第6期

《离骚》抒情主人公求女综考 李炳海 江西社会科学 2011年第8期

《卜居》写作背景考辨——兼论屈原之初放与“待放” 杜觐位 名作欣赏 2011年第23期

屈原《涉江》中的“辰阳”、“溆浦”考 陈士谔 武陵学刊 2012年第1期

屈原自沉说之缘起与质疑及其可能终于疾病考 王伟 广西师范大学学报 2012年第1期

屈原封号考论 龚红林 湖北大学学报 2012年第1期

屈原的生年 肖燕 文史杂志 2012年第3期

屈原任过的“左徒” 娇厉 文史杂志 2012年第3期

屈原何以为生在庚寅日而自得 谢芳琳 文史杂志 2012年第3期

汉代拟骚诗在屈原生平研究方面的文献价值 王浩 宁夏师范学院学报 2012年第4期

屈原流放陵阳考 钱征 池州学院学报 2012年第5期;《中国楚辞学》第19辑 北京:学苑出版社 2013年8月;云梦学刊 2013年第1期(题目为:屈原流放陵阳的考证)

《离骚》本草说故里——关于屈原出生地的另类臆断 刘晓林 云梦学刊 2012年第5期

“东皇太一”再探 张宁 衡水学院学报 2012年第6期

屈原《九歌·东皇太一》祀主考辨 吴广平 湖北大学学报

2012年第6期

屈原之作《九歌》思辨　刘皓琳　重庆三峡学院学报　2012年第6期

屈原生辰的推断及其吉祥之说的成因　李炳海　社会科学战线　2012年第10期

屈原不生秭归及三峡遗迹传说考辨　张世春　《中国楚辞学》第20辑　北京:学苑出版社　2013年8月

《离骚》应该是创作于溆浦完成于汨罗　张昌竹　《中国楚辞学》第20辑　北京:学苑出版社　2013年8月

《涉江》中"辰阳""溆浦"地望再考辨　傅利民　《中国楚辞学》第20辑　北京:学苑出版社　2013年8月

屈原生卒年考证　麻荣远　岳阳职业技术学院学报　2013年第1期

屈原家世新探　钱征　职大学报　2013年第2期

屈原生辰研究综述　郭晓春　辽东学院学报　2013年第2期

"屈原赋二十五篇"考述　李程　三峡大学学报　2013年第2期

屈原流放陵阳考　钱征　江苏教育学院学报　2013年第2期

《离骚》"辟芷"考　刘水清　长江学术　2013年第4期

屈原自沉考论　赵雨　求索　2013年第5期

谈《九章》的写作时、地　李延陵　职大学报　2013年第6期

《离骚》"故宇""故都""旧乡"辨析——以姜亮夫先生说法为依据　朱瑜章　《庆祝赵逵夫教授七十华诞文集》　兰州:甘肃民族出版社　2014年10月

屈原《九歌·东皇太一》祀主研究述评　吴广平　职大学报　2014年第1期;《中国楚辞学》第22辑　北京:学苑出版社　2015年11月

“西峡屈原故乡说”质疑　张中一　岳阳职业技术学院学报　2014年第2期

屈原放“陵阳”“汉北”说再认识　陈锦剑　常州大学学报　2014年第2期

驳“屈原故里西峡”说　谭家斌　三峡论坛　2014年第2期

从秭归与屈原的种种联系看屈原的出生地　秦晓梅　三峡论坛　2014年第2期

由“摄提”“孟陬”“庚寅”反映出的屈原生辰研究综述　张鹤　大众文艺　2014年第3期

《离骚》隐赋“历数”考论——兼论《离骚》作者为刘安　尹荣方　云梦学刊　2014年第3期

论“卜居”诗主题的演变及其意义　金业焱　南京师范大学文学院学报　2014年第4期

屈原流放汉北考　周秉高　职大学报　2014年第4期

《离骚》当作于顷襄王八九年间　潘啸龙　职大学报　2014年第5期

《离骚》不可能作于顷襄王时代　周秉高　职大学报　2014年第5期

《九歌·东皇太一》篇题解　张鹤　衡水学院学报　2014年第5期

《离骚》“求女”喻意研究述评　杨兴涓　湖北科技学院学报

2014 年第 7 期

怎样看待屈原赋与中原文化和楚文化的关系 聂石樵 《聂石樵文集 第 11 卷 古代诗文论集》 北京:中华书局 2015 年 9 月

漫谈《九歌》 聂石樵 《聂石樵文集 第 11 卷 古代诗文论集》 北京:中华书局 2015 年 9 月

情系君王 靡丽闳衍——屈原及其《招魂》 聂石樵 《聂石樵文集 第 11 卷 古代诗文论集》 北京:中华书局 2015 年 9 月

屈原赋的历史地位 聂石樵 《聂石樵文集 第 11 卷 古代诗文论集》 北京:中华书局 2015 年 9 月

关于《离骚》的创作年代问题 潘啸龙 《中国楚辞学》第 21 辑 北京:学苑出版社 2015 年 11 月

《涉江》创作时地与路线问题 谢君 《中国楚辞学》第 21 辑 北京:学苑出版社 2015 年 11 月

屈原被放流汉北的时地与作品 钱玉趾 《中国楚辞学》第 21 辑 北京:学苑出版社 2015 年 11 月

近二十年来新出现的屈原资料真伪及其学术价值 黄震云 《中国楚辞学》第 22 辑 北京:学苑出版社 2015 年 11 月

屈原出生于河南西峡说初探 张俊伟 《中国楚辞学》第 22 辑 北京:学苑出版社 2015 年 11 月

《离骚》"抚壮"考辨 雷欣翰 江汉论坛 2015 年第 3 期

屈原放逐考 周秉高 职大学报 2015 年第 4 期

屈原,作为儒学传播与影响的重要个案 常森 文学遗产 2015 年第 5 期

《卜居》、《渔父》作者探析——以宋玉骚赋考察为主　马军峰　铜仁学院学报　2015年第5期

《离骚》"江离"释义平议　卢蓓、周掌胜　牡丹江大学学报　2015年第5期

屈原不离楚原因新考　潘伟利、孙雅琦　怀化学院学报　2015年第6期

《离骚》中"彭咸"略考　陈翔　文化学刊　2015年第6期

《卜居》《渔父》作者探析——以问答之体的考察为主　马军峰、马丹丹　现代语文(学术综合版)　2015年第8期

《招魂》,屈原而非宋玉营构的奇诡世界　常森　《宋玉及其辞赋研究:第二届宋玉国际学术研讨会论文集》　北京:学苑出版社　2016年2月

屈原年谱资料长编　杨义　《屈子楚辞还原》　北京:中国社会科学出版社　2016年7月

谈屈原《涉江》的几个问题　柯金虎　《中国楚辞学》第23辑　北京:学苑出版社　2016年11月

屈原在汨罗考——兼评凌智民先生屈原投江湖北郧阳论　刘石林　《中国楚辞学》第23辑　北京:学苑出版社　2016年11月

屈原任职宗老考　许富宏　《中国楚辞学》第23辑　北京:学苑出版社　2016年11月

试论《哀郢》《涉江》所反映的屈原行踪　熊人宽　《中国楚辞学》第23辑　北京:学苑出版社　2016年11月

屈原投汨罗辩——再评凌智民先生屈原投江湖北郧阳论　刘石林　职大学报　2016年第1期

2013年屈原及楚辞研究综述　方铭、刘剑　云梦学刊　2016年第1期

屈原作品篇年第研究　周秉高　职大学报　2016年第1期

《离骚》校证(二十二则)　王伟　贵州大学学报　2016年第3期

道骞《楚辞音》对《文选》版本的校勘价值——以《离骚》经及王逸注为例　马燕鑫　古籍整理研究学刊　2016年第4期

《九歌》、《九辩》校证(二十九则)　王伟　湖北理工学院学报　2016年第4期

《九歌·山鬼》中"山鬼"之新考　田培培、施仲贞　四川民族学院学报　2016年第5期

《文选》序类不录《离骚经序》原因初探　林冉　赤峰学院学报　2016年第8期

瑶台考　刘毓庆　《诗骚论稿》　北京:商务印书馆　2017年8月

"天门"与《九歌》二司命的生死交融　罗家湘　《"文选学"论文集粹》　北京:中华书局　2017年12月

论《离骚》作于楚怀王十六年秋　周秉高　职大学报　2017年第1期

屈原赋《九歌·云中君》辨析　从药汀　河北师范大学学报　2017年第2期

从传播角度看《远游》、《卜居》、《渔父》的作者问题　陈雨东　湖北师范大学学报　2017年第3期

《离骚》中"宓妃"真实身份考辨综述　张文锦　名作欣赏

2017 年第 3 期

屈原世系考　周建忠　江苏师范大学学报　2017 年第 3 期

屈原“放逐”与“流放”考辨　王强　许昌学院学报　2017 年第 3 期

2014 年屈原及楚辞研究综述　方铭、舒鹏　云梦学刊　2017 年第 5 期

屈原生年、卒年与享年新考　郑志强　中原文化研究　2017 年第 6 期

再论屈原的生辰和生地　王峰　江汉论坛　2017 年第 8 期

屈原投江地的争论与考证　何林福　云梦学刊　2018 年第 1 期

《九辩》乃“宋玉代屈原设言之作”辨——从《楚辞》成书之体例出发兼论“整体观照”之重要　周春艳　贵州大学学报　2018 年第 2 期

屈原“左徒”官职考　韩少春　理论月刊　2018 年第 2 期

石川三佐男《九歌》研究评述　郭素英　南京工程学院学报　2018 年第 3 期

《招魂》的作者及招魂对象研究评议　王梦　辽宁教育行政学院学报　2018 年第 3 期

楚辞少司命神职身份考　杨雪莹　黄冈师范学院学报　2018 年第 4 期

屈原“三闾大夫”考　韩少春　华中学术　2018 年第 4 期

《九歌》“司命”考　周志颖　天中学刊　2018 年第 4 期

屈原作品篇目及真伪探究的疏理与思考　龚红林　云梦学刊

2018 年第 4 期

屈原两次湖南行的地理考辨　舒大清　湖北师范大学学报 2018 年第 5 期

刘　安

《文选》收录篇目：

《招隐士》

著作

淮南王书　胡适　上海：新月书店　1931 年 12 月；台北：商务印书馆　1962 年 9 月；长沙：岳麓书社　2011 年 12 月

刘安评传　陈广忠　南宁：广西教育出版社　1996 年 8 月；北京：中国文史出版社　2017 年 8 月

刘安评传　王云度　南京：南京大学出版社　1997 年 5 月；2007 年 7 月；2011 年 4 月

论文

淮南王安及其作品——楚辞探故之三　朱东润　光明日报 1951 年 4 月 28 日

论淮南王刘安之死　雍国泰　历史知识　1980 年第 1 期

淮南王刘安生于何年　吴方桐　齐鲁学刊　1980 年第 1 期

《淮南子》的倾向性和淮南王之死　陈广忠　江淮论坛　1981 年第 1 期

《离骚》决不是刘安的作品——再评何天行《〈楚辞〉作于汉代考》　汤炳正　求索　1984 年第 3 期；《中日学者屈原问题论争

集》　济南:山东教育出版社　1990年7月

谁是"刘安作《离骚》"论的始作俑者?——评许笃仁的《〈楚辞〉识疑》　黄中模　中州学刊　1984年第4期

论《楚辞》与刘安、《淮南子》之关系　陈广忠　甘肃社会科学　1984年第4期

宋玉作《招隐士》考辨　龚维英　江汉论坛　1986年第3期

淮南王刘安对学术文化事业的贡献　陈化新　社会科学研究　1989年第5期

刘安君臣的《招隐士》与《屏风赋》　龚克昌　《汉赋研究》　济南:山东文艺出版社　1990年5月

刘安释《离骚》"有娀佚女"　大明　四川师范大学学报　1993年第3期

刘安生平事迹辨析　王云度　扬州师院学报　1995年第3期

论《招隐士》为招刘安生魂之作　张德育　北方论丛　1995年第4期

刘安评屈骚辨——兼对《史记》引刘安语的认识　孙克强　信阳师范学院学报　1997年第1期

《宋玉作〈招隐士〉考辨》驳议——兼说《文心雕龙·辨骚》　力之　江汉论坛　1997年第8期

论《楚辞》、刘安与《淮南子》　陈广忠　中国文化研究　2000年第4期

学古出新　传扬楚骚——《招隐士》解读和审美　殷光熹　楚雄师范学院学报　2004年第5期

刘安及宾客著述考略　漆子扬　古籍整理研究学刊　2006年

第1期

《九歌》为刘安及其门客所撰考　周远斌　云梦学刊　2006年第5期

淮南王作《离骚传》考　张继海　古籍整理研究学刊　2006年第6期

关于《〈楚辞〉·招隐士》的几个问题　龚俅　苏州科技学院学报　2007年第1期

刘安登仙传说的成立与传播　有马卓也　中国研究集刊(46)　2008年

今本《楚辞》与刘安的关系及版本源流新探　漆子扬　青海师范大学学报　2008年第1期

《招隐士》作者诸说述评　曹亮　九江学院学报　2008年第2期;《中国楚辞学》第15辑　北京:学苑出版社　2011年1月

王逸《招隐士小序》各本辨误　王德华　古籍整理研究学刊　2009年第2期

刘安、王褒生卒年考　姜书阁　《文史说林百一集正续编》上　杭州:浙江大学出版社　2010年4月

《离骚》隐赋"历数"考论——兼论《离骚》作者为刘安　尹荣方　云梦学刊　2014年第3期

枚乘(枚叔)

《文选》收录篇目:

《七发》八首、《奏书谏吴王濞》《重谏举兵》

论文

八代文讲义·选学丛录(存《文选·七发》残本一篇)　向宗

鲁 《向宗鲁先生纪念文集》 成都:巴蜀书社 2015年12月(1931年—1935年在重庆大学任教时的讲义,故放至此)

枚乘《七发》志疑 叶华 龙门杂志 1947年第1卷第5期;《文选学研究》 北京:国家图书馆出版社 2010年11月

枚乘《谏吴王书》非出后人假托辨 施之勉 大陆杂志 1952年

《七发》 余冠英 光明日报 1959年11月28日

枚乘《七发》李善注订补 吴小如 《文史》第2辑 北京:中华书局 1963年4月;《读书丛札》 北京:北京大学出版社 1987年8月

司马相如《子虚》《上林》赋与枚乘《七发》的关系 何沛雄 人生 1968年4月第32卷第12期;文史哲 1988年第1期(题目为:《子虚》《上林》与《七发》的关系。下同);《汉魏六朝赋论集》 台北:联经出版事业公司 1990年4月;《中国古代文学:作家·作品·文学现象》 北京:商务印书馆 2012年5月

激发皇子:枚乘《七发》 康达维 德国《华裔学志》 1971年

读枚乘《七发》想到的 韩志军 吉林日报 1975年9月17日

读枚乘《七发》有感 步瞻 四川大学学报 1975年第2期

《上书谏吴王》《上书重谏吴王》 旭禾 四川大学学报 1975年第2期

枚乘《七发》读后 蒋照义 学习与批判 1976年第3期

宫廷文人的登场——论枚乘 兴膳宏 文学 1977年第45期11号;彭恩华译 《六朝文学论稿》 长沙:岳麓书社 1986年

6月

全汉文卷二〇　钱锺书　《管锥编》第三册　北京:中华书局　1979年8月

论“枚乘诗”　郑文　《中华文史论丛》第3辑　总第11辑　上海:上海古籍出版社　1979年9月;《汉诗研究》　西北师范学院中文系　1981年1月;兰州:甘肃民族出版社　1994年12月

试论《七发》与荀卿赋及纵横家的关系　毕庶春　四川师院学报　1982年第1期;《知不足丛稿》　成都:巴蜀书社　2006年1月

关于《七发》的修辞——及其节奏与典故(七发の修辞について——そのリズムと典故)　藤原尚　小尾博士古稀记念中国学论集　东京:汲古书院　1983年

枚乘(评传)　费振刚　《中国历代著名文学家评传》第一卷　济南:山东教育出版社　1983年5月

枚乘故里考略　骆培芳　淮阴师专学报　1983年第4期

散赋作家枚乘(《汉赋研究》之一)　龚克昌　文史哲　1984年第1期

评《七发》及其他　丁身玮　韩山师专学报　1986年第1期

《七发》三问　徐宗文　徐州师范大学学报　1986年第3期

关于枚乘《七发》主旨的商榷　王增文　商丘师专学报　1988年第1期

《七发》与形式美　徐宗文　文史知识　1988年第10期

《七发》考　金星坤　中国文学　1988年第16辑

枚乘、枚皋父子小传　文心　长沙水电师院学报　1989年第3期

论《七发》非为戒膏粱子弟而发　曹大中　求索　1989 年第 6 期

试论枚乘的《七发》　毕万忱　文史哲　1990 年第 5 期

枚乘之《七发》研究　白乘锡　中国语文学　1990 年第 18 辑

建立汉赋散化体制的枚乘赋风　阮忠　淮阴师专学报　1991 年第 2 期

《七发》体的滥觞与汉赋的渊源　赵逵夫　西北民族大学学报　1992 年第 2 期

对《七发》"观涛"一节几个注释的商榷　元木　河北师范大学学报　1992 年第 2 期

哲理性的主题与夸张的表现——枚乘《七发》简论　李慰祖　韶关大学学报　1993 年第 3 期

枚乘《七发》主旨新论　王增文　淮阴师专学报　1994 年第 4 期;《文史探微》　北京:新华出版社　2013 年 12 月

论枚乘《七发》的命意、师承及对后世的影响　徐明　天府新论　1997 年第 3 期

再谈《七发》"的"字　饶宗颐　音乐艺术(上海音乐学院学报)　1998 年第 4 期

《七发》与枚乘生平新探　赵逵夫　《辞赋文学论集》　南京:江苏教育出版社　1999 年 12 月;西北师大学报　1999 年第 1 期

枚乘《七发》与"七辞"文体的运用　王连儒　中国典籍与文化　2000 年第 4 期

论《七发》结构模式之渊源及其演变　路成文　文史知识　2000 年第 9 期

论枚乘的《七发》　孙彦波、赵舒云　黑龙江教育学院学报　2001年第2期

《七发》——音乐赋的滥觞　余江　青海社会科学　2001年第3期

论七体的形成和演进　宋志民　湖南大学学报　2002年第5期

枚乘作《笙赋》说质疑　程章灿、张巍　古典文献研究　2004年

从《七发》到《天子游猎赋》——脱离上古文学传统　确立汉赋表现世界　谷口洋　四川师范大学学报　2005年第5期;《司马相如与巴蜀文化研究论集》　成都:四川人民出版社　2007年10月

《七发》对汉大赋体制的开创性及其语言形式　熊伟业　《知不足丛稿》　成都:巴蜀书社　2006年1月

枚乘《七发》主题再探　束莉　南京师范大学文学院学报　2006年第3期

"龙门之桐"考——枚乘《七发》之音乐描写部分之出典("龙门の桐"について——枚乘《七发》音乐描写部分が依据したもの)　上原尉畅　东北大学中国语学文学论集(12)　2007年

汉初游士最后的精神期待——浅谈枚乘《七发》的"讽""劝"问题　杨德贵　名作欣赏　2007年第9期

"淫濯"释义　李若晖　《〈文选〉学与楚文化——纪念李善逝世1317周年国际学术研讨会》　武汉:武汉出版社　2008年8月

从藩国文学角度看枚乘《七发》　田媛　吉林广播电视大学学报　2008年第4期

《七发》构思及其主旨探源　易小平　广西民族大学学报　2009年

从“七”的生命蕴涵看《七发》的主题及以“七”命篇的原因　张宜斌　昆明学院学报　2009年第2期

试论枚乘《七发》的文化渊源　黄金明　漳州师范学院学报　2009年第3期

论《七发》的主旨与写作时间　王涛　西安石油大学学报　2009年第4期

再谈《七发》及唐前“七体”赋作的主旨　李宏伟、管宗昌　西南大学学报　2011年第4期

交聘之礼与《七发》的章法及承传　蒋晓光　中国韵文学刊　2012年第1期

枚乘卒年与枚皋生年新考　刘向斌　辽东学院学报　2013年第4期;《中国赋学》第3辑　济南:齐鲁书社　2016年7月

枚乘的创作、思想与行迹论略——以对其作品语源的考察为中心　赵建成　齐鲁学刊　2017年第2期

《七发》作年和“楚太子”新考　曾祥旭　淮阴师范学院学报　2017年第3期

邹、枚谏吴王书文本生成考辨　胡旭、刘美惠　扬州文化研究论丛　2018年第2期

枚乘作《笙赋》说辨疑与先秦两汉文本的传播　罗超华　北京社会科学　2018年第3期

论赋的起源和赋文体的成立　傅刚　北京大学学报　2018年第5期

枚乘《七发》“犓牛”释义　丁汀　文教资料　2018年第19期

刘彻(汉武帝)

《文选》收录篇目:

《诏》《贤良诏》《秋风辞》

著作

论汉武帝　张维华　上海:上海人民出版社　1957年11月

汉武帝之用儒及汉儒之说诗　刘光义　台北:台湾“商务印书馆”　1969年3月;1975年9月

汉武帝传　吉川幸次郎著,丘引译　台北:国际文化事业有限公司　1987年4月

汉武帝——雄才大略的封建帝王　福岛吉彦著,韩升译　西安:三秦出版社　1988年6月

汉武帝评传　庄春波　南京:南京大学出版社　2001年12月;2006年1月;2011年4月

汉武帝大传　安作璋、刘德增　北京:中华书局　2005年7月

抑郁与超越:司马迁与汉武帝时代　逯耀东　台北:东大　2007年5月;北京:生活·读书·新知三联书店　2008年12月

汉武帝与西汉文学　龙文玲　北京:社会科学文献出版社　2007年9月

雄·汉武帝评传及年谱　何新　北京:中国民主法制出版社　2008年8月

汉武帝评传　罗义俊　上海:学林出版社　2008年8月

汉武帝 许结 南京:南京大学出版社 2008 年 10 月;2009 年 3 月

论文

汉武帝大事年表 胡哲敷 《汉武帝》 上海:中华书局 1935 年 6 月

汉武帝年表 朱焕尧 《汉武帝》 重庆:胜利出版社 1945 年 2 月

《秋风辞》考(1)(2)(3)(4)(5) 浅野通友 国学院大学汉文学会会报 1972—1978 年

论汉武帝刘彻 凯文 武汉大学学报 1974 年第 3 期

刘邦和《大风歌》 孙达人等 陕西教育 1978 年第 3 期

论所谓汉武的《秋风辞》 郑文 《汉诗研究》 西北师范学院中文系 1981 年 1 月;兰州:甘肃民族出版社 1994 年 12 月

关于汉武帝《秋风辞》 王志华 山西大学学报 1981 年第 3 期

(汉武帝)生平大事年表 刘修明 《雄才大略的汉武帝》 上海:上海人民出版社 1984 年 11 月

试论汉武帝的文采 冯一下 山西师范大学学报 1986 年第 3 期

汉武帝年表 吉川幸次郎著,丘引译 《汉武帝传》 台北:国际文化事业有限公司 1987 年 4 月

汉武帝年谱 林剑鸣 《雄才大略的汉武帝》 西安:陕西人民出版社 1987 年 12 月

汉武帝年谱　福岛吉彦著,韩升译　《汉武帝——雄才大略的封建帝王》　西安:三秦出版社　1988年6月

汉武帝在中国文学史上的地位　龚克昌　山东大学学报　1989年第2期

《大风歌》与《秋风辞》　赵伯陶　古典文学知识　1992年第11期

武帝之死　西嶋定生　《日本学者研究中国史论著选译　第3卷　上古秦汉》　北京:中华书局　1993年11月

皇帝与文学:汉武帝　康达维　《中国古代君权与文化变迁》　美国:西雅图华盛顿大学出版社　1994年;苏瑞隆译　《汉代宫廷文学与文化之探微:康达维自选集》　上海:上海译文出版社　2013年9月

汉武帝的辞赋　康达维　《第三届国际辞赋学术讨论会论文集》　台北:政治大学文学院　1996年

美人迟暮怅秋风——解读汉武帝《秋风辞》　张峰屹　古典文学知识　1997年第3期

关于汉武帝立乐府　王运熙　镇江师专学报　1998年第2期

刘彻年谱　庄春波　《汉武帝评传》　南京:南京大学出版社　2001年12月

汉武帝大事年表　安作璋、刘德增　《汉武帝大传》　北京:中华书局　2005年7月

汉武帝《秋风辞》研究　陈振民　山西社会主义学院学报　2005年第2期

汉武帝对西汉小说影响考论　龙文玲　石家庄学院学报

2007年第1期;《西汉文学文献辨思录》　南宁:广西人民出版社　2018年7月

汉武帝立乐府时间考　龙文玲　学术论坛　2007年第3期;《西汉文学文献辨思录》　南宁:广西人民出版社　2018年7月

汉武帝年表　罗义俊　《汉武帝评传》　上海:学林出版社　2008年8月

论汉武帝求贤诏的风范　李乃龙　广西师范大学学报　2009年第3期

汉武帝始立乐府　杨明　《欣然斋笔记》　上海:东方出版中心　2010年5月

汉武帝与汉赋及汉代文学的勃兴　康达维著,苏瑞隆译　湖北大学学报　2011年第1期;东京文学　2014年第1期

汉武雄才　因时设教——《文选》汉武帝两篇诏书解读　王德华　古典文学知识　2012年第3期

《秋风辞》与汉武帝天汉年间的精神世界　柏俊才　乐府学　2013年

《秋风辞》或是文臣对汉武帝原创的追记　王福利　中国社会科学报　2014年7月18日

从汉武帝诏令看《文选》的"文同训典"　秦潇　《现代学术视野下的〈文选〉研究》　北京:中国社会科学出版社　2016年7月

潘勖(潘元茂)

《文选》收录篇目:

《魏王九锡文》

论文

潘勖《九锡》与刘勰崇儒　周勋初　社会科学战线　1989 年第 1 期;《魏晋南北朝文学论丛》　南京:江苏古籍出版社　1999 年 11 月

潘勖《策魏公九锡文》　曹道衡、沈玉成　《中古文学史料丛考》　北京:中华书局　2003 年 7 月

思摹经典　垂范后世——潘勖《册魏公九锡文》解读　王德华　古典文学知识　2013 年第 1 期

从"潘勖锡魏"与"相如赋仙"看"风骨"　张宇　古典文学知识　2003 年第 2 期

《文选》"册"体选《册魏公九锡文》略说　钟涛　中国文学研究　2015 年第 4 期;《〈文选〉与汉唐文化:第十一届〈文选〉学国际学术研讨会论文集》　北京:中华书局　2018 年 8 月

读《册魏公九锡文》札记　刘泰廷　殷都学刊　2016 年第 4 期

傅亮(傅季友)

《文选》收录篇目:

《为宋公修张良庙教》《修楚元王庙教》《为宋公至洛阳谒五陵表》《为宋公求加赠刘前军表》

论文

诏令的文学性——以傅亮为例[诏令の文学性——傅亮の场合(二)]　西纪昭　《小尾博士退休记念中国文学论集》　东京:第一学习社　1976 年

傅玄、傅咸、傅亮籍贯考辨　王茂福　《文史》第 52 辑　北京：中华书局　2000 年 10 月

傅季友事迹诗文系年　胡耀震　《〈文选〉与“文选学”：第五届文选学国际学术研讨会论文集》　北京：学苑出版社　2003 年 5 月

傅亮入仕年及两值西省　曹道衡、沈玉成　《中古文学史料丛考》　北京：中华书局　2003 年 7 月

傅亮兄弟为郗超所赏　曹道衡、沈玉成　《中古文学史料丛考》　北京：中华书局　2003 年 7 月

傅亮散文论略　衣峻红、刘涛　山东教育学院学报　2006 年第 4 期

北地傅氏与傅亮　张亚军　南阳师范学院学报　2006 年第 8 期

试论傅亮的散文　刘涛　伊犁师范学院学报　2008 年第 1 期

傅亮行年及著述考　孙耀庆　广西职业技术学院学报　2018 年第 5 期

王融（王元长）

《文选》收录篇目：

《永明九年策秀才文》五首、《永明十一年策秀才文》五首、《三月三日曲水诗序》

著作

王融与永明文学时代：南朝贵族及贵族文学的个案研究　林晓光　上海：上海古籍出版社　2014 年 8 月

论文

关于王融的《策秀才文》(王融の策秀才文について)　藤井守　《小尾博士退休记念中国文学论集》　东京:第一学习社　1976年

六朝文人传——王融(《南齐书》)　藤井守　中国中世文学研究(14)　1980年

王融论　鸟羽田重直　和洋国文研究(18)　1982年12月

关于王融的《三月三日曲水诗序》(王融の《三月三日曲水诗序》について)　森野繁夫　《小尾博士古稀记念中国学论集》　东京:汲古书院　1983年10月

王融年谱　陈庆元　《中古文学论稿》　天津:天津人民出版社　1992年2月;《六朝作家年谱辑要》　哈尔滨:黑龙江教育出版社　1999年1月

论王融　陈庆元　《中古文学论稿》　天津:天津人民出版社　1992年2月

读《南齐书》王融传——论南朝时期的琅琊王氏　何德章　《魏晋南北朝隋唐史资料》第13辑　武汉:武汉大学出版社　1994年12月

王融思想及诗文特色浅探　闻瑞东、祁丽岩　广东职业技术师范学院学报　2001年第2期

王融称字　曹道衡、沈玉成　《中古文学史料丛考》　北京:中华书局　2003年7月

王融之死与萧子良　曹道衡、沈玉成　《中古文学史料丛考》

北京:中华书局　2003 年 7 月

试论王融与“永明体”创立之关系　赵静　山东师范大学学报　2010 年第 1 期

论南齐诗人王融骈文的撰作风貌　刘涛　山东理工大学学报　2011 年第 2 期

金缕玉衣式的文学:王融《三月三日曲水诗序》　林晓光、陈引驰　华东师范大学学报　2011 年第 2 期

《诗品》“贵公子孙”解——兼论王融在永明体运动中的定位　林晓光　文学遗产　2011 年第 5 期

《诗品》“贵公子孙”疏证——兼论王融对永明声律论的贡献　柏俊才　中北大学学报　2012 年第 6 期

故籍中王融、谢朓、沈约的造型　朱晓海　《国学研究》第 36 卷　北京:北京大学出版社　2016 年 1 月

《文选》收《三月三日曲水诗序》初探　周媛颖　西江文艺　2016 年第 22 期

孔融(孔文举)

《文选》收录篇目:

《荐祢衡表》《论盛孝章书》

著作

孔北海集评注　孙至诚　上海:商务印书馆　1935 年 5 月

孔融陈琳合集校注　杜志勇　石家庄:河北教育出版社　2013 年 6 月

论文

孔北海年谱　缪荃孙　民国南陵徐氏刻《烟画东堂四谱》本；《北京图书馆藏珍本年谱丛刊》第7册　北京：北京图书馆出版社　1999年

孔北海年谱　孙至诚　《孔北海集评注》　上海：商务印书馆　1935年5月

建安（孔融）诗谱初稿　陆侃如　语言文学专刊　1940年第2卷第1期

孔融评传　许龄　香港大学中文学会会刊　1956年

孔融孔子二十世孙　施之勉　大陆杂志　1966年第33卷第6期

全后汉文卷八三　钱锺书　《管锥编》第三册　北京：中华书局　1979年8月

论孔融　宋景昌　阜阳师范学院学报　1982年第4期；《建安文学研究文集》　合肥：黄山书社　1984年11月

孔融为什么被杀　徐公持　《学林漫录》七集　北京：中华书局　1983年3月

孔融与祢衡（孔融と祢衡）　串田久治　爱媛大法文学部论集　1984年

孔融管窥　张晋　绥化师专学报　1984年第2期

简论孔融的为人及其创作　吴云　苏州教育学院院刊　1986年第3期

孔融的思想、性格和文风　张亚新　贵州大学学报　1987年

第2期

论孔融文气　何人斯　中国文学研究　1987年第2期

孔融论　吴云　《中国古典文学论丛》第7辑　北京:人民文学出版社　1989年10月

孔融(评传)　卢达　《中国历代著名文学家评传》(续编)　济南:山东教育出版社　1989年12月

孔融浅论　张普　北方论丛　1989年第2期

孔融论　顾农　齐鲁学刊　1990年第5期

谈孔融及其诗文　路广正　淄博师专学报　1994年第3期

孔融新论　张蓓蓓　《魏晋南北朝文学与思想学术研讨会论文集》第三辑　台北:文津出版社　1997年9月;《魏晋学术人物新研》　台北:大安出版社　2001年12月

试论孔融在汉魏文学创作中的影响及地位　窦玉玺　殷都学刊　1999年第1期

孔融文风论——兼论孔融能领建安文风之先的原因　熊礼汇　武汉大学学报　1999年第2期

孔融子女　曹道衡、沈玉成　《中古文学史料丛考》　北京:中华书局　2003年7月

孔融《荐祢衡表》与《论盛孝章书》　林伯谦　东吴中文学报　2006年第12期

汉末狂士孔融、祢衡的精神个性与文章风格　刘天利　中国文学研究　2008年第2期

孔融文学创作的因袭与开新　李洪亮　阜阳师范学院学报　2010年第2期

由孔融“不能持论”说看曹丕的“论”体观念　杨朝蕾　北京工业大学学报　2011年第2期

孔融父兄考:以碑刻为主要依据——兼对史志记载讹误的订正　孟凡港　福建论坛　2011年第3期

孔融生平与思想考论　林榕杰　东方论坛　2015年第6期

诸葛亮(诸葛孔明)

《文选》收录篇目:

《出师表》

著作

诸葛忠武侯年谱　古直　《层冰草堂丛书本》　中华书局排印　1929年

诸葛亮研究　成都市诸葛亮研究会　成都:巴蜀书社　1985年10月

诸葛亮评传　余明侠　南京:南京大学出版社　1996年1月;2011年4月

诸葛亮研究集成(上下册)　王瑞功　济南:齐鲁书社　1997年9月

论文

诸葛忠武年谱七种考略　梁廷灿　北京图书馆月刊　1929年第1期

诸葛忠武侯评传　王缁尘　《诸葛孔明全集》　国学整理社　1936年3月

诸葛孔明年谱　王缁尘　《诸葛孔明全集》　国学整理社　1936年3月

《出师表》脱文(千华山馆读史札记)　金毓黻　文史哲季刊　1943年1月第1卷第1期

诸葛亮的生平思想及其事业　张民权　建国青年　1946年8月第2卷第5期

论诸葛亮在历史上的地位和作用　李西成　山西师范学院学报　1958年第2期

诸葛亮评传　刘裕略　再生　1959年第3期

诸葛亮大事年表　柳春藩　《诸葛亮》　北京:中国青年出版社　1962年8月

诸葛孔明评传　李公治　陆军学术月刊　1965年2月第125期

读诸葛亮的《前出师表》　李新魁　光明日报　1974年12月13日

诸葛亮评传　唐明邦　武汉大学学报　1974年第3期

曹操诸葛亮主要活动年表　《曹操诸葛亮著作选注》　武汉:湖北人民出版社　1975年3月

诸葛亮主要活动年表　《诸葛亮小传》　郑州:河南人民出版社　1976年5月

诸葛亮年表　《诸葛亮》　昆明:云南人民出版社　1976年5月

释《出师表》里的"府中"　王明政　淮阴师专学报　1980年第1期

《出师表》中"南阳"一词注释订误与"诸葛庐"遗址刍议　韩

逊　南都学坛　1982年第3期

诸葛亮籍贯考　张崇琛　地名知识　1982年第6期

诸葛孔明的文学(诸葛孔明の文学)　山田英雄　《诸葛孔明の世界》　东京:新人物往来社　1983年

论诸葛亮散文的文学史地位　张啸虎　中州学刊　1983年第2期

"不毛"考辨　韩星明　许昌师专学报　1985年第3期

《出师表》的"不毛"是个地名　李定与　语文园地　1985年第8期

《出师表》研究中几个有争议的问题　王学东　语文导报　1987年第11期

诸葛亮年表简编　陈翔华　《诸葛亮形象史研究》　杭州:浙江古籍出版社　1990年12月

《出师表》中的"深入不毛"探迷　王文清　济南大学学报　1992年第4期

有关诸葛亮两个问题的考辨　诸葛志　浙江师大学报　1994年第2期

古代"奏章"的典范之作——《出师表》　方建斌　殷都学刊　1994年第4期

诸葛亮的《出师表》只有一个　杨柄　甘肃社会科学　1994年第5期

从蜀汉的政治格局谈前《出师表》的真实趣旨　朱维权　四川师范学院学报　1995年第1期

略谈《出师表》的思想内涵和认识价值　陈俊颜　泉州师专学

报　1995 年第 1 期

《出师表》中"深入不毛"义释辨正　王文清、李希运　临沂师专学报　1998 年第 4 期

诸葛亮《出师表》考释　蔡文锦　北京联合大学学报　2000 年第 3 期;《第八届文选学国际学术研讨会论文集》　扬州:广陵书社　2010 年 12 月

《出师表》"秋"字解　徐玉如　江海学刊　2001 年第 3 期

《出师表》的潜台词　顾农　阅读与写作　2002 年第 2 期;《文选论丛》　扬州:广陵书社　2007 年 9 月

从《出师表》解读诸葛亮　李君惠　文史杂志　2008 年第 2 期

读诸葛亮《出师表》　傅刚　文史知识　2011 年第 4 期;《汉魏六朝文学与文献论稿》　北京:商务印书馆　2016 年 3 月

诸葛亮早年心志及行迹的历史考察　王刚、刘清　史学月刊　2017 年第 11 期

《出师表》与诸葛北伐　王晓东　《文选学研究》第 1 辑　北京:中华书局　2018 年 2 月

羊祜(羊叔子)

《文选》收录篇目:

《让开府表》

论文

羊祜故里在新泰　周郢　山东科技大学学报　2000 年第 3 期

羊祜著述考　马东盈　泰安教育学院学报岱宗学刊　2000 年第 4 期

羊祜籍贯　曹道衡、沈玉成　《中古文学史料丛考》　北京:中华书局　2003 年 7 月

羊祜推荐杜预考　赫兆丰　兰台世界　2014 年第 9 期

李密(李令伯)

《文选》收录篇目:

《陈情表》

论文

全晋文卷七〇　钱锺书　《管锥编》第三册　北京:中华书局　1979 年 8 月

李密(评传)　曹道衡　《中国历代著名文学家评传》(续编)　济南:山东教育出版社　1989 年 12 月

李密生卒年可定谳　张剑　文学遗产　2001 年第 4 期

《陈情表》答问二题　顾农　中学语文教学　2002 年第 11 期;《文选论丛》　扬州:广陵书社　2007 年 9 月

李密生卒、入洛之年　曹道衡、沈玉成　《中古文学史料丛考》　北京:中华书局　2003 年 7 月

二十世纪李密研究　曾莉　陕西师范大学学报　2004 年

李密《陈情表》别解　张海明　求是学刊　2009 年第 5 期

从《陈情表》看《文选》选录宗旨的多方面性　郑懿倩　教育教学论坛　2013 年第 47 期

读李密《陈情表》小识　单周尧　岭南学报　2015 年

《陈情表》作者李密考　顾伟　中学语文教学参考　2015 年第

21期

张悛(张士然)

《文选》收录篇目：

《为吴令谢询求为诸孙置守冢人表》

庾亮(庾元规)

《文选》收录篇目：

《让中书令表》

论文

论庾亮　李济沧　中华文史论丛　2006年第3期

桓温(桓元子)

《文选》收录篇目：

《荐谯元彦表》

论文

论桓温　余世明　贵州大学学报　1987年第4期

论桓温　夏毅辉　浙江学刊　1988年第2期

桓温行年简表　林校生　宁德师专学报　1996年第1期

李　斯

《文选》收录篇目：

《上秦始皇书》

著作

李斯集辑注　张中义等　郑州:中州古籍出版社　1991年9月

论文

布衣丞相李斯评传　张金铿　中原文献　1969年第12期

论李斯　王少昔、李长青　学习与批判　1974年第8期

李斯《上书秦始皇》的李善注和司马贞索隐的问题　苏兴　东北师大学报　1981年第4期

李斯与中国文学　吉书时　历史知识　1983年第1期

李斯其人及其文学成就　李启云　桂林市教育学院学报　1988年第1期

李斯与秦代文学　王永发　东疆学刊　1988年第1期

李斯年表　张中义　《李斯集辑注》　郑州:中州古籍出版社　1991年9月

李斯臂苍鹰考　王亮　《传统中国研究集刊》(9、10合辑)　上海:上海人民出版社　2012年3月

邹　阳

《文选》收录篇目:

《上书吴王》《于狱中上书自明》

论文

以《狱中上书自明》为例——谈《上奏文》的文体(《上奏文》の文体について——邹阳の《狱中上书自明》を中心に)　福井佳

夫　日本中国学会报　1983 年

“邹阳”小识　伟华　社会科学辑刊　1983 年第 5 期

辞格丰赡　运用灵活——邹阳《狱中上梁王书》修辞肩论　徐凤　甘肃教育学院学报　1998 年第 2 期

邹阳《狱中上梁王书》的用事与文学散文的产生　刘国斌　黄石理工学院学报　2011 年第 5 期

杨修(杨德祖)

《文选》收录篇目:

《答临淄侯笺》

论文

杨修《答临淄侯笺》“体发旦之资”　童寿　大陆杂志　1952 年 8 月第 5 卷第 3 期

杨修事迹　曹道衡、沈玉成　《中古文学史料丛考》　北京:中华书局　2003 年 7 月

杨修卒年、年岁　曹道衡、沈玉成　《中古文学史料丛考》　北京:中华书局　2003 年 7 月

杨修文学三题　张应斌　贵州文史丛刊　2006 年第 3 期

繁钦(繁休伯)

《文选》收录篇目:

《与魏文帝笺》

论文

繁钦论　顾农　许昌学院学报　1991 年第 3 期

繁钦年岁　曹道衡、沈玉成　《中古文学史料丛考》　北京:中华书局　2003年7月

繁钦《与魏文帝笺》作年　曹道衡、沈玉成　《中古文学史料丛考》　北京:中华书局　2003年7月

繁钦与建安文风的嬗变　孙宝　西南交通大学学报　2006年第6期

繁钦《与魏文帝笺》的写作时间及相关问题　高华平　《古典文献研究》第12辑　南京:凤凰出版社　2009年7月

呼麦与胡笳:中古时代的喉音艺术——对繁钦《与魏文帝笺》的音乐学阐释　范子烨　中国文化　2009年第1期

《文选》中的文学批评史料(八)"文以气为主"的展示——读曹丕与繁钦的往来书信　刘跃进　文史知识　2016年第8期

陈琳(陈孔璋)

《文选》收录篇目:

《答东阿王笺》《为曹洪与魏文帝书》《为袁绍檄豫州》《檄吴将校部曲文》

著作

孔融陈琳合集校注　杜志勇　石家庄:河北教育出版社　2013年6月

论文

全后汉文卷九二　钱锺书　《管锥编》第三册　北京:中华书局　1979年8月

陈琳年岁的探索　沉思　《文史》第7辑　北京:中华书局　1979年12月

魏晋文学史料考辨(祢衡、陈琳《为袁绍檄豫州》、张载、张协、张亢三张)　沈玉成　《文史》第13辑　北京:中华书局　1982年3月

中古文学丛考·陈琳的籍贯、年岁及佚文考索　沈玉成、傅璇琮　《古代文学研究集》　北京:中国文联出版公司　1985年2月

中古文学丛考·《文选》陈琳《为袁绍檄豫州》注质疑　沈玉成、傅璇琮　《古代文学研究集》　北京:中国文联出版公司　1985年2月

论檄的文体——以陈琳的檄文二首为例(上)(下)[檄の文体について——陈琳の檄文二首を中心に——(上)(下)]　福井佳夫　汉文教室　1987年

陈琳(评传)　何满子　《中国历代著名文学家评传》(续编)　济南:山东教育出版社　1989年12月

徐干、陈琳、应玚、刘桢籍里歧说考略　王发国、何斌　西南民族学院学报　1991年第2期

试论陈琳的为人及为文　张连科　河南大学学报　1994年第2期

读《檄吴将校部曲文》　方诗铭　史林　2000年第4期

陈琳作品　曹道衡、沈玉成　《中古文学史料丛考》　北京:中华书局　2003年7月

陈琳籍贯、年岁　曹道衡、沈玉成　《中古文学史料丛考》　北京:中华书局　2003年7月

陈琳《为袁绍檄豫州》　曹道衡、沈玉成　《中古文学史料丛考》　北京：中华书局　2003 年 7 月

奉辞伐罪笔为枪　情威并重词句工——从《喻巴蜀檄》到《为袁绍檄豫州》期间檄文的发展　李今珏　辽宁科技学院学报　2008 年第 2 期

陈琳新研二题——《文选论丛》补编　顾农　《扬州文化研究论丛》第 3 辑　扬州：广陵书社　2009 年 8 月

论陈琳与阮瑀之文的异同——以《为袁绍檄豫州》和《为曹公作书与孙权》为例　陈佳　青年文学家　2010 年第 21 期

论武檄的内容元素及其理念底蕴——以《文选》陈琳檄为中心　李乃龙　长江学术　2011 年第 1 期

震雷始于曜电　出师先乎威声（上）——陈琳《为袁绍檄豫州》解读　王德华　古典文学知识　2013 年第 3 期

震雷始于曜电　出师先乎威声（下）——《文选》陈琳《檄吴将校部曲文》解读　王德华　古典文学知识　2013 年第 4 期

音义既远，清辞妙句——读陈琳《答东阿王笺》　刘跃进　文史知识　2016 年第 7 期

被误解与遮蔽的经典：《檄吴将校部曲文》的作者及其文学价值　尹玉珊　学术论坛　2018 年第 6 期

吴质（吴季重）

《文选》收录篇目：

《答魏太子笺》《在元城与魏太子笺》《答东阿王书》

论文

曹丕与吴质——曹丕评论活动的契机(曹丕と吴质——曹丕の评论活动の契机) 松元幸男 立命馆文学(358、359合刊) 1975年

全三国文卷三〇 钱锺书 《管锥编》第三册 北京:中华书局 1979年8月

吴质籍贯小考 熊清元 学术研究 1989年第2期

建安文学三考(吴质事迹稽考) 丁福林 安徽师大学报 1992年第3期

吴质生平及著作考略 易小平 齐鲁文化研究 2003年

吴质为朝歌长、元城令 曹道衡、沈玉成 《中古文学史料丛考》 北京:中华书局 2003年7月

吴质为曹丕夺嫡谋主与《世语》所记失实 曹道衡、沈玉成 《中古文学史料丛考》 北京:中华书局 2003年7月

吴质生年、岁年、籍贯 曹道衡、沈玉成 《中古文学史料丛考》 北京:中华书局 2003年7月

吴质《答魏太子笺》笺说 汪春泓 文学评论 2005年第4期

吴质与建安文学 李洪亮 河南理工大学学报 2010年第3期

曹植与吴质交恶考辨——以对曹植《与吴季重书》的解读为中心 邢培顺 山东大学学报 2010年第4期

吴质年谱简编 周青 文教资料 2010年第18期

吴质在丕植政治斗争漩涡中的双重身份 杨朝蕾 成都大学

学报　2011年第2期

吴质"不为本郡所饶"史实考　王玮　科学经济社会　2015年第2期

同盟者的文学活动——读曹丕与吴质的往还书信(上)　刘跃进　文史知识　2016年第3期

曹丕与吴质的书信往还(下)　刘跃进　文史知识　2016年第4期

文章之难,难在知音——读曹植与吴质的往还书信　刘跃进　文史知识　2016年第5期

司马迁(司马子长)(2015年—2018年)

《文选》收录篇目:

《报任少卿书》

著作

李学勤读司马迁　李学勤　香港:香港中文大学出版社　2015年

司马迁与《史记》研究年鉴2012年卷　丁德科、梁建邦、党大恩　北京:商务印书馆　2015年5月

司马迁新证　张韩荣　西安:三秦出版社　2015年8月

《史记·太史公自序》讲记:外一篇　张文江　上海:上海文艺出版社　2015年8月

袁传璋《史记》研究论丛　袁传璋　合肥:安徽师范大学出版社　2015年8月

司马迁思想研究　薛建芳、刘德奉、陈曦　北京:中国文史出版

社 2015年9月

司马迁论稿 聂石樵 北京:中华书局 2015年9月

司马迁之志:《史记》之"继《春秋》"辨析 陈文洁 上海:华东师范大学出版社 2015年9月

司马迁之人格与风格 李长之 天津:天津人民出版社 2015年10月;北京:生活·读书·新知三联书店 2016年6月

司马迁和他的《史记》 姚大力 上海:复旦大学出版社 2016年5月

司马迁与《史记》研究年鉴2013年卷 丁德科、梁建邦、党大恩 北京:商务印书馆 2016年9月

司马迁与《史记》研究年鉴2014年卷 丁德科、凌朝栋、党大恩 北京:商务印书馆 2017年5月

司马迁传 李长之 北京:新世界出版社 2017年8月

千秋史圣司马迁 张大可、王明信 北京:商务印书馆 2018年1月

千秋太史公:司马迁的史学与人类学 王子今 太原:书海出版社 2018年2月

司马迁的故事 黄永年 北京:商务印书馆 2018年11月

论文

司马迁生于武帝建元六年新证 袁传璋 《袁传璋〈史记〉研究论丛》 合肥:安徽师范大学出版社 2015年8月

从书体演变角度论《索引》《正义》的十年之差——兼为司马迁生于武帝建元六年说补正 袁传璋 《袁传璋〈史记〉研究论丛》

合肥:安徽师范大学出版社　2015年8月

太史公"二十岁前在故乡耕读说"商酌　袁传璋　《袁传璋〈史记〉研究论丛》　合肥:安徽师范大学出版社　2015年8月

王国维之司马迁"卒年与武帝相终始说"商兑　袁传璋　《袁传璋〈史记〉研究论丛》　合肥:安徽师范大学出版社　2015年8月

郭沫若之司马迁"卒于太始四年说"质疑——兼论《报任安书》的作年　袁传璋　《袁传璋〈史记〉研究论丛》　合肥:安徽师范大学出版社　2015年8月

《史记·三王世家》"太子少傅臣安行宗正事"为刘安国考　袁传璋　《袁传璋〈史记〉研究论丛》　合肥:安徽师范大学出版社　2015年8月

为卫宏之司马迁"下狱死说"辨诬补证　袁传璋　《袁传璋〈史记〉研究论丛》　合肥:安徽师范大学出版社　2015年8月

司马迁"卒于武帝之后说"斠误　袁传璋　《袁传璋〈史记〉研究论丛》　合肥:安徽师范大学出版社　2015年8月

《太史公书》何时以《史记》命名　沈有珠　《中国古代文学探微》　广州:中山大学出版社　2015年8月

《史记·报任安书》诸疑试解　沈有珠　《中国古代文学探微》　广州:中山大学出版社　2015年8月

司马迁的忧患意识及其消解　沈有珠　《中国古代文学探微》　广州:中山大学出版社　2015年8月

司马迁生平及二十南游考　王芳　文学教育(上)　2015年第2期

《报任安书》中"横挑""发愤"注释辨析　张彩莉　牡丹江师

范学院学报　2016年第3期

2015年司马迁研究综述　郝建平　渭南师范学院学报　2016年第13期

司马迁学术渊源、学派归属研究综述　何发甦　渭南师范学院学报　2016年第21期

司马迁自叙生于建元年间——兼论张守节《史记正义》不可尽信　吴名岗　渭南师范学院学报　2016年第21期

司马迁生年十年之差百年论争述评　张大可　渭南师范学院学报　2017年第1期

《报任安书》“负下未易居下流多谤议”的断句和句义　潘玉坤　中国文字研究　2017年第2期

20世纪以来日本的司马迁与《史记》研究　陈玲玲　现代传记研究　2017年第2期

司马迁文献学思想考论　张涵　郑州航空工业管理学院学报　2017年第3期

司马迁生年十年之差论争的意义　张大可　管子学刊　2017年第4期

评赵生群“司马迁生于前135年说”之新证　陈曦　渭南师范学院学报　2017年第5期

2016年司马迁研究综述　郝建平　渭南师范学院学报　2017年第9期

评袁传璋“司马迁生于前135年说”之新证　陈曦　渭南师范学院学报　2017年第9期

评“司马迁生年前135年说”后继论者的“新证”　张大可

渭南师范学院学报　2017 年第 9 期

李长之“司马迁生于公元前 135 年说”驳论　陈曦　史学月刊　2017 年第 10 期

灾异政治下的太史令命运——司马迁受宫刑原因补说　赵江红　渭南师范学院学报　2017 年第 13 期

从《太史公自序》考证司马迁生年　张韩荣　渭南师范学院学报　2017 年第 13 期

2016 年期刊司马迁与《史记》研究综述　朱正平　渭南师范学院学报　2017 年第 17 期

司马迁“野合”之说考　鲍鹏山　社会科学报　2018 年 3 月 22 日

王国维之《太史公行年考》立论基石发覆　袁传璋　渭南师范学院学报　2018 年第 1 期

身份与言说：太史公、中书令与《史记》书写——以《文选·报任少卿书》篇首异文为中心　田瑞文　上海大学学报　2018 年第 1 期

司马迁行踪路线考　马宝记、许盘清　渭南师范学院学报　2018 年第 1 期

《报任安书》“威约”解（上）　宣燕华　中华文史论丛　2018 年第 2 期

《报任安书》“威约”解（中）　宣燕华　中华文史论丛　2018 年第 2 期

《报任安书》“威约”解（下）　宣燕华　中华文史论丛　2018 年第 2 期

“司马迁生年前145年论者的考据”虚妄无征论 袁传璋 渭南师范学院学报 2018年第5期

“二十南游江淮”证明司马迁生于建元年间——兼答张大可先生《司马迁生年述评》 吴名 渭南师范学院学报 2018年第5期

司马迁出使西南的时间、路线考 马宝记 许昌学院学报 2018年第7期

谈司马迁为李陵辩护 伏俊琏 档案 2018年第8期

2017年司马迁研究综述 郝建平 渭南师范学院学报 2018年第9期

司马迁之死探微 刘洪生 渭南师范学院学报 2018年第9期

司马迁生年考 王强、卢梦雨 中州学刊 2018年第12期

《报任安书》作年为基准点不能成立——就《报任安书》作年与袁传璋先生商榷 陈曦 渭南师范学院学报 2018年第13期

杨恽(杨子幼)

《文选》收录篇目：

《报孙会宗书》

论文

论《报孙会宗书》与《报任安书》的异同 刘周堂 中国文学研究 2004年第4期

读《报任安书》与《报孙会宗书》有感 韩枫 文学教育(上)

2009年第7期

狂言遭戮　千古奇冤——《报孙会宗书》散论　王征、马遂莲　现代语文　2009年第10期

杨恽案考辨　易小平　广西社会科学　2012年第2期

朱浮(朱叔元)

《文选》收录篇目:

《为幽州牧与彭宠书》

论文

陈言纵横文近旨远——《与陈伯之书》和《为幽州牧与彭宠书》的比较阅读　王树槐　甘肃教育　2008年第11期

《文选·书》序次本先朱叔元而后孔文举辨——《文选》编次作家"失序"与"彼此失照"现象研究之三　力之　河南师范大学学报　2013年第3期

破觚散朴　辞锋甚锐——朱浮《与彭宠书》散论　王征　名作欣赏　2013年第18期

阮瑀(阮元瑜)

《文选》收录篇目:

《为曹公作书与孙权》

著作

阮瑀应玚刘桢合集校注　林家骊　石家庄:河北教育出版社　2013年6月

论文

建安文人传(2)——阮瑀传　中川熏　鸟取大学学艺学部研究报告(人文·社会科学)　1963年

阮瑀略论　王景琳　《建安文学研究文集》　合肥:黄山书社　1984年11月

阮瑀与建安文学　董志广　天津师范大学学报　1987年第3期

长于书檄的建安文人阮瑀　魏明安　文史知识　1988年第5期

阮瑀(评传)　魏明安　《中国历代著名文学家评传》(续编)　济南:山东教育出版社　1989年12月

论阮瑀　魏宏灿　许昌学院学报　1990年第1期

不群于俗的阮瑀　魏宏灿　古典文学知识　1990年第3期

阮瑀入曹操幕　曹道衡、沈玉成　《中古文学史料丛考》　北京:中华书局　2003年7月

阮瑀《为曹公作书与孙权》、《与韩遂书》　曹道衡、沈玉成　《中古文学史料丛考》　北京:中华书局　2003年7月

路粹、阮瑀年岁及从学蔡邕　曹道衡、沈玉成　《中古文学史料丛考》　北京:中华书局　2003年7月

阮瑀、应玚的文质论及创作异同　刘天栋　牡丹江教育学院学报　2009年第3期

论陈琳与阮瑀之文的异同——以《为袁绍檄豫州》和《为曹公作书与孙权》为例　陈佳　青年文学家　2010年第21期

阮瑀之死与建安十七年文学情势　葛瑞敏　许昌学院学报　2011年第3期

阮瑀徙“仓曹掾属”探微　束莉　文学遗产　2012年第2期

《为曹公作书与孙权》李善注补正　郭硕　陕西学前师范学院学报　2013年第2期

曹植与阮瑀——读《与杨德祖书》三札　孙浩宇　长春师范学院学报　2013年第9期

赵至(赵景真)

《文选》收录篇目:

《与嵇茂齐书》

论文

《与嵇茂齐书》之作者　戴明扬　《嵇康集校注·附录·吕安集》　北京:人民文学出版社　1962年7月;北京:中华书局　2014年4月;北京:中华书局　2016年10月

文选杂识——赵至《与嵇茂齐书》　森野繁夫　中国中世文学研究(14)(广岛大学)　1979年

《与嵇茂齐书》作者辨　杨承祖　《第三届魏晋南北朝文学国际学术研讨会论文集》　台北:文史哲出版社　1998年8月

《文选·与嵇茂齐书》考　丁红旗　涪陵师范学院学报　2007年第3期

《与嵇茂齐书》一文究竟为谁所写?　樊荣　《〈文选〉学与楚文化——纪念李善逝世1317周年国际学术研讨会》　武汉:武汉出版社　2008年8月;名作欣赏　2008年第4期(题目为:《与嵇茂齐

书》一文应为赵至所写)

魏晋之际文学家赵至生平考述 王书才 盐城师范学院学报 2009年第3期

关于《文选·与嵇茂齐书》的作者问题 苏晓威 《中国古典文学与文献学研究》第5辑 北京:学苑出版社 2010年11月

《与嵇茂齐书》非吕安作辨及辨之方法问题——《文选》所录骈文名篇作者考辨之二 力之 中山大学学报 2017年第6期

刘峻(刘孝标)

《文选》收录篇目:

《重答刘秣陵诏书》《辨命论》《广绝交论》

著作

刘孝标集校注 罗国威 上海:上海古籍出版社 1988年2月;2003年6月

论文

刘孝标的思想——六朝贵族社会中寒门的理想状态(刘孝标の思想——六朝貴族社会における寒門の在り方) 若槻俊秀 文艺论丛 1974年

刘孝标传 森野繁夫 小魏博士退休纪念中国文学论集 1976年

关于刘孝标的《辨命论》(刘孝标の《辨命论》について) 若槻俊秀 大谷学报 1976年

全梁文卷五七 钱锺书 《管锥编》第四册 北京:中华书局

1979年8月

“状难写之景，含不尽之意”——论刘峻的骈文　曹道衡　光明日报　1984年6月24日

刘峻《辨命论》（刘峻の辨命论）　小尾郊一　神田博士追悼中国学论集　1986年

《刘孝标集校注》前言　罗国威　乐山师专学报　1986年第1期

书《梁书·刘峻传》后　罗国威　《刘孝标集校注》　上海：上海古籍出版社　1988年2月；古籍整理与研究　1989年第4期；《古典文献研究辑刊》第25编　第8册　《昭明文选丛考》　新北：花木兰文化出版社　2017年

《文选》陆机《演连珠》刘孝标注疏证　罗国威　《刘孝标集校注》　上海：上海古籍出版社　1988年2月；《古典文献研究辑刊》第25编　第8册　《昭明文选丛考》　新北：花木兰文化出版社　2017年

读《文选》札记　曹道衡、沈玉成　《文选学论集》　长春：时代文艺出版社　1992年6月；《沈玉成文存》　北京：中华书局　2006年6月

刘孝标年谱简编　王玫、王江玉　文献　1998年第3期

从刘峻《广绝交论》看萧梁士人的交往状态　孔毅　贵州师范大学学报　1999年第1期

刘孝标生平事迹三考　王玫　文献　2000年第4期

刘孝标生卒年岁考　何日取　文献　2003年第4期

悬剑空垅，有恨如何——读刘孝标《重答刘秣陵沼书》　陈庆

元　古典文学知识　2004 年 5 期

刘孝标《广绝交论》考——游戏文学论(12)[刘孝标の《广绝交论》について——游戏文学论(12)]　福井佳夫　中京国文学　2005 年

《广绝交论》任昉事质疑　宋华礼　现代语文　2008 年第 8 期

《文选》刘孝标徐悱作品之作时辨——《关于〈文选〉中六篇作品的写作年代》异议及其他　力之　广西师范大学学报　2009 年第 3 期

《广绝交论》新探　胡旭　厦门大学学报　2010 年第 2 期

《广绝交论》作意新探——兼论梁初荆州雍州两大集团的矛盾斗争　邵春驹　南京师范大学文学院学报　2011 年第 2 期

刘孝标著述考　郭长波、郭海文　西安文理学院学报　2012 年第 2 期

刘峻《广绝交论》缘何而作辨正——兼述其与《辨命论》之呼应　江建俊　《魏晋"神超形越"的文化底蕴》　台北:新文丰出版公司　2013 年 11 月

刘孝标年谱汇考　赵建成　《中古作家年谱汇考辑要》　西安:世界图书西安出版公司　2014 年 6 月

《广绝交论》写作时间的考订及其意义　卫云亮　西南交通大学学报　2014 年第 2 期

《世说注》作者刘孝标南朝仕历考　卫云亮　贵州师范大学学报　2014 年第 2 期

从《重答刘秣陵沼书》看《梁书·文学传》之失　米臻　名作欣赏　2014 年第 29 期

刘歆(刘子骏)

《文选》收录篇目:

《移书让太常博士》

著作

刘歆评传(刘向评传附) 徐兴无 南京:南京大学出版社 2011 年 4 月

论文

刘向刘歆王莽年谱自序 钱穆 史学杂志 1930 年 3 月第 2 卷第 1 期

刘向、歆父子年谱 钱穆 燕京学报 1930 年 6 月第 7 期;《文选学研究》 北京:国家图书馆出版社 2010 年 11 月

刘歆其人其事 柏森、山岩、陈铭 图书与情报 1984 年第 3 期

刘向、刘歆著述考 邱明华、杨俊红 社会科学动态 1998 年第 11 期

西汉目录学家刘向、刘歆年谱 张永山 图书馆杂志 2002 年第 4 期

刘歆的学术倾向与西汉末的复古及革新——从《移书让太常博士》谈起 唐元 两岸四地《春秋》三传与经学文化学术研讨会 2009 年

刘歆学行考略 傅荣贤 图书馆理论与实践 2009 年第 11 期

读刘歆《移书让太常博士》——汉代经学"古文"争议缘起及

相关经学史论题探　刘巍　社会科学研究　2012 年第 4 期

刘歆谋反事件考论　赵国华　史学月刊　2016 年第 5 期

《移书让太常博士》的文学价值与经学史意义　龙文玲　上海大学学报　2017 年第 6 期;《西汉文学文献辨思录》　南宁:广西人民出版社　2018 年 7 月

孔稚圭(孔德璋)

《文选》收录篇目:

《北山移文》

论文

孔稚圭的《北山移文》　王运熙　文汇报　1961 年 7 月 29 日;《汉魏六朝唐代文学论丛》　上海:上海古籍出版社　1981 年 10 月

释"落"　吴小如　文汇报　1961 年 8 月 16 日

也释"落"　玉青　文汇报　1961 年 10 月 11 日

训诂文法与音韵——以"落"字的训释为例　李平心　文汇报　1961 年 11 月 2 日

《文选》五臣注《北山移文》本事辨正　冯承基　大陆杂志　1963 年 5 月第 26 卷第 10 期

全齐文卷一九　钱锺书　《管锥编》第四册　北京:中华书局　1979 年 8 月

《北山移文》侧议　周家驹　河北师范学院学报　1979 年第 4 期

《北山移文》与周颙及隐士　史铁良　求索　1982 年第 4 期

读孔稚圭《北山移文》　周涤　绍兴师专学报　1984年第1期

中古文学丛考·《北山移文》吕向注辨　沈玉成、傅璇琮　《古代文学研究集》　北京:中国文联出版公司　1985年2月

《北山移文》质疑　金性尧　文史知识　1988年第11期

《北山移文》不应否定　胡格非　文史知识　1989年第5期

论孔稚圭《北山移文》(孔稚珪の《北山移文》について)　福井佳夫　中京大学文学部纪要　1990年

论《北山移文》的创作背景和手法渊源　近藤泉　北京大学学报　1993年第1期

《北山移文》新证　曹道衡　古籍研究　1997年第2期;《汉魏六朝文学论文集》　桂林:广西师范大学出版社　1999年9月;《曹道衡文集》卷三　郑州:中州古籍出版社　2018年4月

论孔稚珪的隐逸观念和宗教信仰的关系——兼论《北山移文》的主旨　吴正岚　南京大学学报　2001年第6期

《北山移文》新议　谭家健　齐鲁学刊　2001年第6期

孔稚珪年谱　牟华林　宜宾学院学报　2002年第2期

孔稚珪为平西长史南郡太守时间　曹道衡、沈玉成　《中古文学史料丛考》　北京:中华书局　2003年7月

孔稚珪父子之为人　曹道衡、沈玉成　《中古文学史料丛考》　北京:中华书局　2003年7月

孔稚珪《北山移文》　曹道衡、沈玉成　《中古文学史料丛考》　北京:中华书局　2003年7月

略论《北山移文》中的“周子”及其创作方法　孙良申　厦门教育学院学报　2003年第2期

《文选·北山移文》吕向注再辨　丁红旗　兰州学刊　2009年第1期

《中国文学》本《北山移文》疑字举隅　何易展　四川文理学院学报　2009年第3期

山岳·文体·隐逸——《游天台山赋》与《北山移文》　许东海　励耘学刊(文学卷)　2010年第2期

移文流变考述——兼及《北山移文》在唐宋时期的文学接受　张振谦　清华大学学报　2017年第3期

孔稚圭文学风格及成因探析　孙源鸿　邢台学院学报　2018年第3期

孔稚圭《北山移文》研究述评　孙源鸿　辽东学院学报　2018年第3期

孔稚珪与“永明体”关系考论——从《北山移文》的创作缘起说开去　林宗毛　浙江树人大学学报　2018年第5期

钟会(钟士季)

《文选》收录篇目:

《檄蜀文》

论文

文学家的钟会　顾农　中华读书报　2010年8月4日

钟会《檄蜀》征验甚明——钟会《檄蜀文》解读　王德华　古典文学知识　2013年第6期

东方朔(东方曼倩)

《文选》收录篇目:

《答客难》《非有先生论》

著作

东方朔作品辑注　傅春明　济南:齐鲁书社　1987年8月

论文

东方朔卄篇考　王云渠　北平晨报学园　1932年4月19—21日第284—285期

滑稽人东方朔论——《答客难》中心　吹野安　汉文学会会报(国学院大学)　1976年

东方朔的三个面貌——论东方朔画赞　兴膳宏　书论　1976年第9期

从东方朔的接受展开(东方朔の受容展开)　江口孝夫　言语文艺　1977年

东方朔论　吹野安　东洋文化(无穷会)　1978年

《东方朔研究》作品注释部分之二:非有先生论　呈众　昌潍师专学报　1981年第1期

东方朔及其作品　呈众　昌潍师专学报　1981年第2期

东方朔故里考　栾文通　齐鲁学刊　1982年第2期

论东方朔及其作品　傅春明、赵耀堂　柳泉　1983年第3期

可悲的地位、可悲的人格——漫谈东方朔　费振刚　文史知

识 1986年第1期

东方朔生平大事记 傅春明 《东方朔作品辑注》 济南:齐鲁书社 1987年8月

东方朔故里考辨 王继坤、栾文通 文史哲 1990年第5期

简论东方朔及其名篇《答客难》(续完) 孙保华 滨州学院学报 1991年第1期

东方朔作品小考 徐宗文 汕头大学学报 1991年第3期

古厌次与东方朔籍里考 张发颖 东岳论丛 1994年第2期

东方朔简论 孟祥才 烟台大学学报 2003年第4期

论东方朔的"滑稽"、"朝隐"及文学创作 陈兰村、张根明 贵州社会科学 2003年第6期

东方朔故里新证 魏训田、魏立萍、韩俊文 德州学院学报 2005年第1期

东方朔作品考 李江峰 《古典文献研究》第8辑 南京:凤凰出版社 2006年1月

东方朔研究述评 李江峰 广西师范学院学报 2006年第3期

东方朔"朝隐"思想探源 胡春润 社科纵横 2006年第5期

东方朔研究综述 胡春润 名作欣赏 2006年第18期

东方朔的滑稽、朝隐及文学成就 徐善思 福建论坛 2006年增刊

东方朔年谱简表 孙东临、杨三秋 求索 2007年第4期

东方朔生卒考 胡春润 湖北广播电视大学学报 2007年第4期

俞正燮《〈文选〉自校本跋》辨证——兼论《文选》的《报任少卿书》和《答客难》与《汉书》之关系　力之　《古典文献研究》第11辑　南京:凤凰出版社　2008年4月

东方朔的《答客难》在文学史上的功创　胡春润、石观海　求索　2008年第2期

汉武帝对东方朔《答客难》影响考论　龙文玲、鲁洪生　济南大学学报　2008年第2期;《西汉文学文献辨思录》　南宁:广西人民出版社　2018年7月

过人的胆识悲寂的内心——东方朔的两种生活状态　李现红　文史知识　2008年第8期

试论东方朔作品对问对体的继承和发展　孙英娜、曹冬栋、栗华　吉林省教育学院学报　2009年第2期

《汉书·艺文志》"东方朔二十篇"考辨　孙振田　人文论丛　2015年第1期

东方朔故里小考　赵春万　中国地方志　2015年第2期

东方朔仕进小考　卜宪群　史学集刊　2016年第3期

李善注《文选·非有先生论》"谈何容易"发覆　张维珍　语文学刊　2018年第3期

卜商(卜子夏)

《文选》收录篇目:

《毛诗序》

著作

卜子夏与三晋儒学　高专诚　太原:山西人民出版社　2001年

12 月

子夏与西河文化新探　张文科　北京：中国文联出版公司　2004 年 5 月

卜子夏考论　高培华　北京：社会科学文献出版社　2012 年 9 月

《毛诗大序》接受史研究：儒学文论进程与士大夫心灵变迁　郑伟　北京：人民出版社　2015 年 4 月

论文

论《诗序》　廖平　中国学报　1913 年 2 月第 4 期

《毛诗》传序相应说　陈庆麟　国故　1919 年 5 月第 3 期

读了《诗序》后　胡侯楚　文史地杂志　1923 年 1 月第 1 卷第 1 期

读《毛诗序》　郑振铎　小说月报　1923 年 1 月第 14 卷第 1 号；《中国文学论集》　上海：开明书店　1934 年 3 月；《中国古典文学研究》　北京：作家出版社　1957 年 12 月

《毛诗序》考　吴时英　晨报副刊　1924 年 4 月

毛诗大序疏证　邵次公　南金　1927 年第 3 期

《诗序》作者考证　黄优仕　国学月报汇刊　第 1 集　1928 年 1 月

《毛诗序》之背景与旨趣　顾颉刚　中山大学语言历史研究所周刊　1930 年 2 月第 10 卷第 120 期；《古史辨》第三册　上海：开明书店　1931 年 11 月

说《诗序》　屠祥麟　国立中央大学半月刊　1930 年 6 月第 1

卷第 15 期

《诗序》非卫宏所作说　黄节　清华中国文学会月刊　1931 年 5 月第 1 卷第 2 期

论《诗序》附会史事的方法书　顾颉刚　《古史辨》第三册　上海:开明书店　1931 年 11 月

诗序　吕思勉　光华大学半月刊　1934 年 6 月第 2 卷第 1 期

朱子攻击《毛诗序》的检讨　龚书辉　厦大周刊　1934 年 12 月第 14 卷第 11—12 期

《诗序》考原　李繁阊　励学　1935 年 6 月第 1 卷第 4 期

《诗序》作者　李嘉言　北平晨报(思辨第 21 期)　1935 年 11 月 15 日

说《诗序》　苏维岳　国风半月刊　1935 年 11 月第 7 卷第 4 期

《诗序》名称及作者考略　刘铭　砥柱周刊　1935 年第 4 卷第 16 期

论《诗序》　熊化莲　中国文学集刊　1936 年 8 月第 3 期

《毛诗》序传违异考　魏佩兰　师大月刊　1936 年第 30 期

诗序作者考　李渺　国专月刊　1937 年 6 月第 5 卷第 5 期

关于《诗序》作者检讨　孝文　庸报　1938 年 12 月 28 日

《毛诗序》及毛传的形成年代(毛诗序并に毛传の成立年代)　林健一　汉学会杂志　1938—1939 年第 7 卷第 1 期

《诗序》考——谈《诗经》历代人作序之考证　小潭　晨报　1939 年 6 月 14—16 日

《诗序》《六义》“四始”及四诗之总检讨　靳极苍　新东方　1940 年第 1 卷第 5 期

《诗序》存废之商榷　涂世恩　文史季刊　1941 年第 1 卷第 3 期

论诗序之作者　慕寿祺、顾颉刚　责善半月刊　1941 年第 2 卷第 11 期

毛诗序驳议　夏敬观　学海　1944 年 7 月第 6 期

《诗序》异说著述考　查猛济　胜流　1945 年第 1 卷第 1 期

《毛诗序》——《诗经》传承上的一个考察　铃木修次　《人文论究》(函馆人文学会)(4)　1951 年 9 月

关于《毛诗序》的一些问题　张西堂　《诗经六论》　上海:商务印书馆　1957 年 9 月

毛诗序略说　张西堂　人文杂志　1957 年创刊号

三论《毛诗序》　高葆光　东海学报　1965 年第 7 卷第 1 期;《台湾学者中国文学批评论文选》　北京:人民文学出版社　1986 年 9 月

《毛诗序》再检讨　高葆光　东海学报　1967 年第 8 卷第 1 期;《台湾学者中国文学批评论文选》　北京:人民文学出版社　1986 年 9 月

《诗序》作者考辨　陈允吉　《中华文史论丛》第 13 辑　上海:上海古籍出版社　1980 年 1 月

《毛诗序》问题辨说　王锡荣　《中国古典文学研究论丛》　第一辑　长春:吉林人民出版社　1980 年 9 月

试论《毛诗大序》　陈思苓　《中国古典文学研究论丛》　第一辑　长春:吉林人民出版社　1980 年 9 月

关于《毛诗序》作者问题的商讨　王锡荣　《文史》第 10 辑

北京:中华书局 1980年10月

《毛传》和《诗序》中的几个问题 夏传才 《诗经研究史概要》 郑州:中州书画社 1982年9月

关于《毛诗序》的作者问题——与王锡荣先生商榷 朱冠华 《文史》第16辑 北京:中华书局 1982年11月

关于《毛诗序》(上) 魏炯若 四川师院学报 1982年第2期

《诗序》余论 朱冠华 《文史》第20辑 北京:中华书局 1983年9月

关于《毛诗序》(下) 魏炯若 四川师院学报 1983年第1期

《毛诗大序》论析 夏传才 山西大学学报 1983年第4期;《诗经语言艺术》 北京:语文出版社 1985年4月

"发乎情、止乎礼义"——《毛诗大序》的合理内核 顾农 福建论坛 1983年第6期

《诗序》作者考 猪口笃志 《大东文化大学创立六十周年纪念中国学论集》(大东文化学园) 1984年12月

《诗序》当出谁手 幼英 华中师院学报 1984年第1期

《毛诗序》在我国文学批评史上的地位 张佩玉 新疆大学学报 1984年第1期

《毛诗序》作者问题辨说 赵敏俐 沈阳师范学院社会科学学报 1984年第1期

《毛诗序》产生的时代及其作者考辨 袁伯诚 固原师专学报 1984年第1期

论《毛诗·大序》 刘斯翰、何天杰 广东社会科学 1984年第2期

汉儒的诗论——读《毛诗序》小札 蔡厚示 宁波师院学报 1984年第3期

关于《毛诗序》的作者评价问题答朱冠华 王锡荣 社会科学战线 1986年第2期

谈诗序论诗之得失 陈贻焮 语文园地 1986年第7期

毛诗序研究评析 赵沛霖 文学探索 1987年第1期

关于《诗序》 韩明安 《诗经研究概观》 哈尔滨:黑龙江教育出版社 1988年10月

《毛诗序》评议 李端清 昆明师专学报 1989年第2期

关于《毛诗·大序》研究的一点质疑 黄浩 松辽学刊 1989年第3期

日本和歌理论对《诗大序》的引照 王晓平 《古代文学理论研究丛刊》第16辑 上海:上海古籍出版社 1992年12月

“六义”与诗教——读《毛诗序》臆札 跃进 杭州大学学报 1993年第1期;《结网漫录·中国古代经典文学作品探幽》 北京:学苑出版社 1997年6月

《诗序》作者辨 景明、唐康 辽宁商专学报 1993年第4期

从李善文选注看《毛诗序》之作者 蒙传铭 丘海季刊 1993年第35期

李善《文选》注引《毛诗序》初探 蒙传铭 华梵学报 1994年

《毛诗·大序》析论 刘斯翰、何天杰 《1993年诗经国际学术研讨会论文集》 保定:河北大学出版社 1994年6月

试论《毛诗序》 曹道衡 文学遗产 1994年第2期;《汉魏六

朝文学论文集》　桂林:广西师范大学出版社　1999 年 9 月;《中古文学史论文集续编》　北京:中华书局　2011 年 9 月;《曹道衡文集》卷三　郑州:中州古籍出版社　2018 年 4 月

《毛诗》《传》《序》作者考　滕福海　南开学报　1994 年第 2 期

《毛诗序》补议　姜苏民　职大学刊　1994 年第 4 期

论《毛诗序》　袁长江　大同高等专科学校学报　1995 年第 2 期

再谈《毛诗序》和关于《毛诗序》的争论　夏传才　河北师院学报　1995 年第 3 期

《毛诗序》通释新解　刘忠惠　河南师范大学学报　1995 年第 6 期

关于朱熹反《毛诗序》问题的探讨　陈国平　常州技术师范学院学报　1996 年第 1 期

论《毛诗序》的形成及其作者　冯浩菲　《第三届诗经国际学术研讨会论文集》　香港:天马图书有限公司　1998 年 6 月

《毛诗序》的功利诗学观念及成因初探　踪凡　贵州社会科学　1998 年第 2 期

《毛诗序》与"美刺说"　施榆生　电大教学　1998 年第 5 期

《毛诗序》作者考辨　踪凡　中国韵文学刊　1999 年第 2 期

关于《毛诗大序》的重新解读　汪春泓　北京大学学报　1999 年第 6 期

从《鲁诗》"四始说"到《毛诗序》　陈桐生　《第四届诗经国际学术研讨会论文集》　北京:学苑出版社　2000 年 7 月

从汉四家诗说之异同看《诗序》的时代　马银琴　《文史》第51辑　北京:中华书局　2000年7月

《毛诗序》在古典诗学进程中的影响　周延良　《第四届诗经国际学术研讨会论文集》　北京:学苑出版社　2000年7月

儒家"诗教"说浅释——读《诗大序》札记　钱焕新　湖南广播电视大学学报　2000年第3期

《毛诗序》作于毛亨考　踪凡　宁夏大学学报　2000年第3期

《毛诗序》旨趣及其背景之我见　陈伟文　汕头大学学报　2000年第4期

卜子夏故里考　张继峰、王建忠　中州今古　2001年第6期

从《诗论》与《诗序》的关系看《诗论》的性质与功能　王小盾、马银琴　文艺研究　2002年

论《诗序》主体部分的完成不能早于战国中期——《论〈毛诗序〉的写作年代》之三　王承略　《第五届诗经国际学术研讨会论文集》　北京:学苑出版社　2002年7月

基于王道论的《孔子诗论》和基于妇道论的《诗经》大序(提要)　石川三佐男　《第五届诗经国际学术研讨会论文集》　北京:学苑出版社　2002年7月

《诗大序》历史地位再评价　许志刚　文学评论　2002年第1期

由古文经学的渊源再论《诗论》与《毛诗序》的关系　江林昌　齐鲁学刊　2002年第2期

论《诗序》的主体部分可能始撰于孟子学派——《论〈毛诗序〉的写作年代》之四　王承略　诗经研究丛刊　2002年第2期

上博竹简《诗论》的作者及其与今传本《毛诗序》的关系　江林昌　文学遗产　2002年第2期

从精气养生说角度对《毛诗序》的疏证　汪春泓　曲靖师范学院学报　2002年第5期

卜商简论　戴鸿义　内蒙古民族大学学报　2002年第6期

《诗大序》　宇文所安　《中国文论:英译与评论》　上海:上海社会科学院出版社　2003年1月

朱熹废《诗序》详考　檀作文　《中国诗歌研究》第2辑　北京:中华书局　2003年8月

论《毛诗序》对几首诗的解释　曹道衡　《中古文史丛稿》　保定:河北大学出版社　2003年10月;《曹道衡文集》卷二　郑州:中州古籍出版社　2018年4月

"诗言志"源流及其美学嬗变——从《尚书·尧典》到《诗大序》　王益　自贡师范高等专科学校学报　2003年第1期

20世纪《毛诗序》研究的回顾与展望　王顺贵　东疆学刊　2003年第3期

论《毛诗序》非一人一时之作　张启成　贵州文史丛刊　2003年第3期;《诗经研究史论稿新编》　贵阳:贵州人民出版社　2011年8月

关于《毛诗大序》的重新解读　汪春泓　《文史探真》　北京:昆仑出版社　2004年7月

从楚竹书《诗论》之说"好色"谈《毛诗序》的旧争议　蒋方　湖北大学学报　2004年第1期

《诗大序》主要诗论观点综述　董芬　伊犁教育学院学报

2004 年第 2 期

子夏家学与《诗大序》——子夏作《诗大序》说补证 刘毓庆、郭万金 《第六届诗经国际学术研讨会论文集》 北京:学苑出版社 2005 年 7 月;山西大学学报 2006 年第 1 期

《毛诗序》以美、刺说诗探故 梅显懋 社会科学辑刊 2005 年第 1 期

论马其昶“国史作《序》”之观点——兼论《毛诗序》的作者 徐玲英 成都教育学院学报 2005 年第 2 期

从歌谣的体制看“《风》诗”的艺术特点——兼论对《毛诗》序传解诗系统的正确认识 钱志熙 北京大学学报 2005 年第 2 期

关于《孔子诗论》与《毛诗序》关系研究的若干问题 姚小鸥、任黎明 中州学刊 2005 年第 3 期

20 世纪以来关于《毛诗序》的作者和时代问题之论争 檀作文 社会科学辑刊 2005 年第 5 期

从《汉书》称《诗》论定《毛诗序》基本完成于《史记》之前——兼答张启成先生的《商榷》 王洲明 第七届《诗经》国际学术研讨会论文集(三) 2006 年;河北师范大学学报 2007 年第 3 期;诗经研究丛刊 2008 年第 1 期

《诗》序与唐诗诗序 黄爱平 《中国学研究》第 9 辑 济南:济南出版社 2006 年 8 月

论《诗大序》“情志”说对千年词学的辐射 何尊沛 《中国文论的常与变:古代文学理论研究》第 24 辑 上海:华东师范大学出版社 2006 年 12 月

《诗大序》之“情”、“志”管窥 任丽华 河北大学成人教育学

院学报　2006年第1期

子夏里籍考　步如飞、郑晓华　管子学刊　2006年第4期

子夏生平考述　王红霞　北方论丛　2006年第4期

上博简《诗论·总论》与《诗大序》之比较　张玖青、曹建国　湖南大学学报　2006年第4期

《毛诗序》溯源　王志　古籍整理研究学刊　2006年第5期

宇文所安对《诗大序》解读的两个问题　任真　文艺理论与批评　2006年第6期

《诗大序》对黄裳诗学思想的影响　赵荣凤　文教资料　2006年第22期

“诗言志”考——以《尚书》《论语》《诗经序》为中心（“诗言志”考——《尚书》《论语》《诗经序》を中心に）　蔡江华　言叶と文化(8)　2007年

《毛诗序》诗心诗域辨　孙立尧　《古典文献研究》第10辑　南京:凤凰出版社　2007年8月

《毛诗大序》的合理内核　顾农　《文选论丛》　扬州:广陵书社　2007年9月

论《毛诗序》与《韩诗序》之异同　孔德凌　淮北煤炭师范学院学报　2007年第1期

关于《毛诗序》作期和作者的若干思考　王洲明　文学遗产　2007年第2期

《毛诗序》学术话语权的形成及影响　曹顺庆、王庆　四川大学学报　2007年第4期

略论《诗大序》的诗学理论及其影响　张德超　江苏社会科学

2008年

《郑笺》对毛诗序的笺注　李世萍　兰州学刊　2008年第2期

改革开放30年以来的《毛诗·大序》研究　任真　廊坊师范学院学报　2008年第2期

关于《毛诗序》作者的新思考——论毛奇龄对《诗序》作者的研究　薛立芳　兰州学刊　2008年第3期

论《诗大序》在先秦两汉诗论中的重要地位　卢翠琬　德州学院学报　2008年第5期

论孔颖达对《诗大序》文学价值的开掘　杨金花　社会科学论坛(学术研究卷)　2008年第7期

论《诗大序》的价值　周彬　科教文汇(上旬刊)　2008年第9期

子夏故里温邑考——兼与“卫国说”者商榷　谢耀亭　社会科学评论　2009年第2期

《毛诗序》“后妃说”发微　宁登国、赵立伟　学术论坛　2009年第3期

《毛诗序》成于贯长卿考　黄觉弘　中华文化论坛　2009年第3期

《诗序》作者抉疑　姜书阁　《文史说林百一集正续编》上　杭州:浙江大学出版社　2010年4月

美国汉学家论《诗大序》　任增强　贵州师范大学学报　2010年第5期

《诗序》考　徐有富　《继往开来的东南学术:南京大学中国古代文学学科》　南京:南京大学出版社　2011年1月

再论《毛诗序》之作期晚于《史记》 张启成 《诗经研究史论稿新编》 贵阳:贵州人民出版社 2011年8月

由"笙诗"看《毛诗序》完成时间 赵茂林 南京师范大学文学院学报 2011年第1期

试论《诗大序》的文学思想 陈如毅 黄冈师范学院学报 2011年第4期

论《毛诗序》主体部分产生于西周春秋 郝桂敏 沈阳师范大学学报 2012年第2期

论《毛诗·大序》在诗歌理论方面的经典价值及其成因 钱志熙 北京大学学报 2012年第4期

也论《毛诗序》之作者问题(上)——卫宏作《毛诗序》辩护 刘凤泉 广西社会科学 2012年第10期

也论《毛诗序》之作者问题(下)——否定卫宏作《毛诗序》驳议 刘凤泉 广西社会科学 2012年第11期

《毛诗序》作者及成书考辨 刘娟 唐山学院学报 2013年第2期

楚简《诗论》作者再审视——附论《毛诗序》的作者问题 王红霞 济南大学学报 2014年第1期

从汉代四家《诗》的异同看《毛诗序》的成型时间 赵茂林 孔子研究 2014年第2期

韩愈颠覆"子夏作《序》"与宋代《诗》学格局的确立 刘毓庆、唐婷 南京师大学报 2016年第1期

子夏的思想特征及其家学渊源 马银琴 文学评论 2016年第1期

强调诗乐教化的《毛诗序》　刘跃进　文史知识　2016年第1期

《毛诗序》作者略说　傅刚　北京大学学报　2016年第2期

《诗小序》作于子夏——张澍《诗小序翼题辞》述评　崔云胜　河西学院学报　2016年第4期

子夏与《诗大序》　刘毓庆　《诗骚论稿》　北京:商务印书馆　2017年8月

孔安国

《文选》收录篇目:

《尚书序》

著作

孔安国学术研究　陈以凤　济南:山东人民出版社　2013年9月

论文

司马迁师承孔安国说考辨　陈桐生　学术研究　1997年第5期

伪《古文尚书》与伪孔安国《尚书传》　王树民　文史知识　2003年第10期

朱熹证伪《古文尚书》及《序》、《传》详考　杨文森　文教资料　2007年第6期

孔安国及其孔臧的生卒与学术　孙少华　中国社会科学院研究生院学报　2007年第6期

孔安国在汉代《尚书》学传播中地位和作用　陈以凤　北方论丛　2010年第1期

孔安国师承伏生说考辨　王长民、方丹　齐鲁文化研究　2012年

孔安国生卒时间及生平事迹考　梁晨　群文天地　2012年第20期

孔安国生卒年及是否献《古文尚书》考　陈冉、白杨　赤峰学院学报　2014年第5期

孔安国《尚书序》真伪及史料价值辨证　崔海鹰　湖南科技学院学报　2015年第11期

杜预(杜元凯)

《文选》收录篇目:

《春秋左氏传序》

著作

杜预及其春秋左氏学　叶政欣　台北:文津出版社　1989年

杜预《春秋经传集解》研究　方韬　北京:中国社会科学出版社　2017年9月

论文

评杜预《春秋左传序》的“三体五例”问题　陈恩林　史学集刊　1999年第3期

杜预为司马氏婿　曹道衡、沈玉成　《中古文学史料丛考》　北京:中华书局　2003年7月

杜预著述考　方韬　图书馆理论与实践　2010年第1期

杜预生平事迹新考——对《中古文学系年》相关条目的商榷　赫兆丰　中南大学学报　2014年第2期

羊祜推荐杜预考　赫兆丰　兰台世界　2014年第9期

皇甫谧(皇甫士安)

《文选》收录篇目:

《三都赋序》

著作

皇甫谧评传　李春茂　兰州:兰州大学出版社　1996年

中国皇甫谧研究全集　史星海　北京:人民日报出版社　2005年11月

走进皇甫谧　刘文英　银川:宁夏人民出版社　2007年3月

皇甫谧研究集成　钱超尘、温长路　北京:中医古籍出版社　2011年7月

皇甫谧　雷恩海、路尧　兰州:甘肃教育出版社　2014年12月

论文

皇甫谧与《三都赋序》　许世瑛　"中央日报"　1957年8月13日

皇甫谧隐居不仕原因　王云飞　《纪念皇甫谧逝世1701周年论文集》　1983年

皇甫谧籍贯朝那小议　王采　固原师专学报　1985年

皇甫谧籍贯朝那考辨　宁越　甘肃中医学院学报　1987年第1期

皇甫谧研究　曹文柱　兰州学刊　1988年第1期

晋代针灸学家——皇甫谧生平及著作　张绍重　中医药研究　1988年第1期

皇甫谧籍贯地故址正误　宋经中　上海中医药杂志　1991年第8期

皇甫谧生平小考　张志远　中医药文化　1992年第3期

皇甫谧研究三题　施光明　固原师专学报　1993年第1期

皇甫谧生平新探　赵以武　西北师大学报　1993年第1期

皇甫谧卒年新考　徐传武　学术研究　1996年第11期

皇甫谧祖籍考证　马坤范　甘肃中医　1996年第1期

关于皇甫谧《三都赋序》的真实性　徐传武　社科纵横　1999年第6期

皇甫谧考　熊明　文献　2001年第4期

皇甫谧生卒地初探　杨生杰　皇甫谧研究　2002年第1期

皇甫谧生卒地再探　杨生杰　皇甫谧研究　2002年第1期

皇甫谧生平简述　王养民　皇甫谧研究　2002年第1期

皇甫谧的故乡、生平及学术贡献　郝定国　皇甫谧研究　2002年第1期

皇甫谧《三都赋序》之真伪及其价值趋向　梅运生　安徽师范大学学报　2002年第5期；2003年安徽省文学学会学术会议论文集　2003年（题目为：皇甫谧《三都赋序》之真伪及其价值趋向之我见）

皇甫谧的交友　李春茂　皇甫谧研究　2003年第2期

古朝那县址及皇甫谧籍贯又考　杜仲平　甘肃中医　2003年第3期

试论皇甫谧的籍贯及其对祖国医学发展的影响　杨文清　皇甫谧研究　2003年第10期

皇甫谧《三都赋序》辨析　任国学　甘肃社会科学　2004年第1期

皇甫谧故里今何在　吴忠礼　华兴时报　2005年10月26日

也谈“揭秘皇甫谧故里”　史星海　《中国皇甫谧研究全集》2005年11月

皇甫谧籍地与朝那县位移　杨生杰　平凉日报　2005年12月6日

皇甫谧祖籍考证　诗雨　兰州日报　2005年12月19日

皇甫谧的生卒年代和皇甫世系　金钰红　甘肃省中医药学会年第五次会员代表大会、甘肃省针灸学会年第三次会员代表大会暨学术研讨会论文汇编　2006年

皇甫谧故里考辨　王勋成　平凉日报　2006年3月3日

从“朝那鼎”铭文释义再探皇甫谧生卒地　张雅琳　平凉日报　2006年3月27日

皇甫氏籍地朝那县考　鲁人勇　宁夏社会科学　2006年第3期

皇甫谧籍贯和他的墓地　薛正昌　宁夏社会科学　2006年第3期

皇甫谧故里说析评　孙颖慧　宁夏社会科学　2006年第3期

宁甘皇甫谧故里分歧述评　吴晓红　宁夏社会科学　2006年

第3期

皇甫谧故里考　吴忠礼　宁夏社会科学　2006年第3期

皇甫谧籍贯考　张有堂、徐银梅　宁夏社会科学　2006年第3期

皇甫谧生平有关问题考述　安正发　固原师专学报　2006年第5期

再谈皇甫谧籍贯　张有堂、杨宁国　固原师专学报　2006年第5期

皇甫谧的生卒年代及皇甫世系　岳玉烈、夏庆、程世翔　卫生职业教育　2007年第18期

皇甫谧籍贯及相关问题考论　丁宏武　文史哲　2008年第5期

皇甫谧交游考　安正发　宁夏社会科学　2008年第6期

皇甫谧出生地新说　于茂田　皇甫谧研究　2009年第5期

皇甫谧的赋学观念——以《三都赋序》为例　安正发　广西社会科学　2009年第9期

中古皇甫氏家族世系考论　王洪军、韩涛　济南大学学报　2010年第4期

体国经制　可得按验——读皇甫谧《三都赋序》　刘跃进　文史知识　2016年第9期

中古服散的成因及传承——以皇甫谧为例的分析　景蜀慧　《魏晋文史寻微》　北京：中华书局　2018年9月

皇甫谧不仕缘由考　孙远等　中国中医药现代远程教育　2018年第3期

史岑(史孝山)

《文选》收录篇目:

《出师颂》

论文

谈《出师颂》的历史背景 郑欣淼 故宫博物院院刊 2003年第6期

史孝山《出师颂》的史实与文字考异 王亦旻 故宫博物院院刊 2003年第6期

文献与刻帖所见的《出师颂》 施安昌 故宫博物院院刊 2003年第6期

《隋人书出师颂》及《文选》异文 易敏 井冈山师范学院学报 2005年第1期

语典词研究与古籍整理(辨伪与考证) 季忠平 《中古汉语语典词研究》 上海:学林出版社 2013年1月

《文选》书法学——论今存传世最早的《文选》版本史岑《出师颂》 游志诚 《〈文选〉与汉唐文化:第十一届〈文选〉学国际学术研讨会论文集》 北京:中华书局 2018年8月

刘伶(刘伯伦)

《文选》收录篇目:

《酒德颂》

论文

由刘伶《酒德颂》谈到魏晋名士的酒德 江建俊 《魏晋南北

朝文学与思想学术研讨会论文集》　台北:文津出版社　1991年8月

刘伶论——人生与文学的位置(刘伶论——生と文学の位相)　大上正美　青山语文(29)　1999年

从《酒德颂》看魏晋人的新酒德观　张伯伟　《辞赋文学论集》　南京:江苏教育出版社　1999年12月

刘伶《酒德颂》中的文化韵味　王惠　兰台世界　2009年第22期

"酒神精神"的传承——王绩对刘伶及其《酒德颂》的接受　刘小兵　文艺评论　2011年第2期

刘伶著述中的几个问题　卫绍生　焦作师范高等专科学校学报　2011年第2期

刘伶《酒德颂》及其与道教服饵、饮酒之关系　孙少华　求是学刊　2011年第4期

人间日月短　壶里乾坤长——刘伶《酒德颂》的文化解读　孙向华　名作欣赏　2011年第12期

《文选》诸本所见"刘伶""刘灵"名字考　胡文娣　扬州文化研究论丛　2018年第2期

夏侯湛(夏侯孝若)

《文选》收录篇目:

《东方朔画赞》

论文

《晋书·夏侯湛传》正误一则　陈维礼　文献　1995年第4期

献给死者们的哀歌与颂歌——夏侯湛之"叙"与"传"(死者

たちへの哀歌と颂歌——夏侯湛の“叙”と“传”）　佐竹保子　语文与教育　1996 年

西晋三作家论(孙楚、应贞、夏侯湛)　顾农　《〈文选〉学与楚文化——纪念李善逝世 1317 周年国际学术研讨会》　武汉:武汉出版社　2008 年 8 月

夏侯湛仕宦经历四考　高武斌　山西农业大学学报　2009 年第 2 期

夏侯湛家世考　高武斌　郧阳师范高等专科学校学报　2015 年第 1 期

袁宏(袁彦伯)

《文选》收录篇目:

《三国名臣序赞》

著作

袁宏《后汉纪》集校　李兴和　昆明:云南大学出版社　2008 年 6 月

论文

《晋书·三国名臣颂》赞语分属识误　宋秀丽　贵州大学学报 1991 年第 4 期

论袁宏的创作及其《后汉纪》　曹道衡　辽宁大学学报　1992 年第 2 期

袁宏仕历　曹道衡、沈玉成　《中古文学史料丛考》　北京:中华书局　2003 年 7 月

干宝(干令升)

《文选》收录篇目:

《晋武帝革命论》《晋纪总论》

著作

干宝传记资料　胡幼年　台北:天一出版社　1985 年

干宝研究全书　王尽忠　郑州:中州古籍出版社　2009 年 7 月

论文

干宝著述考　郭维新　北平图书馆馆刊　1936 年第 10 卷第 6 期;《文选学研究》　北京:国家图书馆出版社　2010 年 11 月

干宝事迹材料稽录　葛兆光　《文史》第 7 辑　北京:中华书局　1979 年 12 月

晋代作家六考(干宝、孙绰)　曹道衡　《文史》第 20 辑　北京:中华书局　1983 年 9 月

关于干宝——读葛兆光《干宝事迹材料稽录》后　蒋方　湘潭大学学报　1984 年第 3 期

干宝(评传)　于石　《中国历代著名文学家评传》(续编)　济南:山东教育出版社　1989 年 12 月

从《晋纪总论》看《文选》的史学价值　姜维公　长春师范学院学报　2000 年第 3 期;《文选学散论》　长春:吉林人民出版社　2004 年 9 月

干宝考　李剑国　文学遗产　2001 年第 2 期;《魏晋南北朝文学与文化论文集》　天津:南开大学出版社　2002 年 8 月

干宝生平略考——纪念干宝逝世1650周年　王尽忠　中州今古　2001年第6期

干宝故居考察记　王尽忠　中州今古　2002年第2期

干宝事迹　曹道衡、沈玉成　《中古文学史料丛考》　北京:中华书局　2003年7月

《文选集注》本《晋纪总论》校议　张传峰　古籍研究　2005年第1期

干宝籍贯考　陈耀东、陈思群　嘉兴学院学报　2005年第2期

敦煌本斯五五五○《文选·晋纪总论》校证　罗国威　《中国文选学:第六届文选学国际学术研讨会论文集》　北京:学苑出版社　2007年9月;《古典文献研究辑刊》第25编　第8册　《昭明文选丛考》　新北:花木兰文化出版社　2017年(题目为:敦煌本S5550《文选·晋纪总论》残卷校证)

《晋纪·总论》的史学价值　李传印　史学月刊　2007年第8期

干宝生平事迹新考　张庆民　文学遗产　2009年第5期

干宝著述考　罗蔷薇　华中师范大学研究生学报　2011年第3期

曹冏(曹元首)

《文选》收录篇目:

《六代论》

论文

《文选》所录骈文名篇《六代论》之作者辨疑——兼论曹冏假

托《六代论》于曹植说不足信　力之　河南师范大学学报　2016年第2期

韦曜(韦弘嗣)

《文选》收录篇目:
《博弈论》

论文

全三国文卷七一　钱锺书　《管锥编》第三册　北京:中华书局　1979年8月

孙吴中期士风的变化与侨旧士风的差异推论——读《三国志·吴书·孙和传》、韦昭《博弈论》　王永平　南京理工大学学报　2005年第2期

从《博弈论》看东吴文学的特点　高武斌　郧阳师范高等专科学校学报　2012年第4期

从《博弈论》看《文选》编选宗旨的复杂性　杨焄　文艺理论研究　2013年第2期;《第十届文选学国际学术研讨会论文集》　郑州:河南大学出版社　2014年8月

李康(李萧远)

《文选》收录篇目:
《运命论》

论文

《文选》中所见的运命论(文选に见える运命论について)

佐藤匡玄 爱知学院大学文学部纪要(2) 1972年

全三国文卷四三 钱锺书 《管锥编》第三册 北京:中华书局 1979年8月

本所藏《文选·运命论》残卷介绍 李永宁 《敦煌研究》创刊号 总第3期 兰州:甘肃人民出版社 1983年12月

敦煌写本《运命论》与《辩亡论》的抄写及其他 范志新 《〈文选〉版本论稿》 南昌:江西人民出版社 2003年9月

《文选·运命论》校录整理 王翠 文教资料 2012年第34期

崔瑗(崔子玉)

《文选》收录篇目:

《座右铭》

论文

崔瑗、崔寔生卒年考 解成 河北学刊 1995年第4期

崔瑗《座右铭》人生观的理论底色——兼析座右铭的文体意义 李乃龙 河南大学学报 2006年第2期

陆倕(陆佐公)

《文选》收录篇目:

《石阙铭》《新刻漏铭》

论文

陆倕诗文系年 谭洁 古籍研究 2005年第1期

试论陆倕的骈文创作与其政治活动的关系　钟涛、程兴家　青海师范大学学报　2011 年第 3 期

重定时间标准与历史位置——《新刻漏铭》新论　程章灿　《世变下的中国知识分子与分化——2013 年度国际学术交流座谈会》　2013 年 10 月 31 日；中山大学学报　2018 年第 5 期

象阙与萧梁政权始建期的正统焦虑——读陆倕《石阙铭》　程章灿　文史　2013 年第 2 期；《融通与新变：世变下的中国知识分子与文化》　新北：华艺学术出版　2013 年 10 月

陆倕梁代仕履及文学成就考述　柏俊才　学术论坛　2013 年第 5 期

蔡邕（蔡伯喈）

《文选》收录篇目：

《郭林宗碑文》《陈仲弓碑文》

著作

蔡邕集编年校注　邓安生　石家庄：河北教育出版社　2002 年 1 月

蔡邕评传　高长山　北京：中华书局　2009 年 11 月

有意义的季节：蔡邕以及汉末文人　Asselin，Mark New Haven，Conn：American Oriental Society　2010 年

长日将落的绮霞：蔡邕辞赋研究　刘楚荆　台北：秀威信息科技　2010 年 5 月

蔡邕研究　陈海燕　北京：清华大学出版社　2013 年 5 月

论文

蔡邕评传(附蔡邕年表)　冉昭德　励学　1933年第1卷第1期;《文选学研究》　北京:国家图书馆出版社　2010年11月

蔡伯喈之死及其遗文　蒋星煜　新民晚报　1961年11月15日

关于后汉蔡邕生平的一些小问题　陈祚龙　文艺复兴月刊　1973年

蔡邕与汉末文学趋势(蔡邕をめぐる后汉末期の文学の趋势)　冈村繁　日本中国学会报(28)　1976年;王琳、牛月明译　阴山学刊　1994年第3期;陆晓光译　《周汉文学史考》　上海:上海古籍出版社　2002年8月;2009年5月

汉末文风转变中的代表作家蔡邕　齐天举　文学遗产　1986年第2期

关于碑的文体——以蔡邕作品为例(碑の文体について——蔡邕の作品を中心に)　福井佳夫　中京大学文学部纪要　1988年

东汉陈留蔡邕的事略　高安泽　中原文献　1988年

蔡邕(评传)　龚克昌　《中国历代著名文学家评传》(续编)　济南:山东教育出版社　1989年12月

处世多磨难、身后有是非——蔡邕其人其事　陶易　文史知识　1991年第12期

蔡邕论　顾农　扬州师院学报　1994年第1期

蔡邕故里新考　史福庆、张万青　河南大学学报　1994年第

1期

蔡邕新论 寇志凤 社会科学辑刊 1995年第2期

蔡邕著作辨疑 邓安生 古籍整理研究学刊 1996年第6期;《蔡邕集编年校注》 石家庄:河北教育出版社 2002年1月

蔡邕的思想与文化成就 邓安生 天津师大学报 1999年第5期

论蔡邕所作碑文 何宏玲 文教资料 2000年第2期

真假蔡邕之辨 李齐芳 历史月刊 2001年

蔡邕年谱 邓安生 《蔡邕集编年校注》 石家庄:河北教育出版社 2002年1月

蔡邕著述摭录 刘跃进 古籍整理研究学刊 2002年第4期

蔡邕行年考略 刘跃进 《文史》第62辑 北京:中华书局 2003年2月;《秦汉文学论丛》 南京:凤凰出版社 2008年12月

蔡邕"远迹吴会往来依太山羊氏"解 曹道衡、沈玉成 《中古文学史料丛考》 北京:中华书局 2003年7月

蔡邕徙五原与吕强上疏 曹道衡、沈玉成 《中古文学史料丛考》 北京:中华书局 2003年7月

蔡邕年岁及徙五原年月 曹道衡、沈玉成 《中古文学史料丛考》 北京:中华书局 2003年7月

路粹、阮瑀年岁及从学蔡邕 曹道衡、沈玉成 《中古文学史料丛考》 北京:中华书局 2003年7月

蔡邕的生平创作与汉末文风的转变 刘跃进 文学评论 2004年第3期;《秦汉文学论丛》 南京:凤凰出版社 2008年12月

汉魏人物品鉴的审美取向——蔡邕所撰碑文与刘邵《人物

志》的比较　高长山　古籍整理研究学刊　2005年第2期

《蔡中郎集》版本源流考　张莉　图书馆理论与实践　2005年第3期

论蔡邕碑文非“谀碑”　王银忠　文山师范高等专科学校学报　2006年第1期

蔡邕碑文文学研究　王银忠　内蒙古农业大学学报　2006年第2期

蔡邕变节说辨　刘桂华　山东社会科学　2006年第2期

蔡邕交游考　段莲　漳州师范学院学报　2006年第4期

蔡邕出仕董卓“无守无识”辨　何如月　求索　2006年第4期

蔡邕故里考　杨长兴　中原文献　2007年

海源阁杨氏刻本《蔡中郎集》考述　丁延峰　图书馆研究与工作　2007年第1期

蔡邕的碑文创作观——由《郭有道碑》争议谈起　李贵银　社会科学辑刊　2007年第6期

蔡邕蔡琰生平与创作系年　王辉斌　古籍研究　2009年

论蔡邕碑文的“谀墓”——与王银忠先生商榷　徐海容　西安文理学院学报　2009年第3期

蔡邕碑颂对《诗经》典故、体式的运用——兼论东汉文学与经学的关联　赵德波　郑州大学学报　2009年第3期

蔡邕碑文创作成就再认识　何如月　陕西师范大学学报　2009年第4期

《饮马长城窟行·青青河边草》“蔡邕作”献疑　郭铁娜、张世超　古籍整理研究学刊　2009年第5期

蔡邕文献学贡献述论　王璇　山东师范大学学报　2009年第6期

蔡邕蔡琰生平系年　王辉斌　襄樊学院学报　2009年第10期

汉末名士蔡邕家世及生平考述　陈海燕　西南石油大学学报　2010年第1期

东汉立碑之风与蔡邕碑文的成就　陈君　古典文学知识　2010年第3期

蔡邕与建安七子等人交游活动考论　陈海燕、陈鹏举　南华大学学报　2010年第4期

"管鲍之交"——蔡邕与曹操关系考论　陈海燕　重庆三峡学院学报　2010年第6期

蔡邕碑颂对《尚书》典故、体式的运用及其风格特征——汉代文学与经学之关联管窥　赵德波　齐鲁学刊　2010年第6期

蔡邕与胡广交游考述　陈海燕、陈鹏举　安庆师范学院学报　2011年第2期

蔡邕碑文"谀墓受金"说考辨　陈海燕　江苏科技大学学报　2012年第3期

蔡邕年谱　陈海燕　《蔡邕研究》　北京:清华大学出版社　2013年5月

蔡邕生年考　屈王静　长江大学学报　2013年第4期

蔡邕碑志文体刍议　张鹏飞　信阳师范学院学报　2013年第5期

《蔡邕集》版本源流考论　张根云　长春教育学院学报　2014年第2期

从文坛大家到碑铭专家——从《文心雕龙》看蔡邕文学地位的变迁　吴从祥　西南交通大学学报　2015年第6期

蔡邕集版本考述　刘明　山东图书馆学刊　2017年第2期

王俭(王仲宝)

《文选》收录篇目:

《褚渊碑文》

论文

王俭论　乔好勤　武汉大学学报　1985年第3期

王俭著述考　乔好勤　河南图书馆学刊　1985年第3期

王俭年谱　樊荣　《古代文学论稿》　海口:海南出版社　1998年

王俭、钟嵘与江淹关系考　樊荣　《古代文学论稿》　海口:海南出版社　1998年;新乡师专学报　1998年第4期

王僧祐为王俭从兄　曹道衡、沈玉成　《中古文学史料丛考》　北京:中华书局　2003年7月

王俭为尚书右仆射　曹道衡、沈玉成　《中古文学史料丛考》　北京:中华书局　2003年7月

王俭嫡母东阳公主与六劭之乱　曹道衡、沈玉成　《中古文学史料丛考》　北京:中华书局　2003年7月

王俭早年事迹　曹道衡、沈玉成　《中古文学史料丛考》　北京:中华书局　2003年7月

王俭年谱　夏冬梅　宜宾学院学报　2005年第2期

论王俭与萧子良集团的对峙对齐梁文学发展之影响　汪春泓　文学遗产　2006年第3期

王巾（王简栖）

《文选》收录篇目：

《头陀寺碑文》

论文

全梁文卷五四　钱锺书　《管锥编》第四册　北京：中华书局　1979年8月

读《头陀寺碑》　饶宗颐　《文辙》　台北：学生书局　1991年11月；《饶宗颐二十世纪学术文集·文辙新编》　台北：新文丰出版社　2003年；北京：中国人民大学出版社　2009年9月

《文选》李善注所引佛典考：以卷五十九《头陀寺碑文》为中心（《文选》李善注所引佛典考：卷五十九《头陀寺碑文》を中心として）　清田寂天　叡山学院研究纪要（22）　2000年

王巾、王屮　曹道衡、沈玉成　《中古文学史料丛考》　北京：中华书局　2003年7月

《头陀寺碑文》所用佛典与《涅盘无名论》之真伪——读《文选》札记　程章灿　《中国文选学：第六届文选学国际学术研讨会论文集》　北京：学苑出版社　2007年9月

《头陀寺碑文》的佛理及其表达策略　李乃龙　钦州学院学报　2009年第2期

八、 目录索引与资料汇编

著作

东晋南北朝学术编年　刘汝霖　上海:商务印书馆　1936年1月;北京:中华书局　1987年11月;上海:上海书店出版社　1992年1月

楚辞论文集　游国恩　上海:文艺联合出版社　1955年5月;上海:古典文学出版社　1957年1月

司马迁著作及其研究资料书目　上海市历史文献图书馆　1955年12月

《楚辞》书录　饶宗颐　香港:苏记书庄　1956年1月;《饶宗颐二十世纪学术文集》　台北:新文丰出版社　2003年;北京:中国人民大学出版社　2009年9月

《史记》研究的资料和论文索引　中科院历史研究第一、二所　北京:科学出版社　1957年4月

《楚辞》研究论文集　北京:作家出版社　1957年7月

陶渊明讨论集　"文学遗产"编辑部　北京:中华书局　1961年5月

陶渊明诗文汇评　北京大学中文系　北京:中华书局　1961年8月

中国古典文学评论资料索引续编　福建师范学院中文资料室　福州:福建人民教育出版社　1961年11月

《楚辞》书目五种(楚辞书目提要、楚辞图谱提要、绍骚隅录、楚辞札记目录、楚辞论文目录)　姜亮夫　上海:上海古籍出版社　1961年12月;《姜亮夫全集5》　昆明:云南人民出版社　2002年10月

陶渊明研究资料汇编　北京大学、北京师范大学中文系教师同学　北京:中华书局　1962年1月

中国古典文学评论资料索引　福建师范学院中文系资料室　福州:福建人民教育出版社　1962年4月

古典文学研究资料汇编:陶渊明卷　北京大学、北京师范大学中文系教师同学　北京:中华书局　1962年11月

中国古典文学研究论文索引(1949—1962)　河北北京师范学院中文系资料室　北京:中华书局　1964年12月

陶渊明研究资料汇编·诗文汇评　台北:明伦出版社　1970年12月

《文选》索引　斯波六郎　台北:正中书局　1971年8月;斯波六郎著,李庆译　上海:上海古籍出版社　1997年2月

"中央日报"近三十年文史哲论文索引(1936—1971)　余光　台北:文史哲出版社　1971年8月

魏晋南北朝史研究论文书目引得(1912—1969)　邝利安　台北:中华书局　1971年11月

嵇康集"诗"索引　松浦崇　京都:汇文堂　1975年

陶渊明诗文综合索引　堀江忠道　京都:汇文堂　1976年

昭明文选论文集　陈新雄、于大成　台北:木铎出版社　1976年5月

《史记》研究之资料与论文索引　王民信　台北:学海出版社　1976年7月

汉晋学术编年　刘汝霖　台北:长安出版社　1979年10月;北京:中华书局　1987年12月

中国历代名人年谱总目　王德毅　台北:华世出版社　1979年1月

中国古典文学研究论文索引　增订本(1949—1966.6)　河北北京师范学院中文系资料室、中国社会科学院文学研究所图书资料室　北京:中华书局　1979年11月

中国古典文学研究论文索引(1963—1979)　天津师范学院中文系资料室编　1980年1月

历代名人年谱总目　王宝先　台北:文海出版社　1980年8月

三曹资料汇编　河北师范学院中文系古典文学教研　北京:中华书局　1980年9月;2005年1月

中国历代年谱总录　杨殿珣　北京:书目文献出版社　1980年11月

谢灵运诗索引　小西升　福冈:中国书店　1981年

谢灵运诗索引　兴膳宏　福冈:中国书店　1981年

嵇康集"文章"索引　松浦崇　福冈:中国书店　1981年

中国古典文学研究论文索引(1905—1979)　北京师范学院中文系　1981年9月

楚辞今绎讲录(修订本)　姜亮夫　北京:北京出版社　1981年10月;《姜亮夫全集》　昆明:云南人民出版社　2002年10月

司马迁与《史记》论集　西安:陕西人民出版社　1982年4月

中国古典文学研究论文索引(1966.7—1979.12)　中国社会科学院文学研究所图书资料室　北京:中华书局　1982年5月

楚辞论文集　蒋天枢　西安:陕西人民出版社　1982年7月

司马迁研究新论　施丁、陈可青　郑州:河南人民出版社　1982年8月

建安文学论文资料集　合肥:艺谭杂志社　1983年

国内报刊楚史论文题录汇编·关于屈原及《楚辞》的研究(1977年—1983年6月)　吴兴勇　湖南省社会科学院情报研究所　1983年

中国文学史论集——由口传时代到汉代　洪顺隆　台北:文史哲出版社　1983年12月

屈原研究论集　湖北省社会科学院文学研究所　武汉:长江文艺出版社　1984年5月

1949—1980中国古典文学研究论文索引　中山大学中文系资料室　南宁:广西人民出版社　1984年6月

《楚辞》要籍解题　洪湛侯　武汉:湖北人民出版社　1984年11月

建安文学研究文集　《艺谭》编辑部　合肥:黄山书社　1984年11月

汉魏六朝文学论集　逯钦立遗著,吴云整理　西安:陕西人民出版社　1984年11月

《楚辞》学论文集　姜亮夫　上海:上海古籍出版社　1984年12月;《姜亮夫全集》　云南:昆明人民出版社　2002年10月

六朝诗论　洪顺隆　台北:文津出版社　1985年3月

《楚辞》评论资料选　杨金鼎　武汉:湖北人民出版社　1985年5月

中古文学系年　陆侃如　北京:人民文学出版社　1985年6月

《楚辞》研究论文选　王从仁、曹旭　武汉:湖北人民出版社　1985年7月

中国古典文学研究论文索引(1980.1—1981.12)　中国社会科学院文学研究所图书资料室　北京:中华书局　1985年10月

楚辞通故　姜亮夫　济南:齐鲁书社　1985年10月;《姜亮夫全集》　昆明:云南人民出版社　2002年10月

《文选》研究论著目录　牧角悦子　福冈:九州大学文学部　1986年3月

《楚辞》资料海外编　尹锡康、周发祥　武汉:湖北人民出版社　1986年3月

中古文学史论文集　曹道衡　北京:中华书局　1986年7月

建安文学论稿　张可礼　济南:山东教育出版社　1986年9月

陶渊明研究资料索引编目　江西省文学艺术研究所情报资料室　《江西古代十大文化名人资料索引》　1987年2月

中外六朝文学研究文献目录　洪顺隆　北京:文津出版社　1987年9月

《楚辞》研究　中国屈原学会　济南:齐鲁书社　1988年1月

昭明文选研究论文集:首届《昭明文选》国际学术讨论会　赵福海　长春:吉林文史出版社　1988年6月

中外昭明文选研究论著索引　魏淑琴、吴穷、姜蕙　长春:吉林文史出版社　1988年6月

中国古典文学研究论文索引(1982.1—1983.12)　中国社会科学院文学研究所图书资料室　北京:中华书局　1988年9月

三曹诗论集　陈飞之　桂林:广西师范大学出版社　1989年1月

《史记》研究资料索引和论文、专著提要　杨燕起、俞樟华　甘肃:兰州大学出版社　1989年5月

六朝文学论文集　清水凯夫著,韩基国译　重庆:重庆出版社　1989年5月

《楚辞》研究与争鸣　黄中模　北京:团结出版社　1989年12月

汉魏六朝赋论集　何沛雄　台北:联经出版事业公司　1990年4月

与日本学者讨论屈原问题　黄中模　武汉:华中理工大学出版社　1990年6月

中日学者屈原问题论争集　黄中模　济南:山东教育出版社　1990年7月

先秦文学探新　陈彤　北京:北京师范大学出版社　1990年9月

历代赋论辑要　徐志啸　上海:复旦大学出版社　1991年2月

文选学论集:第二届《昭明文选》国际学术研讨会论文选　赵福海　长春:时代文艺出版社　1992年5月

东晋文艺系年　张可礼　济南:山东教育出版社　1992年7月

《楚辞》研究　中国屈原学会、贵州省古典文学学会　北京:文津出版社　1992年9月

楚辞书目五种续编　崔富章　上海:上海古籍出版社　1993年2月

中古文学史论文集续编　曹道衡　台北:文津出版社　1994年7月;北京:中华书局　2011年9月

司马迁与《史记》研究论著专题索引　徐兴海　西安:陕西人民教育出版社　1995年1月

清水凯夫《诗品》《文选》论文集　清水凯夫著,周文海译　北京:首都师范大学出版社　1995年3月

中国古典文学研究论文索引(1984.1—1985.12)　中国社会科学院文学研究所图书资料室　北京:中华书局　1995年7月

风骚论集　周秉高　呼和浩特:内蒙古大学出版社　1995年9月

《文选》李善注引书索引　富永一登　东京:研文出版社　1996年

中国历代年谱总录:增订本　杨殿珣　北京:北京图书馆出版社　1996年5月

日本国内现存文选古钞本原本调查　小助川贞次　文部省科学研究费补助金研究成果报告书　1997—2000年

文选学新论　中国文选学研究会、郑州大学古籍整理研究所　郑州:中州古籍出版社　1997年10月

中古文学文献学　刘跃进　南京:江苏古籍出版社　1997年12月

辞赋论集　郑良树　台北:台湾学生书局　1998年2月

文选与文心　顾农　贵阳:贵州人民出版社　1998年6月

中外学者文选学论集(上)(下)　俞绍初、许逸民　北京:中华书局　1998年8月

中外学者文选学论著索引　郑州大学古籍所　北京:中华书局　1998年12月

谢灵运集逐字索引　刘殿爵、陈方正、何志华　香港:香港中文大学出版社　1999年

谢朓集逐字索引　刘殿爵、陈方正、何志华　香港:香港中文大学出版社　1999年

古典文学文献学丛稿　刘跃进　北京:学苑出版社　1999年1月

新编《楚辞》索引　周秉高　呼和浩特:内蒙古大学出版社　1999年5月

二十世纪陶学论著　魏正申　广州:花城出版社　1999年8月

汉魏六朝文学论文集　曹道衡　桂林:广西师范大学出版社　1999年9月

辞赋文学论集　南京大学中文系　南京:江苏教育出版社　1999年12月

《楚辞》逐字索引　刘殿爵　香港:商务印书馆　2000年

曹丕集逐字索引　刘殿爵、陈方正、何志华　香港:香港中文大学出版社　2000年

中州学术论集.古代文学卷.第一辑　俞绍初、陈飞　北京:中华书局　2000年1月

沈约集逐字索引　刘殿爵、陈方正、何志华　香港:中文大学出版社　2000年6月

陶渊明研究资料新编 钟优民 长春:吉林教育出版社 2000年8月

《楚辞》研究成功之路海内外《楚辞》专家自述 黄中模、王雍刚 重庆:重庆出版社 2000年12月

江淹集逐字索引 刘殿爵、陈方正、何志华 香港:香港中文大学出版社 2001年

历代辞赋研究史料概述 马积高 北京:中华书局 2001年4月;2005年3月;2009年12月

《昭明文选》与中国传统文化:第四届文选学国际学术研讨会论文集 赵福海 长春:吉林文史出版社 2001年6月

日韩谢灵运研究译文集 宋红 桂林:广西师范大学出版社 2001年7月

谢灵运研究丛书 黄世中 桂林:广西师范大学出版社 2001年7月

谢灵运研究论集 葛晓音 桂林:广西师范大学出版社 2001年7月

谢灵运年谱汇编 陈祖美 桂林:广西师范大学出版社 2001年7月;2005年7月

建安七子逐字索引 刘殿爵、陈方正、何志华 香港:香港中文大学出版社 2001年12月

中国楚辞学.第1辑 北京:学苑出版社 2002年7月

中国楚辞学.第2辑 北京:学苑出版社 2003年1月

《楚辞》要论 褚斌杰 北京:北京大学出版社 2003年1月

《楚辞》学通典 周建忠、汤漳平 武汉:湖北教育出版社

2003年5月

《楚辞》著作提要　潘啸龙、毛庆　武汉:湖北教育出版社　2003年5月

《文选》与文选学:第五届文选学国际学术研讨会论文集　中国文选研究会　北京:学苑出版社　2003年5月

《楚辞》评论集览　李诚、熊良智　武汉:湖北教育出版社　2003年5月

中国楚辞学.第3辑　北京:学苑出版社　2003年7月

《楚辞》研究　孙作云　开封:河南大学出版社　2003年9月

中古文史丛稿　曹道衡　保定:河北大学出版社　2003年10月

辞赋研究论文集——第五届国际辞赋研讨会　北京:中国文史出版社　2003年11月

张华集逐字索引、张载集逐字索引、张协集逐字索引　刘殿爵等　香港:香港中文大学出版社　2003年12月

中国楚辞学.第4辑　北京:学苑出版社　2004年1月

《文选》李善注语释索引　山崎健司　熊本县立大学文学部纪要编集委员会　2004年3月

冀凡《楚辞》研究文集　冀凡　水沫文学社　2004年5月

20世纪中古文学研究　吴云　天津:天津古籍出版社　2004年6月

中国楚辞学.第5辑　北京:学苑出版社　2004年7月

《文选》学散论　吴晓峰　长春:吉林人民出版社　2004年9月

陶渊明始家宜丰资料集　吴卫华、凌诚沛　北京:中国社会出

版社　2004年12月

《史记》论著提要与论文索引(《史记研究集成》第14卷)　俞樟华、邓瑞全　北京:华文出版社　2005年1月

中国楚辞学.第6辑　北京:学苑出版社　2005年1月

先秦两汉文学史料学　曹道衡、刘跃进　北京:中华书局　2005年2月

林庚《楚辞》研究两种　林庚　北京:清华大学出版社　2005年7月

中国楚辞学.第7辑　北京:学苑出版社　2005年7月

司马迁与《史记》研究年鉴.2004年卷　庞德谦　西安:陕西人民出版社　2005年7月

二十世纪中国古典文艺理论研究论文索引　叶农　广州:花城出版社　2005年8月

《楚辞》与中古文献考说　力之　成都:巴蜀书社　2005年12月

司马迁与《史记》研究年鉴.2005年卷　庞德谦　西安:陕西人民出版社　2006年1月

中国诗学研究　余恕诚　福州:福建人民出版社　2006年1月

三曹文学评述　黄昌年　长春:吉林大学出版社　2006年6月

辞赋研究　熊良智　北京:商务印书馆　2006年11月

文选学研究论文集　陈延嘉　长春:吉林人民出版社　2006年12月

新时期1978—2003中国诗歌研究论文集目　韩振军　合肥:安徽人民出版社　2006年12月

中国楚辞学.第8辑　北京:学苑出版社　2007年3月

中国楚辞学.第9辑　北京:学苑出版社　2007年5月

屈原学集成　戴锡琦、钟兴永　北京:中央编译出版社　2007年6月

中国楚辞学.第10辑　北京:学苑出版社　2007年7月

中国文选学:第六届文选学国际学术研讨会论文集　崔军红、周全星　北京:学苑出版社　2007年9月

文选论丛　顾农　扬州:广陵书社　2007年9月

司马迁与《史记》研究年鉴.2006年卷　庞德谦　西安:陕西人民出版社　2007年9月

司马相如与巴蜀文化研究论集　邓郁章　成都:四川人民出版社　2007年10月

《楚辞》论丛　殷光熹　成都:巴蜀书社　2008年3月;昆明:云南人民出版社　2014年12月

游国恩《楚辞》论著集(全4卷)　游国恩　北京:中华书局　2008年4月

二十世纪《楚辞》研究文献目录　白铭　北京:学苑出版社　2008年5月

《楚辞》文献集成　吴平、回达强　扬州:广陵书社　2008年8月

《文选》学与楚文化——纪念李善逝世1317周年国际学术研讨会　武汉:武汉出版社　2008年8月

灵均余影:古代《楚辞》学论集　廖栋梁　台北:里仁书局　2008年9月

司马相如资料汇编　踪凡　北京:中华书局　2008 年 11 月;2010 年 3 月

司马迁与《史记》研究年鉴. 2007 年卷　庞德谦　西安:陕西人民出版社　2008 年 12 月

李善文选学研究　赵昌智、顾农　扬州:广陵书社　2009 年 4 月

竹林七贤与魏晋风度:第二届云台山与竹林七贤学术研讨会论文集　李天会、郑强胜　郑州:大象出版社　2009 年 4 月

中国楚辞学. 第 11 辑　北京:学苑出版社　2009 年 5 月

中国楚辞学. 第 12 辑　北京:学苑出版社　2009 年 5 月

中国楚辞学. 第 13 辑　北京:学苑出版社　2009 年 5 月

日本学者中国古典诗学研究主要文献目录　1900—2007　胡建次、邱美琼　南昌:百花洲文艺出版社　2009 年 7 月

司马迁与《史记》研究年鉴. 2008 年卷　庞德谦　西安:陕西人民出版社　2009 年 11 月

六朝文学与六朝文献　罗国威　成都:巴蜀书社　2010 年 3 月

六朝文学论集　穆克宏　北京:中华书局　2010 年 6 月

宋玉及其辞赋研究:2010 年襄樊宋玉国际学术研讨会论文集　程本兴、高志明、秦军荣　北京:学苑出版社　2010 年 10 月

司马迁与《史记》研究年鉴. 2009 年卷　庞德谦　西安:陕西人民出版社　2010 年 10 月

文选学研究(上中下)　南江涛　北京:国家图书馆出版社　2010 年 11 月

第八届文选学国际学术研讨会论文集　赵昌智、顾农　扬州:

广陵书社　2010年12月

中国楚辞学.第14辑　北京:学苑出版社　2011年1月

中国楚辞学.第15辑　北京:学苑出版社　2011年1月

中国文体学与文体史研究　吴承学、何诗海　南京:凤凰出版社　2011年4月

《楚辞》文献研读　罗建新、梁奇　桂林:广西师范大学出版社　2011年6月

史记研究资料萃编　张新科、高益荣、高一农　西安:三秦出版社　2011年8月

钱锺书文选学述评　陈延嘉　长春:吉林文史出版社　2011年8月

司马迁与《史记》研究年鉴.2010年卷　丁德科、梁建邦、党大恩　北京:商务印书馆　2011年11月

中国楚辞学.第16辑　北京:学苑出版社　2011年12月

中国楚辞学.第17辑　北京:学苑出版社　2011年12月

中国楚辞学.第18辑　北京:学苑出版社　2011年12月

《文选》研究文献辑刊(全六十册)　宋志英、南江涛　北京:国家图书馆出版社　2013年5月

司马迁与《史记》研究年鉴.2011年卷　丁德科、梁建邦、党大恩　北京:商务印书馆　2013年6月

竹林七贤与魏晋精神:云台山第四届竹林七贤文化国际学术研讨会论文集　张海晏、米纪文　北京:中国社会科学出版社　2013年7月

中国楚辞学.第19辑　北京:学苑出版社　2013年8月

中国楚辞学.第20辑　北京:学苑出版社　2013年8月

《文选》资料汇编　赋类卷(上、下)　刘志伟　北京:中华书局　2013年8月

清代文选学名著集成(20册)　许逸民　扬州:广陵书社　2013年11月

《楚辞》新论及其他　王锡荣　长春:吉林文史出版社　2013年11月

中古作家年谱汇考辑要　范子烨　西安:世界图书西安出版公司　2014年6月

《楚辞》文献丛刊　国家图书馆出版社　北京:国家图书馆出版社　2014年7月

《文选》与中国文学传统:第九届《文选》学国际学术研讨会论文集　程章灿　北京:中华书局　2014年8月

第十届文选学国际学术研讨会论文集　王立群　郑州:河南大学出版社　2014年8月

陶渊明研究学术档案　钟书林　武汉:武汉大学出版社　2014年11月

宋玉四家注集释与汇评　高志明、刘刚　北京:中国文史出版社　2014年12月

竹林七贤学术档案　刘怀荣　武汉:武汉大学出版社　2014年12月

宋玉研究资料类编　刘刚　北京:商务印书馆　2015年1月

浔阳论陶——2014年陶渊明与生态文明国际学术研讨会论文集　李宁宁、吴国富　南昌:江西人民出版社　2015年3月

司马迁与《史记》研究年鉴.2012年卷　丁德科、凌朝栋、党大恩　北京:商务印书馆　2015年5月

《史记》论著提要与论文索引(《史记论著集成》第20卷)　张大可、俞樟华、梁建邦　北京:商务印书馆　2015年6月

追慕陶公:纪念陶渊明诞辰1650周年　星子县陶渊明研究会　南昌:江西美术出版社　2015年8月

中国楚辞学.第21辑　北京:学苑出版社　2015年11月

中国楚辞学.第22辑　北京:学苑出版社　2015年11月

日本楚辞研究论纲　徐志啸　福州:福建人民出版社　2015年12月

竹林七贤画像砖研究文集　朱向东　南京:南京出版社　2015年12月

宋玉及其辞赋研究:第二届宋玉国际学术研讨会论文集　李骜　北京:学苑出版社　2016年2月

中国古代文体学论著集目:1900—2014　伏煦、陈凌　北京:北京大学出版社　2016年4月

现代学术视野下的《文选》研究　刘跃进、柳宏　北京:中国社会科学出版社　2016年7月

司马迁与《史记》研究年鉴.2013年卷　丁德科、凌朝栋、党大恩　北京:商务印书馆　2016年9月

中国楚辞学.第23辑　北京:学苑出版社　2016年11月

中国楚辞学.第24辑　北京:学苑出版社　2016年11月

中外学者论宋玉　长沙:湖南人民出版社　2016年12月

《昭明文选》丛考　罗国威　《古典文献研究辑刊》第25编

第8册 新北:花木兰文化出版社 2017年

历代赋学文献辑刊 郭英德、踪凡 北京:国家图书馆出版社 2017年3月

生态文明与陶渊明研究——2015年陶渊明研究暨生态文明国际学术研讨会论文集 刘松来 上海:复旦大学出版社 2017年4月

司马迁与《史记》研究年鉴.2014年卷 丁德科、凌朝栋、党大恩 北京:商务印书馆 2017年5月

屈原研究三十年:《云梦学刊》"屈原研究"栏目论文选萃 彭柏林、杨年保 南京:南京大学出版社 2017年9月

"文选学"论文集粹 刘志伟 北京:中华书局 2017年12月(与《选学论萃》2014年8月版内容一样)

楚辞文献丛考 黄灵庚 北京:国家图书馆出版社 2017年12月

文选资料汇编·总论卷 江庆柏、刘志伟 北京:中华书局 2018年3月

《文选》与汉唐文化:第十一届《文选》学国际学术研讨会论文集 刘志伟 北京:中华书局 2018年8月

论文

文选赋检目 杨树达 《群书检目》 北京:好望书店 1934年7月

文选诗检目 杨树达 《群书检目》 北京:好望书店 1934年7月

文选文检目　杨树达　《群书检目》　北京:好望书店　1934 年 7 月

《文选》书目　普暄　女师学院期刊　1934 年 7 月第 2 卷第 2 期;《文选学研究》　北京:国家图书馆出版社　2010 年 11 月

选学书著录　骆鸿凯　制言半月刊　1936 年 2 月第 11 期;《文选学研究》　北京:国家图书馆出版社　2010 年 11 月

司马迁的生平事迹及其学术贡献(目录索引)　中科院历史研究第一、二所　《史记研究的资料和论文索引》　北京:科学出版社　1957 年 4 月;台北:学海出版社　1976 年 7 月

阮籍《咏怀诗》索引(1、2、3)　大上正美　东京工业高等专门学校研究报告　1975—1977 年

陆机诗索引　后藤秋正　东京:松云堂书店　1976 年

近两年陶渊明研究情况综述　韦凤娟　辽宁大学学报　1980 年第 1 期

陶渊明研究论文、专著索引编目　阎万钧　《陶渊明论稿》　西安:陕西人民出版社　1981 年 4 月

1980—1981 年陶渊明研究情况综述　韦凤娟　文学研究动态　1981 年第 23 期

司马迁与《史记》研究论文目次　《司马迁与〈史记〉论集》　西安:陕西人民出版社　1982 年 4 月

三十种《史记》研究书目提要　陈可青、杨燕起、赖长扬　《司马迁研究新论》　郑州:河南人民出版社　1982 年 8 月

近六十年来的《楚辞》研究　郭在贻　《古典文学论丛》第 3 辑　西安:陕西人民出版社　1982 年 12 月

建国以来建安文学研究综述　徐定祥　艺谭　1982年第1期

屈原及其作品研究综述　董洪利　文史知识　1982年第4期

关于屈原《九歌》研究综述　卞卜　山东师大学报　1982年第4期

嵇康集人名索引　松浦崇　福冈大学人文论丛　1983年

建安文学论文索引(1905—1982.9)　朱一清　艺谭丛刊之一　1983年

陶渊明研究情况综述　韦凤娟　辽宁大学学报　1983年第6期;云南师范大学学报　1984年第6期

建安文学研究论文索引(续补)　朱一清　《建安文学研究文集》　合肥:黄山书社　1984年11月

近年来屈原生平研究述评　赵沛霖　锦州师院学报　1984年第4期

《楚辞》研究论文目录索引　《〈楚辞〉研究论文选》　武汉:湖北人民出版社　1985年7月

全国首次陶渊明学术讨论会观点综述　王河、赖功欧　九江师专学报　1985年第4期

《文赋》研究综述　李庆甲　文史知识　1985年第5期

建国以来宋玉及其作品研究综述　陈剩勇　语文导报　1985年第6期

近年来《〈楚辞〉·九歌》研究概述　张新科　中外文学研究参考　1985年第7期

国外《楚辞》研究论著目录　奚东　《〈楚辞〉资料海外编》　武汉:湖北人民出版社　1986年3月

《九歌》异说综述　周勋初　《九歌新考》　上海:上海古籍出版社　1986年8月

建安文学研究论著索引　张可礼　《建安文学论稿》　济南:山东教育出版社　1986年9月

宋玉及其作品的研究专著和文章索引　朱碧莲　《宋玉辞赋译解》　北京:中国社会科学出版社　1987年2月

三十年来陶渊明讨论和研究的回顾　钟优民　《建国以来古代文学问题讨论举要》　济南:齐鲁书社　1987年4月

《招魂》研究述评(上)　张庆利　绥化师专学报　1987年第2期

《招魂》研究述评(下)　张庆利　绥化师专学报　1987年第3期

陶渊明研究近况概述　闵定庆　九江师专学报　1987年第3期

近年来陶渊明研究概况　李华　江西社会科学　1987年第3期

日本研究《文选》的历史与现状　牧角悦子　《昭明文选研究论文集:首届〈昭明文选〉国际学术讨论会》　长春:吉林文史出版社　1988年6月;《中外学者文选学论著索引》　北京:中华书局　1998年12月

我国近十年来《文选》研究情况述略　阴法鲁、陈宏天　《昭明文选研究论文集:首届〈昭明文选〉国际学术讨论会》　长春:吉林文史出版社　1988年6月

敦煌遗书中《文选》残卷综述　白化文　《昭明文选研究论文

集:首届〈昭明文选〉国际学术讨论会》 长春:吉林文史出版社 1988年6月;《中外学者文选学论集》(上) 北京:中华书局 1998年8月

欧美《文选》研究述略 康达维 《昭明文选研究论文集:首届〈昭明文选〉国际学术讨论会》 长春:吉林文史出版社 1988年6月;《中外学者文选学论集》(下) 北京:中华书局 1998年8月(题目为:欧美“文选学”研究概述)

司马迁的生平事迹(索引) 杨燕起、俞樟华 《史记研究资料索引和论文、专著提要》 甘肃:兰州大学出版社 1989年5月

首届《昭明文选》国际学术讨论会综述 温宣雪 社会科学战线 1989年第1期

近十年来关于宋玉赋真伪问题研究综述 李生龙 文史知识 1989年第4期

近年汉赋研究综述 张庆利 文史哲 1989年第6期

屈原思想研究40年 蔡靖泉 江汉论坛 1989年第11期

近十年来的魏晋南北朝辞赋研究 李生龙 云梦学刊 1990年第1期

关于《离骚》创作时地研究的综述 江林昌 文史知识 1990年第10期

宋玉研究论文索引 金荣权 《宋玉辞赋笺评》 郑州:中州古籍出版社 1991年1月

赋论资料目录汇编 徐志啸 《历代赋论辑要》 上海:复旦大学出版社 1991年2月

1990年全国报刊陶渊明研究论文索引 钦云、钟声 九江师

专学报　1991年第1期

近五年来楚辞研究论文总目(1986年—1990年)　周建忠　云梦学刊　1991年第2期

唐代"文选学"综述　宋启发　安徽教育学院学报　1991年第3期

陶渊明学术讨论会综述　谭小宝　湖南社会科学　1991年第3期

近十年山水旅游文学研究综述　范能船、郭本厚　扬州师院学报　1991年第4期

全国陶渊明学术讨论会综述　叶培昌　文学评论　1991年第4期

苏州"选学"述略　范志新　《文选学论集》　长春:时代文艺出版社　1992年6月

大陆馆藏"选学"善本书录　吕桂珍　《文选学论集》　长春:时代文艺出版社　1992年6月

日本发表出版陶渊明研究的情况　陈忠　九江师专学报　1992年第1期

1991全国报刊陶渊明研究论文索引　钦云、钟声　九江师专学报　1992年第1期

历代陶学研究概述(四)　钟优民　九江师专学报　1992年第1期

文选学国际学术研讨会纪要　乐闻　文学遗产　1992年第6期

陆机著作及《文赋》研究目录索引　刘忠惠　《文赋研究新论》

长春:东北师范大学出版社 1993年6月

1992年全国报刊陶渊明研究论文索引 钦云、钟声 九江师专学报 1993年第1期

萧统《文选》研究述略 穆克宏 郑州大学学报 1993年第1期;《滴石轩文存》 福州:海峡文艺出版社 1994年1月;《魏晋南北朝文学论集》 台北:文史哲出版社 1994年11月;《昭明文选研究》 北京:人民文学出版社 1998年12月

近年来高唐神女研究述评 魏崇新 文史知识 1993年第2期

韩国《文选》研究的历史和现况 白承锡 郑州大学学报 1993年第5期

二十世纪的欧美"文选学"研究 康达维 郑州大学学报 1994年第1期

1993年全国报刊陶渊明研究论文索引 张驰、邓燕 九江师专学报 1994年第1期

近四十年《文选》研究概述 毛德富 文史知识 1994年第10期

1994年全国报刊陶渊明研究论文索引 张驰 九江师专学报 1995年第1期

七十年来宋玉研究述评 金荣权 中州学刊 1995年第1期;文史知识 1995年第5期

近年来游仙诗问题研究综述 蔡雁彬 古典文学知识 1995年第4期

(刘琨)研究论文索引 赵天瑞 《刘琨集》 天津:天津古籍

出版社 1996年1月

文选学的回顾与展望 游志诚 《昭明文选学术论考》 台北:台湾学生书局 1996年3月

1995年全国报刊陶渊明研究论文索引 朱和君 九江师专学报 1996年第1期

韩国四十年(1954—1995)陶渊明研究概说 陈忠 九江师专学报 1996年第2期

95"文选学"国际学术讨论会综述 陈庆元 文学遗产 1996年第2期

陶渊明研究情况介绍——30年来陶渊明讨论和研究的回顾 陈言 东方丛刊(1997年第1、2辑总第19、20辑) 桂林:广西师范大学出版社 1997年3月

张衡研究论著目录索引 王志尧 《张衡评传》 开封:河南大学出版社 1997年10月

古今中外评赞张衡的诗文 王志尧 《张衡评传》 开封:河南大学出版社 1997年10月

1990—1994年文选学研究主要论文索引 王庆梅 《文选学新论》 郑州:中州古籍出版社 1997年10月

1996年全国报刊陶渊明研究论文索引 朱和君 九江师专学报 1997年第1期

文选学书录解题三则 王更生 郑州大学学报 1997年第1期

《九江师专学报》"陶渊明研究"学术成果述评 郑云萍 九江师专学报 1997年第3期

近20年陶渊明研究综述　李华　江西社会科学　1997年第3期;九江师专学报　1997年第3期

山重水复疑无路　柳暗花明又一村——近50年《文选》若干问题研究述评　王保庆　天中学刊　1997年第6期

台湾学者贾谊研究概况　刘铮铮　中国史研究动态　1997年第9期

《文选集注》研究论著目录(1856—1997)　横山弘　人间文化研究科年报　1997年第13期;《唐钞文选集注汇存》附录　上海:上海古籍出版社　2000年7月

中国大陆"文选学"研究概述　毛德富　《中外学者文选学论集》(下)　北京:中华书局　1998年8月

中国港台地区"文选学"研究概述　游志诚　《中外学者文选学论集》(下)　北京:中华书局　1998年8月

日本"文选学"研究概述　佐竹保子　《中外学者文选学论集》(下)　北京:中华书局　1998年8月

韩国"文选学"研究概述　白承锡　《中外学者文选学论集》(下)　北京:中华书局　1998年8月

地区性陶渊明研究述评　李文初　《第三届魏晋南北朝文学国际学术研讨会论文集》　台北:文史哲出版社　1998年8月

从单一到多元　从继承到超越——二十世纪《楚辞》研究概述　郭建勋　《百年学科沉思录二十世纪古代文学研究回顾与前瞻》　北京:人民文学出版社　1998年9月

1997年全国报刊陶渊明研究论文索引　朱和君　九江师专学报　1998年第1期

地区性陶渊明研究述评　李文初　九江师专学报　1998年增刊

日本陶渊明研究综述(1)与日本文学之关联(日本における陶渊明研1日本文学との关わりについて)　武井满干　中国学研究论集　1999年

日本陶渊明研究综述(2)名字·生卒年·故乡"浔阳"(日本における陶渊明研究2名字·生卒年·故乡"浔阳"について)　武井满干　中国学研究论集　1999年

陶渊明研究论文索引日本1928—1999(陶渊明研究论文索引日本1928—1999)　六朝学术学会报　1999年

陶渊明研究论文索引中国1994年(陶渊明研究论文索引中国1994年)　六朝学术学会报　1999年

1998年全国报刊陶渊明研究论文索引　朱和君　九江师专学报　1999年第1期

《古诗十九首》研究百年综述　刘则鸣　集宁师专学报　1999年第2期

"文选学"百年研究的结晶　范晓民　殷都学刊　1999年第3期

二十世纪《文选》研究述评　张连科　江西社会科学　1999年第12期;《中国古代散文研究》　合肥:安徽大学出版社　2001年4月

陶渊明关系研究文献目录稿中国编1978—1997(陶渊明关系研究文献目录稿中国编1978—1997)　三枝秀子　大东文化大学汉学会志　2000年

日本陶渊明研究综述3官历·交友(日本における陶渊明研究3官历·交友) 武井满干 中国学研究论集 2000年

日本陶渊明研究综述4需要·影响·评价(日本における陶渊明研究4需要·影响·评价について) 武井满干 中国学研究论集 2000年

汉魏晋南北朝乐府研究文献目录(日文编) 佐藤大志 国语国文论集(30) 2000年

“选学”研究的新起点——第四届“文选学”国际学术研讨曾综述 吴晓峰 学林(32) 2000年

20世纪“选学”文献述略 王立群 《第一届全国高校中国古代文学科研与教学研讨会论文集》 2000年4月

唐代文选学述略(代前言) 饶宗颐 《敦煌吐鲁番本文选》 北京:中华书局 2000年5月;《饶宗颐二十世纪学术文集·文选卮言》 台北:新文丰出版社 2003年;北京:中国人民大学出版社 2009年9月

1999年全国报刊陶渊明研究论文索引 朱和君 九江师专学报 2000年第1期

二十世纪“陶渊明研究”书评的状况与特点 王晋华 九江师专学报 2000年第1期

20世纪汉赋研究专著综述 阮忠 南都学坛 2000年第2期;学术研究 2000年第4期

“陶渊明以诗文传世思想”说及其研究综述 李华 江西社会科学 2000年第3期

论20世纪的《文选序》研究 王立群 阜阳师范学院学报

2000 年第 4 期

郭璞《游仙诗》主旨说述评　陈道贵　中国典籍与文化　2000 年第 4 期

陶澍的陶渊明研究述评　邓新跃　益阳师专学报　2000 年第 4 期

百年汉乐府研究概述　马庆洲　济南教育学院学报　2000 年第 5 期

二十世纪阮籍研究　吴云　天津师大学报　2000 年第 6 期

20 世纪辨析陶渊明"忠愤"说述评　赵治中　九江师专学报　2001 年;天府新论　2002 年第 2 期

建安七子论著资料索引　李文禄　《建安七子评传》　沈阳:沈阳出版社　2001 年 1 月

陆机研究综述　姜剑云　《古代文学理论研究》第 19 期　上海:华东师范大学出版社　2001 年 7 月;《文史索隐——晋唐文学杂考》　北京:人民出版社　2017 年 7 月

2000 年全国报刊陶渊明研究论文索引　朱和君　九江师专学报　2001 年第 1 期

近二十年谢灵运研究综述　孙海燕　安徽教育学院学报　2001 年第 1 期

陈寅恪的陶渊明研究述论　贝京、王攸欣　中国文学研究　2001 年第 2 期

20 世纪最后二十年江淹研究综述　徐正英、阮素雯　中国文化研究　2001 年第 2 期;《先唐文学与文学思想考论》　上海:上海古籍出版社　2005 年 3 月

班固文学思想述评 辛保平 呼伦贝尔学院学报 2001年第2期

《文赋》研究二十年的回顾与反思 张丰君、徐爱国 山东电大学报 2001年第4期

仕途·田园·桃源——陶渊明田园思想述评 查晓波 江淮论坛 2001年第6期

日本二十世纪陶渊明研究述评 魏正申 九江师专学报 2001年增刊

二十世纪的日本陶渊明研究 刘静 九江师专学报 2001年增刊

谢朓关连著作、论文目录 郑炳秀、户高留美子 六朝学术学会报 2002年

20世纪的"文选学"研究 傅刚 光明日报 2002年2月6日

20世纪90年代楚辞研究论著索引(一) 王媛 《中国楚辞学》第1辑 北京:学苑出版社 2002年7月

20世纪中国《文选》学研究的回顾与展望 穆克宏 《古代文论研究的回顾与前瞻:复旦大学2000年国际学术会议论文集》 上海:复旦大学出版社 2002年8月;福建师范大学学报 2002年第3期

二十世纪嵇康研究 吴云 《魏晋南北朝文学与文化论文集》 天津:南开大学出版社 2002年8月

二十世纪《古诗十九首》研究综述 王庆梅 《中国古典文学与文献学研究》第1辑 北京:学苑出版社 2002年11月

2001年全国报刊陶渊明研究论文索引 朱和君 九江师专学

报　2002年第1期

20世纪宋玉研究述评　吴广平　中州学刊　2002年第1期

二十年来扬雄研究综述　张晓明　青岛大学师范学院学报　2002年第4期

近五十年来沈约文学思想研究评述　李燕　北京科技大学学报　2002年第4期

屈原"自沉"动机研究综述　周建忠　云梦学刊　2002年第6期

刘勰论陆机评述　文玉　四川师范学院学报　2002年第6期

《离骚》"求女"喻意研究综述　左川凤　学语文　2002年第6期

陶渊明故里之争评述　夏汉宁　江西社会科学　2002年第12期

日本之陶渊明研究述论(日本における陶渊明研究について)　三枝秀子　大东文化大学中国学论集　2003年

二十世纪中国大陆乐府研究状况　杨明撰,土肥克己译　未名(21)　2003年

20世纪90年代楚辞研究论著索引(二)　王媛　《中国楚辞学》第2辑　北京:学苑出版社　2003年1月

二十世纪的日本《文选》研究与课题　冈村繁　《〈文选〉与"文选学":第五届文选学国际学术研讨会论文集》　北京:学苑出版社　2003年5月

关于《文选》五臣注研究的回顾与反思　陈延嘉　《〈文选〉与"文选学":第五届文选学国际学术研讨会论文集》　北京:学苑出版

社 2003年5月;《文选学研究论文集》 长春:吉林人民出版社 2006年12月

日本的《昭明文选》研究 李庆 《〈文选〉与“文选学”:第五届文选学国际学术研讨会论文集》 北京:学苑出版社 2003年5月;《海外典籍与日本汉学论丛》 北京:中华书局 2011年9月

《楚辞》研究论文总目 李诚、熊良智 《〈楚辞〉评论集览》 武汉:湖北教育出版社 2003年5月

《楚辞》研究论文总目续编 李诚、熊良智 《〈楚辞〉评论集览》 武汉:湖北教育出版社 2003年5月

20世纪90年代楚辞研究论著索引(三) 王媛 《中国楚辞学》第3辑 北京:学苑出版社 2003年7月

20世纪屈原研究论文目录索引 黄筠 《屈原研究》 武汉:湖北教育出版社 2003年8月

明代宋玉研究述评 吴广平 淮阴师范学院学报 2003年第1期

第五届文选学国际学术研讨会综述 李金坤 江苏大学学报 2003年第1期

20世纪90年代的屈原研究 李青、梅桐生 安顺师范高等专科学校学报 2003年第1期

2002年全国报刊陶渊明研究论文索引 朱和君 九江师专学报 2003年第2期

20世纪《毛诗序》研究的回顾与展望 王顺贵 东疆学刊 2003年第3期

二十世纪中日韩陶渊明研究信息概说 陈忠 九江师专学报

2003年第4期

20世纪《古诗十九首》研究述评　张幼良　贵州文史丛刊　2003年第4期

生前名噪　身后寂寞——近二十年颜延之研究综述　熊红　湖北省社会主义学院学报　2003年第5期

选学骚类文献考述　熊良智　四川师范大学学报　2003年第6期;《文学文献研究》　北京:商务印书馆　2005年8月

日本二十世纪陶渊明研究论评(日本の二十世纪における陶渊明研究论评)　魏正申、上田武译　六朝学术学会报　2004年

陶渊明研究论文目录稿(中国,2000—2002)[陶渊明研究论文目录稿(中国,2000—2002)]　山田英雄　中京大学教养论丛　2004年

钟优民编《陶渊明研究数据索引》补遗论文部分(1980—1999)　山田英雄　中京大学教养论丛　2004年

二十世纪李密研究　曾莉　陕西师范大学学报　2004年

20世纪90年代楚辞研究论著索引(四)　王媛　《中国楚辞学》第4辑　北京:学苑出版社　2004年1月

《文选》研究(1900—2000)　吴云　《20世纪中古文学研究》　天津:天津古籍出版社　2004年6月;《骨鲠处世:吴云讲陶渊明》　天津:天津古籍出版社　2009年11月

宋玉研究论著索引　吴广平　《宋玉研究》　长沙:岳麓书社　2004年9月

当前文选学研究的现状与问题　高明峰　山东省青年管理干部学院学报　2004年第1期

2003年全国报刊陶渊明研究论文索引　朱和君　九江师专学报　2004年第2期

二十世纪郭璞研究综述　彭建华　重庆职业技术学院学报　2004年第2期

《诗大序》主要诗论观点综述　董芬　伊犁教育学院学报　2004年第2期

20世纪90年代以来阮籍研究述评　王渭清　宝鸡文理学院学报　2004年第6期

司马迁事迹与《史记》版本存世书目索引　俞樟华、邓瑞全　《〈史记〉论著提要与论文索引》(《史记研究集成》第14卷)　北京:华文出版社　2005年1月;《〈史记〉论著提要与论文索引》(《史记研究集成》第20卷)　北京:商务印书馆　2015年8月

郑州大学古籍所编《中外学者文选学论集》述评　徐正英　《先唐文学与文学思想考论》　上海:上海古籍出版社　2005年3月

20世纪最后二十年江淹研究述评　徐正英　《先唐文学与文学思想考论》　上海:上海古籍出版社　2005年3月

冈村繁《楚辞》研究述评　徐志啸　《中国诗学》第10辑　北京:人民文学出版社　2005年9月

贾谊研究一百年　唐雄山　《贾谊礼治思想研究》　广州:中山大学出版社　2005年9月

李陵与李陵诗文研究史综述　董姣　《中国中古文学研究》　北京:学苑出版社　2005年12月

近十年江淹研究综述　屠青　中州学刊　2005年第1期

二十世纪屈原人格研究述论　彭红卫、周禾　江淮论坛　2005

年第1期

2004年全国报刊陶渊明研究论文索引　戴小丽、朱和君　九江学院学报　2005年第2期

汉魏六朝“檄”体文综述　王晓静　萍乡高等专科学校学报　2005年第2期

现代潘岳研究综述　李朝阳　贵州文史丛刊　2005年第3期

《古诗十九首》写作年代研究综述　吴金香　株洲师范高等专科学校学报　2005年第4期

20世纪《文赋》研究述评　李天道　文学评论　2005年第5期

20世纪以来关于《毛诗序》的作者和时代问题之论争　檀作文　社会科学辑刊　2005年第5期

20世纪魏晋南北朝乐府歌辞研究历史与现状　吴大顺　怀化学院学报　2005年第6期

近十年来陆机《文赋》研究综述　李天道　西南民族大学学报　2005年第12期

西方《昭明文选》研究概述　陈才智　《汉学研究》第9集　北京:中华书局　2006年3月

《文选》中之“四言诗”分类目录　崔宇锡　《魏晋四言诗的研究》　成都:巴蜀书社　2006年6月

新时期以来阮籍研究综述　杨志刚　许昌学院学报　2006年第1期

陶渊明生年研究综述　谢久娟　扬州教育学院学报　2006年第2期

屈原《九章》研究纵览　任强、潘啸龙　古籍研究　2006年第

2期

2005年全国报刊陶渊明研究论文索引 周浪 九江学院学报 2006年第2期

五十余年陶渊明田园诗研究综述 周秀荣 九江学院学报 2006年第3期

东方朔研究述评 李江峰 广西师范学院学报 2006年第3期

中国古代文选学述略 孔祥军 南京理工大学学报 2006年第4期

《九歌》主题研究述评(上) 张强、杨颖 徐州师范大学学报 2006年第4期

《九歌》主题研究述评(下) 张强、杨颖 徐州师范大学学报 2006年第5期

1980年代以来谢朓研究综述 徐明英、顾农 徐州师范大学学报 2006年第5期

司马相如生年考述评 班秀萍、贾知洵 河北北方学院学报 2006年第5期;《司马相如考释》 天津:天津古籍出版社 2007年7月

《古诗十九首》研究述论 李祥伟 广州大学学报 2006年第6期

十年来《文选》注释研究综述 缪定中 肇庆学院学报 2006年第6期

东方朔研究综述 胡春润 名作欣赏 2006年第18期

沈约诗歌理论近百年来研究综述 邱光华 《中国诗歌研究》

第4辑　北京:中华书局　2007年7月

20世纪20年代至21世纪初国内司马相如研究综述　刘南平、班秀萍　《司马相如考释》　天津:天津古籍出版社　2007年7月

乐府学研究论著索引　佐藤大志　《乐府学》第2辑　北京:学苑出版社　2007年8月

班昭文学作品述论　李彤　赤峰学院学报　2007年第2期

高唐神女原型研究综述　彭安湘　湖南科技学院学报　2007年第2期

郭璞游仙诗研究综述　关永利　科教文汇(下旬刊)　2007年第3期

建国以来潘岳研究刍议　潘润娇　乐山师范学院学报　2007年第4期

二十世纪以来沈约研究综述　郭常斐　江西教育学院学报　2007年第4期

2006年全国报刊陶渊明研究论文索引　周浪、张驰　九江学院学报　2007年第4期

刘琨研究的近十年成果及未来　卢一飞　和田师范专科学校学报　2007年第4期

郭璞诗赋研究综述　关永利　运城学院学报　2007年第4期

近二十年悼亡诗词研究综述　唐旺珍　文教资料　2007年第26期

百年来宋玉研究评述　刘刚　中国诗歌研究　2008年

日本郭璞研究综述(日本における郭璞研究)　关清孝　人

文科学 2008年

宋玉辞赋研究概述 刘刚 辽宁省哲学社会科学获奖成果汇编(2005—2006年度) 2008年

傅玄及其思想研究述评 高新民、朱允 《傅玄〈傅子〉校读》 银川:宁夏人民出版社 2008年3月

李审言先生文选学述略 孔祥军 《扬州文化研究论丛》第2辑 扬州:广陵书社 2008年11月;“六朝历史文化与镇江地域发展学术研讨会”论文汇编 2010年

司马相如研究论著索引 踪凡 《司马相如资料汇编》 北京:中华书局 2008年11月;2010年3月

表现相如生平及其与卓文君爱情故事的文艺作品和相关论著 踪凡 《司马相如资料汇编》 北京:中华书局 2008年11月;2010年3月

百年来宋玉研究述评 刘刚 《中国诗歌研究》第5辑 北京:中华书局 2008年12月

任昉研究综述 杨赛 青海师范大学学报 2008年第1期

1994年以来阮籍诗赋研究综述 汪淑霞 山东理工大学学报 2008年第2期

《招隐士》作者诸说述评 曹亮 九江学院学报 2008年第2期;《中国楚辞学》第15辑 北京:学苑出版社 2011年1月

改革开放30年以来的《毛诗·大序》研究 任真 廊坊师范学院学报 2008年第2期

鲍照研究综述 郑俊 四川职业技术学院学报 2008年第3期

2007年全国报刊陶渊明研究论文索引　周浪、陈慧　九江学院学报　2008年第5期

杜诗与《文选》关系研究述略　林英德　重庆工商大学学报　2008年第6期

“四萧”文献学研究综述　李柏　湖南科技学院学报　2008年第9期

出土文献与《楚辞·九歌》近十年之研究　李晓琼　楚雄师范学院学报　2008年第11期

中国大陆(1921—1990)发表出版陶渊明研究成果的特点　陈忠　《隔阔相思》　北京:大众文艺出版社　2009年4月

台湾50年发表出版陶渊明研究的动向　陈忠　《隔阔相思》　北京:大众文艺出版社　2009年4月

日本60年发表出版陶渊明研究的情况　陈忠　《隔阔相思》　北京:大众文艺出版社　2009年4月

韩国40年(1954—1995)陶渊明研究概说　陈忠　《隔阔相思》　北京:大众文艺出版社　2009年4月

20世纪中日韩陶渊明研究信息概说　陈忠　《隔阔相思》　北京:大众文艺出版社　2009年4月

七十余年来高唐神女研究述评　彭安湘　《中国楚辞学》第13辑　北京:学苑出版社　2009年5月

百年宋玉研究综论　金荣权　江汉论坛　2009年第2期

近三十年《归去来兮辞》研究综述　陈芳　九江学院学报　2009年第2期

第八届文选学国际学术研讨会综述　汪俊、王长香　扬州文

化研究论丛　2009年第2期

《古诗十九首》百年研究之总检讨　欧明俊　社会科学研究　2009年第4期

颜延之研究综述　叶飞　开封大学学报　2009年第4期

陶渊明文艺思想研究述评　张衍标　九江学院学报　2009年第4期

2008年全国报刊陶渊明研究论文索引　周浪　九江学院学报　2009年第5期

关于《招魂》著作权与魂主问题——近20年《招魂》聚讼焦点问题研究述评之一　钟其鹏　云梦学刊　2009年第5期

关于《招魂》体例与所涉礼制问题及其他——近二十年《招魂》聚讼焦点问题研究述评之二　钟其鹏　云梦学刊　2009年第6期

广岛大学所藏《文选》目录　赤迫照子　中国学研究论集(24)　2010年

嵇康关系研究文献目录(稿)——日本编1956年—2009年　今关雄史　大东文化大学中国学论集(28)　2010年

傅玄研究资料索引　刘治立　《〈傅子〉评注》　天津:天津古籍出版社　2010年3月

2009年陶渊明国际学术研讨会综述　吴国富　九江学院学报　2010年第1期

《文选》体类研究述评　赵俊玲　宜宾学院学报　2010年第2期

近十年(1999—2009)陶渊明接受研究综述　夏正亮　九江学

院学报　2010年第3期

2009年全国报刊陶渊明研究论文索引　魏松　九江学院学报　2010年第4期

第八届"文选学"国际学术研讨会综述　高明峰、孔世宇　辽宁师范大学学报　2010年第5期

"苏李诗"真伪研究综述与辨析　武平英　学理论　2010年第29期

山鬼原型研究述评　王慧　《中国楚辞学》第14辑　北京:学苑出版社　2011年1月

2008年屈原及楚辞研究综述　方铭、牟颖　《中国楚辞学》第18辑　北京:学苑出版社　2011年12月

2009年屈原及楚辞研究综述　方铭、余霞　《中国楚辞学》第18辑　北京:学苑出版社　2011年12月

2010年屈原及楚辞研究综述　方铭、胡静　《中国楚辞学》第18辑　北京:学苑出版社　2011年12月;云梦学刊　2012年第2期

2010年屈原及楚辞研究目录　方铭、胡静　《中国楚辞学》第18辑　北京:学苑出版社　2011年12月

宋代文选学述略　郭宝军　古典文学知识　2011年第1期

近十年汉魏六朝乐府歌辞研究综述　吴大顺　中国韵文学刊　2011年第1期

《文选》编纂者研究综述　马津瑾　语文知识　2011年第1期

陶渊明思想研究述评　刘浩　中国诗歌研究动态　2011年第2期

汉魏两晋诔文述论　赵厚均　上海大学学报　2011年第3期

2008—2009年屈原及楚辞研究综述　方铭、牟颖、余霞　云梦学刊　2011年第3期

明清时期《〈楚辞〉·招魂》研究述略　刘火群　南昌教育学院学报　2011年第3期

近三十年陆机研究及未来研究方向　刘宝丽　山西煤炭管理干部学院学报　2011年第3期

2010年陶渊明研究论文索引　魏松　九江学院学报　2011年第4期

近三十年屈原及楚辞研究综述　方铭　中国文化研究　2011年第4期

陆云研究综述　彭鸿程　长春工业大学学报　2011年第4期

顾农《文选》研究述略　陈功文　山东青年政治学院学报　2011年第6期

《文选》研究范畴之综述　于华　剑南文学(经典教苑)　2011年第9期

20世纪80年代以来王粲研究述评　黄燕平　广西社会科学　2011年第11期

新世纪曹植辞赋研究综述　钟桃　绥化学院学报　2012年第1期

《文选》研究百年述评　石树芳　文学评论　2012年第2期

江淹拟诗研究综述——以《杂体三十首》并序为主　赵熙　中国诗歌研究动态　2012年第2期

20世纪以来关于萧统《文选序》研究综述　彭婷婷　文艺生活(文艺理论)　2012年第3期

汉代狩猎赋综论　杨晶瑜　文学界(理论版)　2012年第4期

百年宋玉研究综述　王伟琴　作家　2012年第4期

魏晋南北朝狩猎赋综论　杨晶瑜　黑河学刊　2012年第6期

唐代诸家《文选》音注研究论著综述　陈小珍　外国语学研究(14)　2013年

台湾地区赋学研究概述　徐志啸　《古代文学理论研究》第35辑　上海:华东师范大学出版社　2013年4月

2012年魏晋南北朝文学研究综述　许继起　《中国文学年鉴2013》　北京:中国社会科学出版社　2013年12月

清代《文选》学概述　李畅然　大连大学学报　2013年第1期

《楚辞》普及与宋玉研究的新境界——吴广平《楚辞》研究述评　鲁涛　云梦学刊　2013年第2期

屈原生辰研究综述　郭晓春　辽东学院学报　2013年第2期

"屈原赋二十五篇"考述　李程　三峡大学学报　2013年第2期

近二十年来贾谊思想研究综述　任建伟、郝建平　黑龙江史志　2013年第3期

《文选》李善注变迁综述　王立群　河南大学学报　2013年第3期

21世纪以来宋玉研究的回顾与反思　刘刚　文艺评论　2013年第4期

《文选》李善注的研究现状　李莎莎　试题与研究(新课程论坛)　2013年第17期

刘琨研究综述　孙耀庆　青年文学家　2013年第35期

《文选》编者问题研究述评　郭津泽　山西师大学报　2014年

近四十年陶渊明研究论著提要　钟书林　《陶渊明研究学术档案》　武汉:武汉大学出版社　2014年11月

百年陶渊明研究大事记(1990—2013)　钟书林　《陶渊明研究学术档案》　武汉:武汉大学出版社　2014年11月

21世纪陆机生平研究疏理　王林莉　职大学报　2014年第1期

屈原《九歌·东皇太一》祀主研究述评　吴广平　职大学报　2014年第1期;《中国楚辞学》第22辑　北京:学苑出版社　2015年11月

由"摄提""孟陬""庚寅"反映出的屈原生辰研究综述　张鹤　大众文艺　2014年第3期

20世纪五六十年代魏晋南北朝诗歌研究的初步评述　钱志熙　北京大学学报　2014年第4期

《招魂》研究综述　王兴芬、李兵　宝鸡文理学院学报　2014年第5期

颜延之研究百年回顾　石磊　古籍整理研究学刊　2014年第5期

20世纪的《文选》学研究　傅刚　上海师范大学学报　2014年第5期;《汉魏六朝文学与文献论稿》　北京:商务印书馆　2016年3月(题目为:二十世纪的《文选》学研究)

《文选》奏议类文体研究综述(一)　徐小霞　鸭绿江(下半月版)　2014年第5期

《文选》奏议类文体研究综述(二)　徐小霞　鸭绿江(下半月

版）　2014 年第 6 期

《〈楚辞〉·招魂》作者研究述评　刁生虎、王晓萌　绵阳师范学院学报　2014 年第 7 期

《离骚》"求女"喻意研究述评　杨兴涓　湖北科技学院学报　2014 年第 7 期

现代《文选》学文体研究综述　张铁慧、刘希瑞　长春师范大学学报　2014 年第 11 期

中外《文选》传统概况(The Wen xuan Tradition in China and Abroad)　康达维　Bulletin of the Jao Tsung-I Academy of Sinology(2)　2015 年

回顾《文选》:文选学会第十一届年会参加报告记(中国《文选》に归ろう:中国文选学会第十一届年会参加报告记)　静永健　东方(407)　2015 年

近二十年来新出现的屈原资料真伪及其学术价值　黄震云　《中国楚辞学》第 22 辑　北京:学苑出版社　2015 年 11 月

21 世纪以来王粲研究综述　张振龙、胡娅　陕西理工学院学报　2015 年第 2 期

1950 年以来《昭明文选》注音韵研究综述　邸宏香　古籍整理研究学刊　2015 年第 4 期

五十九部宋玉研究著述解题(上)　吴广平　湖北文理学院学报　2015 年第 10 期;《宋玉及其辞赋研究:第二届宋玉国际学术研讨会论文集》　北京:学苑出版社　2016 年 2 月

近三十年来东汉抒情赋研究综述　贾国庆　名作欣赏　2015 年第 27 期

明代《招魂》研究述评　陈炜舜　《宋玉及其辞赋研究:第二届宋玉国际学术研讨会论文集》　北京:学苑出版社　2016年2月

屈原年谱资料长编　杨义　《屈子楚辞还原》　北京:中国社会科学出版社　2016年7月

五十九部宋玉研究著述解题(下)　吴广平　湖北文理学院学报　2016年第1期;《宋玉及其辞赋研究:第二届宋玉国际学术研讨会论文集》　北京:学苑出版社　2016年2月

2013年屈原及楚辞研究综述　方铭、刘剑　云梦学刊　2016年第1期

尤袤本《文选》研究现状分析　王玮　五邑大学学报　2016年第1期

清代《文选》校勘述略　刘锋　殷都学刊　2016年第4期

2015年司马迁研究综述　郝建平　渭南师范学院学报　2016年第13期

司马迁学术渊源、学派归属研究综述　何发甦　渭南师范学院学报　2016年第21期

台湾楚辞研究论著目录(1947—2016)(一)　陈亮、许应田　东海大学图书馆馆刊　2017年

台湾楚辞研究论著目录(1947—2016)(二)　陈亮、许应田　东海大学图书馆馆刊　2017年

百年选学:抄本研究的成就与不足　景浩　中国社会科学报　2017年3月13日

《楚辞书目五种》及《续编》未见书目　刘毓庆　《诗骚论稿》　北京:商务印书馆　2017年8月

《文选》著者索引　赵建成　《文选旧注辑存》　南京:凤凰出版社　2017年10月

《文选》篇目索引　赵建成　《文选旧注辑存》　南京:凤凰出版社　2017年10月

《文选》引书索引　赵建成　《文选旧注辑存》　南京:凤凰出版社　2017年10月

《文选》人名索引　赵建成　《文选旧注辑存》　南京:凤凰出版社　2017年10月

欧美近期陶渊明研究综述、分析与展望　张月　《古典文献研究》第20辑　南京:江苏古籍出版社　2017年12月

司马迁生年十年之差百年论争述评　张大可　渭南师范学院学报　2017年第1期

20世纪以来日本的司马迁与《史记》研究　陈玲玲　现代传记研究　2017年第2期

《文选》编纂研究述略　邸宏香　长春师范大学学报　2017年第3期

两浙选学述略　范志新　厦门广播电视大学学报　2017年第3期

2014年屈原及楚辞研究综述　方铭、舒鹏　云梦学刊　2017年第5期

2016年司马迁研究综述　郝建平　渭南师范学院学报　2017年第9期

2016年期刊司马迁与《史记》研究综述　朱正平　渭南师范学院学报　2017年第17期

科学计量学视野下的台湾楚辞研究(1947—2015)　陈亮、许应田　国文学志　2017年第35期

日本文选学论著索引(1993.6—2018.6)(上)　陈翀　《古代文学前言与评论》第二辑　北京:社会科学文献出版社　2018年12月

百年《文选》学研究回顾与展望　傅刚　《古代文学前沿与评论》第二辑　北京:社会科学文献出版社　2018年12月

百年《文选》研究之现状与展望　富永一登撰,陈翀译　《古代文学前沿与评论》第二辑　北京:社会科学文献出版社　2018年12月

1992年以来欧美《文选》学研究一瞥　魏宁(Williams, Nicholns Morrow)　《古代文学前言与评论》第二辑　北京:社会科学文献出版社　2018年12月

谢灵运研究相关论文索引　姜剑云、霍贵高　《谢灵运新探与解读》　北京:中华书局　2018年12月

《文选》编者问题研究述评　梁雅阁　重庆第二师范学院学报　2018年第1期

近三十年《文选》注释研究述评　刘伟利　天中学刊　2018年第2期

新时期以来扬雄赋研究述评　王燕飞、卿晗　河北科技师范学院学报　2018年第2期

回顾选学史,展望新未来——第十三届"文选学"国际学术研讨会综述　赵焱、高明峰　扬州文化研究论丛　2018年第2期

萧统评陶渊明三十年研究述评　张梦珂　天中学刊　2018年

第3期

孔稚圭《北山移文》研究述评　孙源鸿　辽东学院学报　2018年第3期

石川三佐男《九歌》研究评述　郭素英　南京工程学院学报　2018年第3期

日藏白文无注古钞《文选》研究的回顾与思考　高薇　文献　2018年第4期

2017年司马迁研究综述　郝建平　渭南师范学院学报　2018年第9期

近百年来扬雄研究论文综述　李大明、王怀成　中华文化论坛　2018年第10期

索　引

（按照姓氏笔画顺序排列）

《文选》收录作家姓名索引

二　画

三　画

五　画

六 画

七　画

八　画

九　画

十　画

十一画

十二画

十三画

十四画

十五画

十七画

《文选》研究者姓名索引

三　画

四 画

五　画

六　画

七 画

八　画

九 画

十 画

十一画

十二画

十三画

十四画

十五画

十六画

十七画

十八画

二十画

二十二画